ZHONGGUO XINYONGZHAI SHICHANG
FAZHAN YANJIU

中国信用债市场发展研究

陈学彬　[英]罗恩·安德森(Ron Anderson)　等 著

復旦大學出版社

本书为中国国家自然科学基金(NSFC)和英国经济社会研究理事会(ESRC)联合支持的中英合作研究项目"中国债务资本市场的功能、结构和发展研究"[①]的研究成果

---

① 项目批准号:71661137008

目录
CONTENTS

导论 ·· 001

第一章　中国信用债市场宏观效应 ·· 007
 第一节　债券市场发展与金融稳定 ·· 008
 第二节　债券市场发展与宏观调控效率 ·· 022
 第三节　经济转型期中国信用债最优发展模式 ·· 030

第二章　中国信用债市场微观结构 ·· 041
 第一节　中国信用债市场微观结构现状 ·· 041
 第二节　信用债市场微观结构的国际比较 ··· 078
 第三节　中国信用债市场质量评估分析 ·· 089
 第四节　中国信用债市场的有效性检验——基于流动性和违约风险的
     信用利差研究 ·· 102
 第五节　中国债券市场质量评估——基于银行信用评级的信息质量及
     次级债事前约束 ··· 118

第三章　中国地方政府债市场发展 ·· 135
 第一节　地方政府债券发行概况 ·· 135
 第二节　地方政府债券利差影响因素研究 ··· 145
 第三节　地方政府债务的不确定触发及其代偿风险研究 ································ 156
 第四节　从发行定价探究城投债担保的有效性研究 ····································· 169
 第五节　兜底预期与债务估值 ·· 182
 附录 ·· 195

第四章　中国企业债市场发展 ··· 198
 第一节　中国企业债券市场的发展现状及问题 ·· 198
 第二节　中国企业投融资的结构与效率分析 ·· 212

第三节　中国企业债券定价信息效率分析一：行业利差分解视角 …… 239
第四节　中国企业债券定价信息效率分析二：基于可转债发行动机和宣告效应 …………………………………………………………… 275
第五节　中国企业债估值和评级 ………………………………… 308
第六节　中国信用债违约风险预测模型研究 ……………………… 326

第五章　中国债务衍生市场发展 ………………………………… 368
第一节　国内外债务衍生市场的发展现状与问题 ………………… 368
第二节　中国利率期货市场的功能评估与完善 …………………… 377
第三节　中国信用衍生市场的发展与功能完善 …………………… 400

第六章　中国信用债市场监管 …………………………………… 409
第一节　中国信用债市场监管体系演变 …………………………… 409
第二节　信用债市场风险防范的国际经验 ………………………… 421
第三节　中国信用债市场监管体系的完善 ………………………… 436

第七章　研究结论和建议 ………………………………………… 447

参考文献 …………………………………………………………… 486

附录　标准普尔、穆迪、惠誉国际的信用等级符号 …………… 508

后记 ………………………………………………………………… 509

INTRODUCTION 导论

改革开放 40 多年来,中国经济高速发展,国内生产总值(gross domestic product,GDP)总量从 1977 年的 3 250 亿元人民币(折合 1 930.4 亿美元[①])增加到 2019 年的 988 458 亿元人民币(折合 143 634.8 亿美元),年均增长 9.41%,人均 GDP 从 1977 年的 344 元人民币(折合 204.3 美元)增加到 2019 年的 70 892 元人民币(折合 10 276.4 美元),使中国从一个贫穷落后的国家迅速成长为世界第二大经济体,跻身世界经济大国之列(见图 0-1)。

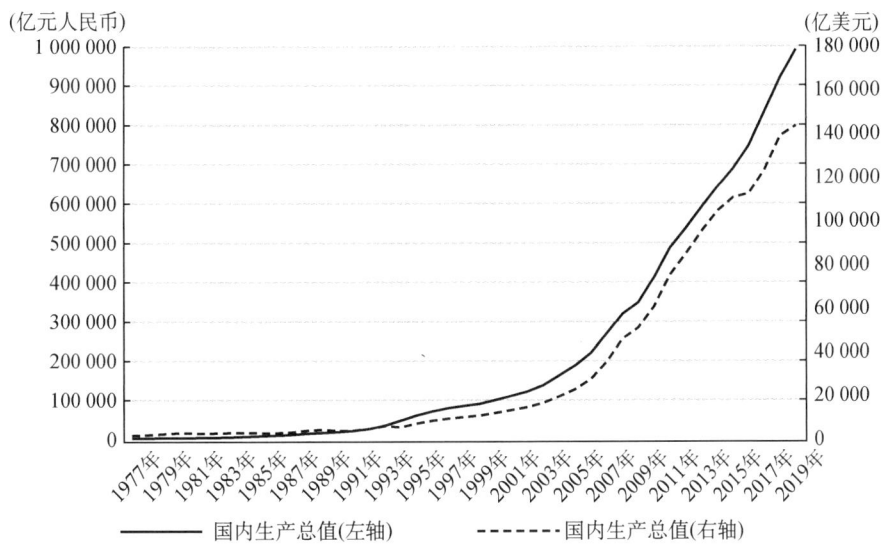

图 0-1 中国改革开放以来国内生产总值变动
(数据来源:国家统计局网站)

中国经济的高速发展离不开金融市场发展的大力支持。截至 2019 年年底,中国社会融资规模存量已经高达 251.41 万亿元人民币[②],约为当年 GDP

[①] 按年平均汇率计算。资料来源:中国国家统计局统计数据网站,http://www.stats.gov.cn/tjsj/。
[②] 资料来源:中国人民银行社会融资规模统计数据网站,http://www.pbc.gov.cn/diaochatongjisi/116219/116319/3750274/3750282/index.html。

的 2.54 倍。当年新增社会融资规模 25.67 万亿元人民币,为当年 GDP 增加额 7.26 万亿元人民币的 3.54 倍,是 2002 年的社会融资规模 2.01 万亿元人民币的 12.77 倍,年均增长 16.14%(见图 0-2)。

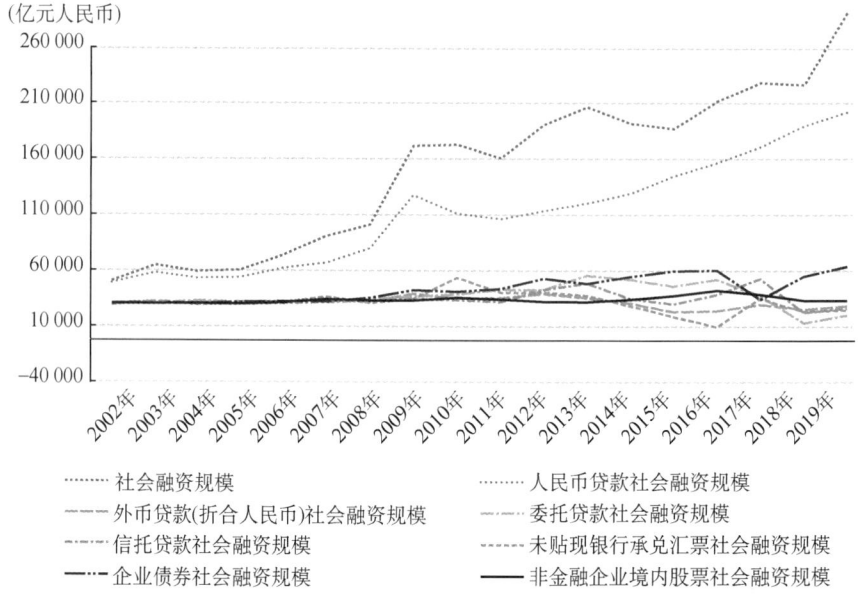

图 0-2　中国社会融资规模增量变动

(数据来源:国家统计局网站)

在中国快速增长的金融市场中,间接融资仍然占据绝对的主导地位。2019 年年底,各项贷款存量高达 176.64 万亿元人民币,占社会融资规模存量的 70.26%,而股票、债券融资规模仅 74.77 万亿元人民币,仅占 29.74%。但在社会融资增量中,2019 年各项贷款增量为 15.47 万亿元人民币,比 2002 年的 1.94 万亿元增长 6.97 倍,占 2019 年社会融资增量总规模的 60.26%;股票、债券融资增量为 3.69 万亿元人民币,比 2002 年的 995 亿元人民币增长 36.09 倍,占 2019 年社会融资增量总规模的 14.37%。显然,直接融资的规模虽然仍然偏低,但增长速度远远超过间接融资,在支持经济增长中将扮演更加重要的角色。

在中国快速增长的直接融资中,股票融资增长相对缓慢,债券融资增长更加迅速。2019 年,非金融企业境内股票融资增量为 3 479 亿元人民币,占整个社会融资增量的 1.36%;其融资存量为 7.36 万亿元人民币,占整个社会融资存量的 2.93%。2019 年,各种债券融资增量为 8.46 万亿元人民币,占整个社会融资增量的 32.96%;各种债券融资存量达 62.97 万亿元人民币,占整个社会融资存量的 25.05%。这充分反映出债券市场在中国金融市场中日益重要的地位。

债券是融资者向社会借债筹措资金时,向投资者发行并承诺按约定条件支付利息和偿还本金的债权债务凭证。债券的发行是以到期还本付息为前提的。但不同的债券发行人到期还本付息的能力是不同的,因此,其债券投资者面临的债券违约风险也是不同的。

根据债券发行主体的差异可以将债券划分为政府债券和企业债券。政府债券又可进一步分为中央政府债券、地方政府债券,以及外国政府和国际机构债券;企业债券可以进一步划分为金融企业债券和非金融企业债券等。

政府债券通常是以国家信用和财政收入为担保发行的,其违约的风险甚小。它的发行和流通价格的高低通常反映了无风险(无信用风险)利率的变化。因此,政府债券通常被称为利率债。中央银行票据和政策性金融债的违约风险很低,也被归为利率债。

其他大量的工商企业和金融机构发行的债券通常是以发行人的信用为担保发行的债券,而发行人在偿债期内的信用状况具有不确定性,所以该类债券具有一定的信用风险。因此,该类债券被称为信用债,具体包括企业债、公司债、短期融资券、中期票据、分离交易可转债、资产支持证券、次级债等品种。为了弥补该类债券的投资者可能面临的信用风险损失,信用债的利率通常包含相应的信用风险溢价,而不同信用债的违约风险不同,使其信用风险溢价也不同。这种根据债券的信用风险进行定价的市场机制使信用债的发展具有巨大的活力和空间。

1981年发行我国改革开放后的第一只国债(48.66亿元)以来,中国债券市场逐步发展。10年后,1991年年底国债存量达到1 103.52亿元,比1981年增长21.68倍。但债券市场仍仅有国债一个品种。中国信用债市场建立是从1992年11月第一只可转债发行(5亿元)开始的。到2000年年底,信用债存量规模已经达到10 284亿元,增长2 055.8倍,市场占比从0.33%上升到38.83%,发展迅速。但这时信用债结构较为单一,主要以金融债为主,占37.17%,而企业债仅占1.17%。

21世纪以来,中国信用债市场进一步迅速发展,规模加速扩大(见图0-3),到2019年9月底,其存量规模达到57.34万亿元,比2000年增长54.8倍,市场占比提高到60.74%,为2019年8月底社会融资规模存量216.01万亿元的26.54%。

中国信用债市场不仅规模巨大,而且结构也在逐步优化(见表0-1),除了金融债和同业存单仍然在信用债市场数一数二外,为非金融企业融资服务的公司债、中期票据、资产支持债、企业债和短期融资券也得到快速发展。仅短期融资券2019年前三季度就发行29 585.50亿元,占债券市场发行总量的8.75%。中国信用债市场的发展为中国经济的发展提供了大量的资金支持,在中国金融市场上占有十分重要的地位。

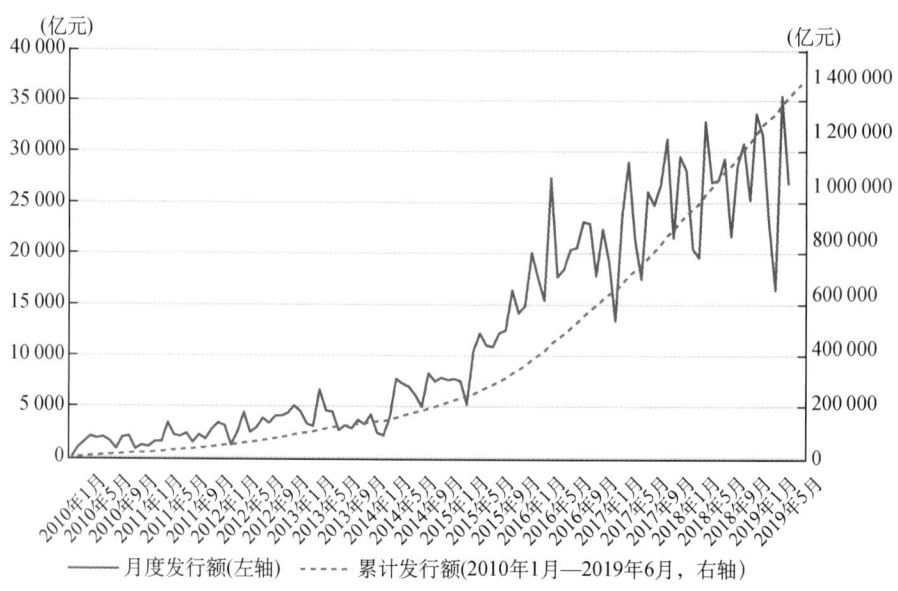

图 0-3 中国信用债发行规模

(数据来源:同花顺 iFinD)

表 0-1 中国信用债发行规模和结构

	债券发行			2010年1月—2019年6月累计发行	
	2010年(亿元)	2018年(亿元)	增长(%)	金额(亿元)	比重(%)
金融债	1 089	17 864	1 641.19	93 752	6.82
企业债	3 099	2 611	84.24	45 709	3.33
可转债	717	792	110.44	5 782	0.42
可交换债券	—	479		3 511	0.26
可分离可转债	—	—			
公司债	525	17 374	3 308.08	89 406	6.51
资产支持证券	—	21 312		67 963	4.95
中期票据	4 993	17 472	349.93	101 172	7.36
短期融资券	7 293	33 755	462.82	228 123	16.61
同业存单	—	210 991		688 709	50.13
非公开定向债务融资工具	—	5 484		49 202	3.58

(续表)

	债券发行			2010年1月—2019年6月累计发行	
	2010年(亿元)	2018年(亿元)	增长(%)	金额(亿元)	比重(%)
国际机构债	—	55	—	365	0.03
项目收益票据(project revenue note, PRN)	—	—	—	119	0.01
信用债券发行总额	17 717	328 189	1 852.43	1 373 811	100.00

数据来源：同花顺iFinD。

中国信用债券市场快速发展，不仅市场规模迅速扩大，而且市场结构也逐步优化，市场基础设施建设逐步完善，市场机制和市场功能（包括融资功能、定价功能、风险防范功能等）正在逐步地得到较为有效的发挥。但中国信用债市场在发展中也逐步暴露出市场建设中存在的一些问题，如市场分割的问题、市场定价机制不完善的问题、债券评级虚高调整滞后的问题，以及违约风险上升等问题。这些问题从不同角度和层次制约着中国信用债市场的健康发展，需要中国经济、金融理论界和实务界深入研究，寻求有效的解决方法。

由中国国家自然科学基金（National Natural Science Foundation of China，NSFC）和英国经济社会研究理事会（Economic and Social Research Council，ESRC）联合支持的中英合作研究项目"中国债务资本市场的功能、结构和发展研究"（项目号：71661137008），在复旦大学经济学院金融研究院陈学彬教授和英国伦敦政治经济学院的安德森（Ronald W. Anderson）教授共同带领的中英项目组十多位教授、副教授和博士、硕士研究生的共同努力和协作下，对中国债务资本市场的功能、结构和发展问题进行了较为系统深入的研究。信用债市场是中国债券市场的主体市场，是未来最具发展活力和潜力的市场，也是目前存在较多问题的债券市场，自然成为本项目研究的重点之一。在项目组对中国信用债市场发展研究的系列成果的基础上形成了本书。

本书共分七章。第一章中国信用债市场宏观效应，重点讨论信用债市场发展与经济发展、金融稳定和宏观调控效率的关系，以及经济转型期中国信用债的最优发展规模和结构问题。第二章中国信用债市场微观结构，重点讨论中国信用债市场结构的现状和问题、国际比较、有效性检验和质量评估。第三章中国地方政府债市场发展研究，重点讨论中国地方政府债券发行的现状和问题，包括地方政府债券利差决定、地方政府债务的不确定性触发及其代偿风险、城投债担保的有效性、中国式兜底预期与债务估值等。第四章中国企业债市场发展，重点讨论中国企业债券市场的现状和问题、企业投融资的结构与效率、企业债券定价的信息效率、企业债券的估值与评级、信用债违约风险预测等问题。第五章中国债务衍生市场功能、发展与完善，重点讨论国内外债务衍生市场的现状和问题、中国利率期货市场和信用衍生市场的功能评估与完善。第六章中国信用债市场监管，重点讨论中国信用债市场监管制度、风险防范的国际经验和监管体系的完善。第七章为研究结论和建议。

CHAPTER 1
中国信用债市场宏观效应

债务市场的违约是近年来各类金融危机的根源,美国次贷危机、欧洲主权债务危机充分说明了政府债务规模和信用风险管理对于金融稳定的重要性。政府债券市场在金融体系的有效运行和资源配置中发挥着重要的作用。政府债券是金融体系的基础。其中,国债作为中央政府债券,其收益率往往是一国的无风险收益率,相当于整个债券市场的定价锚。地方政府债的规模和质量则影响着金融市场的效率,良好的政府债务管理对于维护金融体系的稳定有着重要作用。信用债市场是企业直接融资的重要渠道,债券市场的发展能够降低金融系统对银行贷款的依赖性,避免由于银行体系倒塌而导致的经济系统崩溃,降低金融危机带来的负面影响。另外,杠杆周期引领着金融市场的繁荣与衰退。债券作为重要的金融资产,其抵押价值的变化也影响着债券市场的价格。高质量的信用债在金融市场中能够作为抵押品流通,对其抵押价值的监控有助于调控杠杆周期造成的资产价格波动。

债券市场与宏观政策实施效率也息息相关。在经济全球化进程中,债券市场的对外开放激发了人民币结算需求,推动了人民币国际化的进程。债券市场是货币政策传导的重要途径,央行公开市场操作主要通过回购市场传递价格信号;在短期利率接近零下界(zero lower bound)的情况下,以调控抵押和杠杆为主的创新型货币政策逐渐被重视,而债券作为新型货币政策的主要抵押品,其在货币政策传导中的作用也愈发明显。

本章从国债、地方政府债、信用债、指数化债券等方面分析了债券市场与金融稳定的关系,并从金融对外开放、货币政策传导、融资效率等角度探讨了债券市场与宏观政策的联系。在此基础上,结合国际成熟债券市场经验,本章从违约处置、市场监管、信息披露、评级体系、债券定价、衍生品市场等方面,提出了中国信用债市场进一步发展的展望和建议。

第一节 债券市场发展与金融稳定

一、国债的定价与避险功能

国债依托于一国的经济情况,具有较高的信用水平,在资本市场上扮演着安全资产的角色。国债除了有最基本的储蓄投资功能,还可以作为抵押品获得融资,具有较高的杠杆价值。充足的国债能够降低整个市场的融资成本,有学者(Krishnamurthy and Vissing-Jorgensen,2012)发现,随着美国政府债券占 GDP 比例的上升,Aaa 级[①]公司债券的利差随之下降。另外,国债收益率作为一国的无风险收益率,相当于整个债券市场的定价锚,在金融体系中发挥着重要作用。因此,国债市场功能的完善对整体金融市场的稳定至关重要。

目前,中国的国债市场尚不成熟,在规模和流动性方面都有待提升。根据中美国债发行量和存量数据(见图 1-1),可以发现 2010—2018 年来我国国债占总发行债券的比重总体呈下降趋势。2010 年,我国国债发行金额占债券总发行金额的 70%。随着债券市场的发展,债券种类不断丰富,融资途径增多,所有债券发行总额上升;相比之下,国债发行金额的增速缓于债券市场总量增速,国债占比也随之下降。至 2018 年,我国国债仅占总债券发行金额的 15% 左右。在美国债券市场中,国债发行量占比稳定维持在 30% 左右。美国国债不仅能满足本国个人和机构的投资需求,还被国外投资者广泛持有。随着中国债券市场的对外开放和人民币国际化的推进,中国国债市场的投资者结构不断完善,中国政府债在境外投资者中的认可度也将不断提升;另外,随着资管新规的实施,保本银行理财逐渐消失,低风险偏好的投资者将逐渐转向其他安全资

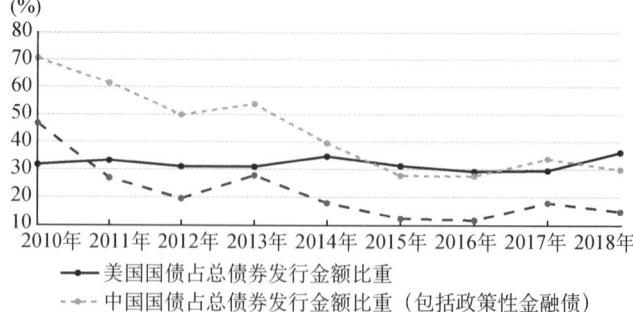

图 1-1 中美国债发行占总债券发行金额比重

(数据来源:证券业与金融市场协会 SIFMA、同花顺 iFinD)

---

① 标准普尔、穆迪、惠誉国际的信用评级等级符号参见书末附录。

产,国债的需求量或许会随之增加,中国的国债规模还有较大的扩展空间。

目前,我国国债的发行缺乏独立性,其发行量多受财政赤字的影响,还有相当一部分国债的发行是用来购买外汇的。另外,当前我国流通中的国债规模较小,可流通的记账式国债发行后,大部分额度被商业银行等机构投资者持有至到期,很少在二级市场买卖。在这种情况下,国债难以真正成为货币政策的调节工具。国债在金融市场上的作用是其他资产无可替代的,增加国债流通量,提高国债流通效率,发挥国债在债券市场上的重要作用,是债券市场走向成熟的必经之路。

我国国债还有一个明显特征,即发行期限结构失衡。如图1-2所示,国债发行期限主要集中在2～20年这个区间,处于此区间的国债占所有期限类型国债总量的63%。若将政策性金融债包括在内,则这一特征更为明显。如图1-3所示,政策性金融债的平均发行期限为5年左右。美国各类期限国债中:发行最多的是一年以内的短期国库券,占所有国债的74%;其次是2～10年的中期国库券,占比为24%;最后,10年以上的长期国库券占2%。

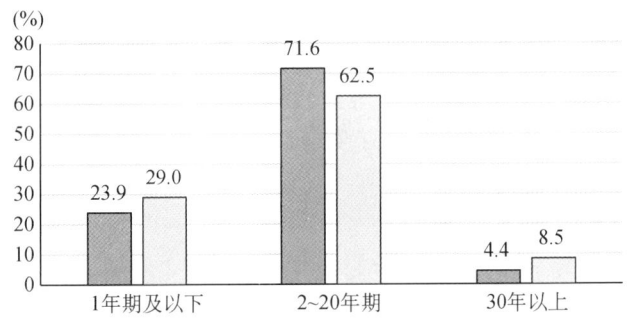

图1-2　中国各类型国债发行金额占比(2018年)

(数据来源:同花顺 iFinD)

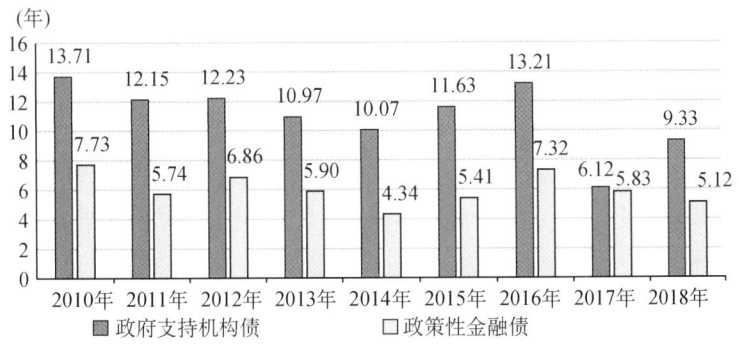

图1-3　中国政府支持机构债与政策性金融债平均发行期限

(数据来源:同花顺 iFinD)

期限结构的不合理制约了债券市场的发展。国债收益率曲线作为债券市场的基础数据,对整个债券市场的定价有着特殊意义。目前,国债期限长度多集中在中间部分,1年以内和10年以上品种发行量较低,这削弱了国债利率作为无风险利率的定价功能。两端期限债券发行频率较低,发行次数少;相比之下,国开债发行的频率较高,其流动性也高于国债,在一定程度上反而承担了国债的功能。为了完善国债期限结构,应当提高1年以内和10年以上债券的发行规模和频率,并采取一定的激励措施提高承销商的积极性。提高关键期限国债的发行频率和发行规模,有助于保持债券在市场上的活跃程度,为市场提供稳定的价格信号,发挥国债利率的标杆作用。

二、地方政府债务与隐性担保

2008年,美国次贷危机引发全球金融危机,受此影响,中国面临经济周期调整压力,财政收入大幅减少,地方财政收支压力增加。为应对此局面,中国2009年财政预算安排了2 000亿元的地方政府债发行额度以扩大内需,至此,地方政府债券正式开始发行。在起步阶段,地方政府债券采取财政部代发的方式。2009—2011年,财政部每年代发2 000亿元地方政府债券,并由财政部还本付息,资金作为收入纳入省级地方政府预算,不做赤字,发行期限为3年。财政部代发代还的模式决定了地方政府债的信用等级与国债类似,且当时地方政府债招标发行的利率限制在国债收益率上下15%的区间内,因此各地发行的地方政府债券利率差别较小。然而,各地政府在经济基础、财政状况、偿债能力等方面大有不同,财政部的担保和收益率区间的限制影响了债券市场的定价功能,3年的期限也与长期的政府投资项目不匹配,急需更有针对性、更加市场化的地方债发行方式。

2011年10月,上海市、浙江省、广东省和深圳市作为"自发自还"试点,在国务院批准额度内共计发行地方政府债券229亿元。2013年,新增江苏省和山东省作为自行发债试点省,发债总额度增加到700亿元。2014年,上海市、广东省、山东省、北京市等10个省市开始自行组织发行地方政府债券,同时财政部出台《2014年地方政府债券自发自还试点办法》,对地方政府债券的发行进行规范。2014年,《预算法》进行了第一次修正,2015年起正式实施,部分政府性债务通过债务甄别纳入预算管理,地方政府债券成为地方政府举债的唯一合法途径,中国全国范围内的地方政府债券全部实行自发自还。此前,地方债务体系尚未建立,按照1994年颁布的《预算法》,地方政府不得举债(法律和国务院另有规定的除外),这样一来,地方政府纵有发展本地经济的动力,也无法直接向公众或者银行融资,并且无法通过提供担保来间接获取资金;而地方政府又有较重的基建投资压力,于是通过地方政府融资平台举债,城投债便是这一特定历史阶段的产物。中国地方政府债务规模的急速膨胀,加剧了人们对地方政府债务违约风险的忧虑。一旦地方融资平台违约,地方财政将难以填补窟窿,地方政府与商业银行必将陷入危机,从而促使中央政府救援,其结果无非是通过各种方式(比如,向银行系统注入资本金,成立新的资产管理公司以帮助银行剥离不良资产,甚至帮助地方政府还款),将地方政府债务与商业银行不良资产转变为地方政府的当期财政赤字与中央政府的累积政府债务,这会给地方和全国的经济发展带来深远的负面影响(王永钦等,2016)。

2015年年末,地方政府融资再度受到监管重视,2015年12月颁布的《财政部关于对地方政府债务实行限额管理的实施意见》规定了城投债三年置换过渡期。地方政府债务置换是将债务延后的一种偿还方式,是地方政府为了缓解债务压力,通过适当的利率折合借来新债还上旧债。就其本质而言,地方政府债务置换只是将短期高利率的风险债务转换为长期低利率的较为安全的债务。具体来说,就是将短期银行贷款和信托贷款等债务形式转换为3年及3年以上期限的地方政府债券。地方政府融资的"隐性担保"不仅不具备法律有效性,而且个别地方政府财政风险过大,债权存在着悬空的风险,地方债置换意味着地方政府认领了其负有偿还责任的债务,标志着我国地方政府融资模式向市场化、规范化和透明化转变。

美国是世界上最早发展市政债券的国家,其发展模式和监管体制较为成熟。美国地方政府债券的主要形式是市政债券。美国作为联邦制国家,其政府机构由联邦政府、州和地方政府组成,并在此基础上形成了三级财政体制。在各级政府关系的处理上,美国坚持总体原则和各级地方政府自治原则,即各级政府有权处理自身事务,独立发行地方政府债券。美国地方政府债券类型多样,从发行主体层级角度来看,包括州政府发行的准主权债券和州以下地方政府发行的债券。州及州以下地方政府发行市政债券不需要上一级政府的批准或同意,但发行一般责任债券需要经过严格的预算审批程度,有的还需要全民公投。市政债券的收益率比较低,但投资者可以免除利息收入的联邦、州和地方所得税。

在美国,市政债券一般可分为两类:一种是直接由政府出面发行的,以政府一般征税能力为担保的债券,这种债券被称为一般责任债券(general obligation bond);第二种是以地方政府特定的事业收入为担保来发行的债券,又称为收益债券(revenue bond)。收益债券的发行人不一定是政府,政府的代理机构和授权机构也可以发行,主要由发债融资所支持的特定项目或者事业的收入来支持,如公用设施、收费公路、机场或者港口的收入等。

如图1-4和图1-5所示,和美国相比,中国的地方政府债发行量和存量占比都非常高。截至2018年,中国地方债发行量占比达到33.6%,存量规模呈增长趋势,且具有规模大、增速快的特点。2016年之后,中国地方政府债券虽增速放缓,但其存量占比仍然处于较高水平。美国市政债券作为地方政府的重要融资渠道,是美国债券市场的重要组成部分。总体来看,美国市政债券发行量和存量比较稳定。美国市政债券发行规模占比较低,2018年美国市政债券发行金额占美国债券市场总发行规模的4.6%。2010—2018年,美国市政债券的存量稳定在10%左右,2016年后有平缓下降趋势。

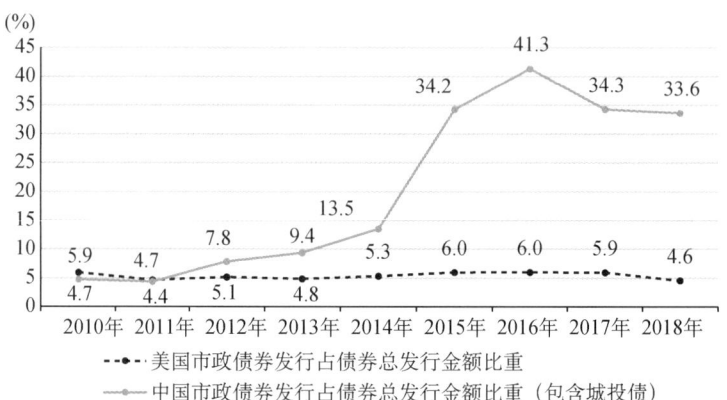

图 1-4　中美地方政府债券发行金额占比

(数据来源:SIFMA、同花顺 iFinD)

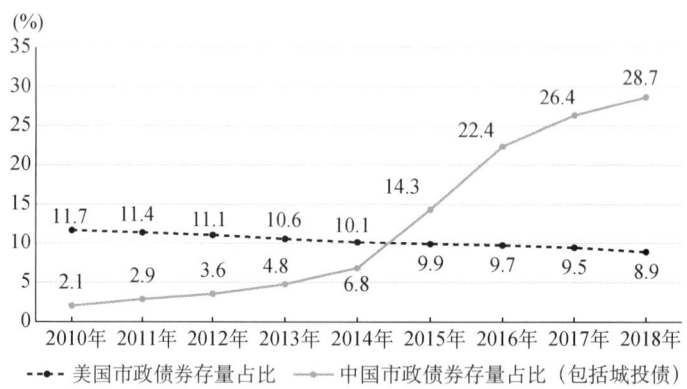

图 1-5　中美地方政府债券存量占比

(数据来源:SIFMA、同花顺 iFinD)

美国市政债券的投资者比较多元化,主要包括个人投资者、共同基金、银行机构和保险公司等。由于美国的市政债券利息收入免税,它对较高税率级别家庭的吸引力很大,如图1-6所示,目前个人投资者和共同基金是美国市政债券持比最高的两类投资者,2018年二者的占比分别为42.2%和24.3%。实际上,在20世纪80年代美国税制改革以前,商业银行一直是市政债券的主要投资者,后受免税政策调整的影响,商业银行持有的份额逐步下降。一般而言,个人投资者的投资策略是买入并持有,确保了市政债券需求的稳定性。机构投资者则会采用一定的交易策略,为二级市场提供了较强的流动性。

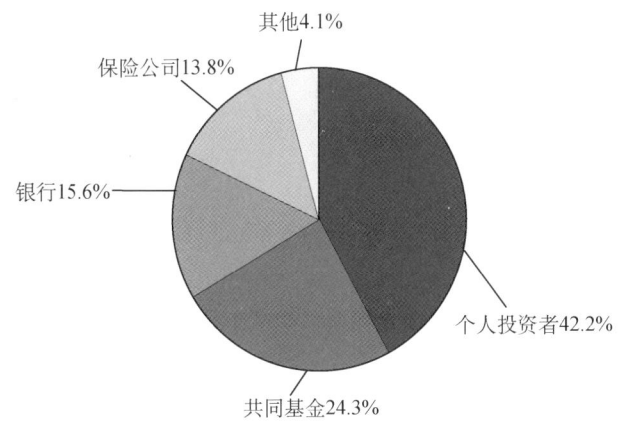

图1-6 美国市政债券投资者结构(2017年)

(数据来源:SIFMA)

由于中国地方政府债券主要在银行间市场发行,加上地方债置换等原因,商业银行成为我国地方政府债券的主要持有者。如图1-7所示:我国商业银行所持有的份额占所有投资者的73.3%;其次是政策性银行和城市商业银行,分别占9.8%和8.8%;非银行金融机构和个人持有占比相对较少。这与我国地方债流动性偏低,市场的交易活跃度不高,非银行金融机构和个人参与购买动力不强有关。不过,2018年后,财政部也在积极推动丰富投资者类型,鼓励商业银行、证券公司、保险公司等各类机构和个人,全面参与地方政府债券投资。

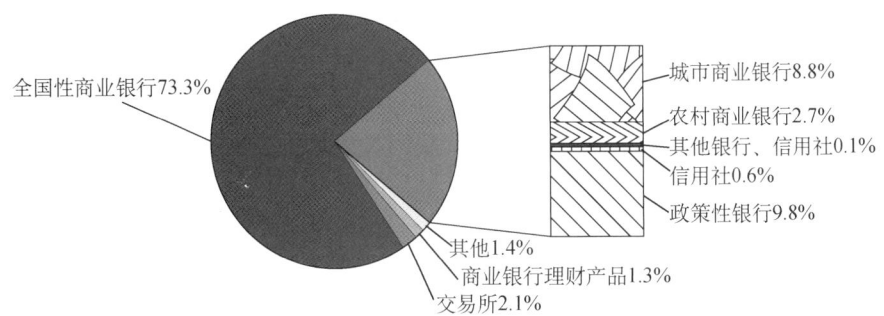

图1-7 中国地方政府债券投资者结构(不含城投债,2018年)

(数据来源:东方财富Choice数据学院)

类似于企业债,信用评级是影响美国市政债券发行价格的主要因素之一。评级机构会对地方政府进行综合评级,因此市政债券不仅有债项评级,也有相应的发行人评级。图1-8包含美国市政债券发行时的评级。美国市政债券从Aaa级到Baa3级均有分布,多集中于Aa2、Aa3和A1评级段,占比分别为23%、21%、21%左右。中国债券市场评级偏高现象普遍存在,在地方政府债中也不例外。如图1-9、图1-10所示为中国地方政府债券评级,以债券数目来计算,有41%的地方政府债券分布在AAA评级段,其余有评级的债券9.8%为AA+评级,8.4%为AA评级,另外有37.4%的债券没有评级;以债券金额计算,AAA级别的债券更是高达72.4%。

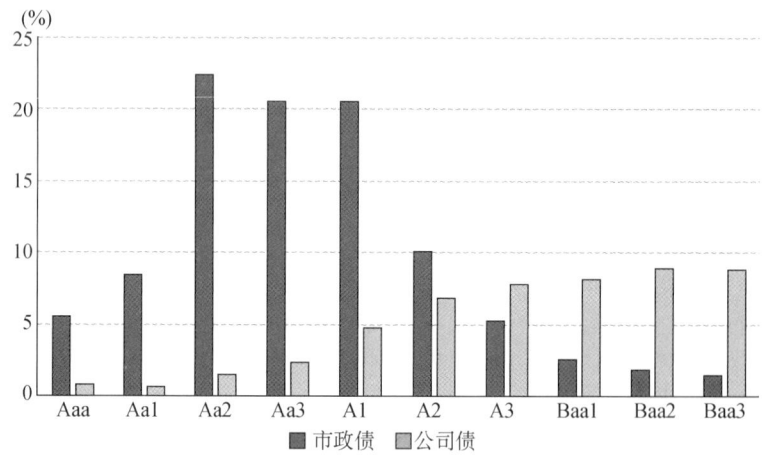

图1-8 美国市政债和公司债评级分布(2015年)

(数据来源:穆迪投资者服务公司)

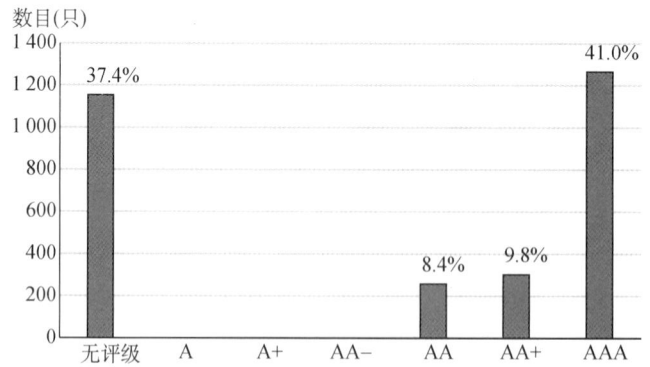

图1-9 中国地方政府债券发行时债项评级分布(2018年)

(数据来源:同花顺 iFinD)

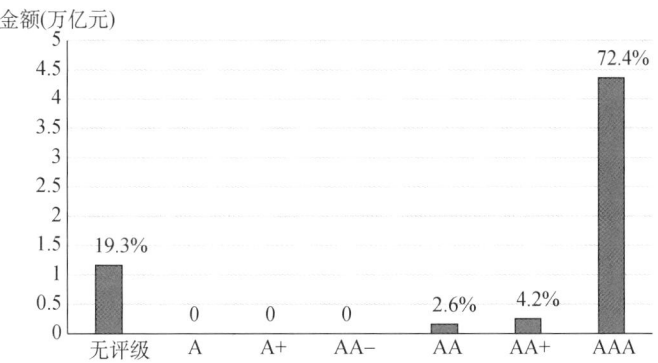

图 1-10 中国地方政府债券发行时债项评级分布（2018 年）

（数据来源：同花顺 iFinD）

如图 1-11 所示为美国州政府信用评级，从发行人评级来看，美国发行市政债券的地方政府评级多在 AA－以上。中国地方政府债券由地方财政厅发行，在中国并没有针对政府部门的债券发行人评级。不过，通过地方政府融资平台发行的城投债多由城投公司发行，因此城投债具有发行人评级。由图 1-12 可知，在 2017 年以前，城投债发行主体由评级为 AA 的公司主导，AAA 级城投公司发行城投债的金额逐年上升。2018 年，AAA 级城投公司发行城投债金额超过 AA 级公司，发债金额达 7 000 亿元。

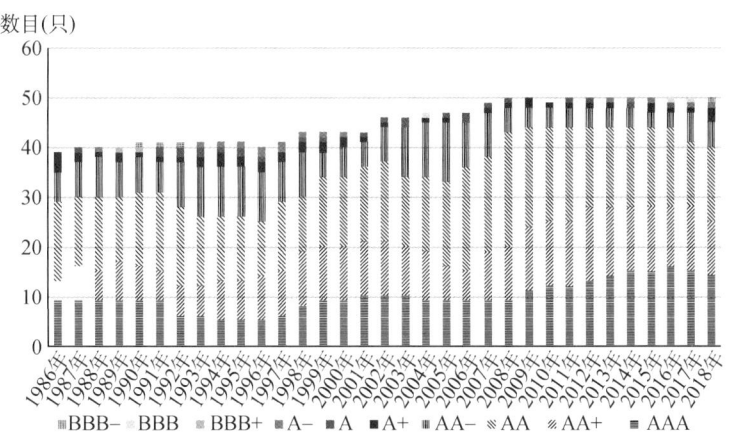

图 1-11 美国州政府信用评级（每年 1 月 1 日数据）

（数据来源：标普全球固定收益指数）

对比中国和美国地方政府债券评级，中国没有评级的债券占三分之一以上，而有评级的债券全部在 AA 级以上。相比于美国评级分布情况，可以发现中国评级总体偏高。与美国不同，中国的地方政府破产清算制度尚未明确。

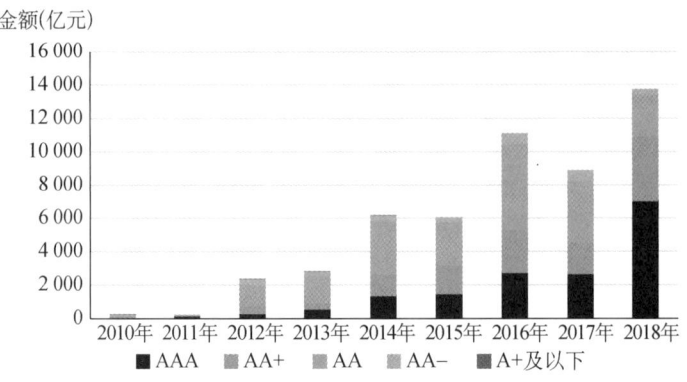

图 1-12　中国城投债发行人评级分布

（数据来源：同花顺 iFinD）

在中国的政治体系下，各级政府之间存在着不可分割的联系，当下级政府濒临破产时，上级政府不可能袖手旁观。一旦地方政府出现债务难以清偿的情况，中央政府不可避免地为其兜底。因此，即使地方政府债采用了自发自还的制度，地方政府债的信用等级仍然很高，地方政府债的评级也会相对更高。除此之外，地方政府债券评级较高的现象，与地方政府债券发行时审批要求较为严格、评级机构内部治理不完善也有关系。

三、信用债违约处置与高收益债市场发展

中国债券市场有着独特的发展路径，由于存在政府的隐性担保，在相当长的一段时间内，中国债券市场都保持着"零违约"的状态。直到 2014 年 3 月，"11 超日债"发生违约，才打破了长期的刚兑保护。在成熟的债券市场中，企业债券违约并不罕见，违约的存在对市场发挥定价功能有着积极作用。刚性兑付扭曲了市场的定价机制，使债券利差不能正确反映其信用风险（王永钦等，2016；Geng and Pan，2019）。2014 年中国债券市场打破刚性兑付以后，中国债券市场信用债违约事件频发，债券违约逐渐成为常态。2017 年以来，一系列的去杠杆宏观政策给企业融资带来压力，再加上 2018 年资管新规发布，银行投资企业的渠道受阻，杠杆水平快速下降，造成部分企业资金链断裂。金融去杠杆和资管新规对市场流动性造成影响是加剧信用债违约的可能因素，在这种背景下，违约债券的处置问题备受关注。

提升违约债券流转效率、建立违约债二级市场是以市场化机制处理债券违约的首选。在这一方面，相关机构已经采取了一系列措施。2019 年 6 月 28 日，为健全债券违约处置机制，保护投资人合法权益，中国人民银行（央

行)起草了《关于开展到期违约债券转让业务的公告(征求意见稿)》,向社会公开征求意见,到期违约债券的交易机制开始运行,为市场化处置违约债券开辟了新的渠道。2019年12月27日,中国人民银行、国家发改委和中国证监会联合起草了《关于公司信用类债券违约处置有关事宜的通知(征求意见稿)》,对债券违约处置的重点领域进行规划。同时,银行间市场交易商协会发布了多个配套文件,其中:《银行间债券市场非金融企业债务融资工具违约及风险处置指南》提出了违约债券的多元处置路径;《银行间债券市场非金融企业债务融资工具持有人会议规程》(修订稿)规范了参与主体的权责和义务;《银行间债券市场非金融企业债务融资工具受托管理人业务指引(试行)》在银行间首次引入受托管理人制度安排,强化了投资者保护机制。2019年2月,中国外汇交易中心组织首次到期违约债券的匿名拍卖,虽然仅限于银行间产品,但随着债券匿名拍卖的常态化,其交易活跃度有望逐步提升。2019年7月,全国银行间同业拆借中心举办了首次质押式回购违约债券匿名拍卖,回购业务的关注重点正在由同业授信向质押券质量转变。

  违约债券及评级下调债券是高收益债券,如果能够形成一个有效的公开交易市场,将会有助于引导违约债券的继续流通,从而提高违约处置效率。在成熟的债券市场中,高收益债是信用债的重要组成部分。由于其发行利率高,偿还优先级次序靠后,高收益债带有更多股票的特性。因此,不同于投资级债券,高收益债对信息更加敏感,价格波动性更强,其投资者承担着更高的风险。高收益债作为一种独特的债券品种,需要更专业化的信用分析方法,因此其面向的投资者也相对小众。美国公司债中包括大量的高收益债,如图1-13所示,2018年美国高收益债比重在13%左右,而中国高收益债市场刚刚起步,体量极小,2010—2018年最高发行占比仅为0.8%。

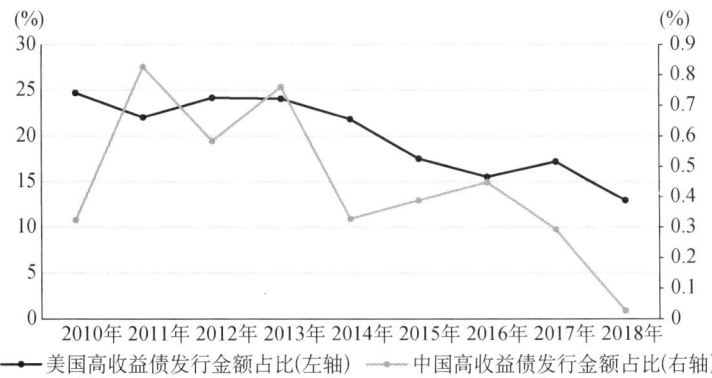

图1-13 中美高收益债占全部公司债发行金额比重

(数据来源:SIFMA、同花顺 iFinD)

中国高收益债市场的发展仍存在一些障碍。首先,国内债券市场的主要机构投资者风险偏好趋同,难以形成高收益债的规模性需求。另外,银行在中国的债券投资市场中占据着重要地位(Allen et al., 2013),而银行风险偏好较低,投资选择较为保守,在以银行为主导的投资者结构下,高收益债很难有市场。美国债券市场经过长期的发展,机构投资者种类丰富,风险偏好结构较为完善,且形成了一批专业性较强、风险偏好较高的投资者群体,擅长进行高收益债券的投资。因此,要想实现高收益债券市场的发展,首先要打破目前低风险偏好投资者主导的债券投资者格局。

其次,在中国债券市场上,很多高收益债持有人都是被动持有,即当投资级债券遭遇评级下调或出现违约后,其流动性严重受损,原持有人往往很难找到合适的转卖渠道,只能继续持有。2019年6月,中国人民银行发布了《关于开展到期违约债券转让业务的公告(征求意见稿)》,明确了开展到期违约债券转让业务的制度安排,对到期违约债券的托管和结算、信息披露、业务流程等进行统一规定。

但是,如果违约企业的经营状况不能得到改善,即使通过政策手段将折价出售的违约债券重新引入市场,也很难对债券兑付发挥实质性的作用。在美国,存在大量专业的违约企业投资机构,它们通过对违约企业进行资产重组等,帮助企业恢复运营,然后出售企业以获得高额回报,这种机构的存在解决了违约债券的兑付问题,这与中国违约债的处理方式完全不同。有学者(Hotchkiss and Mooradian, 1997)研究了秃鹫投资者(vulture investor)——专门处理问题企业的投资机构——在违约公司治理和重组中的作用,发现秃鹫投资者的接管能够给目标公司的股票和债券带来异常收益率,并能通过提高违约公司的管理水平提高公司价值。可见,高收益债市场离不开更加专业化的投资者队伍。

最后,中国的信用衍生品市场起步较晚。2010年10月,银行间交易商协会发布《银行间市场信用风险缓释工具试点业务指引》,推出信用风险缓释工具(credit risk mitigation, CRM),相当于中国版的信用违约互换(credit default swap, CDS),但CRM的模型设计上仍存在一些缺陷,目前尚未大规模应用。在美国债券市场上,CDS几乎是机构投资高收益债券必不可少的风险对冲工具。在违约债券处理机制不完善、缺乏有效对冲工具的情况下,投资人面临的风险过大,只有少数投资人才会选择持有高收益债,难以支撑高收益债券市场的正常运行。因此,高收益债券市场的发展离不开信用衍生品的支持。从具体品种来看,中国目前的信用风险对冲工具包括银行间市场的信用风险缓释合约(credit risk mitigation agreement, CRMA)、信用违约互换(CDS)、信用风险缓释凭证(credit risk mitigation warrant, CRMW)、信用联结票据(credit-linked notes, CLN)和交易所市场的信用保护合约、信用保护凭证,但由于中国违约样本数据较少导致的信用风险衡量不准确、创设机构参与积极性不高等原因,信用对冲工具目前没有被大规模使用。

在成熟的债券市场中,高收益债能够满足资质较差的发行人的融资需求,同时也为高风险偏好的投资者提供了投资渠道。在中国的金融体系下,中小企业融资渠道不畅通,高收益债券或许能够成为缓解中小企业融资难问题的一条途径。

四、指数化债券

（一）通胀指数债券

指数化债券(index-linked bond)是指面额和利息随着某一指标变化而变化的债券。通胀指数债券(treasury inflation-protected securities,TIPS)是目前应用比较广泛的一种指数化债券,主要用于降低通货膨胀对实际价值带来的影响,规避通胀风险。

第二次世界大战之后,世界各国普遍处于高通胀的经济状态,当时,很多国家和地区都进行过指数化债券的尝试。20世纪60—70年代,巴西、阿根廷、以色列等发展中国家为应对通货膨胀,在采取紧缩货币政策的同时,发行了大量的指数化债券。这是第二次世界大战后债券指数化的第一次尝试。通胀指数债券在一定程度上节约了国家的债务成本,但同时也受到指责,反对者认为大量的通胀指数债券减弱了人们反通胀的决心,与政府控制通胀的目标不符合。这次尝试以失败告终。20世纪80年代,许多国家仍处于高通胀状态,通过发行指数化债券减轻债务负担的做法再次被提上日程。英国于1983年开始发行指数化债券,随后,澳大利亚、新西兰、意大利等国纷纷效仿。20世纪90年代后,以英国为首的工业化国家不断扩大指数化债券的发行规模,美国也于1977年开始发行通胀指数债券。这一时期的指数化债券大多得到了中央银行的支持,各国政府在发行通胀指数债券的同时,央行均制定了与之相匹配的通胀目标。这次指数化债券的尝试取得了较大的成功,通胀指数债券也被多个国家沿用至今。

相较于普通名义债券,与通货膨胀挂钩的指数化债券为投资者提供了规避风险的途径,能够有效避免通货膨胀导致的资产缩水等问题。通胀指数债券还能够降低政府的负债成本。20世纪90年代,全球通货膨胀迅速下降,在这种情况下,名义债券的实际利率不断升高,给高负债的政府带来较大的负担,这也是通胀指数债券在20世纪90年代繁荣发展的根本原因。同时,由于通胀补偿债券不受通胀影响,在市场普遍存在通胀预期的情况下,通胀指数债券的发行成本要低于普通名义债券。另外,通胀指数债券具有积极的"信号效应"(signaling effect)。一方面,发行通胀补偿债券可以表明政府控制通胀的决心,增强政策的可信度;另一方面,通胀指数债券和普通名义债券之间的利差可以准确反映市场对通胀的预期,为经济政策的执行提供了参考。

通胀指数债券对投资者的风险管理和国家宏观经济政策的执行都有重要意义,然而,目前国内尚未推出和通胀挂钩的指数化债券。为完善中国债券市场体系,满足投资者需求,建议适时推出通胀指数债券。在通胀指数债券的设计上,国外的发展的经验对我们有以下三个方面的启示。

(1) 构建合适的通胀衡量指标。各国通胀指数债券关联的指数类型有所不同,如美国所采用的是居民消费物价指数(consumer price index,CPI),英国采用的是零售物价指数(retail price index,RPI),还有一些国家以批发物价指数(wholesale price index,WPI)、GDP 平减指数等作为关联指数。合理的通胀指数不仅要足够权威,公正透明,有效反映真实的通胀程度,还要具有明确的发布频率和发布渠道,保证连续、稳定的发行机制。目前来看,中国的 CPI 数据核算方法不够透明,若直接使用尚存在一定的问题,还需要考虑构建其他指数。

(2) 合理设计债券的结构特征。在期限结构上,建议重点发展中长期品种。在特别短的时间内,通货膨胀水平变动的幅度较小,通胀指数债券难以发挥通胀保护的作用。美国 TIPS 的期限有 5 年、10 年、20 年三种,英国期限较为多样化,但也以中长期为主。在税收结构上,为激励投资者积极参与,建议给予税收优惠。美国 TIPS 利息收入和本金增长免征州和地方所得税,但需要缴纳联邦所得税。英国的通胀指数债券本金随通胀调整部分免税。在指数化形式上,建议顺应大多数国家采用的本金指数化方式,即债券面额(本金)根据偿还期限内的物价指数变化进行调整,利息则根据付息周期内调整后的债券本金与息票利率相乘得出。

(3) 重视通胀补偿债券的局限性。通胀指数债券未能在全球大规模推广的一个重要原因是,它可能会弱化全社会共同反抗通胀的决心。宏观经济的实施需要社会各阶层的配合,购买了通胀指数债券的投资者相当于拥有了通胀保护,对通胀程度不再敏感。在这种情况下,政府在短期利益的驱使下可能会向央行施加压力制造通货膨胀。正因为这个原因,通胀指数债券在许多国家受到中央银行的抵制。通胀指数债券在一些发展中国家推行失败的原因,或许是这些国家的中央银行独立性较差。另外,当政府受到某种冲击不得不采取通货膨胀措施时,大量通胀补偿债券的存在会使政府债务突然增加,并且会破坏公众对政府反通胀的信心,带来负面影响。因此,通胀指数债券的发行计划还应与国家的政治体制、宏观政策相配合。

(二) 房地产价格指数及衍生品

房地产价格水平不仅影响着房地产交易参与者,还能够反映一国经济的运行情况,对人们的投资选择造成影响。房地产市场波动性较强且投资金额较大,投资者需要更灵活、快捷的投资方式,房地产持有者也希望有更好的套期保值方式。房地产价格指数能够避免直接交易房地产带来的不便,并且在房地产价格指数市场较为完善的情况下,还可以推出相应的期货、期权等衍生工具,投资者投资于房地产市场也更加有保障。

凯斯-席勒指数(S&P/Case-Shiller Home Price Index,CSI)是美国房地产领域的重要指数。Case-Shiller指数以销售两次或以上的房屋作为数据来源,采用重复销售定价技术(repeat sales pricing)追踪房地产价格的变化,当一间房屋再一次被出售后,将其新价格与旧价格作比较,从而得出房价变化的幅度。这种定价方式能够较为准确地反映房地产市场的成交价格变化。CSI最早由经济学家卡尔·凯斯(Karl Case)和罗伯特·席勒(Robert Shiller)于20世纪80年代开发,后与艾伦·魏施(Allan Weiss)组建了卡魏施有限公司(Case-Shiller Weiss, Inc.),出售其追踪住房价格的研究报告。2002年,该公司被费哲金融服务公司(Fiserv, Inc.)收购,并在原有基础上推出Case-Shiller指数。2006年,标普成为费哲金融服务公司的伙伴,二者共同统计发布Case-Shiller指数。在此基础上,芝加哥商品交易所(Chicago Mercantile Exchange, CME)于2006年开始交易Case-Shiller指数期货,以波士顿、芝加哥、丹佛、拉斯维加斯、洛杉矶、迈阿密、纽约、圣地亚哥、旧金山和华盛顿这十个城市的加权综合指数作为合约标的,并推出了以Case-Shiller指数期货合约为标的的期权产品。投资者可以运用Case-Shiller指数衍生品进行投机,房地产持有者也可以通过卖空指数的方式补偿房地产价格下跌带来的损失。

可靠的房地产价格指数能够揭示房地产市场的真实情况,起到"国民经济晴雨表"的作用。中国目前的房地产价格指数多为新房或租赁价格指数,还没有能够做到追踪同一套房地产价格变动的房地产指数,也不存在房地产指数的交易市场。为更好地发挥房地产价格指数的功能,建议从指数构建和衍生品市场两个方面入手,建立起房地产价格指数体系,并适时推出房地产价格指数相关衍生品。

在编制方法上,可以参考Case-Shiller指数的构建方法。根据覆盖范围,Case-Shiller指数可分为以下四种:全国房价指数、十城市综合房价指数、二十城市综合房价指数、单个城市房价指数。列入Case-Shiller指数统计范围的房屋主要是单户住宅,其余的公寓及合租房均不被列入统计范围,标普会另行公布有关公寓价格变化的指数。另外,列入统计范围的住宅至少有两次交易记录,新建楼房不列入计算范围。中国可以参考美国的做法,对成交比较活跃的住宅采取重复销售定价法,追踪住宅层面的价格变动幅度,并根据不同的城市计算出地区综合房价指数及全国综合房价指数。

在数据来源方面，还需要进一步完善成交信息的发布机制。构建房地产价格变动指数需要非常详细的交易数据，而中国目前还没有较为统一的逐笔房地产交易信息的数据库，所以房地产市场价格的指数体系的建设还需要银行、房地产中介、税务等相关机构提供数据支持。在未来，可以建立起统一的成交信息发布平台，或由统计部门统一采集并发布相关交易数据，以单个房地产为单位，进行成交价格信息披露，便于市场参与者判断市场走势。

在形成较为完善的房地产价格指数的基础上，想要建立完善的房地产价格指数的交易市场，还需要进一步推出相应的衍生工具。但房地产与股票、债券等标准化产品差异较大，在房地产价格指数衍生品开发中，有以下两点需要注意。

一是房地产不同于股票、债券等标准化资产，其异质性可能会限制房地产价格指数衍生品的对冲功能。对于房屋持有人来说，每一所房屋都是独一无二的，因此房地产价值在很大程度上依赖于投资人的主观意愿，难以通过统一的标准进行量化，也就很难设计出一个能够完全对冲其风险的衍生品。从国外相关产品发展情况来看，美国的房地产价格指数衍生品市场不如英国活跃，这或许与两国的地产分布状况有关：英国国土面积相对较小，房地产市场较为集中，比较容易产生认可度较高的房地产价格衡量标准；而美国地产较为分散，且地区间差异较大，2006 年 CME 推出的 Case-Shiller 指数期货以 10 个主要城市的综合指数为标的，难以契合全国各地房地产持有人的对冲需求。因此，中国在设计房地产价格指数衍生品时，还需要充分考虑地区、环境的异质性。

二是房地产价格具有较大的黏性。在短期内房价的可预测性较强，房地产价格指数衍生品交易者观点可能出现趋同现象。1993 年席勒推出房地产价格指数期货时，人们普遍持卖出意向，交易所担心缺乏多头对手方而拒绝推出产品。在 20 世纪 90 年代的英国，房地产市场处于震荡时期，这一时期很多房地产价格指数衍生品得以发展。为保证指数衍生品交易的活跃性，房地产价格指数衍生品的推出还需结合房地产市场现状，选择合适的推出时机。

第二节　债券市场发展与宏观调控效率

一、债券市场对外开放与金融国际化

在目前的国际市场上，人民币债券越来越多地被国际投资者接受，但由于中国债券市场开放较晚，目前人民币债券尚未发挥跨境担保功能。2008 年金融危机之前，金融机构对抵押品的重视程度不够，很多交易没有足够的抵押品

保障。金融危机之后，金融机构之间的信任程度降低，对抵押品的重视程度提升。巴塞尔协议Ⅲ引入了流动性覆盖率（liquidity cover ratio，LCR）指标，即优质流动性资产（high-quality liquid assets，HQLA）储备与未来30日的资金净流出之比，这导致对优质流动性资产的需求增加。优质流动性资产是指那些低风险、容易变现的资产，这类资产常被称作抵押品。在这种背景下，抵押品逐渐成为全球稀缺资源。中国有着规模庞大的债券体系，其中不乏可以承担抵押品功能的优质债券，这些人民币债券如果能够在全球范围内作为抵押品流通，不仅能够提高中国债券在世界各地的流通性，提高人民币认可度，还能够对目前稀缺的抵押品进行补充，增强全球资金使用效率。有学者（Fostel et al.，2017）指出，金融一体化是全球共享稀缺抵押品的渠道。当国际间资本自由流通时，抵押品被更乐观的国际投资者持有，资产的杠杆价值增加，抵押品的价格相应升高。有研究（Phelan and Toda，2019）构建了关于金融开放的理论模型，说明了金融一体化可以降低利率，增加全球安全资产的供给。但是，抵押资产供给的变化会导致资金流向抵押资产充足的国家，这可能会减少资金流出国内部的风险分担，这是金融一体化过程中需要应对的风险。面对不断变革的国际金融监管体系，中国的抵押品管理制度需要进一步和国际接轨，在进一步完善中国债券市场对外开放的基础上，积极推动人民币债券成为国际范围内认可的抵押品。

除此之外，还应提高国内清算托管机构的抵押品管理能力，在完善对外开放措施的基础上，推出面向全球的抵押品管理服务。在各国抵押品管理系统分割的情况下，用作抵押品的证券通常被"锁定"在特定的市场，从而降低了抵押品的使用效率。这一问题可以通过提供基础设施、实现抵押品在空间和时间上的转移来缓解。目前，多个国家和地区已经推出了跨境抵押品管理服务，对中国建设全球抵押品管理服务系统具有重要的借鉴意义。

欧洲具有较为成熟的跨境抵押品管理经验。2012年7月，欧洲清算系统（Euroclear）为建立一个完全开放的全球市场基础设施，实现抵押品的高效管理，开启了"全球抵押品高速公路"（Collateral Highway）。"全球抵押品高速公路"向全球所有中央对手方、中央证券存管机构、中央银行、全球和地方托管人、投资和商业银行开放。为实现抵押品的跨时空转移，欧洲清算系统开发了开放式库存采购技术（open inventory sourcing technology），以跟踪客户在各个位置存放的抵押品头寸，并通过"抵押品高速公路"使用自动方式将正确的抵押品移至正确的抵押品接受者。

为了改善亚洲区的债券结算交收安排，我国香港借鉴欧洲的经验，牵头打造亚洲债券结算平台。2013年3月，香港金融管理局推出亚洲债券结算交收试行平台，并于2013年6月与欧洲清算系统及摩根大通进行合作，推出跨境抵押品管理服务。国际金融机构通过该平台,可利用美国国债甚至欧债等债券作为抵押品,向香港的银行借取港元或人民币资金。这一举措扩大了抵押品的应用范围,降低了对手方风险;同时也为国际金融机构提供了有效渠道,开拓了流动资金来源。

中国债券的国际影响力日益扩大。2019年1月,中国债券纳入彭博巴克莱债券指数,这是中国债券市场对外开放过程中的重大进展,充分反映了国际投资者对于中国经济的信心。在回购、债券借贷、衍生品交易保证金等业务中,优质抵押品都是不可或缺的一部分,开展跨境抵押品管理业务是中国债券市场走向成熟的必经之路。2008年金融危机之后,金融机构之间的信任程度降低,对抵押品的重视程度提高,全球对优质抵押品的需求上升,而规模庞大的人民币债券却尚未成为全球主流抵押品。如果人民币债券能够在全球范围内作为抵押品流通,那么不仅能够提高中国债券在世界各地的流通性,提高人民币认可度,还能够对目前稀缺的抵押品进行补充,增强全球资金使用效率,同时提高人民币债券的价值。

为实现中国债券成为全球抵押品的目标,中国的抵押品管理制度需要和国际接轨,在完善中国债券市场对外开放的基础上,进一步加强境内外基础设施的互联互通。为此,要加深与国际金融组织的合作,以国际金融组织较高的信用地位,带动全球发行人和投资者的积极性。在这方面,中国已经取得了一系列的成功:2005年,世界银行集团旗下的国际金融公司和亚洲开发银行首先获准在中国发行熊猫债券,有力推动了中国债券市场对外开放;2016年,世界银行在中国银行间债券市场成功发行了5亿特别提款权(special drawing rights, SDR)计价债券(木兰债),这是自1981年以来全球发行的首单SDR计价债券,对中国的对外开放具有里程碑意义。

同时,也要注重提高人民币债券的流动性。流动性是影响抵押品质量的重要因素,人民币债券在国际市场上的活跃程度是其能否成为抵押品的关键。在国际市场上,并不是评级越高的主权债务抵押价值越大,只有流动性足够好的债券,才能够在担保交易中被广泛接受。因此,还要继续提高国债、国开债等债券品种的流动性,建议从期限结构、投资者层次、做市商激励制度、风险对冲机制等方面入手,提升人民币债券的流动性。

另外,在目前的国际市场上,美元债依然在抵押品体系中占据主导地位。例如,场外衍生品交易担保品只能用美元债券。为了更好地利用国际资源,应该鼓励国内企业发行美元债。中资美元债一直受到海外投资者的广泛欢迎。相比于境内同类债券,发行美元债券的中资机构资质整体较好,它们拥有国际评级,违约风险相对较低。同时由于境内外评级存在差异,同一发行主体在境外评级通常比国内低。因此,中资美元债往往被低估,具有较高的投资价值。

扩大美元债市场,能够使更多基于中国企业信用的债券在国际市场作为抵押品流通,提高国际投资者对中国债券发行主体的信任程度,为人民币债券成为全球抵押品打下市场基础。

二、回购市场与货币政策传导

债券回购交易是指债券持有人(正回购方,即资金融入方)在卖出一笔债券、融入资金的同时,与买方(逆回购方,即资金融出方)协议约定于某一到期日再以事先约定的价格将该笔债券购回的交易方式。债券回购交易的实质为有抵押借贷,一笔回购交易涉及两次券款的交换。债券回购交易对金融机构而言是重要的短期资金融通渠道,同时也是重要的货币政策工具。由于涉及债券与资金的交换,债券回购交易同时与货币市场和债券市场相关联。债券回购利率也是金融市场中的关键参考利率之一。

在发达国家较为成熟的金融市场里,中央银行的货币政策主要是用以现券买卖或回购交易为手段的公开市场操作影响政策基准利率。公开市场操作对基准利率的影响分为持续性和暂时性影响两种。持续性影响主要通过中央银行与一级交易商进行约定的现券买卖操作,在其他因素不变的情况下,货币供应量的一次性增减将影响基准利率的水平值高低;暂时性影响主要通过债券回购操作,在其他因素不变的情况下,回购操作到期不续做,基准利率将回复到原来的水平。我国央行进行公开市场操作的主要方式是回购交易,央行的回购操作影响着市场资金充裕程度,回购市场的利率反映了整个金融体系的资金供求和流动性状况。当央行进行正回购操作时,央行作为资金的借入方,使银行的超额准备金减少,这部分资金暂时退出市场流通,从整体上使市场资金收紧;而当央行作为资金融出方进行逆回购操作时,则会有相反的效果,使市场资金更充裕。

回购也是当前金融机构进行流动性管理的重要的工具。如图 1-14 所示,目前中国债券回购月度总交易金额在 70 万亿～90 万亿元。作为比较,中国股票市场总市值约为 55 万亿,中国债券市场 2019 年末总存量约为 103 万亿,中国债券现券市场平均月度交易金额在 17 万亿～18 万亿元,同样作为资金融通渠道之一的同业拆借,月均成交额约在 12 万亿～13 万亿元,相比之下,债券回购市场体量巨大,远远超过现券交易和同业拆借规模。

中国债券回购交易在银行间市场与交易所市场均可进行,但其制度安排有所不同。银行间回购市场的交易品种包括质押式回购和买断式回购两种传统的双边回购,并在此基础上发展了质押式回购匿名点击,统一安排质押券的券种、折算率与估值。2015 年,上海清算所将债券回购交易纳入净额清算范围,并于 2016 年发布了一系列净额清算质押券业务相关规定。2018 年 10 月

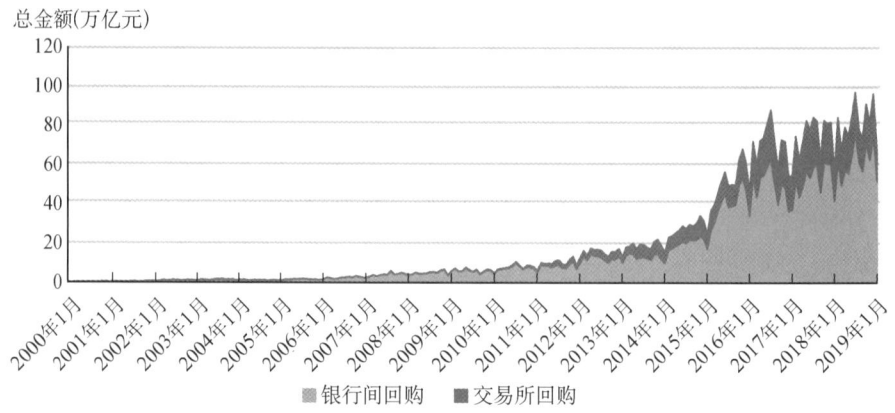

图 1-14 中国债券市场回购情况

16 日,中国人民银行发布银行间债券市场推出三方回购交易的公告,中国外汇交易中心与上海清算所于 2019 年 7 月 31 日发布《关于开展通用质押式回购交易清算业务的通知》,明确由上海清算所作为中央对手方和第三方抵押品管理机构,银行间市场的通用质押式回购业务即将起航。

交易所回购市场主要的传统交易品种包括标准质押式回购和质押式协议回购,其中协议式回购由交易双方自主协商进行,标准质押式回购由交易所进行竞价撮合成交,中国证券登记结算有限责任公司(中证登)在交易所质押式回购协议中充当中央对手方,提供集中清算服务,并对质押券进行逐日盯市。上海证券交易所(上交所)、中证登于 2018 年 4 月 24 日推出交易所质押式三方回购交易,以中证登作为上交所三方回购中的第三方,提供担保品管理等服务。上交所的三方回购更类似于标准质押式回购和质押式协议回购的中间品种,在双边回购的基础上引入了中证登进行抵押品管理,但中证登不作为中央对手方参与交易。

中国银行间市场的回购以质押式回购为主。根据外汇交易中心数据,2019 年银行间质押式回购交易金额为 810 万亿元,买断式回购交易金额为 9.5 万亿元,前者交易金额为后者的 80 多倍。质押式回购的模式存在一定的缺陷,质押式回购期间逆回购方没有质押券的使用权,大量的质押券被冻结。这种模式降低了债券的流动性,不利于货币政策的传导。与国内以质押式回购为主的情况不同,欧美的回购在本质上更类似于国内的买断式回购。在美国回购交易中,虽不发生抵押品所有权的转移,但回购期间逆回购方具有取得利息收入、卖出抵押品、再次抵押的权利,且在违约时逆回购方能够自由处置抵押品。因此,美国回购的实质更像是"买断式"。欧洲的回购则是彻底的买断式,回购期间抵押品所有权转移到逆回购方,逆回购方具有获得利息收入、买卖、再质押的权利。

在质押式回购中，质押债券在整个质押过程中都处于冻结状态，逆回购方没有使用权，无法在二级市场买卖，也没办法再次使用进行质押，杠杆价值不能被充分利用。为了优化回购市场功能，建议适时推进回购机制改革，提高质押式回购的债券使用效率，优化买断式回购的交易流程。具体可以参考国际上的经典式回购和购入/售回式回购，分别对质押式回购和买断式回购进行改进。经典式回购以回购利率报价，回购期间正回购方的债券相关权利转移至逆回购方。购入/售回式回购体现为两笔现券买卖的形式，回购期间涉及债券所有权转移，报价时以债券的首期价格和到期价格进行报价，二者价差隐含了回购利率。在国际市场上，经典式回购应用范围更广。国内的质押式回购与经典式回购存在相似之处，可以在现有质押式回购的基础上，实现质押券所有权或使用权的转移，使债券始终保持可用状态，提高债券的流动性和抵押效率。针对买断式回购，则可以参考国际上的购入/售回式回购，对交易和结算流程进行优化，使其更符合市场交易习惯，并发挥其灵活性的特点，为有特殊需求的机构提供更多的便利，作为质押式回购的补充。

另外，回购虽然是有抵押品的交易，但在中国的双边回购中，交易对手方风险仍然起着决定性作用。以银行间质押式回购业务为例，逆回购方面临着正回购方不能及时提供资金购回质押物的风险，因此，机构会设定允许进行质押式回购交易的机构白名单，一般情况下只与名单内的机构进行交易。可见，在中国金融机构间的融资过程中，对手方资质对交易是否达成仍起着决定性作用，抵押品的作用没有被充分发挥，这在很大程度上限制了抵押品价值的实现，影响了货币政策的传导效率。

三、基于抵押品的货币政策与融资效率

抵押和杠杆在金融周期和经济周期中扮演着重要角色（Geanakoplos，2010）。2008年金融危机以来，由于短期利率接近零下界，很多国家和经济体的中央银行开始重视以调控抵押和杠杆为主的创新型货币政策（如量化宽松，即quantitative easing，简称QE）。2008年以来，宽松的货币政策也成为中国经济"稳增长"的主要政策工具，不断膨胀的影子银行体系导致杠杆上升、风险堆积，加剧了金融系统的脆弱性。在这一背景下，党的十九大报告正式将"防范化解重大风险"列为三大任务之一，出台了《国务院关于加强地方政府性债务管理的意见》（"43号文"）（国发〔2014〕43号）、《关于规范金融企业对地方政府和国有企业投融资行为有关问题的通知》（财金〔2018〕23号）、《人民银行 银保监会 证监会 外汇局关于规范金融机构资产管理业务的指导意见》（银发〔2018〕106号）等一系列去杠杆政策，着力化解政府、金融、企业等多领域的杠

杆风险。

然而，去杠杆下的强监管措施也引发了新的结构性矛盾。这一矛盾主要表现为信贷渠道收紧情况下民营经济的持续下滑。尽管民营企业的杠杆率相对低于国有企业，但由于民营企业的信贷资质相对较差，在去杠杆和严监管下其融资能力严重受挫。许多民营企业贷不到款，现金流紧张，财务状况恶化，影响了企业的有效运营。也有许多上市民营企业以股权质押，在股市波动较大的情况下触发了一系列新的金融风险。

为了解决去杠杆过程中的结构性矛盾，扶持中小民营企业的发展，促进中国经济的高质量发展，2018年6月1日，中国人民银行扩大了在银行间市场的中期借贷便利（medium-term lending facility，MLF）担保品范围，允许优质的公司信用类债券以及小微、绿色和"三农"金融债在银行间市场用作MLF的担保品，以进一步加大对中小企业、绿色经济等领域的支持力度。MLF是中央银行提供中期基础货币的货币政策工具，对象为符合宏观审慎管理要求的商业银行、政策性银行，采取质押方式发放。此前，MLF仅接受国债、央行票据、国开行以及政策性金融债、地方政府债券、AAA级公司信用类债券等作为合格担保品。此次新增的担保品主要包括：不低于AA级的小微、绿色和"三农"金融债券；AA+、AA级公司信用类债券，包括公司债、企业债、中期票据、短期融资券等；优质的小微企业贷款和绿色贷款。该政策不采取新老划断原则，所有在银行间市场上流通并符合要求的债券均可用作担保品。

资产合约实际上有两个维度：收益率（利率）和质押率，因此，理想的货币政策应该能够调节这两个维度。然而，各国的货币政策长期以来只关注利率，而忽略了质押率的调节，这导致了资产泡沫的产生。实际上，在2008年金融危机之前的杠杆周期中，利率基本上没有大的变化，资产价格的波动基本上是由杠杆率的变化导致的（王永钦等，2019）。

在以往的货币政策框架中，中国的基础货币投放主要依赖外汇占款，这种方式严重影响了中国货币政策的独立性。随着近年来外汇占款比例缩小，依靠外汇占款发行基础货币，调节市场流动性的机制难以继续发挥作用，新型货币政策工具应运而生。在全球低利率的大趋势下，基于基准利率调整的传统货币政策的作用受到限制，基于抵押品的创新型货币政策工具在全球范围内被广泛应用。中国人民银行借鉴国外货币政策工具，陆续推出了公开市场短期流动性调节工具（short-term liquidity operations，SLO）、常备借贷便利（standing lending facility，SLF）、中期借贷便利（MLF）、抵押补充贷款（pledged supplemental lending，PSL）、定向中期借贷便利（targeted medium-term lending facility，TMLF）、信贷资产质押再贷款等货币政策工具。其中，SLO、SLF、MLF、PSL、TMLF以债券作为质押物，信贷资产质押再贷款则以银行信贷资产作为质押物,向央行申请质押贷款。SLO本质为超短期逆回购,目前为止,SLO的合格抵押品范围包括国债、央行票据、政策性金融债、政府支持机构债券及商业银行债券;SLF和PSL的合格质押物范围为高信用评级债券和优质信贷资产;MLF合格质押物包括国债、央行票据、政策性金融债、同业存单、AAA级公司信用类债券等,后经扩容又将不低于AA级的小微企业、绿色和"三农"金融债券,AA+、AA级公司信用类债券(优先接受涉及小微企业、绿色经济的债券),优质的小微企业贷款和绿色贷款纳入抵押品框架。根据相关研究(Fang et al.,2020),扩大MLF合格抵押品范围能够降低合格质押券在二级市场上的利差,并降低合格质押券发行机构在一级市场的融资成本,可见创新型货币政策效果显著。

基于抵押和杠杆结构的新型货币政策有助于调整经济结构,让更需要金融资源的部门得到更好的发展。在这一目标下,以调节利率为主要手段的"一刀切"的货币政策往往无能为力,还会导致银行体系资金空转,使金融资源"脱实向虚";而央行基于抵押的新型货币政策可以直接调控相关部门资产的杠杆,让政策更为精准有效地助力目标部门。从经济周期的角度来看,历史上的经济周期多是杠杆周期。传统上央行较关注利率维度而忽略了(更重要的)杠杆维度,从而使得经济周期和金融危机反复出现,影响了经济发展。中国经济正处在防范经济风险、调整经济结构和促进经济高质量发展的关键时期,这种新型的货币政策应该发挥更重要的作用。

除了能够向市场投放流动性之外,基于抵押品的新型货币政策工具还可以有针对性地支持某类债券。一方面,MLF合格抵押品的不断扩充能够建立市场信心,如允许以AA+、AA级公司信用类债券作为抵押品申请流动性支持,有利于提高市场对这类信用债的认可度;另一方面,定向扶持某类债券,如优先接受涉及小微企业、绿色经济债券的措施,可以提升投资者对此类债券的投资意愿,辅助发行企业融资。最重要的是,抵押品具有杠杆价值,当一类资产能够作为抵押品后,其价格会升高,增值部分就是杠杆价值(Geanakoplos,2010),债券价格升高意味着利差降低,二级市场价格最终会反映在一级市场,因此能够发行合格质押券的企业融资成本降低。从更深层次的角度来看,抵押品范围的扩大变相增加了市场上抵押品的数量,流通中的抵押品数量增多,缓解了抵押品稀缺的问题,有助于解决企业融资难问题,降低市场整体融资成本。

基于抵押品的货币政策能够促进债券市场发挥资源配置的作用,有利于实体经济的高质量发展,一举多得,因此建议进一步扩大创新型货币政策的应用范围,使其在更多的领域发挥作用。未来可以考虑将普通金融债券纳入抵押品框架。在美国市场上,定期标售工具(term auction facility,TAF)作为货币政策工具,其合格抵押品包括美国国债、投资级企业债、市政债券、抵押支持证券(mortgage-backed security,MBS)和资产支持证券(asset-backed security,ABS),我国央行合格抵押品框架还有一定的扩充空间。须注意,抵押品范围的扩张不等同于量化宽松,更加丰富的抵押品种类将有助于提高货币政策传导机制的效率。

在我国金融市场中,资金流向是具有层次性的,总体来说资金流向如下:大型银行向央行申请流动性支持,中小银行向大型银行融资,资金再由中小银行流向非银机构。金融机构间的融资方式主要是回购和同业业务,在包商银行事件后,同业刚兑打破,金融机构间信用分层明显,由于回购和同业业务在多数情况下受到交易对手白名单制度的限制,很多资质较差的机构难以获得资金。在这种情况下,资金流通渠道受阻,不利于货币政策向实体企业的传导。为支持中小银行,2019年6月14日,中国人民银行允许中小银行使用合格债券、同业存单、票据等作为质押品,向中国人民银行申请流动性支持,而非银行金融机构同样受到较大的信用冲击,未来可以考虑进一步扩大央行交易对手范围,允许非银行金融机构直接向央行融资。

基于抵押品的货币政策是一种结构性的、灵活的货币政策,它依托于债券市场,不仅可以用来实现经济发展的目标,也可以用来实现更多的社会发展目标,如绿色发展、应对气候变化风险、平衡区域发展、降低收入差距等。通过结构性货币政策来实现社会目标目前也是政策和学术讨论的前沿话题。中国在经济转型的过程中,结构性的货币政策可以在解决更多社会问题方面发挥更大的作用。

第三节 经济转型期中国信用债最优发展模式

一、完善违约债券流转和处置机制

目前阶段,违约债券和抵押品的流转机制已经在逐渐形成,随着违约案例的不断增多,违约债券的流通市场会逐渐活跃起来。在此基础上,未来可以从以下四种思路提高违约债券的处置效率。

1. 加强市场培育,提高违约债券的回收率

积极引导不良资产处置机构参与违约债券处置,提高债券处置效率。我国的一些资产管理公司具有一定的不良资产处置经验,可以积极引导具有相关经验的机构参与违约债券处置,并且推出配套的处置交易法规文件,以提高违约债券的回收效率。同时,应注重培养风险承担能力较强的专业投资者,提高市场对高收益债券的需求。

同时，应培育一批风险偏好较高、风险承受能力较强的专业投资者。违约债券作为一种高收益债，其投资模式与普通债券完全不同，与普通债券投资者风险偏好并不匹配。因此，高收益债市场的发展离不开一批专门化的投资者。投资高收益债券对投资者的风险分析能力要求较高。美国高收益债券投资机构一般对长期资产需求较高，而且风险管理能力较强，如养老基金、保险公司、对冲基金等，这类公司能够准确把握公司内部情况及未来发展趋势，中国急需培养这样一批专业投资者来支撑高收益债市场的发展。

2. 为违约债券流通提供良好的基础设施环境，并建立相应监管体系

目前，中国市场对违约债券或低评级债券接受程度较低，高收益债流动性较差，而美国高收益债市场具有高活跃性。在长期的刚兑保护下，中国债券市场的投资者过度依赖政府的"兜底"，没有树立"风险自担"的投资理念。在这种背景下，大部分投资者对高收益债认识不足，一旦债券违约，即使大幅折价也难有市场，导致违约债券或高收益债流动性较低。由于缺乏有效的市场规模和流转渠道，对高收益债有需求的投资者也逐渐远离这一市场。随着债券违约的常态化，高收益债券交易市场的建设愈发重要。为了促进违约债券的交易，外汇交易中心开展了违约债券匿名拍卖业务，收到显著成效，但未来仍需要更多恰当的交易机制支持高收益债市场稳定运行。

从监管层面来看，目前债券市场中的监管标准主要是针对投资级别债券而存在的，现存的一些与高收益债券相关的监管制度主要是针对违约债券的规范性政策。除了上文提到的《关于开展到期违约债券转让业务的公告（征求意见稿）》，还有 2020 年 7 月 1 日发布的《中国人民银行 发展改革委 证监会关于公司信用类债券违约处置有关事宜的通知》、中国银行间市场交易商协会发布的《银行间债券市场非金融企业债务融资工具违约及风险处置指南》等，尚未形成较为系统的规则体系。目前，高收益债券市场正处于萌芽阶段，应当尽快出台针对高收益债券的统领性的文件，建立较为完善的事前预防、事中控制、事后治理机制。在违约发生前，注重信息披露和评级质量，完善抵押担保体系，可以借鉴国外相关经验，建立合同保护性条款（covenant）制度，在债务合同中增加有助于防止违约的特别条款；提高发行人、承销商等参与机构的责任意识，尤其应该更加细致化主承销商的担责规定，使投资者在面临违约时能够依法追偿；同时，要完善违约后的协商解决和破产重组、清算制度，做好违约债券后续处理。

3. 规范"花式兑付"，加强投资者保护

随着债市刚兑打破，一些发行人为了规避违约公告带来的负面影响，会选择采取强制展期、场外兑付、撤销回售等花式兑付方式。一个典型的例子是 2020 年 4 月，"13 海航债"发行人在到期前一天临时召开债券持有人会议，导

致多数机构投资者无法投票,强制进行展期。对于投资者来说,为了防止由于发行人偿债压力过大影响后续偿债能力,往往会选择接受花式兑付方式。目前,对于花式兑付的性质界定不清:一方面,企业出现了流动性问题,无法按时还本付息,已经违反了原合同约定;另一方面,这种处理方式是经过双方商议的,难以落实投资者保护措施。从实际情况来看,花式兑付的债券后续兑付情况并不乐观。长期如此,市场信心会逐渐崩塌,不利于债券市场的发展。因此,监管部门需要采取措施对花式兑付方式进行约束,加强审计监督,甄别恶意逃债等行为,同时加强投资者保护措施,避免花式兑付给市场带来的负面影响。

4. 完善法治建设,引入"预重整"制度,合理运用破产程序

陷入债务危机的企业有三种选择:一是破产清算;二是破产重组;三是庭外重组。破产重组是指当企业资不抵债时,管理层可以向法院申请破产重组。一旦申请获得批准,债权人就不能向破产企业催逼债务;破产清算是指宣告股份有限公司破产以后,由股东、有关机关及有关专业人士组成的清算组接管公司,对破产财产进行清算、评估和处理、分配;庭外重组属于庭外和解,即债务人可以事先游说债权人同意其重组方案,包括延期偿还和债务调整。破产清算使债务人遭到彻底清偿,而债券持有人也得不到全面赔付。破产重组可以在较大程度上实现投融资双方的共赢,但程序耗时耗力,仅适用于尚有较大发展期望的发行人,对涉众性强的违约事件难以通过平等协商达成一致方案。庭外重组是一种企业自救的方式,陷入困境的企业通过与债权人、投资者等各方面进行协商,对企业的经营方式、债权债务关系等事项进行调整,使企业起死回生,可以理解为一种自发的重整行为。但重组方案不会经过法院批准确认,缺乏强制力,实施起来完全依靠协商各方的自觉。因此,在庭外重组和庭内重整程序之间,需要建立恰当的衔接机制。

在庭外重组和破产重组之间存在着"预重整"衔接制度。预重整制度起源于美国,其一般流程为企业在进入法院重整程序前先与债权人、重整投资人等利害关系人就债务清理、营业调整、管理层变更等共同拟定重整方案,然后再将形成的重整方案带入由法院主导的重整程序进行审查。预重整制度结合了庭外重组与破产重整的优势,能够降低破产重整的时间和经济成本,提升破产重整的质量,有利于实现公平和效率的有机结合。然而,由于我国尚未就预重整制定专门的规范,预重整制度在我国尚处于探索阶段,立法的缺失导致预重整在实践操作中仍然存在较大难度。因此,应当根据我国经济体制的特点,在借鉴英美和其他国家预重整制度的同时,通过司法实践的不断探索,尽快完善相关立法,将预重整制度引入我国破产法体系,构建出一套满足我国自身发展需要的预重整制度。

二、建立统一的债券市场监管体系

长期以来,中国债券市场呈现出相对分割、多头监管的状态,银行间市场和交易所市场两大交易场所并行,不同债券种类分别由中国人民银行、国家发改委、中国证监会、财政部等多个部门进行监管,这种竞争性的局面促进了产品创新和利好政策的颁布,对债券市场的规模扩张有着积极作用。但是,多头监管也造成不同市场和券种之间市场准入、信息披露、评级标准等方面的要求不一,提供了监管套利空间。

中国债券市场监管机构在规则的统一方面做出了很多努力。2018年9月11日,中国人民银行、证监会第14号公告设立绿色通道,实现了银行间市场和交易所市场评级互认;2018年11月23日,《人民银行 证监会 发展改革委关于进一步加强债券市场执法工作有关问题的意见》发布,明确了由证监会依法对银行间债券市场、交易所债券市场中的违法行为开展统一的执法工作,并确立了中国人民银行、证监会、发展改革委协同配合做好债券市场统一执法的协作机制;2019年12月20日,中国人民银行、发展改革委、证监会联合就《公司信用类债券信息披露管理办法(征求意见稿)》及配套文件公开征求意见。

长期的监管分化使得市场存在监管盲区,限制了金融体系应对风险的反应能力,给风险管理带来一定隐患。为此,在债券市场的监管设计上应更注重统一性,具体措施包括以下两个方面。

(1) 统一债券市场的监管规则。良好的金融市场基础设施对于风险管控至关重要,在市场规则不统一的情况下,难以保证金融市场的稳定性。2008年金融危机后,国际清算银行支付结算体系委员会和国际证监会组织技术委员会联合发布《金融市场基础设施原则》(Principles for Financial Market Infrastructures,PFMI),对准入条件、信息披露、风险控制等进行了统一规定。中国可以参考PFMI等国际标准,建立更加统一的基础设施监管体系。

(2) 建立覆盖面更广、更规范的数据上报机制,为实行穿透式管理提供支持。这需要各类机构在数据上报中提供更加准确全面的数据,包括交易记录、登记托管结算资料、信息披露文件、个人征信文件等数据,集中的数据管理能够提高金融市场对风险的识别和反应能力。

三、完善信息披露制度

债券信息的披露主要包括两部分,即发行信息的披露和交易信息的披露。在发行过程中,信息披露要求主要针对的是发行人情况,对此,银行间市场和交易所市场分别对在其市场上发行债券的首次披露、定期披露、重大事件披露、第三方披露等进行规范。尤其是为配合2019年修订的新《证券法》,企业债券实行注册制后,对信息披露环节的要求也相应增加。2020年4月16日,中国银行间市场交易商协会发布《非金融企业债务融资工具公开发行注册工作规程(2020版)》及《非金融企业债务融资工具公开发行注册文件表格体系(2020版)》等文件,对企业债券发行过程中的信息披露规则进行了优化。在这次改革中,关于信息披露的制度主要有三方面的改进:一是增加企业个性化信息的披露,对于不同的产品和情况,提出不同的信息披露要求;二是增加了受托管理机制、风险及违约处置等相关信息的披露要求;三是根据企业市场认可度、信息披露成熟度等将企业划分为四个层次,分类别有针对性地对企业信息披露进行规范,实现信息披露的差异化。

除了监管机构要求的信息披露指标外,债券的发行方式也是债券一级市场透明度的一部分。中国现阶段的债券发行方式主要有公开招标和簿记建档两种方式。公开招标发行是在固定的时间内,通过投资者竞价或竞量申购完成发行,招标对象为所有合格投资者,透明度更高,但采用这种方式发行债券可能会出现流标等状况。簿记建档发行则一般需要进行预路演,由承销商根据市场情绪设定投标区间,然后再进行路演,承销商和投资者逐一进行沟通,发行人和承销商根据投资者的申购价格和数量确定发行利率。采用簿记建档方式一般可以实现足额发行,但招标过程和结果不公开,存在一定的寻租空间。在实际中,中国的信用债大部分采用簿记建档方式发行,这一方式能够保证债券的顺利发行,在信用债市场流动性还不够大的情况下,簿记建档方式或许利大于弊。随着信用债市场的不断发展壮大,其需求量稳步提升,更透明的招标方式在未来会有更广阔的应用空间。

簿记建档方式在美国债券市场中也占据重要地位。采用簿记建档(book-building)方式发行的公司债,在一级、二级市场上的利差达到31个基点(Nikolova et al., 2020),承销商会根据投资机构的信息生产能力和与自身交易关系的密切程度进行利益分配。因此,在保证债券发行效率的同时也应该注意避免发行过程中的不透明所带来的隐患。

此外,交易数据的披露也很重要。市场透明度与市场交易成本高度相关,透明度的提升在一定程度上有助于降低市场交易成本(Schultz and Song, 2019)。与交易相关的数据包括事前行情信息与历史成交记录。事前行情信息有助于投资者更好地判断当前市场走势,做出合理投资安排。债券的主要交易场所为银行间市场,是场外市场,自带高度不透明的特征。目前,银行间市场报价信息等主要来自森浦资讯的Qeubee平台中整合的五大货币经纪商报价,场外市场可以通过更好地整合当前做市商报价情况等,实现更透明化的行情信息披露。除此之外,随着电子化交易平台等的引入,中央限价订单簿(centre limit order book, CLOB)下的交易系统中行情信息高度透明化,也有助于实现事前透明度的提升,对于活跃券种将有重大意义。银行间市场的现券匿名点击业务(X-Bond),质押式回购匿名点击业务(X-Repo)等,是向这一方向迈进的重要努力。未来,中国应进一步完善债券电子化交易平台,并深化 X-Bond 与 X-Repo 等交易机制的使用。

在历史成交记录方面,正如第四章将介绍的,目前中国现券市场历史行情披露仅包括通过货币经纪公司或者 X-Bond 系统达成的交易。森浦资讯的 Qeubee 平台中提供了中国五大货币经纪商的逐笔成交价格,但没有交易量信息。通过货币经纪公司和 X-Bond 系统的交易金额占比为全市现券交易总量的 33% 左右,剩余 70% 左右的现券交易历史行情信息并不公开。然而,美国的交易报告与合规引擎(Trade Reporting and Compliance Engine,TRACE)披露了全部公司债、政府支持机构债、证券化产品与国债的交易信息,从发行量和存量来看,TRACE 披露的券种金额占比均在 80% 左右。另外须注意,中国现券市场交易信息的披露多来自系统自动记录的成交信息;而美国 TRACE 系统为交易方主动上报的交易信息。

以上分析说明了信息披露的重要性,但这不意味着信息越透明,越有利于债券市场的发展,应注意把握适度的原则。债和股存在本质的不同,债天生具有信息不敏感的性质,因此完善信息披露制度并不意味着要求债券像股市一样,向公众实时披露信息。市场中信息的过度透明并不一定有利。2014 年,美国证券交易委员会(Securities and Exchange Commission,SEC)将优质货币市场基金(prime money market funds)的估值方法由成本摊余法改为市值法,引起了投资机构的大批撤离,转而投向未受政策影响的政府货币市场基金(government money market funds)(Cipriani and La Spada,2020)。另外,债的信息不敏感性也为银行的资产管理带来便利。经济学理论表明,债务资产对信息相对不敏感,其价值较为稳定,也因此可以作为抵押品进行流通。债务的不透明性保证了其流动性,而当出现坏消息冲击时,债务由原来的信息不敏感变得对信息敏感,为了避免逆向选择,人们会减少对债的交易,因此债的流动性降低,失去其原有的功能。由此可见,不能盲目提升债券合约的透明度(Dang et al.,2012)。

综合以上分析,对于信息披露制度的完善提出以下三点建议。

(1)保持债券市场的透明度有利于消除市场上的信息不对称,在债券市场信息披露的要求上,应更加注重防范人为因素带来的风险,在充分维护投资者利益的同时留有一些缓冲空间。但是值得注意的是,在制定债信息披露规则时,应当充分考虑到债和股的不同,不能将股票的透明度准则照搬到债市。

(2)统一信息披露规则,减少政策套利现象。中国目前的债券市场上,根据不同的债券品种和发行场所,对债券的信息披露要求各有不同,这给了一些机构在不同市场之间实现政策套利的机会。统一债券信息披露要求,能够避免打政策擦边球的现象发生,提高风险管理效率。另外,就市场交易数据而言,目前中国交易数据仍然依靠商业化的数据平台来获取,应该形成更加专业化的交易数据库,由更权威的机构统一管理。

(3) 提高第三方信息质量。评级公司作为第三方机构往往发挥着债券市场信息披露的作用,评级通过对债券和发行主体相关信息进行分析处理,以分级的方式向公众揭示债券的收益情况和违约概率等信息。相对于股票来说,债务对信息更加不敏感,且债务涉及的关系更复杂,通过评级机构进行信息传递更加有效。这对于评级机构的服务质量提出了较高要求,下面将对此详细讨论。

四、推动评级体系与国际接轨

中国债券市场评级体系仍处于起步阶段,缺乏高质量的评级机构,债券评级虚高(Anderson,2019),很难准确反映债券的风险和价值。如图 1-15 所示,2015 年后,中国债券市场中 AA 级及以上的债券金额占比始终在 90% 以上,2018 年仅 AAA 级债券的发行金额占比就高达 83%。按照国际标准,中国市场上几乎全部债券都是投资级债券;而美国债券市场评级分布则比较均匀,2018 年第一季度,美国中等评级债券比重为 56%,高等级债券与高收益债券比重相近。造成这一现象的原因可能有如下两点:其一,与中国的监管要求有关,AA 级以下的债券在发行时就可能遇到阻碍,因此债券等级需要保证在此等级及以上,才有机会在市场上流通;其二,与信用评级机构内部治理和恶性竞争环境有关,发行人付费模式下,发行人追求高评级,而内部治理不完善的

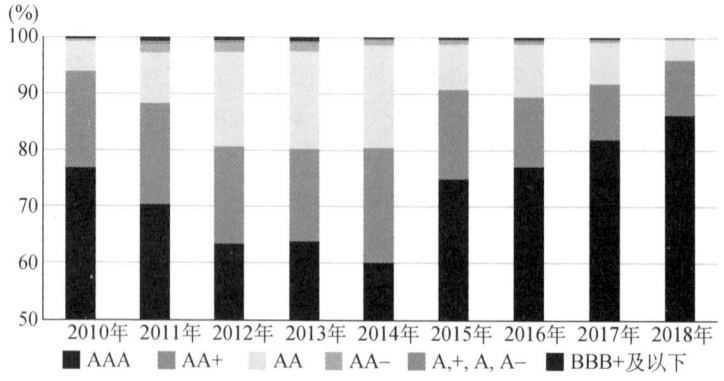

图 1-15 中国债券发行时评级

(数据来源:同花顺 iFinD)

信用评级机构可能利用发行人的这一诉求,变相买卖评级,最终导致市场上评级普遍虚高。有学者(Becker and Milbourn,2011)研究了评级行业竞争性程度对评级质量的影响,发现当惠誉(Fitch)进入美国评级市场后,原有评级机构标普(S&P)和穆迪(Moody)发布的债券评级等级更高,评级对债券收益的解释力度和对违约的预测能力下降,市场竞争强度的提高对评级质量造成了负面影响。

中国债券市场的评级体系也在不断完善,从市场竞争和政策规范的角度实施了一系列的措施。一方面,引入了一批境外评级机构,促进评级市场的良性竞争。2017年中国人民银行第7号公告明确了境内外评级机构进入银行间债券市场开展业务的要求,如穆迪、标普、惠誉等国际评级机构也能以独资形式进入中国评级市场。2019年1月,中国人民银行发布公告称,对美国标普全球公司在北京设立的全资子公司——标普信用评级(中国)有限公司予以备案。标普为首家获准进入中国市场的外资评级机构。随着信用评级行业对外开放,国际评级机构进入市场,评级虚高的问题或能有所改善。另一方面,加强了监管和法规对评级业的约束。2019年11月,中国人民银行、国家发改委、中国证监会和财政部四部委联合发布《信用评级业管理暂行办法》,明确中国人民银行为信用评级行业主管部门,发改委、财政部、证监会为业务管理部门,依法实施具体监管,建立了统一的监管制度框架,改变了评级领域多头监管的格局。该办法同时明确了对相关违法违规行为的处罚方式和罚款金额,提高了评级机构及其从业人员的违法违规成本。

随着中国债券市场对外开放程度的日益加深,评级标准的统一和债券市场的互联互通变得更加重要。中国目前在推动评级业规范发展方面取得了一定进展,但长期以来债券市场的分割和多头监管造成的影响较为深远,实现国内评级行业高质量发展、与国际评级标准对接还需要更多的努力。

一方面,应进一步落实中国债券市场上评级监管和评级机构准入规则的统一,提高评级机构对信息处理和加工的水平,加速国内评级机构与国际评级体系接轨。提高国内评级机构对风险的评估和预测能力,培养国际认可的国内评级机构,对中国债券市场走向成熟有着重要意义。

另一方面,除了从政策层面施加约束外,良好的市场竞争环境也是推动评级质量提高的有效手段。目前,国内评级行业的准入规则混杂,缺乏整个债券市场统一的准入评价标准,不利于行业良性竞争格局的形成。目前来看,中国的评级机构更多是作为认证机构而存在,其目的主要是满足发行人的合规要求。随着中国债券市场功能的不断完善,债券评级将真正发挥其提供信息的作用,为债券提供客观公正的评价,减少市场上的信息不对称,提高债券市场的运行效率。

五、健全债券公允价值机制

债券的公允价值计量法一般包括"收盘价"和"第三方估值"两种。收盘价是指上个交易日成交的收盘价,在交易所竞价交易的债券可以采用收盘价作为公允价值,但是收盘价法只适用于那些流动性好、交易频率较高的债券。由于大部分债券活跃程度都比较低,收盘价法存在较大的局限性,因此需要由第三方机构提供债券估值。在中国债券市场上,尽管存在着交易所市场竞价交易机制,但从交易量来看,债券交易仍然以询价为主。询价交易面向的投资者范围较小,且交易双方预期存在差异,在商定价格的过程中,第三方估值发挥着价格锚点的作用。

为了给债券交易提供价值参考,托管机构根据各自的模型和数据,参考市场成交、舆情等因素,给每个债券提供估值。目前比较主流的估值包括由中央国债登记结算有限责任公司编制的"中债估值"、由中证指数有限公司发布的"中证估值"和由银行间市场清算所股份有限公司编制的"上清所估值"。中债估值建立较早,且数据较为全面,投资者对中债估值的认可度相对更高。在实际操作中,中债估值和中证估值应用比较广泛,一般银行间的债券采用中债估值、交易所债券采用中证估值作为公允价值。由于两个估值之间存在差异,在价格协商过程中,交易双方往往会根据对自己更为有利的估值进行讨价还价。在债券交易过程中,第三方估值作为债券询价交易的锚点,成为整个债券市场价格的基石。另外,中债估值和中证估值还是监管机构控制市场波动性的标杆,通过对偏离估值较大的交易进行监控,可以识别出异常交易。如2017年证监会发布的《关于进一步加强证券基金经营机构债券交易监管的通知》规定,债券现券交易价格偏离比较基准超过1%的,应当向风险管理部门备案并作出合理说明。实际交易中,债券成交价格偏离估值范围一般在30个基点以内。

估值作为价格的标杆,对债券市场有着深刻影响,不合理的估值可能会降低债券流动性。如果债券的估值收益率与真实收益率存在较大偏差,那么在交易中至少有一方存在浮亏,这会限制交易双方的成交意愿,降低债券流动性。同时,估值的准确性和债券的流动性是相辅相成的,良好的估值有利于提高债券市场的流动性和稳定性,估值对实际价值的反映程度也依赖于债券的流动性与活跃程度。流动性较差的债券往往存在估值偏差的可能性更大。当市场大幅波动时,活跃程度较高、交易数据较多的券种由于具有较多的成交数据作为参考,其估值更贴近于真实价值;而流动性较弱的不活跃券种,由于成交量较少,估值参考数据较少,估值可能会滞后于市场,导致一段时间内估值与真实价值存在偏差。

第三方估值机构应尽量保证估值的准确性和时效性。当债券价值被低估时,投资者可以通过在估值价附近买入、在真实值附近卖出债券的策略进行套利;当债券被高估时,对于持有该债券的基金来说,一方面难以在估值附近卖出债券,另一方面还面临着投资者的赎回,可能会出现流动性问题。为了避免估值偏差造成的影响,第三方估值机构应提高估值调整的及时性,对于流动性较弱的债券,可以参考相似期限和类别的债券对估值进行及时调整。

六、发挥信用衍生品作用

一般情况下,信用衍生品的主要作用是分担信用风险,其功能相当于违约保险,信用衍生品卖方收取保费,一旦发生违约事件,则由卖方向买方支付赔偿。信用衍生品在债券市场上发挥着重要作用,当信用衍生品市场比较完善时,它可以将债券的违约风险和其他风险分离开来,为债券持有人提供违约保护,有效降低债券的融资成本,有利于融资渠道的高效运行。这样,信用衍生品一方面给债券投资者提供保护,分担违约风险,另一方面为债券发行人融资提供支持,提高融资效率,降低融资成本。

从发达债券市场中信用衍生品的发展历程来看,信用衍生品市场的成熟周期较长,中国的信用衍生品仍处于起步阶段。目前,中国银行间市场信用衍生工具包括四种,分别是信用风险缓释合约(CRMA)、信用违约互换(CDS)、信用风险缓释凭证(CRMW)、信用联结票据(CLN)。其中,CRMA和CDS为不可转让的合约类产品,CRMW和CLN可以转让。相比之下,凭证类产品更加标准化,合约类产品一般为一对一签订。从发挥作用的机制来看,CRMA、CRMW、CDS都是在信用衍生品买入的同时转移信用风险,违约事件发生时赔付,而CLN为预付机制,若未发生违约,CLN卖方可收回预付赔款。

中国信用衍生工具的发展面临着三大障碍。

第一是违约历史数据缺失,难以准确估算市场违约概率。信用衍生品作为一种风险对冲工具,其定价正是建立在对违约概率的正确估算的基础之上的,而估算违约概率需要基于大量的样本支持。中国债券市场刚兑现象存在已久,2014年后违约现象才逐渐浮现,有效样本较少,反映信息不足,对违约率的估算与实际风险状况存在偏差,因此信用衍生品的定价成为一大难点。目前在实际操作中,信用衍生品主要的成交方式是通过簿记建档,让市场投出最终价格。

第二是信用衍生品发行机构积极性不高。发行信用衍生品意味着将债券违约风险转移到自身,这对发行机构的风险承担能力要求非常高。美国CDS的发行机构种类多样,如商业银行、投资银行、基金、保险公司等,而目前国内符合信用衍生工具创设要求的机构大多数为商业银行和证券公司,这类公司风险偏好趋同,风险转移困难较大,自身也没有比较完善的风险分担机制,难以承担为整个市场分担信用风险的重任。

第三是目前中国的信用衍生品市场流动性比较差,无法发挥其信息功能。除了风险分担外,信用衍生品的另一个重要功能是信息发现,在流通性较好的市场,信用衍生品的价格能够反映债券的内在价值,揭示其信用风险。但是,中国的信用衍生品刚刚起步,交易量非常低,难以起到反映债券信息的作用。

为促进信用衍生品市场发挥其应有的作用,应从以下三个方面对其进行规范。

(1) 完善信用衍生品定价机制,采用更专业的定价方法。在当前信用衍生品交易中,为了提高投资者的积极性,往往采用簿记建档的方式定价。以CRMW为例,创设方先通过前期询价和成本考量确定价格区间,在预配售阶段让投资者报价确定最终定价。这一定价机制不仅包含了信用风险,还考虑了交易双方的发行成本和流动性溢价,因此这种定价方式不能达到剥离信用风险的目的。在国外市场上,信用衍生品定价主要有违约率模型和信用利差模型两类,而中国由于关键数据样本缺失,在定价模型的应用上存在一定局限性。衍生品作为高风险产品,其定价应该尽可能地遵守无套利定价理论,使定价更好地反映债券的信用风险。目前采用的簿记建档定价方式存在一定的误差,不过采取这种定价方式或许与当前衍生品市场的数据基础较为薄弱有关。不恰当的定价可能扰乱市场价格,造成严重后果。因此,尽快建立更加有效的定价体系,是国内信用衍生品发展过程中所要解决的首要问题。

(2) 丰富发行主体种类,引入保险、基金等风险承受能力强、风险偏好程度高的机构参与主体。中国目前信用衍生工具的发行主体由商业银行、大型证券公司和增信机构三类构成,这类机构投机和承担风险的意愿较低,发行信用衍生品积极性不高,这导致信用衍生品市场供给不足,总体规模较小且流动性低。多样化信用衍生品参与主体,是分散风险的有效手段,也是扩大衍生品市场规模、提高流动性的前提条件。

(3) 推进资本缓释功能落地,为衍生品交易提供良好的激励制度。国际成熟市场已经认定合格信用衍生工具的资本缓释作用,并且明确了内部评级法下合格信用衍生工具实现资本缓释的操作要求。根据中国《商业银行资本管理办法(试行)》的规定,采用内部评级法的商业银行,可以利用合格信用衍生工具缓释资本,采用权重法的商业银行只能通过合格保证和合格质物实现资本缓释。但是,由于合格信用衍生工具界定不清,而且没有具体的扣减规定,实际操作中暂未实现真正的资本缓释。若资本缓释功能能够充分发挥,能够大幅减少银行在债券投资中的风险资本计提,提高市场参与积极性。

中国信用债市场微观结构

第一节 中国信用债市场微观结构现状

金融市场微观结构理论起源于20世纪60年代末期,《交易成本》(Demsetz,1968)一文标志着微观结构理论的问世。该书将微观交易机制的研究引入证券均衡价格的形成过程,这是对无摩擦瓦尔拉斯(Walras)均衡价格形成过程的突破,奠定了金融市场微观结构的理论基础。

一般而言,金融市场微观结构有广义和狭义之分。狭义的市场微观结构是指资产价格的发现过程与发现机制,即价格如何在不同的交易机制中形成,以及特定的交易机制对价格形成过程的影响。其中,价格发现是市场微观结构的核心。狭义观点的代表人物奥哈拉(O'Hara,1997)将市场微观结构理论(microstructure theory)定义为"研究在一定交易规则下证券交易的过程和结果的理论"。与之相对,广义的市场微观结构是各种交易制度的总称,有学者(Glen,1994)将其定义为价格形成中的微观因素,包括交易品种、参与者的构成、交易场所的形式及交易规则等方面。广义市场微观结构主要包括六个方面的内容:价格形成与发现方式,订单与指令形式,交易离散构建如最小交易单位与报价单位,市场稳定机制如断路器制度、涨跌停限制等,交易信息披露,支付清算机制。

本研究所聚焦的是狭义层面上的微观结构,主要包括证券价格的形成与价格发现、证券交易机制的分析与选择以及证券市场质量和效率的研究,其核心是研究在特定的市场微观结构下,金融资产的定价过程及其结果,揭示市场微观结构在金融资产价格形成过程中的作用。相应地,信用债市场微观结构则主要研究信用债市场上信用债的交易机制、价格形成过程及总体市场质量评价。

因此,本研究将信用债市场的微观结构定义为交易机制如何影响信用债价格的形成过程,并分析在一定的交易机制下,市场参与者交易信用债债券的过程和结果。债券市场的健康蓬勃发展依赖于微观结构的优化,而微观结构又能影响债券市场的流动性、价格波动性以及透明度。我们将从产品结构、投资者结构、交易机制和价格机制四个角度对信用债市场微观结构展开研究,旨在通过对中国信用债市场微观结构进行剖析,并在此基础上对其质量进行实证分析与评估,为设计一个科学合理的信用债市场微观结构提供借鉴,进而确保中国信用债市场的稳定长远发展。

一、中国信用债市场发展分析

信用债是指政府之外的主体发行的,约定了确定的本息偿付现金流的债券。它是以发行人的信用为担保发行的债券,而发行人在偿债期内的信用状况具有不确定性,因此,该类债券具有一定的信用风险。为了弥补该类债券的投资者可能面临的信用风险损失,信用债的利率通常包含相应的信用风险溢价。

国内信用债诞生于1984年,最初主要体现为企业内部集资的模式。随着债券规模的提升,为了规范企业自行募集债券的行为,国务院于1987年3月27日发布施行了《企业债券管理暂行条例》,这意味着真正意义上的国内信用债元年的开启[1]。但是,当时的信用债带着较为浓厚的行政管理色彩,国家设立该品种的初衷是保证国家重点项目的建设,发债主体仅限于全民所有制企业,每年对企业债券的发行额度要做出总量安排和结构控制,3 000万元以上债券的发行需要由中国人民银行总行审批,甚至连债券的转让也需要经过中国人民银行的审查批准。虽然信用债的前期试点非常谨慎,但是信用债规模仍然实现了第一阶段的快速成长。1987年发行规模75亿,1992年发行规模350亿,年增速达37%。发行端高速增长的同时,债券的流动性也逐渐改善。1990年,上海证券交易所成立,债券开始在交易所交易,在原本单一场外交易模式的基础上,形成了场内交易市场。

经历了5年成长后,随着信用债市场规模的递增,潜在的风险也逐渐暴露。1993年,信用债市场出现了第一次失控,当年年初下发了490亿信用债额度,但由于发行规模大、融资利率高,影响到了当年国债的发行,有关部门被迫对信用债的发行进行了第一次临时调控。当年实际发行规模被紧急压缩到20亿,并于1993年8月2日修订发布了《企业债券管理条例》。虽然随着市场融资需求的多样化,在新版的管理条例中弱化了保障国家重点项目的表述,融资主体也不再限于全民所有制企业,仅对债券发行利率新增了限制,约束其利率不得高于银行相同期限居民储蓄定期存款利率的40%,整体上对信用债的限

---

[1] 国内信用债市场全面评估:国内信用债发展历程回顾标准化数据库系统工程新进展[EB/OL]. http://toutiao.manqian.cn/wz_cf3icoPIaj.html.

制进行了适度放松,但信用债的调控状态从1993年一直持续到1997年,发行量始终被压缩在一个较小的规模内,始终未能超过1992年的峰值。但是在这5年的低谷期内(1993—1997年),信用债市场仍在逐步进行内部完善:1995年,推动债券招标发行试点,发行利率开始试行市场化;1996年,发行信用债的创新品种可转换债券;1997年,商业银行全部退出沪深交易所的债券市场,将所持债券统一托管到中央国债登记结算公司,全国银行间债券市场由此启动。

2003年,《证券公司债券管理暂行办法》通过,完善了交易所信用债的发行和交易制度。经历了5年低谷后,信用债市场的规范期又持续了7年,虽然期间发行量相比于1997年有了提升,但始终没有超越千亿量级,明显弱于股票市场的发展。不过,这一时期确实完善了一系列基础制度,为信用债市场的第二次扩张奠定了关键的基础。

沉寂多年后,信用债市场在2005年终于迎来了第二次扩张。2005年以前,中国信用债主要是企业债,但基本都是由国有大型银行担保的,违约风险很低,信用特征不明显。2005年,完全依赖发行人自身信用偿还的无担保短期融资券问世,为真正的中国信用债市场拉开序幕;2007年10月,交易所第一只公司债问世,2010年,开发出超短期融资券,银行间市场的主流品种至此补全。

2015年1月15日,中国证券监督管理委员会发布《公司债券发行和管理办法》,激发了交易所债券市场的活力,发债主体被进一步扩大至所有的公司制法人,公司债的发行规模出现了爆发式的增长。由于新品种的不断推出,2015年当年的发行规模即比2014年增长150%;2005—2018年的13年时间里,信用债年发行规模增长88倍,40%以上的年化增速维持了13年之久。

综上所述,中国信用债自1984年诞生以来,其发展历程大致可以分为四个阶段,其中包括了两次较为迅速的扩张,一个较明显的低谷,以及一个较长的调整期,主要事件概括在表2-1中。

表2-1 中国信用债发展历程

	事件	意义
1984年	内部集资模式,是企业自发形成的融资活动	首次诞生
1987年	《企业债券管理暂行条例》开启信用债元年	第一次迅速扩张:快速成长
1990年	开始在场内交易,形成场内和场外两个市场	
1993年	首次失控,修订《企业债券管理条例》	五年低谷
1995年	推动债券招标发行试点,发行利率开始实行市场化	
1996年	开发出信用债的创新品种可转换债券	
1997年	启动全国银行间债券市场	

(续表)

	事件	意义
2003年	《证券公司债券管理暂行办法》颁布,完善了交易所信用债的发行和交易制度	七年规范
2005年	颁布《信贷资产证券化试点管理办法》,试水银行间的短期融资债券,开发出一系列新的信用债新品种	第二次迅速扩张
2007年	交易所第一只公司债问世	
2010年	超短期融资券发行,至此补全目前银行间市场的主流品种	
2015年	《公司债券发行和管理办法》公布,发债主体被进一步扩大至所有的公司制法人,激发交易所债券市场的活力	

信用债市场发展到当前阶段已经越来越成为资本市场不可或缺的一部分。从市场结构来看,中国债券市场分为银行间市场、交易所市场和柜台债券市场(见图2-1)。其中,银行间市场是中国债券市场的主体。银行间市场从1997年6月正式启动,是中国债券交易最主要的市场,属于场外交易市场。该市场参与者是各类机构投资者,属于大宗交易批发市场,实行双边谈判成交,逐笔结算。由中央结算公司为银行间市场投资者开立证券账户,进行一级托管和交易结算。交易所市场属于集中撮合交易的零售市场,实行净额结算。交易所实行两级托管体制,其中中央结算公司为一级托管人,为交易所开立代理总账户,中国证券登记结算公司为债券二级托管人,为交易所投资者提供结算。商业银行柜台市场是银行间市场的延伸,属于零售市场和场外交易市场。柜台市场实行两级托管。

中国信用债市场以银行间市场为主,在交易所市场中又以上交所为主,柜台交易占比极低。2015年证监会对公司债改革后,公募公司债的交易场所拓展至全国中小企业股份转让系统,私募公司债的交易场所拓展至全国中小企业股份转让系统、机构间私募产品报价与服务系统和证券公司柜台等[1]。

此外,值得关注的是,证监会2015年1月发布了新的《公司债券发行与交易管理办法》,对公司债管理进行了大幅改革,如将发行人群体从上市公司扩展到所有公司制法人。目前所有信用债品种中,只有企业债可以跨市场发行,即同一只企业债可能同时在银行间和交易所上市。

---

[1] 信用债市场分析框架[EB/OL].http://www.sohu.com/a/313747611_120059916.

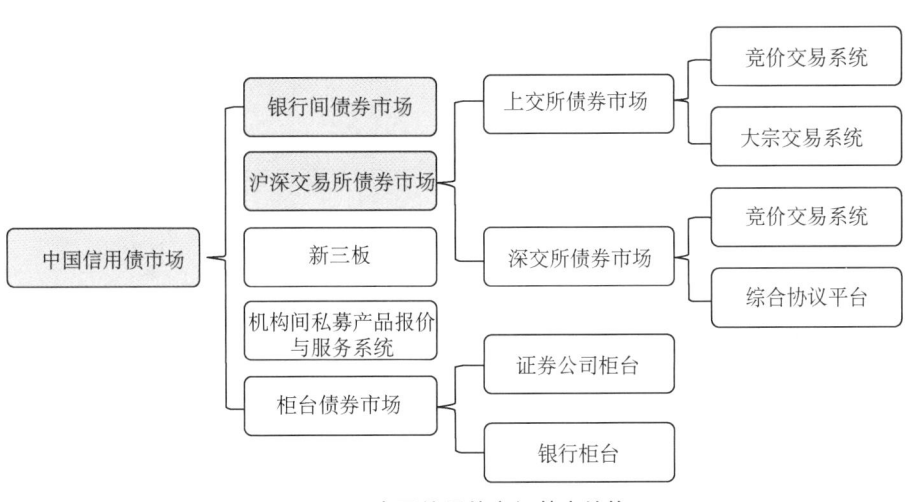

图 2-1　中国信用债市场基本结构

随着债券市场的发展,债券市场发行和托管总量持续增长如图 2-2 所示。2018 年,债券市场共发行各类债券 22.60 万亿元,同比增长 10.41%。其中:在中央结算公司登记发行债券 13.67 万亿元,占比 60.48%;在上海清算所发行债券 5.71 万亿元,占比 25.28%;在交易所新发债券 3.22 万亿元,占比 14.24%。

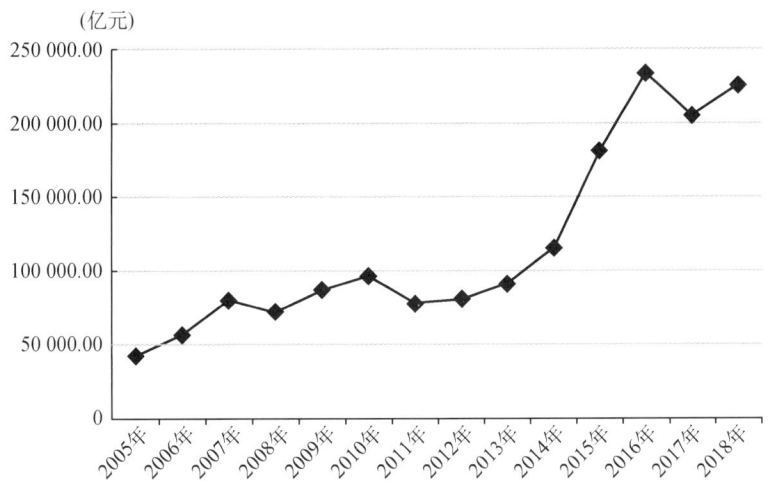

图 2-2　2005—2018 年债券市场发行量趋势图

(数据来源:中国债券信息网、上海清算所网站和万得 Wind 数据库)

与此同时,信用债市场也经历了快速的发展,债券存量持续增长。截至 2019 年 9 月,信用债市场的债券存量已经达到 31.33 万亿元,同比增长 6.64%。但是从信用债存量数据(见表 2-2、表 2-3、图 2-3)可以看到,虽然当前信用债市场日益壮大,但其交易场所仍然以银行间债券市场和交易所市场为主,其他市场中信用债的成交比例极低。其中,信用债又主要集中在银行间市场。

表2-2 2018年债券市场余额情况　　　　　　　单位:亿元

	余额
全市场	764 505.74
中央结算公司登记托管的债券	576 183.50
上海清算所登记托管的债券	98 294.78
中证登登记托管的债券	90 027.76

表2-3 中国信用债存量——按市场划分　　　　　单位:万亿元

	银行间	上海证券交易所（上交所）	深圳证券交易所（深交所）	柜台
2004 年	0.14	0.08	0.03	0.00
2005 年	0.46	0.12	0.04	0.01
2006 年	0.77	0.15	0.05	0.08
2007 年	1.11	0.16	0.05	0.09
2008 年	1.71	0.26	0.07	0.09
2009 年	3.04	0.42	0.10	0.09
2010 年	4.24	0.64	0.12	0.09
2011 年	5.68	0.87	0.14	0.09
2012 年	8.17	1.76	0.22	0.09
2013 年	9.98	2.41	0.28	0.09
2014 年	13.56	3.23	0.37	0.08
2015 年	18.71	4.61	0.74	0.08
2016 年	23.16	7.27	1.50	0.05
2017 年	25.26	8.49	1.79	0.04
2018 年	29.38	9.19	2.06	0.05
2019 年 9 月	31.33	9.92	2.22	0.05

二、中国信用债市场产品结构分析

目前,中国信用债市场的产品主要包括一般企业债(企业债、公司债、非金融企业债务融资工具)、非政策性金融债和资产支持证券等,相应的市场监管呈现出国家发改委、中国人民银行、中国证监会、中国银保监会[①]等多部门监管的特点。

① 2018年3月,中国银监会与中国保监会合并为中国银行保险监督管理委员会,简称"银保监会"。

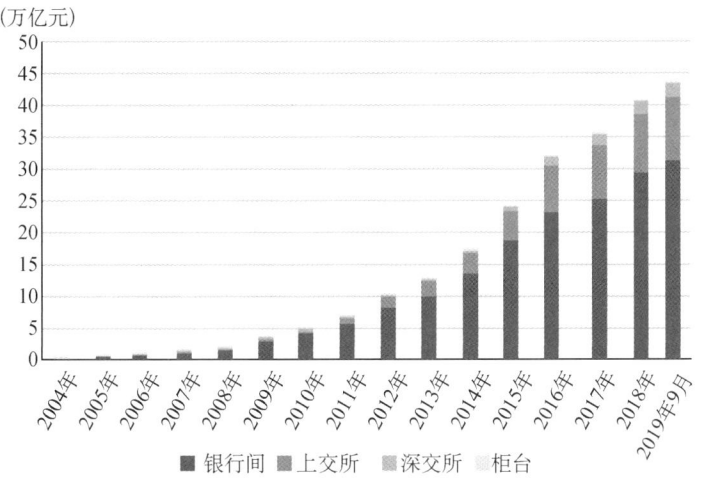

图 2-3 中国信用债历史存量——按市场划分

（一）企业债券

企业债券是指企业依照法定程序公开发行并约定在一定期限内还本付息的有价证券。从 2000 年起，企业债券发行由国家发改委统一进行管理，企业债券步入规范快速发展阶段，可以分为传统企业债及创新品种（见图 2-4）。

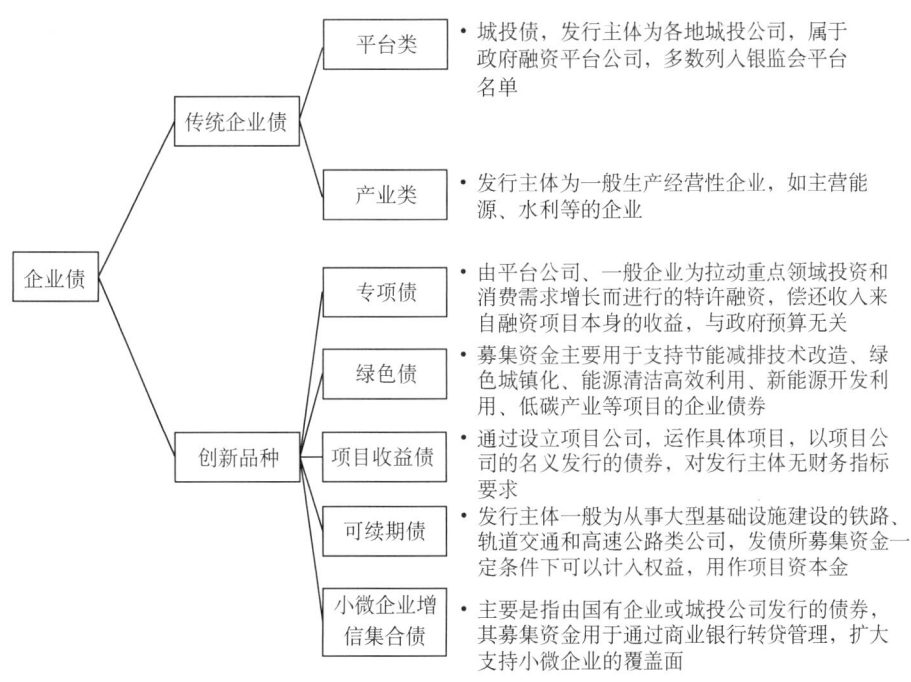

图 2-4 企业债券分类情况

1. 企业债券相关政策梳理

由国家发改委作为主管部门的企业债券市场有一套较为完善和成熟的制度体系作为保证,对中国其他固定收益类融资工具市场的建设具有一定的指导意义。2008 年 1 月 2 日,《国家发展改革委关于推进企业债券市场发展、简化发行核准程序有关事项的通知》(发改财金〔2008〕7 号)发布,企业债券发行制度由"双重核准"①程序改为一次核准制,企业债迎来了市场化发行阶段;同时,7 号文明确了企业债定义、发行条件、资金用途、比例限制等要素,对企业债券发行作出了规范。本报告以 7 号文的出台作为政策研究的开端,对此后企业债券市场政策进行了梳理,如图 2-5 所示。

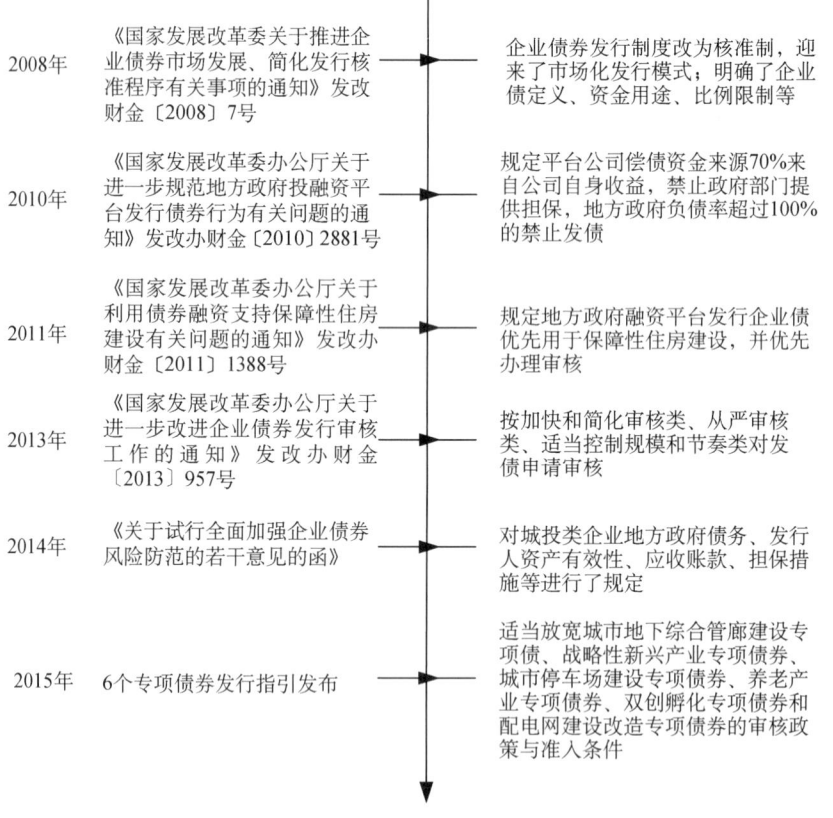

图 2-5　企业债券政策梳理

---

① "双重核准"程序是指先核准规模、后核准发行的核准程序。

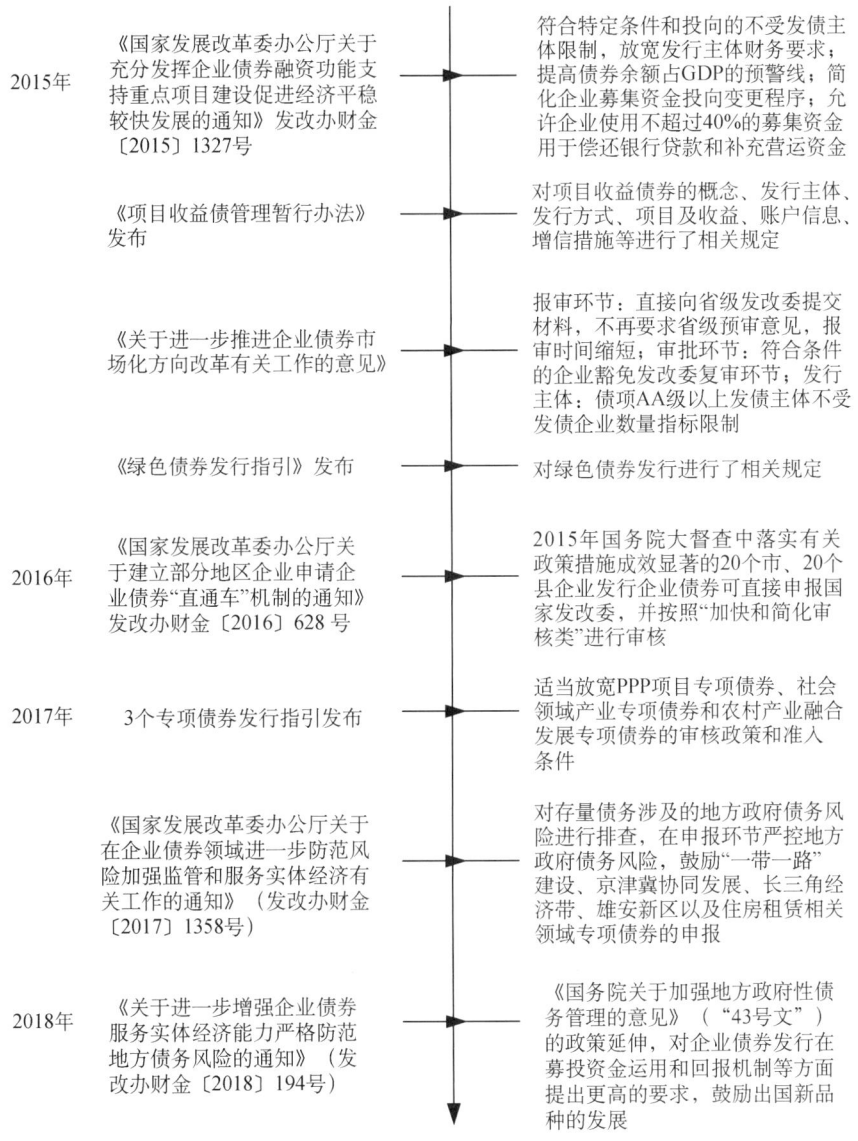

图 2-5　企业债券政策梳理(续)

2. 企业债券发行条件

企业债券自 2007 年以来,发行规模和数量增长较快,而且出现周期性特点(见图 2-6),这是与其要满足的发行条件密不可分的。

企业债券的一般发行条件如表 2-4 所示。

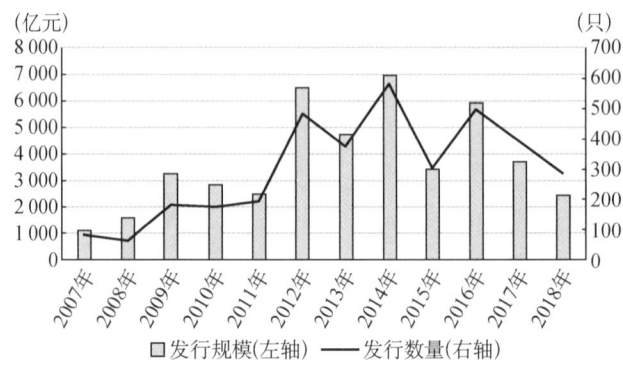

图 2-6　2007—2018 年企业债券发行规模

(数据来源：Wind)

表 2-4　发行企业债券的一般条件

《证券法》基本要求(公开发行)	一般发行条件①
(1) 股份有限公司的净资产不低于人民币 3 000 万元，有限责任公司和其他类型企业的净资产不低于人民币 6 000 万元。 (2) 累计债券余额不超过企业净资产(不包括少数股东权益)的 40%。 (3) 最近三年平均可分配利润(净利润)足以支付企业债券一年的利息。 (4) 筹集资金的投向符合国家产业政策和行业发展方向。 (5) 债券的利率不超过国务院限定的利率水平	(1) 用于固定资产投资项目的,应符合固定资产投资项目资本金制度的要求,原则上累计发行额不得超过项目总投资的 70%。用于收购产权(股权)的,比照该比例执行。用于调整债务结构的,不受该比例限制,但企业应提供银行同意以债还贷的证明；用于补充营运资金的,不超过发债总额的 40%。 (2) 本区域企业发行企业债券、中期票据等余额一般不超过上年度 GDP 的 12%。 (3) 城投类企业和一般生产经营类企业需提供担保措施的资产负债率要求为 65% 和 75%；主体评级 AA+的,相应资产负债率要求放宽至 70% 和 80%；主体评级 AAA 的,相应资产负债率要求进一步放宽至 75% 和 85%。 (4) 债项级别为 AA 及以上的发债主体(含县域企业),不受发债企业数量指标的限制。 (5) 债券的利率由企业根据市场情况确定,但不得超过国务院限定的利率水平。 (6) 已发行的企业债券或者其他债务未处于违约或者延迟支付本息的状态。 (7) 最近三年没有重大违法违规行为

---

① 资料来源于国家发改委下发的《企业债券审核工作手册》。

除了《证券法》和国家发改委对企业债券发行的一般规定之外,国家发改委在推出企业债券创新品种时会给予一定的附加条件(或放宽条件)以支持其发行,主要的几类创新品种的附加条件如表 2-5 所示。

表 2-5　企业债券创新品种的附加条件

	附加(放宽)条件
六类专项债券(城市停车场建设专项债券、城市地下综合管廊建设专项债券、战略性新兴产业专项债券、养老产业专项债券、双创孵化专项债券、配电网建设改造专项债券)附加条件(多是放宽条件)	(1) 六大类专项债券均参照"加快和简化审核类"债券审核程序。 (2) 双创孵化专项债券、配电网建设专项债券允许上市公司子公司公开发行。 (3) 发行城市停车场建设专项债券、养老产业专项债券、城市地下综合管廊建设专项债券的城投企业不受发债指标限制。 (4) 将城投类企业和一般生产经营性企业需提供担保措施的资产负债率要求分别放宽至 70% 和 75%,其他级别的参照一般条件。 (5) 申报双创孵化专项债券、配电网建设专项债券,对企业尚未偿付的短期高利融资余额占总负债比例不进行限制,但发行人需承诺采取有效的风险隔离措施。 (6) 申报养老产业、战略新兴产业、双创孵化、配电网建设专项债的,募集资金用于补充营运资金的比例不超过 50%。 (7) 城市停车场专项债可由省级(含计划单列市)投融资公司作为主体发行区域集合债券,以直接或转贷方式支持区域内停车场建设。 (8) 城市停车场和养老产业专项债募集资金拟用于购买已建成停车场或养老设施的金额占比不得超过 50%,但不得用于购买同一控制人下属平台公司的资产。 (9) 债券存续期内募投项目净收入须能覆盖项目拟使用募集资金本息和,并在项目运营期内项目净收入能够覆盖项目总投资
政府和社会资本合作(public-private partnership,PPP)项目专项债券	(1) 在相关手续齐备、偿债措施完善的基础上,比照发改委"加快和简化审核类"债券审核程序,提高审核效率。 (2) 在偿债保障措施完善的情况下,允许企业使用不超过 50% 的债券募集资金用于补充营运资金(以项目收益债券形式发行 PPP 项目专项债券除外)。 (3) 主体信用等级达到 AA+及以上且运营情况较好的发行主体申请发行 PPP 项目专项债券,可适当调整企业债券现行审核政策要求:①核定发债规模时不考察非金融企业债务融资工具的规模;②发行人可根据实际情况自主选择是否设置市场化的增信方式;③以项目收益债券形式申请发行 PPP 项目专项债券,可不设置差额补偿机制,但应明确项目建设期利息偿付资金来源,并提供相应法律文件。 (4) 鼓励上市公司及其子公司发行 PPP 项目专项债券
社会领域产业专项债券	社会领域产业专项债券以项目未来经营收入作为主要偿债资金来源。在相关手续齐备、偿债措施完善的基础上,比照国家发改委"加快和简化审核类"债券审核程序,提高审核效率

(续表)

	附加(放宽)条件
农村产业融合发展专项债券	(1) 农村产业龙头企业申请发行农村产业融合发展专项债券,需满足以下条件:①企业资产规模不低于3亿元或者年度涉农业务收入不低于2亿元;②拟投资农村产业融合发展项目总投资不低于1亿元。 (2) 在相关手续齐备、偿债措施完善的基础上,比照发改委"加快和简化审核类"债券审核程序,提高审核效率。 (3) 允许企业使用不超过50%的债券募集资金用于补充营运资金。 (4) 鼓励上市公司及其子公司发行农村产业融合发展专项债券。 (5) 以小微企业增信集合债券形式发行农村产业融合发展专项债券,募集资金用于农村产业融合小微企业发展的,可将《小微企业增信集合债券发行管理规定》中委托贷款集中度的要求放宽为"对单个委贷对象发放的委贷资金累计余额不得超过5 000万元且不得超过小微债募集资金规模的10%"
绿色债券	(1) 允许上市公司及其子公司以公开或非公开方式发行绿色企业债。 (2) 发行绿色债券的企业不受发债指标限制。 (3) 债券募集资金占项目总投资比例放宽至80%。 (4) 在资产负债率低于75%的前提下,核定发债规模时不考察企业其他公司信用类产品的规模。 (5) 可以将不超过50%的募集资金用于偿还银行贷款和补充运营资金。 (6) 比照发改委"加快和简化审核类"债券审核程序,提高审核效率
项目收益债券	(1) 在项目运营期内的每个计息年度,项目收入应该能够完全覆盖债券当年还本付息的规模。 (2) 项目投资内部收益率原则上应大于8%,对于政府购买服务项目,或债券存续期内的财政补贴占全部收入比例超过30%的项目,或运营期超过20年的项目,内部收益率的要求可适当放宽,但原则上不低于6%。 (3) 债券存续期内合法合规的财政补贴占项目收入的比例不得超过50%。 (4) 非公开发行的项目收益债券的债项评级应达到AA及以上。 (5) 不受资产负债率要求限制。 (6) 不考虑应收账款占净资产的比例。 (7) 若项目实施主体不是发行人,项目收益权应与发行人就项目收益的归属和偿债问题作出约定,并写入募集、账户监管协议。 (8) 项目收益债券募集资金投资项目,必须符合国家产业政策和固定资产投资管理有关规定,能够产生持续稳定的现金流。 (9) 募集资金只能用于该项目建设、运营或设备购置,不得置换项目资本金或偿还与项目有关的其他债务,但偿还已使用的超过项目融资安排约定规模的银行贷款除外。 (10) 应设置差额补偿机制,可同时增加外部担保

3. 企业债券发行流程介绍及关键环节把握

与银行贷款、股权融资等融资手段一样，发行企业债券也需要遵循一定的操作流程，既包括企业内部的工作流程，也包括企业外部关系的协调处理。企业进行债券融资所遵循的基本流程主要包括以下六个方面。

（1）前期内部调研。发债首先得有发行主体。目前，产业债的发行主体为一般生产性工商企业，城投债以地方政府设立的地方政府融资平台作为发行载体，主要包括城投公司、建投公司、交投公司等。城投债往往具有设立时间短、缺少实际经营、资产数量及质量情况较差的特点。而且，有的城市由于历史原因，存在多家地方政府融资平台公司，使得资产资源分散，难以形成合力。发行人首先应分析自身内部情况并着眼于全市范围内的资产资源进行调研，在专业财务顾问的帮助下找出问题、发现资源，为下一步自我完善、资源整合做好基础工作。

（2）资产重组。根据国家发改委有关发债的基本条件，企业的资产状况及利润水平是企业发债的核心要求，直接决定了企业债券发行的成功与否及发债规模。在前期内部调研的基础上，发行人通常会反映出出资不实、股权结构混乱、优质资产欠缺、营收情况差、缺乏主营业务等问题。这一阶段的工作重点就是针对发行人内部存在的问题，结合调研到的内外部可利用资源情况，由财务顾问团队提出自愿整合、资产重组的思路和方案，并在与当地政府有关领导及发行人充分交流的基础上，最终确立并协助发行人执行资产重组操作方案。

在实务中，过去企业债券的发行额度和信用评级是与地方财政实力直接挂钩的，地方财力是影响评级结果的关键因素，通常一般公共预算收入达到8亿元的区县可以评到AA－，一般公共预算收入达到15亿～16亿元的区县可以评到AA。在地方政府债务增量规模受到严控的背景下，城投公司市场化转型要求必须打破地方政府对其的隐性担保。因此，企业债券主管部门在审批环节逐渐弱化对地方财力的考察，转而更注重发债企业的资质。194号文[1]也明确了"严禁涉及与地方政府信用挂钩的虚假陈述、误导性宣传""信用评级机构应当基于企业财务和项目信息等开展评级工作，不得将申报企业信用与地方政府信用挂钩"等事项。在确定企业债券发行额度之后，主承销商需要根据"累计债券发行额度不超过最近一期期末净资产的40%""近三年平均净利润能够支付本期债券一年利息""主体信用等级为AA的，资产负债率不能超过65%；主体信用等级为AA＋的，资产负债率不能超过70%（创新品种除外）""募集资金用于补充流动性的比例不得超过40%（创新品种除外），募集资金用于募投项目的规模不得超过募投项目总投资额的70%""主体评级为

---

[1] 国家发展改革委办公厅、财政部发布的《关于进一步增强企业债券服务实体经济能力严格防范地方债务风险的通知》发改办财金〔2018〕194号。

AA 的,应收政府款项不能超过 60%;主体评级为 AA-的,应收政府款项不能超过 40%"等发行要求对发行主体的报表进行调整,使之满足申报要求。

（3）发行方案确立。在所有基础工作准备就绪以后,财务顾问团队进行债券发行方案的分析与讨论,最终形成一份债券发行框架方案提交给发行人,初步确定债券融资的基本要素、财务重组方案、增信方式以及募集资金投向等核心问题。

（4）遴选中介机构并协调主导工作开展。中介机构的选择在企业债券发行过程中也是至关重要的。如果将发行债券比喻为建造一座金融大厦,那么债券发行过程中的中介机构人员无疑是大厦建设中必需的能工巧匠。中介机构通常包括券商、审计机构、评级机构、担保机构、律师事务所等。发行人的财务顾问团队更是债券发行工作的总设计师,不仅在发债前期协助开展工作、审核把控各机构的服务质量和工作成果,还为发行人提供全程保姆式专业服务。审计机构就发行人报告期间财务状况出具审计报告。信用评级机构根据对发行主体的尽职调查结果出具信用评级报告。募集资金用途涉及募投项目的,还需要向地方主管部门取得募投项目的 6 个批文,即项目用地预审意见、建设项目选址意见书、环境影响报告书的批复、节能登记表备案的通知、可行性研究报告的批复、社会稳定风险评估报告的批复。

（5）材料组卷上报。在债券增信方式、募集资金投资项目确定,各家中介机构完成各自的工作后,就正式进入材料组卷上报阶段。从实际案例操作来看,一套完整的组卷材料通常包括以下内容:以国有土地使用权抵押作为债券增信方式的,需要组卷的材料包括资产抵押承诺函、土地无抵押证明函、国有土地使用权抵押合同、抵押资产监管协议等;募集资金投资项目需要组卷的材料主要是各个项目的可研批复、环评批复以及土地预审意见等;还有一系列法律协议文件需要签署组卷,如债券持有人会议规则、债权代理协议、募集资金使用专项账户及偿债资金账户监管协议;发行人及当地政府部门需要就发债事宜出具一系列决议文件,如股东会决议、董事会决议、发债相关情况的说明等;各中介机构还需要提供各自的营业执照、从业资格证书、承销团成员承销业绩等书面材料。最终,各方面材料全部到位以后,按照一定的顺序组装成卷,按照规定程序,上报市发改委,获得初审批复后转报省发改委,最终报送国家发改委,等待意见反馈并最终核准发行。

（6）核准发行。国家发改委自受理申请之日起 3 个月内(反馈修改材料的时间除外,创新型企业债品种可加快审核流程)作出核准或不予核准的决定。在得到国家发改委批准并经中国人民银行和中国证监会会签后,企业即可进行具体的债券发行工作。企业债券须在批准文件印发之日起两个月内开始发行。在发行结束后 1 个月内,发行人通常需要在财务顾问及主承销商的协助下向有关机构申请债券上市交易。

(二) 公司债

中国证监会 2015 年 1 月 16 日发布《公司债券发行和交易管理办法》,将公司债券(新公司债)的发行主体扩容至所有公司制法人,发行方式扩展至公开发行(大公募)、向合格投资者公开发行(小公募)和非公开发行(私募公司债),审核流程全面市场化,提高了审核效率。

与新公司债相比,原公司债是中国证监会于 2007 年 8 月推出的一种债权融资品种,试点发行主体限于沪深证券交易所上市的公司及发行境外上市外资股的境内股份有限公司,包括 A 股、B 股、H 股、S 股、N 股。新公司债的主要分类如图 2-7 所示。

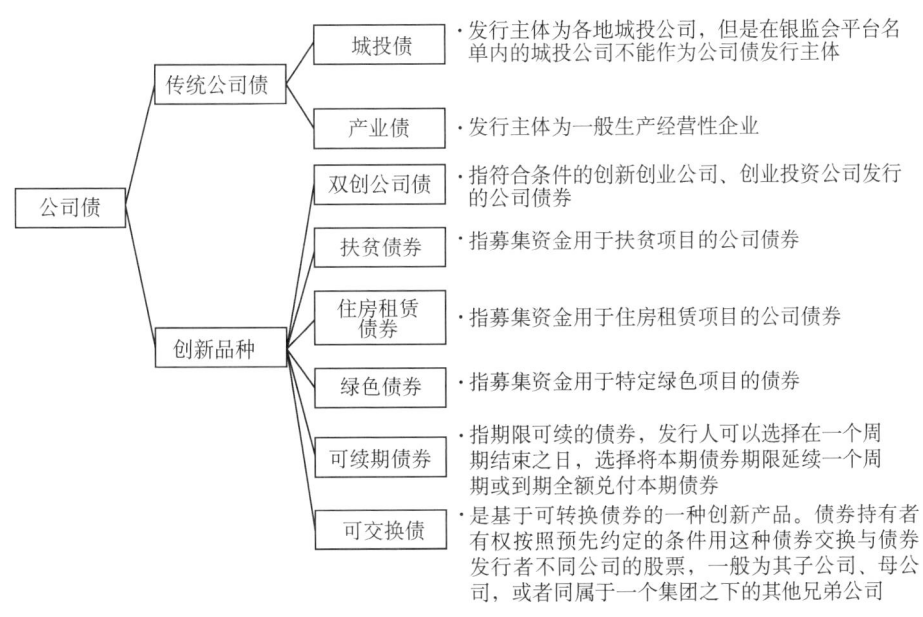

图 2-7 公司债券分类情况

1. 公司债券相关政策梳理

中国公司债券市场起步于 2007 年 8 月,《公司债券发行试点办法》发布,公司债券正式进入试点阶段。随后,上交所和深交所分别制定了公募公司债券和私募公司债券业务细则,公司债券的发行与上市有了行业规范和标准。由于试点阶段的公司债券对发行主体的要求较为严格,仅限于上市公司发行,发行准入门槛较高,因此 2007—2014 年中国公司债券市场的发育一直停留在千亿规模水平,与同期在银行间市场发行的企业债券发行量相去甚远。

2015 年 1 月,证监会出台了《公司债券发行与交易管理办法》,从发行主体、发行方式、债券期限和交易场所等多方面放宽了公司债券准入,业内称此后发行的公司债券为"新公司债",公司债券市场实现了量级的跨越,仅 2015 年全年公司债券发行规模就达到 10 283.55 亿元①,远超 2007—2014 年公司债券发行总额,此后公司债券市场一直保持万亿元容量水平(见图 2-8)。

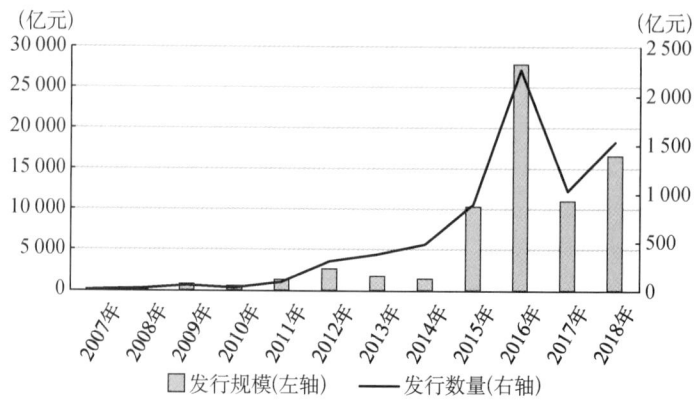

图 2-8　2007—2018 年公司债券发行规模

(数据来源:Wind)

2007—2017 年公司债券相关政策梳理如图 2-9 所示。

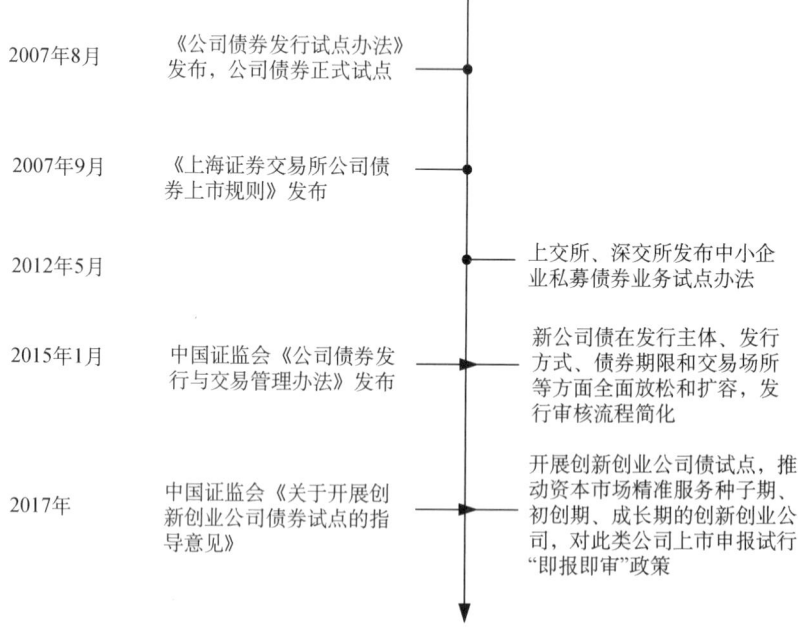

图 2-9　公司债券政策梳理

---

① 数据来源:Wind 资讯。

2. 公司债券发行条件

以 2015 年证监会《公司债券发行与交易管理办法》的出台作为新老划断时点,公司债券的一般发行条件如表 2-6 所示。

表 2-6　公司债券的一般发行条件

新老划断		大公募(向公众投资者公开发行)	小公募(向合格投资者公开发行)	非公开公司债
变化1:新公司债全面放松和扩容	发行公司债券对发行主体的一般要求	(1) 发行人须为境内注册公司制法人。 (2) 发行人累计债券余额不超过公司有效净资产的 40%;目前已发行多为优质产业类企业,净资产一般在 15 亿元以上(发债额度最多为 6 亿元)。 (3) 股份公司净资产不低于 3 000 万元,有限公司净资产不低于 6 000 万元。 (4) 发行人最近三个会计年度实现的平均可分配利润不少于债券一年利息的 1 倍。 (5) 最近 36 个月内公司财务会计文件不存在虚假记载,公司不存在其他重大违法行为。 (6) 前一次公开发行的公司债券已经募足。 (7) 对已公开发行的公司债券或者其他债务没有违约或者延迟支付本息的事实。 (8) 未改变已公开发行公司债券所募资金的用途。 (9) 本次发行申请文件不存在虚假记载、误导性陈述或者重大遗漏。根据《证券法》的规定,发行新公司债的发行人累计债券余额原则上不包括短期融资券、中期票据、一年以内到期(即将清偿)的企业债和公司债额度,但要扣减未行权的可转债、可交换债(公募)额度。审核中往往实质重于形式。非公开发行公司债无须考虑额度问题		非公开发行公司债券的发行人应当不属于负面清单范畴①

---

① 公司债券发行负面清单。(1)政策限制类:①地方融资平台公司;②部分房地产公司(存在"闲置土地""炒地""捂盘惜售""哄抬房价""信贷违规""无证开发"等违法违规行为的房地产公司)。(2)违法违规类:《非公开发行公司债券负面清单指引(征求意见稿)》规定的内容。(3)其他类:信用评级低于 AA一 的小贷公司、典当行、担保公司等。对于政府平台属性的审查采用形式审查与实质审查相结合的方式。形式审查以中国银监会的地方政府融资平台名单为准;实质审查采用"双五十"核查,并且承诺债券不能新增地方政府债务,募集资金不能用于与地方政府相关的项目。2016 年 8 月 30 日,交易所窗口指导提高了该类平台发行人的门槛,"双五十"要求变为"单五十",即只要满足"发行人最近三年的营业收入中,来自所属地方政府的比例若超过 50%,将不能在交易所发债"一条,将立即叫停。

(续表)

新老划断		大公募(向公众投资者公开发行)	小公募(向合格投资者公开发行)	非公开公司债
变化1：新公司债全面放松和扩容	发行主体的特殊要求	(1) 发行人最近三年无债务违约或者延迟支付本息的事实。 (2) 发行人最近三个会计年度实现的平均可分配利润不少于债券一年利息的1.5倍。 (3) 债券信用评级达到AAA级。 (4) 中国证监会根据投资者保护的需要规定的其他条件	无。符合"大公募"条件的公司也可自主选择"小公募"发行	不强制财务指标、发行限制条件、信用评级和受托管理人责任
	募集资金用途	不与固定资产投资项目挂钩，使用灵活，可用于偿还银行贷款、补充流动资金等		
变化2：发行审核流程简化	核准要求	公开发行公司债券须编制和报送申请文件，证监会受理后3个月内做出是否核准的决定	上交所对小公募债券的上市申请进行受理，对其做出预审核并出具上市预审核意见(反馈意见)，上交所预审通过后报中国证监会，中国证监会受理发行申请并通过上交所下发核准批复，前后历时1个月左右	上交所对非公开公司债的挂牌申请进行受理，对其做出预审核并出具反馈意见，预审核通过后由上交所下发无异议函，前后历时1个月左右

3. 公司债券发行流程

公司债券从项目组进场到债券发行上市完成，一般需要3个月左右的时间(流程图见图2-10)。以 T 日作为起始日(项目组进场日)，T 日到 $T+30$ 日是项目组对发行主体进行尽职调查和收集底稿、撰写募集说明书的时间段，$T+30$ 日到 $T+40$ 日这10天的时间一般通知发行主体和各中介方对有关文件进行签字盖章和集中申报。$T+40$ 日到 $T+60$ 日是交易所核查的时间段，在该期间交易所针对主承销商提交的申报材料进行审核并下达反馈意见，由主承销商对反馈意见进行补充说明。交易所核查结束后，公司债券接下来的发行流程可大致分为两类:对于私募公司债券来说,交易所核查结束,拿到交易所出具的无异议函即代表审核通过准许发行;而对于公募公司债券来说,交易所层面只是执行了预审核工作,申报材料还须提交中国证监会进行审核,以中国证监会出具的批文作为公司债券审核通过的依据。公司债券拿到无异议函或批文后,簿记管理人(一般为主承销商)就可以准备启动发行工作,以及披露主管部门要求的信息公告和文件。以上为公司债券一个完整的操作流程和周期。

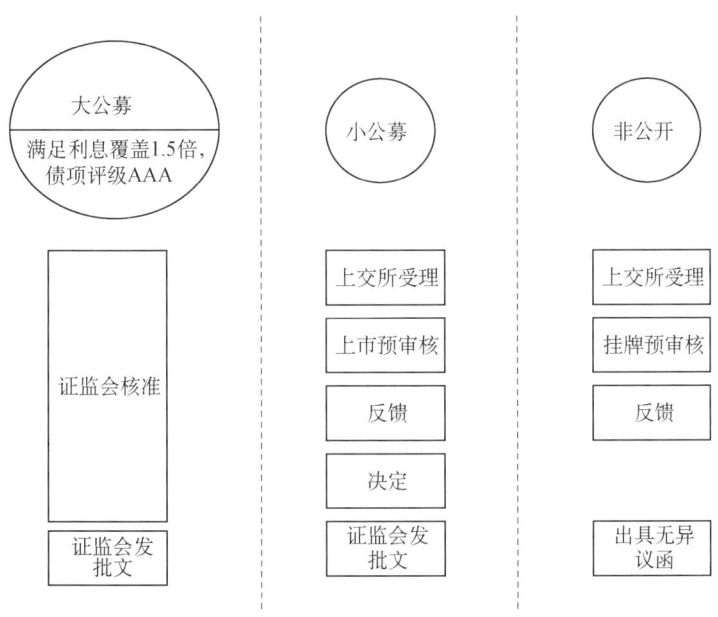

图 2-10　公司债券发行流程图

(三) 银行间债务融资工具

银行间债券市场的主管部门是中国人民银行。2007年9月,中国银行间市场交易商协会成立,为中国债券市场引入了以注册制为核心的发行管理制度,并先后推出中期票据、短期融资券、超短期融资券、定向债务融资工具等债券品种,由此中国债券市场正式进入银行间债券市场主导阶段。在创新方面,银行间债券市场在2013年以来推出了长期限含权融资工具、项目收益票据、非公开定向可转债务融资工具、供应链票据、绿色债券、熊猫债券、双创专项债务融资工具、扶贫债券等创新品种。银行间债务融资工具的主要分类如图2-11所示。

1. 银行间债务融资工具政策梳理

银行间债务融资工具的发行与交易在创立伊始便确立了自律管理制度。

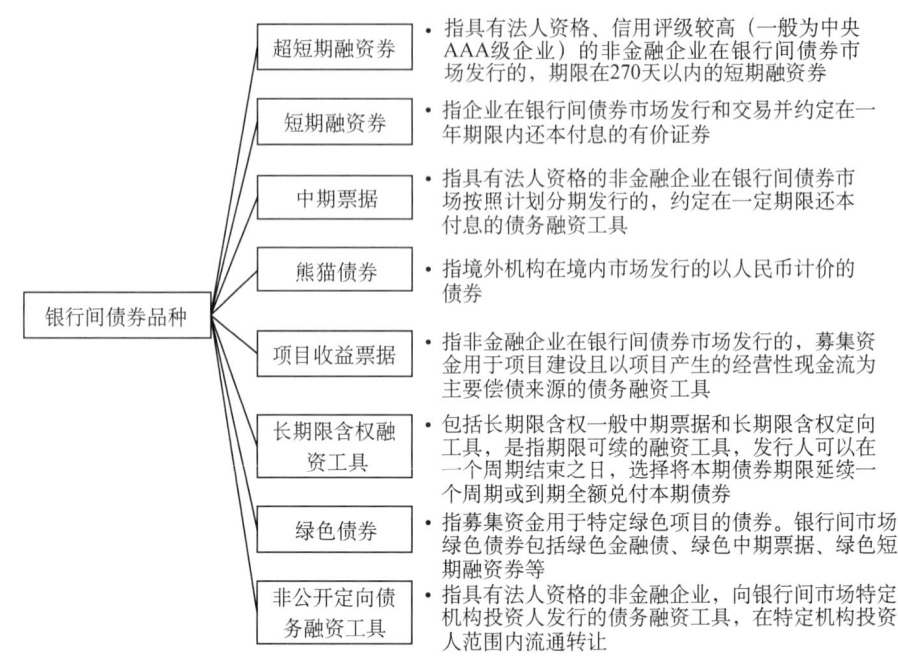

图 2-11 银行间债务融资工具的主要分类

2008年3月14日,中国人民银行出台了《银行间债券市场非金融企业债务融资工具管理办法》,明确了"交易商协会依据本办法及中国人民银行相关规定对债务融资工具的发行与交易实施自律管理。交易商协会应根据本办法制定相关自律管理规则,并报中国人民银行备案"。2012年,交易商协会制定了非金融企业债务融资工具注册文件表格体系;2016年,交易商协会在2012年注册体系基础上进一步完善,确立了"分层分类"的管理体系。具体而言,交易商协会将融资主体分为两类:第一类企业可就公开发行超短期融资券、短期融资券、中期票据等品种编制同一注册文件,进行统一注册(资产支持票据、项目收益票据等交易商协会相关规则指引规定企业应分别注册的品种除外);按照第一类企业注册的,可在注册有效期内自主发行。统一注册多品种债务融资工具的,注册阶段可不确定注册额度,发行阶段再确定每期发行品种、发行规模、发行期限等要素。第二类企业应就公开发行各品种债务融资工具编制相应注册文件,分别进行注册。划分第一类企业与第二类企业的标准需要同时满足以下四个条件:①最近36个月内累计公开发行债务融资工具不少于3期,公开发行规模不少于100亿元;②市场认可度高,行业地位显著,经营财务状况稳健,最近2个会计年度未发生连续亏损;③最近24个月内无债务融资工具或其他债务违约或延迟支付本息的事实,控股股东、控股子公司无债务融资工具违约或延迟支付本息的事实;④最近24个月内无债务融资工具或其他债务违约或延迟支付本息的事实,控股股东、控股子公司无债务融资工具违约或延迟支付本息的事实。由上述要求可以看到,第一类企业相对于第二类企业的发行门槛更高,但相应地享有更灵活的发行机制和更为简化的发行流程。银行间债务融资工具政策梳理如图2-12所示。

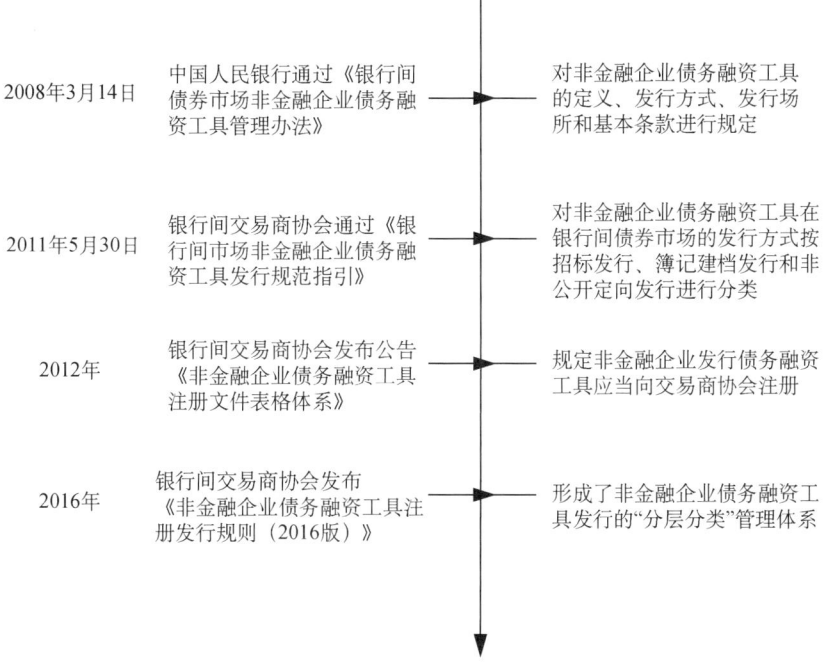

图2-12 银行间债务融资工具政策梳理

2. 银行间债务融资工具的发行条件

银行间债务融资工具的一般发行条件及创新品种的附加条件如表2-7和表2-8所示。

表2-7 银行间债务融资工具的一般发行条件

债券品种	一般发行条件
短期融资券	债券累计待偿还余额不超过企业最近一期经审计净资产的40%
中期票据	债券累计待偿还余额不超过企业最近一期经审计净资产的40%;无明确财务指标要求,但协会在审核过程中会关注关键财务情况(如资产质量、偿债能力及盈利能力、经营性现金流情况等)

表 2-8 创新品种的附加条件

创新品种	附加条件
项目收益票据	（1）项目收益票据的募投项目包括但不限于市政、交通、公用事业、教育、医疗等与城镇化建设相关的、能产生持续稳定经营性现金流的项目。 （2）获取财政补贴等行为必须依法、合规，不应存在任何直接、间接形式的地方政府担保。 （3）设立募集资金监管账户，并制定切实可行的现金流归集和管理措施
绿色非金融企业债务融资工具（中期票据、短期融资券等）	（1）设立募集资金监管账户，由资金监管机构对募集资金的到账、存储和划付实施管理，确保募集资金用于绿色项目。 （2）鼓励披露由第三方认证机构出具的评估或认证意见，对募集资金用于绿色项目的情况进行认证。 （3）交易商协会为绿色债务融资工具的注册评议开辟绿色通道，加强绿色债务融资工具注册服务
银行间市场熊猫债券	（1）非金融企业发行熊猫债券参照一般债券发行条件。 （2）国际开发机构申请在中国境内发行人民币债券应具备以下条件：①财务稳健，资信良好，经两家以上（含两家）评级公司评级，其中至少应有一家评级公司在中国境内注册且具备人民币债券评级能力，人民币债券信用级别为 AA 级（或相当于 AA 级）以上；②已为中国境内项目或企业提供的贷款和股本资金在 10 亿美元以上，经国务院批准予以豁免的除外；③所募集资金应优先用于向中国境内的建设项目提供中长期固定资产贷款或提供股本资金，投资项目符合中国国家产业政策、利用外资政策和固定资产投资管理规定。主权外债项目应列入相关国外贷款规划

（四）资产支持证券

资产证券化是指将能产生稳定现金流的基础资产加以组合，将基础资产未来现金流通过结构化方式进行重组，设计为不同期限、不同风险水平的若干档产品，并最终出售给金融市场投资者并在二级市场流通的过程，最终产生的证券产品成为资产支持证券（ABS）。

中国资产支持证券自 2005 年国务院批准中国人民银行牵头开展的信贷资产证券化试点起步。尽管其发展历史较短，但发展迅速，市场规模不断扩大，基础资产逐渐多元化，产品设计日趋成熟，市场参与者专业能力和活跃度不断提升。作为直接融资的创新品种，资产支持证券已经成为债券市场的重要组成部分。截至 2016 年 9 月底，中国资产支持证券托管总量已达 1.5 万亿元，占债券市场总托管量的 2.3%。资产证券化产品的主要分类如图 2-13 所示。

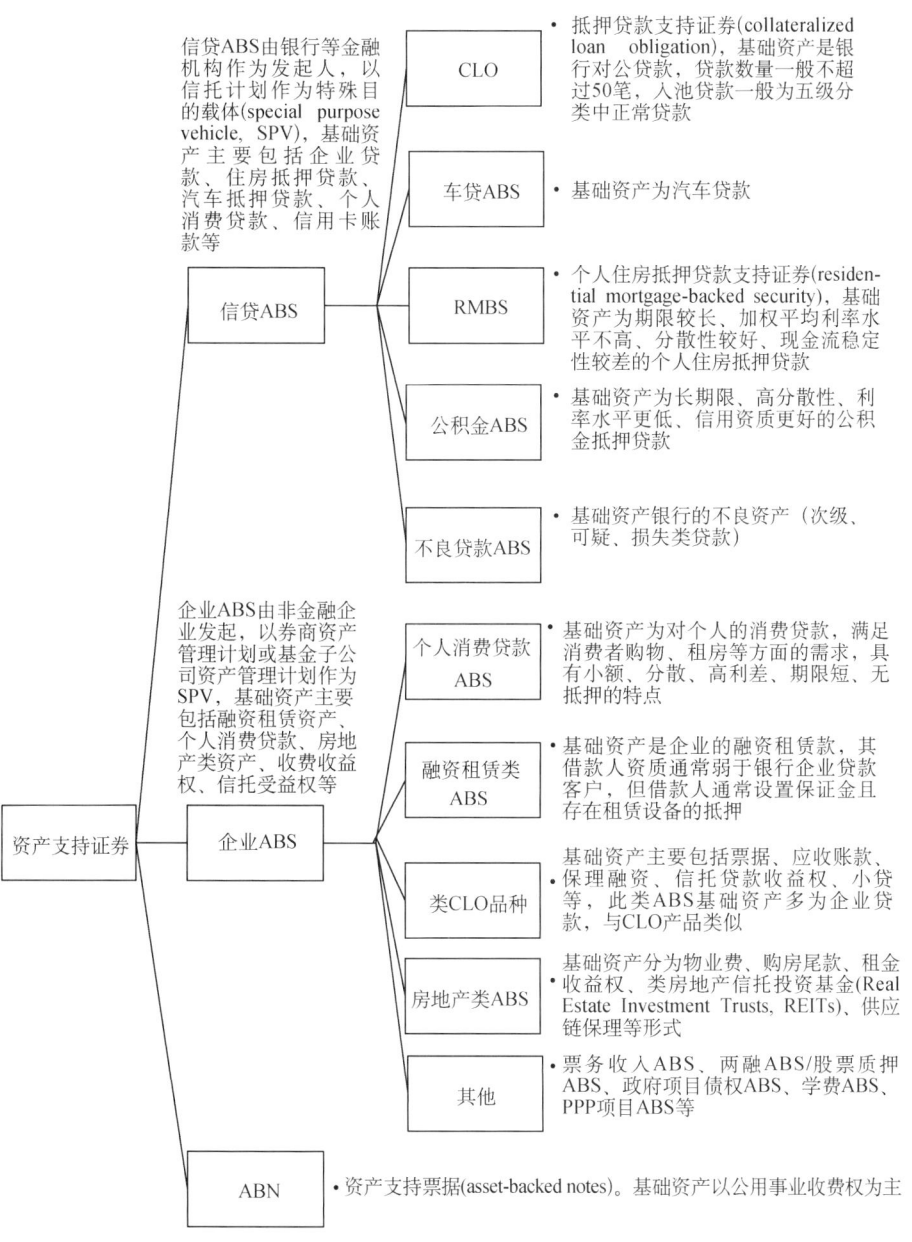

图2-13 资产证券化产品的主要分类

1. 资产证券化政策梳理

中国资产证券化市场产品根据主管部门的不同可以划分为信贷资产证券化、企业资产证券化和资产支持票据三条线,对应的主管部门分别为中国银监会、中国证监会和银行间交易商协会。在中国资产证券化市场发展历程(见图 2-14)中,央行和中国银监会先试先行,于 2005 年推出了信贷资产证券化,标志着中国资产证券化试点拉开序幕,随后企业资产证券化和资

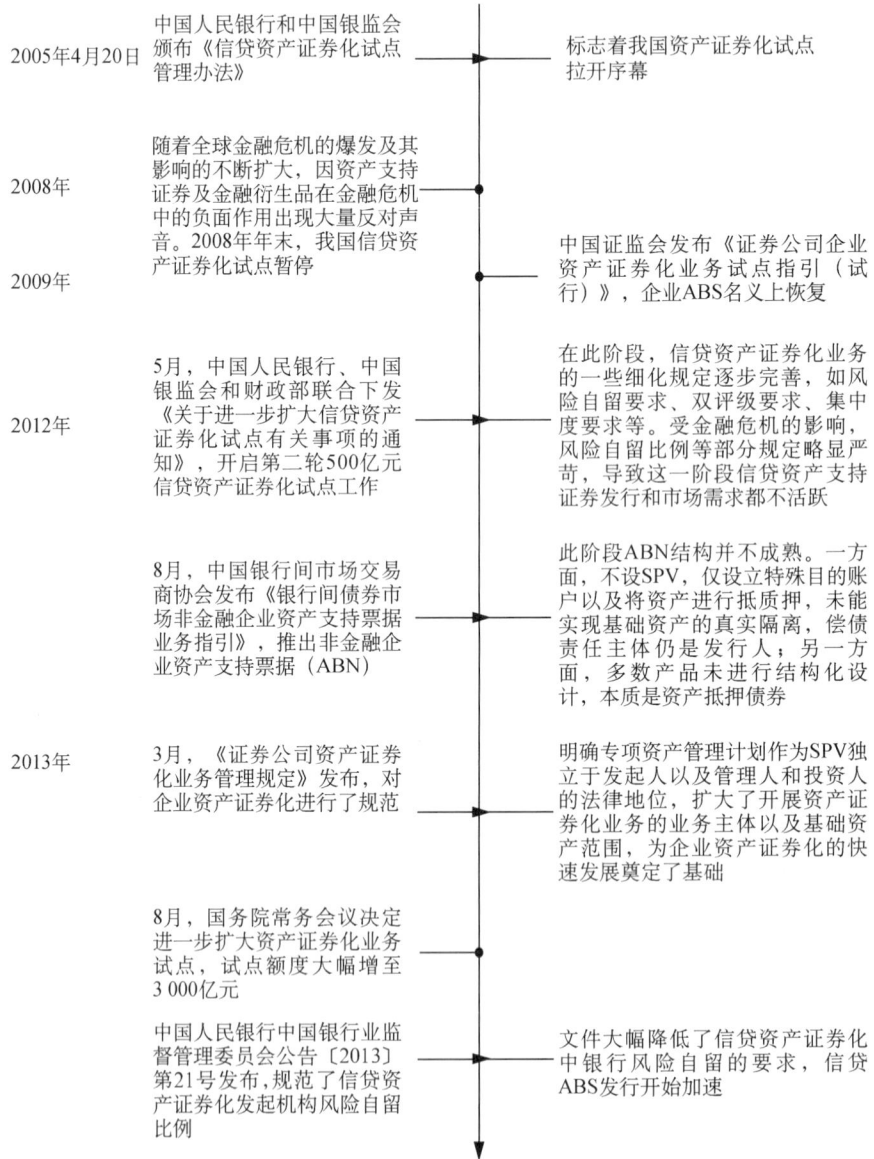

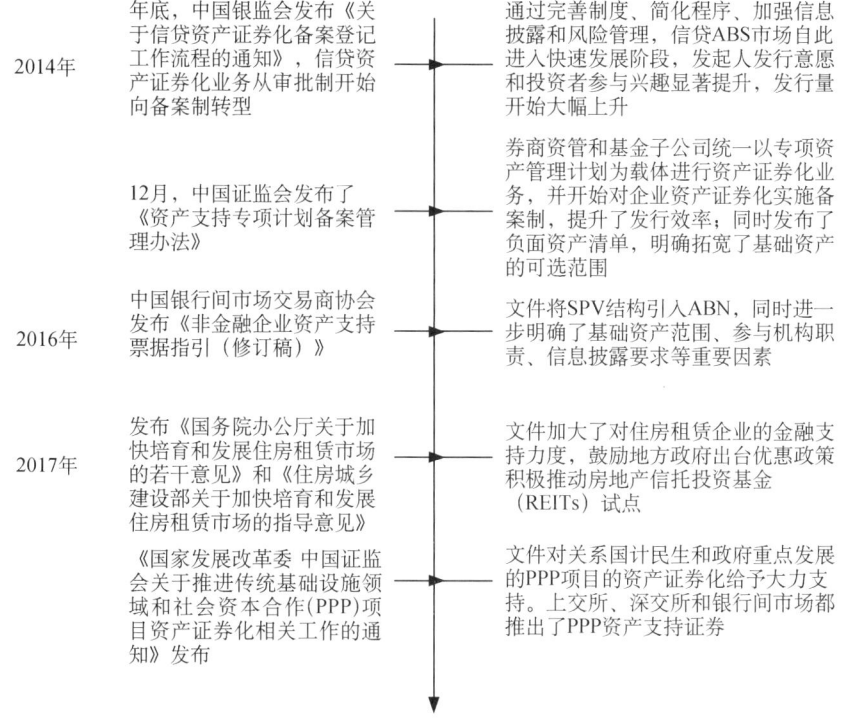

图 2-14 资产证券化政策梳理

支持票据也陆续开展试点工作。纵向梳理三大部委出台的关于资产证券化的政策可以发现,中国资产证券化产品的发展可谓一波三折。美国次贷危机爆发后,资产支持证券和衍生产品一度被认为是罪魁祸首,国内外对于发展资产证券化的反对声音很大,受此影响,国内资产证券化试点被迫暂停。在此后的两年多时间里,虽然中国证监会于 2009 年发布了《证券公司企业资产证券化业务试点指引(试行)》,但是国内的资产证券化业务一直处于停滞状态,直到 2012 年中国人民银行、中国银监会和财政部联合下发了《关于进一步扩大信贷资产证券化试点有关事项的通知》,开启第二轮 500 亿元资产证券化试点工作,国内的资产证券化业务才开始破冰。2012 年后,国内金融创新氛围浓郁,资产证券化市场也迎来了大发展,三大部委在不断规范资产证券化产品交易结构的同时,积极推动资产证券化业务创新,房地产信托投资基金(REITs)、PPP 资产支持证券等多种创新融资工具应运而生,资产证券化越来越被国内资本市场认可为一种响应国家供给侧改革政策、盘活优质存量资产、丰富企业融资渠道的融资手段,资产证券化市场的广度和深度也得到了一定拓展和深化。

2. 资产证券化产品的一般交易结构

资产支持证券的交易结构较其他债务融资工具更加复杂(见图 2-15),不同发行品种和不同类型基础资产的交易结构也存在很大差异。但是,各类资产支持证券交易结构的核心目的都是实现资产隔离和结构化增信。

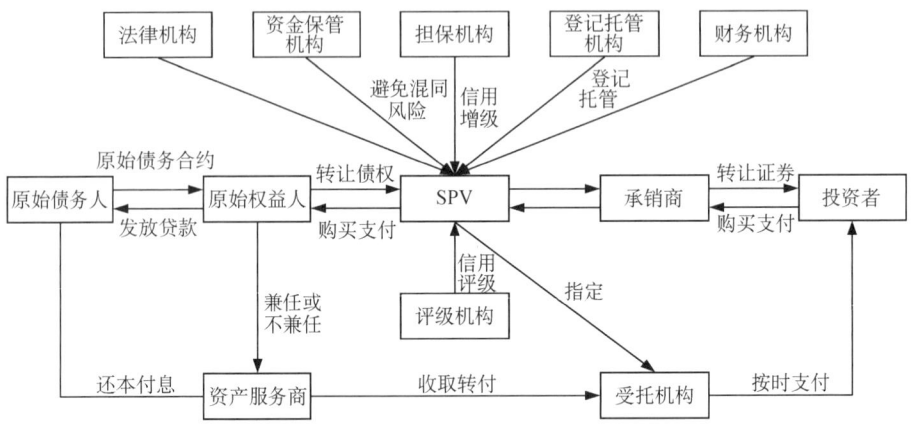

图 2-15 资产证券化产品的一般交易结构

资产隔离方面,主要通过建立特殊目的载体(SPV)实现,表现为原始权益人向原始债务人构建债权资产并将债权资产转让给 SPV,同时让各类机构参与确认资产是否合法合规,估值是否合理,以及监督现金流的归集和分配。资产隔离的两类处理方式如表 2-9 所示。

表 2-9 资产隔离的两类处理方式

基础资产	债权		收益权
风险报酬转移情况	风险报酬基本转移,如原始权益人或母公司不提供担保或反担保	风险报酬转移不足,原始权益人或其母公司仍存在一定被追偿的风险	基础资产是未来预期的营业收入,尚未转化为合同债权,不是会计意义上的资产,风险报酬无法转移
会计处理原则	可以认定为"真实出售"	不能认定为"真实出售"	
是否实现资产出表	可以	不可以	
收到募集资金的会计处理	借:银行存款 贷:出售资产对应的科目,如持有至到期投资或长期债券投资、应收账款等	借:银行存款 贷:长期应付款	

由此可以看出,当基础资产可以出表时(如风险报酬基本转移的债权类资产),发行 ABS 可以实现资产真实销售,不增加负债,资产负债表左侧流动性较差的基础资产可以被置换为流动性强的货币资金,从而提升企业的流动比率和速动比率,进而提高短期偿债能力,如果企业使用筹集的资金偿还债务,还可以进一步降低资产负债率;当基础资产不能出表时(如风险报酬转移不足的债权类资产和收益权),资产支持证券视作抵押担保融资,资产负债表两侧同时增加货币资金和负债,对企业偿债能力的提升相对弱于出表情形。

在结构化方面,通常会设置优先/夹层/次级的多重结构,更低级持有者优先承担损失,为更高级持有者提供增信。同时,也可以采用折价购买基础资产、基础资产超额利差、资产超额抵押、发起人差额支付、流动性支持及担保等各类增信手段。中国信用债市场融资主要类型如图 2-16 所示。

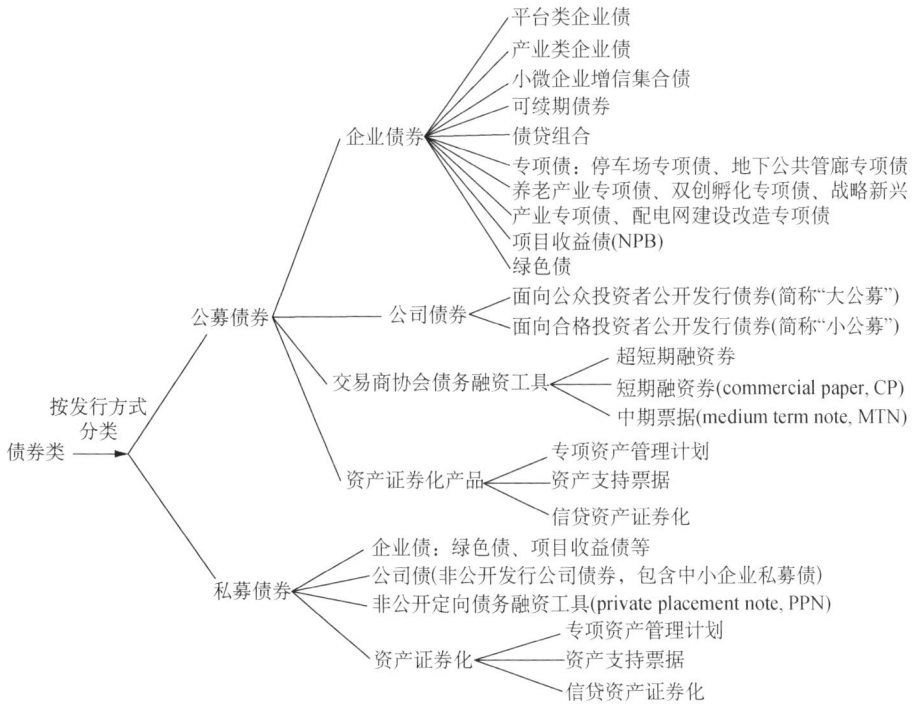

图 2-16 中国信用债市场融资主要类型

三、中国信用债市场发行人结构分析

在发行人结构方面,中国信用债市场最显著的特征是国有企业占据发行人的多数。本研究中的国有企业是指国有独资或国有控股企业,非国企是指其他股东类型发行人,主要包括集体所有制企业、民营企业、中外合资企业、外商独资企业等。如图 2-17 所示,2017 年 1 月—2019 年 9 月,中国共有 4 570 个主体发行了信用债,国有企业 3 440 个,占比达 75.27%。

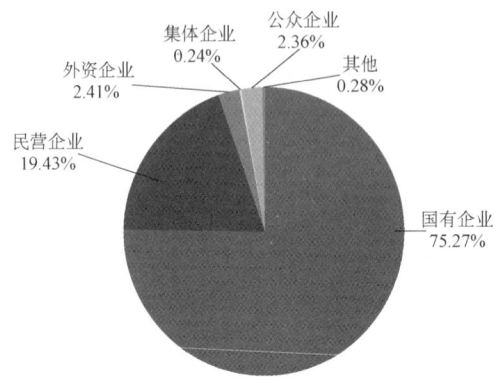

图 2-17　信用债发行人股东类型占比(2017 年 1 月—2019 年 9 月)
(数据来源:Wind)

其中:银行间债券市场的发行人也以国有企业为主,这一比例高达 68%;其次为公众企业,占比达 23%;民营企业的比例相对较低,为 7%。图 2-18 展示了银行间债券市场 2017 年 1 月—2019 年 9 月信用债的发行人状况。

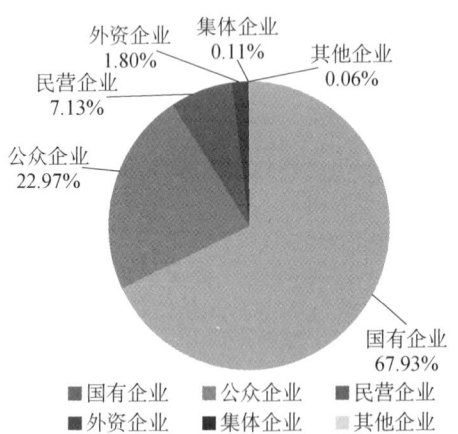

图 2-18　信用债发行人类型占比——银行间债券市场(2017 年 1 月—2019 年 9 月)
(数据来源:Wind)

交易所市场的发行人结构与银行间债券市场类似,以国有企业为主,国有企业的比例高达 65%,但与银行间市场形成显著差异的是,交易所市场中民营企业的比例有所提高,达 22%。此外,外资企业与公众企业比例相当,都在 5%~6%,具体情况如图 2-19 所示。综合来看,无论是银行间市场还是交易

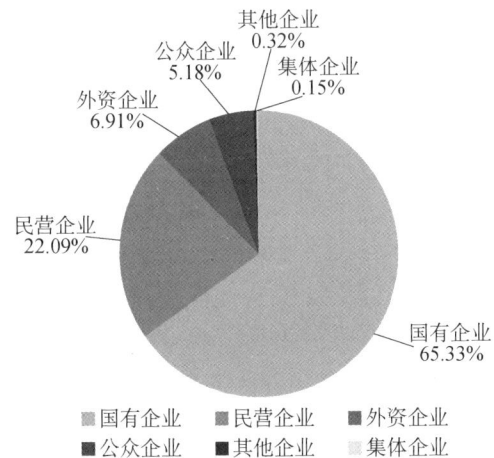

图 2-19　信用债发行人类型占比——交易所市场(2017 年 1 月—2019 年 9 月)

(数据来源：Wind)

所市场,国有企业都是债券发行的主力军,这表明国有企业在债券融资方面具有一定的优势。此外,交易所市场的民营企业比例相对高于银行间市场的民营企业比例,这主要是由于公司债只能在交易所市场进行。

四、中国信用债市场投资者结构分析

从中国主要信用债品种的比较(见表 2-10)来看,中国信用债投资者以基金和银行为主。

表 2-10　中国主要信用债品种比较

债券品种	主管机构	发行市场	发行资格	发行期限	投资者群体
短期融资券(CP)	中国银行间市场交易商协会	银行间	具有法人资格的企业,上市、非上市均可	1 年及以内	广义基金和银行持仓占比合计超 90%,其中基金约占 80%,交易投资者多样化
超级短期融资券(super & short-term commercial paper, SCP)	中国银行间市场交易商协会	银行间	具有法人资格的企业,上市、非上市均可	9 个月及以内	广义基金和银行持仓占比合计超 90%,其中基金占比已超 70%,交易投资者多样化
中期票据(MTN)	中国银行间市场交易商协会	银行间	具有法人资格的企业,上市、非上市均可	1 年以上,3 年、5 年为主,7 年以上较少	广义基金和银行持仓占比合计接近 90%,其中基金占比约 67%

(续表)

债券品种	主管机构	发行市场	发行资格	发行期限	投资者群体
定向工具（PPN）	中国银行间市场交易商协会	银行间	具有法人资格的企业，上市、非上市均可	2~3年为主，5年以上及1年以内较少	银行自营及理财为主
公司债	中国证监会	交易所	公司制法人	3年和5年为主	广义基金、券商为主，上市银行及理财也有参与，但以持有到期或委外投资为主，二级直接交易较少
企业债	国家发改委	跨市场	中国境内注册的企业，A股和H股上市公司除外	超AAA多为7年以上，城投债一般为7年，带提前偿还条款	超AAA债主要由银行、保险公司持有，城投债主要由广义基金和中小银行等持有

资料来源：中债登、中金公司研究所。

中国债券市场的主要投资者包括特殊结算成员（中国人民银行、财政部、政策性银行、交易所、中央国债公司、中证登公司等）、商业银行、信用社、非银行金融机构（信托公司、财务公司、租赁公司、汽车金融公司、邮政局等）、证券公司、保险机构、基金公司、个人投资者、境外投资者等。银行间债券市场与交易所市场的信用债投资者结构存在较大差异（见表2-11）。

表2-11 2019年9月银行间市场投资者结构一览　　单位：亿元

投资者结构	本月末（企业债）	本月末（中期票据）
银行间债券市场	22 514.391 7	1 652.93
政策性银行	43.8	63.6
商业银行	5 171.933 6	560.466 5
全国性商业银行及其分支行	1 703.606 8	461.57 1
城市商业银行	1 866.348 9	28.028 5
农村商业银行	1 592.097 9	69.467
农村合作银行	4.6	0.4
村镇银行	0.9	0
外资银行	4.38	1

(续表)

投资者结构	本月末(企业债)	本月末(中期票据)
其他银行	0	0
信用社	163.544 5	26.4
保险机构	784.389 9	195.75
证券公司	1 906.151 9	30.652 7
基金公司及基金会	5.45	1.45
其他金融机构	87.955	3.11
非金融机构	1.82	0
非法人产品	14 190.206 8	725.620 8
商业银行理财产品	1 188.128	24.977
境外机构	147.29	44.98
其他	11.85	0.9

总体而言,信用债的投资者以商业银行、非法人机构、基金公司为主。其中,银行间市场的信用债投资者以银行、非法人机构为主。具体到各品种来看,商业银行债的主要持仓者为基金公司,其比例大致为70%;全国性银行、银行理财与其他银行等也经常持有商业银行债。就企业债而言,持仓比例最高的商业银行,持仓比例约为25%。中期票据主要的持仓方为商业银行与非法人机构,持仓比例分别约为34%和44%。超短期融资券的主要持仓方为非法人机构与商业银行。2015年以来,商业银行对同业存单的持仓比例显示出下降的趋势,但其仍然占据了同业存单的较大份额,持仓比例在35%左右。交易所市场的投资者结构与银行间市场的投资者结构总体相似但也有细微差异,其差异主要在于个人投资者可以参与交易所市场而不得参与银行间市场[①]。

结合以上分析,中国信用债种类丰富,以非金融债为主,而非金融债又受到多方监管。此外,中国信用债发行人以国有企业为主,投资者以银行、基金等机构投资者为主。其中最值得关注的是,中国信用债主要涉及两大市场——银行间与交易所,这其中又以银行间为主。接下来,我们将在中美国际比较的基础上,对中国信用债市场的交易机制和信用债市场质量评估展开进一步的研究。

---

① 债券市场投资者结构专题分析:商业银行、基金、非法人机构是主导[EB/OL]. http://www.sohu.com/a/211682524_100003691.

五、信用债发行定价机制

中国信用债的发行定价方式经历了行政定价到市场定价的演变。在20世纪90年代,以企业债为代表的信用债,其定价在较长的时间内由债券审批部门会同利率管理部门一同确定,具有较为强烈的行政干预。但随着1991年承购包销制度及1996年公开招标制度的引入,国债的定价方式开始转向市场化,从而为信用债定价的市场化奠定了基础。

目前,中国一级市场上信用债的定价机制主要包括招标定价方式和簿记建档发行定价方式。

(一) 簿记建档

簿记建档是指债券发行人(以下简称"发行人")与主承销商协商确定利率(价格)区间后,申购人发出申购订单,由簿记管理人记录申购人申购债券利率(价格)和数量意愿,按约定的定价和配售方式确定发行利率(价格)并进行配售的行为。

企业债券簿记建档发行应使用由中央结算公司提供的簿记建档发行系统或传真方式进行申购。公开发行的公司债券由发行人和承销机构自主选择在承销机构自有场所或交易所簿记建档发行。在承销机构自有场所簿记建档发行的,簿记管理人应确定专门的场所用于簿记建档。簿记场所物理空间应当满足簿记建档工作需要,而且应与其他业务区域保持相对独立,符合安全、保密要求。

簿记管理人和承销团成员应在簿记建档前向市场投资者进行充分询价,并就利率(价格)区间和发行人沟通,簿记建档利率(价格)区间应得到发行人的确认。簿记建档定价按照发行材料中的申购办法进行,原则上应按照利率由低至高或价格由高至低原则,对有效申购逐笔累计,直至累计至计划发行额为止。

(二) 招标发行

招标发行是指债券发行人根据市场情况,经与主承销商协商确定招标方式、中标方式等发行规则,按照参与各方签订的相关协议的规定,通过债券招标发行系统(以下简称"招标系统")向投标人公开发行债券,投标人按照各自中标额度承购债券的方式。企业债券招标发行使用由中央结算公司提供的招标系统进行。

目前,招标发行方式包括定价招标和数量招标。定价招标标的包括利率、利差和价格。数量招标标的为投标人的承销量。定价招标的中标方式包括统一价位中标和多重价位中标。招标标的为利差时,中标方式只能采用统一价位中标。

定价招标时,招标系统按照利率(利差)由低至高或价格由高至低原则,对有效投标逐笔累计,直到募满计划招标额为止。如果没有募满,剩余发行量按照事先签订的相关协议处理。

中标方式为统一价位时,所有中标机构统一按照最高中标利率(利差)或最低中标价格进行认购,最高中标利率(利差)或最低中标价格为票面利率(利差)或票面价格。

中标方式为多重价位时,若标的为利率,则全场加权平均中标利率为票面利率,中标机构按照各自实际中标利率与票面利率折算的价格认购;若标的为价格,则全场加权平均中标价格为票面价格,中标机构按照各自中标价格认购并计算相应的缴款金额。

六、信用债二级市场交易机制与定价机制

债券市场交易机制对于债券市场而言是非常重要的,直接决定着市场的运行效率和功能。债券交易分为场内交易和场外交易,这两种市场的组织形式不同,所采用的交易机制也具有不同的特点。

场内市场的交易模式最主要的是以"竞价撮合、时间优先、价格优先"为特征的指令驱动制,但为了满足大宗交易的需要,有的场内市场也提供了大宗交易机制。在场内模式下,市场是统一的,所有投资者——无论是交易商还是一般投资者——都可以在同一个市场中直接进行竞价。

场外市场一般分为交易商间的市场和交易商与客户间的市场。交易商间市场的主要参与者是众多的做市商和一般交易商,在这个市场中,单笔交易规模大,可以说是一个批发市场。交易商与客户市场的主要参与者是终端投资者,在该市场中,终端投资者主要与做市商、一般交易商进行交易,由做市商、一般交易商对债券进行买卖报价,最终投资者是债券价格的接受者,可以说是一个零售市场。目前,几乎所有的场外债券市场都采用了报价驱动的交易方式。所谓报价驱动制,是指交易者以自主报价、一对一谈判的方式进行交易。按流动性提供方的不同,报价驱动制可以分为询价交易制度和做市商制度,不同制度适用于不同类别的投资者。

中国的银行间债券市场、交易所债券市场和商业银行柜台市场采用不同的交易机制。银行间债券市场的交易机制与国际经验相类似,定位于场外市场的银行间债券市场也主要采用了报价驱动的交易机制。银行间债券市场报价驱动的交易机制既包括简单的询价交易机制,也包括做市商机制。中国的上海证券交易所和深圳交易所的交易主要采取指令驱动模式,在其固定收益证券综合电子平台以及协议转让平台采用询价交易模式(见表2-12)。

表 2-12　中国债券市场的交易机制

	银行间债券市场		交易所债券市场	柜台债券市场
	中债登	上清所		
市场性质	场外交易	场外交易	场内交易	场外交易
债券产品	国债、地方债、政策性金融债、中央银行票据、企业债、中期票据、商业银行债	短期融资券、中期票据、同业存单、资产证券化产品等	国债、地方债、政策性金融债、企业债、公司债、可转债、中小私募债等	记账式国债、凭证式国债
投资人	银行、农信社、证券、保险、基金、财务公司、企业、境外机构等		证券、保险、基金、财务企业、个人、企业、合格境外机构投资者（银行除外）	个人投资者
交易方式	一对一询价和双边报价		自动撮合交易	银行柜台报价
交易类型	现券、回购、远期、互换等，T+1或T+0		现券、回购、T+1	现券、T+0
债权托管机构	中债登	上清所	中证登，上交所、深交所	商业银行

三大交易市场的交易品种结构各不相同。银行间债券市场交易品种包括现券交易、质押式回购、买断式回购、远期交易和债券借贷（见表 2-13）。交易所债市的交易品种包括现券交易、质押式回购和融资融券。柜台市场交易品种仅有现券交易。

表 2-13　中国债券市场交易品种

交易品种	阐释
现券交易	交易双方以约定价格转让债券的交易行为
质押式回购	交易双方以债券为质押的短期资金融通，即资金融入方（正回购方）在将债券出质给融出方（逆回购方）融入资金时，约定在回购到期后返还资金和债券，债券冻结在融资方账户
买断式回购	债券持有人将债券卖给对手方，并约定在未来某一日期，卖方再以约定价格买回同等数量债券的行为，债券过户至出资方账户，相当于引入做空机制
远期交易	交易双方约定在未来某一日，以约定价格和数量买卖标的债券的行为，期限限定在 365 天之内
债券借贷	交易双方以债券为质押品，借入标的债券，并约定在未来某一日返还所借标的债券，并归还相应物的债券融通行为
融资融券	投资者向具有融资融券业务资格的证券公司提供担保物，借入资金买入证券（融资交易）或借入证券并卖出（融券交易）的行为

从时间顺序来看,一级市场发行价格确定在先,二级市场流通价格确定在后,但是一级市场的发行价格是以预估的市场价格为基础的。二级市场定价基准与一级市场发行价格存在一定的关联性(高强和邹恒甫,2015)。一级市场新发债定价,公式扩展如下:定价收益率＝根据信用评分与剩余期限确定的收益率曲线基准值＋主体资质利差＋债项条款利差＋流通性利差＋一二级市场利差。

一般而言,决定市场定价的风险因素通常会影响发行定价,但某些影响发行定价的制度性因素却不会影响市场定价,因为即使发行定价偏离了市场定价,进入流通领域后也会立即回归应有的市场价格。

信用债二级市场的价格是以市场机构的定价估值为基础的,由具有相关资质的估值机构对不同级别的信用债二级市场进行估值,形成二级市场信用债估值收益率的预期值。为了降低大型机构对定价估值的操纵程度,银行间市场将剔除同一券种的极端数据,并对其他数据进行算数平均处理。此外,对于定价估值能力较弱、估值数据长期偏离市场水平的估值机构,可以通过取消其估值资格来保证估值的合理性。

七、跨市场交易与监管问题

不同的债券产品有其指定的交易场所,其中,银行间债券市场的交易品种主要包括其他金融债、企业债、非金融企业融资工具等,而交易所市场的信用债交易品种主要包括公司债、可转债、可交换债及跨市场流通的企业债等,如表 2-14 所示。

表 2-14 不同市场下可交易的信用债品种

债券市场	银行间债券市场	交易所债券市场
交易品种	非政策性金融债、企业债、资产支持证券、国际机构债、非公开定向债务融资工具、同业存单、非金融企业债务融资工具、项目收益票据、政府支持机构债、标准化票据等	非政策性金融机构债、企业债、可转债、公司债、资产支持证券、可交换债、政府支持机构债等

进一步地,图 2-20 展示了不同交易场所下产品结构的存量差异。就产品类型来看,银行间债券市场交易的债券品种相对多于交易所市场;就债券余额来看,银行间债券市场的债券存量也相对高于交易所市场。具体而言,银行间债券市场在金融债、非公开定向债务融资工具、短期融资券、中期票据、同业存单及政府支持机构债等品种方面具有显著的规模优势。与之相对,交易所市场在可转债、公司债、可交换债券等产品方面则更为专业。除此以外,两市场在企业债和资产支持证券上规模相当。除了规模较大的一些品种外,许多小品种债券如国际机构债、其他债券、项目收益票据、标准化票据等也主要在银行间债券市场交易。

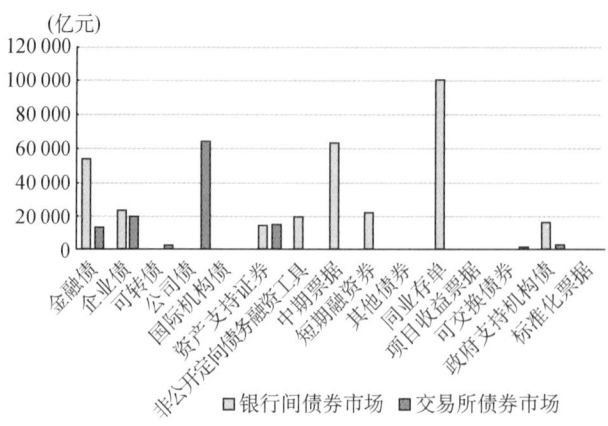

图 2-20 不同交易场所产品存量比较

中国信用债市场具有国家发改委、中国人民银行、中国证监会、中国银保监会等多部门监管的特点。不同的交易市场对应了不同的监管机构,其中交易所市场的监管机构为中国证监会,银行间债券市场的监管机构为银行间交易商协会。如上所述,在中国信用债市场中,非金融债占据绝大多数。此外,企业债较为特殊,由国家发改委直接监管。除了非金融类信用债以外,金融债也有其对应的监管机构,金融企业发行的债券主要由中国银保监会与中国人民银行共同监管[①]。

这种多部门监管体制是在中国债券市场发展进程中逐步演变的结果,对于促进债券市场品类的发展发挥了重要作用,但也成为债券市场发展的突出问题。多部门监管导致了监管职能分割,其中:中国人民银行和中国证监会履行银行间债券市场、交易所市场监管的职能;国家发改委、中国人民银行、中国证监会、中国银保监会、中国银行间市场交易商协会分别履行企业、政策性金融机构和国际金融开发机构、公司和证券机构、银行业机构、保险业机构、发行非金融企业债务融资工具的企业主体等发行主体监管职能;中国证监会和中国银保监会履行本行业机构参与债券交易的机构监管职能。市场发行、交易等功能性监管职能和机构投资者监管职能相分割。

这些监管职能的形成来源不一。有些是在债券产品创设时,就拥有了对它运行的监管权;有的源于金融监管体系变迁中不同监管职能的延续与重新划分,如"一行两会"监管职能的交错;有的则沿袭了中国传统的固定资产投资管理的体制,如国家发改委对企业债的发行审批。

由于这种多部门监管体制,相关部门之间就必然存在着分工合作和相互协调的要求。从监管分工来看,中国债券市场既存在着机构监管与功能监管

---

① 中国信用债市场解读[EB/OL]. https://www.sohu.com/a/160464678_734405.

部门的分工,也存在着不同功能监管部门之间的分工。就监管目标而言,机构监管与功能监管是不同的。机构监管主要是根据不同类型的金融机构的经营特点,在市场准入、经营业务、市场退出等方面做出限制性的规定,对金融机构内部组织结构、风险管理和控制提出合规性要求;而功能性监管则从债券发行、交易等行为入手,侧重于对信息披露、交易制度、信用评级等方面进行规范性管理,监管的重点在于防范和控制系统性风险,维护市场秩序和保护投资者利益。在分业监管的大背景下,这两种监管在债券市场进行分工有其制度背景,然而是否能够实现监管目标、有效控制系统性风险,关键在于以明晰的监管边界为基础,形成良好的监管协调机制。

由于各部门对中国债券市场监管的权力来源不一,不仅功能监管与机构监管边界不够清晰,功能监管中也存在着分割,尤其是一级市场发行所涉及的监管主体极其庞杂,不可避免地形成监管重复交叉和监管空白,难以形成合理的分工协调机制。

在各个监管机构下面有相应的信用债品种。如图 2-21 所示,目前中国主要的非金融类信用债品种中,中国银行间市场交易商协会主要负责监管短期融资券、超短期融资券、中期票据、定向工具、集合票据、资产支持票据、项目收

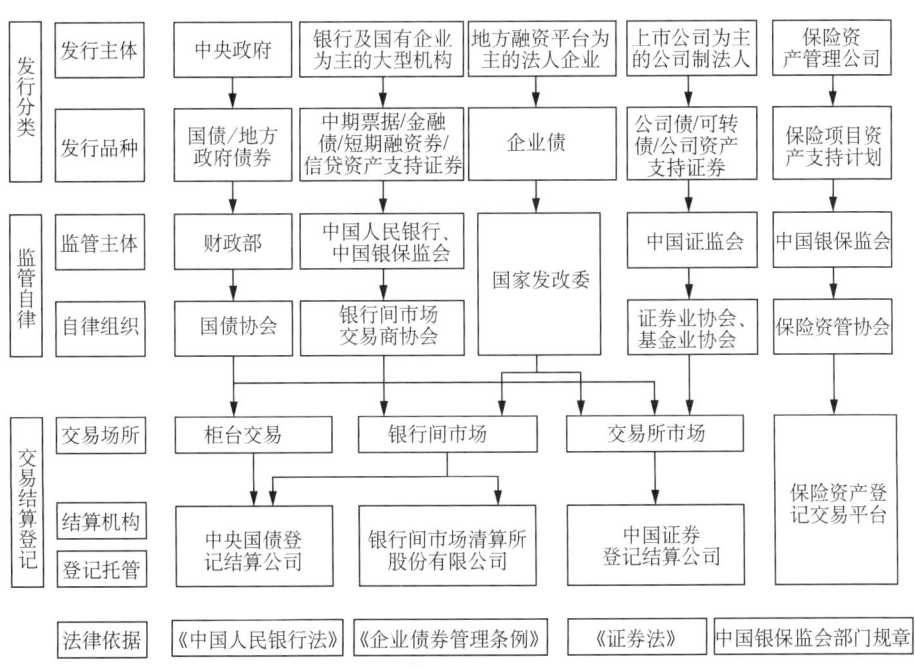

图 2-21 中国债券市场监管结构

资料来源:许余洁:《一文看懂中美债券市场的五大差异》,《中国银行业杂志》2016 年 7 月。

益票据等,国家发改委主要监管企业债(含集合企业债),中国证监会主要监管公司债、资产支持证券、可交换债券。

第二节 信用债市场微观结构的国际比较

本节主要以美国债券市场为例,研究国外债券市场微观结构的演进历史,并比较中美债券市场微观结构在交易机制上的差异。

一、美国债券市场概述

美国债券市场规模庞大,种类繁多。根据证券业与金融市场协会(SIFMA)数据,2018年年末,美国债券市场存量总规模达42.96万亿美元,是美国GDP的2.1倍,为全球规模最大的债券市场。美国债券市场的债券品种主要包括国债、市政债券、抵押支持债券、企业债券、联邦机构债券和资产支持证券。其中,国债、抵押支持债券、企业债券和市政债券是最主要的债券品种,尤其是国债的规模最大,超过1/3。美国债券市场中,国债、抵押支持债券和企业债券位居前3位,2018年年末,国债、抵押支持债券和公司债券存量规模分别为15.61万亿美元、9.73万亿美元和9.2万亿美元,分别占总量的36.33%、22.66%、21.42%,三者存量累计占比达80.41%。市政债券、联邦机构证券、资产支持证券和货币市场存量占比分别为8.90%、4.29%、3.90%和2.51%(见图2-22、图2-23)。

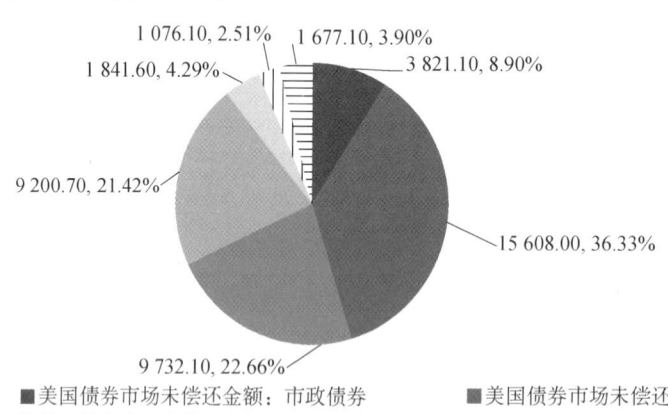

图2-22 2018年年末美国债券存量情况(十亿美元)

(数据来源:SIFMA)

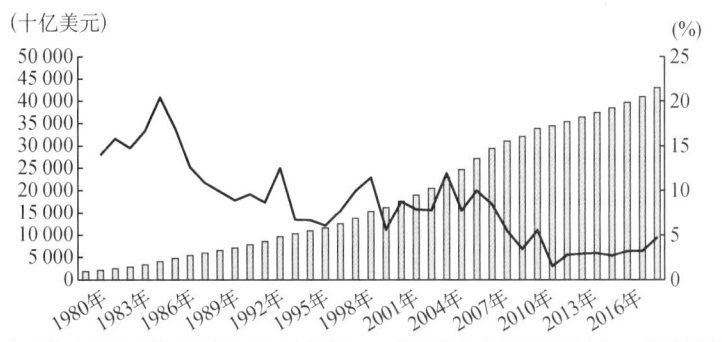

图 2-23　1980—2018 年美国债券存量规模及增速
（数据来源：SIFMA）

从发行情况（见图 2-24）看，次贷危机前（2000—2007 年），抵押支持债券蓬勃发展，每年发行量均位居首位，2001—2006 年发行量占比均超过 40%，其中 2003 年发行量占比高达 50.94%。次贷危机后，国债发行量显著攀升，2010 年以来，占比稳定在 30% 左右；企业债券发行也逐步放量，近年来占比在 20%~22%；而资产支持证券发行缩量。2018 年，国债、抵押贷款相关债券和企业债券分别发行 2.68 万亿美元、1.90 万亿美元和 1.34 万亿美元，占比分别为 36.16%、25.57% 和 18%。

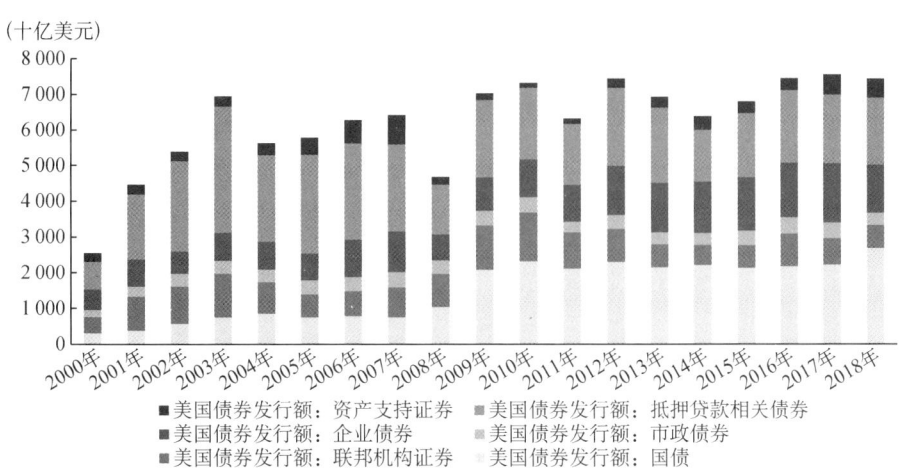

图 2-24　2000—2018 年美国债券发行情况
（数据来源：SIFMA）

（一）美国信用债券一级市场

美国公司的直接债务融资工具主要包括公司债券、中期票据、商业票据、可转换公司债券和资产支持债券（单独统计）。债券种类较多，根据发行部门进行分类,主要可以分为公用事业部门、金融部门、产业部门;根据债权人的优先权,可以分为担保债券、抵押债券、可转换债券、信用债券、次级债券等。大多数公司债券都是定期债券,到期偿付。

1. 公司债券

公司债券具有信用风险,其收益率一般高于国债和市政债券,同时利息收入要缴纳联邦所得税和地方所得税。公司债券根据信用风险差异分为投资级债券和非投资级债券,非投资级债券即高收益债券,又称垃圾债券。穆迪评级Ba及以下、标普和惠誉评级BB及以下的债券为非投资级债券。高收益债券或是初始发行即是高收益债券,或是由投资级降为非投资级的债券。

次贷危机后,受长期低利率政策刺激,美国公司债券发行规模稳步上升(见图2-25、图2-26)。2018年,美国公司债券投资级发行规模约为1.16万亿美元,高收益债券的发行规模为0.17万亿美元,合计约1.34万亿美元,占当年发行总量的18.03%,仅次于国债和抵押支持债券。

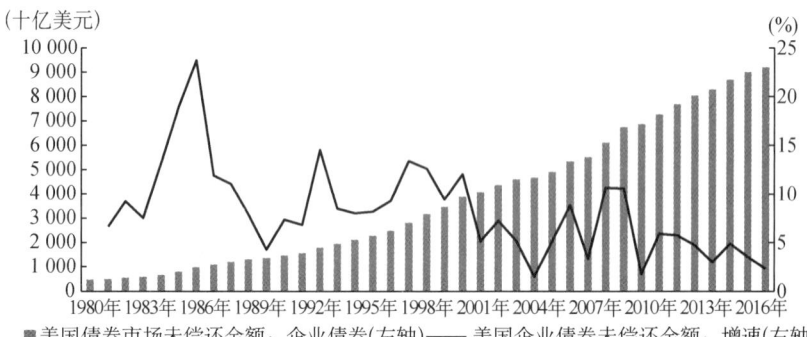

图2-25　1980—2018年美国公司债券存量规模及增速

(数据来源:SIFMA)

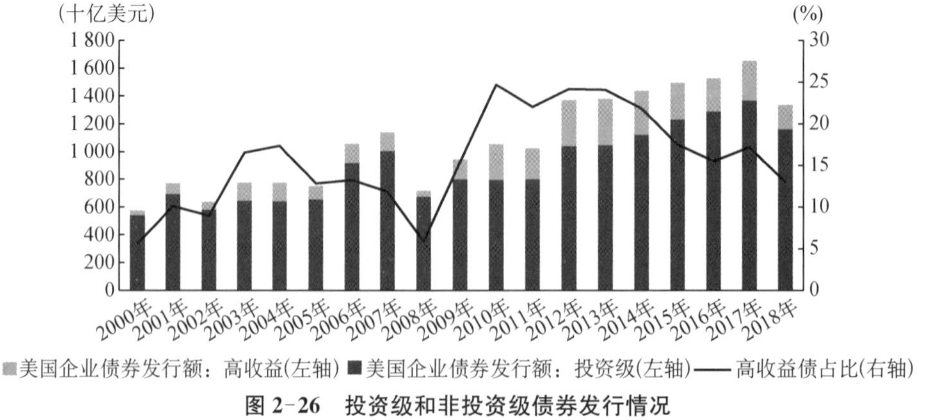

图2-26　投资级和非投资级债券发行情况

(数据来源:Wind)

公司债券发行分为公募发行和私募发行。公开发行需要在美国证券交易委员会(SEC)注册,私募发行不受 SEC 的限制。私募发行分为 144A 规则发行(投资银行承销)和非 144A 规则发行。公司债券交易既可以在交易所进行,也可以在场外交易市场进行,大部分交易在场外交易市场进行。

2. 抵押支持债券

抵押支持债券(MBS)是指美国住房专业银行及储蓄机构以不动产抵押贷款为基础资产发行的资产支持证券。发行人把符合一定条件的住房抵押贷款集中起来,形成一个贷款集合体的"资产池",利用贷款集合体定期发生的本金及利息的现金流入发行证券。

如表 2-15 所示,抵押支持债券分为住房抵押支持债券(residential mortgage-backed security,RMBS)和商业房产抵押支持债券(commercial mortgaged-backed security,CMBS)。RMBS 是指居民为购买住房向贷款机构申请的贷款,其债务偿还以购买的住房为抵押担保,当居民出现拖欠还款等约定的情况时,贷款人可按照约定取消借款人的房屋抵押赎回权,并变卖该住房偿还债务。CMBS 是指由住房之外的其他类型的房地产提供抵押担保的贷款。

表 2-15 美国商业地产抵押贷款和住房抵押贷款比较

贷款特征	商业地产抵押贷款	住房抵押贷款
借款人类别	商业企业或物业公司	购房者或房屋所有者
借款人信用评价指标	企业的信用评级及商业地产的价值评估	收入、职业、资产负债、学历、信用记录
基础资产	商业地产(写字楼、工业厂房、公寓住宅、医用建筑、旅馆等)	住宅
偿债来源	商业地产的现金流(租金、物业管理费)	家庭或个人收入
发放贷款时考虑的关键指标	按揭比率、偿债覆盖倍数	按揭比率、债务收入比、收入房价比
抵押贷款类型	固定利率、10 年期、分期摊还;浮动利率、3 年/5 年/7 年期、气球型贷款(除尾款外每期按 30 年分摊计算)	固定利率、15 年或 30 年、分期摊还;浮动利率、30 年、按计划摊还
应对提前偿还的措施	对早偿行为约束很强,对早偿行为设定高额罚金	对早偿行为没有约束

抵押支持债券细分为机构担保抵押支持债券与非机构担保抵押支持债券(存量情况见图 2-27),二者的根本区别在于基础资产有无政府发起机构的担

保。美国参与抵押支持债券的政府发起机构包括政府国民抵押协会（Government National Mortgage Association, GNMA, 亦称 Ginnie Mae）、联邦全国抵押协会（Federal National Mortgage Association, FNMA, 亦称 Fannie Mae）和联邦住宅贷款抵押公司（Federal Home Loan Mortgage Corporation, FHLMC, 亦称 Freddie Mac）。

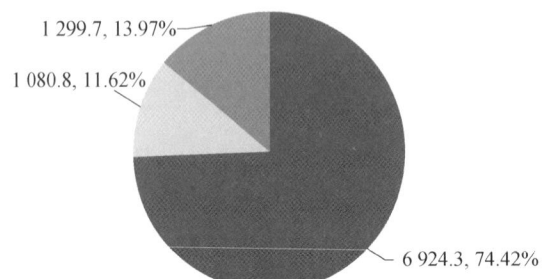

图 2-27　2017 年机构担保抵押支持债券与非机构担保抵押支持债券存量情况（十亿美元）

（数据来源：SIFMA）

2000—2007 年，抵押支持债券蓬勃发展（见图 2-28），每年发行量均位居首位，2001—2006 年发行量占比均超过 40%，其中 2003 年发行规模高达 3.6 万亿美元，占比超过 50%。次贷危机后，抵押支持债券发行缩量，但仍为发行量第二的品种。2018 年，抵押支持债券发行规模为 1.9 万亿美元，占 25.56%。2018 年发行的抵押支持债券中，主要的品种为政府机构抵押支持债券（过手证券），占比接近 3/4，其次为政府机构抵押支持债券（collateralized mortgage obligation, CMO），占比约为 16%。

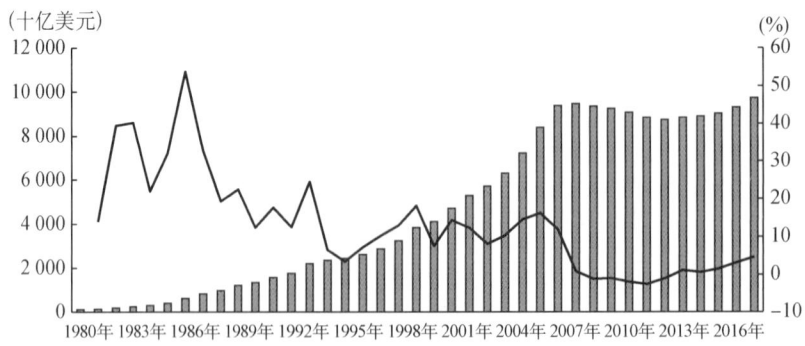

图 2-28　1980—2018 年美国抵押贷款支持证券存量规模及增速

3. 资产支持证券

资产支持证券(ABS)是指将能够产生稳定现金流的特定资产组合起来,以该组合为基础发行债券。相较于抵押支持债券,资产支持证券包含的内容更为广泛,种类较多。资产支持证券多以有稳定收益的信贷资产为基础资产,如汽车贷款、信用卡、住宅权益贷款、建造房屋贷款、学生助学贷款和设备贷款等。

2000—2007年,ABS的发行日益活跃(见图2-29),2007年ABS产品的发行规模达到8 276亿美元的峰值。次贷危机后,其发行规模锐减,2008年发行不足2 200亿美元,而后逐步恢复。2018年,ABS产品发行规模为5 169亿美元,主要包括债务抵押证券(collateralized debt obligation,CDO)或贷款抵押证券(collateralized loan obligation,CLO)、汽车贷款ABS、信用卡ABS和学生贷款ABS(见图2-30)。

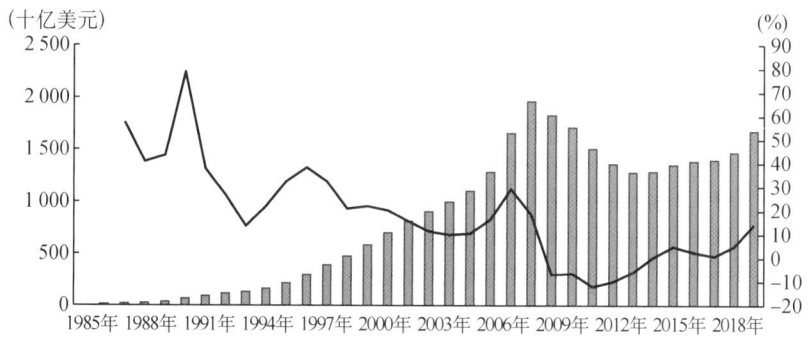

图2-29　1985—2018年美国资产支持证券存量规模及增速

(数据来源:SIFMA)

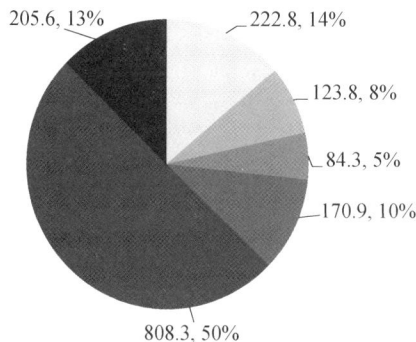

图2-30　2018年资产支持证券各品种存量情况(十亿美元)

(数据来源:SIFMA)

(二) 美国债券二级市场交易和投资者结构

美国债券市场是全球流动性最高的市场,债券交易活跃,次贷危机前债券交易量增长较快。2008年,债券交易量达到顶峰10 361亿美元,是1996年交易量的3.78倍。次贷危机后,交易量有所滑落,在7 000亿~9 000亿美元区间,2018年交易量为8 169亿美元。目前,美国债券交易仍以场外交易为主,而电子化交易系统的普及淡化了场内场外的界限,增强了市场的活跃性。就债券类型而言,国债和机构MBS是最活跃的品种(见图2-31)。

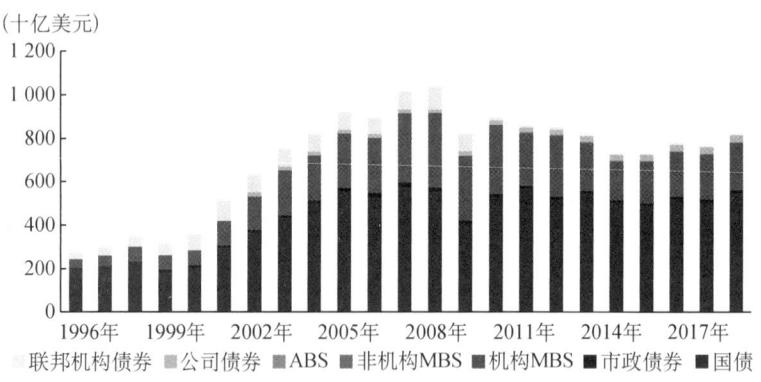

图 2-31 美国债券日均交易量
(数据来源:SIFMA)

从投资者构成来看,美国债券市场的投资者主要包括个人投资者、国外和国际机构投资者、共同基金、养老基金、银行机构、保险公司等。随着美国债券规模的不断增大,各类投资者的债券投资规模也在逐渐提升,但各投资者的债券规模占比情况却发生了变化。以美国国债为例,2018年,国外和国际机构投资者、养老基金、共同基金、货币当局和个人投资者持有美国国债占比分别为36.06%、15.3%、12.71%、12.63%和10.8%,是国债最主要的投资者。2005年以来,国外和国际机构投资者持有国债规模占比稳中有升,2008—2015年均超过40%,2018年回落至36.06%,共同基金规模占比由2005年的5.11%上升至2018年的12.71%,而养老基金规模占比由2005年的22.4%下降至2018年的15.3%,个人投资者规模占比在不同年份波动较大。

二、美国债券市场交易机制分析

(一) 交易机制定义

市场微观结构的核心是价格发现,而价格发现的基础是交易机制。所谓交易机制,是指汇集与交易有关各方的指令以形成市场价格的规则的总和,其实质是市场价格的形成方式(吴林祥,2000)。本部分研究将交易机制定义为证券二级市场交易过程中所有规则的总和,将信息展示,交易报备,托管、清算、结算等市场基础设施,以及询价过程中的信息交互都纳入其中。

证券市场有多种多样的交易机制。按照是否在交易所交易,可以分为场内市场和场外市场;按照交易对手,可以分为做市商对客户(dealer-to-clients,简称d-c)市场、做市商之间(dealers-to-dealers,简称d-d)市场,以及所有参与者集中交易(all-to-all,简称a-a)市场;按照指令执行方式,可以分为报价驱动的做市商市场和指令驱动的拍卖市场,国内习惯叫作竞价交易市场。

(二)美国债券市场交易机制

美国债券交易以场外交易为主,占比超过95%。1990年以前,美国债券场外交易主要以电话询价等声讯方式达成,1990年后,电子交易平台兴起并逐渐取代声讯方式。经过近30年的发展,美国债券电子交易平台已经形成垄断与竞争并存的多层次市场格局。目前,美国债券电子交易平台约有40家。

按参与主体不同,债券交易平台可分为交易商间(d-d)交易平台和交易商对客户(d-c)交易平台(见表2-16)。d-d交易平台以交易商为参与主体,交易商之间可直接进行债券交易,也可通过经纪商代理交易,属于债券批发市场。具有代表性的d-d交易平台有BrokeTec、eSpeed等。d-c交易平台以投资者和交易商为参与主体,投资者可在d-c交易平台上与交易商、经纪商及其他投资者进行交易,交易品种多样,单笔规模较小,属于债券零售市场。具有代表性的d-c交易平台有Tradeweb、Bloomberg FIT、MarketAxess和Trumid等。

按运营主体不同,电子交易平台可分为以下五类:一是经纪商运营的电子交易平台,如毅联汇业(NEX Group plc)的BrokeTec平台、货币经纪商德利万邦的tpRepo平台等;二是交易商运营的电子交易平台,如巴克莱资本的BARX平台、德意志银行的Autobahn平台和花旗银行的Velocity平台等;三是投资者建设并运营的电子交易平台,如MarketAxess、Trumid等;四是交易所运营的电子交易平台,如纳斯达克OMX集团的eSpeed平台;五是金融信息服务供应商运营的电子交易平台,如汤森路透的Tradeweb平台和彭博的Bloomberg FIT平台等。

债券交易平台的交易机制主要包括集中限价订单簿(CLOB)、电子询价(electronic request for quotation,e-RFQ)和点击成交(click to trade CTT)三种模式。CLOB模式是指交易双方在债券交易平台上发布报价及交易量,并设有低于市场价格的买进价格或高于市场价格的卖出价格的指令,这种交易模式自动化程度高,适用于国债等高标准化的债券品种,多用于d-d交易平台。e-RFQ模式是指投资者就某个或某组债券产品向交易商询价,交易商可向投资者回复报价,系统显示各交易商报价并标注最优价格,若投资者同意并确认成交,则交易达成。e-RFQ适用于企业债等流动性相对较差的产品,

表 2-16 美国债券市场的主要债券交易平台情况

平台类型	交易平台	成立时间	运营主体	管理体制	运营主体性质	交易模式	平台性质	主要交易品种
d-d	NEX Markets	1999年	毅联汇业（NEX Group plc）	公司制	经纪商	CLOB	ATS①	美国国债、各国主权债、衍生品
d-d	NASDAQ Treasuries	1996年	纳斯达克OMX集团	—	交易所	CLOB	ATS	美国国债
d-d/d-c	Tradeweb	1998年	汤森路透集团	公司制	金融信息服务供应商	e-RFQ/CTT/CLOB	ATS	美国国债、各国主权债、MBS、商业票据、市政债、公司债、CDS
d-d/d-c	Bloomberg FIT	1996年	彭博	—	金融信息服务供应商	e-RFQ为主	技术提供商	美国国债、各国主权债、联邦机构债、公司债
d-c	MarketAxess	2000年	私募基金、投资公司	公司制	投资者	e-RFQ/a-a	ATS	公司债、CDS
d-c	Trumid	2014年	私募基金	公司制	投资者	Matching Session/a-a	ATS	公司债、CDS
d-c	BARX	2004年	巴克莱资本	公司制	交易商	e-RFQ/CTT	ATS	公司债、国债、商业票据、市政债

数据来源：各电子交易平台官网。

① ATS 指 Alternative Trading System，即另类交易系统。

多用于 d-c 交易平台。CTT 模式是指交易商提供一系列单边或双边报价,投资者可选择某一价位点击确认成交。

(三) 信用债定价机制评析

在一个成熟有效的债券市场定价机制中,一级市场发行定价机制与二级市场定价机制会形成良好互动,而能否形成良好互动的关键在于二级市场能否形成一个合理的定价基准。二级市场定价基准与定价估值不仅决定了二级市场配置资本的效率与流动性,也决定了一级市场发行定价机制的有效性。其原因主要在于以下两点:①二级市场定价基准可以减少市场信息不对称,并为发行债券公允价值提供重要参考。无论是采取簿记建档还是招标的方式,参与一级市场发行定价过程的发行人、承销商与投资者必须对发行债券的二级市场公允价值有一个报价前的正确预判①。当大部分市场参与者并不能知晓发行债券的公允价值时,无论采取何种发行定价方式,都会因信息不对称造成一二级市场价差的扩大。②二级市场定价基准对一级市场发行价格的影响力要远高于发行定价方式。假如二级市场不存在定价基准或者二级市场定价基准不能准确地反映实际交易价格,那么发行人、承销商与投资者对发行债券的公允价值判断的离散性大幅提高,市场的信息不对称度因而增强。此时,当市场不知情者为多数时,发行将会大幅溢价,而当市场知情者为多数时,发行价格的折价程度将会提升。

因此,准确的二级市场定价基准和适度的一级市场发行折价对于债券市场的定价尤其是信用债的定价效率具有十分重要的作用。

三、中美债券市场交易机制差异分析

中国债券市场的微观结构是一个集中、平层、高透明度、非做市商主导的市场。这样一种微观结构特征在全球主要国家的债券市场中都十分独特。美国债券市场是全球规模最大,发展时间最长,最具代表性的债券市场。本节对中美债券市场微观结构在交易机制上的差异进行介绍。

中国债券市场广义的交易过程分为信息展示、询价、交易确认与报备、清算结算四个阶段。在这四个阶段,中美债券市场在各个阶段都存在一些差异。在交易方式上,中国决定价格形成的交易主要通过货币经纪商声讯撮合达成,少数通过做市商双边报价达成,在 X-Bond 电子交易平台推出以后,一部分活跃利率债也通过 X-Bond 系统交易。美国 d-c 市场主要是客户与做市商声讯或电子 e-RFQ 方式根据做市商报价达成交易;d-d 国债市场主要是通过

---

① 中国债券信息网. 债市发展的指南针:优化信用债定价机制[R]. https://www.chinabond.com.cn/Info/18786880.

BrokerTec 和 eSpeed 两个 CLOB 制交易所交易产品（exchange tradeable product，ETP）交易，d-d 信用债市场主要还是通过交易商之间的经济人（inter-dealer broker，IDB）声讯撮合交易。表 2-17 汇总了中美债券市场四个交易阶段的差异（秦龙，2018）。

表 2-17 美国债券市场四种交易机制的三个阶段特征介绍

	中国债券市场	美国债券市场	
	平层市场	做市商—客户市场	做市商之间市场
交易方式	声讯交易为主 X-Bond 系统	e-RFQ 或声讯交易	CLOB ETP 交易国债 声讯经纪商交易信用债
价格形成机制	报价驱动 指令驱动	报价驱动	指令驱动
Ⅰ. 信息展示	ETP 和经纪商实时匿名最优报价和成交信息 做市商实名双边报价信息 本币交易系统实时报备信息	意向性双边报价，不公布成交信息 TRACE 延时信用债报备信息	ETP 和经纪商实时匿名（最优）报价和成交 TRACE 延时信用债报备信息
Ⅱ. 询价	交易者向经纪商或 ETP 下达市价或限价指令 经纪商代表交易者撮合	客户下达询价指令，做市商反馈双边报价 客户可选择成交	交易者向经纪商或 ETP 下达市价或限价指令 经纪商代表交易者撮合
Ⅲ. 交易确认和报备	X-Bond 系统自动确认报备经纪商达成交易，由交易双方在本币交易系统确认报备	交易双方确认，通过做市商报备	交易双方确认 经纪商或 ETP 负责报备
Ⅳ. 清算结算	交易双方通过中央结算或上清所结算，集中办理	客户通过托管行与做市商双边结算	交易双方通过各自托管行双边结算
托管情况	中央结算和上清所集中平层托管	多级托管	多级托管

在交易确认和报备阶段，中国存在本币交易系统，对所有交易进行确认和报备，并且与各交易者和托管结算机构系统建立数据直通服务，因此可以实现实时的报备信息发布和高效安全的交易执行和清算结算。中国债券中央托管体系是在借鉴国际经验的基础上，结合了监管需要建立的，充分发挥了制度建

设的后发优势，较早实现了债券的无纸化，建立了统一的中央托管体系，实行集中的电子交易及信息报告平台，实行全市场券款对付结算，通过央行货币结算，实现交易和结算系统数据的直通式处理等，形成了以"一级托管"为主的运行模式。在这样的制度安排下，管理部门可以实时监测市场状况和逐笔交易情况等。在一级托管模式下，中央托管机构直接在其债券账户上登记并托管所有实际投资人的债券资产，可以方便实现穿透式监管，能有效防范债券挪用等不法行为。从目前运行情况来看，托管账户体系安全、简洁、透明，有利于提高市场整体运行效率，市场结构简洁清晰，监管部门可以随时掌握真实情况，法律关系清晰，中间环节少，监管便利，能有效保护市场各方参与者利益。

美国债券市场呈现出"多头交易、集中清算、两头托管"的特征。纽约证券交易所等交易所、ICAP、espeed、Tradeweb、Bloomberg等数十个B2B、B2C电子平台以及传统场外市场均可进行债券交易，美国证券托管结算公司(Depository Trust Clearing Corporation，DTCC)进行统一清算，美联储转移大额付款的系统(Fedwire)和DTCC分别负责政府债券和非政府债券托管和结算。1975年，美国市场上有7个托管机构，随着交易活动的上升，投资人日益感到分散托管带来的高成本、低效率、系统重复建设和操作风险增大等弊端。当时美国证监会评估认为，集中统一托管能够使交易成本降低63.5%，而保留多个托管系统搞互联只能使成本降低9.6%。将分散的托管体系过渡到统一的中央托管系统是最高效的选择。

统一的登记结算后台是金融市场核心的基础设施。前台灵活开放多元化，必须依靠后台集中统一的支持，否则就会出现市场分割、市场碎片化，降低金融体系的效率。中国债券市场格局的一个突出问题是后台分割。三个托管后台并立给市场机构参与多个市场交易带来成本和障碍，由此带来市场的分割和低效。几方之间的互联互通仍然存在障碍。证券系统信息割裂、市场割裂问题依旧存在，在跨现货和衍生品市场的信息整合与共享方面还存在一些薄弱环节，跨市场监管的及时性和有效性有待加强。随着产品复杂性和关联度的不断提高，风险传导性与递延性问题凸显，强化信息共享和联动监控迫在眉睫。市场割裂不仅影响债券市场定价机制的完善，增加运行成本，并且交易、清算和托管结算体系的割裂也不利于债券市场的高效运转和平稳运行，有碍于市场整体功能的发挥。

第三节 中国信用债市场质量评估分析

一般而言，信用债市场质量评估体系主要包括流动性、波动性、有效性三个方面。下面将分别从各指标的概述、度量方法与度量结果展开分析,以获得对中国信用债市场质量评估的直观全面认识。

一、债券市场的流动性

(一) 流动性的内涵与意义

在金融理论中,流动性主要包括三个方面的内容:宏观层面的流动性、机构层面的流动性与金融资产层面的流动性。其中,宏观层面的流动性主要指整个金融市场资金的松紧程度,常用货币市场利率或 M2 增速来度量。机构层面的流动性主要指机构的流动性风险,常用流动性覆盖率(liquidity coverage ratio,LCR)进行衡量。金融资产层面的流动性是指某种金融资产的流动性或者该类金融资产的市场整体流动性,其中:资产的流动性着眼于金融资产的变现,如凯恩斯认为资产流动性是指资产迅速变现而不受损失的能力;而市场的流动性着眼于市场交易的角度,是指金融市场使投资者迅速、低成本地执行交易的能力。本书讨论的就是第三个层面上的市场整体流动性。关于市场流动性的含义,也存在着诸多观点,如博迪和默顿在《金融学》教科书中,将流动性定义为迅速转化为现金的能力,认为衡量资产流动性的一个较好指标是在金融市场上购买这项资产并立即出售兑现时所产生的成本。布莱尔则认为,流动性好的市场是连续市场,即任何数量的买卖都可成交,且小额交易成交价格与市价相同,大额交易若拉长交易时间则平均价格也与市价相近。国际货币基金组织则将其定义为金融资产在较短时间内能以较低成本在市场进行大额交易而不造成价格大幅变化的能力。若证券缺乏流动性,债权所有者将被迫持有债务工具至到期,股权所有者将被迫持有权益工具至公司自愿清算或破产清算(刘红忠和蒋冠,2015)。虽然各观点存在一定的差异,但是其本质仍然具有一定的相似性,即交易的高效性与低成本特征。简单地说,流动性就是迅速执行交易的成本,市场的流动性越高,则进行即时交易的成本就越低。

流动性是信用债市场有效运行的前提之一,也是衡量中国信用债市场质量的关键要素。首先,高流动性意味着低交易成本,因此,高流动性的市场更能发挥价格发现功能,从而有利于发挥配置资源的作用。低流动性的市场中,交易者具有较高的信息搜寻成本,市场难以发生连续的交易,交易价格偏离真实交易的幅度较大,从而难以确定资产的二级市场合理利率,也难以为一级市场发行利率提供定价参考。其次,低流动性的债券市场难以吸引大规模的资金流入,从而难以实现债券市场大规模融资功能的发挥。再次,流动性越强的市场对于价格波动和风险事件的抵御能力更强。充足的流动性对保证金融市场的正常运转、资源的有效配置以及经济增长至关重要。市场缺乏流动性会引起流动性风险,促使交易成本上升和交易困难,进而导致市场功能萎缩。由此可以看到,流动性对于信用债市场价格发现功能、大规模融资功能、抵御风险事件功能的发挥具有十分重要的作用。此外,流动性的提高也有利于提高市场各参与方的福利。最后,流动性的提高有利于实现发行人与投资人的共赢。一方面,高流动性的债券往往享有一定的流动性溢价,收益率低于其他债券,因此,债券流动性的提高有利于降低发行企业的融资成本。另一方面,对于投资者而言,虽然票面利率较低,但是交易成本的下降和潜在变现损失的降低也可能为投资者带来更大的收益。因此,流动性是中国信用债市场质量评估的一个重要因素,具有重要的研究意义。

(二)流动性的度量方法

债券市场的流动性可以从以下四个方面来度量:速度(交易时间)、宽度(交易成本)、深度(交易数量)及弹性(价格恢复均衡水平的速度)。在同等条件下,流动性与交易深度和弹性呈正向关系,与交易价格和交易时间呈反向关系,流动性随着交易价差的减小和交易时间的缩短而提高,随着交易深度的扩大和价格恢复均衡速度的提高而增加。

(1)速度指标。交易时间即速度是衡量信用债市场流动性的一个直观指标,其常用指标主要有三个:一是执行时间,即从订单到达到订单得到执行时的间隔;二是交易频率,即单位时间内被执行的交易指令的数量,不考虑每笔交易的规模;三是弹性指标,即价格发生变化到恢复均衡价格所需的时间。该指标的优点在于十分简便,但是其缺点在于对价格变化未给予充分考虑。

(2)宽度衡量指标。流动性的宽度是指交易价格偏离中间价格的程度,即与市场价格无关的交易成本。宽度反映的是流动性的价格(交易成本)因素,宽度的衡量指标主要是买卖价差,买卖价差越小,交易成本越低,市场就越有宽度,流动性就越高。买卖价差是市场上最佳卖出报价和买入报价之间的差额,是衡量流动性最基本和常用的指标。买卖价差可以视为对做市商提供即时交易服务的补偿。买卖价差的衡量主要有两种方法:一是绝对买卖价差,即计算买卖报价差额的绝对值;二是相对买卖价差,相对价差消除了证券价格的差异,便于比较,因而被广泛采用。买卖价差衡量潜在的订单执行成本,实际上直接反映了市场的交易成本,是衡量流动性的简便指标。但是,买卖价差只是反映了流动性的一个方面,存在一定的局限性,如对交易规模不敏感。除了买卖价差外,宽度衡量指标还包括有效价差、实际价差与定位价差,其具体差异如表2-18所示。

表 2-18　衡量流动性的宽度指标对比

	定义	前提	意义	缺陷
买卖价差	最佳卖价减去最佳买价的差	假定交易按照最佳报价执行	衡量订单的潜在执行成本	可能错误估计潜在成本,忽略交易量的影响,不适合集合竞价
有效价差	交易价格与价差中点的差额	假定当时的价差中点为证券的真实价值	衡量订单的执行成本	价差中点可能高估或低估潜在成本,忽略交易量的价格影响,不适合集合竞价
实际价差	交易价格与交易后一定时间价差中点的差	假定交易后价差中点是证券的真实价值	衡量订单执行后的市场影响成本	价差中点可能高估或低估潜在成本,忽略交易量的价格影响,不适合集合竞价
定位价差	实现的价差减去有效价差	假定交易后价差中点是证券的真实价值	反映交易后的价格变化	价差中点可能高估或低估潜在成本,忽略交易量的价格影响,不适合集合竞价

(3) 深度衡量指标。宽度指标虽然有着广泛的应用,但也存在一定的缺陷,仅仅用宽度指标衡量流动性还不够全面,深度指标就是对宽度指标的补充。深度指标从成交量的角度衡量流动性,其具体指标包括市场深度、成交深度、成交率、换手率等。换手率也称周转率,即一定时间内证券交易的数量与证券总量的比率,是衡量证券持有时间的指标。换手率越高,则证券持有时间越短,流动性越高。换手率对价格变化未给予充分的考虑,因为在同等换手率情况下,价格变化越小则流动性越小。但是,换手率含义直观明确,数据简便易得,是衡量流动性最常用的指标之一。市场深度则是指某个特定价位上的订单数量,其计算方法为市场深度=(最高买价上订单总数+最低卖价上订单总数)/2。但是,深度指标也存在一定的缺陷,做市商或者竞价市场的流动性提供者通常不愿意披露其愿意在该价位上进行交易的全部数量,因此,买卖最佳报价上的数量并不能真实反映市场深度。

(4) 交易弹性衡量指标。交易弹性指标的基本思想在于:若少量的交易引起了较大的价格波动,则市场流动性较差。常见的衡量指标包括:阿米维斯特(Amivest)流动性比率,指使价格变化一个百分点时需要多少交易量(金额)。马丁(Martin)流动性比率,用每日价格变化幅度与每日交易量之比来衡量。马什-洛克(Marsh-Rock)流动性比率,指特定时间内每笔交易之间价格变化百分比的绝对值的平均值除以交易笔数。

(三) 中国债券市场的流动性分析

中国银行间债券市场交易品种主要有政府债券、央行票据、金融债、公司信用类债券、资产支持证券、国际机构债券6类10余个品种。2010年1月1日—2018年12月31日,银行间债券市场现券交易总金额733.02万亿元、回购交易3 090.3万亿元,其中现券交易占全国债券市场现券交易量的98.63%,回购交易占全国债券市场回购成交量的74.49%,是中国债券市场的最主要交易场所。

如图2-32所示是信用债市场2010—2018年的成交状况,从图中可以看到,2010—2018年信用债市场成交额总体呈上升趋势,但在2013—2014年有较为显著的下降,其主要原因在于2013年前后的债市风暴和钱荒的冲击。此外可以看到,银行间债券市场的成交额占据了信用债市场成交额的主要部分,其同期占比都在98%以上,徘徊在99%附近。由此可见,银行间市场的交易活跃程度远远超过了交易所市场,从而具有更高的流动性。

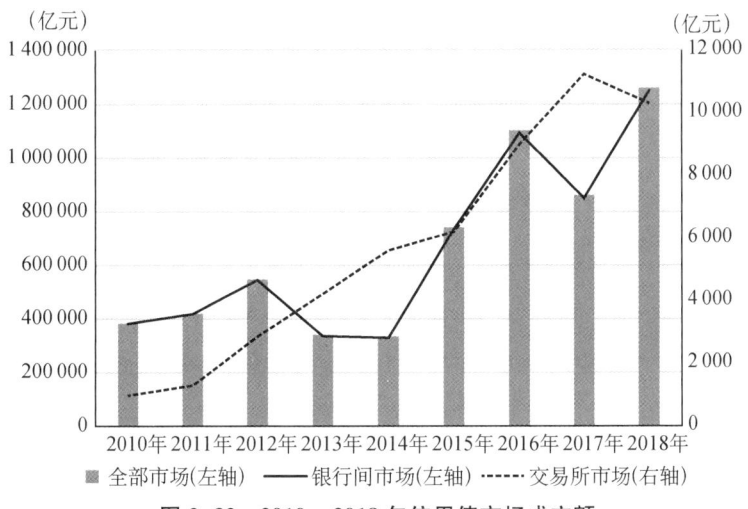

图 2-32　2010—2018年信用债市场成交额

(数据来源:Wind)

债券借贷、远期和利率互换成交量小且数据不易获取,因此下面主要对主要券种现券交易、买断式和质押式回购流动性水平进行度量和分析。根据数据可获得性和数据特征,本研究采用换手率和流动性比率作为信用债市场的度量指标。换手率指标包括年换手率与月换手率指标。

从年换手率(见图2-33)来看,信用债市场整体的流动性也经历了一个先降后升的过程,在2013年的市场冲击下,流动性水平急剧下降并在2014年达到最低点,在此之后流动性水平有所改善,但未能达到2013年以前的水平。分市场来看,银行间市场的流动性走势与整个信用债市场的走势基本一致,这是由于交易主要发生在银行间市场,而交易所市场的流动性走势反而与整个信用债市场的走势相反。从绝对水平来看,银行间市场的流动性远远大于交易所市场,银行间市场的年换手率均保持在 2 以上,而交易所市场的年换手率保持在 0.2 以下。

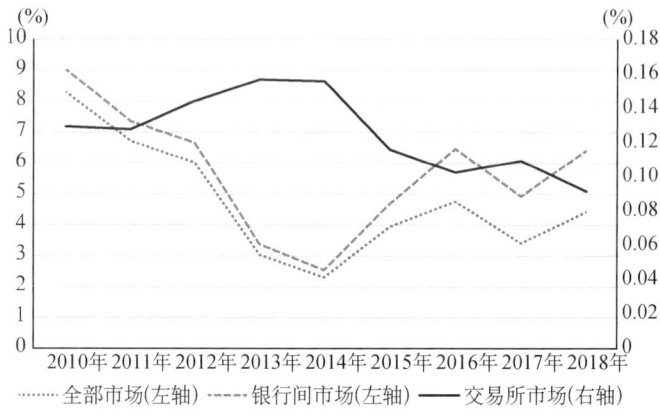

图 2-33　2010—2018 年信用债市场年度换手率
(数据来源:Wind)

除了使用年度换手率作为流动性测度指标外,研究还采用月度换手率作为流动性的度量指标(见图 2-34)。我们从 Wind 数据库可以获得银行间债券市场和交易所市场信用债的成交金额数据,从中央国债登记结算有限责任公司(中债登)网站和中国证券登记结算有限公司(中证登)获取各券种托管量的数据,从而进一步计算月度换手率。

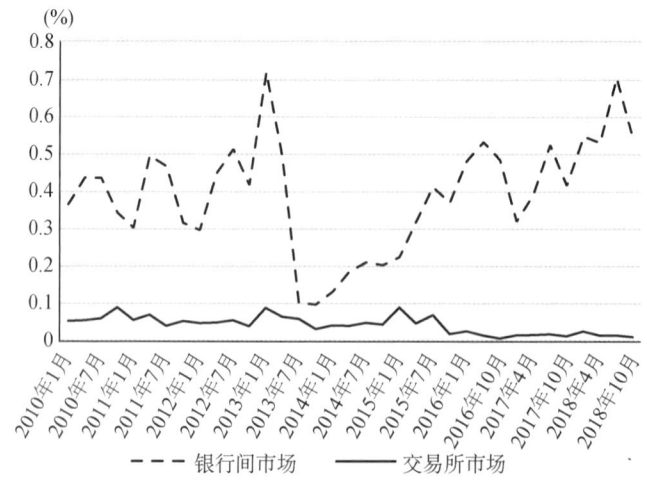

图 2-34　2010—2018 年银行间市场与交易所市场信用债月度换手率
(数据来源:Wind)

从月度换手率数据来看,银行间市场换手率总体呈现上升趋势,月换手率均值保持在40%的水平;但在2013年7月左右,换手率有急剧收紧的趋势,换手率一度跌至10%左右;到2015年后,换手率逐渐恢复至正常水平,此后保持较为稳定的趋势。与银行间市场不同,交易所市场的月均换手率显著低于银行间市场且呈现出逐渐收紧的趋势,其月均换手率保持在4%左右。此外,交易所市场的流动性呈现出较为稳定的态势,月际变化相对较小。

从以上流动性度量结果可以发现,中国信用债市场流动性的特点主要包括以下几个方面:首先,银行间市场的流动性水平要显著高于交易所市场的流动性水平;其次,银行间市场的流动性水平总体呈现上升的态势,而交易所市场则反而呈现出下行的趋势;最后,银行间市场流动性水平的波动要显著高于交易所市场,交易所市场的流动性水平相对稳定。

二、债券市场的波动性

(一)波动性的内涵与意义

波动性作为稳定性的对立面,主要指资产价格或者收益偏离其期望值的可能性。债券市场的波动性主要是以债券价格的波动特点来说明的,由于不同组织方式下交易制度和规则的差异,信用债在银行间市场和交易所市场的波动性有所不同。此外,附权债券与非附权债券的波动性也存在较为明显的差异,其中附权债券的波动性因素更为复杂,因此本书主要探讨非附权债券的波动性问题。一般而言,影响信用债波动性的因素主要包括存款类金融机构的流动性、股市发行状况、财政缴款与准备金缴款因素、外汇占款及其他资金市场的影响(袁东,2004)。

首先,从债券市场的发展来看,波动性虽然意味着风险,但波动性却是市场正常运行的基础。因为如果价格恒定不变,则证券交易就不复存在。因此,在某种程度上,没有波动性就没有流动性,市场也会消失,即波动性是流动性的前提之一。但与此同时,过度的市场价格波动也会对证券市场的健康发展产生不利影响(刘红忠和蒋冠,2015)。其次,从监管角度来看,债券价格频繁波动带来的风险管理问题无论对国家证券监管部门、上市公司、证券业界还是对个体投资者都很重要。最后,从投资的角度来看,描述并分析波动性的时变特性也具有十分重要的意义:①资产风险是资产价格的重要决定因素,是定价公式的核心变量。作为承担更高风险的补偿,投资者往往要求更高的预期收益率,因此投资回报率的方差变化对于理解金融市场至关重要。②波动性与市场的不确定性和风险直接相关,是体现金融市场质量和效率的最简洁和最有效的指标之一。③波动性对企业的投融资决策、投资者的投资模式、经济周期及相关宏观经济变量等都具有重要的影响。基于以上分析可以发现,波动性的估计、研究及其影响因素分析是金融经济学理论重要的组成部分。

(二) 波动性的度量方法

对于信用债市场波动性的测度,可以从收益率的波动角度和债券价格角度分别测度。其中,前者主要包括四种方法:基点价格价值法、价格变动的收益率值法、久期法及凸性法。

(1) 基点价格价值法(price value of a basis point,PVBP 值)。基点价格值是指到期收益率变化一个基点,也就是 0.01 个百分点时,债券价格的变动值。基点价格值是测定收益率每变动一个基点时价格波动程度的指标。在测定基点价格时,由于收益率的变动非常小,不同方向的收益率变动所导致的价格变动是基本一致的。此外需要注意的问题是,在收益率变动较大时,不同方向的收益率变动会导致 PVBP 值的对称性降低。因此,对于较大收益率的变动不能直接使用 1 个基点收益率变动所计算的 PVBP 值乘以相应倍数得到,而应当对不同方向的收益率变动分别计算,从而获得 PVBP 的平均值作为测度波动性的指标。

(2) 价格变动的收益率值法。与 PVBP 值方法恰好相反,衡量信用债市场波动性的方法还包括计算价格波动时的收益率值。在使用该方法时,应当先计算信用债的到期收益率,然后计算债券价格变动标准单位时的收益率值,所计算出的新收益率与原收益率之差即为价格变化时的收益率值,该方法本质上与基点价格价值法一致。

(3) 久期法。久期法是衡量信用债波动性的另一种方法。久期反映的是投资者收回原始投资的实际期限,它是持有债券带来的现金流的期限的加权平均数,其权重是各期收到的现金流的现值与总现金流现值的比值。因此一般而言,信用债久期越长,债券相对价格的波动性也越大。

(4) 凸性。为了弥补久期方法的不足,凸性方法可以作为收益率发生较大变动时测度债券价格变动幅度较好的度量指标。

从图 2-35 可以看到,信用债收益率与价格呈反向关系,在收益率为 y^* 时,价格变动幅度实际上是一条切线的斜率,表明了相对于每一收益率变动的价格变动率。与此同时可以发现:切线越陡峭,久期越大;切线越平缓,久期越小。在收益率变动既定情况下,凸性测量值越大,

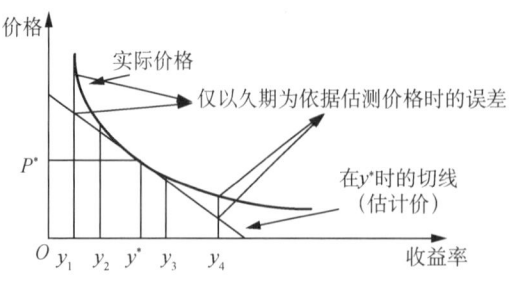

图 2-35 债券价格与收益率关系图

信用债价格波动幅度也越大。

除了从信用债收益率角度来测度信用债市场的波动性外,从债券价格角度也可以对信用债的波动性进行一定的刻画。一般而言,可以从债券价格与内在价值的偏离度及债券本身价格的波动来描述市场的波动性。从偏离度的角度来看,债券市场价格与债券内在价值的偏离度是考察波动性的较为可取的度量方法。对于一般的付息债券而言,其理论价格如下:

$$P = \sum_{t=1}^{n} \frac{C}{(1+r)^t} + \frac{Par}{(1+r)^n} \quad (2-1)$$

其中,P 为当前债券价格,C 为每年利息额,r 为该类债券的内涵收益率,Par 为债券的面值。一般而言,债券的市场价格并不完全等于这一理论价格,市价偏离这一内在价值的幅度也可以作为波动性的度量。但是从长期来看,市价总是会趋于其内在价值,也即长期来看,信用债的价格均值将趋于其价值。因此,在测度波动性时,一般以标准差来度量,标准差越大则表明信用债市场价格波动性越大,市价对内在价值的偏离程度也越大。除了偏离度外,信用债本身价格的波动也可以作为市场波动性的代理指标。简单来看,计算一定期间的债券市价波动幅度可以作为合理的测度指标,一般可以用年债券市价波动率来表示:

$$V = \left(\frac{P_1 - P_0}{P_0} \right) \times 100\% \quad (2-2)$$

其中,V 为债券市价年际波动率,P_1 为年末收盘价,P_0 为年初收盘价。以该种方法测度债券波动性,表示债券市价在一定期间内的涨跌幅度。因此,在计算时往往使用净价法以剔除应计利息因素的影响(袁东,2004)。

$$MA_t = \frac{\sum_{i=t-0}^{t-n} P_i}{n}$$

$$MD_t = \frac{P_t - MA_t}{MA_t}$$

(三) 中国债券市场的波动性统计分析

鉴于数据的可获得性,在衡量信用债市场的波动性时,本研究参考了黄满池等的做法,采用信用债指数作为衡量信用债市场波动性的指标(黄满池和郑江南,2007)。在衡量银行间市场信用债的波动率时,研究采用上清所公布的银行间信用债综合指数数据;在衡量交易所市场信用债波动性时,本研究采用上交所公布的信用100指数数据。在波动率的测定上,主要采用移动方差法并选择长度为60天的移动窗口。其中,MD_t表示第t期的波动率,n代表移动窗口的长度,MA_t代表移动窗口的平均值。

$$MD_t = \frac{P_t - MA_t}{MA_t}$$

$$MA_t = \frac{\sum_{i=t-0}^{t-n} P_t}{n}$$

从图2-36可以看到,无论是银行间市场还是交易所市场,信用债都呈现出相似的波动性特征,但是相对而言,银行间市场的波动更为剧烈,交易所市场的价格波动反而更趋于平缓。出现这种现象的原因可能在于银行间债券市场的信用债交易不活跃,有些债券连续几个月没有交易,才使其市价波动率普遍较高。交易所市场的债券交易比较连续,交易较为活跃,流动性较高,致使交易所市场信用债波动率并不高。

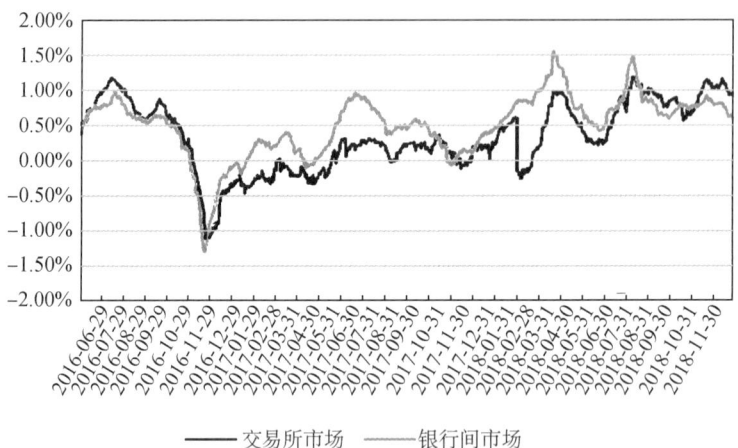

图2-36　银行间市场与交易所市场信用债波动性比较

(数据来源:Wind)

三、债券市场的有效性

(一)有效性的内涵与意义

市场有效性即市场效率,信用债市场的有效性主要指资源配置的效率,是经济学的核心问题。在金融学理论中,关于金融市场效率的主流理论是有效市场理论。在该理论下,信息效率是金融市场效率的核心,这里的信息主要是指在特定的市场环境中,有关资产真实价值的信号或者消息。信息效率则是指金融资产价格对市场信息的反映能力。若市场中的资产价格能完全并准确地反映所有相关信息,那么该市场就被认定为具有信息效率,或者说市场是有效的。价格反映信息的速度越快、越充分,则市场的信息效率越高。有效市场理论认为,信息效率的达成也意味着市场价格的有效发现,从而实现资源的有效配置,实现"有效市场"。

金融市场的有效性是金融学理论中的核心问题。市场作为一种通过交易而进行资源配置的制度,效率的分析自然是研究市场所有相关问题的归宿,也是交易机制设计最重要的政策目标。金融市场有效性对交易成本、信息效率、价格发现效率与资源配置效率都具有重要的影响,佣金自由化与信息技术的发展使得市场的交易成本大大降低,市场效率进一步提升;金融市场有效性对于提高价格对信息的反映速度、价格发现效率与资源配置效率也有促进作用。

(二) 有效性度量方法

当前对于市场有效性的研究理论主要是有效市场假说。法玛(Fama,1970)指出,倘若资产价格总能"完全反映"市场的可得信息,则市场有效。根据《新帕尔格雷夫货币金融大辞典》对有效市场的解释:当某信息集向所有市场参与者披露时,资产价格不受影响,则该市场相对于该信息集是有效的。根据信息集涵盖范围的大小,有效市场假说可细分为三类:弱式有效市场假说、半强式有效市场假说、强式有效市场假说。在弱式有效市场,当前的资产价格已经充分反映了市场交易历史数据的全部信息(包括以往的资产价格、成交量、未平仓合约等信息),因而,在弱式有效市场,投资者根据市场交易历史数据信息进行技术分析,依据其技术分析结果进行交易是无法获取超额收益的,即在弱式有效市场上,技术分析是毫无意义的。在半强式有效市场,当前的资产价格已经充分反映了全部的市场公开信息(包括以往的资产价格、成交量、未平仓合约信息,还包括会计数据、竞争对手公司的经营情况、宏观经济数据、与资产价值有关的所有其他公开信息),因而,在半强式有效市场,无论投资者根据公开信息进行技术分析还是根据公开信息进行基本面分析,市场参与者依据其分析结果进行交易都是无法获取超额收益的,即在半强式有效市场上,技术分析和基本面分析都是毫无意义的。在强式有效市场,当前的资产价格已经充分反映了全部的市场信息(不仅包括各种公开信息,还包括各种非公开信息等),因而在强式有效市场,投资者无论根据公开信息进行分析还是根据非公开信息进行分析,依据其分析结果进行交易都是无法获取超额收益的,即在强式有效市场上,任何分析都是毫无意义的。由于有效市场假说的定义过于笼统,有必要讨论有效市场的价格形成过程,来确切定义上述"完全反映"的含义。

1. "公平赌局"模型

资产的期望价格可表示如下:

$$E[\widetilde{P}_{t+1} \mid F_t] = [1 + E(\widetilde{r}_{t+1} \mid F_t)] \cdot P_t \qquad (2-3)$$

其中,$E[\cdot \mid F_t]$ 是在信息集 F_t 下的条件均值算子,P_t 是资产在 t 时刻的价格,P_{t+1} 是资产在 $t+1$ 时刻的价格,$r_{t+1} = \dfrac{P_{t+1}}{P_t} - 1$,~表示随机变量。资产的超额收益如下:

$$\widetilde{X}_{t+1} = \widetilde{P}_{t+1} - E(\widetilde{P}_{t+1} \mid F_t) \qquad (2-4)$$

根据有效市场假说,资产价格总能"完全反映"可得信息,市场参与者根据信息集进行交易则无法获取超额收益,因而,

$$E[\widetilde{X}_{t+1} \mid F_t] = E[\widetilde{P}_{t+1} - E(\widetilde{P}_{t+1} \mid F_t) \mid F_t] = 0 \qquad (2-5)$$

即随机序列 $\{\widetilde{X}_t\}$ 在信息流 $\{F\}$ 下呈"公平赌局"。

2. 下鞅模型

为推广"公平赌局"模型至下鞅模型,可将式(2-3)改写如下:

$$E[\widetilde{P}_{t+1} \mid F_t] \geqslant P_t \qquad (2-6)$$

基于信息流 $\{F_t\}$ 的下一时期资产价格的期望值大于或等于当前的资产价格,即 $\{\widetilde{P}_t\}$ 是 F_t-下鞅。尤在式(2-6)取等号时,$\{\widetilde{P}_t\}$ 是 F_t-鞅。

3. 随机游走模型

有效市场假说的早期文献将有效市场的价格形成过程定义为随机游走模型,即价格的变化是独立同分布的。随机游走模型可表达如下:

$$f(\widetilde{r}_{t+1} \mid F_t) = f(\widetilde{r}_{t+1}) \qquad (2-7)$$

"公平赌局"模型仅仅表明,可用期望收益来表示有效市场的均衡条件,但并未描述收益生成的随机过程。基于"公平赌局"模型的随机游走模型则表明,在投资者偏好改变和新信息产生的条件下,收益分布伴随时间的不断重复而形成均衡。

4. 弱式有效市场的检验

检验弱式有效市场的相关文献,多数从时序收益的可预测性和截面收益的可预测性来检验市场是否弱式有效。时序收益的可预测性,又可细分为历史收益预测和外生变量预测;截面收益的可预测性,又可细分为 SLB 模型、多

因子模型、基于消费的资产定价模型。

5. 半强式有效市场的检验：事件研究

对半强式有效市场的检验，主要通过事件研究法来考察事件发生后的价格调整。法玛等人(Fama et al.，1969)首次运用了事件研究法来研究股票分割事件对股票价格的影响。近期，运用事件研究法对半强式有效市场的检验常与公司金融的相关问题相联系，如股利政策(Charest，1978；Ahrony and Swary，1980；Asquith and Mullins，1983)、兼并收购(Mandelker，1974；Dodd and Ruback，1977；Bradley，1980；Dodd，1980；Asquith，1983)等。事件研究法的结果大多表明，股票价格对具体信息的反应速度很快，市场达到了半强式有效。而且，事件研究法并不存在显著的联合检验问题，因而，运用事件研究法来研究市场效率，最直接地证明了市场有效。

6. 强式有效市场的检验：非公开信息检验

对强式有效市场的检验，主要检验股票价格是否蕴含了非公开信息。现实中，由于较难刻画非公开信息，往往退而求其次，主要考察下述三个方面：①考察内幕交易的盈利能力。根据强式有效市场假说，投资者依据内幕信息进行交易无法获取超额收益。有学者(Jaffe，1974)首先研究了内幕交易的盈利能力，他指出，股票价格中并未蕴含内幕交易信息，甚至市场在内幕交易信息公开时也不作出反应。亦有学者(Seyhun，1986)认为，投资者依据内幕信息进行交易可获取超额收益，故市场并非强式有效。②考察股票价格是否蕴含了证券分析的信息。倘若市场强式有效，股票价格则应当蕴含所有的信息，包括证券分析的信息。分别有学者使用了调查线(Value Line)调查数据(Black and Kaplan，1973；Copeland and Mayers，1982；Huberman and Kandel，1987，1990)和《华尔街日报》的专栏数据(Lloyd-Davies and Canes，1978；Liu et al.，1990)，均发现证券分析的信息致使股票价格变化，故市场并非强式有效。③考察基金经理的盈利能力。根据强式有效市场假说，即便基金经理拥有更多的信息，基金经理也无法获取超额收益。诸多学者(Henriksson，1984；Chang and Lewellen，1984；Ippolito，1989)均发现，共同基金的收益大多好于夏普-林特纳(Sharpe-Lintner)证券市场线，由此，强式有效市场假说并不成立。

从上述分析可知，债券市场的有效性评估是一个相当复杂的问题，需要综合考虑其流动性和波动性以及其他复合指标的测度。对此，为了更加深入地研究中国信用债市场的有效性问题，我们将在后面两个章节中进一步开展综合考虑其流动性和波动性指标的实证研究，如通过检验中国信用债市场利差的决定因素来检验信用债市场的有效性，以及通过银行信用评级的信息质量和次债事前约束检验中国信用债市场的有效性质量评估。

第四节　中国信用债市场的有效性检验
——基于流动性和违约风险的信用利差研究

一、理论分析与研究假设

信用利差是指信用债利率超出同期限国债的部分，即债券收益率与无风险利率之间的溢价。研究以公司价值为基础，求出债券违约概率，而简化模型与信用等级模型引入了回收率因子，修正违约概率，同时调整违约边界。因此，违约事件、概率和其影响范围可能与信用利差存在相关性。关于信用利差的研究，主流的模型包括结构化模型（Merton，1974）、简约模型（Jarrow and Turnbull，1995）和信用等级模型（Cartyand Fons，1994）等。

默顿（Merton，1974）最早提出的结构化模型中存在一个研究假设，即当企业价值小于债券本金，出现资不抵债状况时，意味着债券违约事件发生。有学者（Huang et al.，2003）认为，传统的结构化模型尚不能对债券信用利差给出很好的解释，违约事件不会在资不抵债的情况下很快发生，而是具有一定违约边界的，他认为当企业价值下降到不足债券本金的约60%时才会发生。据此，他将违约边界这一变量引入传统的结构化模型。研究表明，信用利差主要来自违约风险，这在信用较差的债券中表现更为显著。也有学者（Longstaff and Schwurtz，1995）采用结构化模型研究了信用利差和违约风险的关系，通过债券回报率和市场上的无风险利率构造利率期限结构，研究表明，违约风险对信用利差有显著影响。

另有学者（Altman，1998）通过研究回收率与违约事件之间的关系来揭示违约风险与债券信用利差之间的关系。研究表明，违约概率越高，对应的回收率越低，债券持有人面临承受更大损失的风险。相应地，信用利差进一步提高，而且在经济不景气的情况下更为显著，公司价值收缩，违约概率变高，信用资质变差，其所发行债券的回收率降低。国内学者如曹麟（2014）认为，违约概率在不同行业之间存在周期性差异，违约概率的波动率也存在周期性，违约概率周期性强的行业往往具有更大的违约风险和信用利差，因为违约概率顺周期性强。

除直接关于违约风险与信用利差关系的研究外，国内外一些学者在研究中讨论了基于流动性的风险溢价，探讨流动性风险债券信用利差的贡献程度。例如，有研究（Goldreich and Hanke，2004）表明，不同流动性的债券价格存在差异，该研究同时建立了交易成本贴现模型来估计流动性风险溢价。这种流动性导致的风险溢价主要来自两个方面：第一是单只债券在交易层面的流动性，债券交易流动性越低，意味着其变现能力较差，对应的交易成本越高，其到期收益率体现更高的风险补偿,对应的信用利差会越大;第二是市场整体的流动性,若债券市场流动性较高,市场上债券买卖更为活跃,则投资者持有债券的期限缩短,单位债券的交易成本提升,从而降低了债券持有期收益,信用利差也因此减小。研究表明,流动性风险是公司债信用利差的重要组成部分,对于信用等级高的债券,流动性风险溢价的贡献程度在0.6%左右,而对于信用等级低的债券,其贡献程度将继续提升(Jong,2012)。但也有一些学者的研究表明,中国债券市场上流动性风险溢价影响甚微,信用利差的主要来源应为违约风险。流动性风险溢价主导的债券市场往往存在于发达国家,其债券市场更为成熟,来自债券本身交易的流动性和市场系统性流动性的影响更大。国内学者如谭地军等(2008)的研究表明,信用债市场上流动性补偿比较微弱。王安兴等(2012)的研究表明,违约风险是债券信用利差的主要来源,具体由公司的信用评级、杠杆比率等因素决定。

基于以上理论分析,提出假设1。

假设1:违约风险是债券市场信用利差的主要来源,且违约风险越大,信用利差越大。

根据前人对信用等级模型的研究,债券发行主体的信用评级与信用利差存在对应关系。信用评级由第三方评级机构给出,评级方法的基础为债券发行人的信用资质与偿债能力,其发行债券带来违约损失的可能性大小,即违约损失率。实际上,同一类评级下的债券违约率相近,其偿债能力、信用资质均在同一范围内;不同评级之间,发行主体信用评级越低的债券,其违约损失率越大,相应的信用利差也越大。信用利差是一种对投资债券风险的补偿,债券信用资质越差,发生违约事件、带来违约损失的可能性越大,信用利差也越大。因此,债券发行主体评级与信用利差在本质上是相通的,都反映了债券的信用风险。

早期研究(如Altman,1998)表明,债券信用评级越低,其要求回报率越高,作为对信用风险的一种补偿,它们之间存在显著的负相关关系。国内学者如梁柱(2015)认为,债券发行人的主体评级对债券信用利差有显著影响,并通过短期融资券的数据进行了实证检验。何平等(2010)的研究表明,债券市场信用利差与评级机构给出的信用评级存在显著相关性,信用评级低的发行主体,其融资成本也会较高。寇宗来等(2015)认为,当信用评级的评价可靠公允时,评级机构的信用评级能够帮助降低融资成本,即信用评级越高,企业信用风险越低,债券收益率与无风险利率得到的信用利差越小。

基于以上理论分析,研究提出假设2和假设3。

假设2:假定评级机构给出的信用评级公允可靠,则债券发行主体的信用评级与信用利差负相关,即发行主体的信用评级越高,其所发行债券的信用利差越小;相反地,发行主体的信用评级越低,其所发行债券的信用利差越大。

此外,资产周转率反映公司的营运能力和周转速度,较低的资产周转率往往意味着公司经营稳定性降低,产品销售不畅,库存积压,资产周转速度变慢,从而使投资者面临债券发行主体偿债能力降低的风险,债券应提供更高的收益率,故资产周转率与债券信用利差可能存在负相关关系。

假设 3:债券发行主体的资产周转率越高,其所发行债券的信用利差越小。

根据默顿(Merton,1974)提出的结构化模型,债券信用利差与发行主体杠杆率有关。部分学者(如 Leland and Toft,1996)认为,信用评级与信用利差的关系并非完全正相关,还存在负相关的可能性,原因在于:公司价值和杠杆率的关系不一定是线性、完全正相关的,而是呈抛物线型关系。在杠杆率低于某一临界值时,公司价值随着杠杆率的提高而增加,但当杠杆率高于最优资本结构下的杠杆率临界值时,公司价值与杠杆率可能负相关。

但是,王安兴等(2012)的研究表明,杠杆率越高的发行主体,其发行债券的违约概率越大,债券信用利差越大。有学者(Dick-Nielsen et al.,2012;Longstaff et al.,2004)从企业杠杆率、资产周转率,以及债券自身特征(如久期)等方面刻画了债券的违约风险。研究表明,杠杆率与发行人的债券信用利差成正比。

结合中国债券市场上实际发生的违约风险事件,许多债券因杠杆率高,负债负担沉重,导致延期还款甚至违约,相应的债券信用利差也更高。杠杆率即公司总资产与股东权益的比率,杠杆率水平的提高虽然有助于提升公司的资本利用效率,但与此同时,公司负债和财务风险也在变大,公司不仅面临更大的还债压力和违约概率,还面临潜在的财务危机与经营灵活性的损失。从投资者角度看,面对杠杆率高的债券发行主体,他们承担更高的财务风险和经营风险,所以应要求更高的到期收益率作为补偿,故债券信用利差高。基于以上理论分析,本文提出假设 4。

假设 4:债券发行主体的杠杆率越高,其所发行债券的信用利差越大。

二、模型与研究设计

(一)流动性风险的度量

在流动性风险的度量方面,前面已提到刻画流动性风险的多个维度,现采用具体指标来测度流动性风险。在测度美国市政债和企业债的流动性风险时用以下五个指标来度量流动性风险溢价(如 Dick-Nielsen et al.,2012;Schwert,2017)。

(1)阿米胡德(Amihud)测度。阿米胡德(Amihud,2002)构建了这一测度。

$$Amihud_{i,t} = \frac{1}{N_t}\sum_{j=1}^{N_t}\frac{|r_j|}{Q_j} = \frac{1}{N_t}\sum_{j=1}^{N_t}\frac{\left|\frac{P_j - P_{j-1}}{P_{j-1}}\right|}{Q_j} \qquad (2-8)$$

其中，N_t 表示第 t 天的交易笔数，P_j 表示第 j 笔交易中债券的成交价格，Q_j 表示第 j 笔交易的成交量。

（2）罗尔（Roll）测度。罗尔（Roll，1984）认为买卖价差可以通过两个连续交易日的收益率的协方差得到：

$$Roll_t = 2 \times \sqrt{-\text{Cov}(R_i, R_{i-1})} \quad (2-9)$$

（3）换手率（turnover）。

$$turnover_{i,t} = \frac{\text{交易量}i, t}{\text{债券总流通量}i} \quad (2-10)$$

（4）重复性往来交易成本 IRC（Imputed Roundtrip Cost）测度。

$$IRC = \frac{P_{\max} - P_{\min}}{P_{\max}} \quad (2-11)$$

其中，$P_{\max}$，$P_{\min}$ 分别为在 IRC 中最高和最低的价格。IRC 越高，交易成本越高，债券流动性越差。本研究先计算出每个交易日的 IRC，然后求出算术平均作为季度 IRC 测度。

（5）IRC 测度的标准差。和 Amihud 测度的标准差类似，IRC 测度的标准差也纳入流动性风险度量指标中。那么，债券 i 在时间 t 的流动性风险溢价可以表示如下：

$$\lambda_{i,t} = \sum_{k=1}^{6} \frac{L_{i,t}^k - \mu^k}{\sigma^k} \quad (2-12)$$

其中，$L_{i,t}^k$ 表示第 k 个流动性度量指标，μ^k 表示基于所有样本债券的 $L_{i,t}^k$ 的均值，σ^k 表示基于所有样本债券的 $L_{i,t}^k$ 的标准差，流动性风险溢价 $\lambda_{i,t}$ 经这几个指标标准化处理之后求和得到。

（二）违约风险的度量

在违约风险溢价的度量方面，国际学者主要采用债券到期回报率和无风险利率之间的利差来对信用债定价进行研究，并在此基础上提出结构化模型、简化模型等，来对信用利差进行定价。大部分学者认为，违约风险是债券市场信用利差的主导因素，同时，债券的流动以及税收风险溢价也可能对债券信用利差有一定影响。有学者（Schwert，2017）认为违约风险溢价是债券信用利差的主要组成部分，他利用信用违约掉期数据研究了美国市政债中的违约风险。从平均意义上看，市政债本身的违约风险比其他种类债券的违约风险更小，由此导致债券信用利差中较高的违约风险溢价。有学者（Dick-Nielsen et al.，2012；Longstaff et al.，2005）从企业盈利能力、资产负债率、杠杆率，以及债自身特征(如剩余期限、久期、债券余额)等方面刻画了债券的违约风险,同时研究了利率期限结构问题。国内有学者如王安兴等(2012)分别从时间序列和横截面的角度,研究了中国公司债利差的构成及影响因素,他们认为在中国公司债券市场形成初期和金融危机时期,债券利差为负值,而在其他时期,公司债利差与无风险利率、利率期限结构斜率、公司杠杆比率负相关,与股票收益波动率的变化呈正相关关系。公司债券信用利差的变化主要受利率水平、换手率、零交易天数比率等因素的共同影响。此外,债券信用评级越高,其信用利差越小;债券剩余期限越长,其信用利差也越小。

三、实证模型与分析

(一) 模型构建

第一步,求出信用债的信用利差。大部分信用债的发行期限是 7～10 年,因此,首先选择无风险利率基准,本研究以市场上 10 年期国债利率为基准,将公司债券收益率与 10 年期国债到期收益率之差作为信用利差的度量指标。

第二步,对信用利差进行分解。国外学者(如 Schwert,2017)在研究美国债券市场的信用利差时充分考虑了流动性、违约风险、交易和税收等因子,由于本研究研究中国债券市场上的公司债信用利差,因此借鉴这一方法,将信用利差分解为流动性溢价和违约风险溢价两部分。

$$y_{i,t} = r_t + \lambda_{i,t} + \psi_{i,t} \tag{2-13}$$

$$y_{i,t} - r_t = \lambda_{i,t} + \psi_{i,t} \tag{2-14}$$

其中,$y_{i,t}$ 表示债券 i 在时间 t 的到期收益率,r_t 表示无风险利率,$\lambda_{i,t}$ 表示流动性风险溢价,$\psi_{i,t}$ 表示违约风险溢价。并将信用利差记为 $Spread_{i,t}$。

由于中国债券市场上的违约样本量有限,直接对违约风险进行定价可能出现偏误。因此,本研究先对流动性风险溢价进行度量,然后将信用利差的剩余部分作为违约风险溢价。定义了流动性风险溢价后,加入违约风险指标、债券自身特征及其他经济变量,建立以下计量模型:

$$\begin{aligned} Yield\ Spread_{i,t} = & \alpha + \beta_0 turnover_{i,t} + \beta_1 transaction_{i,t} + \beta_2 duration_{i,t} \\ & + \beta_3 size_{i,t} + \beta_4 rating_{i,t} + \beta_5 ROA_{i,t} + \beta_6 zhouzhuan_{i,t} \\ & + \beta_6 leverage_{i,t} + \beta_7 gGDP_{i,t} + \beta_8 index_{i,t} + \epsilon_{i,t} \end{aligned} \tag{2-15}$$

按照以上方法,利用季度数据,先对中国市场上信用债的信用利差进行分解,探究流动性风险和违约风险的贡献程度。

(二) 变量与数据

本研究选取了四类变量,其定义和选取过程如下。

(1) 流动性指标。$liquidity_{i,t}$为流动性风险溢价变量,包含两个流动性度量指标,分别为换手率$turnover_{i,t}$与零交易天数比率$transaction_{i,t}$,其中,换手率衡量了一只债券在市场上交易的活跃程度,即流动性高低。零交易天数比率则衡量了一只债券成交频率相对于未成交频率的距离。由于债券市场高频交易数据可得性低,本研究暂选用这两个指标来刻画流动性风险溢价。

表 2-19 变量定义

分类	变量	名称	定义
被解释变量	$spread$	信用利差	债券票面利率-10年期国债利率
流动性指标	$turnover$	换手率	一个季度内,成交量/债券总流通量
	$transaction$	零交易天数比率	一个季度内,(成交天数-无交易天数)/总交易天数
债券自身特征	$duration$	剩余期限	截至季度末的剩余期限
	$size$	债券余额的对数	截至当前的待兑付金额
违约风险指标	$rating$	信用评级	分别用1—8代表AAA,AA+,AA,AA-,A+,A,B,C
	ROA	总资产净利率	净利润/总资产×100%
	$zhouzhuan$	总资产周转率	营业收入/总资产×100%
	$leverage$	资产负债率	负债/总资产×100%
其他经济指标	$gGDP$	GDP增长率	GDP当季值的同比增长率
	$index$	上证综指收益率	每季度末,上证综指的收益率

(2) 债券自身特征。包括债券剩余期限,用$duration_{i,t}$表示,以及债券余额$size_{i,t}$,但考虑债券余额序列不平稳,故取其对数作为模型中的代理变量。

(3) 违约风险指标。用$rating_{i,t}$表示各个信用评级(AAA,AA+,AA,AA-,A+,A,B,C),分别记为1,2,……,8。由于信用评级所反映的违约风险有限,参考国外学者(Blume et al., 1998; Dick-Nielsen et al., 2012)的研究方法,再加入销售净利率、总资产周转率、杠杆率等代表企业经营与资本结构的变量,来刻画违约风险溢价。

(4) 其他经济变量。主要包括宏观层面和资本市场层面因素。由于企业债信用风险定价与公司在资本市场的表现相关,因此选择股指收益率;由于上海交易所的公司债数量较多,因此采用上证综指收益率这一指标。用上证综

合指数收益率 $index_{i,t}$，作为系统性风险和经济周期的代理变量，表示某季度上证综合指数年化的收益率。一方面，股票指数是系统性风险的度量；另一方面，股票指数是宏观经济的晴雨表，反映了投资者对宏观经济周期的预期。同时考虑宏观经济走势对债券市场信用利差的影响，选择 GDP 增长率指标，也衡量经济周期因素。

最后，$\epsilon_{i,t}$ 为漂移项，考虑到债券信用利差中存在随债券个体与时间同时变动的因素而且是随机游走的，因此，在数据选择方面，本研究以债券市场上现有的公司债作为样本，采用 2014—2018 年 5 年的季度数据，同时取 10 年期国债收益率作为无风险利率。样本的基本数据结构为平衡面板数据，由 690 个公司债在 20 个季度的面板数据观察值构成，样本总量为 13 800。

（三）实证检验

1. 描述性统计

如表 2-20 所示，与 10 年期国债相比，公司债在平均意义上存在 1.21% 的信用利差。此外，平均久期为 4.2 年。关于度量公司债流动性的两个指标，换手率的季度均值为 0.548 8，零交易天数比率的季度均值为 -0.977 3，这也反映出公司债整体流动性不高，成交量仅占债券总流通量的一半左右，而且一个季度中成交天数很少。这也从侧面反映出中国债券市场，即使是交易所市场，其流动性水平也不高。

表 2-20 变量描述性统计

变量名称	平均值	标准差	最小值	最大值	样本量
信用利差	1.213 9	1.185 0	-1.58	5.732 1	13 800
换手率	0.548 8	2.838 1	0	90.909 1	13 800
零交易天数比率	-0.977 3	0.098 5	-1	0.444 4	13 800
债券久期	4.214 1	2.176 4	0.232 9	15	13 800
债券余额对数	0.874 8	1.336 2	0	4.852 0	13 800
信用评级	1.394 7	0.927 5	1	8	13 800
总资产净利率	0.022 7	0.027 8	-0.192 6	0.568 0	13 800
总资产周转率	0.261 2	0.335 9	0	5.814 1	13 800
资产负债率	3.165 3	1.860 5	0	1.002 4	13 800
GDP 增长率	0.069 4	0.003 0	0.064 5	0.077 0	13 800
股指收益率	0.021 6	0.131 6	-0.286 3	0.368 4	13 800

数据来源：Wind 数据库。

表 2-21 显示了公司债发行主体信用评级的分布频率。可以看出,大部分公司债发行主体的信用评级落在 AAA 和 AA+上,其中,AAA 级评级的比例为 75.4%,AA+评级的比例为 16.1%。总体来看,AAA 和 AA+评级的主体所发行债券在样本总量中占比高达 92%。样本中公司债评级低于 AA 的比例则非常低,尚不足 2%。可以看出,信用评级也存在一定分化,大部分上市公司发行债券违约风险很低,因为它们经营状况良好,导致大部分债券的评级都很高;另一种可能是存在因担保增信或评级机构乐观导致的评级向上现象。

表 2-21 样本债券的信用评级分布

信用评级	AAA	AA+	AA	AA−	A+	A	B
债券数量	520	111	47	4	2	2	4
占比	75.4%	16.1%	6.8%	0.6%	0.2%	0.2%	0.6%

数据来源:Wind 数据库。

2. 相关性及多重共线性检验

对所选变量进行描述性统计后,考虑到可能存在多重共线性,于是求出各变量的相关系数矩阵(见表 2-23)。结果显示,各变量之间相关系数很小,模型不存在多重共线性的问题。但是,仅从变量的两两相关系数来判断相关性尚不够,即使系数较低,仍然可能出现"复合"的相关系数高的情况,因此,还需要检验解释变量之间是否存在多重共线性问题。

VIF(variance inflation factor)表示解释变量的"方差膨胀因子",检测的最大 VIF 为 1.58(参见表 2-22),远小于经验规则下的 10,因此可判断不存在多重共线性。从经济学意义来看,债券交易层面的流动性指标、自身特征、杠杆率、盈利能力等之间也不存在明显的强相关性。

表 2-22 VIF 测试结果

变量	VIF	1/VIF
交易天数比率	1.58	0.634 8
换手率	1.47	0.679 9
债券余额对数	1.38	0.725 3
信用评级	1.36	0.735 2
GDP 增长率	1.24	0.807 7
久期	1.23	0.811 5
总资产周转率	1.15	0.871 9
股指收益率	1.13	0.888 1
资产负债率	1.10	0.912 6
总资产净利率	1.09	0.920 4
VIF 均值	1.14	

表 2-23 Pearson 两两相关矩阵

相关性	spread	turnover	transaction	duration	size	rating	ROA	zhouzhuan	leverage	gGDP	index
spread	1										
turnover	0.070 9**	1									
transaction	0.060 8**	0.561 8**	1								
duration	-0.107 6**	-0.042 1**	-0.029 3**	1							
size	-0.168 2**	-0.034 7**	0.214 8**	0.209 6**	1						
rating	0.290 9**	0.170 6**	0.114 3**	-0.147 6**	-0.395 2**	1					
ROA	-0.000 2	0.019 7**	0.022 7**	-0.050**	-0.061 9**	0.012 9	1				
zhouzhuan	0.030 8**	-0.018 8**	0.013 0	-0.059 5**	0.138 2**	0.050 9**	0.206 5**	1			
leverage	0.017 6**	-0.042 6**	-0.003 3	0.054 4**	0.168 3**	-0.188 5**	-0.022 6**	0.219 0**	1		
gGDP	-0.311 3**	-0.089 4**	-0.747**	0.131 0**	0.137 1**	-0.000 5	0.040 9**	0.086 6**	-0.010 3	1	
index	-0.067 9**	-0.034 0**	-0.027 8**	0.053 1**	0.064 5**	-0.003 7	0.046 7**	0.136 2**	0.028 9**	0.228 4**	1

注:***、**、*分别表示在1%、5%、10%的显著性水平下显著。

3. 回归分析

(1) 基于流动性风险的回归分析。由于本研究选择的是 2014—2018 年 690 只债券的季度面板数据,即 $n=690$,$T=20$,所以我们选择了短面板估计方法。作为参照系,第一步先进行混合回归分析,仅考虑流动性指标与债券信用利差的关系,并加入债券久期、债券余额、GDP 增长率、上证综指收益率等变量进行分析,结果如表 2-24 所示。

表 2-24　基于流动性风险的回归分析

	(1)	(2)	(3)
	spread	spread	spread
turnover	−0.007 99		−0.036 6
	(1.21)		(1.05)
transaction		−1.606***	−1.722***
		(5.67)	(6.09)
duration	−0.026 7	−0.031 9*	−0.028 9*
	(−1.94)	(−2.33)	(−2.07)
size	−0.256**	−0.247*	−0.222
	(−2.17)	(−1.80)	(−1.51)
rating	0.525***	0.521***	0.517***
	(−4.80)	(−4.78)	(−4.68)
ln GDP	−1.411***	−1.394***	−1.374***
	(−4.07)	(−4.17)	(−3.88)
index	−0.206	−0.104	−0.226
	(1.53)	(1.43)	(1.09)
_cons	13.32***	13.31***	11.45***
	(32.99)	(33.10)	(40.29)
N	13 164	13 800	13 164
R^2	0.187 4	0.179 1	0.176 0

注:***,**,* 分别表示在 1%,5%,10%的显著性水平下显著。

从表 2-24 中的回归系数可以看出,换手率 turnover 对债券信用利差 spread 没有显著影响,交易天数比率与债券信用利差负相关,且在 5% 的显著性水平下显著,即债券交易越活跃,流动性越强,相应的信用风险越低。此外,对于其他经济变量,GDP 增长率与债券信用利差负相关,在宏观经济增长较快的背景下,公司经营状况和盈利能力更好,信用质量、偿债能力也更强,公司债的信用利差更低。股指收益率 index 与债券信用利差负相关但不显著,这从一定意义上反映出,股票市场的价值变动没有明显传导至公司债。但是,仅基于流动性风险的回归中,换手率指标前的系数不显著,与交易天数比率相比,解释力度较弱。

(2) 基于违约风险的回归分析。

第二步,仅考虑违约风险指标与债券信用利差的关系,同样加入债券久期、债券余额、GDP 增长率、上证综指收益率等控制变量进行回归分析,结果如表 2-25 所示。

(3) 随机效应模型分析。混合回归可用来判断各解释变量与债券信用利差的相关性,对风险溢价的贡献程度,但没有考虑个体效应的变动,所以接下来在模型中纳入个体效应,可以考虑采用固定效应或随机效应模型。由于 F 检验后的 p 值为 0.0000,所以不能接受原假设,即固定效应或随机效应模型明显优于混合回归。

考虑个体效应时,需要判断个体效应的存在形式是固定效应还是随机效应。本研究基于 690 只债券 5 年数据的静态面板模型,对其进行豪斯曼(Hausman)检验得到的 p 值为 0.15,不能拒绝原假设,因此采用随机效应模型进行估计。此外,运用随机效应模型的优势还在于,可将 rating 和 lnsize 这两个随时间不变或变化很小的变量纳入模型中,固定效应模型无法识别在时间上不变的变量,而随机效应模型能够识别。在下面的估计过程中,将流动性指标、违约风险指标结合债券自身特征、其他经济变量分别加入模型中进行检验。

根据随机效应模型的回归结果表(见表 2-26),并结合混合回归分析,可以看出,违约风险是债券信用利差的主要来源,其对债券信用利差的贡献程度比流动性风险更大,不同的违约风险指标的影响程度不同。

第一,从流动性指标来看,交易天数比率与债券信用利差 spread 负相关,且在 5% 的显著性水平下显著,但换手率和债券信用利差 spread 的相关性并不显著,原因可能在于两点:一方面,中国债券市场流动性不强,其中反映的系统性风险和投资者情绪较少,因此在债券信用利差中占比小;另一方面,公司债券换手率高的情况可能与异常交易有关,如股东质押式回购,这样的交易与市场、债券的流动性无关,因此削弱了其与债券信用风险之间的相关关系。

表 2-25 基于违约风险的回归分析

	(1)	(2)	(3)	(4)	(5)	(6)	(7)
	spread	spread	spread	spread	spread	spread	spread
duration	0.032 9*	0.036 5**	0.032 5*	0.032 3*	0.035 7*	0.031 8*	0.036 5**
	(−2.39)	(−2.63)	(−2.36)	(−2.34)	(−2.56)	(−2.30)	(−2.63)
lnsize	−0.197***	−0.195***	−0.197***	−0.197***	−0.196***	−0.198***	−0.195***
	(−9.31)	(−9.20)	(−9.32)	(−9.32)	(−9.20)	(−9.34)	(−9.18)
rating	−0.551***	−0.554***	−0.551***	−0.539***	−0.531***	−0.538***	−0.554***
	(−4.92)	(−4.90)	(−4.91)	(−4.86)	(−4.76)	(−4.86)	(−4.90)
ROA	−0.746	−0.0104		−0.811	−0.0453		
	(−0.78)	(−0.01)		(−0.84)	(−0.05)		
zhouzhuan	0.305**		0.292**	0.325***		0.311***	
	(3.09)		(3.04)	(3.43)		(3.39)	
leverage	0.117	0.215	0.122				0.215
	(0.93)	(1.79)	(0.96)				(1.78)
lngdp	−137.6***	−135.0***	−137.8***	−138.0***	−135.5***	−138.2***	−135.0***
	(−37.35)	(−38.23)	(−37.19)	(−37.73)	(−38.29)	(−37.50)	(−38.06)
index	−0.024 7	−0.111***	−0.022 0	−0.025 6	−0.124***	−0.022 7	−0.111***
	(0.72)	(6.04)	(0.63)	(0.75)	(6.97)	(0.65)	(6.16)
_cons	11.36***	11.20***	11.36***	11.44***	11.34***	11.44***	11.20***
	(38.37)	(39.18)	(38.44)	(40.62)	(40.87)	(40.62)	(39.16)
N	13 800	13 800	13 800	13 800	13 800	13 800	13 800
R^2	0.170 1	0.163 5	0.169 8	0.169 6	0.161 7	0.169 3	0.163 5

注: ***、**、* 分别表示在 1%、5%、10% 的显著性水平下显著; 括号内为 t 统计量。

表 2-26 随机效应模型回归结果

	(1)	(2)	(3)	(4)	(5)	(6)
	$spread$	$spread$	$spread$	$spread$	$spread$	$spread$
$turnover$	−0.015	−0.016	−0.006			−0.012
	(0.004)	(0.004)	(0.003)			(0.003)
$transaction$	−0.265***	−0.143***	−0.314**			−0.158**
	(0.134)	(0.138)	(0.122)			(0.119)
$duration$	0.142***			0.370***	0.151***	0.363***
	(0.011)			(0.012)	(0.011)	(0.012)
$insize$	−0.373***			−0.142***	−0.167***	−0.138***
	(0.501)			(0.050)	(0.049)	(0.050)
$rating$		0.464***	0.652***	0.522***	0.642***	
		(0.041)	(0.041)	(0.039)	(0.040)	
ROA		0.675		3.375	2.817	3.358**
		(0.416)		(0.608)	(0.674)	(0.608)
$zhouzhuan$		−0.338***		−0.373***	−0.194***	−0.369***
		(0.036)		(0.062)	(0.068)	(0.062)
$leverage$		0.568***		0.444***	0.300***	0.448***
		(0.054)		(0.080)	(0.088)	(0.080)
$gGDP$			−1.490***	−2.28***		−2.271***
			(0.024)	(0.072)		(0.072)
$index$			0.113*	0.062		0.081
			(0.055)	(0.143)		(0.144)
N	4 449	13 163	13 163	4 449	4 449	4 449
Within R^2	0.073 2	0.016 3	0.240 7	0.348 9	0.080 1	0.348 8
Between R^2	0.014 9	0.135 7	0.002 1	0.093 3	0.155 0	0.095 2
Overall R^2	0.023 8	0.086 3	0.098 4	0.129 7	0.168 8	0.132 0

注：①***，**，*分别表示在1%，5%，10%的显著性水平下显著；②括号内为系数的标准差。

第二，从违约风险角度看，基于发行主体的 ROA、总资产周转率、资产负债率进行度量，研究公司盈利能力、营运能力和杠杆率与其债券信用利差

spread 的关系。从随机效应模型的回归结果中看出：发行主体信用评级与债券信用利差 *spread* 成正比。在本研究中，信用评级 *rating* 数值高的债券对应较差的评级，因此当第三方评级机构给出低评级时，也侧面反映出公司在经营能力、偿债能力等方面较薄弱，信用质量整体较差，因此信用利差更大；公司总资产周转率与债券信用利差 *spread* 存在负向相关关系，且在 1% 的显著性水平下显著。信用风险主要基于发行主体能否按期偿还债务，经营是否稳定，因此总资产周转率越高，表明公司营运能力越好，信用风险越低，从而信用利差越小；而总资产净利率 ROA 与债券信用利差不存在显著相关性，原因可能在于，债券的信用风险更多来自偿债能力的稳定性，而盈利能力高意味着成长性优良，但不一定能够保证偿债稳定。

第三，从债券自身特征来看，公司债券久期 *duration* 与债券信用利差 *spread* 存在正相关关系，且在 1% 的显著性水平下显著，这也与研究假设一致，久期越大的债券，其要求回报率越高，则信用利差 *spread* 越大。此外，债券余额 *size* 与债券信用利差 *spread* 存在负相关关系，且在 1% 的显著性水平下显著。

第四，从宏观经济变量来看，GDP 增长率与债券信用利差 *spread* 存在显著负相关关系，即在宏观经济增长较快的背景下，公司经营状况和盈利能力更好，信用质量、偿债能力也更强，公司债的信用利差更低。但是，上证综合指数收益率 *index* 对债券信用利差 *spread* 没有显著影响，这可能是由于宏观经济的信息很大一部分已经反映在利率期限结构的信息中，或者股票市场作为宏观经济"晴雨表"作用较弱。

(4) 稳健性检验。为了检验以上混合回归模型及随机效应模型的结果是否稳健，本研究将解释变量中的总资产收益率 ROA 用净资产收益率 ROE 替换，然后参照前文的随机效应模型分析，得到表 2-27 的回归结果。可以看出，在引入 ROE 作为解释变量后，原来的关键解释变量 *rating*、*leverage*、*zhouzhuan* 前的系数仍然显著。

第一，信用评级 *rating* 与公司债券信用利差 *spread* 仍然为显著正相关关系。在表 2-25 中涉及的 5 个模型中，信用评级 *rating* 均在 1% 的显著性水平下显著，这也印证了，信用评级是一个直接有力、客观便捷的信用利差影响因素。无论是作为债券发行主体还是作为投资者，信用评级都比较客观地反映了债券的信用资质。信用评级 *rating* 与信用利差 *spread* 正相关的原因是，本研究定义的信用评级 *rating* 是指数值高的债券对应较差的评级，因此当第三方评级机构给出低评级时，也侧面反映出公司在盈利能力、营运能力、偿债能力等方面较薄弱，信用质量整体较差，相应需要的风险补偿也更高，因此其信用利差更大。

第二,发债主体资产周转率与信用利差呈显著负相关。根据回归结果,模型(2)(4)(5)(6)中的总资产周转率 zhouzhuan 均和公司债券的信用利差 spread 显著负相关,并且在1%的显著性水平下显著,和稳健性检验前的几个模型相比,都能够保持较好的显著负相关关系。实际上,总资产周转率隐含了公司的营运能力,销售是否顺利,是否存在滞销、周转困难的问题。若一个公司基本营运能力出现下滑,则与之相关的债务问题和经营瓶颈期都会接踵而至。更严重的是,一旦营运能力出现不可逆转的问题,则债券发行主体的偿债能力在短期很可能难以恢复,这将直接影响债券投资者的利益,因此,对总资产周转率需要及时跟踪。

表 2-27 稳健性检验——随机效应模型回归结果

	(1)	(2)	(3)	(4)	(5)	(6)
	spread	spread	spread	spread	spread	spread
turnover	0.014 7***	0.016 0***	0.006 48*			0.012 1***
	(−0.004)	(−0.004)	(−0.003)			(−0.003)
transaction	−0.265**	0.145	−0.314**			−0.167
	(−0.134)	(−0.138)	(−0.122)			(−0.12)
duration	0.142***			0.361***	0.146***	0.354***
	(−0.011)			(−0.012)	(−0.011)	(−0.012)
ln size	−0.373***			−0.159***	−0.179***	−0.155***
	(−0.05)			(−0.05)	(−0.049)	(−0.05)
rating	1.370***	0.451***		0.639***	0.512***	0.630***
	(−0.195)	(−0.041)		(−0.041)	(−0.039)	(−0.04)
ROE		−0.040 1		−0.049 1	−0.066	−0.049 8
		(−0.056)		(−0.045)	(−0.051)	(−0.045)
zhouzhuan		−0.266***		−0.255***	−0.099 3	−0.250***
		(−0.035)		(−0.061)	(−0.065)	(−0.061)
leverage		0.043 7***		0.058 7***	0.034 2***	0.059 5***
		(−0.007)		(−0.012)	(−0.012)	(−0.012)
gGDP			−149.0***	−225.4***	0.297*	−224.2***
			(−2.433)	(−7.212)	(−0.164)	(−7.226)

(续表)

	(1)	(2)	(3)	(4)	(5)	(6)
	$spread$	$spread$	$spread$	$spread$	$spread$	$spread$
$index$			0.113**	0.002 83		0.021 6
			(−0.056)	(−0.144)		(−0.145)
N	4 449	13 163	13 163	4 449	4 449	4 449
Within R^2	0.073 2	0.009 6		0.338 7	−0.073 6	0.338 7
Between R^2	0.014 9	0.138 0		0.096 8	0.159 9	0.987 0
Overall R^2	0.023 8	0.084 8		0.124 8	0.162 5	0.127 0

注：①***，**，*分别表示在1%，5%，10%的显著性水平下显著；②括号内为系数的标准差。

第三，从债券发行主体的杠杆率来看，模型(2)(4)(5)(6)中杠杆率$leverage$均与债券信用利差$spread$显著正相关，且在1%的水平上显著，这符合本研究的理论假设与实证检验的初步结论。当杠杆率不断提升时，公司还款压力增大，违约概率不断增大，从而投资者面临损失的可能性越大，因此，应有更高信用利差作为补偿。

四、研究结论

国外相关研究多从违约风险、流动性风险、税收风险、交易风险等角度剖析影响中国公司债信用利差的主要因素，而且从实证来看，关于中国债券市场信用利差的研究多侧重城投债，对信用债相关的利差分析相对较少。因此，本研究主要结合了流动性和违约风险的角度研究债券市场信用利差，以评估中国债券市场的有效性。研究结论主要有以下三点。

1. 违约风险是债券市场信用利差的主导因素

经过实证分析，发现违约风险与债券信用利差存在显著的相关关系，而流动性风险的代表变量换手率、零交易天数比例等与信用利差都不存在显著的相关关系。因此，违约风险能够更多地解释中国公司债券的信用利差。债券发行主体的违约风险最终表现为发生违约或下调，主要源于两方面原因：经营情况不佳、公司治理问题突出。一方面，公司在较长的时间段里经营情况不佳，是债券发生违约的导火索，导致盈利下滑甚至经营出现亏损，公司债务不能按期偿还的风险提高，而投资者可以就此要求更高的收益率，债券信用利差扩大；另一方面，公司治理问题突出，意味着可能存在实际控制人风险、剥夺问题、大股东掏空上市公司等现象，令债券市场隐含的风险提升，债券市场信用利差进一步扩大。

2. 发行主体的信用评级、资产周转率与债券信用利差显著负相关

一方面,来自评级机构的信用评级是债券投资者的重要参考,其与信用利差存在负相关关系。由于信息不对称的存在,投资者对债券发行主体的情况不够了解,可得信息集不足,为了弥补其在信息层面的不足,信用评级可以辅助投资者决策。根据评级机构提供的信息,债券信用评级越高的,公司经营状况和盈利能力往往更好,投资者要求的回报率更低,这对应较低的债券信用利差。信用评级与信用利差呈现显著负相关关系,也表明信用评级中含有公司债违约风险概率的信息。另一方面,资产周转率与公司信用利差负相关,因为资产周转率反映了公司的营运能力和周转速度,较低的资产周转率往往意味着公司产品销售不畅,资产周转变慢,经营稳定性降低,从而使投资者面临债券发行主体偿债能力降低的风险,债券应提供更高的收益率,故资产周转率与债券信用利差显著负相关。

3. 发行主体的杠杆率与债券信用利差显著正相关

杠杆率即公司总资产与股东权益的比率,杠杆率水平的提高意味着公司利用资本的效率提升,但同时公司负债和财务风险也在变大,公司不仅面临更大的还债压力和违约概率,而且还面临潜在的财务危机与经营灵活性的损失。从投资者角度看,杠杆率高的债券发行主体,会承担更高的财务风险和经营风险,所以应要求更高的到期收益率作为补偿,故债券信用利差高。因此,公司债发行主体的杠杆率与债券信用利差存在显著正相关关系,这一结论也与结构化模型的结论相吻合。

第五节 中国债券市场质量评估

——基于银行信用评级的信息质量及次级债事前约束

一、理论分析

在固定利率次级债发行市场中,投资者若要发挥其事前约束功能,必须有监测和定价银行风险的意愿,有识别银行风险特征的能力,同时有"尺度"地对次级债进行风险定价。具体而言,投资者要在综合考量有关主体特征、债项特征、政府救助预期和宏观经济形势等因素后,将银行风险测度(或风险感知)适当地反映在次级债价格之中。在控制其他因素后,若银行风险测度与次级债发行溢价显著正相关,则投资者倾向于约束银行承担更大的风险(如 Beyhaghi et al., 2013; Nguyen, 2013)。计量检验需要估算次级债的发行溢价,识别和筛选有关控制变量,测度银行总体风险水平或风险承担倾向。其中,次级债发行溢价属于易观测变量,控制变量需要结合有关特征进行甄别,而银行总体风险测度是关键①。

在有限数据可得性约束下,似可将评级机构对银行的主体评级作为其总体风险的测度安排,然而,在国内银行业普遍的政府隐性保险预期、信用评级行业不规范的大背景下,信用评级在多大程度上内嵌了银行风险特征,以及信用评级能否显著解释次级债的风险定价等,需要审慎审视。在政府隐性救助等预期下,信用评级可能包含了更广泛或扭曲的信息内容②。因为在政府主导下的债券市场中,政府既是市场规则的制定者,又是市场的参与者(方红星等,2013),政府对银行的广泛渗透可能影响其外部评级,信用评级可能内嵌了政府对银行的隐性救助预期,从而使之包含了更广泛的信息内容,这与穆迪银行财务强度(Bank Financial Strength)和惠誉个体评级(Fitch IBCA Individual Ratings)有所不同(Sironi,2002,2003)。况且,国内信用评级缺乏行业自律,评级机构林立,市场竞争无序,声誉约束薄弱,买方付费滋生利益冲突,"以级定费"和"评级购买"(rating shopping)盛行,信用评级"虚高"(inflation),评级结果"同质"等,批评之声不绝于耳(如何平和金梦,2010;高兵等,2012),信用评级能否充分和适当地反映银行风险特征有待检验和甄别。

二、计量模型

次级债定价是多重因素的综合作用,主体特征、债项特征、政府救助预期和宏观经济形势等均可能对其有所影响(Balasubramnian and Cyree,2011;Evanoff et al.,2011)。

$$RealPrem_i = \_cons + \alpha Issuer_i + \beta Facility_i + \gamma ImpBail_i + \varphi Macro_i + \varepsilon_i \tag{2-16}$$

其中,因变量是次级债的发行溢价($RealPrem$),自变量包括债项主体特征($Issuer$)、债项特征($Facility$)、政府隐性救助预期($ImpBail$)和宏观经济形势($Macro$),有关变量的测度方式及其与因变量的预期关系详如表 2-28 所示。

---

① 银行风险承担倾向的测度方式包括监管测度(如 Birchler and Hancock,2004)、会计测度(如 Flannery and Sorescu,1996)和市场测度(如 Balasubramnian and Cyree,2011)。会计测度仅能反映银行风险轮廓的某些方面,并非银行总体风险的一致测度,而监管测度不具有可操作性(无法获得监管评级信息)。

② 信用评级是对发行人基本信用强度及其能否充分和及时偿还债务能力的观点表述,它仅对发行人的信用风险水平及其违约倾向进行相对排序,与违约概率不存在特定的映射关系。

表 2-28 变量标识、变量定义及其与因变量的预期关系

变量分类	变量标识	变量定义	预期关系
主体特征	$DList$	若发行人是上市银行则取值1,否则取值零	—
	$DAAA$	若发行人的信用评级为 AAA 级则取值1,否则取值零	—
	DAA	若发行人的信用评级为 AA+、AA 或 AA− 级则取值1,否则取值零	?
	DA	若发行人的信用评级为 A+、A、A− 或 BBB 级则取值1,否则取值零	+
债项特征	$DY15$	若次级债期限为15年及以上则取值1,否则取值零	+
	DPR	若次级债是累进利率品种则取值1,否则(固定利率品种)取值零	—
救助预期	$TBTF$	若发行人是大型国有商业银行则取值1,否则取值零	—
	$\ln Asset$	发行人总资产的自然对数	—
	$DCentral$	若发行人被中央政府以及国企控股则取值1,否则取值零	—
	$DLocal$	若发行人被地方政府以及国企控股则取值1,否则取值零	?
	$DPrivate$	若发行人被私企或外资银行控股则取值1,否则取值零	+
	$FRatio$	第一大股东的持股比例	—
宏观趋势	$GDPGth$	次级债发行年度的 GDP 增速	—
	$CPIGth$	次级债发行年度的 CPI 增速	+
风险测度	σ	银行资产收益率的波动性(或隐含波动性)	+
	$AbPD$	绝对违约概率	+
	$RePD$	相对违约概率	+
	$ThePrem$	次级债债项的理论风险溢价	+

注:部分变量的定义方式和样本特征有关,具体情况在正文或脚注部分进行了阐释。

主体特征包括上市银行虚拟变量($DList$)和信用评级虚拟变量($DAAA$、DAA 和 DA)[①]。以前的研究揭示了企业上市有助于降低信息不对称性,约束

---

① 因银行上市虚拟变量和债券发行规模高度相关,故未引入债券发行规模控制变量。

代理人的机会主义行为、降低公司债务的融资成本(如李志军和王善平,2011)和提高公司价值(如 Watts and Zimmerman,1983),预期银行上市虚拟变量与次级债发行溢价负相关。基于银行次级债的主体评级状况,本研究拟对银行信用评级进行"粗线条"的分类:当银行的主体评级为 AAA 级时,DAAA 取值 1,否则取值零;当主体评级为 AA+、AA 或 AA-级时,DAA 取值 1,否则取值零;当主体评级为 A+、A、A-或 BBB 级时①,DA 取值 1,否则取值零。预期银行的主体评级越高,其次级债发行溢价越低。

债项特征包括次级债期限(DY15)和票面利率浮动方式(DPR)。其中,DY15 表示"若债券期限为 15 年及以上则取值 1,否则取值零"②;DPR 表示"若债券属累进利率品种则取值 1,否则取值零"。次级债的期限越长,期限溢价可能越大,从而发行溢价越高,故预期次级债期限与其发行溢价正相关。对累进利率次级债而言,其当前票面发行利率较低,但在未来特定时点或时期,发行人须调升票面执行利率,预期累进利率虚拟变量与次级债的发行溢价负相关。另外,债项特征还包括债券面值、付息频率、发行方式、发行市场、内嵌期权、债券回购时的利率调整方式等。然而,在债券"同质"和债项"跟踪"设计的情形下,上述变量的区分度甚小。譬如:固定利率次级债的面值均为百元,且按年付息;普遍以公募方式发行③;普遍内嵌了回购条款;在银行不行使赎回权的情形下,发行人普遍承诺上调相似幅度的票面利率;债券投资人是银行间市场机构投资者;次级债一级市场认购活跃,二级市场交投清淡(不适于评估事中约束);等等。

以前的研究表明,次级债投资者的风险感知受到了政府担保推测(conjectural guarantee)的重要影响(Jagtiani et al.,2002;Balasubramnian and Cyree,2011)。在"大而不倒"等隐性救助预期下,债权人没有激励去约束系统重要性银行的风险承担(Balasubramnian and Cyree,2011;Belkhir,2013)。早前的研究发现银行风险测度无助于解释次级债的风险溢价(如 Avery et al.,1988),然而,当联邦储蓄保险公司对问题机构实行购买与承担(purchase & assumption)的处置机制等后,增强了投资者对银行风险的敏感性,并导致了市场约束的出现(如 Flannery and Sorescu,1996;Jagtiani et al.,2002)。关于政府救助预期对次级债风险定价的影响,文献曾采取以下研究策略:①在对政府隐性担保体制进行时期分类的基础上,分别对体制变革前后期进行模型估计,再根据有关变量的符号和显著性变化来推断市场约束的存在性及其变动趋势(如 Imai,2006;Balasubramnian and Cyree,2011);②对

---

① 仅 1 笔固定利率次级债的主体评级为 BBB 级。
② 期限 15 年以上的固定利率次级债仅 1 笔。
③ 仅极少数次级债以私募方式发行,私募发债无须外部信用评级。

政府救助预期进行间接测度,检验其与次级债风险溢价的关系(如 Pop,2006;Nguyen,2013)。

对中国银行次级债发行市场而言,其特殊性主要体现在两个方面。一方面,在建立显性存款保险制度前,政府对银行业的隐性救助预期未发生根本性变化,似乎仅能对其进行间接测度;另一方面,政府对银行的隐性救助预期可能通过信用评级间接影响次级债的风险定价过程,这在计量建模时需要考虑。借鉴相关学者(Sironi,2003;Pop,2006)对政府救助预期的测度方式[①],结合中国政府对银行业的隐性保险或救助预期实践,本研究拟从四个视角测度政府对银行的隐性救助预期。①基于"大而不倒"信条间接测度政府隐性救助预期,其基本逻辑是:系统重要性银行的业务复杂性和系统关联性较大,政府容忍其破产清算的概率较低,对其危机情形下的救助概率预期较高。鉴于监管当局将大型国有银行视为系统重要性银行(或"大而不倒"银行),且对其和非系统重要性银行进行分类监管,故引入"大而不倒"虚拟变量($TBTF$)。当债项主体为大型国有银行时,$TBTF$ 取值 1,否则取值零,这与张正平和何广文(2005)和李燕平和韩立岩(2008)的相关定义一致。②若仅将大型国有银行视为"大而不倒"和政府隐性救助对象,则显得过于简单和宽泛,其相当于假设"非系统重要性银行不受政府隐性保险的保护",这与政府近乎完全的隐性保险预期不符(如谢平和易诚,2004;许友传和何佳,2008)。有鉴于此,我们用总资产自然对数($\ln Asset$)来差异性测度政府对银行的隐性救助预期[②]。③银行控股股东的政府背景。预期中央政府控股银行($DCentral$)的隐性救助预期大于地方政府控股($DLocal$),而地方政府控股银行的隐性救助预期大于私人控股($DPrivate$)。④鉴于绝大多数商业银行均被各级政府以及国企控股,则控股股东的持股比例($FRatio$)越高,政府对银行的参与越深,其隐性救助预期可能愈强。

此外,货币政策泰勒规则揭示市场利率可由 GDP 缺口和通胀缺口近似解释。从投行债券承销及其代理申购报价的预测来看,宏观经济和物价水平的短期走势始终是市场关注的焦点,故引入 GDP 增速($GDPGth$)和 CPI 增速($CPIGth$)两个宏观控制变量。预期宏观经济增速较快,通胀预期较低时,银行的违约风险较低,其次级债发行溢价相应较低。

需要注意的是,式(2-16)将信用评级视为银行风险的代理测度,然而,当银行信用评级未充分和适当地反映其主体风险特征时,模型可能遗漏了重要变量。为了获得无偏和一致的参数估计,需要在式(2-17)添加其他关于银行

[①] 文献曾基于银行是否属公共部门(Sironi,2002,2003)、能否获得外部支持(Pop,2006)、是否属"大而不倒"(Pop,2006;Balasubramnian and Cyree,2011)等测度政府对银行的救助预期。
[②] 用总资产测度政府对银行的隐性救助预期相当于假设完全隐性保险,且政府救助预期与银行规模成比例。

风险的直接测度指标如下：

$$RealPrem_i = \_cons + \alpha Issuer_i + \beta Facility_i + \gamma ImpBail_i + \\ \psi Macro_i + \lambda Risk_i + \varepsilon_i \tag{2-17}$$

这里，$Risk$ 是银行主体风险或债项风险的直接测度指标，包括银行资产波动性（σ），银行对次级债债权人的绝对违约概率（$AbPD$）和相对违约概率（$RePD$）[1]，以及次级债的理论风险溢价（$ThePrem$）。其中，资产波动性是对银行风险承担行为的间接测度，绝对违约概率和相对违约概率是对银行违约可能的直接测度，而理论风险溢价是对债项本身风险的直接测度。

银行风险的市场测度与许友传和杨骏（2012）的研究相似，假设银行资产价值 $V_t(t \in [0, T])$ 服从几何布朗运动 $dV_t = \mu V_t dt + \sigma V_t dW_t$，其中 μ 和 σ 分别是银行资产收益率的瞬时期望和标准差。假设银行 T 时的资产价值为 V_T，总负债为 D_T，且后者由高级债 S_T、次级债 J_T 和混合资本债 H_T 构成。当银行资产价值 $V_T < S_T$ 时，其仅能偿付部分高级债，次级债债权人将损失 J_T，此时银行对次级债债权人"绝对违约"（$AbPD$）；当 $S_T < V_T < S_T + J_T$ 时，银行能清偿所有高级债和 $V_T - S_T$ 的次级债，次级债债权人将损失 $S_T + J_T - V_T$，此时银行对次级债债权人"相对违约"（$RePD$）；当 $V_T > S_T + J_T$ 时，银行能清偿全部高级债和次级债，次级债债权人无任何损失。由债券估值公式（Black and Cox，1976）可知，次级债在风险中性概率测度 Q 下的价值：

$$J_0 = [V_0 N(d_1) - S_T e^{-rT} N(d_2)] - [V_0 N(d_3) - (S_T + J_T) e^{-rT} N(d_4)]$$

其中，$d_1 = \dfrac{\ln(V_0/S_T) + (r + \sigma^2/2)T}{\sigma \sqrt{T}}$，$d_3 = \dfrac{\ln[V_0/(S_T + J_T)] + (r + \sigma^2/2)T}{\sigma \sqrt{T}}$，$d_2 = d_1 - \sigma\sqrt{T}$ 和 $d_4 = d_3 - \sigma\sqrt{T}$，$r$ 是无风险利率，则次级债的风险溢价 $ThePrem$ 如下：

$$ThePrem = -\frac{\ln(J_0/J_T)}{T} - r \tag{2-18}$$

银行在 T 时对次级债债权人的绝对违约概率 $AbPD_T$ 和相对违约概率 $RePD_T$ 分别如下：

$$AbPD_T = P_0^Q[V_T < S_T] = N(-d_2) \tag{2-19}$$

$$RePD_T = P_0^Q[S_T < V_T < S_T + J_T] = N(d_2) - N(-d_4) \tag{2-20}$$

---

[1] 违约概率测度和预期违约频率的精神基本一致。

其中，$P_0^Q[\cdot]$ 表示在测度 Q 下对括号内变量在零时点求条件概率（有关公式的推证原理可参阅：Gropp et al.，2004；Nivorozhkin，2005）。

三、主要变量测度及其特征

（一）样本与数据

研究对象为银行业金融机构于 2006 年 3 月—2013 年 12 月发行的固定利率（含累进利率）次级债样本。鉴于中央证券结算公司在 2006 年 3 月以后才公布银行间固定利率国债的到期收益率曲线，基于测度次级债对应无风险利率（与次级债相同期限的银行间固定利率国债的到期收益率）之需要，将该时点作为样本起点。统计表明，银行业金融机构在样本期内共发行了 136 笔固定利率次级债，累计发行规模为 9 556.8 亿[①]。

银行次级债的发行情况及其债项特征数据来自 Wind，部分数据由 iFinD 补充和验证；次级债发行年度的银行会计风险轮廓数据来自 iFinD 和全球银行与金融机构数据库（BankScope）；计算银行股权价值序列所需数据来自国泰安（CSMAR）数据库；次级债无风险利率数据来自中国债券信息网（www.chinabond.com）。

（二）次级债发行溢价及其特征

在中国债券信息网"中债数据"界面下，可截取任意次级债发行日与该次级债具有相同期限的银行间固定利率国债的到期收益率，将其作为该次级债无风险利率的测度安排。将次级债票面利率减去无风险利率，将获得其发行市场的风险溢价（简称"发行溢价"）。统计表明，次级债的平均风险溢价为 1.88%，其 95% 的置信区间为[1.71%，2.06%]。总体来看，上市银行次级债的平均发行溢价低于非上市银行，累进利率次级债的平均发行溢价低于固定利率次级债，但期限越长次级债的平均发行溢价并非越大[②]（见表 2-29）。表 2-29 还揭示：银行的信用评级越低，其平均发行溢价越高；"大而不倒"银行的平均发行溢价远低于其他银行；中央政府控股银行的平均发行溢价远低于其他银行，次级债发行溢价似乎"显著"反映了主体信用评级和政府隐性救助预期。

次级债发行溢价和有关变量的相关性也揭示了相似的规律。譬如：主体

---

① 在 2006 年 3 月前，银行机构仅发行了 9 笔银行次级债，其中固定利率次级债 7 笔。另外，《银监会关于商业银行资本工具创新的指导意见》（银监发〔2012〕56 号）规定，从 2013 年 1 月 1 日起，商业银行发行的非普通股新型资本工具，唯有嵌入符合规定的转股或减记条款后才能被认定为合格资本。《商业银行资本管理办法（试行）》（银监会 2012 第 1 号令）规定，2013 年 1 月 1 日之后发行的不合格资本工具不再计入监管资本。在 2013 年后，银行发行普通次级债务工具增补附属资本的空间压缩殆尽。
② 有个别次级债的票面发行利率低于同期限的银行间固定利率国债的到期收益率。

信用评级和次级债发行溢价负相关;银行上市虚拟变量、累进利率虚拟变量和次级债发行溢价显著负相关;政府隐性救助预期和次级债发行溢价负相关。另外,银行隐性救助预期和信用评级显著正相关(似乎银行的隐性救助预期越强,其信用评级越高),信用评级可能内嵌了政府对银行的隐性救助预期,若果真如此,则政府隐性救助预期可能通过信用评级间接影响次级债的风险定价。

表 2-29 次级债发行溢价的分类统计   单位:%

分类标准	均值	标准差	观测值	分类标准	均值	标准差	观测值
Part 1　按上市与否分类				Part 4　按票面利率类型分类			
上市银行	1.07	0.71	58	累进利率	1.43	0.93	55
非上市银行	2.52	0.7	74	固定利率	2.21	0.94	77
Part 2　按信用评级分类				Part 5　按发行人的控股股权性质分类			
AAA 级	0.77	0.62	33	中央控股	0.98	0.74	44
AA 级	1.83	0.64	58	地方控股	2.35	0.79	64
A 及以下级	2.88	0.68	39	私人控股	2.29	0.85	24
Part 3　按发行期限分类				Part 6　按发行人是否为"大而不倒"银行分类			
发行期限 15 年及以上	1.25	0.64	43	"大而不倒"银行	0.7	0.62	28
发行期限 10 年	2.19	1.02	89	非"大而不倒"银行	2.2	0.84	104

(三) 银行风险测度及其特征

由式(2-18)—式(2-20)可知,在估计上市银行的风险测度指标时,需要明确或设定的参数包括:无风险利率、时间跨度、银行债务总量及其结构(属资产负债表已知信息)和资产波动性。其中,无风险利率以与次级债相同期限的银行间固定利率国债的到期收益率测度,时间跨度取 1 年,资产波动性的估计方法可借鉴相关研究(Duan,1994)。Duan(1994)估计的核心思想如下:①在银行资产价值的几何布朗运动假设下,给出年内日度股权价值序列的对数似然函数;②基于股权价值和资产价值的看涨期权关系,经雅克比变换(Jacobi Transformation)后,获得年内日度资产价值序列的对数似然函数;③根据可观测的股权价值序列,以及银行在年末时点的债务总量与结构,对资产价值序列的对数似然函数进行最大似然估计(maximum likelihood estimation,MLE)迭代,获得银行资产波动性及其资产价值分布的经验估计;④将有关参数代入式(2-18)—式(2-20),分别获得次级债的债项风险溢价($ThePrem$)、银行对次级债债权人的绝对违约概率($AbPD$)和相对违约概率($RePD$)的经验估计。

在银行风险测度的过程中,有以下两点需要说明:①关于银行股权价值序列的计算问题。Duan(1994)是基于可观测的股权价值与不可观测的资产价值之间的期权关系,在对资产价值序列的对数似然函数进行 MLE 优化后,获得其特征参数(包括资产波动性)和资产价值分布。在开展这项工作之前,需要计算其股权价值序列,为了确保风险测度指标的一致性和可比性,股权价值序列须有完整的会计年度。譬如,在银行上市当年,由于没有完整会计年度的股权价值序列,即使其发行了次级债,也将不估计其风险指标,从而导致了样本容量的缩减。②关于时间跨度为何取 1 年,而非债券在自然期限内的风险状况的问题。理论上来讲,不可能估计债券在较长期限内的主体或债项风险,这可能受到债券是否内嵌期权、投资人是否持有至到期,以及主体资产价值随机运动方式等因素的制约。从实际需要出发,我们仅研究次级债在发行市场的风险定价及其事前约束,而非事中约束(即投资者根据银行风险特征之变化,相机决定是否采取市场约束行动)①。与事中动态的市场约束不同,事前约束是时点上的静态约束模式,它不一定反映债项主体在长期内的风险状况及其预期。另外,评级机构声称主体评级是对发行人偿债能力和偿债意愿的长期评级②,信用评级可能已反映了发行人在长期内的违约倾向,这似乎有助于克服风险测度的前瞻性问题。

对上市银行风险测度指标的统计表明它们之间显著正相关,但风险测度指标(σ、$AbPD$、$RePd$ 和 $ThePrem$)和次级债发行溢价显著负相关(见表 2-30),次级债发行市场的实际定价($RealPrem$)与其风险测度明显背离。从直觉上理解,若次级债发行市场不存在事前约束,其发行溢价和风险测度的合理预期可能不相关。若银行风险测度与其次级债发行溢价负相关,则隐含"投资者不仅未对银行风险承担给予应有的市场约束,反而还可能鼓励了其未来更大的风险承担倾向(银行的风险承担越高,其次级债发行溢价反而越低)"③。

---

① 在较长的时期内,假设资产价值随机过程的特征参数非时变将不合实际。
② 机构按年评级和更新评级。
③ 关于银行风险测度和次级债发行溢价的负相关性,或有人质疑"银行风险测度是否发生了系统性偏误",这须从模型结构、估计方法、假设前提及其应用频度等视角进行研判,若其没有系统性问题,则不能否决方法。从次级债发行溢价的会计信息相关性(或会计信息含量)中,或许能获得有益的启示。当投资者的风险定价行为适当时,次级债发行溢价应对银行可观测的会计风险轮廓作出合理反应,否则其风险定价行为可能是"扭曲"的。不妨基于骆驼信用评级指标体系(CAMELS)筛选部分能反映银行风险轮廓的关键指标体系,譬如:资本充足指标包括"资本充足率"和"核心资本率";资产质量指标包括"不良贷款率"和"拨备覆盖率";管理能力指标包括"管理费用/营业收入";盈利能力指标包括资产收益率 ROA 和股权回报率 ROE;流动性指标是"流动资产比率",预期资本充足性、盈利能力、流动性指标与次级债发行溢价显著负相关,而不良贷款率、管理成本(管理费用/营业收入)与次级债发行溢价显著正相关,但统计分析表明,次级债风险定价几乎未对银行会计风险轮廓作出适当反应,我们有理由相信次级债发行市场的风险定价是系统性"扭曲"。

表 2-30　上市银行次级债的发行溢价与其风险测度指标的相关性

	RealPrem	σ	AbPD	RePD	ThePrem
σ	−0.32**	1			
AbPD	−0.52**	0.55**	1		
RePD	−0.42**	0.42**	0.96**	1	
ThePrem	−0.47**	0.49**	0.99**	0.99**	1

注：** 表示5%的显著性水平。

四、模型估计结果

计量检验将分两步进行。第一步，在未引入银行风险的市场测度指标情形下，对式(2-16)进行普通最小二乘法(ordinary least squares, OLS)估计。模型解释的推断逻辑是：若银行信用评级显著且政府隐性救助预期不显著，但在剔除信用评级因素之后，政府隐性救助预期变显著了(或显著性水平提高了)，则信用评级可能内嵌了政府隐性救助预期[①]。第二步，将研究对象转移至上市银行，市场测度其风险特征，对式(2-17)进行 OLS 估计。模型解释的推断逻辑是：若拉姆齐检验表明式(2-16)存在遗漏变量之可能，则隐含信用评级对银行风险的反映是非充分的[②]，需要向模型添加其他银行风险的直接测度指标(如银行风险的市场测度指标)；在模型包含信用评级的情形下，若银行风险的市场测度指标不显著(或显著性水平较低)，但在剔除信用评级因素之后其又变得显著(或显著性水平提高了)，且模型拟合效果得到改善，则推断"相较于信用评级，银行风险的市场测度更有助于解释次级债的发行溢价"。

(一) 全样本模型的估计结果

表 2-31 报告了全样本次级债的发行溢价对主体特征、债项特征、政府隐性救助预期及宏观经济形势的模型估计结果，其中 Panel A(模型1—模型4)是包含信用评级的模型估计结果，Panel B(模型5—模型8)是未包含信用评级的模型估计结果。

Panel A 表明次级债发行溢价对信用评级作出了显著反应，债项主体的信用评级越高，其次级债的发行溢价越低，这与企业债券(何平和金梦，2010)和中期

---

① 与次级债的风险定价过程相似，信用评级亦是多重因素的综合作用。信用评级可能受到债项主体的违约倾向、评级行业的市场结构和评级机构的评级行为等因素的复杂影响。在银行被政府控股和隐性保险预期较强的情形下，政府隐性救助预期可能影响其信用评级，银行信用评级可能包含了其他更复杂的考量。有鉴于此，本研究未采取构建行为方程(如评级机构的银行信用评级行为方程、次级债投资者的风险定价行为方程)的方式，在结构方程的模型框架内研究银行信用评级的信息内容及其信息质量，以及次级债发行市场的事前约束状况。

② 信用评级是对主体长期违约倾向的评估。

票据(王雄元和张春强,2013)的经验规律相似。模型1—模型3揭示,政府隐性救助预期对次级债发行溢价无显著影响,可能原因是信用评级内嵌了政府隐性救助预期(当信用评级充分和适当地反映政府隐性救助预期时,政府隐性救助预期不显著将合乎预期),然而模型事后检验表明须谨慎解释有关参数的估计结果,因为自变量的最大VIF值偏高,部分自变量可能存在近似共线性。另外,拉姆齐检验表明模型存在遗漏变量之可能,隐含信用评级对债项主体风险特征的反映可能非充分①。在剔除信用评级的情形下,模型5—模型7揭示政府隐性救助预期能在一定程度上解释次级债的发行溢价,如"大而不倒"虚拟变量和中央政府控股虚拟变量显著为负,信用评级似乎内嵌了政府隐性救助预期。

模型4用资产规模来差异性地测度政府对银行的隐性救助预期,其参数估计值显著为负,似乎银行资产规模越大,其次级债发行溢价越低。当模型8剔除信用评级后,政府隐性救助预期测度仍为负,且其t统计量的绝对值(或显著性水平)有所上升②,信用评级可能部分地内嵌了政府隐性救助预期③。

此外,宏观经济变量获得了与预期一致的符号④。在次级债的债项特征中,累进利率虚拟变量倾向于为负,但债券期限无助于解释次级债的发行溢价,此与描述统计的结果一致。在政府隐性救助预期测度中,控股股东的持股比例无助于解释次级债的发行溢价。投资者似乎更看重银行规模和控股股东类型,对控股股东持股比例的敏感性较低⑤。

表2-31 次级债发行市场的风险定价

	Panel A: 含信用评级				Panel B: 不含信用评级			
	模型1	模型2	模型3	模型4	模型5	模型6	模型7	模型8
_Cons	4.37***	4.39***	4.42***	8.78***	4.60***	4.64***	4.71***	10.62***
DList	−0.65***	−0.62***	−0.63***	−0.25*	−0.91***	−0.81***	−0.81***	−0.68***

---

① 我们在报告调整R^2和F检验结果的同时,还进行了异方差检验、拉姆齐模型重新设定检验和多重共线性检验。在债项"同质"和"跟踪"设计的情形下,诸多债项或主体特征存在不容忽视的多重共线性问题(如:利率浮动方式和债券赎回时是否调整票面执行利率;主体信用评级和资产规模;银行上市虚拟变量和债券发行规模等),自变量的最大VIF和平均VIF将成为判断解释变量及其参数估计有效性的有用标准。同样地,拉姆齐重新设定检验是研判信用评级的信息内容,以及信用评级和银行风险测度对次级债发行溢价综合解释能力的有用标准。
② 较之模型4,模型8中ln$Asset$的t统计量的绝对值有所增大,其显著性水平有所上升。因未报告稳健标准误,无法从表2-30观察到。
③ 从模型事后检验来看,模型4和模型8均在10%的显著性水平下接受存在遗漏重要变量之原假设,为了提高模型估计的有效性,有必要添加银行风险的市场测度指标。
④ 宏观经济的增速越快,通胀预期越低,次级债发行溢价越低。
⑤ 对中央政府或地方政府控股股东而言,其控股股东的持股比例越高,政府对银行的隐性救助预期可能愈强。由于控股股东持股比例不显著以及样本容量偏少,当将控股股东类型和控股股东持股比例的交叉项引入模型时,部分分组的样本容量较少,且产生较为严重的多重共线性。

(续表)

	Panel A：含信用评级				Panel B：不含信用评级			
	模型1	模型2	模型3	模型4	模型5	模型6	模型7	模型8
DAAA	−1.32***	−1.24***	−1.20***	−0.68***				
DAA	−0.79***	−0.76***	−0.75***	−0.44***				
DY15	0.01	0.01	−0.01	0.06	−0.25*	−0.23	−0.23	0.00
DPR	−0.40***	−0.38***	−0.38***	−0.37***	−0.18	−0.16	−0.17	−0.31***
TBTF	−0.13	−0.06	−0.08		−0.66***	−0.40**	−0.37**	
lnAsset				−2.01**				−2.91***
DCentral		−0.16	−0.12	0.15		−0.39*	−0.25	0.15
Dlocal		0.01	0.02	0.11		0.02	0.03	0.11
FRatio			0.00	0.00			−0.01	0.00
GDPGth	−0.19***	−0.20***	−0.19***	−0.28***	−0.30***	−0.30***	−0.29***	−0.33***
CPIGth	0.14**	0.15**	0.14***	0.20***	0.24***	0.24***	0.23***	0.23***
#Obs	130	130	130	121	132	132	132	122
Adj. R^2	0.82	0.82	0.82	0.85	0.72	0.73	0.74	0.83
F Test	87.09***	67.65***	61.71***	70.57***	58.87***	42.42***	38.30***	73.95***
Ramsey Test	3.73**	3.22**	3.02**	2.19*	3.79**	3.94**	4.04***	2.36*
Max VIF	7.31	7.94	8.74	7.32	3.09	3.24	4.20	4.46
Mean VIF	3.51	3.51	3.58	3.81	2.35	2.56	2.64	3.05
B-P Test	0.16	0.15	0.18	0.02	2.09	1.11	1.17	0.00

注：为简化起见，本表未报告稳健标准误；"F Test"是模型总体显著性检验，其原假设是"模型所有参数均为零"；"Ramsey Test"是拉姆齐模型重新设定检验，其原假设是"模型无遗漏重要变量"；"B-P Test"是布罗施-帕甘(Breusch-Pagan)的异方差检验，其原假设是"模型残差项同方差"；"Mean VIF"是全部自变量的平均VIF(方差膨胀因子)；***、**和*分别表示1%、5%和10%的显著性水平。

（二）对上市银行的模型估计

如表2-32所示为上市银行次级债的发行溢价对有关主体特征、债项特征、政府隐性救助预期、宏观经济形势及其风险测度的OLS估计，其中Panel A(模型9—模型12)是包含信用评级的模型估计结果，Panel B(模型

13—模型 16)是不含信用评级的模型估计结果①。

表 2-32　上市银行次级债发行市场的风险定价

	Panel A:含信用评级				Panel B:不含信用评级			
	模型 9	模型 10	模型 11	模型 12	模型 13	模型 14	模型 15	模型 16
_Cons	3.12***	3.05***	3.05***	3.06***	3.09***	3.06***	3.05***	3.06***
DAAA	−0.48**	−0.4*	−0.39*	−0.39*				
DY15	0.22*	0.24	0.23*	0.24*	0.21	0.22	0.21	0.22
DPR	−0.36**	−0.37*	−0.34**	−0.35*	−0.32**	−0.31**	−0.29*	−0.32*
TBTF	0.01	−0.1	−0.09	−0.1	−0.26	−0.3	−0.28	−0.29
DCentral	−0.02	−0.01	0.00	0.01	−0.06	−0.01	−0.03	−0.02
FRatio	−0.33	−0.32	−0.32	−0.31	−0.7	−0.69	−0.67	−0.68
GDPGth	−0.23***	−0.23***	−0.22***	−0.23***	−0.23***	−0.22***	−0.22***	−0.22***
CPIGth	0.17**	0.15**	0.14**	0.15*	0.17**	0.14*	0.14	0.14*
σ	−0.07				−0.06			
RePD		−0.54				−0.74*		
AbPD			−1.9				−2.44*	
ThePrem				−0.78				−1.04*
#Obs	46	46	46	46	46	46	46	46
Adj. R^2	0.70	0.69	0.70	0.69	0.67	0.67	0.67	0.67
F Test	10.88***	8.93***	19.50***	21.45***	11.14***	27.79***	21.80***	24.43***
Ramsey Test	2.71*	2.45*	2.27*	2.38*	2.18	1.37	1.2	1.28
Max VIF	3.92	4.14	4.13	4.13	2.88	2.91	2.88	2.89
Mean VIF	2.58	2.59	2.61	2.6	1.89	2.15	2.18	2.16
B-P Test	1.68	1.21	1.27	1.21	0.48	0.42	0.52	0.45

注：鉴于上市银行的样本量偏小，主体和债项特征更为同质，需要对有关变量进行微调。由于上市银行无 A 级以下的信用评级，故仅引入 DAAA 虚拟变量。由于仅少数上市银行被私人控股，故控股股东类型仅引入中央政府控股虚拟变量，当债项主体被中央政府以及国企控股时，DCentral 取值 1，否则取值零。其他注释同上表。

---

① 由于中国银行业的市场结构(大型国有商业银行、股份制商业银行、城市商业银行等)有着清晰的规模边界，且不同类型商业银行的信用评级有"聚类"倾向，对银行市场结构的分类和信用评级有多重共线性，故模型未考虑该主体特征的影响。

Panel A 揭示出,当模型包含信用评级时,银行风险的市场测度指标(σ、$AbPD$、$RePd$ 和 $ThePrem$)均不显著;当 Panel B 剔除信用评级因素后,银行风险的市场测度指标(σ 除外)均在 10% 的显著性水平下显著了[1],同时模型事后检验接受无遗漏重要变量之原假设,且调整 R^2(Adj. R^2)未"显著"降低(理论上来讲,随着自变量个数的减少,其调整 R^2 必定下降),表明在向模型添加银行风险的市场测度指标后,信用评级对次级债发行溢价的边际解释力相对较弱,银行风险的市场测度(较之信用评级)更有助于解释次级债的发行溢价[2]。

然而,与市场约束的内在要求相悖的是,银行风险的市场测度与次级债发行溢价却显著负相关,表明在上市银行的次级债发行市场中,投资者不仅未对银行风险承担给予应有的市场约束,反而还可能鼓励了其未来更大的风险承担倾向。

表 2-33 揭示,当对上市银行进行粗线条的政府隐性救助预期测度(如"大而不倒"、中央政府控股等)时,无论模型是否包含信用评级,政府隐性救助预期均不显著,这可能与样本范围和政府隐性救助预期测度的低区分度有关。事实上,市场对部分股份制商业银行的政府隐性救助预期亦较强,若仅将大型国有银行视为"大而不倒"银行,则政府隐性救助对象似乎过于宽泛。在此情形下,资产规模更适于测度上市银行的政府隐性救助预期。基于此,我们用资产规模来测度政府对银行的隐性救助预期,并对模型进行了重新估计,有关结果如表 2-33 所示。其中,Panel A(模型 17—模型 20)是包含信用评级的模型估计结果,Panel B(模型 21—模型 24)是未包含信用评级的模型估计结果。

表 2-33 对政府隐性救助预期的差异性测度

	Panel A:含信用评级				Panel B:不含信用评级			
	模型 17	模型 18	模型 19	模型 20	模型 21	模型 22	模型 23	模型 24
_Cons	3.80***	4.01***	4.04***	4.02***	4.66***	4.8***	4.75***	4.80***
DAAA	−0.38*	−0.33	−0.3	−0.32				
DY15	0.23*	0.24*	0.23*	0.24*	0.21	0.22	0.22	0.22
DPR	−0.35**	−0.35**	−0.32**	−0.34**	−0.32**	−0.31**	−0.27*	−0.29**

---

[1] 参数 σ 的标准误有所下降。
[2] 模型中,若不引入银行风险的市场测度指标,模型的 Adj. R^2 为 0.65,拉姆齐检验统计量 $F(3, 34)=3.06$,其在 5% 的显著性水平下,拒绝无遗漏重要变量之原假设;若剔除信用评级因素,且分别引入银行风险的市场测度指标(σ、$AbPD$、$RePd$ 和 $ThePrem$),模型的 Adj. R^2 均为 0.67,其拉姆齐检验统计量分别为 2.18、1.37、1.20 和 1.28,在 10% 的显著性水平下均不显著,均接受无遗漏重要变量之原假设,由此亦可推断,相较于信用评级,银行风险的市场测度更有助于解释次级债的发行溢价。诚然,该模型处理直观和简洁,亦有良好的启发,但与本研究的部分主旨不一致(如信用评级的信息内容、信用评级与银行风险测度的关系等)。

(续表)

	Panel A:含信用评级				Panel B:不含信用评级			
	模型17	模型18	模型19	模型20	模型21	模型22	模型23	模型24
ln$Asset$	−0.06	−0.09	−0.09	−0.09	−0.15*	−0.17**	−0.16**	−0.17**
$DCentral$	0.03	0.06	0.05	0.05	−0.01	0.05	0.04	0.04
$FRatio$	−0.33	−0.34	−0.34	−0.33	−0.65	−0.63	−0.59	−0.61
$GDPGth$	−0.24***	−0.24***	−0.24***	−0.24***	−0.25***	−0.25***	−0.24***	−0.25***
$CPIGth$	0.17***	0.15**	0.14**	0.15**	0.18***	0.15*	0.14*	0.15*
σ	−0.07				−0.09*			
$RePD$		−0.73*				−1.05***		
$AbPD$			−2.45*				−3.29***	
$ThePrem$				−1.04*				−1.45***
#Obs	46	46	46	46	46	46	46	46
Adj. R^2	0.70	0.70	0.70	0.70	0.68	0.68	0.70	0.68
F test	11.27***	25.28***	21.08***	22.62***	12.55***	30.32***	25.19***	27.27***
Ramsey Test	2.28*	2.48*	2.19	2.34*	1.57	2.00	1.61	1.77
Max VIF	3.64	4.30	4.30	4.30	2.88	3.04	2.96	2.99
Mean VIF	2.49	2.70	2.71	2.70	2.15	2.20	2.21	2.20
B-P Test	1.37	0.95	1.01	0.94	0.18	0.21	0.32	0.24

注:注释同表2-32。

Panel A中的模型18—模型20揭示出,当模型包含信用评级时,银行风险的市场测度指标$AbPD$、$RePD$和$ThePrem$的显著性水平是10%;当模型剔除信用评级因素后,Panel B中的模型22—模型24的$AbPD$、$RePD$和$ThePrem$的显著性水平分别提高至1%,同时Panel B的拟合状况优于Panel A(如Panel B未遗漏重要变量),表明相较于信用评级,银行风险的市场测度更有助于解释次级债的发行溢价。同理,对比模型17和模型21亦有相似规律①。

另外,在模型包含信用评级的情形下(Panel A),以资产规模测度的政府隐性救助预期不显著;当Panel B将信用评级剔除后,该变量开始显著为负。

---

① 模型17的资产波动性(σ)不显著,但在剔除信用评级因素后,模型21的资产波动性在10%的显著性水平变显著了,且模型21的拟合状况优于模型17(如模型21未遗漏重要变量)。

由此可见,当对上市银行进行有区分度的政府隐性救助预期测度后,模型支持信用评级内嵌政府隐性救助预期的推断。

五、研究结论与启示

监管当局在引入次级债务工具时,希望在给银行提供资本补充便利的同时,亦能鼓励市场参与者约束银行承担更大的风险。然而,市场"怀疑"补充资本是真,增强市场约束是假。人们担心行之已久的隐性保险体制是否弱化了投资者的风险定价激励,不完善的信用评级市场能否提供简单有效的银行风险信号,不成熟的机构投资者能否识别银行风险特征并用之于债券估值,似乎有理由相信"次级债定价不能对银行风险作出合理反映"。为了解开此谜,本研究在识别和控制有关主体特征、债项特征、政府隐性救助预期和宏观经济形势后,研究了隐性保险下的银行信用评级及其次级债的事前约束状况。研究表明,信用评级不仅在次级债风险定价中得到了显著反映,还非充分内嵌了政府隐性救助预期和银行风险特征等信息。

对上市银行次级债发行市场的研究表明,相较于信用评级,银行风险的市场测度能更显著地解释次级债的发行溢价。然而,与预期非一致的是,基于市场信息的银行风险测度和次级债发行溢价显著负相关,隐含"投资者不仅未对银行风险承担给予应有的市场约束,反而还可能鼓励了其未来更大的风险承担倾向",这与政府隐性救助预期下"扭曲"的风险定价激励有关。在较强的政府隐性救助预期下,投资者可能将次级债视为"低风险、高收益"产品,而将其收入囊中并长期持有(导致其二级市场的交易稀疏),从而弱化了对银行风险的监测与定价意愿。特别地,当银行仅为提高资本充足水平而发行次级债时,有关银行将受到激励进行非正当性"合谋",它们将"默契"地相互发行和持有次级债,这会损害市场正常的定价机制和价格信号内容(如 Herring,2004;翟光宇等,2012)。同时,银行间"互持"亦可能诱导其进行"同质"债项设计和相互"跟踪"报价,不利于投资者对银行风险的差异性评估与定价(如 Evanoff et al.,2011)。对次级债发行和交易机制进行针对性改造,可能是增强市场约束的必要手段。

本研究政策启示包括:①指责信用评级系统性失范及其不能提供有价值的信号是站不住脚的。至少在银行次级债发行市场,信用评级能显著解释次级债的发行溢价,而且其内嵌了政府隐性救助预期和银行风险特征等信息。若投资者不具备从繁杂信息中挖掘出主体风险特征的能力,参照外部评级对次级债进行"粗线条"的风险定价不失为较优选择。②指责非效率市场不能提供有价值的风险信号同样站不住脚。尽管银行风险的市场测度不能合乎预期地解释次级债发行溢价,但同样蕴含了有价值的行为规律和制度内涵。在市场非完全有效的情形下,一味质疑市场无效率,无视市场信息质量,同样不利于市场的建设和完善。

本研究在次级债市场约束文献的基础上,结合样本特点和制度背景,在尽可能满足回归模型古典假设的情景约束中,引入了对次级债风险定价有重要影响的控制因素。从模型拟合效果来看,其调整 R^2 已很高,穷尽控制变量不仅不切实际,亦无必要。我们在模型估计时已进行了较为充分的事后检验,且基于满足古典假设(特别是不存在遗漏重要变量)的模型估计结果进行了解释和推断。另外,本研究在探寻银行信用评级的信息内容和信息质量,以及检验其次级债发行市场的事前约束存在性时,仅揭示了现象的存在性,并未探寻其形成机制,这与相关参与者复杂的行为激励和制度动因有关,它们是有待探索的问题。同时,本研究结论以基于信用评级的粗线条分类为前提。若对每个信用评级按照序数进行转换,则特定信用评级的样本容量将急剧减少,样本的选择性偏误及其潜在影响将不容忽视。

CHAPTER 3
中国地方政府债市场发展

第一节 地方政府债券发行概况

一、地方政府债券历史背景

1994年前的一段时间,全国财政尤其是中央财政处于极度紧缺状态,国家财力并没有保持与经济同等的高增速,税收增长速度明显落后于税源。中国财政收入占GDP的比重由1979年的28.4%降至1993年的12.6%(其中中央的占比由46.8%降至31.6%),中央必须依靠地方上缴财政收入才能实现收支平衡。中央财政艰难运转的窘境,从20世纪80年代中期的"能源交通基金"和1989年的"预算调节基金"两项非常措施可见一斑。

1993年,分税制改革前夜,一系列指标发出警示,国家财政尤其是中央财政全线吃紧:一季度财政收入较上年同期下降2.2%;工商税收同比增长12%,但去掉出口退税10%,仅同比增长2.2%;同时,上半年GDP增速却达14%,较1992年的12.8%又有提升。这暗示着税收增幅小的同时开支却飙升。许多事项上都面临资金短缺的状况。按照以往的情况,在财政年度上半年会有超过40%的建设资金拨付到位,而这一数字在1993年却仅有不到20%。中央和全国的财政都达到极度紧缺的状态。

到了1994年,这种经济与财政发展的极度不平衡最终促使中央决定拉开分税制改革的大幕,将各税种在两级政府间重新分配。总体来说,大而集中的税源划归中央,而地方政府征收的税种多为小而分散的,即相对来说增强了中央的财权而削弱了地方的财权。这就为地方政府的财权与事权不平衡埋下了伏笔,大量的事权依旧需要承担,财权却相对削弱,地方政府普遍面临大额资金缺口。

财权和事权的不平衡导致了严重资金缺口。为弥补这一缺口,地方政府只能采取大量举债的手段。但是2014年以前,中国《预算法》对于地方政府自行发债明文禁止。这催生了一种特殊主体——地方政府融资平台(local government funding vehicles，LGFV)——的诞生(王刚和韩立岩，2003；龚强等，2011；陈菁和李建发，2015)。地方政府融资平台是一类特殊的企业，它们的运营主要与城市建设投资息息相关。地方政府融资平台的定义主要有两个官方版本，一个是中国银监会 2013 年给出的平台名单，另一个是财政部等四部委于 2010 年给出的定义(见图 3-1)。财政部、国家发改委、中国人民银行、中国银监会四个部委指出，地方政府融资平台是独立的企业法人，但同时又承担着政府项目的投融资任务；其具体的表现形式包括，建设投资公司、投资控股公司、国有资产运营公司等。

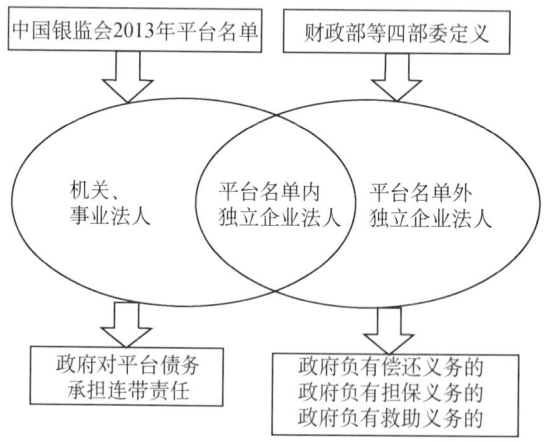

图 3-1 地方政府融资平台定义

中央下令各地方政府对截至 2013 年 6 月的政府性债务进行审计，于 2013 年 12 月发布结果。按债务主体类别划分，地方政府融资平台是最大的债务主体，所有政府性债务(负有偿还责任的债务和或有债务)中属于地方政府融资平台负债的有 7 万亿，占比 40%；而在政府负有偿还责任的债务中，地方政府融资平台也占有 4 万亿，比例同样为 40%(见表 3-1)。

地方政府融资平台进行债务融资也有多种渠道，包括银行贷款、发债、建设—移交(Build & Transfer, BT)等。按渠道划分，2010 年年末，渠道占比最大的是银行贷款，通过银行贷款进行融资的金额占到地方融资平台总负债额的近 80%(见图 3-2)。

到了 2013 年 6 月末，地方政府融资平台的融资渠道发生了很大的变化：其一是渠道多元化；其二是银行贷款渠道所占比重大大下降(从 79% 到 51%)。同时，债券、BT 和信托等融资渠道得到更多运用，加和占到 26% 的比重(见图 3-3)。

表 3-1　地方债债务主体以地方政府融资平台为主　　　单位:亿元

债务主体类别	偿还责任债务	或有债务	
		担保责任债务	可能救助责任债务
融资平台公司	40 755.54	8 832.51	20 116.37
政府部门和机构	30 913.38	9 684.20	0.00
经费补助事业单位	17 761.87	1 031.71	5 157.10
国有独资或控股企业	11 562.54	5 754.14	14 039.86
自收自支事业单位	3 462.91	377.92	2 184.63
合计	104 456.24	25 680.48	41 497.36

数据来源:全国政府性债务审计结果(2013 年 12 月)。

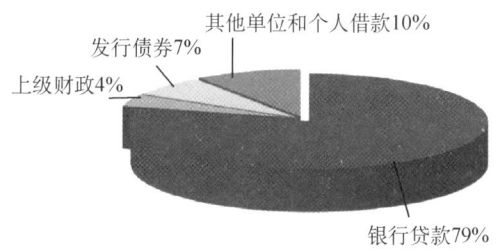

图 3-2　地方政府融资平台的融资方式(2010 年)

(数据来源:全国政府性债务审计结果,2011 年 12 月)

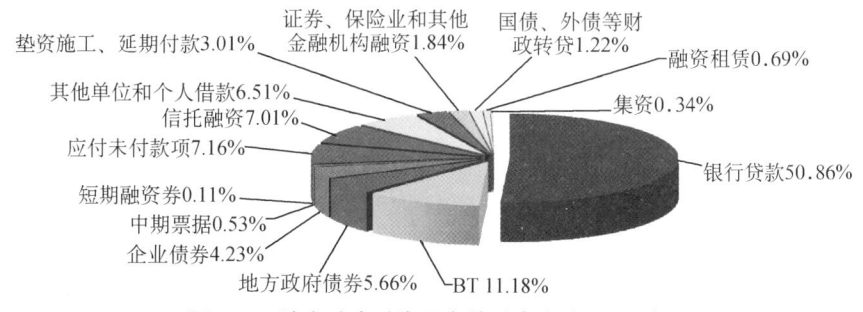

图 3-3　地方政府融资平台的融资方式(2013 年)

(数据来源:全国政府性债务审计结果,2013 年 12 月)

城投债即以地方政府融资平台为主体发行的债券。就其资金投向而言,主要考虑城市的基础设施建设投资,可以是纯公益性的项目,也可以是有一定未来现金流的项目(如高速公路);从偿债来源来看,有现金流收益的项目可以以项目收益作为偿债来源,而纯公益性的项目可以用政府补贴来偿还。通过分析城投债的资金投向和偿债来源,不难理解为何城投债被称为"准市政债"。

地方政府融资平台暗含着地方政府的隐性担保(韩鹏飞和胡奕明,2015),积聚了很多风险。理论上说,地方政府融资平台是企业而非政府,但正由于其在中国特殊背景下承担着公共投融资任务的特性,市场普遍认为,一旦出现风险地方政府不会坐视不管,地方政府时常为融资平台拨款补贴和注入资产的行为加深了市场的这一印象。然而,正是这种不放在台面上的"隐性",使得地方政府融资平台处在一个灰色地带,很多账务很难查实。以2012年地方债务的估算为例,时任财政部部长楼继伟、审计署副审计长董大胜、财政部部长项怀诚给出的估算分别是11万亿、15万亿~18万亿、20万亿,相去甚远。预算软约束加上灰色不透明,使得地方债务风险难以从源头上得以控制。再加上2008年4万亿政策中近3万亿由地方政府配套投资,债务规模迅速扩张。

地方债务风险积聚到了不容忽视的地步,这促使国务院于2014年颁布了"43号文",明确提出地方政府融资平台不得增加政府性债务。相应地,《预算法》也得到修改,不再禁止地方政府自行发债。43号文和新《预算法》的核心思想主要包括:①允许地方政府直接发行债券;②此种债券须纳入地方财政预算;③融资平台现有债务须在2016年前清理,且融资平台不得再充当地方政府的融资渠道。随后,还公布了2015年3万亿总额的地方债务置换计划。

这一系列措施的核心是将融资平台背后的隐性担保公开化、显性化,划分清楚政府和融资平台之间的界限(见表3-2)。值得注意的是,地方政府债券一定是直接融资,而地方政府融资平台既可以通过直接融资(如城投债)负债,也可以通过间接融资(如银行贷款)筹资。直接融资相较于间接融资的优点如下:①发行方案设计灵活,为金融创新预留空间;②一般具有信息披露和评级要求,有助于敦促发行人在优化自身财务状况、降低风险的同时也降低融资成本;③滚动融资便利。

表 3-2　地方政府融资模式变迁

	主体	融资模式	说明
43号文及新《预算法》出台以前	地方政府融资平台(LGFV)	贷款、发债	地方政府不能自行举债,融资平台具有隐性担保
43号文及新《预算法》出台后	地方政府	发债	允许地方政府自行举债,要求融资平台停止筹集政府性债务
未来趋势	地方政府和转型后的平台公司	贷款、发债	厘清二者关系。地方政府可以自行举债,分为一般债和专项债;企业也可参与基建类项目,可与地方政府合作,自负盈亏

二、地方政府债券发行阶段

实际上在2014年国务院发布"43号文"、《预算法》修改的前几年,地方政府债券试点已然展开,从2009年的"代发代还"起步,过渡到2011年开始"自发代还"试点,最后到2014年开启"自发自还"试点乃至全面放开,具体经历的三个阶段如下。

第一阶段——"代发代还"。2008—2009年,全球金融危机对中国有所波及,为了应对危机,避免经济大幅下滑,中央出台了4万亿经济刺激政策。作为配套资金的一部分,2009年,国务院批准财政部代理发行地方政府债券,总额2 000亿元,还本付息也由财政部代办。

第二阶段——"自发代还"。两年后的2011年,国务院决定启动"自发代还"试点(上海、浙江、广东、深圳),尝试由地方政府自主发行债券,不过仍由财政部代办还本付息。2013年又新增了两个试点,即江苏和山东。

第三阶段——"自发自还"试点。2014年"自发自还"试点启动,除"自发代还"阶段的六省市之外,还增加了北京、江西、青岛、宁夏四个省市。至此,试点省市已具备从发行到偿还的全流程经验。

第四阶段——2014年8月31日,《预算法》修正案草案在十二届全国人大常委会第十次会议上高票通过。修改后的《预算法》于2015年1月1日起施行,地方政府发债走向合法化和常态化。地方政府债券的发行规模和存量迅速上升。

三、地方政府债券分类

一般而言,对地方政府债券的分类可以从两种角度进行(见表3-3)。第一种角度,按性质进行划分,可分为一般债券和专项债券。二者的主要区别在于资金去向和偿债来源不同。

表3-3　地方政府债券分类

地方政府债券分类		募集资金用途
一般债券	新增债券	弥补财政赤字
	置换债券	置换部分一般债务
专项债券	新增债券	弥补专项收支差额
	置换债券	置换部分专项债务

一般债券以一般公共预算收入作为偿债来源,同时还可以采取调减投资计划、统筹各类结余结转资金、调入政府性基金或国有资本经营预算收入、动用预

算稳定调节基金或预备费等方式筹措资金偿还,必要时可以处置政府资产。

专项债券以政府性基金收入作为偿债来源,同时还可以通过调入项目运营收入、调减债务单位行业主管部门投资计划、处置部门和债务单位可变现资产、调整部门预算支出结构、扣减部门经费等方式筹集资金偿还债务。

一般债券由地方政府在限额内按照市场化原则自发自还。省、自治区、直辖市(含经省政府批准自办债券发行的计划单列市)人民政府(以下简称省级政府)依法自行组织本地区一般债券发行、利息支付和本金偿还。一般债券发行兑付有关工作由省级政府财政部门(以下简称地方财政部门)负责办理。一般债券实行限额管理。省、自治区、直辖市政府发行的一般债券总规模不得超过当年本地区一般债券限额。一般债券发行遵循市场化原则,地方财政部门、一般债券承销团成员(以下简称承销团成员)、信用评级机构及其他相关主体,不得以非市场化方式干扰一般债券发行工作。

专项债券由各地按照市场化原则自发自还,遵循公开、公平、公正的原则,发行和偿还主体为地方政府。单只专项债券应当以单项政府性基金或专项收入为偿债来源。单只专项债券可以对应单一项目发行,也可以对应多个项目集合发行。

第二种划分角度,按照地方政府债券是用来支持新建项目还是用来偿还过往债务,可分为新增债券和置换债券两个种类。通过新增债券发行募集的资金,用于有收益或无收益的新公益项目建设,而置换债券则用于偿还截至2014年年底的已甄别存量债务。每年中央会对各地方政府下达新增债券发行限额,地方政府在限额内发行,置换债券的规模则参考各地方政府上报财政部的建议数字确定。

四、地方政府债券发行规模

2009—2010年,"代发代还"阶段,地方政府债券每年可发行2 000亿。2011年开始"自发代还"试点后,当年募资规模也为2 000亿,筹资金额在2012年和2013年有所增加,分别为2 500亿元和3 500亿元。2014年又铺开了"自发自还"试点,首批试点十省市发行了总额为1 092亿元的债券,加上其他省份仍有财政部"代发代还"的规模,2014年总规模达4 000亿元。

2015年开始,随着《预算法》的修改,"自发自还"普及全国,而且由于地方政府债券肩负着取代地方政府融资平台债务为政府支出融资、化解地方债务风险的任务,中央决定从2015年开始开展债务置换计划,2018年之前完成,置换对象是甄别的2014年年底存量债务15.4万亿。具体来说,以2015年为例,开展了前后三次、总融资额3.2万亿的债务置换。2016年和2017年新增债规模分别为1.2万亿、1.6万亿,置换债规模分别为4.8万亿、3万亿。

为摸清地方债务状况、化解地方债务风险,中央要求地方政府对截至2014年年底的存量政府性债务进行甄别,也作为此后开展置换计划的基础。全国各地方政府已在2013年6月底进行过一次全面的债务审计,因此,截至2014年年底的存量债务可以分为两部分,即截至2013年6月的债务和这之后新增的债务。按照地方政府牵涉的程度划分,2014年年底存量债务中,政府负有偿还责任的有15.4万亿,另有8.6万亿地方政府承担或有责任的债务,合计24万亿。2015年,新增地方政府债券的限额为6 000亿,意味着2015年中央为地方政府债务划定的上限为16万亿。

存量债务的甄别需要符合以下四项原则:①资金投向的项目不产生现金流,且还本付息的资金来源为公共财政收入的,纳入一般债务考量(如义务教育债务);②筹集资金应用的项目能够产生一定现金流收入,且偿还主要依靠其对应的政府性基金收入的,纳入专项债务考量(如土地储备债务);③符合上一种情况,但产生的现金流又无法完全覆盖需要偿还数额的,可以覆盖的部分纳入专项债务,剩余纳入一般债务;④通过PPP途径转化的债务,不能甄别为政府性债务。并非所有城投债都能被甄别为政府性债务,以海南省为例,其于2015年年初披露的对2014年年底存量债务的甄别结果,没有考虑任何一只通过地方融资平台发行的城投债(钟辉勇等,2016)。

在这样的政策背景下,地方债存量从2014年年底的1.16万亿元迅速扩大,2015—2017年,36个省份共发行地方债券14.24万亿元,2017年年底地方政府债务余额16.47万亿元,其中地方债券余额14.74万亿元,占比近90%,以政府债券为主体的规范的地方政府举债融资机制基本建立。目前,地方债券余额、年度发行量占整个债券市场的比重均超过20%,已经超越国债,也超越了政策性银行债,成为第一大债券品种。随着地方政府债务置换工作的逐渐结束,地方政府债券发行规模将逐步进入常规规模。

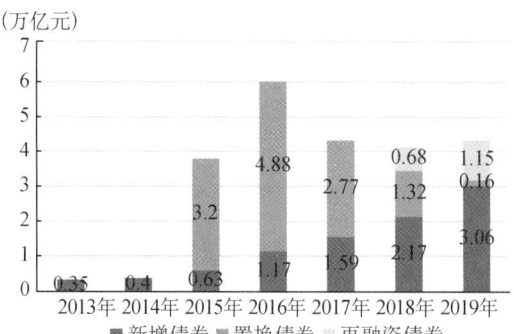

图3-4 地方政府债券发行规模

(数据来源:作者依据有关新闻报道整理)

五、地方政府债券发行制度

财政部针对地方政府一般/专项债券的发行制定了相关的制度法规,都可以采用承销或招标的形式,发行利率的基准参照1~5个交易日前的同期限国债收益率水平。

承销类似于美国的协议承销,是指先与主承销商商榷好发行利率或区间,再召集各承销商申报承销额。这种情况下,市场化的定价(即确定发行利率)主要体现在发行人和主承销商根据市场情况商议的环节上。

招标类似于美国的竞争承销,发行利率不由发行人和主承销商商议确定,而是依据各承销商申报的价格和金额,按利率从低到高(即价格从高到低)排序后确定。这种情形下,市场化的定价主要体现在各承销商竞争报价的环节。

许多研究对竞争承销和协议承销的发行成本进行了比较讨论,发现一般而言竞争承销更节约成本。在美国市政债的实践中,一般债券常采用竞争承销,而专项债券常采用协议承销。目前在中国,地方政府债券发行主要用招标方式发行。

六、地方政府债券发行存在的问题

中国地方政府债务问题自1994年分税制改革以来受到持续关注。地方政府的大部分税权被收归中央而事权基本不变,仅依靠地方税收、中央转移支付、专项拨款难以维持预算,而且地方政府不能直接向银行贷款,地方政府债券必须由财政部代为发行,所以地方政府纷纷成立融资平台以获得各地基建投资、公共事业发展所需资金。大量关于地方政府债务问题的研究集中在财税制度和政治因素,如财政分权度(龚强等,2011;徐永胜和乔宝云,2012;姜子叶和胡育蓉,2016)、地方政府软约束(王永钦等,2016;陈志勇和陈思霞,2014)、转移支付政策(钟辉勇和陆铭,2015;李永友,2015)、官员变动(肖洁等,2015;罗党论和佘国满,2015)、官员晋升激励(陈菁和李建发,2015;郭玉清等,2017)、政治周期和政治关联(范子英和李欣,2014;谭之博和周黎安,2015)等,近年来不断扩大的城投债市场为此提供了新证据。

中国地方政府债务引起世界范围的广泛关注是在金融危机后,四万亿财政刺激导致地方政府债务井喷式增长,地方政府融资平台在其中起到了重要作用。四万亿刺激主要以银行贷款形式投入实体部门,其中,中央政府支出仅1.18万亿,大部分由政府资产负债表外的公司(地方政府融资平台)代表地方政府借贷、消费完成。根据1994年《预算法》,地方政府不允许直接向银行借贷,为完成刺激计划,中央出台了系列规定,鼓励地方政府设立地方融资平台向银行贷款(如财政部和住建部2009年631号文,中国银监会2010年92号文);同时,地方政府融资平台缺乏有效管理,这些政府表外金融机构融资由此大幅增长,占据了当年GDP约10%,其中相当部分事实上被用于私人商业项目,最终进入实体部门的信贷资源可能接近20万亿,大致相当于当年GDP总量的12%,远超审计署2011年和2013年公布的数据。随着地方债问题凸显,相关政策在2010年后收紧,随后全面禁止银行向地方政府融资平台贷款,地方政府面临巨大偿债压力,于是转向城投债、影子银行等融资渠道,可能直接导致了城投债、影子银行扩张。截至2016年6月,有学者(Chen et al., 2017)认为大约50%城投债投资(3.05万亿)来自理财产品。也有学者(Bai et al., 2016)认为,地方政府借四万亿刺激带来的信贷扩张机会,将过量金融资源转移到地方政府偏好的部门,降低了整体资本配置效率,随之而来的债务积压将在长期拉低生产效率和GDP。

通过对中国地方政府债券发行现存问题的分析,我们发现以下四个问题。

第一,地方政府债券意在取代城投债,使得城投债与地方政府信用隔离,即厘清地方政府和企业的关系,解决此前饱受诟病的地方政府隐性担保问题。地方政府既然成了债券发行和偿还的主体,其信用资质就应当在债券定价时纳入考虑。地方与中央政府,以及各地方政府之间的信用资质存在差异,因此,地方政府债券的利差(地方政府债券利率与无风险利率之差)应与地方政府的自身信用息息相关。"自发自还"模式引入了评级机构对地方政府债券进行评级,但目前为止地方政府债券所有评级均为AAA级,并未反映出各地方政府之间的资质差异,于是也不能为利差的决定提供借鉴,未来是否能形成有效评级体系也备受市场关注。

第二,地方政府综合财政预算收支等仅报告了其合法、显性的债务融资状况。就地方政府担保债务而言,若担保获得了人大等权力机构的批准并纳入预算管理,则属于地方政府的显性债务;若担保未获人大等权力机构的批准,则将属于地方政府的显性或有债务[①]。就地方政府的隐性或有债务而言,其常见形态包括地方政府融资平台债务[②]、新型融资模式形成的或有债务[③],以及

[①] 若地方政府担保未获得人大等权力机构的批准,其将不属于地方政府性债务(政府性债务和政府债务是两个不同的概念)。《地方政府性债务风险应急处置预案》(国办函[2016]88号印发)声明:除外国政府和国际经济组织贷款外,地方政府及其部门出具的担保合同无效,地方政府及其部门对其不承担偿债责任,仅依法承担适当的民事赔偿责任。

[②] 地方政府普遍将土地等资产注入融资平台,并向其提供信用担保等融资便利,支持其筹集或募集资金,进而为地方公益性项目等服务。融资平台债务不纳入地方政府性债务的统计范畴,详见《地方政府融资平台公司公益性项目债务核算暂行办法》(财会[2010]22号)。

[③] 新型融资模式包括但不限于信托贷款、融资租赁、售后回租、BT投融资、发起项目理财融资、垫资施工和违规集资等,地方政府对由此形成的或有债务无规范会计核算和统计报告。

其他可能承担一定救助责任的债务①。海外市政债券的发行主体和偿债主体同属地方政府,中国"市政债券"通常由融资平台发行,融资平台属于名义上的偿债主体,地方政府是隐性的偿债主体(地方政府承担了或有代偿责任)②,相关债务属于地方政府的或有隐性债务。在国内"市政债券"的清偿结构中,地方政府是否需要履行或有代偿责任,由融资平台等举债人不确定地触发。

第三,一直以来,城投债被市场普遍认为存在地方政府的隐性担保。隐性担保的存在是否可以降低城投债发行价格,随着隐性担保的逐渐退去,城投债的发行价格是否更趋向于公司债是有待进一步研究的问题。隐性担保逐渐退去后,第三方担保是否能够有效地反映在价格当中,从而为投资者提供有效的信息也成为具有重要意义的话题。同时,伴随着虚假担保情形的出现,当债券违约时,担保机构没有承担应当承担的责任,在这种情况下,对于投资者来说,显性担保的存在与否可能并不会影响城投债发行的融资成本。

第四,在过去相当长的时期内,国内债券市场均保持了无实质性违约的"世界纪录"。在债务濒临兑付危机之时,总有机构合乎预期地充当"接盘侠"或神乎其神地找到"神秘兜底人",从而将兑付危机消弭于无形,成就了中国债券市场长期"零违约",中国式兜底预期广泛存在于经济金融业态之中。这种兜底有着复杂和深刻的根源③。这种兜底预期模糊了风险资产和无风险资产的差异性,导致债务融资市场的风险定价机制失效或扭曲(陈道富,2015)。当刚性兑付成为市场"信仰"时,市场无风险收益绑定于信托、理财等的目标或承诺收益,银行存款也将日趋"理财化"和"同业化"(鲁政委,2015)。当存在这种兜底预期时,债权人对借款人的风险状态、项目发起人的运营能力、其他关联人的风控能力变得更不敏感,并倾向于挂钩风险资产的目标收益,提高了对低风险借款人的信用风险补偿要求,进而推升了低风险借款人债务融资的理论成本(或其债务价值的隐含到期收益率水平)。那么,这种兜底预期对高风险借款人的债务融资成本有何影响呢?其对不同风险状态借款人的债务估值体系有着怎样的结构性影响呢?

本章接下来将分别以上述提出的四个问题为切入点,利用实证研究的方式,力求对中国地方政府债券市场进行深入、全面、客观的分析,从而为其建设

---

① 《全国政府性债务审计结果》(审计署2013年第32号公告)称地方政府可能承担一定救助责任的债务包括地方政府通过国有独资或控股企业、自收自支事业单位等新的举债主体,以及通过BT、融资租赁、垫资施工等新的举债方式举借的债务。《地方政府性债务风险应急处置预案》(国办函〔2016〕88号印发)对地方政府可能承担一定救助责任的债务的描述如下:地方政府的附属机构、事业单位等因公益性项目需要而举借的债务,地方政府在法律上不承担偿债责任,但基于维护经济安全和社会稳定等考虑,又需要承担一定的救助责任。
② 通常由信用担保引致。
③ 请见本研究第二部分的阐释。

与发展提供具有针对性的建议。

第二节 地方政府债券利差影响因素研究

一、理论分析

市政债在国外已较为成熟,但由于中国特殊制度背景,过去很长一段时间内地方政府不得自行举债。因此,地方政府债券在中国属于新生事物,此前的研究集中在对其可行性、风险性等方面的定性探讨上,尚未有针对其建立的成熟定价体系研究。借此契机对地方政府债券利差的影响因素进行探究,对于地方政府债券利率定价机制的理论发展具有重要意义。

对于发行地方政府债券的政府主体,经济财政相关的指标包括该地区的债务负担率、非本级政府债务占比、负债率(债务余额/GDP)、人均财政收入、财政收入增速、财政自给率(财政收入/财政支出)等。此外,地方政府的信息披露和信息质量,以及地方官员的变更也会通过一定路径影响地方政府债券利差。

对于系统性风险层面的影响因素而言,当GDP增速较快时,地方政府偿债资金更充足,地方政府债券风险溢价降低;当CPI较高时,投资者要求一个更高的溢价;当无风险利率期限结构斜率更大时,人们对未来经济发展具有良好预期,地方政府债券利差减小。此外,M2增速对地方政府债券利差有两种相反的影响路径:其一,M2是最常用的货币供应量口径,货币供应量增速快,意味着流动性增加,资金供过于求,使得市场愿意给予地方政府债券更低的利率和更窄的利差;其二,在金融市场释放流动性,其最终目的是流入实体经济,所以M2增速加快往往伴随着对于通货膨胀较高的预期,这将使得投资者要求更大的利差以弥补。因此,M2增速对于地方政府债券利差的作用方向取决于这两种路径中的哪一种占据了主导地位。

对于个券特征层面的影响因素而言,通常当个券剩余期限越长时,流动性越弱,利差越大;此外,个券发行规模对地方政府债券利差具有两种相反方向的影响路径:其一,单只地方政府债券的规模是未来到期时偿付的本息的计算基数,因此规模越大对地方政府造成的偿债压力也就越大,使得地方政府债券的利差上升。有时上百亿的单只发行规模占该地当年地方政府债券发行总额比重较大。其二,从投资者的角度来说,假设投资者配置池的额度固定,单只债券规模越大,需要的交易次数越少,手续费也就越低,此时投资者可能愿意在利率上给予一定折让。同时,市场上一般规模越大的资产流动性越好(方红星,2013),也会带动地方政府债券利差的下降。总之,个券发行规模的作用方向取决于这两种路径的相对强弱。

二、样本数据及描述性统计

依据上文的理论分析,针对地方政府债券利差影响因素的实证分析,本研究基本的计量模型具有如下形式:

$$CS = \beta_0 + \beta_1 Gov + \beta_2 Macro + \beta_3 Bond + \beta_4 Control + \varepsilon \quad (3-1)$$

其中,

$$Gov = (DebtRatio, LowerDebt, InfoChange, Governor)' \quad (3-2)$$

$$Macro = (GDPG, M2G, Slope, CPI)' \quad (3-3)$$

$$Bond = (Term, Scale)' \quad (3-4)$$

$$Control = (Event)' \quad (3-5)$$

β_1、β_2、β_3、β_4 分别为相应的系数向量。

各变量的含义及符号预期如表 3-4 所示。具体而言,被解释变量 CS(Credit Spread)为地方政府债券的发行利差,即地方政府债券发行利率①减去同期限国债的到期收益率。

表 3-4 各变量的含义及符号预期

变量分类	变量名称	变量含义	符号预期
被解释变量	CS	发行利差	
政府层面因素	DebtRatio	债务负担率	+
	LowerDebt	非本级政府债务占比	+
	InfoChange	信息更改次数	+
	Governor	官员变更	+
系统性风险层面因素	GDPG	GDP 增速	—
	M2G	M2 增速	?
	CPI	居民消费价格指数	+
	Slope	利率曲线斜率	?
个券特征层面因素	Term	个券发行期限	+
	Scale	个券发行规模	?
控制变量	Event	辽宁省债券流标事件后取 1	+

---

① 目前,地方政府债券均为固定利率债券且以票面价值发行,因而发行利率等于票面利率。

第一类解释变量为政府层面解释变量,反映与地方政府信用风险有关的影响因素。DebtRatio 为债务负担率,本研究以"地方政府性债务余额[1]/地方财政收入"和"地方政府性债务余额/地方政府存量资产"两种方法衡量债务负担率,反映偿债能力;LowerDebt 为非本级政府(即较低层级政府)债务占比,计算方法为用 1 减去省、自治区、直辖市本级政府债务占比;InfoChange 为信息更改次数,反映地方政府信息披露的质量;Governor 为官员变更的虚拟变量,以"省长变更"为代理变量,该债券发行前后 6 个月内省长变更取 1,否则取 0。

第二类解释变量为系统性风险层面解释变量,反映与宏观经济相关的影响因素。GDPG 为国内生产总值增速,反映经济繁荣程度;M2G 为 M2 增速,反映货币供应量增长水平;Slope 为无风险利率斜率,以 10 年期国债和 1 年期国债即期利率之差衡量;CPI 为居民消费价格指数,反映通货膨胀水平。

第三类解释变量为个券特征层面解释变量,研究选取了个券发行期限(Term)和个券发行规模(Scale)两个指标,这两个反映债券自身特征的指标与债券的流动性息息相关。

最后,研究选取了"辽宁省十年期债券流标事件后"(Event)作为控制变量。在 2015 年 8 月发生辽宁省十年期债券流标事件之前,地方政府债券发行利率非常低,甚至低于同期限国债到期收益率;发生流标事件后,市场看到了地方政府债券发行利率的明显上扬,定价的市场化程度似乎有所提升。该变量为虚拟变量,若债券起息日期位于 2015 年 8 月 7 日(含)之前,则取值 0,反之取值 1。

地方政府债券从 2009 年开始试点,研究选取了 2009—2016 年发行的所有地方政府债券作为样本。地方政府债券一般在银行间债券市场和交易所市场同时上市,仅采纳前者数据以避免重复。此外,目前地方政府债券除了可由省、自治区、直辖市本级政府发行,还有少部分由被批准的 5 个计划单列市(深圳、青岛、大连、宁波和厦门)发行,但由于计划单列市级别的财政数据较难获得,为保持数据完整度在本研究中将其剔除。

被解释变量数据来源为 Wind 数据库和财政部网站,解释变量数据来源除 Wind 数据库外,为尽可能弥补地方政府债务、财政收入(尤其其中政府性基金收入)、存量资产(包括国有企业资产和土地储备)的数据缺失,还参考了各省年度预算执行情况报告、评级公司报告、《国有资产监督管理年鉴》。其中,土地储备完全缺乏数据,本研究采用马骏(2012)和邵宇(2013)[2]的测算方法,即

---

[1] 本研究选取负有偿还责任的债务来衡量地方政府性债务规模。
[2] 马骏(2012)在《中国国家资产负债表研究》中,采用一些案例的经验性结论,这些案例样本涵盖苏州、北京、济南、宁波、邯郸等城市;邵宇(2013)在《中国政府会有资产负债表危机吗》中将马骏的结论与东方证券策略组土地专题研究结论对比,基本一致。

在每年土地出让面积的基础上乘以 3 得到对于当年年末土地储备存量的估计。数据频率通过 EViews 计量经济学软件包处理统一为月度频率,剔除部分残缺数据后选取 898 个样本。

如表 3-5 所示是对各变量的描述性统计结果。可发现地方政府债券发行利率的确曾低于同期限国债利率,最多达 21 bp。债务负担率的统计结果显示出各地之间财政状况的巨大差异,财政状况较好的省份债务余额仅占一年财政收入约 1/2,而债务负担较重的省份债务余额为财政收入的 2.8 倍;以债务和存量资产之比衡量则差距更为明显,资产对债务的覆盖存在 5 倍到 1/2 的差距。

表 3-5　各变量描述性统计

变量	单位	均值	中值	极大值	极小值	标准差
CS	%	0.22	0.21	0.71	−0.21	0.18
$DebtRatio$（债务/财政收入）		1.51	1.46	2.82	0.55	0.60
$DebtRatio$（债务/存量资产）		0.82	0.71	2.06	0.20	0.48
$LowerDebt$		0.85	0.88	1.00	0.55	0.12
$InfoChange$	次	0.89	1.00	2.00	0.00	0.55
$Governor$		0.35	0.00	1.00	0.00	0.48
$GDPG$	%	6.81	6.80	7.90	6.70	0.13
$M2G$	%	12.45	12.80	14.70	10.20	0.92
CPI	%	1.80	1.88	3.05	1.23	0.36
$Slope$	%	0.87	0.65	1.87	0.42	0.41
$Term$	年	6.36	7.00	10.00	3.00	2.55
$Scale$	亿	46.25	31.45	481.67	0.50	48.40
$Event$		0.80	1.00	1.00	0.00	0.40

三、实证分析

为避免多重共线性问题,本研究将政府层面变量逐步纳入回归方程。本研究对实证模型进行回归的结果如表 3-6 所示,模型(1)(3)(5)和(2)(4)(6)分别采用流量收入和存量资产衡量债务负担率,模型(3)(4)相较于模型(1)(2)纳入了非本级政府债务占比,模型(5)(6)相较于模型(3)(4)纳入了信息更改次数和官员变更。

本研究还引入了方差膨胀因子VIF[①],VIF值越大意味着多重共线性越严重。此外,考虑到不同地方政府发行的债券可能存在异方差和自相关问题,本研究使用纽维-韦斯特(Newey-West)异方差自相关稳健OLS进行回归分析。

模型(1)—(6)的结果表明,无论以流量或存量衡量,债务负担率都是地方政府债券发行利差的重要影响因素,债务余额占财政收入的比重越大,意味着以公共财政收入和政府性基金收入偿还地方政府债务的压力越大,债券利差扩大,反之反是;同理,存量资产也可通过变现用于偿还债务,债务余额与存量资产的比重越大,则国有企业资产和土地储备对债务的覆盖越少,同样会导致债券利差扩大。模型(3)和(5)证明,非本级政府债务占比对地方政府债券利差具有显著正向影响,该关系在模型(4)和(6)中不显著的主要原因在于"非本级政府债务占比"与"债务/存量资产"相关性较强,达到0.38(见表3-6)。模型(5)和(6)表明官员变更引发的不确定性会提升地方政府债券的利差。模型(5)和(6)还显示,信息更改次数(信息披露质量的代理变量)越多债券溢价越高,不过此种影响不显著,这可能与代理变量的选取有关。这启示我们本研究未来的改进方向包括选取更好的代理变量(如2017年年底/2018年年初辽宁、内蒙古、天津等地相继曝出经济财政数据造假,可作为选取代理变量时的考虑)。在接下来的其他实证分析中,除主成分分析之外,不再将信息披露和信息质量纳为主要解释变量。

系统性风险是地方政府债券定价中不可忽视的因素,GDP增速、M2增速、CPI和利率曲线斜率在债券发行利差形成过程中分别呈现出显著的负向、正向、正向和正向作用。个券特征也是投资者为地方政府债券定价时的重要考虑因素,个券期限越长、发行利差越大,而个券规模越大则发行利差越小。

此外,本研究应用统计产品与服务解决方案(Statistical Product and Service Solutions,SPSS)软件对政府层面指标进行主成分分析,结果如表3-6所示。模型(1)中所有变量系数显著情况良好,反映地方政府财政状况的$Gov1$对地方政府债券利差有显著正向影响,由于$Gov1$中6个权数较大的财政变量均提前按照对债券利差形成正向影响的方向进行了正向化处理,因此该实证结果符合预期,并且综合反映了6个主要财政指标在价格形成中的作用;同理,反映信息披露及官员变更情况的$Gov2$和可视为非本级政府债务占比的代替的$Gov3$都如预期与地方政府债券利差正相关。模型(2)中的Gov是将各主成分按方差贡献率加权计算出的主成分综合得分,仍与地方政府债券利差成正比。

[①] 以解释变量之间存在多重共线性时的方差与不存在时的方差之比衡量。

表 3-6 地方政府债券利差影响因素的实证结果

	(1)	(2)	(3)	(4)	(5)	(6)
截距项	0.719 4***	0.731 8***	0.450 9	0.573 7	−0.083 3	−0.017 5
	(2.65)	(2.70)	(1.09)	(1.39)	(−0.19)	(−0.04)
债务/财政收入	0.016 5***		0.037 8***		0.032 9***	
	(3.73)		(4.28)		(3.72)	
债务/存量资产		0.036 3***		0.050 2***		0.047 4***
		(4.51)		(4.23)		(4.03)
非本级政府债务占比			0.072 8*	0.022 3	0.060 3*	0.009 2
			(1.88)	(0.45)	(1.72)	(0.18)
信息更改次数					0.018 0	0.023 0
					(1.25)	(1.23)
官员变更					0.055 1***	0.059 3***
					(3.92)	(4.27)
GDP 增速	−0.201 6***	−0.203 2***	−0.170 5***	−0.180 8***	−0.105 0*	−0.108 6*
	(−5.00)	(−5.05)	(−2.81)	(−2.98)	(−1.68)	(−1.74)
M2 增速	0.053 9***	0.053 4***	0.041 9***	0.042 4***	0.050 1***	0.051 2***
	(12.35)	(12.27)	(6.49)	(6.56)	(7.43)	(7.61)
CPI	0.028 4***	0.026 3**	0.030 3*	0.031 5**	0.044 5***	0.046 6***
	(2.66)	(2.47)	(1.92)	(2.00)	(2.78)	(2.91)
利率曲线斜率	0.097 6***	0.097 9***	0.147 8***	0.148 8***	0.159 5***	0.160 6***
	(6.27)	(6.31)	(7.05)	(7.11)	(7.59)	(7.67)
个券期限	0.008 4***	0.008 5***	0.008 6***	0.008 5***	0.008 5***	0.008 5***
	(5.96)	(5.98)	(4.26)	(4.24)	(4.26)	(4.25)
个券规模	−0.000 5***	−0.000 5***	−0.000 4***	−0.000 4***	−0.000 4***	−0.000 4***
	(−7.36)	(−7.62)	(−3.58)	(−3.41)	(−4.08)	(−3.93)
控制变量	Control	Control	Control	Control	Control	Control
调整 R^2	0.228 3	0.230 7	0.286 8	0.286 4	0.298 2	0.300 0
VIF 均值	1.75	1.74	1.72	1.75	1.77	1.79
VIF 最大	3.50	3.49	3.68	3.67	3.69	3.68

注:***、**、* 分别表示在1%、5%和10%显著性水平下显著,下同;括号中的数值是回归系数的 t 值,下同。

由此可见,主成分分析(见表3-7)更加全面、综合地反映了政府层面指标对地方政府债券利差的影响,模型(1)的调整R^2高于表3-6中任一模型。同时,将政府层面因素替换为主成分重新纳入回归模型时,并未显著改变其他层面因素对债券利差的作用程度,这也印证了实证结果的稳健性。

表3-7 地方政府债券利差影响因素的实证结果(主成分)

	(1)	(2)
截距项	0.414 9	0.398 6
	(0.98)	(0.96)
$Gov1$	0.007 7***	
	(3.07)	
$Gov2$	0.011 5***	
	(3.08)	
$Gov3$	0.014 7***	
	(3.39)	
$Gov4$	−0.022 9***	
	(−5.04)	
Gov		0.025 9***
		(4.15)
GDP增速	−0.151 3**	−0.150 1**
	(−2.47)	(−2.46)
M2增速	0.043 4***	0.045 2***
	(6.38)	(6.94)
CPI	0.038 6**	0.038 4**
	(2.41)	(2.44)
利率曲线斜率	0.164 2***	0.149 5***
	(7.93)	(7.12)
个券期限	0.008 4***	0.008 6***
	(4.26)	(4.25)
个券规模	−0.000 4***	−0.000 4***
	(−3.92)	(−3.46)
控制变量	Control	Control
调整R^2	0.313 8	0.282 6

中国东部和中西部的经济发展呈现不平衡状态,发债省份所处的地理位置反映了其大致的经济发展水平和所处的阶段,那么债券投资者在不同省份的债券的定价方面也可能有不同的考量。先通过描述性统计的结果(见表3-8)可以看出,除3年期债券利差中西部略低于东部之外,其他期限债券的利差均呈现中西部高于东部的态势。这背后可能的解释是,东部省份普遍经济更发达,即便债务绝对规模较中西部省份更大,但其财政收入能力和资产质量也更好,因而被债券投资者赋予更低的溢价。分拆东部区域和中西部区域,分别进行地方政府债券利差影响因素的回归分析。如表3-9所示是回归结果,在非本级政府债务占比、$Gov3$、利率曲线斜率、个券期限四个指标方面,东部地区系数不显著而中西部地区系数显著,总体而言中西部地区系数显著程度较东部地区稍高。这背后可能的解释是,中西部省份的经济相对落后、债务压力相对偏大不仅造成了整体利差水平更高,还使得债券投资者更加重视地方政府债券的资质指标,寻求对债券的合理定价。相较而言,东部省份更繁荣的经济环境为债务偿付提供了隐性保障,在这种环境条件下投资者甚至可能会忽视一些本应对债券利差造成影响的指标。

表3-8 分区域看地方政府债券利差   单位:%

	3年	5年	7年	10年
东部	0.216 5	0.226 4	0.245 3	0.258 0
中西部	0.204 8	0.243 5	0.267 8	0.290 0

表3-9 东部/中西部地方政府债券利差影响因素的实证结果

	基础模型		主成分模型1		主成分模型2	
	东部	中西部	东部	中西部	东部	中西部
截距项	2.270 2***	3.492 4***	2.918 9***	4.382 1***	3.072 5***	3.673 5***
	(4.70)	(5.40)	(6.04)	(6.50)	(7.18)	(6.12)
债务/财政收入	0.246 6***	0.065 3***				
	(5.37)	(6.06)				
非本级政府债务占比	0.046 8	0.183 2**				
	(0.64)	(2.25)				
官员变更	0.066 1**	0.030 2*				
	(2.00)	(1.72)				
$Gov1$			0.028 1**	0.022 2***		
			(2.15)	(4.48)		

(续表)

	基础模型		主成分模型1		主成分模型2	
	东部	中西部	东部	中西部	东部	中西部
$Gov2$			0.021 5	0.001 1		
			(1.40)	(0.18)		
$Gov3$			−0.006 2	0.031 1***		
			(−0.29)	(4.42)		
$Gov4$			0.014 8	−0.003 2		
			(0.34)	(−0.45)		
Gov					0.071 8***	0.057 8***
					(3.66)	(6.86)
GDP增速	−0.507 5***	−0.621 4***	−0.538 1***	−0.704 7***	−0.551 5***	−0.610 8***
	(−7.44)	(−6.61)	(−7.69)	(−7.34)	(−8.10)	(−6.99)
M2增速	0.078 2***	0.059 7***	0.073 9***	0.053 2***	0.068 6***	0.062 6***
	(5.45)	(7.52)	(4.78)	(6.51)	(5.06)	(8.83)
CPI	0.084 9**	0.090 6***	0.076 5**	0.079 3***	0.074 0**	0.104 6***
	(2.44)	(4.58)	(2.14)	(3.95)	(2.09)	(5.58)
利率曲线斜率	−0.022 4	0.073 4***	−0.026 1	0.074 9***	−0.023 2	0.068 4***
	(−0.64)	(3.43)	(−0.65)	(3.50)	(−0.66)	(3.19)
个券期限	0.005 9	0.008 8***	0.006 1	0.008 7***	0.006 1	0.008 8***
	(1.42)	(3.79)	(1.43)	(3.77)	(1.44)	(3.73)
个券规模	−0.000 6**	−0.000 5***	−0.000 6**	−0.000 4***	−0.000 7***	−0.000 4***
	(−2.43)	(−4.19)	(−2.44)	(−3.82)	(−3.17)	(−3.51)
控制变量	Control	Control	Control	Control	Control	Control
调整R^2	0.336 5	0.262 7	0.298 2	0.266 8	0.294 6	0.247 4

接下来，本研究继续分拆一般债券和专项债券，分别进行地方政府债券利差影响因素的回归分析。如表 3—10 所示是回归结果，在官员变更、$Gov2$、CPI、个券规模四个指标方面，一般债券系数显著而专项债券系数不显著，总体而言一般债券系数显著程度较专项债券稍高。这背后可能的解释是，一般债券融资一般用于纯公益性、不产生现金流的项目，偿债来源主要为财政收

入,因此一般债券定价更依赖对政府资质、宏观环境等因素的综合考量;而专项债券融资一般用于特定的、能产生一定现金流的项目,所以专项债券定价更取决于项目的具体情况。

表3-10 一般/专项地方政府债券利差影响因素的实证结果

	基础模型		主成分模型1		主成分模型2	
	一般债券	专项债券	一般债券	专项债券	一般债券	专项债券
截距项	−0.455 1	2.859 0**	0.038 0	3.418 9***	0.020 9	3.240 5***
	(−0.91)	(2.49)	(0.07)	(3.07)	(0.04)	(2.96)
债务/财政收入	0.048 3***	0.027 9*				
	(4.30)	(1.96)				
非本级政府债务占比	0.049 1	0.100 6				
	(0.84)	(1.38)				
官员变更	0.066 2***	0.033 4				
	(3.63)	(1.53)				
$Gov1$			0.010 4***	0.008 0**		
			(3.23)	(2.02)		
$Gov2$			0.016 1***	0.008 8		
			(3.32)	(1.52)		
$Gov3$			0.014 0**	0.019 2***		
			(2.57)	(2.73)		
$Gov4$			−0.023 4***	−0.022 5***		
			(−4.23)	(−2.92)		
Gov					0.036 2***	0.023 5**
					(4.46)	(2.39)
GDP增速	−0.046 6	−0.566 9***	−0.089 5	−0.625 0***	−0.086 2	−0.599 4***
	(−0.64)	(−3.32)	(−1.26)	(−3.76)	(−1.20)	(−3.64)
M2增速	0.053 0***	0.035 0***	0.046 3***	0.029 7**	0.046 4***	0.033 9***
	(6.23)	(2.99)	(5.42)	(2.52)	(5.67)	(3.02)
CPI	0.065 7***	0.019 1	0.061 3***	0.014 5	0.057 1***	0.021 6
	(3.27)	(0.73)	(3.07)	(0.56)	(2.89)	(0.84)

(续表)

	基础模型		主成分模型1		主成分模型2	
	一般债券	专项债券	一般债券	专项债券	一般债券	专项债券
利率曲线斜率	0.135 0***	0.372 3***	0.141 8***	0.392 0***	0.125 6***	0.366 1***
	(5.66)	(5.61)	(6.04)	(5.97)	(5.26)	(5.51)
个券期限	0.007 8***	0.010 8***	0.007 8***	0.010 6***	0.007 7***	0.011 0***
	(3.17)	(3.27)	(3.21)	(3.25)	(3.06)	(3.30)
个券规模	−0.000 7***	0.000 1	−0.000 7***	0.000 2	−0.000 6***	0.000 2
	(−5.51)	(0.83)	(−5.60)	(1.11)	(−5.04)	(1.23)
控制变量	Control	Control	Control	Control	Control	Control
调整 R^2	0.370 5	0.205 0	0.386 0	0.225 6	0.350 8	0.197 9

四、小结与建议

本研究通过对政府层面指标进行主成分分析，更全面地反映了此前因多重共线性问题而舍弃的因素（如负债率、人均财政收入、财政收入增速、财政自给率等）对地方政府债券溢价的影响，提升了模型的解释力。此外，本研究发现，在系统性风险层面，GDP增速与债券利差成反比，而M2增速、CPI和利率曲线斜率与债券利差呈现正相关关系；在个券特征层面，个券期限与债券利差呈正相关关系，个券规模与债券利差呈负相关关系。

最后，经过一些细致拆分后，本研究额外发现：①就发债省份所处的地理位置进行划分，中西部省份整体利差水平较东部省份更高，而且各层面指标的影响显著程度也稍高，可能是由于中西部经济相对落后、债务压力相对偏大，使投资者更重视地方政府的资质，寻求对债券的合理定价。②就债券类型将债券划分为一般债券和专项债券，专项债券的各层面指标系数显著程度稍低，可能是由于其定价更取决于项目的具体情况。

本研究的研究主要可以提供三方面的政策建议。首先应将债务负担率、人均财政收入、财政收入增速、财政自给率等财政相关指标纳入预警体系（尤其对于中西部省份和一般债券），及时监测地方政府的盈利能力和偿债能力，一旦异常便要引起重视并深入分析，做到防患于未然；其次，应把握关键指标（如债务负担率），控制债务总量，以量入为出为准则审慎举债，避免因GDP考核而进行超过地方经济需要的盲目举债；最后，对于债务问题化解还可考虑处置存量资产、设立专项准备金等。

第三节　地方政府债务的不确定触发及其代偿风险研究

一、研究背景及意义

通过上一节的研究,我们发现债务负担率是地方政府债券发行利差的重要影响因素。关于中国地方政府债务问题,2008年以来涌现了颇丰的文献。相关文献广泛讨论了地方政府债务形成的复杂原因及其治理之策(如刘煜辉和沈可挺,2011;王柏杰,2014;缪小林和伏润民,2015)。就中国地方政府债务风险而言,常见的研究脉络包括:基于"拇指规则"(巴曙松等,2011;汪涛,2011)、构建预警模型(如王振宇等,2013;刘骅和卢亚娟,2015)等,对单个或部分省份在特定时点上的总体风险轮廓进行评价;对结构化KMV模型进行局部调整与修正,刻画和估计地方政府债务的总体违约概率(如王学凯和黄瑞玲,2015;刁伟涛,2016);套用主权债务恒等式经验检验地方政府债务的可持续性(徐占东和王学标,2016;胡娟等,2016)。海外地方政府债务文献普遍与市政债券有关,常见视角如有关因素对市政债券融资成本以及二级市场价格的影响(如 Jacqueline and Wilson,2006;Kenneth and Jayaraman,2007;Wang et al.,2008;Paul,2012;William et al.,2013)、市政债券的信用风险溢价及其传染效应(如 Thomas,1980;Chris and Liub,2011)等。须指出,海外市政债券的发行主体和偿债主体同属地方政府,而中国"市政债券"通常由融资平台发行,融资平台属名义上的偿债主体,地方政府是隐性的偿债主体(地方政府承担了或有代偿责任),相关债务属于地方政府的或有隐性债务。在国内"市政债券"的清偿结构中,地方政府是否需要履行或有代偿责任,由融资平台等举债人不确定地触发。据作者了解,尚未有文献考虑地方政府或有债务的不确定代偿触发机制,以及研究地方政府显性债务和或有债务的结构性风险状况,本研究将对此进行前瞻性探索和补充。

地方政府综合财政预算收支等仅报告了其合法、显性的债务融资状况。就地方政府担保债务而言,若担保获得了人大等权力机构的批准并纳入预算管理,则其属于地方政府的显性债务;若担保未获人大等权力机构的批准,则其将属于地方政府的显性或有债务。就地方政府的隐性或有债务而言,其常见形态包括地方政府融资平台债务、新型融资模式形成的或有债务,以及其他可能承担一定救助责任的债务。对地方政府或有债务而言,唯有举债人的风险事件触发地方政府代偿之后,地方政府的可偿债资金收入(时点上的偿债能力)与到期债务之相对比较才决定其是否违约[①]。为了刻画地方政府或有债务

[①] 地方政府的可偿债资金收入与结构化信用风险模型中的"资产价值"相当。

的信用风险,需要先行描述其不确定触发机制,再在结构化模型框架内求解其违约概率。有鉴于此,本研究在或有债务不确定触发地方政府代偿的现实情景下,再假设地方政府的违约行为由其可偿债资金收入驱动(结构关系如图3-5所示)①,推导出了地方政府显性债务和或有债务的违约概率的显式解,同时对地方政府的可偿债资金收入和债务结构进行了谨慎辨析、结构分解与数据估算,多视角估计了不同债务久期下的地方政府显性债务和或有债务的结构性风险状况。

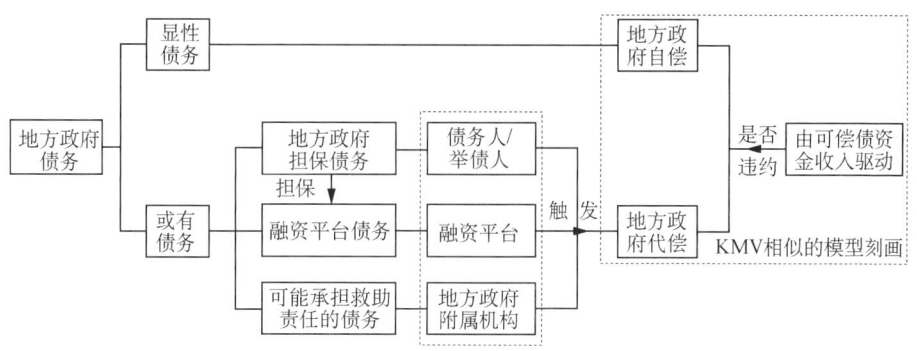

图3-5 地方政府或有债务的触发机制及其违约驱动

二、模型介绍

结构化信用风险模型假设借款主体的总体偿债能力(常以"资产价值"表示)以随机方式运动,当借款主体的偿债能力低于债务价值时,其将倾向于对债权人违约。若将此思想嫁接到地方政府债务风险评估中来,需要直面及处理的关键问题包括:①如何刻画地方政府的偿债能力。在中国政府的财政核算和报告体系中,地方政府基于"现收现付制"核算与报告其财政收支状况,并未对所属资产或权利进行"权责发生制"确认与计量,未曾报告过资产负债表等相关信息,我们无法对其资产价值进行可靠的推断。在现实条件约束下,我们仅能基于年末时点的地方政府财政收支状况等,识别、分解和匡算其可偿债资金收入和显性债务状况。因此,在对地方政府债务的信用风险进行模型刻画时,需要对相关变量进行自适性调整,如用可观测的可偿债资金收入测度地方政府在时点上的总体偿债能力。②政府会计未对或有债务进行确认、计量和披露,使之长期游离于中央政府的监管之外(如林丽研和赵玥,2012)。现行预算会计报告的地方政府债务信息不全面、不完整,若据此评估地方政府借债

---

① 即在结构化模型框架内嵌入或有债务的不确定触发机制。

情况,将明显低估其债务规模(陈均平,2014)。对地方政府的总体负债状况进行结构性分解,谨慎辨析和合理推断其显性债务和或有债务的结构,以及经验估计其结构性风险状况是下文拟解决的重要问题。

(一) 显性债务的违约概率

假设地方政府在 $T(T>t)$ 时点的存量债务规模是 N_T,其中显性债务和或有债务分别是 E_T 和 $I_T(N_T=E_T+I_T)$。假设地方政府债务在 T 时点的到期比例是 $\gamma_T[\gamma_T\in(0,1)]$,到期或有债务触发地方政府代偿的比例是 $\eta_T[\eta_T\in(0,1)]$,则地方政府 T 时点应代偿的或有债务比例(或触发地方政府代偿的到期或有债务比例)$\beta_T=\gamma_T \cdot \eta_T$,易证 β_T 是 $(0,\gamma_T)$ 上的均匀分布(证明见本章附录3-A)。假设地方政府在 T 时点的应偿显性债务和或有债务规模分别是 D_T 和 C_T,则 $D_T=\gamma_T E_T$ 和 $C_T=\beta_T I_T$,前者表示该时点到期的显性债务规模,后者表示被触发代偿的到期或有债务规模,则 T 时点的应偿债务规模是 $D_T+C_T=D_T+\beta_T I_T$,其中 β_T 是 $(0,\gamma_T)$ 上的均匀分布。

在或有债务不确定触发代偿的情形下,设地方政府违约行为由其可偿债资金收入 $V_t(t<T)$ 驱动(结构示意如图3-5所示)。与结构化信用风险模型的传统范式一致,假设地方政府的可偿债资金收入 V_t 服从如下几何布朗运动:

$$dV_t=\mu V_t dt+\sigma V_t dW_t \quad (3-6)$$

其中,μ 和 σ^2 分别表示可偿债资金收入增速(对数差分增速)的瞬时期望和方差,且维纳过程 $dW_t \sim N(0,t)$,则可偿债资金收入的动态随机运动规律如下[①]:

$$V_T=V_t e^{\left(\mu-\frac{\sigma^2}{2}\right)\Delta T+\sigma\Delta W_T} \quad (3-7)$$

当没有或有债务被触发代偿时($\beta_T=0$),地方政府 T 时点的到期债务规模将是 D_T(仅有显性债务)。当可偿债资金收入小于显性债务价值时,地方政府对显性债务的债权人违约,则地方政府显性债务的违约概率 $PD_{E,T}=P\{V_T<D_T\}$($PD_{E,T}$ 表示显性债务在 T 时点的违约概率),将式(3-7)代入化简得:

$$PD_{E,T}=\left\{-\frac{\Delta W_T}{\sqrt{\Delta T}}>\frac{\ln\left(\frac{V_t}{D_T}\right)+\left(\mu-\frac{\sigma^2}{2}\right)\Delta T}{\sigma\sqrt{\Delta T}}\right\}=\Phi(-d_2) \quad (3-8)$$

---

① 由式(3-7)知地方政府可偿债资金收入的对数差分增速服从正态分布。

其中，$d_2 = \dfrac{\ln\left(\dfrac{V_t}{D_T}\right) + \left(\mu - \dfrac{\sigma^2}{2}\right)\Delta T}{\sigma\sqrt{\Delta T}}$，$\Phi(\cdot)$ 表示标准正态累积分布函数。

式(3-8)与结构化信用风险模型框架内的借款人违约概率一致。

（二）或有债务的违约概率

当有或有债务触发地方政府的代偿时，地方政府 T 时点的到期债务规模将是 $D_T + \beta_T I_T$，其中，β_T 服从 $(0, \gamma_T)$ 上的均匀分布，则地方政府总体债务的违约概率 PD_T 如下：

$$PD_T = P\{V_T < D_T + \beta_T I_T\} \tag{3-9}$$

将式(3-7)代入式(3-9)，得：

$$PD_T = P\left\{\ln\left(\frac{V_t}{D_T}\right) + \left(\mu - \frac{\sigma^2}{2}\right)\Delta T + \sigma \Delta W_T < \ln\left(1 + \beta_T \frac{I_T}{D_T}\right)\right\} \tag{3-10}$$

不妨令 $X_T = -\dfrac{\Delta W_T}{\sqrt{\Delta T}}$ 和 $Z_T = \dfrac{I_T}{D_T}$，这里 X_T（属标准维纳过程）是标准正态分布，Z_T 反映了地方政府的债务结构，则式(3-10)进一步化简如下：

$$PD_T = P\left\{X_T > d_2 - \frac{\ln(1 + \beta_T Z_T)}{\sigma\sqrt{\Delta T}}\right\} \tag{3-11}$$

式(3-11)表示：二维随机变量 (X_T, β_T) 落入空间 $\left\{(x_T, \beta_T) \mid x_T > d_2 - \dfrac{\ln(1 + \beta_T Z_T)}{\sigma\sqrt{\Delta T}}, 0 < \beta_T < \gamma_T\right\}$ 的概率。由于 X_T 是 ΔW_T 的线性函数且 ΔW_T 是地方政府可偿债资金收入的随机驱动成分（或地方政府可偿债资金收入由 ΔW_T 驱动），而地方政府是否需要履行或有代偿义务由举债人等第三方的信用事件触发，其与地方政府的总体清偿能力基本无关，故可设 X_T 和 β_T 相互独立。由于 X_T 和 β_T 的边缘密度函数分别如下：

$$f_{X_T}(X_T) = \frac{1}{\sqrt{2\pi}} e^{-\frac{x_T^2}{2}}, \ x_T \in \mathbf{R} \tag{3-12-A}$$

$$f_{\beta_T}(\beta_T) = \begin{cases} \dfrac{1}{\gamma_T}, & \text{if } \beta_T \in (0, \gamma_T) \\ 0, & \text{if } \beta_T \notin (0, \gamma_T) \end{cases} \tag{3-12-B}$$

故 (X_T, β_T) 的联合密度如下：

$$f_{X_T, \beta_T}(x_T, \beta_T) = \frac{1}{\gamma_T \sqrt{2\pi}} e^{-\frac{x_T^2}{2}} \quad (3-13)$$

其中，$\{(x_T, \beta_T) \mid x_T \in (-\infty, \infty), 0 < \beta_T < \gamma_T\}$。可见，式(3-13)等价于：在二维随机变量 (X_T, β_T) 服从式(3-13)分布的情形下，求其在空间 $\Omega = \Big\{ (x_T, \beta_T) \mid x_T > d_2 - \frac{\ln(1+\beta_T Z_T)}{\sigma \sqrt{\Delta T}}, 0 < \beta_T < \gamma_T \Big\}$ 的概率。

事实上，可对空间 Ω 进行切割，将其划分为两个互不相交子空间 Ω_1 和 Ω_2 的并集（空间结构如图 3-6 所示）：

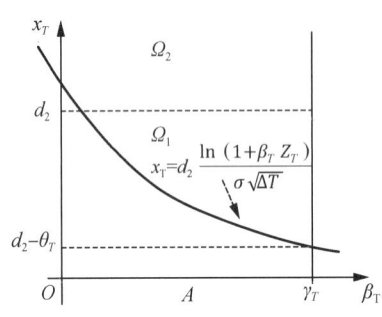

注：Ω_1 和 Ω_2 分别是地方政府或有债务和显性债务的违约空间

图 3-6 空间 Ω 的划分

$$\Omega = \Omega_1 \bigcup \Omega_2, \Omega_1 \bigcap \Omega_2 = \varnothing,$$
$$\text{且 } P(\Omega) = P(\Omega_1) + P(\Omega_2) \quad (3-14)$$

$$\Omega_1 = \Big\{ (x_T, \beta_T) \mid x_T \in \Big(d_2 - \frac{\ln(1+\beta_T Z_T)}{\sigma \sqrt{\Delta T}}, d_2 \Big), \beta_T \in (0, \gamma_T) \Big\} \quad (3-14-A)$$

$$\Omega_2 = \{(x_T, \beta_T) \mid x_T \in (d_2, +\infty), \beta_T \in (0, \gamma_T)\} \quad (3-14-B)$$

基于二维随机变量的概率求法知：

$$P(\Omega_2) = \int_{d_2}^{+\infty} \frac{1}{\sqrt{2\pi}} e^{-\frac{x^2}{2}} dx \cdot \int_0^{\gamma_T} \frac{1}{\gamma_T} dy = \Phi(-d_2) \quad (3-15)$$

显然，$P(\Omega_2)$ 与式(3-8)显性债务的违约概率 $PD_{E,T}$ 一致，表明 Ω_2 是地方政府显性债务的违约空间，则剩余空间 Ω_1 是地方政府或有债务的违约空间。

$$P(\Omega_1) = \int_{d_2 - \frac{\ln(1+yZ_T)}{\sigma \sqrt{\Delta T}}}^{d_2} f_{X_T}(x) dx \cdot \int_0^{\gamma_T} f_{\beta_T}(y) dy$$

$$= \frac{1}{\gamma_T} \int_0^{\gamma_T} \Big[\Phi(d_2) - \Phi\Big(d_2 - \frac{\ln(1+yZ_T)}{\sigma \sqrt{\Delta T}} \Big) \Big] dy$$

$$= \Phi(d_2) - \frac{1}{\gamma_T} \int_0^{\gamma_T} \Phi\Big(d_2 - \frac{\ln(1+yZ_T)}{\sigma \sqrt{\Delta T}} \Big) dy \quad (3-16)$$

附录 3-B 给出了式(3-17)的推证过程。

$$\int_0^{\gamma_T} \Phi\left(d_2 - \frac{\ln(1+yZ_T)}{\sigma\sqrt{\Delta T}}\right) \mathrm{d}y =$$

$$\Phi(d_2 - \theta_T)\gamma_T + \frac{1}{Z_T}[n(d_2 - \theta_T) - n(d_2)] +$$

$$\frac{V_t \mathrm{e}^{\mu\Delta T}}{Z_T D_T}\left\{[n(d_1) - n(d_1 - \theta_T)] + \sigma\sqrt{\Delta T}[\Phi(d_1) - \Phi(d_1 - \theta_T)]\right\}$$

(3-17)

其中,$n(x) = \frac{1}{\sqrt{2\pi}}\mathrm{e}^{-\frac{x^2}{2}}$, $\theta_T = \frac{\ln(1+\gamma_T Z_T)}{\sigma\sqrt{\Delta T}}$,将式(3-17)代入式(3-16),得:

$$P(\Omega_1) = [\Phi(d_2) - \Phi(d_2 - \theta_T)] + \frac{1}{Z_T\gamma_T}[n(d_2) - n(d_2 - \theta_T)] - \frac{V_t}{D_T} \cdot$$

$$\frac{\mathrm{e}^{\mu\Delta T}}{Z_T\gamma_T}\{\sigma\sqrt{\Delta T}[\Phi(d_1) - \Phi(d_1 - \theta_T)] + [n(d_1) - n(d_1 - \theta_T)]\}$$

(3-18)

式(3-18)表示因或有债务代偿导致地方政府违约概率的增量,相当于地方政府或有债务的违约概率 $PD_{I,T}$。为简洁计,不妨令 $A = \Phi(d_2) - \Phi(d_2 - \theta_T)$,$B = n(d_2) - n(d_2 - \theta_T)$,$C = [\Phi(d_1) - \Phi(d_1 - \theta_T)]$ 和 $D = [n(d_1) - n(d_1 - \theta_T)]$,则地方政府或有债务的违约概率 $PD_{I,T}$ 如下:

$$PD_{I,T} = A + \frac{1}{Z_T\gamma_T} \cdot B - \frac{V_t}{D_T} \cdot \frac{\mathrm{e}^{\mu\Delta T}}{Z_T\gamma_T}\{\sigma\sqrt{\Delta T} \cdot C + D\} \quad (3\text{-}19)$$

结合式(3-8)和式(3-19)知,地方政府债务的总体违约概率 PD_T ($PD_T = PD_{E,T} + PD_{I,T}$) 如下:

$$PD_T = \Phi(-d_2) + A + \frac{1}{Z_T\gamma_T} \cdot B - \frac{V_t}{D_T} \cdot \frac{\mathrm{e}^{\mu\Delta T}}{Z_T\gamma_T}\{\sigma\sqrt{\Delta T} \cdot C + D\}$$

(3-20)

(三) 单期动态递推估计思路

假设样本期 $[t, T]$ 内共有 $n+1$ 个等间距的变量观测值,可基于第 $[i, i+1]$ 期 ($\Delta T = 1$) 的有关数据,进行如下的动态递推估计:在特定的债务到期比例(或债务久期)下,地方政府在第 $i+1$ ($i=1, 2, \cdots, n$) 时点的债务违约概率等。具体估计过程和估计原理如下:

(1) 甄别和估算地方政府的可偿债资金收入和到期债务状况。具体包括:①估算地方政府的可偿债资金收入序列 $\{V_i\}(i=1,2,\cdots,n+1)$;②地方政府的到期显性债务规模 $\{D_i\}(i=1,2,\cdots,n+1)$,其是地方政府显性债务规模 $\{E_i\}(i=1,2,\cdots,n+1)$ 和债务到期比例 $\{\gamma_i\}(i=1,2,\cdots,n+1)$ 之积;③地方政府的已到期或有债务规模 $\{C_i\}(i=1,2,\cdots,n+1)$,其是地方政府或有债务规模 $\{E_i\}(i=1,2,\cdots,n+1)$ 和债务到期比例 $\{\gamma_i\}(i=1,2,\cdots,n+1)$ 之积。出于可比性需要及为简洁计,模型估计将假设地方政府债务的到期比例是常数(当其取不同值时,分别表示不同的债务久期),这是本研究唯一需要经验设定的参数。

(2) 估计地方政府可偿债资金收入的动态特征参数 $\{\mu,\sigma\}$。假设样本期 $[t,T]$ 内有 $n+1$ 个等间距的地方政府可偿债资金收入 $\{V_i\}(i=1,2,\cdots,n+1,$ 且 $T=n+1)$ 数据,由式(3-7)知其离散格式如下:

$$\ln\left(\frac{V_{i+1}}{V_i}\right)=\left(\mu-\frac{\sigma^2}{2}\right)+\sigma\Delta W_{i+1} \qquad (3-21)$$

其中,$\Delta W_{i+1}=W_{i+1}-W_i(i=1,2,\cdots,n)$ 是标准正态随机变量序列。假设地方政府在 $i+1$ 时点的可偿债资金收入增速为 RV_{i+1},则 $\{RV_{i+1}\}=\{\ln(V_{i+1})-\ln(V_i)\}(i=1,2,\cdots,n)$。结合式(3-21)知 $\{RV_{i+1}\}(i=1,2,\cdots,n)$ 是期望为 $\left(\mu-\frac{\sigma^2}{2}\right)$、方差为 σ^2 的正态分布,故参数集 $\{\mu,\sigma\}$ 的估计量分别如下:

$$\left\{\left(\hat{\mu}=E(\{RV_{i+1}\})+\frac{\hat{\sigma}^2}{2},\ \hat{\sigma}^2=D(\{RV_{i+1}\})\right)\right\}\ (i=1,2,\cdots,n)$$
$$(3-22)$$

(3) 估算有关中间变量 $\{Z_{i+1},K_{i+1},\hat{\theta}_{i+1},\widehat{d_{1,i+1}},\widehat{d_{2,i+1}}\}(i=1,2,\cdots,n)$。在第 $[i,i+1](i=1,2,\cdots,n)$ 期,$Z_{i+1}=\frac{I_{i+1}}{D_{i+1}}$ 表示第 $[i,i+1]$ 期之期末时点的或有债务占已到期显性债务的比例,$K_{i+1}=\frac{D_{i+1}}{V_i}$ 表示第 $[i,i+1]$ 期之期末时点的已到期显性债务占期初可偿债资金收入的比例,$\{\hat{\theta}_{i+1},\widehat{d_{1,i+1}},\widehat{d_{2,i+1}}\}$ 则是前述参数集 $\{\hat{\mu},\hat{\sigma},\gamma,Z_{i+1},K_{i+1}\}$ 的函数,其中,$\hat{\theta}_{i+1}=\frac{\ln(1+\gamma Z_{i+1})}{\hat{\sigma}}$,$\widehat{d_{2,i+1}}=\frac{-\ln(K_{i+1})+\hat{\mu}-\hat{\sigma}^2/2}{\hat{\sigma}}$ 和 $\widehat{d_{1,i+1}}=\widehat{d_{2,i+1}}+\hat{\sigma}$。

(4) 分期递推估计地方政府债务的违约概率。由式(3-8)知,地方政府在第 $i+1$ 时点($i=1, 2, \cdots, n$)的显性债务违约概率 $\widehat{PD}_{E, i+1}$ 如下:

$$\widehat{PD}_{E, i+1} = \Phi(-\widehat{d_{2, i+1}}) \tag{3-23}$$

由式(3-19)、式(3-20)分别可知,地方政府在第 $i+1$($i=1, 2, \cdots, n$)时点的或有债务违约概率 $\widehat{PD}_{I, i+1}$ 和总体债务的违约概率 $\widehat{PD}_{i+1}$ 分别如下:

$$\widehat{PD}_{I, i+1} = \hat{A} + \frac{1}{\gamma Z_{i+1}} \cdot \hat{B} - \frac{1}{K_{i+1}} \cdot \frac{e^{\hat{\mu}}}{\gamma Z_{i+1}} \{\hat{\sigma} \sqrt{\Delta T} \cdot \hat{C} + \hat{D}\} \tag{3-24}$$

$$\widehat{PD}_{T, i+1} = \Phi(\widehat{d_{2, i+1}}) + \hat{A} + \frac{1}{\gamma Z_{i+1}} \cdot \hat{B} - \frac{1}{K_{i+1}} \cdot \frac{e^{\hat{\mu}}}{\gamma Z_{i+1}} \{\hat{\sigma} \sqrt{\Delta T} \cdot \hat{C} + \hat{D}\} \tag{3-25}$$

其中,$\hat{A} = \Phi(\widehat{d_{2, i+1}}) - \Phi(\widehat{d_{2, i+1}} - \hat{\theta}_{i+1})$,$\hat{B} = n(\widehat{d_{2, i+1}}) - n(\widehat{d_{2, i+1}} - \hat{\theta}_{i+1})$,$\hat{C} = \Phi(\widehat{d_{1, i+1}}) - \Phi(\widehat{d_{1, i+1}} - \hat{\theta}_{i+1})$,$\hat{D} = n(\widehat{d_{1, i+1}}) - n(\widehat{d_{1, i+1}} - \hat{\theta}_{i+1})$。

三、地方政府的债务结构

(一) 基于地方报告数据的估算

地方政府仅确认、计量和报告了显性债务状况,其与综合财政预算收入中的债务性收入相当①。我们分别对 31 个省属地方政府的债务性收入进行了汇总(债务性收入=国债转贷收入+国债转贷资金上年结余+财政部代理发行地方政府债券收入+地方向国外借款收入),再对各省属地方政府的债务性收入进行加总,获得了地方政府的显性债务规模(见表 3-11)②。

由于地方政府未确认、计量和报告显性债务以外的其他债务类型,故地方政府债务规模及结构信息相当分散和隐晦③。外界只能基于国家审计部门的审计公告、财政部的财政收支状况报告、统计部门的统计年鉴等只言片语,间接推断地方政府的总体负债状况。刁伟涛(2016)曾基于《中国财政年鉴》《中国统计年鉴》《财政收支报告》和政府性债务审计公告等整理出了 1996—

---

① 省属地方政府包括省、自治区和直辖市政府。
② 若将地方政府综合财政预算收入分为公共财政预算收入、中央转移性收入、调节性收入和债务性收入,则"地方政府显性债务=综合财政预算收入-公共财政预算收入-中央转移性收入-调节性收入",不妨称此估算方法为"间接估算法",而将正文方法称为"直接估算法"。在分省报告数据无遗漏和数据质量可靠(如未有数据缺失、未有数据录入瑕疵、数据更新及时等)的情形下,两种方法估算的地方政府显性债务应基本一致。附录 5 报告了地方政府显性债务的直接估算和间接估算结果,在 2012 年(含)之前,两种方法的估算结果的相对差异极小;在 2012 年之后,两者的相对差异开始明显拉大,这与部分省份的局部数据缺失或更新不及时有关。
③ 俞乔(2013)曾用大数据方法对 289 个市级政府的财政透明度进行了评价,发现地方政府债务是财政状况中最不透明的部分。马蔡琛和尚妍(2016)对多渠道或来源的中国政府(含中央政府和地方政府)负债水平的估测情况进行了总结。

2014年的地方政府负债率数据(属全口径债务统计)①。另外,基于财政部官员的公开讲话和媒体报道,我们获悉2015年的地方政府负债率约为23.60%。

地方政府或有债务的估算过程如下:①按本节第一段之思路匡算地方政府报告的显性债务规模;②计算地方政府债务的总体规模,其是地方政府负债率和全国GDP之积;③估算地方政府的或有债务规模,其是地方政府债务的总体规模和报告显性债务之差(见表3-11中的"基于地方报告数据的估算")。表3-11揭示:地方政府债务呈快速增长趋势,其负债率由1999年的4.11%蹿升至2015年的23.6%,然而,显性债务仅占地方政府债务的冰山一角。以2015年为例,地方政府的总体债务规模约161 779.37亿,其中显性债务和或有债务分别是7 303.81亿和154 475.56亿,分别占全国GDP的1.07%和22.53%。

表3-11 地方政府的债务结构

	地方政府债务		基于地方报告数据的估算		基于审计公告数据的推算	
	债务规模(亿元)	负债率	显性债务(亿元)	或有债务(亿元)	显性债务(亿元)	或有债务(亿元)
1999年	3 722.2	4.11%	606.08	3 116.12	2 233.32	1 488.88
2000年	4 963.86	4.95%	440.09	4 523.77	2 978.32	1 985.54
2001年	6 618.53	5.97%	443.56	6 174.96	3 971.12	2 647.41
2002年	8 836.68	7.26%	293.05	8 543.63	5 302.01	3 534.67
2003年	11 158.67	8.12%	273.74	10 884.93	6 695.20	4 463.47
2004年	14 112.47	8.72%	118.02	13 994.45	8 467.48	5 644.99
2005年	17 832.76	9.52%	141.17	17 691.59	10 699.66	7 133.10
2006年	22 536.33	10.27%	96.07	22 440.26	13 521.80	9 014.53
2007年	28 482.48	10.54%	35.01	28 447.48	17 089.49	11 392.99
2008年	35 178.66	11.01%	51.73	35 126.93	21 107.20	14 071.46
2009年	57 039.9	16.34%	2 031.42	55 008.48	34 223.94	22 815.96
2010年	67 778.27	16.41%	2 011.8	65 766.47	40 666.96	27 111.31
2011年	81 223.9	16.60%	2 023.63	79 200.27	48 734.34	32 489.56
2012年	97 428.24	18.03%	2 534.99	94 893.25	58 456.94	38 971.30
2013年	115 715.51	19.44%	4 619.41	111 096.1	69 429.31	46 286.20
2014年	155 970.5	24.22%	3 874.64	152 095.86	93 582.30	62 388.20
2015年	161 779.37	23.60%	7 303.81	154 475.56	97 067.62	64 711.75

注:地方政府债务规模=地方政府负债率×全国GDP,GDP数据来自iFinD。

---

① 地方政府负债率=(地方政府债务余额/全国GDP)×100%。

(二) 基于审计公告数据的推算

审计署曾对各级地方政府的债务情况进行了大范围审计。《全国政府性债务审计结果》(审计署2013年第32号公告)披露：截至2012年年底,地方政府负有偿还责任的债务和或有债务(包括负有担保责任的债务和可能承担一定救助责任的债务)分别是96 281.87亿和62 576.45亿,其中或有债务占总债务的39.39%；截至2013年6月底,地方政府负有偿还责任的债务和或有债务分别是108 859.17亿和70 049.49亿,其中或有债务占总债务的39.15%。从以上两个时点的地方政府债务结构来看,或有债务的占比均约为40%。若将或有债务以外的其他债务视为显性债务,并且假设或有债务占总债务的比例是40%,则将能近似估计地方政府的或有债务状况(见表3-11的"基于审计公告数据的推算")①。

四、地方政府债务的结构性风险

(一) 参数估计或经验设定

在模型估计之前,还需要估计地方政府可偿债资金收入的动态特征参数,并且经验设定各年末时点未来一年的地方政府债务的到期比例。

(1) 估计地方政府可偿债资金收入的动态特征参数$\{\mu, \sigma\}$。对地方政府的可偿债资金收入序列取对数差分,将获得其增速序列(统计检验表明其接受服从正态分布的原假设,统计检验结果请见附录3-C,与模型假设一致),再按式(3-17)获得其两个特征参数的估计结果$\{\hat{\mu} = 19.47\%, \hat{\sigma} = 31.34\%\}$。

(2) 经验设定各年末时点未来一年的债务到期比例$\{\gamma\}$。即便对中央政府和各级地方政府而言,其对地方政府债务规模尚讳莫如深,更不用说债务到期结构了。根据《全国政府性债务审计结果》披露的数据计算表明：在2013年12月前到期的地方政府债务是2 944.42亿,占地方政府存量债务的18.41%；在2014年年底到期的地方政府债务是35 681.13亿,占地方政府存量债务的19.94%。具体而言,在2013年6月(审计截止日)—2014年6月(1年时限),地方政府债务的到期比例约为20%。不妨结合有限的历史经验设其初值为20%,这相当于假设地方政府债务久期约为5年(或平均债务到期时间约为5年),可将其视为观察地方政府债务风险的"基准情景"。另外,我们还将放宽该参数的初值设定约束,多情景估计和报告下列内容：当地方政府债务的到期比例分别为10%、20%和30%时(或债务久期分别是10年、5年和3.3年),其显性债务和或有债务的结构性信用风险状况。我们相信上述情景所达之区间,足以涵盖有关实际情况。

---

① 本节旨在提供更加丰富的信息。有无本节及其相应的结构性风险估计,不影响本研究基本结论。

（二）基于地方报告数据的结构性风险估计

若基于地方政府报告的显性债务来匡算其或有债务情况（见表3-11中的"基于地方报告数据的推算"），当地方政府债务的到期比例分别是10%、20%和30%时（或$\gamma=0.1$、$\gamma=0.2$、$\gamma=0.3$时），其显性债务和或有债务的违约概率的时序及其比较如图3-7所示。基本规律如下。

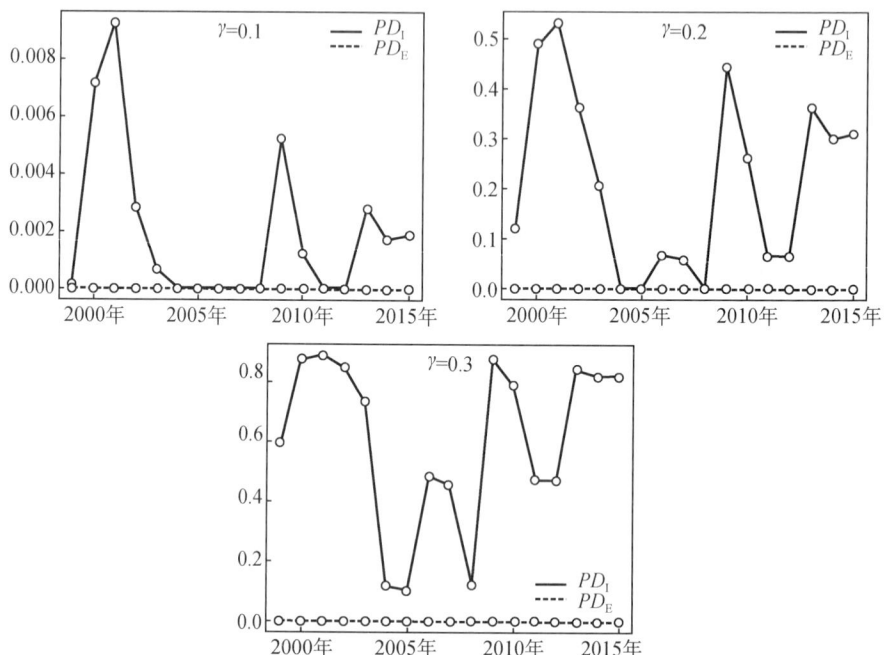

图3-7　地方政府债务的结构性风险

（1）地方政府报告的显性债务的违约概率极低。在三种债务到期比例（或债务久期）的情景设定下，地方政府显性债务的违约概率均接近于零。由此可见，若仅基于地方政府报告的显性债务推断其总体债务风险状况，势必过度低估了地方政府债务问题的严重性，严重曲解了相关问题的本质内涵。

（2）地方政府债务风险的主要形态是或有债务的不确定触发。模型估计表明：在部分时段内（如2000—2003年、2009—2010年和2013—2015年），地方政府或有债务的违约概率较高，地方政府履行或有代偿义务的结构性压力明显较大。

（三）基于审计公告数据的结构性风险估计

若基于审计公告的经验数据匡算地方政府的债务结构（见表3-11中"基于审计公告数据的推算"），当地方政府债务的到期比例分别为10%、20%和30%

时(或 $\gamma=0.1$、$\gamma=0.2$、$\gamma=0.3$ 时),其或有债务和显性债务的违约概率的时序规律如图 3-8 所示,上述三种情景下两种债务的信用风险比较如图 3-9 所示。基本规律如下。

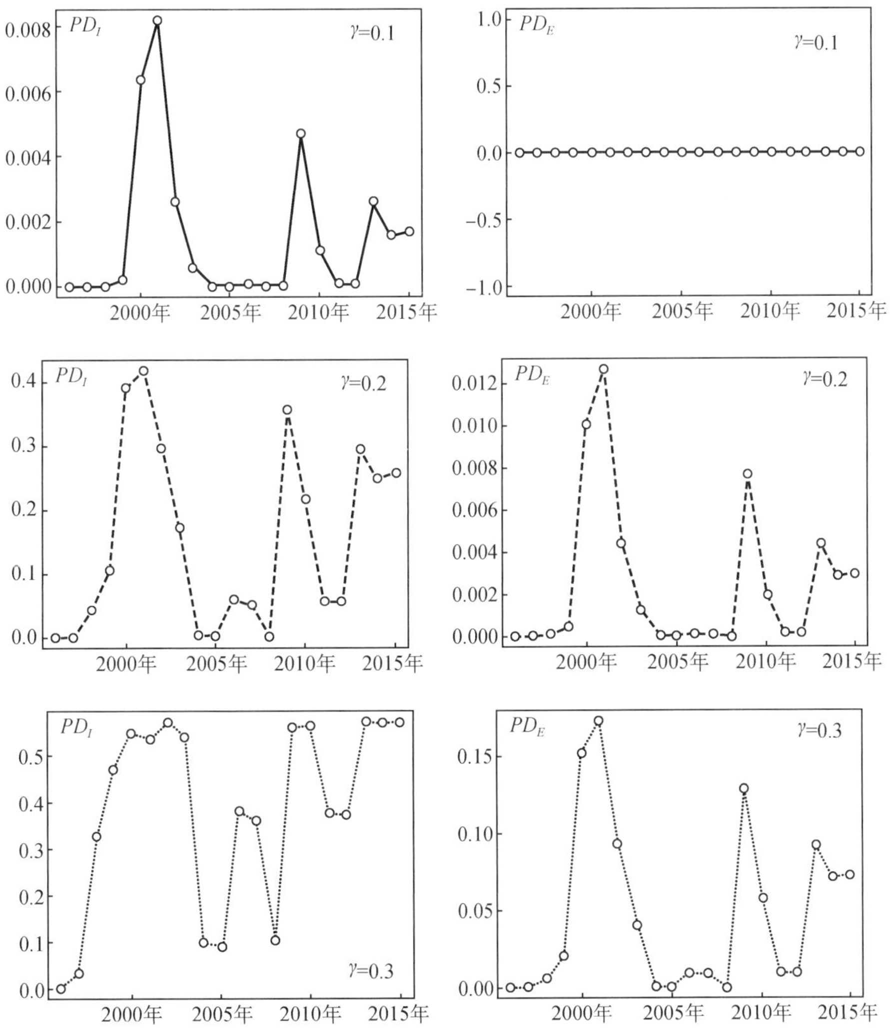

图 3-8　三种情景下($\gamma=0.1$、0.2、0.3)的 PD_I 和 PD_E 的动态规律

(1) 地方政府的显性债务和或有债务拥有相似的动态风险特征。在三种债务到期比例的情景设定下,地方政府的显性债务和或有债务的违约概率拥有相似的动态特征。在特定时点或时段内(如 2000—2003 年、2009—2010 年、2013—2015 年),地方政府的或有代偿风险较高,其履行或有代偿义务的结构性压力明显较大。读者可能对此提出疑问:为何上述时段内未广泛发生地方政府或有债

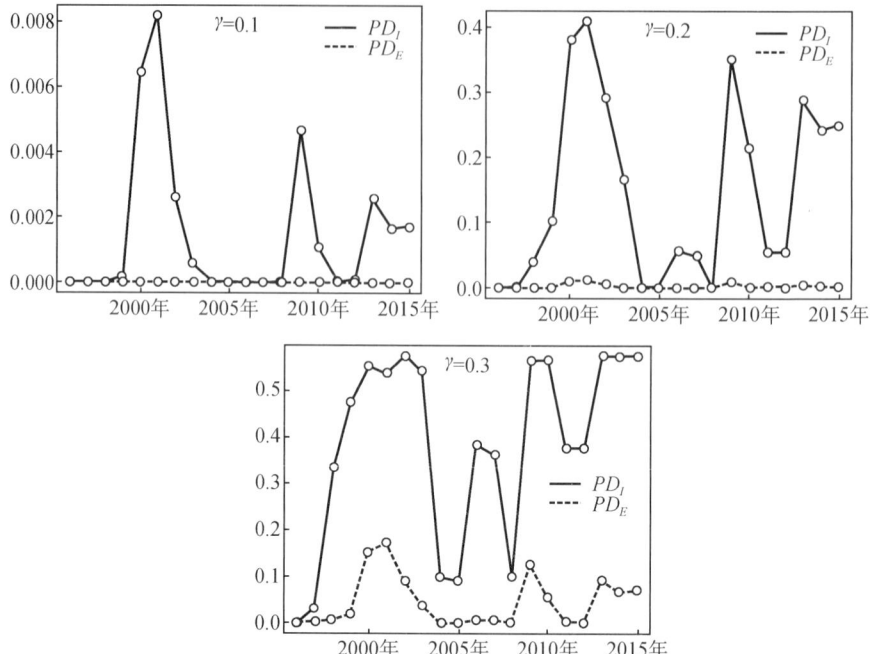

图3-9 三种情景下($\gamma=0.1$、0.2、0.3)的 PD_I 和 PD_E 比较

务的违约案例呢？理论上来讲，当或有债务触发地方政府的代偿要求时，地方政府的选择策略集包括："诚实"履行代偿义务；与债权人等协商进行债务重构；明确拒绝履行或有代偿"义务"。从法律上来讲，地方政府拒绝履行信用担保等偿债要求或机构债权人的其他代偿安排不算"违法"，债权人难以对其"显性"地发起诉求请求等，从而不易引起社会性事件特别是群体性事件[1]。从这个意义上来讲，外界对地方政府是否履行或有代偿义务难以充分感知。

(2) 地方政府显性债务的违约概率远低于或有债务。当地方政府债务的到期比例为10%时(债务久期约为10年)，其显性债务和或有债务的违约概率分别是0.00%和0.15%；当地方政府债务的到期比例为20%时(债务久期约为5年)，其显性债务和或有债务的违约概率分别是0.25%和15.18%；当地方政府债务的到期比例为30%时(债务久期约为3.33年)，其显性债务和或有债务的违约概率分别是4.71%和38.43%。显然，地方政府债务风险的主要表现形式是或有债务的不确定触发，但拉长债务久期能极大缓释其信用风险边界。

---

[1] 《地方政府性债务风险应急处置预案》(国办函〔2016〕88号)声明地方政府对无效担保合同仅依法承担适当的民事赔偿责任。在地方政府提供信用担保的融资结构安排中，地方政府承担民事责任的法理依据是债权人和担保人均有过错：地方政府在明知或应知担保违法的情形下仍向债权人出具了担保，债权人在明知或应知担保不合法的情形下仍接受该担保。

五、小结与建议

在或有债务不确定触发地方政府代偿的情景下,本研究对地方政府债务的结构性信用风险进行了模型刻画,经验估计了多久期情景下的地方政府显性债务和或有债务的结构性风险状况,主要结论或启示包括以下三个方面。

(1) 地方政府报告的显性债务的信用风险极低。从地方政府债务的结构来看,其报告的显性债务仅占冰山一角,而且显性债务的信用风险极低。若仅基于地方政府报告数据武断推断其总体债务风险,势必过度低估了有关问题的严重性,严重曲解了相关问题的本质内涵。审慎评估地方政府债务风险问题,需要对其结构性风险特别是或有债务风险进行仔细辨析和区别对待。

(2) 地方政府债务风险的主要形态是或有债务的不确定触发。在特定时点或时期内,地方政府或有债务的违约概率较高,地方政府履行或有代偿义务的结构性压力明显较大。然而,在地方政府或有代偿压力较大的时段内,似乎未大规模、显性发生地方政府直接"赖债"和债权人"维权"等事件,这与有关各方是否对到期债务进行重构(如债务展期、地方政府债务置换计划)和债务的合法属性有关。即便地方政府拒不履行信用担保等或有代偿义务,地方政府的"违约"行为亦不构成真正意义上的违法,机构债权人通常难以对其发起诉求请求或其他代偿安排。尽管地方政府的隐性代偿压力与其现实违约观感无明确"映射"关系,但前者可能切实导致了债权人的重大利益损失。对债权人而言,需要实时关注地方政府在特定时空内的履约能力,关切地方政府的结构性代偿能力及其变动趋势,这是前瞻性管理资产风险和成功规避损失的前提。

(3) 拉长债务久期能有效降低地方政府的或有代偿压力及其信用风险边界。模型估计表明:当地方政府债务的久期分别为10年、5年和3.3年时(或债务到期比例分别为10%、20%和30%时),其或有债务的违约概率分别是0.15%、15.18%和38.43%。具体而言,当或有债务久期从3.3年拉长至5年时,其违约概率将减小23.25%;当或有债务久期从3.3年拉长至10年时,其违约概率将减小38.28%;当或有债务久期从5年拉长至10年时,其违约概率将减小15.03%,上述情景均能大幅降低地方政府债务的信用风险边界,这给地方政府债券置换计划等奠定了理论基础。

第四节 从发行定价探究城投债担保的有效性研究

一、研究背景及意义

城投债和国外的"市政债"定位一样,具有政府债和公司债的双重属性。

在中国，城投债具有浓烈的中国特色。城投债是由地方融资城投平台发行的债券，其中包括了公司债、企业债、中短期融资券以及非公开定向融资工具(PPN)等，城投债的发行目的在于为地方的公共建设、经济发展筹集资金。产业债是指企业和公司发行的不包括城投债的信用债。产业债对政府的依赖性较小，主要依靠公司自身的经营能力和运营能力。

1993年，伴随着上海市城市建设投资开发总公司的成立，中国的第一只城投债落地，发行额为5亿元。回头细看城投债发展20多年的历史，其中有两个重要的时间节点，一个是2008年金融危机之后的四万亿计划的刺激，另一个是2014年债务逐渐剥离的转折点。可以说2008年刺激了城投债蓬勃发展，使城投债戴上了"刚性信仰"的标签，而2014年则是使城投债逐渐回归产业债的转折时间，城投债的投资逻辑逐渐从盲目信仰转变到有选择的精细投资。

如图3-10所示，城投债自2008年起，发行规模呈指数上升，到了2014年有所停滞。2017年，对城投债的信仰逐渐开始被质疑，城投债的发展面临一些挑战。在城投债20多年的发展过程中，政府的政策扮演了极其重要的角色，纵观整个城投债的发展，可以说监管在逐步到位，一步一步做到严监管，使城投债的市场逐渐规范。从城投债自身的角度来分析，城投债的价值本身与地方的政府债务息息相关，在2014年之后逐渐剥离开来，价值逐渐回归到市场上，投资者在投资城投债时，需要甄选出公司自身经营能力强的以及担保信用评级高的债券进行购买，变得不再盲目。城投债发展的过程根据其特点分为4个阶段，分别是：初步发展阶段(1990—2008年)、跨越式发展阶段(2009—2011年)、转型发展阶段(2012—2014年)以及监管密集阶段(2014年至今)。

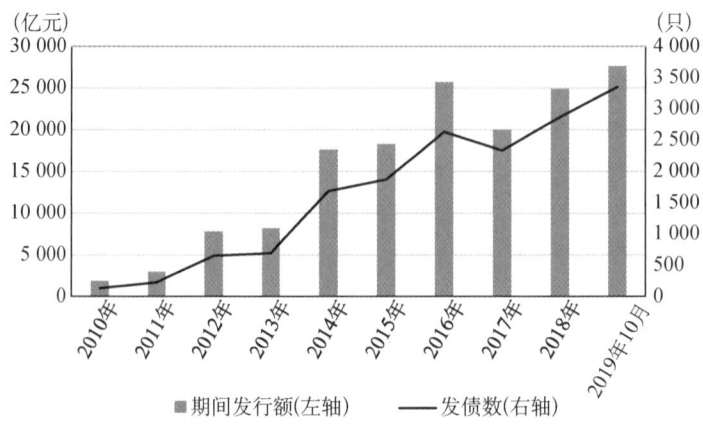

图3-10　2010—2019年城投债发行规模及数量

(数据来源：Wind数据库)

从城投债与产业债的利差方面来看,如图 3-11 所示,2016 年城投债与产业债的利差还有扩大的趋势,但自 2017 年监管政策纷纷出台之后,城投债的刚性信仰逐渐消失。

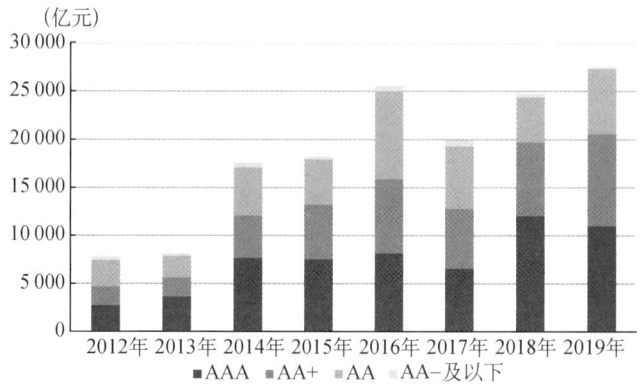

图 3-11　2012—2019 年城投债发行规模的评级分布

(数据来源:Wind 数据库)

城投债在利差走势上表现为与产业债利差逐渐同步,这在另一种程度上说明,城投债的投资逻辑逐渐回归产业债,在这种情况下,对比城投债以及产业债的隐性担保与显性担保对信用利差的有效性研究则更有价值和意义。

一直以来,城投债被市场普遍认为存在地方政府的隐性担保,隐性担保的存在是否可以降低城投债发行价格,随着隐形担保的逐渐退去,城投债的发行价格是否更趋向于公司债?第三方担保是否能够有效地反映在价格当中,从而为投资者提供有效的信息?伴随着虚假担保情形的出现,显性担保的存在与否是否并不会影响城投债发行的融资成本?这些都是值得深入研究的问题。因此,本研究尝试定义城投债所存在的两重担保,即政府的隐性担保和显性担保,同时引入城投公司自身的经营能力等因素,从城投债的发行价格的角度,进行实证分析,从而探究城投债的隐性担保以及显性担保的有效性。

本研究的意义在于:一方面,丰富了对城投债风险及其发行机制和定价的研究;另一方面,对于解决城投债未来发展、解决地方债务问题、规范监管部门制度以及投资者决策也具有一定的现实意义。同时,在城投债新旧交替、去伪存真的时间点上,城投债未来投资逻辑更倾向于非城投公司债,基于发行定价的实证对中国城投债担保的有效性研究兼具时代意义和给予机构投资者的投资意义。

二、研究假设与设计

(一) 研究假设

城投债虽然具有双重属性,但是仍然具有债券的性质,根据现金流贴现模型,债券的价格与自由现金流成正比。发行人自身的经营能力以及偿债能力反映在自由现金流的过程中,当发行人经营能力强以及偿债能力强的时候,发行人的公司运营良好,拥有较多的现金流。将经营能力量化成指标,即反映在净利润、现金比率等财务指标上。因此,有以下两个假设。

假设1:城投债的发行价格与自身的经营能力、盈利能力以及偿债能力成反比。经营能力越强,发行的价格越低,即发行成本越低。

假设2:产业债的发行价格与自身的经营能力、盈利能力以及偿债能力成反比。经营能力越强,发行的价格越低,即发行成本越低。

城投债所具有的另一个属性即地方政府的融资工具。一直以来城投债被视为不灭的信仰,城投债的背后有地方政府的强大支持与托底,在这种特殊又暧昧的关系当中,城投债所具有的隐性担保被普遍认为存在。在隐性担保方面,汪莉、陈诗一(2015)以及罗荣华、刘劲劲(2016)都认为城投债存在隐性担保且显著地影响债券的发行价格。对于产业债来说,投资者则更关注其发行人自身的质量,和地方政府的投融资并没有太大的关系,由此进一步提出以下假设3和假设4。

假设3:地方政府的隐性担保与城投债的发行成本具有显著的关系,并呈负相关关系。

假设4:地方政府的隐性担保与产业债的发行成本不具有显著的关系。

汪莉、陈诗一(2015)更进一步地通过实证检验的方式,发现了不同地区对城投债的发行价格影响的不同,因此,本研究将地方政府按照行政级别来划分,更进一步探究隐性担保有效性在不同的行政级别是否反应是不同的。省级及省会级别的地方财政实力一般比较雄厚,而到地市级、县级,其财政实力依次递减,其对城投债所能担保的程度也依次递减。因此提出假设5。

假设5:省级、地市级、县级对城投债的担保有效性依次递减。

周沅帆(2010),熊军、李雄和宋怀宇(2007)都认为城投债的发行成本可以通过信用增级降低。因此,我们提出假设6。

假设6:城投债以及产业债主体的评级越高,其发行价格越低,融资成本越低。

钟辉勇、钟宁桦和朱小能(2016)认为第三方担保由于发行人商业模式的存在而不具有有效性,解释了市场上虚假担保存在的现象。陈超(2014)则认为担保的存在可以降低发行成本。基于这样的假设,我们提出假设7。

假设7:第三方担保的存在不能显著影响城投债以及产业债的发行价格。

(二) 模型假设

通过提出假设1到假设7,同时借鉴了钟辉勇、钟宁桦和朱小能(2016)所构建的模型,我们希望通过构建关于城投债的模型1,即式(3-26),用债券的信用利差衡量债券的发行价格,从发行价格的角度,探究城投债的隐性担保以及显性担保的有效性,进行实证部分的分析。

温来成和苏超(2013)、韩鹏飞和胡奕明(2015)都认为城投债与产业债的投资逻辑逐渐靠拢,本研究也进一步将实证分析拓宽到非城投公司债即产业债,因此构建了模型2,即式(3-27),来探究产业债的隐性担保以及显性担保的有效性,并将产业债以及城投债进行对比。

由于数据不具有连续性且不具有时间序列性,所以构建两个混合截面数据的模型,如模型1和模型2,分别如下:

模型1:

$$city_{cs} = \alpha_0 + \beta_1 rating + \beta_2 change_{rating} + \beta_3 danbao + \beta_4 citybond + \beta_5 jibie + \beta_6 control + \varepsilon \quad (3-26)$$

模型2:

$$indust_{cs} = \alpha_0 + \beta_1 rating + \beta_2 change_{rating} + \beta_3 danbao + \beta_4 citybond + \beta_5 jibie + \beta_6 control + \varepsilon \quad (3-27)$$

在模型1当中,被解释变量 $city_{cs}$ 代表城投债的信用利差;在模型2当中,$indust_{cs}$ 代表产业债的信用利差。

$rating$ 为虚拟变量,代表主体评级。当主体评级为 $AA+$ 时,赋予 $rating_{AA+}$ 的虚拟变量值为1,不然取0值,其余的评级以此类推。

$change_{rating}$ 同样为虚拟变量,代表增信的改变。变量为增信之后的债项等级虚拟变量,当债项等级由 $AA+$ 增信至 AAA 时,赋予 $change_{rating}AA+_{AAA}$ 的虚拟值为1,否则赋予0值,其他评级改变以此类推。

被解释变量 $danbao$ 代表第三方担保人,如果存在第三方担保,则 $danbao$ 取值1,否则取值0。更进一步,若第三方担保为非专业担保时,$rela$ 取值为1,否则为0。

被解释变量 $jibie$ 代表了地方的行政级别,若地方平台为省级,赋予 $sheng$ 1值,否则取0;$diji$、$xian$ 分别代表了地级市、县级平台。

同时,在模型中,$control$ 代表控制变量,主要包括了外部的行业因素以及发行人自身的经营能力等因素,如债务率、净利润等要素。企业发行债券的过程十分冗杂,流程周期较长,因此需要将代表企业自身经营能力的变量都滞后一期。

(三) 样本选取来源

根据 Wind 数据库的统计,本研究所选取的样本为从 2010 年至 2017 年 11 月 31 日的数据,所选对象为上市的公司债和企业债,在此对数据做出以下说明。

① 数据并不覆盖所有的城投债,由于上市公司数据的可得性,本研究只选取了上市的公司债和企业债,并没有将短期融资票据、可转债以及其他类型的城投债计入其中,因此共获得数据 6 831 个。

② 通过识别发行的主体,将主体为城投公司的归为城投债的样本,总的样本减去城投样本为产业债样本。

③ 经过数据处理后,选取的公司债、企业债发行样本量共计 6 831 个,4 655 个城投债样本以及 2 176 个非城投公司债样本。

三、实证分析

(一) 描述性统计分析

从城投债样本的描述性统计分析结果来看,如表 3-12 所示,城投债本身特征之间存在一定差距。从表 3-12 中可以看出,城投债发行期限的平均值为 7.23 年,最小为 5 年,最多可至 20 年。由表 3-13 可以看出,产业债的信用利差的标准差较大,说明产业债的风险溢价波动较高,而城投债的标准差较小,从另一个方面说明了城投债所具有的隐性担保效力可能使城投债的风险溢价波动偏小。从表 3-14 可以看出,所有主体评级里,AA 评级占比最多,在所有的评级当中,只有 AA− 的债项数量少于主体数量。

表 3-12 城投债样本变量描述性统计

	样本量	平均值	标准差	最小值	最大值
发行期限(年)	4 655	7.23	1.21	5	20
发行总额(亿元)	4 655	12.32	4.89	3	50
信用利差	4 655	2.77	1.12	−0.10	5.69
总资产(亿元)	4 655	144.85	149.81	16.61	1 055.09
资产负债率	4 655	46.73	15.34	4.14	88.40
ROE(%)	4 655	3.89	3.32	−2.30	14.56

数据来源:Wind 数据库。

表 3-13　样本信用利差描述性统计

信用利差	样本量	平均值	标准差	最小值	最大值
城投债样本信用利差	4 655	2.75	0.99	−0.02	6.71
产业债样本信用利差	2 176	2.21	1.31	0.03	6.89
总信用利差	6 831	2.61	1.09	−0.13	6.56

数据来源：Wind 数据库。

表 3-14　样本债券评级描述性统计

	AA−		AA		AA+		AAA	
	债项	主体	债项	主体	债项	主体	债项	主体
2010 年	1	12	24	37	25	14	22	9
2011 年	6	55	148	146	64	25	31	23
2012 年	11	164	448	440	220	87	78	66
2013 年	3	143	507	539	251	100	107	86
2014 年	1	153	751	826	293	111	115	70
2015 年	2	83	450	493	218	143	136	87
2016 年	4	135	802	1016	510	306	486	345
2017 年	0	101	303	478	230	117	374	211
合计	28	846	3 433	3 975	1 811	903	1 349	897

数据来源：Wind 数据库。

（二）城投债第三方担保以及隐性担保实证分析

表 3-15 中的模型 1 与模型 2 即城投债与第三方担保以及隐性担保的实证分析结果。在模型 1 与模型 2 中，观察代表发行人自身经营能力以及盈利能力的财务指标，发现无论是从现金流、净利润还是从偿债指标分析，都可以看出这些指标与信用利差呈显著的负相关，因此证明了假设 1 的成立，即城投债的发行价格与自身的经营能力、盈利能力以及偿债能力成反比。经营能力越强，发行的价格越低，即发行成本越低。

表 3-15　城投债第三方担保以及隐性担保与信用利差实证结果

变量	模型 1	模型 2
$Rating_{AA}$	−0.84** (0.131 8)	−0.67*** (0.026 0)
$Rating_{AA+}$	−1.46*** (0.135 4)	−1.33*** (0.038 0)
$Rating_{AAA}$	−1.90*** (0.139 8)	−1.80*** (0.503 0)

(续表)

变量	模型1	模型2
$change_{rating}AA-_{AA}$	$-0.31^{**}(0.135\,7)$	—
$change_{rating}AA-_{AA+}$	$-0.48^{***}(0.137\,1)$	—
$change_{rating}AA-_{AAA}$	$-0.99^{***}(0.153\,8)$	—
$change_{rating}AA_{AA+}$	$-0.24^{***}(0.026\,6)$	—
$change_{rating}AA_{AAA}$	$-0.82^{***}(0.039\,8)$	—
$change_{rating}AA+_{AAA}$	$-0.39^{***}(0.075\,2)$	—
cash ratio	$-0.00(0.000\,9)$	$-0.00(0.000\,3)$
net profit	$-0.01(0.013\,9)$	$-0.01(0.012\,2)$
leverage	$0.00^{*}(0.001\,4)$	$-0.00(0.000\,4)$
date	$-0.21^{***}(0.059\,3)$	$-0.22^{***}(0.051\,7)$
scale	$-0.02(0.021\,5)$	$-0.05^{**}(0.022\,3)$
list	$-0.42^{***}(0.097\,5)$	$-0.49^{***}(0.089\,8)$
slop	$0.31^{***}(0.046\,3)$	$0.32^{***}(0.047\,4)$
treasure rate	$0.12^{***}(0.037\,1)$	$0.13^{***}(0.037\,8)$
sheng	$-0.17^{***}(0.025\,7)$	—
diji	$-0.03(0.022\,3)$	—
danbao	—	$-0.44^{***}(0.026\,6)$
rela	—	$-0.27^{***}(0.028\,8)$
行业变量	控制	控制
年份变量	控制	控制
观测值	4 655	4 655
R^2	0.71	0.69

注：表中括号里为异方差稳健标准误，$^{***}p<0.01$，$^{**}p<0.05$，$^{*}p<0.1$。

从模型1中 $sheng$、$diji$ 指标为负可以看出，地方政府存在隐性担保，而且隐性担保与信用利差具有十分显著的负相关关系，从而验证了假设3的成立，即地方政府的隐性担保与城投债的发行成本具有显著的关系，并呈负相关关系。

进一步地，将地方政府的平台按照行政级别来划分，通过模型1的 $sheng$、$diji$ 这两个指标可以看出，代表 $sheng$ 的指标显著相关系数为-0.17，而 $diji$

的则为-0.03,这说明不同行政级别的地方政府对城投债的发行价格具有不同的影响,省级的城投平台其政府隐性担保的有效性更强,而地级的城投平台相较于省级的有效性有所减弱,这也证明了假设5的成立,即省级、地市级、县级对城投债的担保有效性依次递减。

在模型2中,danbao代表是否存在担保,其相关性系数为-0.44,可以说第三方担保与城投债的发行成本具有显著的负相关性,这证明了假设7是不成立的,第三方担保的存在可以显著影响城投债的发行价格,并有效地反映在发行价格当中。

表3-15模型1当中所有代表主体评级变化的指标的相关系数都为负值,却显著负相关,这说明,信用评级改变信用的上调可以降低城投债券发行的融资成本,因此证明了假设6是正确的,即城投债以及产业债主体的评级越高,其发行价格越低,融资成本越低。

(三) 产业债第三方担保以及隐性担保实证分析

表3-16中的模型3与模型4即为产业债与第三方担保以及隐性担保的实证分析结果。从模型3与模型4中,观察代表发行人自身的经营能力以及盈利能力的财务指标,发现无论是从现金流、净利润还是从偿债指标分析,都可以看出这些指标与信用利差呈显著的负相关,因此证明了假设2的成立,即产业债的发行价格与自身的经营能力、盈利能力以及偿债能力成反比。经营能力越强,发行的价格越低,即发行成本越低。须注意,这些财务指标的相关系数都要大于模型1与模型2财务指标的相关系数,说明相较于城投债,投资者更看重产业债发行人自身资产的价值和公司的经营能力。

表3-16 产业债第三方担保以及隐性担保与信用利差实证结果

变量	模型3	模型4
$Rating_{AA}$	-1.94*** (0.245 3)	-0.86*** (0.067 0)
$Rating_{AA+}$	-2.68*** (0.264 7)	-1.99*** (0.108 9)
$Rating_{AAA}$	-3.48*** (0.256 7)	-2.68*** (0.124 6)
$change_{rating}AA-_{AA}$	-1.25*** (0.278 5)	—
$change_{rating}AA-_{AA+}$	-1.79*** (0.344 0)	—
$change_{rating}AA-_{AAA}$	-2.14*** (0.563 1)	—
$change_{rating}AA_{AA+}$	-0.42*** (0.053 3)	—
$change_{rating}AA_{AAA}$	-1.29*** (0.156 0)	—
$change_{rating}AA+_{AAA}$	-0.35*** (0.164 1)	—

(续表)

变量	模型3	模型4
$cash\ ratio$	$-0.06^{**}(0.0232)$	$-0.04^{*}(0.0251)$
$net\ profit$	$-0.04^{*}(0.1845)$	$0.03(0.0190)$
$leverage$	$0.00^{***}(0.0121)$	$0.00^{***}(0.0012)$
$date$	$-0.25^{***}(0.0734)$	$-0.34^{***}(0.0756)$
$scale$	$0.11(0.0347)$	$-0.03(0.0334)$
$list$	$-0.34^{***}(0.0424)$	$-0.30^{***}(0.0462)$
$slop$	$0.11(0.1115)$	$0.10(0.1219)$
$treasure\ rate$	$-0.01(0.0858)$	$-0.09(0.0936)$
$yangqi$	$-0.74^{***}(0.0625)$	—
$difangguoqi$	$-0.63^{***}(0.0502)$	—
$danbao$	—	$-0.70^{***}(0.1742)$
$rela$	—	$-0.25^{***}(0.0554)$
行业变量	控制	控制
年份变量	控制	控制
观测值	1 966	1 966
R^2	0.64	0.57

注：表中括号里为异方差稳健标准误，$^{***}\ p<0.01$，$^{**}\ p<0.05$，$^{*}\ p<0.1$。

从模型3的 $yangqi$、$difangguoqi$ 指标为负可以看出，作为产业债的发行公司，某种程度上也存在着隐性的担保，并且隐性担保与信用利差具有十分显著的负相关关系，从而说明了假设4的不成立，即隐性担保与产业债的发行成本具有显著的关系，并呈负相关关系。

进一步地，将产业债按所依托公司的所有制的性质划分，地方政府的平台按照行政级别来划分，通过模型3的指标可以看出，代表 $yangqi$ 的指标显著相关系数为 -0.74，而 $difangguoqi$ 的则为 -0.63，这说明不同公司级别对产业债的发行价格具有不同的影响，所依托央企发行的产业债成本最低，依次随着公司的所有制改变而递减。

在模型3中，$danbao$ 代表是否存在担保，其相关性系数为 -0.70，可以说第三方担保与产业债的发行成本具有显著的负相关性，这证明了假设7是不成立的，第三方担保的存在可以显著影响城投债的发行价格，并有效地反映在发行价格当中。同时应注意,第三方担保对城投债信用利差的关系系数为—0.44,第三方担保对产业债的信用利差影响程度更大,也从另一个方面说明第三方担保对于产业债来说重要程度很高。

表 3-16 模型 3 当中所有代表主体评级变化的指标的相关系数都为负值,却显著负相关,这说明,信用评级改变信用的上调可以降低城投债券发行的融资成本,因此证明了假设 6 是正确的,即产业债以及产业债主体的评级越高,其发行价格越低,融资成本越低。在这一方面,城投债与产业债得出的结论是相同的。

(四)稳健性检验

模型具有太多的虚拟变量,故而需要对模型进行稳健性的检验,重新为变量进行赋值,通过最小二乘法对 2 个模型进行回归分析,实证结果如表 3-17 所示。

表 3-17 稳健性检验

变量	模型 5	模型 6
$rate$	$-0.59^{***}(0.016\ 0)$	$-0.78^{***}(0.045\ 6)$
$change_{rating}AA-_{AA}$	$-0.09^{***}(0.035\ 4)$	$-0.11(0.130\ 8)$
$change_{rating}AA-_{AA+}$	$-0.26^{***}(0.036\ 4)$	$-0.88^{***}(0.140\ 8)$
$change_{rating}AA-_{AAA}$	$-0.79^{***}(0.076\ 2)$	$-1.04^{***}(0.179\ 2)$
$change_{rating}AA_{AA+}$	$-0.25^{***}(0.027\ 3)$	$-0.38^{***}(0.074\ 3)$
$change_{rating}AA_{AAA}$	$-0.79^{***}(0.039\ 5)$	$-0.92^{***}(0.145\ 0)$
$change_{rating}AA+_{AAA}$	$-0.41^{***}(0.078\ 2)$	$-0.68^{***}(0.150\ 2)$
$yangqi$	—	$-0.54^{***}(0.047\ 3)$
$difangguoqi$	—	$-0.44^{***}(0.039\ 7)$
$sheng$	$-0.14^{***}(0.043\ 9)$	
$diji$	$-0.03(0.041\ 7)$	
$danbao$	—	—
$rela$	—	—
年份变量	控制	控制
观测值	4 655	1 966
R^2	0.87	0.73

注:表中括号里为异方差稳健标准误,$^{***}\ p<0.01$,$^{**}\ p<0.05$,$^{*}\ p<0.1$。

模型 6 中的 $yangqi$、$difangguoqi$ 指标为负,由此可以看出,作为产业债的发行公司,某种程度上也存在着隐性的担保,并且隐性担保与信用利差具有十分显著的负相关关系,从而说明假设4不成立,即隐性担保与产业债的发行成本具有显著的关系,并呈负相关关系。模型5中 $sheng$、$diji$ 指标为负,可以看出,地方政府存在隐性担保,而且隐性担保与信用利差具有十分显著的负相关关系,从而验证了假设3的成立,即地方政府的隐性担保与城投债的发行成本具有显著的关系,并呈负相关关系。

模型5与模型6当中所有代表主体评级变化的指标的相关系数都为负值,却显著负相关,这说明,信用评级改变信用的上调可以降低城投债券发行的融资成本,因此证明了假设6是正确的,即城投债以及产业债主体的评级越高,其发行价格越低,融资成本越低。

同时,本研究对模型进行了多重共线性 VIF 检验,平均方差膨胀因子分别为3.26、4.56,不存在明显的共线性问题。

四、小结

通过上述基于发行价格的实证的检验,我们得出:城投债所具有的隐性担保和第三方担保影响发行价。

基于地方政府融资平台的行政级别进行划分,我们进一步发现:以省级平台发行的城投债,其隐性担保的效果更显著,而对于县级市以及县区为平台的隐性担保有效性不显著。这也说明投资者在选择城投债进行投资的时候,更倾向于投资行政级别高的地方投资平台,一方面降低城投债的发行成本,另一方面对于行政级别高的地方发行平台也更有信心。无论是专业的担保机构还是非专业担保机构都对城投债发行定价有显著影响,说明第三方担保为城投债的投资者提供了有力的参考。

产业债的发行价格也包含了由于所有权结构不同而存在的政府隐性担保以及第三方担保的价值。未来城投债的发展与投资逻辑向产业债靠拢,那么对比二者的实证分析结果的差别就更有意义。

第三方担保对城投债信用利差的关系系数小于产业债的相关系数,第三方担保对产业债的信用利差影响程度更大,也从另一个方面说明第三方担保对于产业债来说重要程度很高。

此外,从反映发债主体经营能力与盈利能力的财务指标来看,二者的显著性差别很大。对于产业债来说,财务指标的相关系数都要大于城投债利差模型当中财务指标的相关系数,说明相较于城投债,投资者更看重产业债发行人自身资产的价值和公司的经营能力。对于城投债而言,由于政府的隐性担保的存在,企业的经营能力与盈利能力往往被投资者忽视。

五、结论与启示

(一) 主要结论

在或有债务不确定触发地方政府代偿的情景下,本研究对地方政府债务的结构性信用风险进行了模型刻画,经验估计了多久期情景下的地方政府显性债务和或有债务的结构性风险,主要结论包括以下三个方面。

第一,地方政府报告的显性债务的信用风险极低。从地方政府债务的结构来看,其报告的显性债务仅占冰山一角,而且显性债务的信用风险极低。若仅基于地方政府报告数据武断推断其总体债务风险,势必过度低估了有关问题的严重性,严重曲解了相关问题的本质内涵。审慎评估地方政府债务风险问题,需要对其结构性风险特别是或有债务风险进行仔细辨析和区别对待。

第二,地方政府债务风险的主要形态是或有债务的不确定触发。在特定时点或时期,地方政府或有债务的违约概率较高,地方政府履行或有代偿义务的结构性压力明显较大。然而,在地方政府或有代偿压力较大的时段内,似乎未大规模、显性发生地方政府直接"赖债"和债权人"维权"等事件,这与有关各方是否对到期债务进行重构(如债务展期、地方政府债务置换计划)和债务的合法属性有关。即便地方政府拒不履行信用担保等或有代偿义务,地方政府的"违约"行为亦不构成真正意义上的违法,机构债权人通常难以对其发起诉求请求或其他代偿安排。尽管地方政府的隐性代偿压力与其现实违约观感无明确"映射"关系,但前者可能切实导致了债权人的重大利益损失。对债权人而言,需要实时关注地方政府在特定时空的履约能力,关切地方政府的结构性代偿能力及其变动趋势,这是前瞻性管理资产风险和成功规避损失的前提。

第三,拉长债务久期能有效降低地方政府的或有代偿压力及其信用风险边界。模型估计表明:当地方政府债务的久期分别为10年、5年和3.3年时(或债务到期比例分别为10%、20%和30%),其或有债务的违约概率分别是0.15%、15.18%和38.43%。具体而言:当或有债务久期从3.3年拉长至5年时,其违约概率将减小23.25%;当或有债务久期从3.3年拉长至10年时,其违约概率将减小38.28%;当或有债务久期从5年拉长至10年时,其违约概率将减小15.03%。上述情景均能大幅降低地方政府债务的信用风险边界,这给地方政府债券置换计划等奠定了理论基础。

(二) 政策讨论

《国务院关于加强地方政府性债务管理的意见》(国发〔2014〕43号)要求积极降低地方政府存量债务的利息负担,对甄别后纳入预算管理的存量债务,各地区可申请发行地方政府债券置换。"财政部有关负责人就发行地方政府债券置换存量债务有关问题答记者问"(2015年3月)指出,地方政府债券置换有助于优化地方政府的债务结构,降低地方政府的利息负担,缓释部分地方的支出压力。"财政部有关负责人就下达第2批置换债券额度有关问题答记者问"(2015年6月)指出,在当前经济下行压力加大、地方财政收入增速持续放缓的形势下,地方政府债券置换有利于保障在建项目融资和资金链不断裂,腾出更多资金用于重点项目建设,从而妥善处理化解债务与稳增长之间的关系。官方预期的地方政府债券置换计划的积极意义包括优化债务结构、降低利息负担、释放流动性压力、缓解结构性偿债负担、保障在建项目建设等。从某种程度上来讲,本研究给上述预期提供了直接的经验证据。地方政府债券置换本质上以显性债券融资替换存量将到期债务(特别是甄别后纳入预算管理的将到期或有债务),进而拉长即期债务的久期,这不仅有助于或有债务的"显性化"和"规范化",还能缓释地方政府债务的信用风险边界,降低地方政府的结构性代偿压力,有助于防范地方政府债务问题可能引发的系统性风险。

关于地方政府或有债务的监管问题,人们曾提出了诸多应景之策,如完善地方政府性债务的统计报告制度,按实质重于形式原则确认地方政府债务,确立权责发生制的地方政府债务核算基础,合并编制地方政府预算收支报告,适时编制地方政府资产负债表,建立或有债务的风险预警机制,等等。我们无意评价这些对策的可行性和合理性。就地方政府或有债务的信用风险状态和地方政府的或有代偿压力而言,恐怕鲜有机构能以摆事实方式说清一二。本研究对地方政府或有债务风险的经验估计及对其动态风险特征揭示,将有助于人们更加准确、客观地理解地方政府债务问题及其潜在影响,指导意义不言而喻。相较于基于显性指标等构建地方政府债务总体风险的预警体系等,本研究能够提供更加直观的启发性信息。

第五节 兜底预期与债务估值

一、研究背景及意义

基于借款主体的隐性担保预期和借款项目的刚性兑付是我国兜底预期的两种典型形态,其中:前者包括中央政府对地方政府债务的隐性担保、地方政府对融资平台债务的隐性担保等;后者包括信托业的刚性兑付惯例、银行业抽屉协议式回购承诺、点对点借贷平台(P2P)等新兴行业的刚兑窠臼等。

(一) 基于借款主体的隐性担保

中国久已形成"中央政府为核心、地方政府为主体"的隐性担保体系。中央政府向地方政府提供隐性担保的自洽逻辑包括:在非对称性财政分权模式下,地方政府仅有限的财权,而且非债务发行主体,注定了其相对模糊的责任空间①;地方政府是软预算约束主体,缺乏外部监督的制约机制;地方政府不能被破产清算,尚没有相应的债权保障机制;地方政府债务非纯粹的市场型借贷关系,危机处置过程掺杂着维稳诉求和其他复杂纠葛。中央政府对地方债务的隐性担保预期使得政府债务风险不断上移和过度累积,进而"倒逼"中央政府提供事实上的"兜底"②。在中央政府坚守不发生系统性和区域性风险的底线控制下,地方政府债务的信用下沉和风险上移将持续并存,高层级政府的信用风险不断累积和凸显,刚性兑付仍将是市场普遍预期的一项政策选择(闫文涛和李燕,2014)。

地方政府提供公共服务的投资缺口巨大(龚强等,2011;陈菁和李建发,2015),为了满足地方政府的职能需要,符合银行授信标准及监管要求等,地方政府纷纷设立融资平台,以企业名义向银行业金融机构借款,进而为地方公益性项目提供投融资服务(刘煜辉和沈可挺,2011;许友传和陈可桢,2013)。在融资平台的融资安排和交易结构中,地方政府普遍向融资平台提供信用担保等融资便利,有关形式包括但不限于:地方人大等权力机构出具担保函,承诺将融资平台债务纳入预算安排;地方政府及其部门出具承诺函、安慰函、知悉函等进行"暗示性"兜底;地方政府向信托投资标的提供间接担保,而不是对银行债权直接提供信用担保③。在地方政府的各种隐性兜底下,融资平台债务构成了地方政府的隐性和有限承诺债务(刘红忠和许友传,2016)。

(二) 基于借款项目的刚性兑付

刚性兑付是源自信托业的一种特殊现象。信托业的刚性兑付术可谓五花八门,如信托发起机构以自营资金向借款人发放信托贷款、认购信托计划受益权,或垫付信托计划等以确保原信托债务的及时兑付;信托发起机构滚动发行信托计划,构筑信托资金池和接盘原信托财产;信托计划关联方或其他神秘人出资购买或有条件兑付原信托计划。信托业的刚性兑付有着复杂的现实根源,在信托业重新登记和"一法两规"实施后,有关部门曾警告"谁出风险就停谁的业务"④,致使"保兑付"成为行业的"市场惯例"。信托业刚性兑付的其他

---

① 目前,省级地方政府可在核准额度内"自发自还"。
② 当地方政府的债务规模超出其偿付能力,而且其违约行为威胁到中央政府的稳定性时,中央政府不对其救助的"承诺"将不可置信(Facchini and Testa, 2008)。
③ 如信托资金来源于银行,而且其投资于地方政府的应收账款,地方政府仅对其应付款项(而非金融机构债权)出具支持函,以规避财预〔2012〕463号文等约束。
④ "一法两规"分别指《信托法》(2001年10月施行)、《信托投资公司管理办法》(银监会令〔2001〕第2号)和《信托投资公司资金信托管理暂行办法》(中国人民银行令〔2002〕第7号)。

诱因包括：激烈市场竞争下的自适性反应①；信托机构防范或有监管处罚之调适；监管干预和维稳关切下的应急举措等。在信托计划濒临兑付危机之时，监管机构总在"尊重市场规则"和"避免群体事件"之间摇摆，然而，"平衡强势主体"和"保护弱势群体"的天平时常偏向前者，用刚性兑付来约束信托机构无疑是有效法宝②。

刚性兑付也是银行业财富惯例领域的一大"潜规则"。中国相当部分的银行理财产品均通过银信合作方式与企业或项目对接，其典型交易结构如下：银行发行理财产品募集资金，将其购买或投资信托计划，并指示信托机构向银行指定客户发放信托贷款或认购银行表内信贷资产，银行承诺在信托投资标的到期前进行回购，银行对信托计划的底层资产提供了事实上的信用背书。即便在非银信合作式理财产品的兜售和兑付管理中，抽屉协议式隐性兜底也相当流行。据财政部关于龙江银行违规向村镇银行出售理财产品的会计信息质量检查公告披露，龙江银行以出售理财产品方式做同业业务，其向村镇银行出具了抽屉协议式兜底函，后者获得了龙江银行的信用背书，龙江银行则以抽屉协议方式隐匿信用风险和少提监管资本③。

国内还存在其他形形色色的刚兑操作，P2P平台就始终难逃隐性兜底的宿命。本质上来讲，P2P平台是信息中介而非信用中介，其不应对投资项目进行兜底。然而，我国P2P平台往往以信息中介之名行使信用中介之实，它们含混报告投资项目、资金投向等关键信息，而且不甘于赚取平庸的中介费，巧取豪夺本属于投资人的息差收入，这是后者要求P2P平台兜底的"蛮横"和"正当"理由。

二、兜底预期与债务融资成本

（一）无兜底预期下的借款人债务融资成本

在风险中性概率测度 Ω 下，假设借款人的资产价值或自偿能力 V_t 服从如下几何布朗运动：

$$\mathrm{d}V_t = rV_t\mathrm{d}t + \sigma V_t\mathrm{d}W_t^{\Omega} \tag{3-28}$$

---

① 混业经营削弱了信托业的全牌照垄断优势和制度红利，若不能保证按期兑付，势必危及行业声誉和动摇发展根基。
② 《中国银监会办公厅关于信托公司风险监管的指导意见》（银监办发〔2014〕99号）提出要按照"一项目一对策"和市场化处置原则，探索抵押物处置、债务重组、外部接盘等市场化处置风险，并充分运用向担保人追偿、寻求司法解决等手段保护投资者合法权益。银监办发〔2014〕99号文旨在强调信托公司的"兜底义务"，而非强制贯彻"买者自负"的信托文献。
③ 详见《中国经济网》2015年9月24日的报道。

其中，r 表示无风险利率，σ 表示借款人的资产波动性①，维纳过程 $dW_t \sim N(0, dt)$，则借款人资产价值 V_T（$t < T$，t 和 T 可分别视为当前时点和债务到期时点）的动态随机运动规律如下：

$$V_T = V_t e^{\left(r - \frac{\sigma^2}{2}\right)dt + \sigma dW_t^{\Omega}} \tag{3-29}$$

假设借款人以发债方式融资，其 T 时点的待偿债务价值是 D_T②。在 T 时点，若借款人的资产价值大于其待偿债务价值，则借款人能够充分偿债，债权人能收回全部债权；若借款人的资产价值小于其待偿债务价值并且无第三方的兜底或代偿预期，则借款人以资产价值为限进行债务偿付，债权人仅能回收 V_T 部分的债权，故借款人的债务价值 D_{1t}（即在无兜底预期情形下，借款人的待偿债务在当前时点的预期价值）如下：

$$D_{1t} = e^{-r\Delta T} E_t^{\Omega}\left[(D_T \mid V_T \geqslant D_T) + (V_T \mid V_T < D_T)\right] \tag{3-30}$$

其中，$E_t^{\Omega}[\cdot]$ 表示在 Ω 测度下对括号内变量 t 时点求条件期望。由标准的期权定价范式知：

$$D_{1t} = V_t \Phi(-d_1) + D_T e^{-r\Delta T} \Phi(d_2) \tag{3-31}$$

其中，$d_1 = \dfrac{\ln\left(\dfrac{V_t}{D_T}\right) + \left(r + \dfrac{\sigma^2}{2}\right)\Delta T}{\sigma\sqrt{\Delta T}}$，$d_2 = d_1 - \sigma\sqrt{\Delta T}$，$\Delta T = T - t$，$\Phi(\cdot)$ 表示标准正态累积分布函数。

设借款人债务价值的隐含到期收益率是 y_1（债务价值是其未来现金流的现值，贴现利率是其隐含到期收益率），则借款人的债务现值 $D_{1t} = D_T e^{-y_1 \Delta T}$，其与式(3-32)等价：

$$y_1 = \frac{1}{\Delta T} \ln\left(\frac{D_T}{D_{1t}}\right) \tag{3-32}$$

将式(3-31)代入式(3-32)化简得：

$$y_1 = r - \frac{1}{\Delta T} \ln\left[\Phi(d_2) + \frac{V_t}{D_T e^{-r\Delta T}} \Phi(-d_1)\right] \tag{3-33}$$

式(3-33)即无兜底预期（或正常情景）下的借款人债务价值的隐含到期收

---

① 或资产收益率的瞬时波动性。
② 其是可预测或给定的。

益率,其中 y_1-r 相当于借款人的信用风险溢价或信用风险补偿要求[①]。

须指出,借款人债务融资的理论成本与其债务价值的隐含到期收益率相当(由市场无风险利率和借款人的信用风险溢价等构成,债权人的市场定价行为主要体现在如何确定或估计借款人的信用风险溢价上),而借款人债务融资的实际成本由其债券票面利率或息票利率等反映,后者是指借款人向债权人承诺的定期付息水平,仅当债券以平价发行时,其到期收益率才与票面利率相等,此时债券融资的实际付息成本与其理论估计一致[②]。本研究中借款人的债务融资成本均指其理论成本,是从债权人估值的角度而言的。

(二)兜底预期下的借款人债务融资成本

当存在第三方兜底预期时,若借款人的资产价值大于其待偿债务价值,借款人的自偿能力即能保证充分偿债;若借款人的资产价值小于其待偿债务价值,将触发第三方的兜底或代偿预期,债权人预期第三方会对借款人未能清偿部分进行代偿,从而将借款人的预期偿债能力 $\widetilde{V}_T$ 提高至具备还款能力,其可用式(3-34)近似逼近:

$$\widetilde{V}_T = V_T \cdot \max\left\{1, \frac{D_T}{\min\limits_{\tau \in [t,T]}(V_\tau)}\right\} \qquad (3\text{-}34)$$

显然,当 $\min\limits_{\tau}(V_\tau) \geqslant D_T (\tau \in [t,T])$ 时,表示借款人在 $[t,T]$ 期间的资产价值始终大于其待偿债务,将不会触发第三方的兜底或代偿预期,借款人的预期偿债能力等于其资产价值($\widetilde{V}_T = V_T$);当 $\min\limits_{\tau}(V_\tau) < D_T$ 时,表示在任意时点 $\tau(\tau \in [t,T])$,只要借款人的资产价值低于其待偿债务价值,就将触发第三方的兜底或代偿预期,并确保借款人的预期偿债能力始终大于其待偿债务价值 $\left(\widetilde{V}_T = D_T \cdot \dfrac{V_T}{\min\limits_{\tau}(V_\tau)} > D_T\right)$[③]。

由此可见,当不存在兜底预期时,借款人的债务价值仅由其资产价值驱动;当存在兜底预期时,借款人的债务价值将由预期偿债能力驱动,后者由借款人的资产价值和兜底方的代偿预期共同构成。当借款人的预期偿债能力服从式(3-34)随机过程时,其债务价值 D_{2t} 如下:

$$D_{2t} = e^{-r\Delta T} E_t^{\Omega}\left[(D_T \mid \widetilde{V}_T \geqslant D_T) + (\widetilde{V}_T \mid \widetilde{V}_T < D_T)\right]$$

---

① 此属 Merton(1974)等经典结构化信用风险模型的内容。
② 当债券到期收益率与票面利率相等时,债券价格将与面值相等。
③ 本研究考虑了我国兜底预期对债务估值的两种影响:第一,兜底预期是否需要触发;第二,当兜底预期触发时,其将是近乎债务全覆盖的。

$$= D_T \mathrm{e}^{-r\Delta T} \left[P_t^\Omega \left(\frac{\widetilde{V_T}}{D_T} \geqslant 1 \right) + E_t^\Omega \left(\frac{\widetilde{V_T}}{D_T} \mid \frac{\widetilde{V_T}}{D_T} < 1 \right) \right] \quad (3\text{-}35)$$

其中，$P_t^\Omega[\cdot]$ 表示在 Ω 测度下对括号内变量 t 时点求条件概率。不妨令 $X = \ln\left(\frac{\widetilde{V_T}}{D_T}\right)$，则式(3-35)化简如下：

$$D_{2t} = D_T \mathrm{e}^{-r\Delta T} \left[P_t^\Omega(X \geqslant 0) + E_t^\Omega(\mathrm{e}^X \mid X < 0) \right] \quad (3\text{-}36)$$

这里，随机变量 X 具有如下的概率密度：

$$\begin{aligned} f_X(x) = & \varphi(x;\ \ln(V_t/D_T) + \mu^* \Delta T,\ \sigma^2 \Delta T) + \left(\frac{D_T}{V_t}\right)^{R-1} \cdot \\ & \varphi(x;\ -\ln(V_t/D_T) + \mu^* \Delta T,\ \sigma^2 \Delta T) - \\ & (R-1)\mathrm{e}^{(R-1)x} \cdot \left[1 - \Phi\left(\frac{x + \ln(V_t/D_T) + \mu^* \Delta T}{\sigma\sqrt{\Delta T}} \right) \right] \end{aligned}$$
$$(3\text{-}37)$$

其中，$\mu^* = r - \frac{\sigma^2}{2}$，$R = \frac{2r}{\sigma^2}$，$\varphi(x;\ \mu_1, \sigma_1^2)$ 表示随机变量 X 服从期望 μ_1 和方差 σ_1^2 的正态密度(Cox and Miller, 1965)。将式(3-37)分别代入 $P_t^\Omega(x \geqslant 0)$ 和 $E_t^\Omega(\mathrm{e}^x \mid x < 0)$ 有：

$$P_t^\Omega(x \geqslant 0) = A_1 + \left(\frac{D_T}{V_t}\right)^{R-1} \cdot A_2 - (R-1) \cdot A_3 \quad (3\text{-}38)$$

$$E_t^\Omega(\mathrm{e}^x \mid x < 0) = B_1 + \left(\frac{D_T}{V_t}\right)^{R-1} \cdot B_2 - (R-1) \cdot B_3 \quad (3\text{-}39)$$

其中，$A_1 = \int_0^\infty \varphi(x;\ \ln(V_t/D_T) + \mu^*\Delta T,\ \sigma^2\Delta T)\mathrm{d}x$，$A_2 = \int_0^\infty \varphi(x;\ -\ln(V_t/D_T) + \mu^*\Delta T, \sigma^2\Delta T)\mathrm{d}x$，$A_3 = \int_0^\infty \mathrm{e}^{(R-1)x} \left[1 - \Phi\left(\frac{x + \ln(V_t/D_T) + \mu^*\Delta T}{\sigma\sqrt{\Delta T}} \right) \right] \mathrm{d}x$；$B_1 = \int_{-\infty}^0 \mathrm{e}^x \varphi(x; \ln(V_t/D_T) + \mu^*\Delta T, \sigma^2\Delta T)\mathrm{d}x$，$B_2 = \int_{-\infty}^0 \mathrm{e}^x \varphi(x; -\ln(V_t/D_T) + \mu^*\Delta T, \sigma^2\Delta T)\mathrm{d}x$，$B_3 = \int_{-\infty}^0 \mathrm{e}^{Rx} \left[1 - \Phi\left(\frac{x + \ln(V_t/D_T) + \mu^*\Delta T}{\sigma\sqrt{\Delta T}} \right) \right] \mathrm{d}x$。对式(3-38)和

式(3-39)进行运算和化简如下:

$$P_t^\Omega(x \geqslant 0) = 1 + \left(\frac{D_T}{V_t}\right)^{R-1} \Phi(-d_3)\left(1 - \frac{1}{\sigma\sqrt{\Delta T}}\right) \quad (3\text{-}40)$$

$$E_t^\Omega(e^x \mid x < 0) = \frac{V_t e^{r\Delta T}}{D_T}\Phi(-d_1) - \left(1 - \frac{1}{R}\right)\Phi(-d_2) +$$
$$\left(\frac{D_T}{V_t}\right)^R e^{r\Delta T}\Phi(d_4)\left[1 - \frac{1}{\sigma\sqrt{\Delta T}}\left(1 - \frac{1}{R}\right)\right] \quad (3\text{-}41)$$

其中, $d_3 = \dfrac{\ln\left(\dfrac{V_t}{D_T}\right) - \left(r - \dfrac{\sigma^2}{2}\right)\Delta T}{\sigma\sqrt{\Delta T}}$, $d_4 = d_3 - \sigma\sqrt{\Delta T}$。将式(3-40)和式(3-41)分别代入式(3-36)得 D_{2t},再将其代入兜底预期下的借款人债务价值的隐含到期收益率(或兜底预期下的债务融资的理论成本) $y_2 = \dfrac{1}{\Delta T}\ln\left(\dfrac{D_{2t}}{D_T}\right)$ 有:

$$y_2 = r - \frac{1}{\Delta T}\ln\left\{\left[\Phi(d_2) + \frac{V_t}{D_T e^{-r\Delta T}}\Phi(-d_1)\right] + \frac{1}{R}\Phi(-d_2) + \right.$$
$$\left(\frac{D_T}{V_t}\right)^{R-1}\left(1 - \frac{1}{\sigma\sqrt{\Delta T}}\right)\Phi(-d_3) +$$
$$\left.\left(\frac{D_T}{V_t}\right)^R e^{r\Delta T}\left[1 - \frac{1}{\sigma\sqrt{\Delta T}}\left(1 - \frac{1}{R}\right)\right]\Phi(d_4)\right\} \quad (3\text{-}42)$$

(三) 兜底预期对借款人债务融资成本的复杂影响

不妨令 $\eta = \dfrac{D_T}{V_t}$, $\varepsilon = 1 - \dfrac{1}{R} = \dfrac{1}{r}\left(r - \dfrac{\sigma^2}{2}\right)$,它们分别反映了借款人的债务杠杆状况和资产价值的运动趋势(如当 $\varepsilon > 0$ 时,借款人资产价值的确定性成分呈向上趋势的指数运动)[①],则式(3-42)简化如下:

$$y_2 = r - \frac{1}{\Delta T}\ln\left\{\left[\Phi(d_2) + \frac{e^{r\Delta T}}{\eta}\Phi(-d_1)\right] + (1-\varepsilon)\Phi(-d_2) + \right.$$
$$\left.\eta^{R-1}\left(1 - \frac{1}{\sigma\sqrt{\Delta T}}\right)\Phi(-d_3) + \eta^R e^{r\Delta T}\left(1 - \frac{\varepsilon}{\sigma\sqrt{\Delta T}}\right)\Phi(d_4)\right\} \quad (3\text{-}43)$$

---

① 由式(3-29)知借款人资产价值的确定性成分是 $V_t e^{\left(r - \frac{\sigma^2}{2}\right)\Delta T}$,当 $r > \sigma^2/2$ 时,其将呈向上趋势的指数增长。

其中，$d_1 = \dfrac{-\ln(\eta) + r(2-\varepsilon)\Delta T}{\sigma\sqrt{\Delta T}}$，$d_2 = d_1 - \sigma\sqrt{\Delta T}$；$d_3 = \dfrac{-\ln(\eta) - r\varepsilon\Delta T}{\sigma\sqrt{\Delta T}}$，$d_4 = d_3 - \sigma\sqrt{\Delta T}$。不妨令：

$$W_1 = \Phi(d_2) + \frac{e^{r\Delta T}}{\eta}\Phi(-d_1) \tag{3-44A}$$

$$W_2 = (1-\varepsilon)\Phi(-d_2) + \eta^{R-1}\left(1 - \frac{1}{\sigma\sqrt{\Delta T}}\right)\Phi(-d_3) + \eta^R e^{r\Delta T}\left(1 - \frac{\varepsilon}{\sigma\sqrt{\Delta T}}\right)\Phi(d_4) \tag{3-44B}$$

将式(3-44A)和式(3-44B)分别代入式(3-33)和式(3-43)，将获得无兜底预期下的借款人债务融资成本和兜底预期下的借款人债务融资成本，它们分别是式(3-45)和式(3-46)：

$$y_1 = r - \frac{1}{\Delta T}\ln(W_1) \tag{3-45}$$

$$y_2 = r - \frac{1}{\Delta T}\ln(W_1 + W_2) \tag{3-46}$$

显然，W_2 刻画了兜底预期对借款人债务融资成本的潜在影响。由式(3-44B)观察到，借款人的风险状态（η 和 σ）通过 W_2 来间接影响其兜底预期下的债务融资成本。比较式(3-45)和式(3-46)，可得到以下两个结论。

(1) 当 $W_2 < 0$ 时，有 $y_2 > y_1$。具体而言，当存在兜底预期时（即债务融资成本中存在 W_2 项时，其刻画了兜底预期对借款人债务融资成本的潜在影响），借款人的债务融资成本被"高估"（$y_2 > y_1$），其成立的边界条件是"$W_2 < 0$"。通俗地讲，借款人在无兜底预期下的债务融资成本是 y_1，由于兜底预期的复杂影响（$W_2 < 0$），债权人估计的借款人债务融资成本是 y_2（或估计的借款人信用风险溢价是 $y_2 - r$），且 $y_2 > y_1$。

(2) 当 $W_2 > 0$ 时，有 $y_2 < y_1$。具体而言，当存在兜底预期时，借款人的债务融资成本被"低估"（$y_2 < y_1$）的边界条件是"$W_2 > 0$"。

由此可见，在 $W_2 < 0$ 或 $W_2 > 0$ 的情形下，若能显性求解 η 或 σ 的边界条件或变动区间（W_2 是 η 和 σ 的复杂函数），将能显性（或直接）观测不同风险状态借款人（高风险借款人的 η 或 σ 较高，低风险借款人的 η 或 σ 较低）的 W_2 符号，进而推断其债务融资成本是否在兜底预期下被"高估"或"低估"了（即相对于无兜底预期情景,兜底预期下的借款人债务融资成本是否被"高估"或"低估")。

遗憾的是,当 $W_2<0$ 或 $W_2>0$ 时,难以显示求解 η 或 σ 的边界条件或变动区间。为此,我们在近似逼近现实情景的状态下(参数初值设定与实际情况尽可能相符),在借款人风险特征(η 和 σ)的宽幅变动范围内,敏感测试其融资成本的差异及其变动规律,进而推测借款人的风险状态与其债务估值的结构性差异。有趣的是,数值计算倾向于支持以下结论:在兜底预期下,高风险借款人(当 η 或 σ 较大时)的 W_2 倾向于大于零,其债务融资成本被"低估";而低风险借款人(当 η 或 σ 较大时)的 W_2 倾向于小于零,其债务融资成本被"高估"。

三、数值计算及敏感性分析

(一) 参数设定与计算示例

数值计算过程如下:第一,设定关键参数 $\{r,\sigma^2,\eta,\Delta T\}$ 的初值;第二,计算中间变量 ε 和 $\{d_1,d_2,d_3,d_4\}$,其中,前者是 $\{r,\sigma^2\}$ 的函数,后者均是 $\{r,\sigma^2,\varepsilon,\eta,\Delta T\}$ 的函数;第三,基于式(3-44A)和式(3-44B),分别计算 W_1 和 W_2;第四,基于式(3-45)和式(3-46),分别计算 y_1 和 y_2。关键参数的初值设定情况及其现实基础如下:第一,市场无风险利率 r,设其与长期国债的到期收益率相当(约 3.5%);第二,借款人债务杠杆 η 的初值是 62%(如工业部门资产负债率的长期水平约 60%,相应的债务杠杆约 62%)[①];第三,借款人资产波动性 σ 的初值为 10%;第四,债务期限 ΔT 标准化为 1。

鉴于债务杠杆和资产波动性分别反映了借款人的财务杠杆和风险承担倾向,敏感测试二者对债务融资成本的边际影响,有助于推断"借款人的风险特征与其债务融资成本之间的结构关系"。故下文将在相当宽广的参数空间内敏感性测试:当借款人的债务杠杆 $\eta\in[0.45,0.75]$(step=0.05)和资产波动性 $\sigma\in[5\%,50\%]$(step=5%)分别在上述区间变动时,它们对借款人债务融资成本的潜在影响,这里 η 和 σ 的取值空间涵盖了绝大多数可能的合理情景。

在上述初值设定情形下,表 3-18 给出了有关参数或变量的递次计算过程及结果。由表中的示意知:在没有兜底预期的情形下,借款人的债务融资成本是 3.50%,其与市场无风险利率相当,隐含具备"$\eta=0.62$ 和 $\sigma=10\%$"风险特征的借款人的信用风险溢价极低,可将其视为低风险借款人的参照基准;当存在兜底预期时,低风险借款人($\eta=0.62$ 和 $\sigma=10\%$)的债务融资成本将从 3.50% 跃升至 35.81%。

[①] $\eta=\dfrac{D_T}{V_t}\approx\dfrac{D_t}{V_t}\cdot e^{r\Delta T}$,相关数据估算可参阅许友传(2017)。

表 3-18　参数设定与计算示例

r	σ	η	R	ε	d_1	d_2
3.50%	10.00%	0.62	7.00	0.8571	5.1804	5.0804

d_3	d_4	W_1	W_2	y_1	y_2	
4.4804	4.3804	1.000	−0.276	3.50%	35.81%	

（二）无兜底预期下的借款人债务融资成本

如表 3-19 所示为当借款人的债务杠杆（$\eta \in [0.45, 0.75]$，step=0.05）和资产波动性（$\sigma \in [5\%, 50\%]$，step=5%）分别在上述区间变动时，无兜底预期下的借款人债务融资成本的敏感性状况。给定借款人的债务杠杆，其资产波动性越大，债务融资成本倾向于越高；给定借款人的资产波动性，其债务杠杆越大，债务融资成本倾向于越高，这与市场正常的风险定价原则一致（即借款人的风险状态越高，其债务融资成本越高）。

表 3-19　无兜底预期下的借款人债务融资成本

	$\eta=0.45$	$\eta=0.5$	$\eta=0.55$	$\eta=0.6$	$\eta=0.65$	$\eta=0.7$	$\eta=0.75$
$\sigma=5\%$	3.50%	3.50%	3.50%	3.50%	3.50%	3.50%	3.50%
$\sigma=10\%$	3.50%	3.50%	3.50%	3.50%	3.50%	3.50%	3.50%
$\sigma=15\%$	3.50%	3.50%	3.50%	3.50%	3.50%	3.53%	3.60%
$\sigma=20\%$	3.50%	3.50%	3.51%	3.53%	3.58%	3.73%	4.03%
$\sigma=25\%$	3.50%	3.52%	3.56%	3.67%	3.88%	4.26%	4.87%
$\sigma=30\%$	3.54%	3.61%	3.76%	4.03%	4.48%	5.14%	6.05%
$\sigma=35\%$	3.65%	3.84%	4.17%	4.67%	5.38%	6.32%	7.51%
$\sigma=40\%$	3.90%	4.27%	4.82%	5.57%	6.55%	7.75%	9.18%
$\sigma=45\%$	4.34%	4.93%	5.72%	6.73%	7.95%	9.38%	11.01%
$\sigma=50\%$	4.98%	5.80%	6.84%	8.09%	9.54%	11.18%	12.98%

注：无兜底预期下的借款人债务融资成本 y_1 根据式(3-45)计算。

（三）兜底预期下的借款人债务融资成本

如表 3-20 所示为当借款人的债务杠杆（$\eta \in [0.45, 0.75]$，step=0.05）和资产波动性（$\sigma \in [5\%, 50\%]$，step=5%）分别在上述区间变动时，兜底预期下的借款人债务融资成本的变动状况。对比分析表 3-19 和表 3-20（它们分别揭示了无兜底预期和兜底预期下的借款人债务融资成本）的数值关系及其变动趋势，可得以下三个规律。

（1）当借款人的资产波动性在特定边界以内变动时（如 $\sigma \leqslant 20\%$，隐含借款人的风险承担倾向相对较低),无论是否存在兜底预期,借款人的债务融资成本均为正,而且兜底预期下的债务融资成本大于无兜底预期情景。可见,对低风险借款人而言,兜底预期下的债务融资成本倾向于被"高估"。

(2)当借款人的资产波动性在特定边界以外变动时(如 $\sigma > 20\%$,隐含借款人的风险承担倾向相对较高),无兜底预期下的借款人债务融资成本大于零,而兜底预期下的债务融资成本小于零。进而言之,当存在兜底预期时,债权人向高风险借款人(如 $\sigma > 20\%$)索取的信用风险补偿要求居然小于零($y_2 < 0$),此隐含"债权人不仅不要求高风险借款人付息,甚至还向其间接提供本金补贴"。

(3)当借款人的财务杠杆给定时,若借款人的资产波动性在特定边界以内变动(如 $\sigma \leqslant 20\%$),随着资产波动性的提高,其债务融资成本呈上升态势,似乎低风险借款人的风险承担倾向越高,其债务融资成本越倾向于被"高估";若借款人的资产波动性在特定边界以外变动(如 $\sigma > 20\%$),随着资产波动性的提高,其债务融资成本呈下降态势,似乎高风险借款人的风险承担倾向越高,其债务融资成本越倾向于被"低估"。

表 3-20 兜底预期下的借款人债务融资成本

	$\eta=0.45$	$\eta=0.5$	$\eta=0.55$	$\eta=0.6$	$\eta=0.65$	$\eta=0.7$	$\eta=0.75$
$\sigma=5\%$	3.50%	3.50%	3.50%	3.50%	3.51%	3.59%	4.10%
$\sigma=10\%$	6.47%	9.82%	16.21%	28.28%	52.01%	107.30%	—
$\sigma=15\%$	39.79%	58.38%	87.47%	140.19%	319.70%	—	—
$\sigma=20\%$	38.13%	46.94%	57.69%	71.70%	92.19%	127.51%	210.98%
$\sigma=25\%$	−18.02%	−19.99%	−21.19%	−20.98%	−18.57%	−13.07%	−3.49%
$\sigma=30\%$	−69.39%	−72.71%	−74.85%	−75.54%	−74.55%	−71.75%	−67.06%
$\sigma=35\%$	−106.84%	−109.33%	−110.63%	−110.70%	−109.55%	−107.23%	−103.83%
$\sigma=40\%$	−134.27%	−135.73%	−136.18%	−135.67%	−134.29%	−132.15%	−129.36%
$\sigma=45\%$	−155.18%	−155.82%	−155.66%	−154.78%	−153.31%	−151.34%	−148.97%
$\sigma=50\%$	−171.80%	−171.88%	−171.35%	−170.30%	−168.85%	−167.07%	−165.06%

注:兜底预期下的借款人债务融资成本 y_2 根据式(3-46)计算,"—"表示模型无解。

(四)兜底预期与资本误配

前文推演总体揭示了以下两点:①当存在兜底预期时,债权人倾向于"高估"低风险借款人的信用风险补偿要求,变相抬升了低风险借款人的债务融资成本(或市场"无风险"资金价格及预期),然而,高风险借款人的信用风险溢价倾向于被"低估",拉低了高风险部门、行业或项目的债务融资成本,进而形成了结构分化的债务估值体系。②当借款人的财务杠杆给定时,低风险借款人的风险承担倾向越高,其债务融资越倾向于被"高估",然而,高风险借款人的风险承担倾向越高,其债务融资成本越倾向于被"低估",即低风险借款人的风险承担与其债务融资成本倾向于正相关,而高风险借款人的风险承担与其债务融资成本负相关,债权人纵容了高风险借款人的风险承担倾向。

在兜底预期的诱使和驱动下,债权人对高风险借款人的"风险定价不足"可能难以充分覆盖其实际风险状态,进而拉低了高风险部门、行业或项目的债务融资成本,纵容了高风险借款人更大的风险承担倾向;债权人对低风险借款人的"风险定价过度"间接抬升了市场"无风险"资金价格及预期,可能诱使社会资本提高对"无风险"或"低风险"投资的回报目标及预期。从这个意义上来讲,兜底预期恶化了债务融资市场的逆向选择问题。在此逆向选择机制的影响下,兜底预期可能引致广泛的资本误配。在兜底预期的诱使和驱动下,债务融资成本之"低估"或刺激了高风险借款人的潜在资金需求,而低风险借款人债务融资成本之"高估"则诱使社会资本提高投资目标及期望,进而将更多资金配置于有兜底预期的高风险部门、行业或项目(当高风险部门、行业或项目存在兜底预期时,其近似逼近于"无风险"资产,但无论如何,高风险借款人的名义融资成本普遍大于低风险借款人),从而引致广泛的资本误配。

在兜底预期下,债务融资市场上述扭曲的风险定价机制有助于解释中国经济金融中广泛存在的资本误配现象,这与已有文献的观察视角明显不同。部分文献曾对国内资本误配的关键诱因(陈永伟和胡伟民,2011;周黎安等,2013;陈斌开等,2015;邢志平和靳来群,2016;张庆君,2016)进行了研究,代表性观点如要素价格扭曲(陈永伟和胡伟民,2011)、所有制歧视(张庆君,2016)、行政干预(邢志平和靳来群,2016)、政治周期(周黎安等,2013)、房价绑架(陈斌开等,2015)等。与之不同的是,本研究认为兜底预期诱致了结构分化的债务估值体系,恶化了债务融资市场的逆向选择问题,诱导了社会资本的误配。

四、小结与建议

(一) 主要结论

在债券市场的早期发展阶段,制度环境和债权保障机制等不尽完善,兜底预期或有助于保护投资者的利益,维护金融市场的稳定,推动相关行业的发展等,但其也可能鼓励了有关主体的道德风险倾向,扭曲了市场正常的风险定价机制,降低了社会资本的配置效率,这是对兜底预期总体影响的感性认知。为了理论揭示兜底预期对不同风险状态借款人债务估值的结构性影响,本研究对兜底预期下的借款人债务融资成本进行了定价解析,并对其估值"偏离"状况进行了数值计算及比较静态分析,获得了以下两方面合乎逻辑的推断或启示。

第一,兜底预期恶化了债务融资市场的逆向选择,诱发了结构分化的债务估值体系。在兜底预期的诱使和驱动下,低风险借款人的信用风险补偿要求倾向于被"高估",进而推升其债务融资成本;而高风险借款人的信用风险溢价倾向于被"低估",进而拉低了高风险行业、部门或项目的债务融资成本,债权人对高、低风险状态借款人之估值偏离及定价差异,形成了结构分化的债务估值体系。

第二,兜底预期可能引致广泛的资本误配。在兜底预期的诱使和驱动下,债务融资成本之"低估"或刺激了高风险借款人的潜在资金需求,而低风险借款人债务融资成本之"高估"则诱使社会资本提高投资目标及期望,进而将更多资金配置于有兜底预期的高风险部门、行业或项目,此扭曲的风险定价机制有助于解释经济金融中广泛存在的资本误配现象。

(二)政策启示

弱化兜底预期是缓释其负面影响的关键,这要视兜底预期的具体形态分别设计及讨论。

(1)增强金融机构对地方政府债务的融资约束,是弱化中央政府隐性担保预期影响的合意手段。在中国现有的政治体系和经济结构安排下,中央政府对地方政府的隐性救助预期属于不可打破之"金科玉律"。若为淡化中央政府隐性担保预期之影响考虑,不仅要约束地方政府的债务融资模式、融资规模及其融资冲动,更要切实增强金融机构的融资约束。从央行的视角来看,其可提出考虑各地区负债状况及其偿债能力的"合意信贷指导或计划"。与以前的合意信贷控制机制不同(即央行根据各地区的信贷增速是否超出其正常经济需要等,制定各地区的合意信贷规模,金融机构对各地区的增量信贷供给不得超过合意信贷规模),合意信贷指导非指令性计划,而且考虑了地方政府的负债状况及其偿债能力。从银保监会的视角来看,可要求银行在按内部评级分类计算相关资本要求时进行额外的调节。银保监会可对地方政府债务风险进行评估,将其划分为高风险组、中风险组和低风险组,分别对其提出逐步递减的资本调节系数,以引导合意的信贷供给和约束金融机构的融资冲动。

(2)弱化或切断地方政府与融资平台的各种隐性联系,明确融资平台债务的企业属性。应切实将地方政府投融资功能从融资平台剥离干净,明确融资平台的借款主体和偿债主体的市场地位,明确其企业债务属性(而非地方政府的或有债务),向市场释放无兜底的清晰信号,增强市场的风险意识和定价弹性。

(3)坚决打破信托业的刚性兑付神话,禁止银行无底线的兜底活动。信托业无疑是中国刚性兑付的"重灾区"。在银行主导的银信合作业务中,银行借信托"通道"向其表内客户间接提供类信贷资金支持,双方的权利义务由抽屉式协议界定,双方不清晰的责任边界是投资者要求信托兜底的"正当"理由,增强了投资者的或有代偿预期。监管部门有必要限制信托业的被动通道角色,坚决打破其刚性兑付神话。对银行理财产品而言,监管部门应充分落实"备案制"管理,要求银行明确报告各项理财业务的投资范围和具体对象,以及根据所投底层资产计提拨备和进行资本管理,回归"代客理财"的本质,禁止银行无底线的兜底活动。

(4)鼓励市场化机构或业务在职责边界清晰的情形下打破刚性兑付。P2P等市场化机构或业务要逐步纳入监管框架,并对其资金投向进行分类监管(譬如,对常规性项目和超规模项目分别实行"备案制"管理和"核准制"管理),明确P2P平台的信息中介角色,在统一的监管平台下揭示P2P平台的资金募集和投向信息。P2P平台的资金投向应清晰,所投项目的结构简单,而且不得嵌套复杂产品或隐性承诺等,投资者也应承诺具备"风险自知"和风险承受能力。在职责边界清晰的情形下,应鼓励P2P平台等市场化机构或业务打破刚性兑付。

附　录

附录3-A β_T 服从 $(0, \gamma_T)$ 的均匀分布

由于 $\beta_T = \gamma_T \cdot \eta_T$,且 η_T 是 $(0, 1)$ 上的均匀分布,故有:

$$F_{\beta_T}(y) = P(\beta_T \leqslant y) = P\left(\eta_T \leqslant \frac{y}{\gamma_T}\right) \quad (3\text{-}A\text{-}1)$$

当 $y \in (0, \gamma_T)$ 时,$F_{\beta_T}(y) = \int_0^{\frac{y}{\gamma_T}} 1 \mathrm{d}y = \frac{y}{\gamma_T}$,其密度函数 $f_{\beta_T}(y) = \frac{\partial F_{\beta_T}(y)}{\partial y} = \frac{1}{\gamma_T}$;当 $y \notin (0, \gamma_T)$ 时,$F_{\beta_T}(y) = 0$,其密度函数 $f_{\beta_T}(y) = 0$,故随机变量 β_T 是 $(0, \gamma_T)$ 上的均匀分布。

附录3-B 证明式(3-17)

由分部积分法知:

$$\int_0^{\gamma_T} \Phi\left(d_2 - \frac{\ln(1+yZ_T)}{\sigma\sqrt{\Delta T}}\right) \mathrm{d}y$$

$$= \left[\Phi\left(d_2 - \frac{\ln(1+yZ_T)}{\sigma\sqrt{\Delta T}}\right) \cdot y\right]\Big|_0^{\gamma_T} - \int_0^{\gamma_T} y \cdot \frac{1}{\sqrt{2\pi}} e^{-\frac{1}{2}\left[d_2 - \frac{\ln(1+yZ_T)}{\sigma\sqrt{\Delta T}}\right]^2}$$

$$\left[-\frac{1}{2} \times 2\left(d_2 - \frac{\ln(1+yZ_T)}{\sigma\sqrt{\Delta T}}\right)\left(-\frac{1}{\sigma\sqrt{\Delta T}} \frac{Z_T}{1+yZ_T}\right)\right] dy$$

$$= \Phi\left(d_2 - \frac{\ln(1+\gamma_T Z_T)}{\sigma\sqrt{\Delta T}}\right) \cdot \gamma_T - \frac{1}{\sigma\sqrt{\Delta T}} \int_0^{\gamma_T} \frac{1}{\sqrt{2\pi}} e^{-\frac{1}{2}\left[d_2 - \frac{\ln(1+yZ_T)}{\sigma\sqrt{\Delta T}}\right]^2}$$

$$\left[\left(d_2 - \frac{\ln(1+yZ_T)}{\sigma\sqrt{\Delta T}}\right)\left(\frac{yZ_T}{1+yZ_T}\right)\right] dy$$

$$= \Phi(d_2 - \theta_T) \cdot \gamma_T - \frac{1}{\sigma\sqrt{\Delta T}} \int_{d_2}^{d_2-\theta_T} \frac{1}{\sqrt{2\pi}} e^{-\frac{1}{2}\eta^2} \eta \left(\frac{e^{(d_2-\eta)\sigma\sqrt{\Delta T}} - 1}{e^{(d_2-\eta)\sigma\sqrt{\Delta T}}}\right)$$

$$\left[\frac{1}{Z_T} e^{(d_2-\eta)\sigma\sqrt{\Delta T}}(-\sigma\sqrt{\Delta T})\right] d\eta$$

$$= \Phi(d_2 - \theta_T) \cdot \gamma_T + \frac{1}{Z_T} \int_{d_2}^{d_2-\theta_T} \frac{1}{\sqrt{2\pi}} e^{-\frac{1}{2}\eta^2} \eta \left[e^{(d_2-\eta)\sigma\sqrt{\Delta T}} - 1\right] d\eta$$

$$= \Phi(d_2 - \theta_T) \cdot \gamma_T + \frac{1}{Z_T} \left\{\int_{d_2}^{d_2-\theta_T} \frac{1}{\sqrt{2\pi}} e^{-\frac{1}{2}\eta^2} e^{(d_2-\eta)\sigma\sqrt{\Delta T}} \eta \, d\eta - \int_{d_2}^{d_2-\theta_T} \frac{1}{\sqrt{2\pi}} e^{-\frac{1}{2}\eta^2} \eta \, d\eta\right\}$$

(3-B-1)

这里,令 $\eta = d_2 - \frac{\ln(1+yZ_T)}{\sigma\sqrt{\Delta T}}$(积分变量替换的需要)和 $\theta_T = \frac{\ln(1+\gamma_T Z_T)}{\sigma\sqrt{\Delta T}}$。

$$\int_{d_2}^{d_2-\theta_T} \frac{1}{\sqrt{2\pi}} e^{-\frac{1}{2}\eta^2} \eta \, d\eta = -\int_{d_2}^{d_2-\theta_T} \frac{1}{\sqrt{2\pi}} e^{-\frac{1}{2}\eta^2} d\left(-\frac{1}{2}\eta^2\right) = n(d_2) - n(d_2 - \theta_T)$$

(3-B-2)

$$\int_{d_2}^{d_2-\theta_T} \frac{1}{\sqrt{2\pi}} e^{-\frac{1}{2}\eta^2} e^{(d_2-\eta)\sigma\sqrt{\Delta T}} \eta \, d\eta = \frac{V_t e^{\mu \Delta T}}{D_T} \int_{d_2}^{d_2-\theta_T} \frac{1}{\sqrt{2\pi}} e^{-\frac{1}{2}(\eta+\sigma\sqrt{\Delta T})^2} \eta \, d\eta$$

(3-B-3)

式(3-B-3)使用了 $-\frac{1}{2}\eta^2 + (d_2-\eta)\sigma\sqrt{\Delta T} = -\frac{1}{2}(\eta+\sigma\sqrt{\Delta T})^2 + \ln\left(\frac{V_t}{D_T}\right) + \mu\Delta T$。不妨令 $\xi = \eta + \sigma\sqrt{\Delta T}$,对式(3-B-3)进行积分变量替换得:

$$\begin{aligned}
\vec{\mathbb{K}}(3\text{-B-}3) &= \frac{V_t \mathrm{e}^{\mu\Delta T}}{D_T} \int_{d_1}^{d_1-\theta_T} \frac{1}{\sqrt{2\pi}} \mathrm{e}^{-\frac{1}{2}\xi^2} (\xi - \sigma\sqrt{\Delta T}) \mathrm{d}\xi \\
&= \frac{V_t \mathrm{e}^{\mu\Delta T}}{D_T} \left[\int_{d_1}^{d_1-\theta_T} \frac{1}{\sqrt{2\pi}} \mathrm{e}^{-\frac{1}{2}\xi^2} \xi \mathrm{d}\xi - \sigma\sqrt{\Delta T} \int_{d_1}^{d_1-\theta_T} \frac{1}{\sqrt{2\pi}} \mathrm{e}^{-\frac{1}{2}\xi^2} \mathrm{d}\xi \right] \\
&= \frac{V_t \mathrm{e}^{\mu\Delta T}}{D_T} \left[\int_{d_1}^{d_1-\theta_T} \frac{1}{\sqrt{2\pi}} \mathrm{e}^{-\frac{1}{2}\xi^2} \xi \mathrm{d}\xi - \sigma\sqrt{\Delta T} \int_{d_1}^{d_1-\theta_T} \frac{1}{\sqrt{2\pi}} \mathrm{e}^{-\frac{1}{2}\xi^2} \mathrm{d}\xi \right] \\
&= \frac{V_t \mathrm{e}^{\mu\Delta T}}{D_T} [n(d_1) - n(d_1 - \theta_T)] + \sigma\sqrt{\Delta T} [\Phi(d_1) - \Phi(d_1 - \theta_T)]
\end{aligned}$$

(3-B-4)

式(3-B-4)推导使用了式(3-B-2)。将式(3-B-2)和式(3-B-4)分别代入式(3-B-1)得:

$$\begin{aligned}
\int_0^{\gamma_T} \Phi\left(d_2 - \frac{\ln(1+yZ_T)}{\sigma\sqrt{\Delta T}}\right) \mathrm{d}y &= \Phi(d_2 - \theta_T) \cdot \gamma_T + \frac{1}{Z_T} [n(d_2 - \theta_T) - n(d_2)] + \\
&\quad \frac{V_t}{D_T} \frac{\mathrm{e}^{\mu\Delta T}}{Z_T} \{ [n(d_1) - n(d_1 - \theta_T)] + \\
&\quad \sigma\sqrt{\Delta T} [\Phi(d_1) - \Phi(d_1 - \theta_T)] \}
\end{aligned}$$

(3-B-5)

附录3-C 地方政府可偿债资金收入增速的正态性检验

附表 3-C-1 $\{RV_{i+1}\}(i=1, 2, \cdots, n)$的正态性检验

Part 1:Shapiro-Wilk 正态性检验					
	W	V	Z	$Prob>Z$	#Obs
$\{RV_{i+1}\}$	0.961 8	0.906 0	−0.200 0	0.579 3	20
Part 2:偏态/峰度正态性检验					
	Pr(偏度)	Pr(峰度)	adj. $\chi^2(2)$	$Prob > \chi^2(2)$	#Obs
$\{RV_{i+1}\}$	0.215 6	0.233 2	3.360 0	0.186 1	20

注:Shapiro-Wilk 正态性检验和偏态/峰度正态性检验的原假设是"$\{RV_{i+1}\} = \{\ln(V_{i+1}) - \ln(V_i)\}(i=1, 2, \cdots, n)$ 服从正态分布",其检验原理可参阅 Stata 技术文本。

CHAPTER 4

中国企业债市场发展

第一节 中国企业债券市场的发展现状及问题

一、中国企业债券市场的发展现状

(一) 中国非金融企业债券类型

本章研究的企业债券是指非金融企业债券。中国企业债券种类繁多,而且采用多头监管方式发行,按照不同的监管机构,可大致分为三类。第一类是国家发改委审批和监管的企业债,企业债没有自己的专有交易市场,可以在银行间和交易所同时挂牌交易,发行主体主要为国有大型企业,2009年以来向政府投融资平台靠拢。第二类是中国证监会监管的公司债,公司债在证券交易所市场发行,发行主体向"次优"企业靠拢。第三类是中国人民银行监管、银行间交易商协会注册发行的非金融企业债务融资工具(包括短期融资券、中期票据、定向工具等),非金融企业债务融资工具是一次注册,多次发行,两年有效,两年后如需再次发行仅需要备案,优质企业尤其是央企多选择这一途径,目前占全部企业直接债务融资的80%以上。

在企业债和公司债中,有部分债券是嵌入了各类选择权的含权债券,如可赎回债券、可转换债券和可交换债券。

1. 企业债

企业债是指具有法人资格的企业发行的债券,发行主体多为国企,多为非上市公司。根据发行主体可分为城投债(发行人为城投平台类公司,是企业债的主体)和产业债。期限一般为1年以上,多在3~10年,以7年为主,评级要求AA-以上,发行市场可选择在单个市场上市交易,也可以在交易所市场和银行间市场跨市场上市交易,目前跨市场是主流形式,占比达80%以上。

2. 公司债

企业债是指有限责任公司和股份有限公司发行的债券。根据发行对象的不同,可细分成三类。大公募:面向公众投资者,由中国证监会核准,债券信用评级达到AAA;小公募:仅面向合格投资者,由交易所审批;私募:仅面向合格投资者,不超过200人,由交易所备案。公司债期限一般为1年以上,3～5年为主。发行主体一般是所有公司制法人(除地方融资平台),以地方国企、非上市公司为主。发行市场为沪深证券交易所(公募)和地方股权交易所(私募)。

3. 非金融企业债务融资工具

非金融企业债务融资工具是指具有法人资格的非金融企业在银行间债券市场按照计划分期发行的,约定期限内还本付息的债务融资工具。其最大特点是一次注册,多次发行,有效期2年,是目前企业在债券市场上融资的主要渠道。非金融企业债务融资工具可具体分为5种:超短期融资券(SCP)、短期融资券(CP)、中期票据(MTN)、非公开定向债务融资工具(PPN)和项目收益票据(PRN)。

二、2009—2019年中国非金融企业债券发行和融资规模

可转换债券和可交换债券除了具有债券属性外,还具有一定的股票属性,我们将这两类债券单独列出统计(见表4-1)。

表4-1 2009—2019年非金融企业债券市场发行规模　　单位:亿元

年份	企业债券	公司债券	可转换债券	可交换债券	中期票据	短期融资券	定向工具
2009年	3 252.33	734.90	46.61	0.00	6 912.65	4 612.05	0.00
2010年	2 827.03	511.50	717.30	0.00	4 970.57	6 892.35	0.00
2011年	2 485.48	1 291.20	413.20	0.00	7 335.93	10 122.30	919.00
2012年	6 499.31	2 623.31	163.55	0.00	8 559.32	14 222.47	3 759.30
2013年	4 752.30	1 699.04	544.81	2.57	6 978.59	16 134.80	5 657.08
2014年	6 971.98	1 407.53	320.99	59.76	9 780.70	21 849.53	10 262.66
2015年	3 421.02	10 282.85	98.00	254.55	12 779.46	32 806.30	8 844.55
2016年	5 925.70	27 734.68	212.52	674.29	11 448.10	33 675.85	5 985.65
2017年	3 730.95	11 000.65	949.37	1 172.84	10 390.45	23 775.90	4 938.13
2018年	2 418.38	16 575.65	795.72	464.74	16 962.15	31 275.30	5 478.87
2019年	3 624.39	25 493.24	2 695.19	824.15	20 303.10	36 251.69	6 192.12

数据来源:Wind。

注:公司债券包括大公募、小公募和非公开发行公司债券,企业债券不包含铁路总公司所发行的企业债券。

从发行总量看,如图4-1所示,2009—2016年,发行总量除了2013年有小

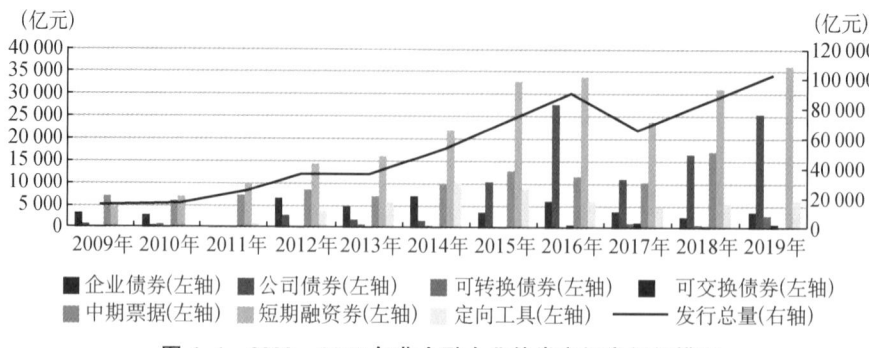

图 4-1　2009—2019 年非金融企业债券市场发行规模图

幅度下降外,都处于一个上升状态,特别是在 2013—2016 年有较高的增长速度。2017 年比 2016 年的发行数量和规模分别下降 14.65% 和 17.52%。2018 年、2019 年都处于一个较高的增长状态。2018 年,中国非金融企业债券市场共发行 7 023 只债券,累计发行规模为 74 012.15 亿元,比 2017 年同期发行数量和规模分别上升 28.09% 和 32.31%;2019 年,中国非金融企业债券市场共发行 9 119 只债券,累计发行规模为 95 383.88 亿元,比 2018 年同期发行数量和规模分别上升 30% 和 29%。

从 2018 年和 2019 年的分市场看,这两年中:银行间市场品种发行规模占比分别为 72.56% 和 66%,占比最高;交易所市场品种发行规模占比分别为 24.17% 和 30%;国家发改委主管企业债,发行规模占比 3.27% 和 4%。与 2018 年同期相比,国家发改委主管的企业债发行数量和规模涨幅较大,分别上升 37% 和 50%;交易所市场品种,各品种债券的发行数量和发行规模均上升,其中可转换债券发行数量和规模分别上升 57% 和 239%,私募债的发行数量和规模分别上升 116% 和 124%,涨幅较大;银行间市场品种发行规模均出现增长,其中中期票据和定向工具发行规模分别上涨 18% 和 20%,涨幅较大。

图 4-2 和图 4-3 分别描绘了 2018 年和 2019 年非金融企业债券市场净融资和取消发行情况。

从 2018 年非金融企业债券市场净融资情况看,受政策和市场影响,2018 年非金融企业债券发行规模较去年同期增长 28.09%,同时总偿还规模增长 7.0%,净融资表现为净发行,净融资规模为 16 937.66 亿元,较 2017 年同期的 2 614.05 亿元大幅增长。同时,取消或推迟发行的债券规模总计 4 313.90 亿元左右。整体看,货币政策相对宽松,债券市场融资压力较 2017 年有所缓解。

2019 年的净融资规模 25 257.81 亿元,较上年同期增长 19.5%。2019 年,取消发行债券 427 只,原计划发行规模 3 099.17 亿元,取消规模占发行规模的 3.25%,取消发行债券数量大幅下降。这主要是因为市场流动性整体相对宽

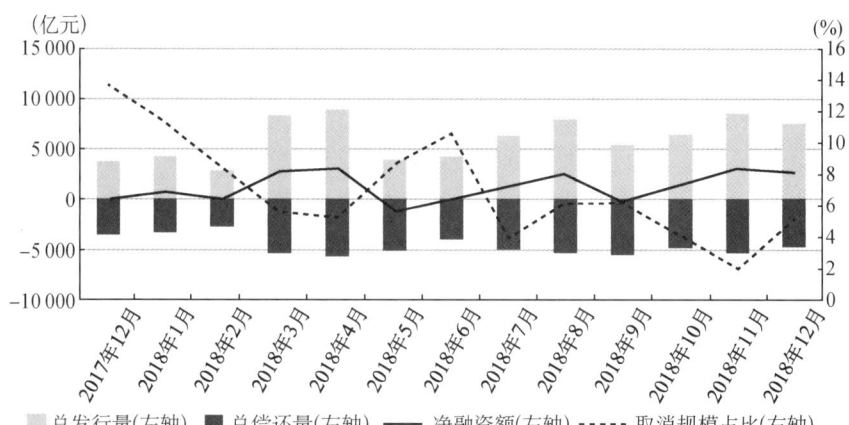

图 4-2　2017 年 12 月—2018 年 12 月非金融企业债券市场净融资和取消发行情况

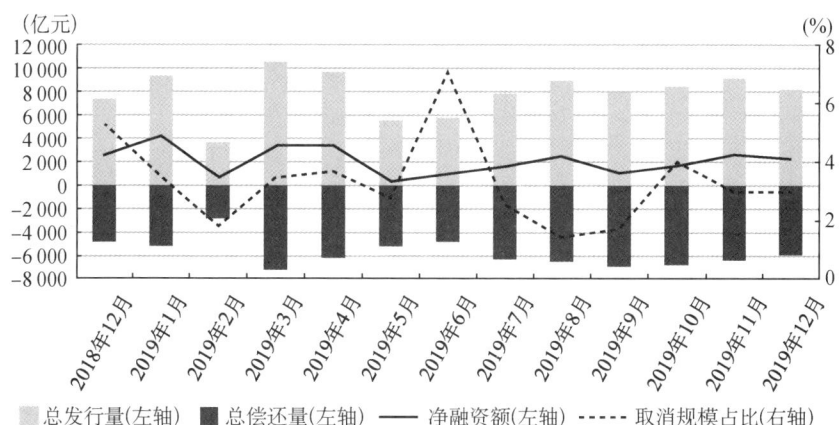

图 4-3　2018 年 12 月—2019 年 12 月企业债市场净融资和取消发行情况

松,政策引导加强实体企业融资便利,以及地方化解债务风险意识加强。

三、企业债市场违约现状分析

(一)债券市场实质违约概况与特征

自 2014 年起,截至 2019 年 9 月 30 日,中国债券市场共发生实质违约事件的主体 126 家,涉及债券 360 只。据不完全统计,违约债券的累计逾期本金规模达 2 321 亿元,累计逾期利息规模 188.60 亿元。

1. 违约类型呈现多样化,以利息违约和回售违约最为常见

违约类型多样化,以利息违约和回售违约最为常见。一方面,由于 2015 年债券市场扩容后,设置回售条款的新发行债券增多,常见的如"2+1""1+1+1""3+2""5+2",回售权行使加速了债券的到期时间;另一方面,扩容

后发行的债券设置回售条款或投资者保护条款增多,触发条款而导致其他债券加速到期。因此,2018—2019年,因回售行权以及触发条款加速到期而违约的债券的比例大幅度上升。具体如图4-4、图4-5所示。

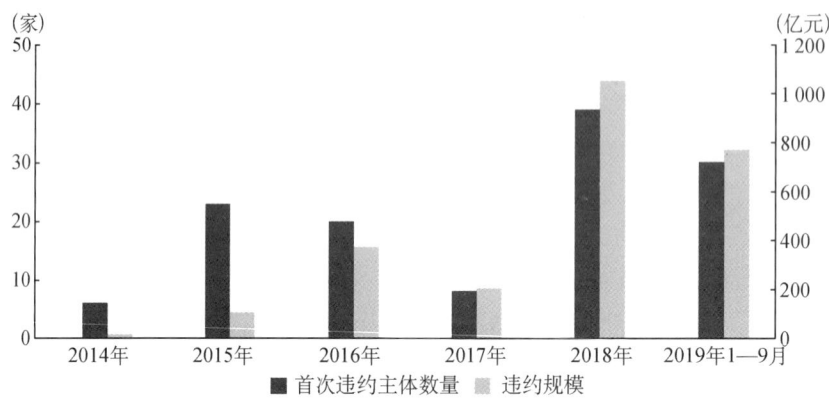

注:违约规模包括当年本金违约规模及利息违约规模。

图4-4 2014—2019年债券市场违约分布情况

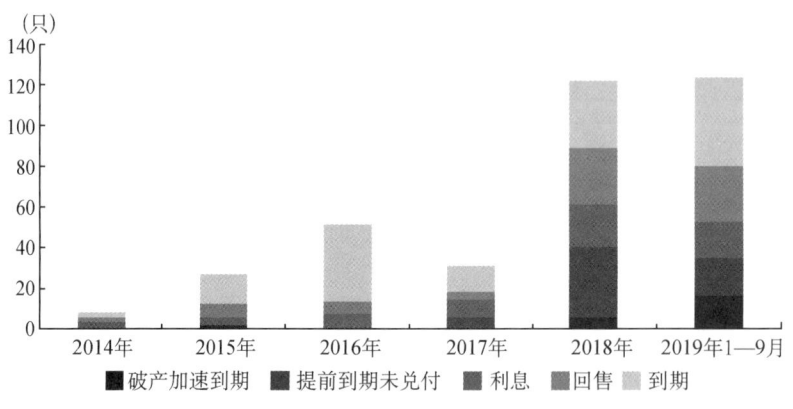

图4-5 违约债券首次违约类型分布

2. 违约债券的行业特征从集中到分散,较多发生在综合、化工、机械设备、商业贸易等行业

2014—2019年(截至2019年9月),中国违约债券分布于27个行业(见图4-6)。整体来看,违约事件较多发生在综合、化工、机械设备、商业贸易等行业,这些行业违约的主体数量均在10家以上(见图4-7)。违约主体所属行业自2018年起从之前集中于某几个行业开始向各行各业扩散,至2019年9月,除银行以外的其他行业均有违约事件发生。违约主体较多的行业普遍存在行业产能过剩、增长乏力和竞争激烈等情况,如化工、纺织服装、商业贸易

等。同时,这些违约主体多为民企且规模较小,在经济增速放缓和信用环境紧缩环境下更难以获得或保持竞争优势,抗风险能力弱,因而易成为违约高发行业。

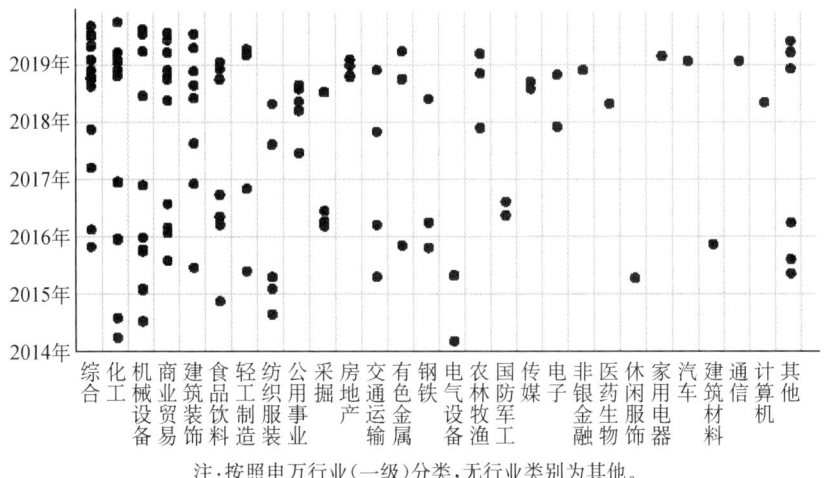

注:按照申万行业(一级)分类,无行业类别为其他。

图 4-6　2014—2019 年(截至 2019 年 9 月)违约债券主体行业分布情况

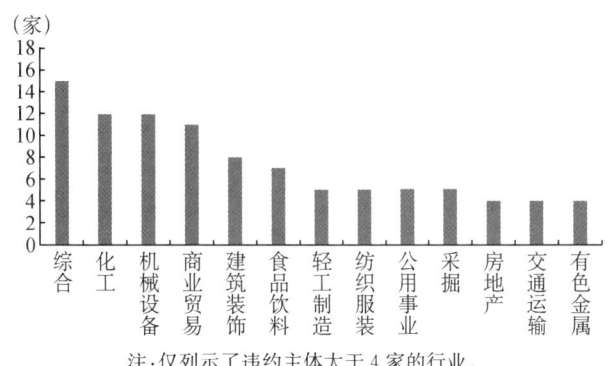

注:仅列示了违约主体大于 4 家的行业。

图 4-7　违约债券主要行业分布情况

3. 2018 年后上市公司违约明显增加

民营企业一直是债券违约的"重灾区",违约主体数量占比 78%。除 2015—2016 年以外,当年违约的主体 80% 集中在民营企业,由于民营企业存在"天生的脆弱性",尤其在紧缩的信用环境冲击下,民企融资难的问题更加凸显。

2018 年之前上市公司发生实质性违约的情况较少。2014—2017 年,仅有 4 家上市公司发生了实质性违约。2018 年,受股市大跌等因素的影响,上市公司实质性违约急剧增加,仅 2018 年发生违约的上市公司实体就有 15 家,

2019年上市公司违约仍未现减弱的趋势。此外,公募发行的债券自2017年违约数量开始明显上升,一部分是由于发行多只债券的主体在私募发行债券违约后,由于流动性或再融资问题,必然导致后续到期或回售的公募债券违约。各类主体违约情况如图4-8、图4-9所示。

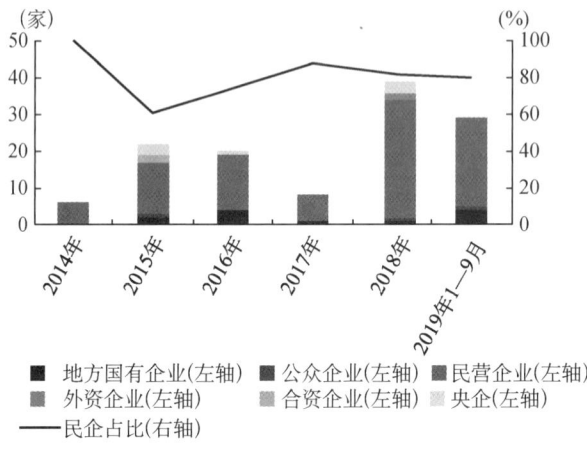

图4-8　各类所有制企业违约情况

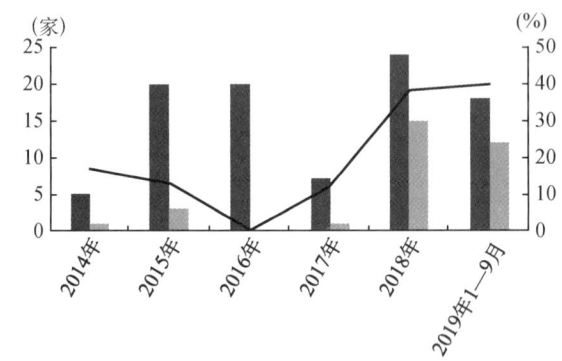

图4-9　上市与非上市主体违约情况

4. 违约主体违约前主体评级向高评级扩散,与发行日之间的时间间隔缩短

2017年及之前,违约债券发行时的初始评级大多在AA级(含)以下以及无主体评级,在违约日之前的主体评级则大多为A+级(含)以下及无主体评级。2018年之后,违约主体的评级开始向高等级扩散:2018年至2019年9月,有3家初始评级为AAA的主体违约;2019年1—9月,初始评级AA+级以上违约主体的占比甚至达到了23%。具体如图4-10所示。

债券违约的发生时间距其发行日平均约为2.26年,最短为"18永泰能源CP003"的0.19年,最长为10川煤债的8年。在发行日后3年内违约的债券合计占比87%,其中在发行日后1年内违约的债券中55%为短期融资券;发行3年之后违约的债券数量大幅下降。具体数量分布如图4-11所示。

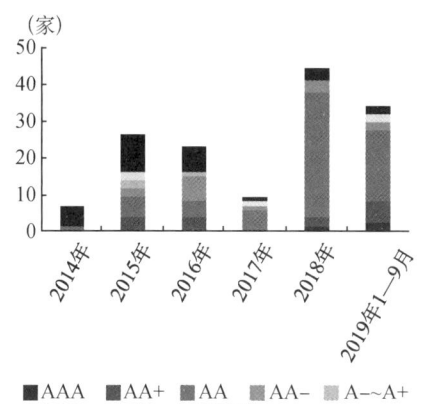

图4-10 违约主体初始主体评级

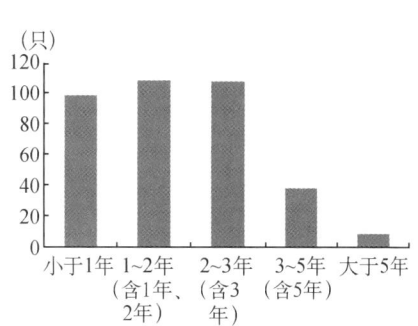

图4-11 违约日与发行日之间时间间隔

(二)债券违约的风险链条

债券违约事件发生后,投资者往往通过对特定违约事件本身进行总结,防范类似风险的再次发生。债券违约在不同类型、行业和地域之间呈现较大的差异性,仅仅通过对违约个案进行分析无法揭示债券违约的一般规律。因此,有必要建立债券违约的周期性分析框架,在不同的周期内对于各种信用风险的产生、积累和相互作用形成新的认知。债券违约是一系列信用风险按照特定的发展规律层层递进的结果,通常情况下,一只债券的违约要依次经历风险萌芽、风险积累、风险爆发和应急处理四个阶段。

1. 风险萌芽阶段:宏观经济下行,行业景气低迷

从全球范围来看,周期性行业违约是信用债券违约的共同特性。中国的债券违约是在全球经济复苏乏力的背景下展开的,债券违约也必然与经济和产业的周期性波动密切相关。按照行业周期性的强弱划分:中国典型的强周期行业包括房地产、建筑机械、大宗原材料、矿产、能源等;弱周期行业包括食品、医药、纺织、教育和公用事业等。在经济衰退或萧条阶段,强周期性行业首当其冲,一些产能落后、对宏观环境依赖性较强的企业开始埋下系统性风险的种子。

在宏观经济下行时,煤炭、钢铁、光伏、化工等产能过剩行业景气度走低,

并受到国家去产能政策等多重因素影响,经营规模往往大幅缩水,出现亏损,资金链紧张。部分资金链紧张的企业,随着评级下调,再融资能力受限,投资者往往会选择提前行权,部分发债主体或因回售触发违约。此类发债主体的性质涵盖较广,民企、央企、地方国企均有涉及。对于煤炭、钢铁等产能过剩行业而言,尽管2016年行业整体盈利明显有所好转,但部分企业仍然面临较大的去产能及环保压力,在利率上行的背景下,融资成本不断提升,发债融资受阻,短期偿债压力较大,这些内外因素都将使企业经营情况恶化。

2. 风险积累阶段:企业经营管理不善,管理层决策失误

经济下行会导致行业系统性风险增加,对债券违约起到一定的发酵作用,但是真正起到决定性作用的是内部因素。内部风险诱发因素通常表现在企业频繁更换管理层、盲目进行大规模和多元化投资导致公司竞争力下降、流动性紧张等诸多方面。从过程来看,引起债券违约的内部和外部风险因素,以及内部风险因素自身往往是相互交织的,在一定程度上体现了债券违约的复杂性。回顾"12湘鄂债"违约事件,其背后既有政策限制下,高端餐饮行业顺周期性特质引起的收入下滑,也有跨行业投资的转型折戟。事实上,湘鄂情并非一味停留在自己的传统业务中,甚至在2012年限制三公消费来临之前就已经开始转型。但是,从餐饮跨界到环保、影视、互联网行业,它无法在某一业务上集中发力,又丢掉了主营业务的优势,持续亏损。转型的失败在一定程度上也体现了管理层决策的失误。

在公司的业务发展过程中,管理层的频繁变动将对公司业务发展、产品规划战略、经营效率以及员工凝聚力带来不同程度的冲击。公司实际控制人或董事长作为首席代言人,如果出现舆情风险,如董事长失联、被监视居住、立案调查等,均会对公司生产经营、融资能力及财务状况带来不利影响。这类违约发债主体主要以民营企业为主,由于其股东背景较弱,实际控制人及高管的舆情对公司影响极为重大。

在债券实质性违约的案例中,"15雨润CP001"和"13雨润MTN1"分别延期14天和3天足额偿付了本息。2015年3月23日,南京雨润实际控制人祝义财被检察机关决定执行指定居所监视居住措施,至今调查结果仍无定论,对公司的生产经营产生了一定的负面影响。另一单违约案例中,江苏民营企业亚邦投资控股集团(简称"亚邦集团")2015年第1期2.159亿元短期融资券"15亚邦CP001"构成实质违约,主要是源于亚邦集团董事长许小初被要求协查事件的影响。该事件导致一系列连锁反应,银行抽贷和压贷导致公司资金链紧张,继而到期应兑现的短期融资券无法按期兑现。

发债主体或其实际控制人可通过资产划转以及资产互换等手段,将优质资产及核心业务从发债主体进行剥离,使其失去对重要子公司(尤其是上市公

司)或盈利能力较强子公司的控制权。当发行人转让核心资产时,通常意味着经营状态变化较大,需要引起重视并考量其对经营情况带来的影响。

淄博宏达矿业有限公司(简称"淄博宏达")在发布兑付公告后却在2016年3月8日宣布"15宏达CP001"违约。追溯到2015年12月14日,淄博宏达与梁秀红等5个自然人签署股权转让协议,将旗下上市公司宏达矿业(股票代码:600532)2.14亿股股份转让,淄博宏达对宏达矿业的持股比例由43.84%下降到2.24%,丧失了对上市公司的控制权。2016年3月8日,"15宏达CP001"构成本息实质性违约。

3. 公司治理和股权结构瑕疵

在债券投资中,公司治理风险亦不容忽视,对于控制人实际控制权不牢固,股权较为分散的民营公司尤其需要注意公司治理结构是否存在瑕疵。山东山水水泥集团有限公司(简称"山东水泥")发行的20亿元超短期融资债券是中国第一起超短融违约案例。由于产能过剩和需求疲软,水泥行业基本面走弱,山东水泥财务水平有所下降,但"15山水SCP001"违约的根本原因并非经营恶化导致财务恶化,而是其母公司中国山水水泥集团有限公司(简称"山水集团")公司管理层逼迫股东解决争端,管理结构瑕疵导致的债务违约。山水集团的四大股东分别为天瑞集团、亚洲水泥、山水投资和中国建材,无单一股东持股比例超过30%,实际控制人对公司的控制力较弱。其中,山水投资是山水集团管理人员和员工的持股平台,而另外三大股东——亚洲水泥、天瑞集团和中国建材等大股东均有能力帮助山东水泥完成债券的兑付,但大股东忙于董事会控制权的争夺,极大削弱了对子公司偿债支持的意愿。

4. 风险爆发阶段:财务指标恶化,外部压力增加

在依次经历过外部经济环境因素导致的风险萌芽期和内部因素导致的风险积累期后,若企业仍未能从经营的困境中摆脱出来,各种财务指标会相继恶化,如公司利润总额大幅下滑、流动性指标降低、企业债务杠杆长期走低等。伴随而来的是银行收紧信贷、外部评级下调和融资难度增加。随着上述不利因素相互叠加,企业的债务偿付压力持续上升,特别是在大规模债务集中到期的情况下,因流动性不足而发生的债券违约是必然的。

违约企业的另一个重要特征为盲目的业务多元化,因过度的业务扩张以及投资策略的选择失败而陷入偿债困境。不成功的业务转型和大规模的激进投资使得企业在盈利不佳的同时负债规模攀升,面对银行的收贷、压贷以及不断升高的杠杆,公司只能借新债还旧债维持,但为弥补亏损,新债规模远大于旧债,由此进入恶性循环。随着盈利持续恶化,对于现金流和净资产的持续侵蚀很容易使企业逐步陷入流动性困境,直至资不抵债,最终暴露

违约风险。

信阳市弘昌管道燃气工程有限责任公司(简称"弘昌燃气")为民营企业,经信阳市政府批准从事城市燃气行业,主营业务城市燃气销售和燃气管道安装具有一定的垄断性。但弘昌燃气不满足于燃气销售这一稳定的业务,进行了一系列失误的经营战略扩张。2011年,弘昌燃气先后在燃气电厂、燃气管道、风电设施、二甲醚及甲醇生产项目等进行大规模投资。从财务报表来看,弘昌燃气资产结构中预付款项和在建工程规模很大,经营和非经营性占款均严重,流动性偏弱,债务规模不断攀升。此外,其对外担保规模偏大,由于被担保人贷款违约,部分股权被司法冻结,使得弘昌燃气雪上加霜,资金周转困难,违约状况不断。大规模、激进的投资策略,大额的资金占用,以及司法诉讼等问题直接导致资金链断裂。

5. 应急处置阶段:变卖优质资产,增信机构进行风险补偿

在发生流动性危机之后,企业通常通过变卖优质资产进行偿债。多数情况下通过变卖资产所得的收益相对于偿债规模来说仍是杯水车薪,增信机构自然成为主体违约的最后一道防线。然而,这道防线并不能完全被当作缓冲流动性的坚实依靠,现实中经常出现担保公司"担而不保"的情况。例如,"12金泰债"由天津海泰担保有限公司(简称"海泰担保")提供"不可撤销连带责任担保",2014年,债券未能如期兑付本利时,海泰担保未能承担代偿责任,海泰担保本身也由于失信已被列入国家失信被执行人名单。

(三) 违约债券回收现状和处置方式

中国债券市场从"刚性兑付"过渡到现在的"违约常态化",违约债券的回收及处置逐渐成为投资者的关注重点。债券回收情况通常使用"违约债券回收率"(简称"回收率")和"违约回收时间"(简称"回收时间")两个指标来衡量。

回收率即违约发生收回的本息金额占违约本息总额的百分比,公式如下:

$$回收率 = (兑付本金 + 兑付利息)/(违约本金 + 违约利息)$$

其中:

(1) 兑付本金包括违约之后累计偿付的本金或回售款本金部分,不含债券首次违约日之前产生的回售款、提前偿还的本金等。

(2) 兑付利息包括债券首次违约之后累计实际兑付的利息部分,但不包括兑付的逾期违约金、到期(含提前到期)后的延期利息。

(3) 违约本金包括债券首次违约及之后累计发生的未兑付本金或回售款本金部分。

(4) 违约利息包括债券首次违约至到期(含提前到期、停止计息)之日期间,未兑付的应付利息,但不包括逾期违约金及到期(含提前到期)后的延期利

息。此外,若法院裁定破产,债务人全部未到期的债权将视为到期。

回收时间用违约期和回收期来衡量。一般而言,违约期为债券发生违约至完成处置(或截止日期)的时间长度;回收期为债券发生违约至收到偿还款项的时间长度。

对已完成兑付的债券而言,违约期与回收期一致;对未兑付债券,只有违约期;对部分兑付的债券,则同时存在违约期与回收期。

1. 违约债券回收率

根据已有公开信息,截至2019年9月30日,126家违约主体进行了兑付的有34家(全额兑付18家,部分兑付16家),360只违约债券进行兑付的有49只(全额兑付28只,部分兑付20只),累计兑付金额217.01亿元(其中累计本金兑付201.62亿元),累计回收率8.65%。随着刚兑打破以及债券违约的常态化,违约兑付由2014年约80%的回收率逐步下降,2018—2019年回收率不足10%。

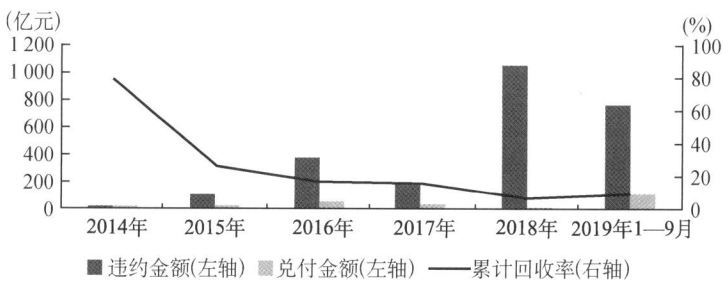

图4-12 截至2019年9月违约债券兑付情况

从行业来看,家用电器、休闲服务、计算机行业的违约债券较少,均已经全额兑付。其他违约债券较多行业中,轻工制造的回收率较高,在50%以上;食品饮料、综合、机械设备、纺织服装、公用事业、采掘的回收率一般,在8%~30%;化工、商业贸易、建筑装饰的回收率较低,在1%~6%;房地产、交通运输行业目前没有回收的情况。

有无担保对违约债券最终的回收没有明显影响,但具体的担保方式对回收率具有一定的影响。整体而言,有担保债券平均回收率为8.85%,仅略高于无担保债券平均回收率的8.60%。具体担保方式上,抵押担保或者担保机构的回收率较高,累计回收率在50%以上;"质押担保+关联方担保"具有一定的担保作用,累计回收率约15%,高于无担保债券回收率的8.60%。关联方和个人股东的担保作用不明显,回收率分别约为3.99%、2.54%,不足无担保债券方式下回收率的一半。单纯的质押担保回收情况为0,但设置质押担保的违约债券多数为可交换债券且违约大多发生于 2018 年,大多数违约债券处于违约处置初期阶段。

债券发行方式对回收率未有显著的影响,公募发行债券违约回收率为 9.38%,仅略高于私募发行方式的 6.93%。

从企业性质来看,非上市公司与上市公司的回收率差别不明显,非上市公司的 9.26% 回收率略高于上市公司的 6.62%。公众企业的回收率较好,为 19.30%,民营企业 8.73% 的回收率略高于地方国有企业的 5.53%。

2. 违约回收时间

截至 2019 年 9 月 30 日,未兑付债券 312 只,平均违约期 501 天,最长约 5.22 年。由于 2018—2019 年首次违约的债券占比较大,未兑付的债券在 1 年以内的占比 54%。

全额兑付的违约债券共 28 只,其平均回收期 112 天。其中最短 3 天,如"15 宏达 CP001""13 雨润 MTN1",最长回收期 732 天,如"10 中钢债"。全额兑付的债券大多能够在半年内完成偿付,回收期超过 1 年的仅有 3 只债券。部分兑付的违约债券 20 只,平均违约期 838 天,最长违约期 5.18 年,平均回收期 339 天,最长回收期 3.63 年。

部分兑付的违约债券一般会在一年内有部分兑付的行为,但进行二次兑付的较少。部分兑付的债券中,山水水泥的 5 只违约债券与债权人达成和解,以折价的方式清偿了违约本金,平均本金兑付比例 58.8%。

由此可见,有望实现较高回收率的债券通常在半年以内就会有所结果,超过 1 年未兑付或较小比例兑付的,在以后时间实现高回收率的概率较小。并且,回收率较高的主体在违约时,其存量债券较少。但要注意的是,若存量债券较多,仍可能出现早违约的债券足额兑付,后违约的债券无法兑付的情况,如大连机床在"15 机床 CP003"后及时进行了清偿,而 20 天之后违约的"16 大机床 SCP001"等多只债券至目前则仍无进展。

从企业类型来看,未兑付债券中地方国有企业的平均违约期最长,约为 2.93 年;部分兑付债券中,合资企业的平均违约期长达 4.14 年。外资企业的平均违约期最短,为 163 天,其次是公众企业平均违约期,约为 0.83 年。综合来看,民企的平均违约期为 1.26 年,其未兑付的债券违约期明显高于其部分兑付的违约债券。无论部分兑付或未兑付,非上市公司的平均违约期均大于上市公司,非上市未兑付违约债券平均违约期为 2.55 年,部分兑付违约债券平均违约期为 1.55 年;上市公司平均违约期为 0.83 年。

回收期方面,央企和民营企业的平均回收期相对较长,约为 7~9 个月;全部兑付的债券中,地方国企的平均回收期较短,在 1 个月之内。非上市公司平均回收期为 7 个月,高于上市公司的半年回收期;在全额兑付的债券中,上市公司的平均回收期反而要高于非上市公司。

3. 违约债券处置方式

随着2015年以来违约主体增加,债券投资者的处置经验日渐丰富。从投资者角度,违约债券的处置路径包括以下四种。

(1) 自主协商。从兑付结果看,具体方式包括:①自筹,即债权人以通过自有资金、资产处置、银行贷款或其他借款、引入战略投资人的方式自筹的资金全额或部分兑付。②展期或延期支付。③债务重组。具体包括低息置换、折价偿付等。

(2) 担保人代偿。

(3) 仲裁或司法途径。

(4) 卖断出售,以市场交易或拍卖机制直接处置违约债券。违约债券从违约发生到处置完成,不同阶段所采取的手段不同,而最终处置的结果也多是综合多种处置手段的结果。

从早期经验来看,无论投资者还是地方政府,在原有的"刚性兑付"思维惯性下,一旦发行人出现违约,作为债权人的投资者一方就高度期望股东或政府救助以获得全额兑付,地方政府出于舆论压力、公信力或者就业等方面的考虑也倾向于以行政化手段化解。例如,早期违约的"11超日债""12圣达债""12二重集MTN1"等,都在股东救助或政府协调下获得了银行贷款并最终对违约债券进行了全额兑付。因此,2014—2015年违约债券的回收率均较高。2014—2016年的违约债券处置方式仍以非法律手段为主,31家有处置信息的违约主体中,投资者采取仲裁或诉讼的仅12家,其中有3家全额兑付的主体,均同时积极地采取了非法律手段,如银行贷款、引入战略投资者、资产处置等。其他19家所采取的非法律手段主要以代偿、银行贷款、债务重组为主,其中10家全额兑付,9家部分兑付。

2018年之后,违约事件进入常态化,以法律手段"逃债"成为主要处置手段。2018年至2019年9月,有处置信息的54家违约主体,34家采取了仲裁或诉讼手段,其中采取了债务诉讼的16家,破产重整的18家。仅采用非法律手段的20家,主要以延期或展期(7家)、债务重组(7家)、资产处置(6家)等自主协商的方式进行。此外,奥马电器还利用纾困基金对其违约债券进行了兑付。

2014—2016年,违约多为宏观或行业周期下行因素所致,约有三分之一违约主体的高负债问题不明显,相对于高负债的企业而言回收预期较好,能够通过资产处置、再融资等方式进行自偿。在2018—2019年(截至9月)发生的违约中,违约原因则更多的是偿债压力过大,外部表现即债务诉讼和破产重整申请,这表明违约主体已经出现内部流动性和信用不足,同时也缺乏用于处置或者抵质押的有效资产,抑或是主体恶意违约。在此背景下,通过内部协商等手段进行处置的效果和效率都很差,应当第一时间采取财产保全措施,并尽快进行破产重整,在司法压力下推进处置进程。因此,债务诉讼、破产重整等法律手段往往是投资人对违约主体最后的选择,这也是2018年采取法律手段的明显增多的重要原因。从最终的回收结果看,被采用非法律手段的违约主体的违约回收率明显高于诉讼手段,回收期也相对较短。

(四)总结

2015年以来,伴随着资本市场扩容,债券违约事件频发,越来越多地暴露出了市场上存在的信用风险。在经济需求下滑的背景下,建筑与工程、钢铁、贸易公司与工业品经销商、建材等强周期行业更容易遭受不利冲击。

多数情况下,债券主体违约是一系列信用风险事件层层递进、逐步累积的结果。债券违约的风险链条包括萌芽、积累、爆发和应急处理四个阶段。在经济出现衰退或萧条时,一些产能落后、对宏观环境依赖性较强的企业开始埋下系统性风险的种子。在风险积累阶段,造成债券违约的内部风险和外部风险因素相互交织,加速了企业风险的暴露。在依次经历过外部经济环境因素导致的风险萌芽期和内部因素导致的风险积累期后,公司利润总额大幅下滑、流动性指标降低等不利因素相互叠加,最终导致企业因流动性不足而产生违约,企业进入危机后的应急处置阶段。

刚性兑付打破、风险和收益实现平衡是债券市场走向成熟的必然趋势,然而债券违约的多发性和突发性也给监管层和投资者带来了一定的困扰。我们结合实际案例归纳了违约主体的五个特征:①行业下行、产能过剩或政策限制导致融资受阻和经营恶化;②管理层动荡,高层出现舆情风险;③盲目业务扩张,投资策略失误,财务杠杆高企;④优质及核心资产剥离;⑤公司治理和股权结构瑕疵。投资者应该加强风险控制,坚持审慎投资,及时建立风险预警系统,防范债券违约风险。

第二节 中国企业投融资的结构与效率分析

金融的本质是资金从盈余者手中转移到稀缺者手中,从而创造更多社会财富并提高金融资源配置效率的活动。判断一国金融体系效率高低的标准是资金是否转移到了更具有生产效率的企业或个人手里,从而创造出更多的社会财富。以M2为代表的总量资金规模庞大与部分民营及中小企业融资难、融资贵的资金配置结构性问题并存是中国金融资源配置的典型特征。本节主要从非金融企业融资结构、企业融资的抵押物渠道、企业投资对资本成本敏感性等角度分析中国企业投融资的结构与效率。

一、中国企业的融资结构分析

非金融企业是社会财富的直接创造主体,其融资方式总体来说可以分为内源融资及外源融资,内源融资主要指企业留存收益以及资本金等,外源融资则包括银行贷款、其他贷款(信托和委托贷款等)、债券融资、股票融资、民间借贷等途径。由于民间借贷数据难以有效测算,我们以央行统计的社会融资规模中的前四类融资途径来分析国内非金融企业的融资来源结构。

如图4-13所示,从社会融资规模的增量比例来看,中国非金融企业的融资结构以间接融资、债务融资为主。银行贷款是中国非金融企业融资最重要的方式,长期占比超过70%;其他贷款(委托和信托贷款)2004年以来占比为10%～20%,2018年后因受非标贷款限制、资管新规等影响出现了存量规模的下降。企业债券与其他贷款所占比例接近,增长较为迅速,2015年、2016年已超过20%,股权融资比例占比较低。

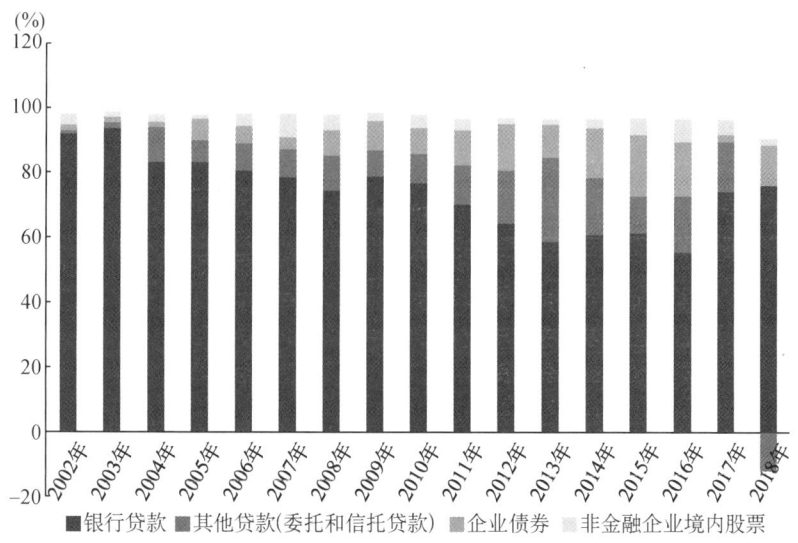

图4-13 社会融资规模(增量)的融资来源结构

(数据来源:国家统计局网站)

若对比中美两国企业在2008—2018年的融资结构情况,可知:①美国公司的融资结构顺序为债券(占比40.94%)、银行贷款(占比37.73%)和股票(占比21.33%)。②与美国企业的情况相反,中国企业融资结构顺序为银行贷款(占比68%)、债券(占比22%)和股票(占比10%)。对中国企业而言,虽然资本市场经过多年发展,直接融资比例有所上升,但间接融资仍然是最主要的融资方式,比例远高于直接融资;直接融资在企业融资结构中的比例较美国市场存在显著差距。

从所有制角度看,国有企业融资结构、成本及可得性显著优于民营企业。2009年的四万亿刺激政策后,国有企业债务融资占比快速上升,挤出了民营企业信贷资源,民营企业更多依靠留存收益及股权融资。国有企业银行贷款占比长期保持稳定,而且以中长期借款为主要资金来源,而民营企业中长期贷款占比较低,更加依靠短期借款、票据融资等。据统计,截至2018年年底,国有企业约占用了70%的银行贷款;国有企业股票融资规模超过4万亿元,民营企业融资规模为3.6万亿元;上市国有企业债务融资余额超过10万亿元,上市民营企业债务融资余额4.4万亿元。

综上所述,2002年以来中国企业融资方式逐步多元化,对间接融资体系依赖程度有所降低,然而结构性问题仍然突出:①银行仍然占企业融资主导地位。除银行贷款占比仍较高外,非标融资实际资金来源仍大量与银行有关;银行还是市场上最大的债券投资者,弱化了债券市场的直接融资属性。②企业融资具有显著的结构性特征,民营企业、中小企业融资难、融资贵问题突出。

二、基于中国上市公司数据的抵押担保渠道检验[①]

担保是企业融资尤其是贷款渠道的重要特征。由于目前中国的信用评级和信用担保体系尚不够完善,资金供给主体尤其是金融机构具有更加明显的担保偏好。据统计,2013年中国五大国有银行担保贷款总额为26.53万亿元,占贷款总额的72.45%;上市股份制银行、上市城市商业银行2013年分别发放9.2万亿元、0.72万亿元担保贷款,占其发放贷款总额的78.81%、79.53%。依据担保品的不同,担保贷款又可具体划分为抵押、保证和质押三种类型的贷款。

房地产是企业融资最重要的抵押物。在存在金融摩擦的经济环境下,企业利用房产进行抵押来为新项目融资,通过这种抵押担保渠道,房产价值波动可能会通过抵押担保渠道对非金融企业的投资和融资行为产生影响。那么,这种渠道在中国是否也同样存在?研究这个问题有助于我们厘清房地产市场在实体企业融资中的关联性和重要性。本部分的研究结果发现,企业拥有的房产的市场价值每上升1个百分点,其投资率将增加0.023个百分点,融资率将增加0.075个百分点。这表明,抵押担保渠道在中国确实存在。进一步的研究发现,非国有企业的抵押担保渠道相比国有企业更为显著。

(一)关于抵押担保渠道的相关研究

20世纪70年代,随着信息经济学和博弈论的兴起和发展,企业融资过程

[①] 本部分节选自何薇(2016)论文。何薇:《抵押担保渠道在中国存在吗?——基于上市公司数据的经验证据》,复旦大学硕士论文,2016。

中的信息不对称问题越来越引起学术界的关注。在不存在完全信息合约的现实世界中,抵押品,如自有房地产,可以使企业有能力得到更多融资,也将进行更多的投资。有学者(Barro,1976)从交易成本角度建立了一个关于信贷融资担保的理论模型。也有研究(Chan and Kanatas,1985)指出抵押担保具有资信评价和信号传递功能,在借贷双方信息不对称条件下,担保可以提高贷款者对其预期收益的评估能力。

有学者(Kiyotaki and Moore,1997)进一步指出在企业资产负债表变化影响经济波动过程中,资产市场价格在其中的作用机制。他们指出,在存在信用约束的经济中,耐用品如土地、房屋充当着生产要素和抵押品两种角色,借款者从银行获得的信用额度取决于抵押资产的价格。这些抵押资产的价格反过来又会影响其信用额度。信用约束和抵押品价格的这种相互影响形成的动态传导机制会将暂时性的生产率冲击延续并放大。有学者(Iacoviello,2005)在研究房价、融资约束和货币政策在商业周期中的关联性时,发现由于抵押效应的作用,房价的变动将会导致产出的变动。

在经验研究方面,有研究(Gan,2007)利用了微观层次的公司数据,检验了20世纪90年代日本房地产泡沫破灭前后带来的抵押价值的巨大变动如何影响日本企业的负债能力和投资额。通过运用双重差分模型实证发现了抵押物价值在统计意义和经济意义上均对公司投资有着巨大的影响。有学者(Chaney et al.,2012)基于1993—2007年美国上市企业的数据,检验发现抵押物价值每额外增加1美元,企业将追加6美分的投资,这种额外的投资是通过追加的负债来实现资金的筹措的。也有学者(Benmelech and Bergman,2011)从破产的负外部性角度研究了这种抵押担保渠道的有效性。他们提出,当行业内的某一个公司破产时,将会减少该行业内其他企业的抵押品的价值,从而增加整个行业的外部融资成本。他们运用美国航空业的详细数据进行估计,结果表明,企业的破产会通过抵押品渠道对行业的其他参与者的债务融资的成本产生相当大的影响,并且这种抵押渠道在行业低迷时期具有传导效应,从而会扩大商业周期。有学者(Cvijanovic,2014)在实证检验房地产价格对公司资本结构决策的影响时发现,对于典型的美国上市公司来说,企业的预计可抵押价值每增加一单位标准差,则负债率相应增加3个百分点。研究结果表明,在不完美信息市场下,企业的抵押值具有重要的缓释作用。

国内对此问题的相关研究多集中在资产价格对宏观经济的影响、金融加速器机制的存在及其与信贷市场、货币政策的互动性等方面,而对房价波动对企业投资影响的抵押担保渠道的深入研究较少。罗时空和周亚红(2013)拓展了Iacoviello的模型,利用2003—2010年中国上市公司的数据进行实证检验,他们指出,由于房地产同时作为企业的生产要素和融资的抵押品,所以房地产价格通过两种效应——成本效应和流动性溢价效应——来影响企业的投资行为。曾海舰(2012)根据中国上市公司的财务报告以及不同省市的房价数据,研究房产价值的波动对企业投融资变动的影响。研究结果显示,2003—2009年,上市公司房屋建筑物市场价值每增加1元,负债相应增加0.04~0.09元,投资相应增加0.04元,表明中国存在显著的抵押担保渠道效应。而其他学者(Wu et al.,2013)的研究结果却发现,即使考虑到企业股权性质的差别,房价的变动对企业投资也无显著影响。

(二) 抵押担保渠道的理论机制

本部分将详细论述 BGG 金融加速器作用机理,并对此模型稍稍加以变动,以阐述房产价值波动影响企业投融资行为(抵押担保渠道)的理论机制。

设定在一个经济体中,企业需要投入一定量的资金进行再生产活动,资金的来源分为内部融资和外部融资两种渠道,其中外部融资是指从金融中介机构获取资金。

现假设企业的外部融资需求如下:

$$B_{t+1} = Q_t K_{t+1} - N_{t+1} \qquad (4-1)$$

其中,N_{t+1} 代表企业净值,Q 表示企业拥有的资产数量,K 表示这些资产的价格,即企业净值加上其外部融资额就等于企业拥有的资产总值。

BGG 发展了关于"状态审核成本"(costly state verification,CSV)的思想(Townsend,1979):在信贷市场信息不对称情况下,贷款存在监督成本,因为借款企业存在隐瞒实情的道德风险可能,贷款方必须付出一定的努力和费用才能知悉借款方的真实经营状况。现假设金融机构自身的资金利率成本为 R_{t+1},其审核贷款企业的审核成本比例为 μ,企业收入的异质风险比例为 ω(正态随机分布,存在阈值 $\bar{\omega}$),则金融机构的审核总成本为 $\mu \omega R_{t+1} Q_t K_{t+1}$。假设企业可获得的资本收益 R_{t+1}^K 事先可知,向金融机构的贷款利率为 Z_{t+1},那么均衡状态下的表达式如下:

$$\bar{\omega} R_{t+1}^K Q_t K_{t+1} = Z_{t+1} B_{t+1} \qquad (4-2)$$

当个体性冲击大于等于阈值($\omega \geqslant \bar{\omega}$)时,$\bar{\omega} R_{t+1}^K Q_t K_{t+1} - Z_{t+1} B_{t+1} \geqslant 0$,企业支付利息;反之,企业违约,违约时金融机构得到的清算支付为 $(1-\mu) \omega R_{t+1} Q_t K_{t+1}$。

在最优债务合约下,金融中介的期望收益等于机会成本:

$$[1 - F(\bar{\omega})] Z_{t+1} B_{t+1} + (1-\mu) \int_0^{\bar{\omega}} \omega R_{t+1}^K Q_t K_{t+1} \mathrm{d}F(\omega) = R_{t+1} B_{t+1}$$

$$(4-3)$$

其中，$F(\bar{\omega})$ 代表违约概率。式(4-3)左边第一项是企业不发生违约时，金融中介的期望收益，第二项是当企业发生违约时，中介得到的期望清算支付。式(4-3)右边是总的债务回报（机会成本）。结合上述三个表达式，有：

$$\left\{1-[F(\bar{\omega})]\bar{\omega}+(1-\mu)\int_0^{\bar{\omega}}\omega \mathrm{d}F(\omega)\right\}R_{t+1}^K Q_t K_{t+1}=R_{t+1}(Q_t K_{t+1}-N_{t+1}) \tag{4-4}$$

因此，贷款人的预期收益表示为个体冲击阈值的函数。（阈值越高，不违约的回报越大，但同时违约概率越高。两方面作用相反。）

对于企业的预期收益，有：

$$E\left\{\int_{\bar{\omega}}^{\infty}\omega R_{t+1}^K Q_t K_{t+1}\mathrm{d}F(\omega)-(1-[F(\bar{\omega})]\bar{\omega}R_{t+1}^K Q_t K_{t+1})\right\} \tag{4-5}$$

结合式(4-3)，得到式(4-5)的另一种表达形式：

$$E\left\{[1-u\int_0^{\bar{\omega}}\omega \mathrm{d}F(\omega)]U_{t+1}^{rk}\right\}E\{R_{t+1}^K\}Q_t K_{t+1}-R_{t+1}(Q_t K_{t+1}-N_{t+1}) \tag{4-6}$$

其中，$U_{t+1}^{rk}\equiv\dfrac{R_{t+1}^K}{E\{R_{t+1}^K\}}$ 为资本的实际收益与预期收益之比。

令 $s_t\equiv E\left\{\dfrac{R_{t+1}^K}{R_{t+1}}\right\}$ 等于预期资本收益折现，$s_t\geqslant 1$，其一阶条件可以简洁地表示如下：

$$Q_t K_{t+1}=\psi(s_t)N_{t+1},\text{ with }\psi(1)=1,\ \psi'(\cdot)>0 \tag{4-7}$$

这是企业的资本支出和财务状况间的关系的关键表达式。它表明，企业的资本支出与企业净值成正比。如果其他变量保持恒定，随着 s_t 的提高，违约概率降低，企业的资本需求扩大，投资额增加，企业规模扩大。然而，随着外部融资与企业净值之间的比例上升，借债成本上升，对企业规模的扩大形成约束。上述关系式的另一个等价表达形式如下：

$$E\{R_{t+1}^k\}=s\left(\dfrac{N_{t+1}}{Q_t K_{t+1}}\right)R_{t+1},\ s'(\cdot)<0 \tag{4-8}$$

式(4-8)表明，对于需要外部融资的企业而言，均衡条件下资本收益等于外部融资成本，即作为金融机构资金利率成本的 R_{t+1} 又可视为无风险利率，企业的内部融资成本，因此，$s(\cdot)$ 表示外部融资溢价，即外部融资成本和内部融资成本之比。由 $s'(\cdot)<0$ 可知，企业的净值占总资产（净值与外部融资之

和)的比例越高,企业外部融资的成本越低,或称外部融资溢价越低,可见,企业净值是影响外部融资溢价的关键性因素。

企业的净值假设由其财富积累 V_t 和工资 W_t^e 构成,即:

$$N_{t+1} = \gamma V_t + W_t^e \tag{4-9}$$

其中,γ 为财富积累比例,且有:

$$V_t = R_t^k Q_{t-1} K_t - \left(R_t + \frac{\mu \int_0^{\bar{\omega}} \omega R_t^k Q_{t-1} K_t \mathrm{d}F(\omega)}{Q_{t-1} K_t - N_{t-1}} \right)(Q_{t-1} K_t - N_{t-1}) \tag{4-10}$$

同时假定:

不可预期总收益 $U_t^{rk} = R_t^k - E_{t-1}\{R_t^k\}$

不可预期违约成本 $U_t^{dp} = \int_0^{\bar{\omega}} \omega Q_{t-1} K_t \mathrm{d}F(\omega) - E_{t-1}\left\{\int_0^{\bar{\omega}} \omega Q_{t-1} K_t \mathrm{d}F(\omega)\right\}$

那么,可推出:

$$V_t = [U_t^{rk}(1 - \mu U_t^{dp})]Q_{t-1} K_t + E_{t-1}\{V_t\} \tag{4-11}$$

对 U_t^{rk} 一阶求导,有:

$$\frac{\dfrac{\partial V_t}{E_{t-1}\{V_t\}}}{\dfrac{\partial U_t^{rk}}{E_{t-1}\{R_t^k\}}} = \frac{E_{t-1}\{R_t^k\} Q_{t-1} K_t}{E_{t-1}\{V_t\}} \geqslant 1 \tag{4-12}$$

这就是金融加速器核心思想的表达:资产价格的波动会产生非预期收益的变化,进而导致企业财富和净值的变化,而企业净值的变化,正如我们上面所推导的,会影响企业的外部融资成本,形成信贷、投资、企业净值之间的循环,传递到宏观经济中,就会启动和放大经济周期波动。

为了更清晰地说明本文的研究问题——房产价值波动通过抵押担保渠道对企业投融资的影响的理论机制,我们将稍微改动上述 BBG 模型。

在信息不对称的情况下,企业的"净值"与其"外部融资溢价"之间的负向关联关系是整个理论模型和作用机制的关键之处。BBG 模型假定,影响外部融资溢价的企业净值由其财富积累和工资组成。事实上,在实践中,为了降低这种外部融资溢价,企业会想方设法改善其与贷款方之间的信息不对称状况,通常以企业的资产作抵押,而银行等金融中介机构为缓释道德风险等问题,在向企业发放贷款时也多要求企业使用土地使用权、房屋建筑物等资产做抵押担保。在这种情况下,企业的可抵押资产的价值即可视为其企业净值的一个子集。可供抵押资产价值越高,意味着企业净值越大,从而就可以获得更为便宜、数额更大的贷款。

由此我们假设:

$$N_{t+1} = REV_t + \gamma V'_t + W^e_t \qquad (4-13)$$

其中,REV_t 表示可供企业做抵押担保的资产的市场价值,V'_t 表示企业积累的其他财富,那么,有:

$$E\{R^k_{t+1}\} = s\left(\frac{REV_t + \gamma V'_t + W^e_t}{Q_t K_{t+1}}\right) R_{t+1} \qquad (4-14)$$

式(4-14)表明,企业可抵押资产的价值越高,借贷双方的代理成本越小,那么企业面临的外部融资溢价越低,即企业拥有的房地产价值可以在一定程度上对冲其外部融资溢价,降低金融摩擦对融资能力的约束,从而企业可以进行更多的投资。这就是抵押担保渠道基于金融加速器模型的理论传导机制。

(三) 实证模型设定与数据处理说明

为检验理论提出的抵押担保渠道的存在,即资产价格上升(房产抵押价值的上升)会通过一系列的机制导致企业的投资增加,我们设定的模型如下:

$$inv_{it} = \alpha + \beta_1 valueh_{it} + \beta_2 \ln(priceh)_{it} + \beta_n controls_{it} + \varepsilon_{it} \qquad (4-15)$$

方程中的被解释变量 inv 表示企业当年的投资。

此外,尽管我们主要想检验房产价格与企业投资之间的关系,但现有理论和经验研究基本表明这种关系是通过企业额外融资来实现的(如 Bernanke et al., 1996; Chaney et al., 2010)。因此,我们将企业的净债务发行率作为被解释变量再设立一个类似的回归方程:

$$fin_{it} = \alpha + \beta_1 valueh_{it} + \beta_2 \ln(priceh)_{it} + \beta_n controls_{it} + \varepsilon_{it} \qquad (4-16)$$

在上述两个回归方程式中,$valueh$ 表示企业房产的市场价值,是关键性的解释变量。$priceh$ 表示房价,为控制整个房地产市场的周期波动对所有企业投资的影响。回归方程中的控制变量包含了传统文献中对企业投融资产生影响的因素,包括现金流 $cash$、市值账面价值比(托宾 Q 值)、公司规模 $size$ 和杠杆率 $leverage$ 等。

企业的可抵押资产的市场价值是企业净值的一个子集,反映着企业面临的外部融资溢价。中国现行《企业会计准则》规定,除兼并和改制外,在持续经营情况下,企业不得对其资产进行评估调账。因此,财务报告中测算的房产建筑物的价值为其账面价值,而非市场价值。为解决这个问题,本文将这些资产的账面价值转化为市场价值(参照 Chaney et al.,2012)。

假定房屋建筑物均按照直线法计提折旧,并将其折旧年限统一规定为30年,根据式(4-17)算出每家公司在我们的样本期期初(2003年年初)时房屋建筑物的已使用年限:

$$the\ average\ age\ of\ those\ assets = 30 \times \frac{accumulated\ depreciated}{the\ historic\ cost}$$

(4-17)

根据上面的结果,就可以大致推出每家公司截至2003年年初所拥有房产的平均使用年限。接着,根据各家上市公司首次公开募股(initial public offering, IPO)登记的公司所在地匹配该所在地归属省份的房价增长率,将地区年房价增长率乘以房产原值,就可以估算出每家公司所拥有房产的逐年的市场价值。

$$valueh_t = [valueh_0 \times \prod_0^t (1 + LPG_{pj})]/Fixed\ Asset_{t-1} \quad (4-18)$$

其中,第0期表示式(4-17)计算出的上市公司房产购置的当年,LPG_{pj}表示上市公司所在省份该年的房价增长率。本文测度的是企业拥有的房产价值,因而选用的房产价格指标是各省商业营业用房的平均销售价格。鉴于该指标只始于1999年,因此,对于1999年以前的数据,使用居民消费价格指数(CPI)暂代。$Fixed\ Asset_{t-1}$表示滞后期固定资产净额。

本部分选择2003—2014年在沪深两市交易的上市公司作为研究对象。之所以选择2003年作为样本的起始时间,是因为自2002年5月起,中国开始实施国有土地使用权招拍挂制度,市场化在房地产市场占据主导地位,房价开始节节攀升。因为企业的投资决策存在较大的变动成本,只有较大的抵押资产价值的外生冲击才会对企业投融资产生明显的影响,所以在选择样本时剔除了2002年后上市的公司。此外,本文对样本做了如下处理:一是剔除金融业、房地产业和建筑业的上市公司;二是剔除农林牧渔、采掘业的上市公司,这类公司的主要房产建筑物可能分布于郊区,若以城市的房价指数进行匹配,可能会高估其所拥有房产的市场价值,从而干扰回归结果;三是剔除在2003—2014年发生重大资产重组、公司实际控股权发生变更的上市公司,原因是公司的实际控制人对于企业的融资能力、投资行为有着显著的影响,此类不在研究之列的因素可能干扰回归结果;四是剔除存在数据缺失的上市公司。依照以上标准进行筛选,我们一共得到470家上市公司12年共5640个观测值。

对于文中使用到的变量(见表 4-2),下面将予以具体说明。

(1) 投资(inv):等于"购建固定资产、无形资产和其他长期资产支付的现金＋投资支付的现金＋取得子公司及其他营业单位支付的现金净额"。融资(fin):等于"当期取得借款收到的现金－当期偿还债务偿还的现金"(这里因为文章研究的是房产作为抵押担保品向银行等金融机构融资以支持企业投资的问题,故而融资额只包括向银行或其他金融机构等借入资金收到的现金,不包括企业通过发行债券筹集资金收到的现金)。

(2) 企业房产的市场价值($valueh$):根据前述方法计算的 2003 年初上市公司拥有的房屋建筑物的逐年市场价值。

(3) 房价($priceh$):各省商业营业用房价格的自然对数。

(4) 现金流($cash$):等于"经营活动产生的现金流量净额"。

(5) 市账比($TobinQ$):直接采取国泰安数据库统计的托宾 Q 值(A),即"股权市值＋净债务市值/期末总资产(其中,非流通股权市值用净资产代替计算)"。

(6) 负债率($leverage$):等于"负债总额/资产总额"。

(7) 公司规模($size$):取公司总营业收入的自然对数。

其中,投资、融资、企业房产的市场价值、现金流均用滞后期固定资产净额予以标准化。所使用的数据来源于国泰安数据库和国家统计局。

表 4-2 变量的统计性描述

变量	总样本(N)	平均数($mean$)	标准差(sd)	$p25$	$p50$	$p75$	偏度	峰度
inv	5 640	0.587	1.353	0.118	0.271	0.545	8.632	110.592
fin	5 640	0.153	1.254	−0.070	0.020	0.220	19.524	730.864
$valueh$	5 640	1.330	2.051	0.373	0.801	1.528	7.376	97.171
$priceh$	5 640	8.834	0.537	8.441	8.810	9.146	0.290	2.682
$TobinQ$	5 640	1.445	1.331	0.654	1.075	1.787	3.814	30.938
$size$	5 640	21.453	1.391	20.553	21.339	22.234	0.371	3.520
$leverage$	5 640	0.508	0.209	0.372	0.509	0.644	1.682	23.864
$cash$	5 640	0.227	0.945	0.053	0.178	0.348	−1.301	103.442

(四) 实证估计结果及分析

考虑到可能存在某些不可观测到的特质性因素影响公司的投融资行为,如公司管理层的投融资风格偏向等,我们将使用个体固定效应模型加以回归,以控制此类不可观测的公司特质性因素。报告结果如表 4-3 所示。

表 4-3 全部样本企业初步实证回归结果

被解释变量	inv	fin
$valueh$	0.024***	0.072***
	(18.75)	(6.50)
$priceh$	−0.176***	−0.442***
	(−2.99)	(−8.56)
$TobinQ$	−0.021	0.005
	(−1.33)	(0.39)
$size$	0.190***	0.176***
	(5.25)	(5.54)
$leverage$	−0.279**	0.754***
	(−2.13)	(6.56)
$cash$	0.034	−0.686***
	(1.92)	(−44.70)
$\_cons$	−1.616***	0.427
	(−2.74)	(0.83)
R^2	0.072	0.291

注:括号内报告的是 t 值,*** 为 1% 显著水平,** 为 5% 显著水平,* 为 10% 显著水平。

表 4-3 的第 1 列显示的是以投资率为被解释变量的普通的最小二乘(OLS)回归结果;第 2 列是以企业净融资率为被解释变量进行回归的结果。上述回归结果显示,企业拥有的房产市场价值与其投资显著正相关,企业房产价值每上升 1 个百分点,投资率将上升 0.024 个百分点,净融资率相应上升 0.072 个百分点,并在 1% 的显著水平上成立。该结果表明,房产价值的抵押担保渠道在中国确实存在并且显著影响企业的融资和投资行为。当地房地产市场价格则对企业的投资和融资起着明显的负向作用,商业营业用房的平均价格每上升 1 个百分点,该地非直接相关行业的企业的投资率将会减少 0.176 个百分点,净融资率下降 0.442 个百分点。这意味着,房地产市场的过度繁荣将会对其他非相关行业的投资产生挤出效应,这些实证数据反映了房价快速上涨时期大量社会资金涌入房地产业,挤占其他行业的资源的现象。

回归结果还显示,公司规模对企业的投融资率均产生正向促进作用,而无论是投资还是融资,托宾 Q 值对其均没有显著性影响。此结果与传统的托宾

Q理论有悖,这可能是由于中国上市企业存在大量的非流通股,给托宾Q值的准确度量造成很大困难以至于数据结果与期望理论不符。另外,企业的杠杆率(资产负债率)对企业投资率产生负向影响,符合传统理论设想,即当资产负债率上升时,企业财务风险加剧,从而削弱投资能力。进一步地,是否存在另一些未被加入模型中的变量会对企业的投资率产生影响呢?例如,某些年份的宏观经济波动可能会影响企业总体的投资水平,如2008—2009年全球金融危机期间企业的投资意愿和投资能力都大幅降低;某些行业独特的再生产模式也会对行业内企业的投资行为有影响。故而,我们在此加入年度和行业虚拟变量来对模型重新进行回归分析(见表4-4)。

表4-4 全部样本企业进一步实证回归结果

被解释变量	inv		fin	
$valueh$	0.024***	0.023***	0.072***	0.075***
	(18.75)	(18.27)	(6.50)	(6.66)
$priceh$	−0.176***	−0.532***	−0.442***	−0.278**
	(−2.99)	(−4.07)	(−8.56)	(2.42)
$TobinQ$	−0.021	−0.020	0.005	−0.009
	(−1.33)	(−1.05)	(0.39)	(−0.57)
$size$	0.190***	0.167***	0.176***	0.189***
	(5.25)	(4.39)	(5.54)	(5.63)
$leverage$	−0.279**	−0.196	0.754***	0.755***
	(−2.13)	(−1.49)	(6.56)	(6.51)
$cash$	0.034	0.036**	−0.686***	−0.685***
	(1.92)	(2.09)	(−44.70)	(−44.60)
_cons	−1.616***	1.098	0.427	−1.980*
	(−2.74)	(0.82)	(0.83)	(−1.67)
年度虚拟变量	无	有	无	有
行业虚拟变量	无	有	无	有
R^2	0.072	0.085	0.291	0.293

注:括号内报告的是 t 值,*** 为1%显著水平,** 为5%显著水平,* 为10%显著水平。

对比各列的结果发现,加入年度和行业虚拟变量后,模型整体的解释力均有所增强,各变量的系数虽然发生了些许变化,但影响不大,不改变我们对抵押担保渠道的定性分析结果。企业拥有房产的市场价值上升1个百分点后，企业的投资率增加了0.023个百分点，净融资率增加0.075个百分点，并且依然在1%的显著性水平上统计显著。

从不同产权性质企业的回归结果（见表4-5）来看，非国有企业组在托宾Q值上整体高于国有企业组。国有企业存在大量非流通股，而托宾Q值的计算是以净资产价值来衡量非流通股价，由此可能造成国有企业的市场价值整体偏低，故无法从非国有企业组的托宾Q值高于国有企业组得出市场对非国有企业评价更高的结论。从杠杆率和现金流来看，国有企业组和非国有企业组的差异不是很明显。

表4-5 国有企业组、非国有企业组的回归实证结果

	国有企业		非国有企业	
	inv	fin	inv	fin
$valueh$	0.018***	0.131***	0.038***	0.138***
	(9.33)	(5.58)	(9.05)	(5.73)
$priceh$	−0.589***	−0.557***	−0.918**	−0.442**
	(−3.23)	(−2.57)	(−2.30)	(−1.98)
$TobinQ$	−0.019	−0.029	−0.099**	−0.047*
	(−0.67)	(−0.88)	(−2.09)	(−1.78)
$size$	0.332***	0.306***	−0.059	0.151***
	(5.58)	(4.32)	(−0.61)	(2.76)
$leverage$	−0.103	0.610***	−0.888**	0.823**
	(−0.52)	(2.60)	(−2.38)	(3.93)
$cash$	−0.030	−0.981***	0.692***	−0.045
	(−1.40)	(−38.60)	(9.73)	(−1.13)
$cons$	−2.054	−2.138	−1.354	0.636
	(−1.07)	(−0.94)	(−1.01)	(0.30)
年度虚拟变量	有	有	有	有
行业虚拟变量	有	有	有	有
R^2	0.066	0.141	0.218	0.181

注：括号内报告的是t值，***为1%显著水平，**为5%显著水平，*为10%显著水平。

从分组回归的结果来看，抵押担保渠道对国有企业和非国有企业投资率

的影响存在一定的差别。当企业的房产价值上升1个百分点时,国有企业的投资率将增加0.018个百分点,而非国有企业的投资率将增加0.038个百分点。从房地产市场整体价格波动对非关联企业的投资影响来看,房价每上升1个百分点,国有企业的投资率下降0.589个百分点,非国有企业的投资率下降0.918个百分点,即房价的过快上涨对非国有企业的投资挤出效应更大。

(五)小结

本部分通过对上市公司在样本期初所拥有的房产的市场价值波动与其投资行为之间的关系建立实证模型,检验和识别了抵押担保渠道在中国的存在性和显著性。结果发现,企业拥有的房产价值每上升1个百分点,其投资率将增加0.023个百分点。并且,这种增加的投资是通过额外的融资来实现的。其经济含义如下:当房地产市场处于繁荣阶段,房价上升时,企业拥有的房地产的市场价值也随之上升,企业可以通过将其进行抵押担保向银行等金融机构借入更多的资金,从而扩大投资,推动整体经济上行。反之,当房地产市场萧条时,企业由于拥有的担保品价值下降,则会面临较高的外部融资溢价而不得不缩减投资,从而将房地产市场的波动传递并放大到整个经济体。

此外,在对企业进行了按股权性质的分组回归后,我们发现,抵押担保渠道对非国有企业投资的影响要明显大于其对国有企业的投资的影响。当企业的房产价值上升1个百分点时,国有企业的投资率将增加0.018个百分点,非国有企业的投资率将增加0.038个百分点。这表明,非国有企业的投资更加依赖于抵押担保渠道的资金融通,不过,实证结果也同时表明,当房价过快上涨时,非国有企业受到的投资挤出效应也更大。

三、基于中国上市公司数据的企业投资对资金成本的敏感性检验[①]

企业投资对资本成本敏感是价格型货币政策工具有效的重要条件和微观基础(Conway et al.,2010)。一方面,随着利率市场化的推进及金融创新的快速发展,数量型货币政策调控的弊端日益显现,中国人民银行正积极完善利率调控和传导机制,推进货币政策调控框架由数量型向价格型转型(易纲,2018)。根据货币政策传导机制理论,企业投资支出对资本成本的敏感性是识别货币政策利率传导渠道是否畅通以及IS曲线斜率的重要参数。另一方面,2013年以来,中国的固定资产投资(尤其民间固定资产投资)增速持续下滑,降低企业融资成本、缓解企业融资难和融资贵问题成为中央政府各部门"稳增

---

① 本部分节选自徐明东、陈学彬(2019)。徐明东、陈学彬:《中国上市企业投资的资本成本敏感性估计》,《金融研究》2019年第8期。

长、稳投资"政策的重要方向之一。估计企业投资对资本成本的敏感程度也是定量评估降低利率等政策工具刺激投资的作用机制及其效果的重要依据。

(一) 引言

长期以来,由于国有企业承担了部分社会功能、非市场化功能以及存在软预算约束,中国企业投资对资本成本敏感性较低、利率传导机制不畅通,被认为是中国企业投资行为的典型特征事实(易纲和林明,2003)。双轨制的利率模式和管制利率的低估扭曲了利率的价格信号作用,也被认为是导致企业投资对资本成本因素不敏感的重要因素之一(徐明东和陈学彬,2012)。已有的实证检验中国企业投资与资本成本关系的文献主要集中在利用宏观数据的利率传导渠道研究,但由于宏观经济变量存在的内生性问题(如投资与利率同时具有的顺周期波动特征),对于中国利率传导渠道是否畅通的研究结论并不统一,而且研究结论对时间窗口的选择和模型形式的设定比较敏感(周英章和蒋振声,2002;蒋瑛琨等,2005;Laurens and Maino, 2007)。

国外文献多利用微观企业数据来估计企业投资的资本成本敏感性(Chatelain et al., 2003;Sharpe and Suarez, 2015;Frank and Shen, 2016)。相比宏观数据的时间序列计量方法,采用微观面板数据计量方法的优势是可设定时间虚拟变量和引入横截面异质性来控制宏观经济变量的内生性问题。据我们所掌握的文献,国内仅彭方平和王少平(2007)、徐明东和陈学彬(2012)利用微观企业数据估计了中国企业投资的资本成本敏感性,但这两篇代表性论文所使用的均是2007年以前的企业数据。其中,徐明东和陈学彬(2012)使用1999—2007年中国全部国有及规模以上工业企业数据,系统估计了中国工业企业投资的资本成本敏感性。其估计结果显示,企业投资受资本成本的影响较小(长期敏感系数仅为-0.06),尤其是国有和集体企业的投资对资本成本是不敏感的,中国货币政策利率传导的重要阻碍在于企业投资环节。

随着改革开放的逐步深化,中国货币政策调控的微观基础和市场环境发生了很大的变化,有必要结合近年来的公司治理改革、利率市场化及金融创新制度环境变化,对企业投资的资本成本敏感性进行估计,以检验利率调控等价格型货币政策工具向实体经济传导的有效性。根据相关理论,企业经营动机及公司治理、融资约束及金融摩擦是影响企业投资行为的两大重要因素(Brunnermeier et al., 2013)。第一,随着中国上市公司治理机制的不断完善,尽管中国企业尤其国有控股上市公司的公司治理仍存较多缺陷和不足,但已有了较大幅度的改进,市场化动机逐渐增强(南开大学公司治理评价课题组,2010);根据新古典企业投资理论,市场化动机越强,则投资对资本成本的敏感性越强(易纲和林明,2003)。第二,融资约束问题仍然是中国企业尤其是民营企业显著存在的问题,随着中国经济增速的下滑,融资约束导致的总量与结构性金融问题的矛盾更加突出①。实体经济中的违约风险上升,各种资金链断裂、信用违约等现象显现,使得金融机构等资金供给主体的风险偏好降低,信贷资金更加偏好存在各级政府隐性担保预期的国有企业,使得民营企业在信贷配置中的融资约束反而增强了。有研究(Schaller,2013)理论上证明了企业面临持续性强融资约束将降低企业投资的资本成本敏感性,这将导致实证估计中企业资本存量对资本成本的利率弹性向零偏误。

本部分基于新古典投资模型框架,使用2004—2017年中国上市公司非平衡面板数据,定量估计了中国上市企业投资的资本成本敏感性,并侧重检验了融资约束对企业投资资本成本敏感性的影响。估计结果显示:①上市企业投资的加权资本成本弹性显著为负,且已具有较强敏感性(长期敏感性系数范围为-0.27~-0.16),价格型货币政策工具的传导条件在上市公司投资环节正逐渐具备。②对加权资本成本的结构性估计显示,企业投资主要对债务资本成本的变动较为敏感且系数显著为负,而对股权资本成本的变动敏感程度较低且不稳定。③与传统观点相反的是,非国有控股上市企业投资的资本成本敏感性显著低于国有控股企业;较强的融资约束是导致非国有控股上市企业投资的资本成本敏感性较低的重要原因,应重视二元经济结构模式下民营经济面临较强的融资约束对价格型货币政策工具传导机制的负面影响。

本部分与传统观点相悖的结论与其他最新研究中国企业投资行为的代表性文献结论一致。邓可斌和曾海舰(2014)、喻坤等(2014)的研究发现非国有企业的投资效率显著低于国有控股企业,并将该现象称为企业投资效率之谜,其解释是经济形势恶化导致的金融机构风险偏好下降、频繁的货币政策冲击强化了国有企业与非国有企业之间的融资约束差异,非国有企业的信贷资源被相应挤出,日益严重的信贷融资约束使非国有企业投资效率持续下降。

(二)资本成本敏感性估计模型

本文所用的企业投资-资本成本实证模型主要基于新古典资本需求理论。该类模型在研究微观企业投资行为与宏观货币政策传导机制的实证文献中被广泛使用(Chatelain et al.,2003;彭方平和王少平,2007;徐明东和陈学彬,2012)。借鉴徐明东和陈学彬(2012)纳入净现金流变量的模型设定,本文设定的动态面板基本模型如下:

---

① 世界银行的调研报告指出,中国有75%的非金融类上市企业选择将融资约束列为企业发展的主要障碍,在80个被调查国家中比例最高(Claessens and Tzioumis,2006)。

$$I\_k_{i,t} = \alpha_1 I\_k_{i,t-1} + \sum_{p=0}^{1}\beta_p \Delta \ln S_{i,t-p} + \sum_{p=0}^{1}\gamma_p \Delta \ln UC_{i,t-p} +$$
$$\sum_{p=0}^{1}\varphi_p CF\_K_{i,t-p} + \lambda_t + \eta_i + \upsilon_{it} \tag{4-19}$$

其中,被解释变量为投资率 I_K,表示 t 期固定资产投资/期初固定资产净值,固定资产投资用购建固定资产、无形资产和其他长期资产支付的现金减去处置固定资产、无形资产和其他长期资产收回的现金净额计算所得。主要解释变量包括投资率滞后值、实际销售增长率($\Delta \ln S$)、资本成本变动率($\Delta \ln UC$)、净现金流比率(CF_K),分别代表企业投资行为的动态黏性调整特征、未来投资机会、外部资本成本变动和内部现金流对企业投资率的影响。实际销售增长率用工业品出厂价格指数消胀后的营业收入取自然对数并差分计算所得,净现金流比率计算公式为(营业利润+固定资产折旧费用)/期初固定资产净额。此外,本文的实证模型还控制了不随时间变化的个体固定效应 η_i 和代表宏观经济冲击等的所有时间效应 λ_t。

式(4-19)中估计参数 α、β、γ、φ 为企业投资率对当期或滞后期各变量的短期反应系数。由于企业投资行为是动态调整的,所以本文除了估计上述 γ 当期或滞后期的短期反应系数外,还重点关注资本成本的长期敏感性系数(long-run sensitivity,LRS),其具体计算公式如下:

$$LRS = \frac{(\gamma_0 + \gamma_1)}{(1-\alpha_1)} \tag{4-20}$$

(三) 资本成本测度模型

资本成本 UC 是本文的核心解释变量。原始的新古典资本需求模型中,资本成本是指资本使用成本(user cost of capital),即资本成本不仅取决于财务成本,还依赖于投资品与产出品的相对价格、资本折旧率等因素。然而,不少文献表明,企业实际使用加权资本成本对投资项目的现金流进行折现(Frank and Shen, 2016)。对此,本文参考此前文献(Frank and Shen, 2016)中的做法,采用加权资本成本(r_{WACC})作为资本成本 UC 的代理变量。加权资本成本的具体定义如下:

$$r_{WACC} = lev \times r_D \times (1-\tau) + (1-lev) \times r_E \tag{4-21}$$

其中,lev 为资产负债比率,其计算公式为 $lev = D/(D+E)$。D、E 分别代表债务账面价值和股权账面价值;r_D 为平均债务资本成本,用利息费用/有息负债来代表①;τ 代表企业实际所得税率,由缴纳所得税/净利润计算所得;

---

① 有息负债的计算公式如下:有息负债=(短期借款+长期借款+应付债券+长期应付款)。

r_E 表示股权资本成本。

现实中,股权资本成本是不可观测的,往往需要进行估计。根据已有文献,股权资本成本的估计主要有两种方法:一是基于 CAPM 模型等资产定价模型估计股票交易的历史回报来作为事前(Ex Ante)预期回报的代理变量(被称为事后股权资本成本);二是使用隐含资本成本(implied cost of capital,ICC)模型来估计事前股权资本成本。依据相关假设的不同,常见的 ICC 模型有戈登(Gordon)增长模型(Gordon and Gordon,1997)、PEG 模型和 MPEG 模型(Easton,2004)、OJ 模型(Ohlson and Juettner-Nauroth,2005)、GLS 模型(Gebhardt et al.,2001)等。

为保证估计结果更具稳健性,本文同时估计了基于 5 种隐含资本成本模型的事前股权资本成本和基于 CAPM 模型的事后股权资本成本。参考其他文献(Hou et al.,2012)中的做法①,本文估计了 5 种隐含资本成本(r_{E_PEG}、r_{E_MPEG}、r_{E_OJ}、r_{E_GLS}、r_{E_COM})作为事前股权资本成本的代理变量,其中 r_{E_COM} 为前 4 种隐含资本成本的算术平均值;参考其他文献(Frank and Shen,2016)中的做法,本文估计了基于 CAPM 模型的事后股权资本成本(r_{E_CAPM})。各种资本成本估计模型及其详细说明如表 4-6 所示。

表 4-6　本文所使用的股权资本成本估计模型

变量名	模型及说明	文献来源
r_{E_PEG}	$r_{E\_PEG,t} = \sqrt{(E_t[EPS_{t+2}] - E_t[EPS_{t+1}])/P_t}$ 其中,P_t 是 t 期的股票价格(文献中多使用期末股价,本文用每年 12 月的平均股价代表),$E_t[\ ]$ 表示 t 期基于可获得信息的市场预期,EPS_{t+1}、EPS_{t+2} 分别表示 $t+1$ 期和 $t+2$ 期的每股盈利。为简化篇幅,以下各隐含资本成本模型中省略了相关变量的相似说明,仅对未出现的变量进行说明	Easton (2004)
r_{E_MPEG}	$r_{E\_MPEG,t} = \sqrt{(E_t[EPS_{t+2}] + r_{E\_PEG,t} \times E_t[DPS_{t+1}] - E_t[EPS_{t+1}])/P_t}$ 其中,DPS_{t+1} 表示 $t+1$ 期的每股股利	Easton (2004)
r_{E_OJ}	$r_{E\_OJ} = A + \sqrt{A^2 + \dfrac{E_t[EPS_{t+1}]}{P_t} \times (g - (\gamma - 1))}$ 其中,$A = 0.5\left((\gamma - 1) + \dfrac{E_t[DPS_{t+1}]}{P_t}\right)$, $g = 0.5\left(\dfrac{E_t[EPS_{t+3}] - E_t[EPS_{t+2}]}{E_t[EPS_{t+2}]} + \dfrac{E_t[EPS_{t+5}] - E_t[EPS_{t+4}]}{E_t[EPS_{t+4}]}\right)$	Ohlson and Juettner-Nauroth (2005)

---

① 各种隐含资本成本模型的估计前提是首先需要对未来的盈利或现金流进行预测,为简化篇幅,本文盈利预测模型的详细设定及其处理方法不再列出,详见 Hou et al.(2012)。

(续表)

变量名	模型及说明	文献来源
r_{E_GLS}	$P_t = BPS_t + \sum_{k=1}^{11} \frac{E_t[(ROE_{t+k} - r_{E\_GLS}) \times BPS_{t+k-1}]}{(1+r_{E\_GLS})^k} + \frac{E_t[(ROE_{t+12} - r_{E\_GLS}) \times BPS_{t+11}]}{r_{E\_GLS} \times (1+r_{E\_GLS})^{11}}$ 其中,BPS_{t+i} 表示 $t+i$ 期的每股净资产,ROE_{t+i} 表示 $t+i$ 期的净资产收益率。ROE_{t+i} 的计算基于 t 对 $t+i$ 期盈利规模 E_{t+i} 和净资产 B_{t+i} 的预测;假定净资产 $B_{t+i} = B_{t+i-1} + E_{t+i} - D_{t+i}$,$D_{t+i}$ 表示 $t+i$ 期的股利支付,假定未来的股利支付率等于当期实际的股利支付率。本文参考 Hou et al.(2012)的做法,盈利预测模型仅直接预测了 $t+1$ 到 $t+5$ 期的盈利规模,在 $t+6$ 期至 $t+11$ 期之间,假定预期 ROE 向行业 ROE 历史数据的中位数等差回归	Gebhardt et al. (2001)
r_{E_COM}	$r_{E\_COM} = (r_{E\_PEG} + r_{E\_MPEG} + r_{E\_OJ} + r_{E\_GLS})/4$	—
r_{E_CAPM}	$r_{E\_CAPM} = r_f + \beta E(r_M - r_f)$ 其中,r_f 表示无风险利率,$E(r_M - r_f)$ 表示预期的市场超额回报	Frank and Shen (2016)

(四)数据说明及变量描述

本部分的研究样本为 2004—2017 年沪深两市的 A 股上市公司(年报数据)。对原始数据做了如下剔除处理:①剔除金融业的企业;②剔除证券简称中含 S、ST 等的异常企业;③仅保留具有连续 5 年以上观测值的公司。财务报表及交易数据来源于国泰安 CSMAR 数据库;计算实际销售增长率时使用的价格指数为工业品出厂价格指数,来源于司尔亚司(CEIC)数据库。经过上述处理,本文最终的非平衡面板样本共包含 2 232 家企业,共计 24 340 个观测值。为排除极端值的影响,本文对连续变量进行了双侧 0.50%分位数的缩尾(Winsorize)处理。

为检验估计结果是否受某种特定资本成本测度方法的影响,本文共估计了股权资本成本的 6 个测度指标,并以此为基础计算出对应的 6 个加权资本成本测度指标。根据表 4-6 各公式估计出了 5 种隐含资本成本(r_{E_PEG}、r_{E_MPEG}、r_{E_OJ}、r_{E_GLS}、r_{E_COM})作为股权资本成本的代理变量,并代入式(4-21)得到 5 个加权资本成本变量(r_{WACC_PEG}、r_{WACC_MPEG}、r_{WACC_OJ}、r_{WACC_GLS}、r_{WACC_COM});在计算基于 CAPM 模型的事后股权资本成本(r_{E_CAPM})时,以日个股回报率和综合日市场回报率为基础计算 β,以 1 年期定期存款利率作为无风险利率,以 Fama-French 三因子模型中市场风险溢价因子(取过去 10 年算术平均值)作为预期的市场超额回报,将 r_{E_CAPM} 代入加权资本成本定义式(4-21)得到加权资本成本变量(r_{WACC_CAPM})。

经过 Winsorize 处理后,主要变量的描述性统计结果如表 4-7 所示。从表 4-7 可知,5 个隐含资本成本的测度值比较接近,平均值和中位数值均在 2.5 个百分点的差异之内,而基于 CAPM 模型估计出的事后股权资本成本明显高于各隐含资本成本的估计结果(平均值约高 4.5 个百分点);基于隐含资本成本的 5 个加权平均资本成本也比较接近,平均值范围为 6.81%~8.43%。

表 4-7 主要变量的描述性统计

变量名	观测值	平均数	标准差	p25	p50	p75
I_K	22 351	0.404 5	0.710 2	0.074 6	0.192 9	0.430 9
$\Delta \ln S$	23 050	0.113 8	0.319 3	−0.026 5	0.101 7	0.239 5
CF_K	23 044	0.582 3	1.276 1	0.123 7	0.271 5	0.601 0
r_D	15 877	0.068 5	0.049 5	0.043 1	0.059 2	0.078 0
lev	24 337	0.547 9	5.951 2	0.280 4	0.443 2	0.602 2
τ	21 615	0.194 5	0.132 9	0.121 8	0.164 7	0.249 1
r_{E_PEG}	19 929	0.094 9	0.050 6	0.059 7	0.085 4	0.120 3
r_{E_MPEG}	19 929	0.086 9	0.050 3	0.052 4	0.077 3	0.110 3
r_{E_OJ}	20 197	0.094 7	0.038 5	0.069 1	0.086 0	0.110 6
r_{E_GLS}	22 073	0.112 5	0.084 4	0.052 7	0.088 5	0.146 0
r_{E_COM}	17 084	0.096 2	0.047 5	0.063 8	0.085 5	0.116 2
r_{E_CAPM}	23 827	0.138 1	0.055 2	0.109 7	0.133 6	0.165 7
r_{WACC_PEG}	11 590	0.073 1	0.031 5	0.051 4	0.068 2	0.089 3
r_{WACC_MPEG}	11 590	0.068 1	0.029 7	0.047 5	0.063 6	0.083 5
r_{WACC_OJ}	12 281	0.075 3	0.027 8	0.056 7	0.070 2	0.088 1
r_{WACC_GLS}	12 881	0.084 3	0.048 8	0.050 7	0.072 3	0.104 7
r_{WACC_COM}	10 445	0.076 3	0.030 6	0.055 4	0.070 5	0.091 1
r_{WACC_CAPM}	13 648	0.104 9	0.038 5	0.077 7	0.097 8	0.124 6

注:I_K 指投资率,由 t 期固定资产投资/期初固定资产净值计算所得;$\Delta \ln S$ 由工业品出厂价格指数消胀后的营业收入取自然对数并差分计算所得;净现金流比率 CF_K 为(营业利润+固定资产折旧费用)/期初固定资产净额;r_D 为平均债务资本成本,用利息费用/有息负债代替;lev 指杠杆率,用总负债/总资产代替;τ 为实际所得税税率,由缴纳所得税/净利润计算所得;r_{E_PEG}、r_{E_MPEG}、r_{E_OJ}、r_{E_GLS}、r_{E_COM}、r_{E_CAPM} 分别为根据表 4-10 各公式估计得到的 6 个股权资本成本代理变量,r_{WACC_PEG}、r_{WACC_MPEG}、r_{WACC_OJ}、r_{WACC_GLS}、r_{WACC_COM}、r_{WACC_CAPM} 分别为使用相应的股权资本成本计算得到的加权资本成本。

(五) 估计结果及分析

本文估计模型中含有被解释变量的滞后项,通常的 OLS 与固定效应估计方法均是有偏估计,所以本文采用了 GMM 一阶差分动态面板估计方法(参见 Arellano and Bond,1991;简称 A-B 估计)。此外,固定资产投资的增加会影响当期或未来期的资金使用成本,即存在当期或跨期反馈的内生性问题,对此内生性问题的处理,本文参考了徐明东和陈学彬(2012)设定内生变量和前定变量的方法。本文所报告的 A-B 估计系数及显著性为二阶段 Windmeijer 异方差纠偏后的估计结果。为确保动态面板模型估计的有效性,本文做了 Sargan 过度识别和序列相关检验。

1. 企业投资的资本成本敏感性估计结果及其解释

表 4-8 为模型(1)的回归结果,其中(1)—(6)列为采用 A-B 动态面板方法,分别使用 6 种不同加权资本成本的估计结果。各估计模型均包含了年度虚拟变量控制宏观经济及政策冲击等时间效应,A-B 方法为差分模型,自动消除了不随时间变化的行业效应和个体效应。在 10% 显著性水平上,二阶序列相关检验 $AR(2)$ 和 Sargan 过度识别检验结果均不能拒绝零假设,表明 GMM 估计模型的干扰项不存在显著的序列相关,工具变量的选取是合理的。尽管由于解释变量中含有被解释变量的滞后项,(7)(8)列采用 OLS 和固定效应(fixed effect,FE)的估计结果存在偏误,本文仍同时列出,以便与 A-B 方法的估计结果进行对比(仅列出了使用 r_{WACC_COM} 的估计结果)。

从表 4-8 的估计结果来看,6 种不同加权资本成本变量的当期及滞后期系数的符号及统计显著性比较稳定,在 10% 显著性水平上均显著为负。基于 A-B 方法估计的资本成本长期敏感性系数范围为 $-0.27 \sim -0.16$,表示资本成本每上升 1%,企业投资率长期将下降 $0.16 \sim 0.27$ 个百分点;净现金流的长期敏感性系数范围为 $0.23 \sim 0.37$,表示净现金流每下降 1 个百分点,企业投资率长期将下降 $0.23 \sim 0.37$ 个百分点。

基于上述估计结果,本文可得到如下基本判断:中国上市公司的投资对资本成本已具有较强敏感性,价格型货币政策工具的传导条件在上市公司投资环节正逐渐具备。可比较的是,对欧美等发达国家的经验研究表明,欧元区各国企业投资的资本成本长期敏感性为 $-1 \sim -0.20$(Guiso et al.,2002;Chatelain et al.,2003),美国企业投资的资本成本长期敏感性为 $-1 \sim -0.50$(Mojon et al.,2002;Gilchrist et al.,2009)。本文的资本成本估计系数比徐明东和陈学彬(2012)基于大量非上市企业样本的估计结果高得多,徐明东和陈学彬(2012)对 1998—2007 年规模以上工业企业样本的估计表明,中国企业投资的资本成本当期敏感性虽然为负,但统计上不显著,长期敏感性仅为 -0.06。

表 4-8　中国上市企业投资的资本成本敏感性估计

被解释变量：I_K_t

	(1)A-B	(2)A-B	(3)A-B	(4)A-B	(5)A-B	(6)A-B	(7)OLS	(8)FE
	r_{WACC_PEG}	r_{WACC_MPEG}	r_{WACC_OJ}	r_{WACC_GLS}	r_{WACC_COM}	r_{WACC_CAPM}	r_{WACC_COM}	r_{WACC_COM}
I_K_{t-1}	0.339 8***	0.339 7***	0.321 2***	0.329 5***	0.290 8***	0.328 2***	0.475 9***	0.174 2***
	(6.66)	(6.65)	(6.57)	(7.99)	(4.92)	(8.25)	(13.58)	(3.06)
CF_K_t	0.282 9**	0.285 7**	0.307 6***	0.158 3*	0.228 6**	0.179 2*	0.414 8***	0.431 5***
	(2.48)	(2.46)	(3.23)	(1.72)	(2.56)	(1.92)	(9.53)	(8.01)
CF_K_{t-1}	−0.040 1	−0.041 9	−0.065 9	−0.001 9	−0.017 9	0.011 3	−0.162 1***	−0.007 0
	(−0.47)	(−0.49)	(−1.46)	(−0.04)	(−0.20)	(0.21)	(−3.37)	(−0.09)
净现金流长期系数	0.367 8**	0.369 2**	0.356 1***	0.233 3*	0.297 1**	0.283 6**	0.482 2***	0.514 0***
$\Delta \ln S_t$	−0.023 6	−0.020 2	0.103 6	0.161 3	0.072 4	−0.065 1	0.192 3*	−0.005 9
	(−0.11)	(−0.09)	(0.65)	(1.01)	(0.34)	(−0.46)	(1.94)	(−0.05)
$\Delta \ln S_{t-1}$	0.128 9	0.122 7	−0.027 8	0.001 6	0.111 7	0.053 1	0.115 1	0.076 8
	(0.88)	(0.84)	(−0.19)	(0.10)	(0.59)	(0.50)	(1.00)	(0.60)
销售增长长期系数	0.159 5	0.155 2	0.111 7	0.257 9	0.259 6	−0.017 9	0.586 5*	0.085 9
$\Delta \ln r_{WACC,t}$	−0.059 2*	−0.059 6	−0.128 0***	−0.099 6***	−0.113 6***	−0.098 0***	−0.142 7***	−0.134 0***
	(−1.66)	(−1.53)	(−4.61)	(−5.70)	(−3.28)	(−4.40)	(−4.25)	(−3.79)

(续表)

	(1)A-B	(2)A-B	(3)A-B	(4)A-B	(5)A-B	(6)A-B	(7)OLS	(8)FE
	被解释变量:I_K_t							
	r_{WACC_PEG}	r_{WACC_MPEG}	r_{WACC_OJ}	r_{WACC_GLS}	r_{WACC_COM}	r_{WACC_CAPM}	r_{WACC_COM}	r_{WACC_COM}
$\Delta \ln r_{WACC,\,t-1}$	$-0.049\,4^{*}$	$-0.053\,6^{*}$	$-0.051\,3^{**}$	$-0.025\,4$	$-0.079\,0^{**}$	$-0.029\,0$	$-0.095\,2^{***}$	$-0.103\,4^{***}$
	(-1.84)	(-1.91)	(-1.97)	(-1.52)	(-2.27)	(-1.06)	(-2.83)	(-2.67)
资本成本长期系数	$-0.164\,5^{*}$	$-0.171\,4^{*}$	$-0.264\,1^{***}$	$-0.186\,4^{***}$	$-0.271\,6^{***}$	$-0.189\,0^{***}$	$-0.453\,9^{**}$	$-0.287\,5^{***}$
_cons	$0.080\,7$	$0.077\,5$	$0.034\,4$	$0.086\,5^{*}$	$0.095\,6^{*}$	$0.055\,8$	$0.103\,5^{**}$	$0.108\,1^{**}$
	(1.51)	(1.44)	(0.75)	(1.91)	(1.89)	(1.47)	(2.08)	(1.98)
时间固定效应	Y	Y	Y	Y	Y	Y	Y	Y
N	3 045	3 045	3 865	4 324	2 477	4 927	4 052	4 052
$AR(2)(P$值$)$	0.601 1	0.608 9	0.913 6	0.662 2	0.543 7	0.318 8	—	—
$Sargan(P$值$)$	0.418 7	0.400 2	0.166 3	0.203 1	0.381 2	0.402 9	—	—
调整R^2	—	—	—	—	—	—	0.457 9	—

注:①除OLS和FE估计括号内为t值外,其他括号内为Z值;$*$、$**$、$***$分别代表10%、5%和1%显著性水平。②变量长期敏感性系数的计算公式参见公式(2),其显著性依据各期估计系数的联合检验卡方(X^2)值判断。③表格中(1)—(6)列代表使用不同的加权资本成本测度指标(r_{WACC_PEG}、r_{WACC_MPEG}、r_{WACC_OJ}、r_{WACC_GLS}、r_{WACC_COM}、r_{WACC_CAPM})的结果。

从已有理论来看，企业投资的资本成本敏感性系数 γ 主要受两大因素影响：①企业经营动机及公司治理。根据新古典企业投资理论，若企业以利润最大化或股东价值最大化作为目标函数，最优化的结果将是企业投资对资本成本是敏感的（Chatelain et al.，2003；Gilchrist et al.，2009）。如果企业以社会目标或规模最大化为经营目标，则企业投资可能对资本成本的敏感性较低（易纲和林明，2003）。②融资约束。根据融资约束理论，若企业以利润最大化为经营目标，则存在信贷配给的企业其投资的资本成本敏感性应该低于非配给企业（Guiso et al.，2002），融资约束较松的企业（接近零负债）其投资对资本成本（包括债务融资成本）的敏感性更强（Frank and Shen，2016）。有研究（Schaller，2013）在理论上证明了企业面临持续性强融资约束将降低企业投资的资本成本敏感性，这将导致实证估计中企业资本存量对资本成本的利率弹性向零偏误。因此，企业的公司治理越完善，市场化逐利动机越明显，面临的融资约束越低，其投资对资本成本可能越敏感。

基于上述理论分析，本文将资本成本估计系数比徐明东和陈学彬（2012）基于大量非上市企业样本的估计结果高得多的可能原因归结如下：上市公司的公司治理要好于非上市公司，而且其面临的融资约束要弱于非上市公司。本文的研究样本为 2004—2017 年的上市公司，徐明东和陈学彬（2012）的研究样本为 1998—2007 年规模以上工业企业（大部分为非上市企业）。一方面，通过上市的信息披露和公司治理等要求，上市公司的公司治理相比非上市公司更加完善，市场化的经营动机可能更加明显；另一方面，上市公司的规模更大，融资渠道更广（如更容易公开发行债券等），信息更透明，其面临的融资约束比非上市公司要小。

2. 中国上市企业投资对股权和债务资本成本敏感性的结构性估计

由于本部分重点关注货币政策利率传导机制的微观基础，而中国企业外部融资高度依赖债务融资，所以本文将加权资本成本变量拆分为股权资本成本和债务资本成本两个变量（参考 Frank and Shen，2016），以重点检验企业投资行为对债务融资成本的敏感性。

从表 4-9 的估计结果可知，在 10% 显著性水平上，6 种不同口径的股权资本成本变量均没有显著为负的系数（包括当期和滞后期系数），甚至使用 CAPM 模型估计的股权资本成本其系数还显著为正[①]，而所有估计方程中债务资本成本的系数均在 1% 显著性水平上显著为负。这表明，中国上市企业投资对债务资本成本的变动已较为敏感，而对股权资本成本的变动敏感程度较

---

① 该结果与 Frank and Shen（2016）的实证结论相似，表明基于 CAPM 模型计算的事后股权资本成本是噪声相对更大的股权资本成本代理变量。

低且不稳定。

表 4-9　中国上市企业投资对股权和债务资本成本敏感性的结构性估计

被解释变量：I_K_t						
	(1)	(2)	(3)	(4)	(5)	(6)
	r_{E_PEG}	r_{E_MPEG}	r_{E_OJ}	r_{E_GLS}	r_{E_COM}	r_{WACC_CAPM}
$\Delta \ln r_{E,t}$	0.008 6	0.007 2	0.019 8	−0.010 8	−0.005 6	0.055 7**
	(0.24)	(0.21)	(0.75)	(−0.84)	(−0.15)	(2.35)
$\Delta \ln r_{E,t-1}$	−0.018 2	−0.018 2	−0.003 3	0.000 2	−0.045 6	0.027 1
	(−1.12)	(−1.29)	(−0.15)	(0.02)	(−1.46)	(1.17)
$\Delta \ln r_{D,t}$	−0.075 8***	−0.074 9***	−0.070 3***	−0.079 0***	−0.068 0***	−0.062 9***
	(−5.28)	(−5.17)	(−5.24)	(−6.34)	(−3.70)	(−5.90)
$\Delta \ln r_{D,t-1}$	−0.041 9***	−0.041 2***	−0.033 8***	−0.052 2***	−0.047 2***	−0.033 1***
	(−3.55)	(−3.49)	(−3.05)	(−4.80)	(−3.05)	(−3.65)
时间固定效应	Y	Y	Y	Y	Y	Y
N	4 624	4 624	4 396	5 832	2 837	7 057
AR(2)（P 值）	0.413 2	0.415 1	0.826 9	0.160 7	0.797 9	0.712 1
Sargan（P 值）	0.073 3	0.070 3	0.110 2	0.143 4	0.327 1	0.119 2

注：①括号内为 Z 值，*、**、*** 分别代表 10%、5% 和 1% 显著性水平；②表格中各列代表使用不同的加权资本成本测度指标（r_{WACC_PEG}、r_{WACC_MPEG}、r_{WACC_OJ}、r_{WACC_GLS}、r_{WACC_COM}、r_{WACC_CAPM}）的结果；③为节省篇幅，仅列出了股权和债务资本成本的估计系数。

3. 国有控股与非国有控股企业投资的资本成本敏感性差异检验

传统观点普遍认为，中国企业投资的资本敏感性是较低的，利率传导机制不畅通，其主要原因是国有企业承担了部分社会功能、非市场化功能以及存在软预算约束（易纲和林明，2003）。徐明东和陈学彬（2012）使用 1999—2007 年工业企业数据的估计结果也显示，国有企业的投资对资本成本是不敏感的，中国货币政策利率传导的重要阻碍在于企业投资环节。

对此，本文对国有控股与非国有控股企业投资的资本成本敏感性差异进行了检验。按照实际控制人性质，将企业分为国有控股和非国有控股，设置虚拟变量 D_state，如果为国有控股企业则取值为 1，否则取值为 0。据统计，样本中国有控股和非国有控股企业数分别为 767 家、1 465 家，即国有控股企业占比为 34.36%。本文对此设定相关估计模型如下：

$$I\_k_{i,t} = \alpha_1 I\_k_{i,t-1} + \sum_{p=0}^{1}\beta_p \Delta \ln S_{i,t-p} + \sum_{p=0}^{1}\varphi_p CF\_K_{i,t-p} + \sum_{p=0}^{1}\gamma_p \Delta \ln UC_{i,t-p} + \sum_{p=0}^{1}\kappa_p(\Delta \ln UC_{i,t-p} \times D\_state_{i,t}) + \theta_1 D\_state_{i,t} + \lambda_t + \eta_i + \upsilon_{it}$$

(4-22)

通过式(4-22)中资本成本与股权性质交叉项的系数 κ 符号及其显著性检验国有控股与非国有控股企业投资的资本成本敏感性差异。表 4-10 的估计结果显示，在 5% 显著性水平上，6 种不同口径的资本成本与产权性质交叉项系数均显著为负，说明国有控股企业投资的资本成本敏感性显著高于非国有控股企业。该估计结果与传统观点是相反的，传统观点主要强调公司治理和企业经营动机对投资资本成本敏感性的影响，认为国有企业由于存在历史原因、非市场化的功能和规模最大化动机等，其利润最大化的市场化动机低于非国有企业，其投资对资本成本的敏感性也相应低于非国有企业。

本文的估计结果与传统观点相反，其可能解释如下：①尽管国有控股上市公司的公司治理仍存在较多缺陷和不足，但已有了较大改进（南开大学公司治理评价课题组，2010），市场化动机逐渐增强，经营绩效也有了较大幅度改善。北京师范大学发布的《中国公司治理分类指数报告(2016)》数据显示，近年来国有控股上市公司在董事会治理、财务治理（包括财权配置、财务控制、财务监督、财务激励）等诸多方面均好于非国有控股公司。②尽管近年来随着中国多层次金融市场（含债券市场和股权市场）的快速发展和金融自由化的推进，整体上中国上市公司的融资渠道更广了，融资约束下降，但非国有控股公司尤其是民营上市公司仍面临较强的融资约束；而且近年来随着中国经济增速的下滑，金融机构的风险偏好下降、风险规避意识在增强，资金供给更偏好具有隐性担保的国有控股上市公司，导致民营企业面临相对更强的融资约束。

本文对国有控股和非国有控股企业投资行为的实证研究与近年来的代表性文献研究结论基本一致。早期的文献往往发现紧融资约束、缺乏融资渠道的公司（如民营企业）拥有更高的生产效率和投资效率(Song et al.,2011)，但近年来的代表性研究结论显示，非国有企业的投资效率显著低于国有控股企业，这被称为企业投资效率之谜（邓可斌和曾海舰，2014；喻坤等，2014）。近年来，中国经济增速的下滑以及频繁的货币政策冲击强化了国有企业与非国有企业之间的融资约束差异，这被认为是产生企业投资效率之谜的最重要原因。

表 4-10　国有控股与非国有控股企业投资的资本成本敏感性差异检验

	(1) r_{WACC_PEG}	(2) r_{WACC_MPEG}	(3) r_{WACC_OJ}	(4) r_{WACC_GLS}	(5) r_{WACC_COM}	(6) r_{WACC_CAPM}
$D\_state \times \Delta\ln r_{WACC,t}$	−0.069 8***	−0.070 0***	−0.049 4***	−0.064 6***	−0.049 6**	−0.062 6***
	(−3.49)	(−3.35)	(−2.58)	(−3.85)	(−2.46)	(−4.07)
$D\_state \times \Delta\ln r_{WACC,t-1}$	−0.059 3***	−0.059 2***	−0.044 3***	−0.047 4***	−0.049 8**	−0.056 3***
	(−2.83)	(−2.73)	(−2.81)	(−3.27)	(−2.50)	(−4.11)
D_state	0.095 3	0.099 7	0.275 0	0.039 8	0.470 6	0.072 4
	(0.34)	(0.36)	(1.44)	(0.27)	(1.06)	(0.53)
时间固定效应	Y	Y	Y	Y	Y	Y
N	3 044	3 044	3 864	4 323	2 476	4 926
AR(2)（P值）	0.541 3	0.547 4	0.839 2	0.761 3	0.579 1	0.314 1
Sargan（P值）	0.537 1	0.529 0	0.182 4	0.255 9	0.542 2	0.361 3

注：①括号内为 Z 值，*、**、*** 分别代表 10%、5% 和 1% 显著性水平；②表格中各列代表使用不同的加权资本成本测度指标（r_{WACC_PEG}、r_{WACC_MPEG}、r_{WACC_OJ}、r_{WACC_GLS}、r_{WACC_COM}、r_{WACC_CAPM}）的结果；③为节省篇幅，仅列出了股权性质及其交叉项的估计系数。

（六）小结

本部分基于新古典投资模型估计框架，使用 2004—2017 年中国上市公司非平衡面板数据，定量估计了中国上市企业投资的资本成本敏感性，并侧重检验了融资约束对企业投资资本成本敏感性的影响。

本部分的实证研究结果显示：①上市企业投资的加权资本成本弹性显著为负，而且已具有较强敏感性（长期敏感性系数范围为 −0.27～−0.16），价格型货币政策工具的传导条件在上市公司投资环节正逐渐具备。②对股权和债务资本成本的结构性估计显示，中国上市企业投资对债务资本成本的变动已较为敏感，而对股权资本成本的变动敏感程度较低且不稳定。③与传统常态性观点相反的是，非国有控股上市企业投资的资本成本敏感性显著低于国有控股上市企业；较强的融资约束是导致非国有控股上市企业投资的资本成本敏感性相对较低的重要原因。

本文的研究还表明，虽然从长期来看，随着国有企业的市场化改革以及中国的金融自由化和市场化改革，多层次资本市场（包括债券市场和股权市场）的发展，企业尤其是民营企业的融资渠道逐渐拓宽，融资约束将逐渐下降，这将有助于提高价格型货币政策工具的有效性,但 2014 年以来实体经济中的违约风险上升,金融机构等资金供给主体的风险偏好降低,实体经济主体尤其是民营企业面临的融资约束上升,会导致 IS 曲线的斜率变得陡峭,降低利率对实体经济的投资刺激作用有限。

值得注意的是,本文的研究样本仅为上市公司,对于大量信息透明度较低、公司治理较弱的非上市公司(尤其是中小企业)或各级政府融资平台来说,可预期的是,这类微观主体或部门的投资对资本成本的敏感性要比上市公司低,但具体如何需要更进一步的实证检验。

第三节 中国企业债券定价信息效率分析一:行业利差分解视角

一、问题提出与文献综述

(一) 问题的提出

2010 年以来,中国企业债市场发展迅速。企业债因存在违约风险,投资者会要求提供一定的风险补偿,体现在其信用利差上。2013 年 6 月之前,不同债券信用利差的差异很小,而且一直较为稳定,投资者对信用风险的关注有限,但是从 2013 年下半年开始,行业和个券信用利差均呈现分化,债市监管风暴使得信用利差大幅攀升,对于采掘、化工等周期性行业尤其如此。2014 年刚兑打破后,不同行业的信用利差分化更加明显,2016 年以来,周期性行业的信用违约风险凸显,违约风险事件频发,范围也越来越广,从而进一步推升了风险溢价。2016 年 10 月 28 日,国家出台了《关于试行房地产、产能过剩行业公司债券分类监管的函》,将采掘、煤炭等行业的债券发行收紧,对于那些被列为关注类和风险类的企业,其信用利差更高。

这些市场变化表明,投资者已经开始关注债券风险与收益的匹配性,对风险较高的债券要求更高的收益率补偿,虽然企业债定价和风险管理一直以来是很多学者和市场投资者研究的问题,但是在当前个券及行业信用分化的背景下,债券信用风险评估成为市场上亟待解决的问题。

信用利差是信用债收益率的重要组成部分,所以识别出信用利差的影响因素是信用债定价的关键,信用利差的影响因素主要涉及信用违约风险、流动性风险、行业风险等,2016 年以来的市场表现说明,行业风险已经成为不可忽视的因素。如何从信用利差分解的视角剥离出不同风险因素,尤其是行业风险?信用利差分解后,不同组成部分分别受到什么风险因素的影响?本部分将主要针对上述两个问题进行研究。

（二）信用利差的影响因素文献综述

1. 宏观经济因素

早期的研究主要集中在宏观经济对信用利差的影响，有学者（Collin-Dufrensne et al.，2001）对宏观经济变量进行实证分析，发现无风险利率、期限结构对信用利差有影响。有研究（Campbell and Taksler，2003）证实了债券发行人的股票波动率与信用利差呈正向关系。有学者（Dbouk and Kryzanowski，2010）选取银行业1990—1997年的债券月度交易数据，研究信用利差的影响因素，除了考虑以往研究得到的宏观经济变量，该研究还加入了其他风险因素。实证表明，违约风险和未分散的风险包含在信用利差定价中，宏观因素中，GDP和通货膨胀率对信用利差影响显著。

国内研究文献中，李岚和杨长志（2010）基于中期票据的面板数据对信用利差的变动进行了研究，实证表明，中票的信用利差与10年期国债收益率、固定投资增速、采购经理指数（Purchasing Managers' Index，PMI）等宏观经济变量有关。赵静和方兆本（2010）采用面板数据，选取了市场风险的代表变量。实证表明，市场风险因子中，无风险利率、期限结构、股市每日收益以及代表流动性的债券日发行量对信用利差的影响显著。许屹（2017）基于中国公司债券月度面板数据对市场系统风险和信用利差的关系进行研究，在控制了违约风险定价模型包含的几个因素如无风险利率、财务杠杆率之后，对Fama-French的三个系统性风险因子进行回归分析。实证结果表明，系统风险指标对利差影响显著。

2. 行业因素

国内外对行业利差影响因素的定量研究很少，多集中于定性分析，曹又丹（2014）分析了2014年刚兑打破前后信用利差的走势，并对后违约时代信用利差的风险因素进行分析。研究认为，刚兑打破之前，不同行业和个券的信用利差的差异很小，不同评级间的利差保持稳定，刚兑打破后，信用利差分化明显，除了个体因素外，投资者更需要从中观行业层面分析，识别出容易出现信用风险的行业。王靓（2015）选取了行业利润总额同比增速、行业资产周转率、资产负债率等指标来分析行业财务风险。明明等（2017b）介绍了行业利差的构建方法，并提出了行业利差构建的改进方案——即期收益率曲线法，同时分析了行业景气度对行业利差的影响，说明行业基本面对行业利差的重要性。明明等（2017a）在研究个券信用利差的影响因素时加入了行业因素，研究发现行业分布对信用利差的影响显著。孙彬彬等（2018）采用到期收益率平均法计算行业利差，选取了财务指标，通过对其打分来评估行业财务风险和行业利差的匹配性，选取的财务指标包括资产结构、盈利能力、财务杠杆、偿债能力等。

3. 企业微观因素

有研究(Beaver,1966)发现公司财务信息体现了公司的违约风险。另有学者(Collin-Dufrensne et al.,2001)不仅分析了宏观因素对信用利差的影响,还加入了财务杠杆指标。实证表明,财务杠杆和信用利差正相关。有学者(King and Khang,2005)研究了企业财务和信用资质对利差的影响,结果表明,公司杠杆比率、信用等级等对信用风险影响显著。陈宝强(2010)以 83 只中期票据为样本构建了面板数据,选取 22 个财务指标,并对这些指标进行全局主成分分析,利用提取出的主成分来分析财务风险对信用利差的影响,实证结果表明,销售净利率、ROE、资产负债率等财务指标是影响信用利差的重要因素。睢岚等(2013)选取了修正久期、资产负债率、企业资产总规模等债券个体性因素,分别构建多元线性回归模型和固定效应模型来研究这些因素对信用利差的影响,研究表明,财务杠杆和修正久期对信用利差产生显著影响,并且修正久期与信用利差负相关。高强和邹恒甫(2015)研究了公司基本面、宏观经济变量对信用利差的影响,实证表明,财务杠杆、信用评级等公司基本面能够有效地反映在信用利差上。胡继强(2015)以 2008 年以来所有发行的中票为样本,研究发行利差和影响因素,该研究同时考虑了宏观因素、微观因素和市场流动性,实证表明,微观因素中,股东背景对信用利差影响显著,国企背景下的债券发行利率小于民营企业的发行利率,这说明了企业性质对信用利差的重要性。明明等(2017a)选取了 8 297 只债券研究信用评级、流动性、剩余期限、债券条款等因素对个券信用利差的影响,其中流动性因素用上市场所和换手率表示,研究表明,信用评级、流动性因素以及剩余期限对个券信用利差影响均显著,其中个券流动性仅影响交易所产业债。

4. 债券市场流动性因素

最早提出流动性溢价的是阿米胡德和门德尔松(Amihud and Mendelson,1986)。该研究发现,投资者对流动性较差的证券存在风险补偿。有学者(Houweling et al.,2002)基于欧洲债券市场,在利用套利定价理论控制了其他风险因素后,选取发行规模、发行期限、报价量以及买卖价差作为流动性代理变量,来分析债券流动性对信用利差的影响。实证表明,流动性代理指标可以解释部分信用利差。有研究(Andrew et al.,2004)发现,流动性成本阻碍了交易频率,由于交易者无法实时对冲风险,需要提供一定的风险补偿,流动性风险在价格中有所体现。有学者(Chen et al.,2004)利用横截面数据,通过控制评级与期限变量,证实信用利差与买卖价差相关,为流动性影响信用利差提供了直接的证据。董乐(2007)研究了中国债券市场的流动性溢价问题,研究表明,流动性风险对半年以内的债券利差影响显著,对于半年以外的债券不显著。

二、中国企业债市场行业利差特征分析

（一）同评级不同行业的利差走势

图 4-14、图 4-15 和图 4-16 分别展示了 2012 年 7 月 2 日—2018 年 12 月 31 日 AAA、AA+、AA 同等级下部分行业的信用利差走势。可以发现，2013 年 7 月之前，AAA、AA+各行业利差非常接近，而且随时间的变动不大，较为平缓。AA 行业利差在逐渐下降，并在 2013 年 7 月触底。从 2013 年 7 月开始，同评级不同行业间的信用利差走势分化，其中化工、钢铁、有色金属分化较大，而且行业间的分化程度随着评级的降低而降低。AAA 评级的行业利差走势除了上述三个行业，其他行业的利差分化程度都不大，直至 2016 年，机械设备行业与汽车行业的利差开始分化。AA+评级的行业利差走势中，除了钢铁分化明显外，化工行业利差也逐渐分化，而有色金属行业是直到 2016 年才开始分化。AA 评级的每一个行业利差都基本保持上升态势，并且均从 2014 年开始有一个跃升期。其中，机械设备的行业利差在 6 年中上升幅度最大。基于以上的描述发现，重资产或产能过剩行业的行业利差比轻资产的行业普遍高一些。

在 2013 年年底之前，各个行业同一评级的利差走势基本相同，而且利差波动较小，走势基本平稳。临近 2013 年年底，美国退出量化宽松预期加强，面对钱荒之后的二度资金面紧张，市场情绪波动较大，各行业、评级的信用利差均出现了跳升，而且不同行业的利差之间开始分化。

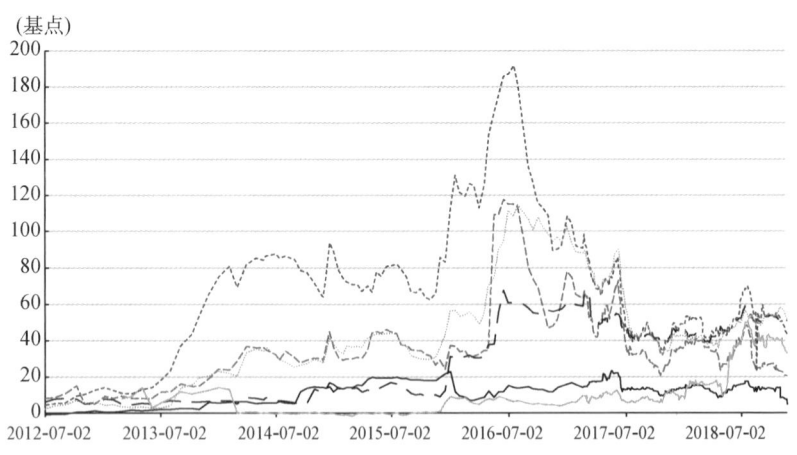

图 4-14 AAA 评级行业信用利差

（数据来源：Wind）

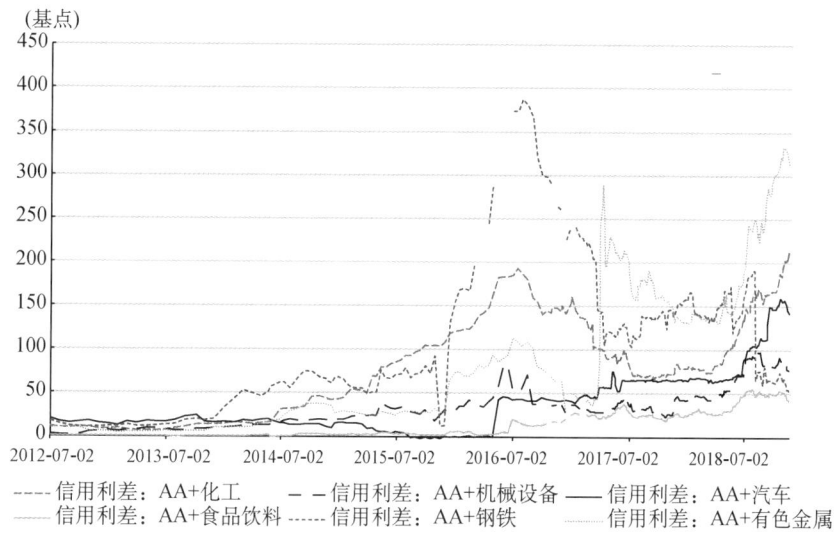

图 4-15　AA+评级行业信用利差
（数据来源：Wind）

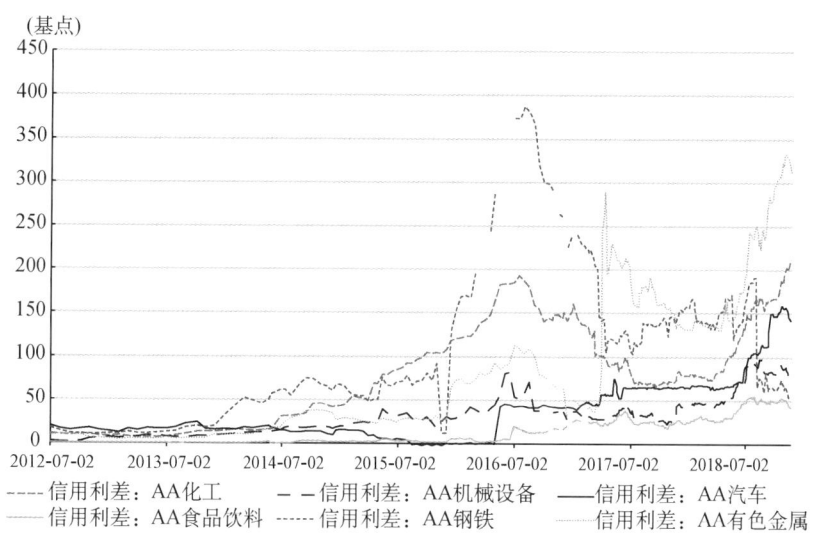

图 4-16　AA 评级行业信用利差
（数据来源：Wind）

2014 年，资金面开始放松，无风险利率下行，利差出现了短暂的下降。但在 2014 年 3 月超日债违约，债券市场刚兑打破之后，全行业的信用利差出现了跃升。此时，信用利差与无风险利率的同向性被打破，出现了一定程度上的背离。信用利差在债券脱离了刚兑后，其变动在一定程度上反映的是市场对个券违约风险的溢价补偿。

2015年4月起,因为周期性行业景气度的下降,市场上违约数量增加。2016年,中国开始实行"三去"——去杠杆、去产能、去库存。整体经济压力与资金面压力导致利差开始上行,到2016年4月前后,市场开始出现较为密集的违约事件,加上资金面紧张和再融资环境的恶化,中低评级利差出现骤升。2016年7月,供给侧改革出现明显成效,煤炭、钢铁和有色金属价格开始飙升,市场对周期性行业的经营好转预期增强,各评级的行业利差出现了明显的回落。直到2016年年底,资金面收紧,高频数据企稳,利差又转为震荡走势。值得注意的是,2018年,AAA和AA+的行业利差均有回落的态势,而AA行业利差则上升明显,说明市场的风险偏好有一定的下降。

供给侧改革前后,钢铁、化工、有色、机械设备等产能过剩行业利差明显波动较大,而汽车和食品饮料则波动较小。在2016年上半年,资金面的紧张导致周期性行业的再融资困难,主导利差上升的是杠杆率高企导致的债务违约预期;2016年下半年至2018年,产能过剩行业的盈利能力明显改善,是主导利差下降的最主要因素。

(二)同行业不同评级利差走势

以采掘业和食品饮料为例分析。图4-17、图4-18展示了采掘业及食品饮料各评级利差的走势。可以看出,各行业各评级的分化时间点是不一致的。采掘业在2015年下半年各个信用评级的信用利差差异很小,从2015年下半年,各评级的利差才开始分化。2015年年末至2016年年初,采掘业AA+与AA评级的信用利差明显与AAA评级拉开差距。食品饮料的行业利差分化则发生于2014年(AA与AAA、AA+的分化)和2016年(AA+与AAA的分化),而且AA评级行业利差明显大于其他评级。二者均在2016年年末达到相对高点,AA评级的采掘行业债券信用利差逼近500 bp,而AA评级的食品饮料行业未超过180 bp。

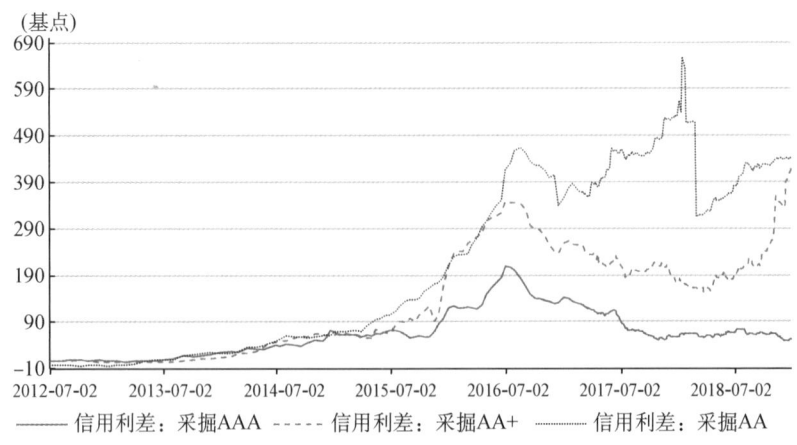

图4-17 采掘行业各评级信用利差

(数据来源:Wind)

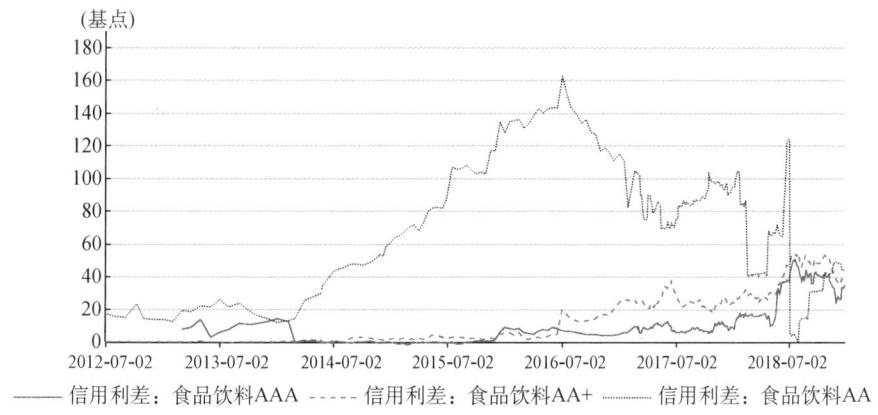

图 4-18　食品饮料行业各评级信用利差

（数据来源：Wind）

2013年6月之后，央行开始主动调控经济，创新型货币政策工具开始投放。2014年，刚兑打破，弱资质AA评级食品饮料债券利差开始分化，而采掘业则出现各评级利率整体抬升。本文认为，造成上述情况的原因在于发行低资质的食品饮料债券的是盈利能力弱的民营企业，而采掘业大多是国有控股，违约概率较低。2016年，供给侧改革正式开展，周期性行业利差开始分化，AA＋与AA评级的采掘行业利差迅速走扩。再融资的难度上升导致借新债还旧债的重资产行业资金面紧张，偿债能力大大下降。2016年下半年，随着现货价格上升，供给侧改革渐显成效，行业利差有所缩窄。但到2016年年末，AA评级采掘业的利差与AA＋、AAA评级利差变化方向开始背离。究其原因，是金融监管趋严，银行整体资金面较为紧张，债券投资者更加注重收益与风险的匹配性，整体市场的风险偏好在下降。这种现象在2018年尤为明显。市场倾向于现金流稳定的非周期性行业，对周期性行业并不看好。这直接表现在2018年下半年，AA＋评级的采掘业利差迅速攀升，接近AA评级水平。与此同时，AA评级的食品饮料债券利差甚至有一段时间低于更高评级的信用利差。

供给侧改革和资金面紧张是导致周期性行业在2016年利差分化的重要原因。产能过剩情况好转和再融资困难等情况可能会打破市场对于原有风险定价的束缚，引导市场寻找新的行业利差衡量指标。

三、实证研究设计

（一）信用利差分解方法

个券信用利差衡量的是债券相对于同期限的基准收益率的差值，因发债主体所属行业、评级、企业性质、上市场所、品种、发行条款等因素的不同,信用利差存在很大差异,若将每一个因素拆解出来,债券收益率可以用以下公式表示:

个券收益率＝同期限无风险收益率＋评级利差＋券种利差＋
条款及含权利差＋行业利差＋上市场所利差＋
发债主体特殊利差＋其他利差

本文是对信用利差进行分解,所以需要将上述公式调整成信用利差的拆解形式,信用利差的计算方法有两种:第一种是以国债或政策性金融债收益率曲线为基准,我们将其称为"个券绝对信用利差";第二种是以同期限同评级同券种的信用债收益率曲线为基准,剔除了评级利差,我们将其称为"个券相对信用利差"。

为了更好地研究行业风险,本文的研究需要剔除评级利差,因为评级利差中往往包含了宏观因素。基于此,本文采用第二种计算方法"个券相对信用利差",并将其分解为行业利差和剩余利差两部分,分别研究其影响因素。上述个券收益率经过调整,得到本文信用利差的分解公式如下:

个券相对信用利差＝个券收益率－同期限同评级同券种信用债收益率
＝个券收益率－同期限无风险收益率－
评级利差－券种利差
＝行业利差＋(条款及含权利差＋上市场所利差＋
发债主体风险利差＋其他利差)
＝行业利差＋剩余利差

具体有以下两种处理方法。

1. 方法采用零波动利差(Z-spread)

该方法基于的假设如下:行业即期收益率曲线和同评级信用债即期收益率曲线平行。相较于到期收益率平均法,该方法优势主要体现在两个方面。一方面,平行移动即期收益率曲线可以剔除期限因素,而到期收益率法则采用线性加减计算个券的信用利差,没有完全剔除期限因素;另一方面,到期收益率法容易受到个别债券信用利差剧烈波动的影响,尤其是该计算样本的债券个数很少的情况下。

虽然该方法是市场上公认的构建行业利差的理想方法,但是因为计算复杂,市场上普遍采用的是到期收益率平均法。我们尝试采用即期收益率法构建,使用该方法构建行业利差变量 CS,具体步骤如下。

(1) 从 Wind 数据库下载即期收益率曲线,曲线评级从 AAA 至 AA,曲线券种包含企业债、公司债和中短期票据,曲线的期限范围为 0～10 年,期限精确到 0.01 年。

(2) 提取每一只债券最近一次交易日的全价收盘价,并找到与其评级、剩余期限、券种及最近一次交易日完全对应的信用债即期收益率,基于下列目标函数求出使其最小的最优解 $CS_{i,t}$,该解就是每一个面板数据样本 i 的行业利差。该方法的思想是:将信用债收益曲线向上平移行业利差后可以得到行业收益率曲线,利用该曲线计算同行业同评级内所有债券的理论价格,再与现实价格相减后得到的残差平方和是最小的。

$$\min \sum_{j=1}^{n} \left\{ P_{j,t'} - \left[\frac{C}{(1+sr_{T,t'}+CS_{i,t})^T} + \frac{C}{(1+sr_{T+1,t'}+CS_{i,t})^{T+1}} + \cdots \frac{100+C}{(1+sr_{T+N,t'}+CS_{i,t})^{T+N}} \right] \right\}^2 \quad (4-23)$$

其中,$CS_{i,t}$ 表示的是面板数据样本 i(如 AAA 采掘)在 t 时期(如 2017 年 12 月 31 日)的行业利差,j 表示与样本 i 同评级同行业的债券,共 n 只,t' 表示的是债券最近一次交易的日期,$P_{j,t'}$ 是债券 j 最近一次交易的全价收盘价,C 表示债券 j 的固定支付利息,$sr_{T,t'}$ 表示的是与债券 j 的评级、券种、剩余期限小数部分、最近一次交易日期完全对应的信用债即期收益率,以 2017 年 12 月 31 日现存的一只剩余期限为 2.35 年的 AAA 采掘行业的企业债为例,其最近一次交易的日期为 2017 年 12 月 16 日,则 $sr_{T,t'}$ 就是期限为 0.35 年的 AAA 评级的企业债在 2017 年 12 月 16 日的即期收益率,在 Wind 数据库中称为——企业债即期收益率(AAA):0.35 年。以此类推,$sr_{T,t'}$ 就是期限为 1.35 年的 AAA 企业债在 2017 年 12 月 16 日的即期收益率,这些即期收益率用来计算债券理论价格。

(3) 每个季度都重复上述两步,从而每个面板数据样本都得到了 25 个行业利差。

2. 到期收益率平均法

该方法是市场上构建行业利差时普遍采用的方法,首先计算与面板数据样本同行业同评级的所有个券的信用利差,再进行交易量加权平均。假设该方法构建的行业利差变量为 CS_weight,具体步骤如下。

(1) 从 Wind 数据库下载到期收益率曲线,曲线评级从 AAA 至 AA,曲线券种包含企业债、公司债和中短期票据,如 AAA 企业债到期收益率曲线,曲线的期限范围为 0~10 年,期限之间的间隔为 0.01 年。

(2) 提取每一只债券最近一次交易日的到期收益率收盘价,并找到与其评级、剩余期限、券种及最近一次交易的日期完全对应的信用债到期收益率基准值,二者相减后得到个券相对信用利差 CS_bond,由于基准信用债到期收益率曲线的期限精确到 0.01 年,无须采用插值法。基于下列公式构建行业利差：

$$CS\_weight_{i,t} = \frac{\sum_{j=1}^{n} CS\_bond_{j,t'} \times TV_{j,t'}}{\sum_{n} TV_{j,t'}}, j = 1, 2, \cdots, n \quad (4-24)$$

其中,$CS\_weight_{i,t}$ 表示的是面板数据样本 i（如 AAA 采掘）在 t 时期（如2017年12月31日）的行业利差,j 表示与样本 i 同评级同行业的债券,共 n 只,t' 表示债券最近一次交易的日期,$TV_{j,t'}$ 表示债券 j 最近一次交易的日交易量,$CS\_bond_{j,t'}$ 表示的是债券 j 在最近一次交易日 t' 的信用利差,计算基准为同评级同券种同期限的信用债收益率曲线。

(3) 每个季度都重复上述三步,从而每个面板数据样本都得到了 25 个行业利差。

基于上述分解,本文的研究分为两个部分,并重点分析行业利差影响因素（见表 4-11）。

表 4-11　行业利差序列描述性统计

面板数据样本	所属评级	即期收益率法		到期收益率平均法	
		均值(%)	标准差	均值(%)	标准差
AAA 采掘	AAA	0.363 6	0.471 7	0.397 2	0.368 8
AAA 钢铁		0.726 7	0.369 6	0.737 9	0.392 6
AAA 公用事业		0.067 8	0.179 1	0.092 6	0.158 0
AAA 化工		0.190 2	0.380 9	0.214 0	0.259 6
AAA 机械设备		0.120 2	0.327 8	0.176 6	0.217 8
AAA 建筑材料		0.400 1	0.361 1	0.374 9	0.304 2
AAA 建筑装饰		0.253 3	0.259 8	0.232 0	0.179 5
AAA 交通运输		0.197 0	0.130 3	0.223 6	0.149 8
AAA 商业贸易		0.401 0	0.265 2	0.408 5	0.237 8
AAA 食品饮料		0.130 6	0.209 5	0.156 3	0.193 6
AAA 通信		0.028 3	0.315 3	0.086 9	0.174 1
AAA 休闲服务		0.231 0	0.212 7	0.254 5	0.172 3
AAA 医药生物		0.157 2	0.293 0	0.149 1	0.257 8
AAA 有色金属		0.519 7	0.321 8	0.465 7	0.274 7
AAA 综合		0.310 4	0.238 5	0.325 0	0.190 9

(续表)

面板数据样本	所属评级	即期收益率法		到期收益率平均法	
		均值(%)	标准差	均值(%)	标准差
AA+采掘	AA+	1.180 0	1.068 7	1.157 0	1.067 0
AA+电子		0.361 8	0.364 0	0.369 5	0.404 3
AA+钢铁		0.794 0	0.663 8	0.977 1	0.872 3
AA+公用事业		0.293 7	0.343 3	0.334 2	0.292 0
AA+化工		0.592 1	0.677 8	0.625 0	0.697 2
AA+机械设备		0.495 3	0.481 2	0.427 7	0.461 2
AA+建筑材料		0.592 8	0.720 3	0.614 8	0.613 7
AA+建筑装饰		0.378 5	0.423 0	0.356 1	0.362 3
AA+交通运输		0.450 0	0.353 2	0.354 1	0.248 2
AA+轻工制造		0.904 2	0.600 3	0.774 8	0.474 7
AA+商业贸易		0.467 8	0.381 2	0.430 9	0.272 0
AA+食品饮料		0.768 7	0.840 9	0.656 9	0.670 8
AA+通信		0.221 4	0.471 3	0.260 5	0.402 8
AA+医药生物		0.256 6	0.279 9	0.237 9	0.263 4
AA+有色金属		0.718 8	0.821 5	0.757 1	0.649 2
AA+综合		0.368 1	0.390 6	0.423 5	0.373 9
AA采掘	AA	2.057 1	2.393 9	3.276 4	5.833 8
AA电子		0.921 5	0.483 5	0.840 4	0.414 5
AA纺织服装		1.080 0	0.531 1	0.979 5	0.453 2
AA钢铁		1.449 5	2.075 2	1.567 8	1.750 1
AA公用事业		0.632 5	0.491 9	0.522 2	0.362 1
AA化工		1.185 1	0.818 2	1.133 4	0.733 6
AA机械设备		1.135 1	0.737 6	1.121 8	0.701 3
AA家用电器		0.604 8	0.622 8	0.621 3	0.634 5
AA建筑材料		0.919 4	0.659 5	0.872 7	0.580 0
AA建筑装饰		0.854 2	0.633 7	0.936 7	0.658 9
AA交通运输		0.595 2	0.494 6	0.647 6	0.605 6

(续表)

面板数据样本	所属评级	即期收益率法		到期收益率平均法	
		均值(%)	标准差	均值(%)	标准差
AA 农林牧渔	AA	0.351 9	0.567 3	0.453 7	0.573 8
AA 轻工制造		0.784 0	0.257 1	0.752 8	0.254 9
AA 商业贸易		0.858 4	0.565 3	0.762 1	0.454 5
AA 食品饮料		0.801 2	0.538 9	0.619 3	0.381 8
AA 医药生物		0.426 7	0.426 9	0.427 8	0.423 6
AA 有色金属		1.068 2	0.760 0	0.970 8	0.648 6
AA 综合		1.009 9	0.636 3	1.033 6	0.767 6

(二)解释变量的选取和构建

本文研究的是行业利差的影响因素,目的是挖掘出体现行业风险溢价的变量。市场研究表明,行业基本面(曹又丹,2014;明明,2017b)和行业财务风险(孙彬彬等,2018;王靓,2015)都会对行业利差产生影响,由于市场上并未提供相关数据,本文将构造行业财务风险指标和行业经济增长指标。

1. 行业财务风险指标

(1) 财务指标选取。基于孙彬彬等(2018)和王靓(2015)选取的行业财务风险指标,本次选取的行业财务风险指标分为以下五类。

① 偿债能力指标。偿债能力是评估债券违约风险很重要的指标,具体包括短期偿债能力和长期偿债能力。其中,衡量短期偿债能力的指标包括流动比率、现金比率、现金流量比率等,长期偿债能力指标有利息保障倍数等。

② 财务杠杆指标。资产负债率是最常见的反映行业财务杠杆的指标,每一个行业的资产负债率由自身的行业经营模式决定。例如,重资产行业的资产负债率高于其他行业,这主要是因为这些行业需要大量的固定资产来支持其业务发展,由于资产回报周期较长,企业的发展需要靠持续的融资来支撑。除此之外,还有长期资本负债率,也就是长期债务和长期资本的比率,由于流动负债经常变化,该指标可以进一步反映出企业的长期负债占比。

③ 盈利能力指标。本文选取的盈利指标包括资本回报率(return on invested capital,ROIC)、净利率、毛利率、三费占比。其中,ROIC 从企业整理角度出发衡量所有投入资产的回报率,既包括债权人,也包括股东。毛利率和净利率反映的是收入和盈利的关系,可以反映出行业的经营特征和发展趋势,对于上游产业而言,如钢铁、化工、采掘行业,毛利率往往决定了行业和企业的

竞争力。三费占比是指销售期间销售费用率占收入的比例，反映了企业的成本控制能力，从侧面反映出盈利能力。

④ 经营效率指标。本文选取的经营效率指标包括资产周转率、应收账款周转率和存货周转率，这些指标可以反映出企业自身的经营效率。若行业经济需求下降，企业将在财务上表现出周转率的下降；行业发展稳定，但是行业整体的经营效率下降时，周转率也会下降。从行业角度看，这个指标的变动反映了行业产能利用的变化。

⑤ 资产结构。除了上述指标以外，资产结构也是反映行业特征的重要变量，常见指标有非流动资产占比（非流动资产/总资产）、有息债务占比（有息债务/全部债务）。

（2）行业财务风险指标构建。本文对每一个面板数据样本构建财务风险指标（见表4-12），由于行业利差是相对于同评级信用债的收益率，构建的行业财务风险指标也应该扣除同评级的平均财务风险，具体步骤如下：

① 对于某一季度的计算样本，整理出计算样本涉及的债券发行人。
② 对于每个债券发行人，提取选取的财务指标在上一个季度的数据。
③ 汇总与面板数据样本同评级同行业的发行人，计算其财务指标平均值，同时汇总与面板数据样本同评级的发行人，计算其财务指标平均值，二者相减，得到面板数据样本的财务风险指标 FI，公式如下：

$$FI_{i,t}^{p} = \frac{\sum_{j} FI_{j,t}^{p}}{N_1} - \frac{\sum_{g} FI_{g,t}^{p}}{N_2} \tag{4-25}$$

其中，$FI_{i,t}^{p}$ 表示面板数据 i 的财务指标 p 在 t 季度的数据，j 表示 t 季度计算样本中与面板数据 i 同评级同行业的债券发行人，$FI_{j,t}^{p}$ 表示 j 发行人的财务指标 p 在 t 季度提取的数据，N_1 为 j 发行人的个数，则 $\dfrac{\sum_{j} FI_{j,t}^{p}}{N_1}$ 表示由所有发行人 j 计算的财务指标 P 平均值。同理，g 表示 t 季度计算样本中与面板数据 i 同评级的债券发行人，则 $\dfrac{\sum_{j} FI_{g,t}^{p}}{N_1}$ 表示由所有发行人 g 计算的财务指标 P 平均值。

④ 对于2011年12月31日—2017年12月31日研究期间的每一个季度，重复上述步骤①—③，得到面板数据样本在每一个季度的财务风险指标，共25个季度，则每一个面板数据样本的每一个财务风险指标都有25个时间序列。

表 4-12 行业财务风险指标、符号及预测

财务风险指标	行业财务风险指标符号	指标分类	备注
流动比率	FI^1	偿债能力	流动资产/流动负债
现金比率	FI^2		货币资金/流动负债
现金流量比率	FI^3		经营产生的现金流/流动负债
利息保障倍数	FI^4		息税前利润/利息费用
资产负债率	FI^5	财务杠杆	总负债/总资产
长期资本负债率	FI^6		非流动负债/(非流动负债+股东权益)
ROIC	FI^7	盈利能力	息税前收益($EBIT$)×(1-税率)/投入资本
毛利率	FI^8		
净利率	FI^9		(财务费用+销售费用+管理费用)/收入
销售费用率	FI^{10}		
应收账款周转率	FI^{11}	经营效率	
存货周转率	FI^{12}		
资产周转率	FI^{13}		
有息债务占比	FI^{14}	资产结构	
非流动资产占比	FI^{15}		

注:FI^1,…,FI^{15} 是基于发行人财务数据构建出来的行业财务风险指标符号,不是发行人的财务风险指标。

(3) 全局主成分提取。在构建了 15 个财务风险指标后,本文对这些变量进行全局主成分提取,并对提取后的主成分进行回归,操作软件为 SPSS 19.0。这样做一方面可以减少分析变量,起到降维的作用,另一方面可以解决变量间多重共线性的问题,使得回归结果更加可靠。根据全局主成分分析方法,在分析之前需要建立全局数据表 $X=(x_{ip})_{NT\times q}$,其中,i 表示面板数据样本,p 表示构建的财务风险指标,N 是样本数量,共 49 个,T 表示时间序列个数,共 25 个,q 表示指标数量,共 15 个,从而得到了一个 1 225×15 的主成分分析矩阵。

① 标准化数据。由于财务风险指标的量纲存在差异,在分析之前需要对这 15 个指标的数据进行标准化处理,变化公式如下:

$$FI_{it}^{p\prime}=\frac{FI_{it}^p-\overline{FI^p}}{s_p}(i=1,2,\cdots,N;p=1,2,\cdots,15;t=1,2,\cdots,25)$$

(4-26)

其中，FI_{it}^{p} 表示面板数据样本 i 的财务指标 p 在 t 季度的数据，$FI_{it}^{p'}$ 为标准化数据，$\overline{FI^{p}}$ 表示财务指标 p 的平均值，s_j 表示指标 p 的标准差。经过处理后，每一个指标的数据均值为 0，标准差为 1。

② 数据有效性检验。之后，需要对变量进行检验，从而判断这 15 个财务风险指标是否适用于主成分分析，检验方法包括 KMO（Kaiser-Meyer-Olkin）检验和巴特利特（Bartlett）球形检验。实际分析中，若 KMO 统计量大于 0.6，则适合主成分分析，低于 0.5 则不适合；若 Bartlett 球形检验 sig＜0.05，则适合主成分分析。表 4-13 的检验结果显示：KMO 值为 0.671，大于 0.5，说明变量之间存在较多的共同因素；Bartlett 球形检验的 sig 为 0.000。两个结果都表明，变量适合做主成分分析，检验结果如表 4-14 所示。

表 4-13 KMO 和 Bartlett 球形检验

取样足够度的 KMO 度量		0.671
Bartlett 球形检验	近似卡方	8 181.500
	Df	105
	$sig.$	0.000

表 4-14 主成分分析结果

成分	初始特征值		
	合计	方差的%	累计%
1	3.605	24.031	24.031
2	2.933	19.552	43.584
3	1.337	8.911	52.495
4	1.072	7.147	59.642
5	1.049	6.991	66.633
6	1.002	6.683	73.316
7	0.850	5.670	78.986
8	0.748	4.984	83.970
9	0.700	4.665	88.635
10	0.544	3.624	92.260
11	0.402	2.678	94.938

(续表)

成分	初始特征值		
	合计	方差的%	累计%
12	0.293	1.954	96.892
13	0.225	1.498	98.390
14	0.173	1.151	99.541
15	0.069	0.459	100.000

③ 主成分提取和命名。本文对标准化数据进行主成分分析,并提取主成分,具体结果如表4-14所示。由表4-14可知,前9个主成分的累计方差贡献度超过了85%,基本上保留了原始数据的信息。因此,本文用前9个主成分替代原来的15个行业财务风险指标。

进一步,本文采用最大方差法,将原始成分矩阵旋转,这样做可以更清楚地反映每个主成分代表的含义,旋转后的成分矩阵如表4-15所示。

可以发现,主成分 PC1 在流动比率和现金比率上载荷较大,主要反映短期偿债能力;PC2 在非流动资产占比和有息债务占比上载荷较大,主要反映资产结构;PC3 在资产负债率和长期资本负债率上载荷较大,主要反映财务杠杆;PC4 在 ROIC、净利率和毛利率上载荷较大,主要反映盈利能力;PC5 和 PC9 分别在资产周转率、存货周转率上载荷较大,均反映了经营效率;PC6 在现金流量比率上载荷最大,反映了短期偿债能力;PC7 在销售费用率占比上载荷最大,反映了盈利能力;PC8 在利息保障倍数上载荷最大,反映了长期偿债能力。

表4-16所示是财务风险指标在每个主成分中的线性组合系数,将系数代入每一个主成分,得到主成分 PC1 到 PC9 的值,以第一个主成分为例:

$$PC1 = 0.496FI^{1'} + 0.574FI^{2'} + 0.047FI^{3'} - 0.041FI^{4'} - 0.130FI^{5'} + 0.157FI^{6'} - 0.078FI^{7'} - 0.142FI^{8'} - 0.065FI^{9'} - 0.017FI^{10'} - 0.007FI^{11'} + 0.002FI^{12'} + 0.029FI^{13'} - 0.071FI^{14'} + 0.094FI^{15'}$$

(4-27)

在对全行业的指标数据进行主成分分析后,本文选出周期性行业的财务指标数据,对其进行全局主成分分析。经过数据有效性检验,周期性行业样本财务数据也适合进行主成分分析。本文重复上述过程,提取出了9个主成分,设为 $PC1', PC2', \cdots, PC9'$,这9个主成分将用来分析周期性行业利差的影响因素。

表 4-15 全行业旋转成分矩阵

财务指标	符号	主成分								
		PC1	PC2	PC3	PC4	PC5	PC6	PC7	PC8	PC9
流动比率	FI^1	**0.894**	−0.299	−0.126	0.164	−0.025	−0.074	−0.013	0.099	−0.024
现金比率	FI^2	**0.935**	−0.001	−0.082	0.113	0.109	0.144	−0.024	0.050	0.026
现金流量比率	FI^3	0.070	0.308	−0.072	0.115	0.238	**0.850**	0.000	−0.014	0.123
利息保障倍数	FI^4	0.119	−0.148	−0.141	0.092	−0.025	0.030	−0.001	**0.964**	−0.006
资产负债率	FI^5	−0.417	−0.142	**0.774**	−0.161	−0.175	−0.206	0.008	−0.136	0.015
长期资本负债率	FI^6	0.013	0.295	**0.897**	0.017	0.156	−0.008	0.001	−0.082	0.043
ROIC	FI^7	0.125	−0.352	−0.285	**0.475**	−0.204	0.565	0.004	0.210	−0.039
毛利率	FI^8	0.123	−0.098	−0.243	**0.508**	0.513	0.235	−0.295	0.152	0.061
净利率	FI^9	0.202	0.067	0.001	**0.924**	0.111	0.094	0.036	0.046	0.076
销售费用率	FI^{10}	−0.022	−0.018	−0.003	−0.004	−0.003	0.006	**0.986**	0.003	0.000
应收账款周转率	FI^{11}	0.001	0.006	0.022	−0.013	−0.013	0.001	0.002	−0.009	0.008
存货周转率	FI^{12}	0.003	0.066	0.042	0.072	0.073	0.081	−0.003	−0.006	**0.987**
资产周转率	FI^{13}	−0.074	−0.238	−0.091	−0.079	**−0.890**	−0.092	−0.041	0.058	−0.067
有息债务占比	FI^{14}	−0.223	**0.762**	0.020	0.009	0.345	0.348	−0.009	−0.093	0.087
非流动资产占比	FI^{15}	−0.087	**0.928**	0.150	0.005	0.040	0.006	−0.009	−0.104	0.027

注：① $FI^1, \cdots, FI^{15}$ 表示行业财务风险指标标准化后的数据。
② 标粗的表示主成分中载荷较高的财务指标。
③ 提取方法：主成分；旋转法：具有 Kaiser 标准化正交旋转法；旋转在 6 次迭代后收敛。

表4-16 全行业主成分得分系数矩阵

财务指标	符号	主成分								
		PC1	PC2	PC3	PC4	PC5	PC6	PC7	PC8	PC9
流动比率	FI^1	0.496	−0.030	0.069	−0.030	−0.044	−0.090	0.005	−0.048	0.006
现金比率	FI^2	0.574	0.087	0.109	−0.168	−0.047	0.106	−0.008	−0.043	0.004
现金流量比率	FI^3	0.047	−0.045	0.134	−0.251	−0.027	0.836	0.008	−0.042	−0.017
利息保障倍数	FI^4	−0.041	0.129	0.110	−0.110	0.023	−0.063	0.018	1.075	0.012
资产负债率	FI^5	−0.130	−0.246	0.550	0.036	−0.043	0.118	−0.036	0.014	0.003
长期资本负债率	FI^6	0.157	0.015	0.699	0.039	0.025	0.154	−0.019	0.129	−0.068
ROIC	FI^7	−0.078	−0.199	0.062	0.221	−0.274	0.533	0.019	−0.006	−0.082
毛利率	FI^8	−0.142	−0.178	−0.082	0.265	0.419	−0.053	−0.205	0.023	−0.026
净利率	FI^9	−0.065	0.155	0.044	0.911	−0.147	−0.308	0.089	−0.099	−0.018
销售费用率	FI^{10}	−0.017	−0.037	−0.031	0.046	0.093	−0.004	0.945	0.011	−0.002
应收账款周转率	FI^{11}	−0.007	−0.016	−0.021	0.034	−0.008	0.016	−0.003	0.011	−0.017
存货周转率	FI^{12}	0.002	−0.041	−0.046	−0.039	−0.075	−0.071	0.001	0.005	1.025
资产周转率	FI^{13}	0.029	0.176	−0.035	0.119	−0.838	0.094	−0.111	0.000	0.056
有息债务占比	FI^{14}	−0.071	0.358	−0.080	−0.040	0.049	0.148	0.000	0.049	−0.028
非流动资产占比	FI^{15}	0.094	0.710	−0.072	0.163	−0.313	−0.221	−0.029	0.097	−0.036

注：① 提取方法为主成分。
② 旋转法为具有Kaiser标准化正交旋转法。

2. 行业经济增长指标

除了财务风险,行业基本面也是行业利差的重要影响因素,其中包括行业经济增长。2014年刚兑打破后,信用违约风险逐渐体现在个券的信用利差上,行业利差趋于分化,尤其是对于周期性行业而言。市场数据表明:行业基本面改善时,行业利差往往收窄;行业需求萎缩时,行业内企业经营恶化,整体风险上升,部分债券甚至发生违约,行业利差大幅攀升。

王靓(2015)选取行业利润总额同比增长来衡量行业经济增长,由于本次分析的行业分类是申万一级,而 Wind 数据库上提供的行业数据依据的是国民经济行业分类,是申万行业的细分行业,所以本文需要根据市场上提供的数据构造行业经济增长指标。本文选取工业增加值累计同比来衡量行业经济增长,利用利润总额对每个细分行业的经济增长数据加权,得到申万行业的经济增长指标。对于商业贸易、休闲服务等服务性行业,本文选取所属行业的 GDP 不变价累计同比来衡量行业经济增长。对于综合行业,由于行业内的企业涉及多种业务,本文选取全国实际 GDP 累计同比来衡量行业经济增长。

首先需要建立国民经济行业分类和申万一级行业分类的对应关系,本文基于2017年12月31日现存债券,同时提取了每只债券的申万一级和国民经济行业分类,整理出申万一级行业对应的细分行业。

在找到每一个申万一级行业所包含的国民经济行业后,本文提取每个行业工业增加值累计同比数据,再根据这些细分行业的累计利润总额加权平均,得出最终的行业经济增长指标。以纺织服装行业为例,本文首先提取纺织业,纺织服装和服饰业,以及皮革、毛皮、羽毛及其制品和制鞋业这三类细分行业的工业增加值累计同比数据,再提取这三个行业的累计利润总额,进行加权平均,具体公式如下:

$$industry_i = \sum_j AG_j \times \frac{AI_j}{\sum_j AI_j} \quad (4-28)$$

其中,$industry_i$ 表示的是行业 i 的行业经济增长指标,j 表示的是申万行业 i 所包含的国民经济行业,AG_j 表示的是国民经济行业 j 的工业增加值累计同比,AI_j 表示的是国民经济行业 j 的累计利润总额,$\frac{AI_j}{\sum_j AI_j}$ 表示的是累计利润总额的加权平均值。

3. 行业亏损企业占比(仅针对周期性行业)

除了上述两类风险指标,本文引入了一个新的指标——行业亏损企业占比。该指标在一定程度上反映了行业整体经营风险,一个行业的亏损企业占比越高,该行业的经营风险往往越大。由于该指标的行业分类和行业经济增长指标一样,均为国民经济行业分类,需要先提取细分行业数据,再根据行业对应关系构建本文分析的申万行业亏损企业占比指标 $lossprop$,数据取自国家统计局。公式如下:

$$lossprop_i = \frac{\sum_j loss\_num_j}{\sum_j industry\_num_j} \quad (4-29)$$

其中,$lossprop_i$ 表示的是行业 i 的企业亏损占比,j 表示的是申万行业 i 所包含的国民经济行业,$industry\_num_j$ 表示的是国民经济行业 j 的企业数量,$\sum_j industry\_num_j$ 表示的是申万行业 i 的企业数量,即每一个细分行业企业数量的加总,$loss\_num_j$ 表示的是国民经济行业 j 的亏损企业数量,$\sum_j loss\_num_j$ 表示的是申万行业 i 的亏损企业数量,即每一个细分行业亏损企业数量加总。

在构建该指标的过程中,有两点值得注意:①在数据选取时间上,本文提取该指标在两个月前的数据,也就是每个季度的第一个月,来分析该季度第一个月的行业亏损企业占比对该季度的行业利差的影响,这主要是因为国家统计局发布该指标数据的时间一般在下一个月的月末,为了使分析结果具有预测效应,本文采用已公布的数据。②在分析行业上,本文仅在分析周期性行业时加入该指标,分析全行业时不考虑,原因是国家统计局公布的企业亏损占比数据仅包括工业企业,不涉及服务性行业。

四、实证检验结果

(一)实证研究需要研究的问题

1. 行业利差的影响因素分析

在该部分研究中,本文将分析以下三个问题。

(1)对于全行业来说,行业利差的主要影响因素是什么?

(2)周期性行业的行业利差影响因素是否呈现差异?

(3)2014年刚兑打破前后,影响因素是否呈现显著差异?

2. 剩余利差的影响因素分析

在剥离了行业利差后,本文将考虑个券风险因素,分析这些因素对剩余利差的显著性影响。

(二)行业信用利差的实证研究结果与分析

1. 基于行业财务指标的结果与分析

首先考虑了行业平均财务风险,在固定效应模型回归结果基础上,为保证分析结果的可靠性,本文还对主成分进行单因素回归、混合 OLS 回归,以检验变量的稳健性。考虑到异方差问题,本文在回归时采用截面加权最小二乘法,操作软件为 Eviews8.0,估计结果如表 4-17、表 4-18 所示。

表 4-17 单因素回归(稳健性检验)

单因素回归		单因素回归	
$PC1$	−0.031 5* (−2.238 2)	$PC6$	−0.023 4 (−1.793 0)
常数项	0.413 7 (30.403 1)	常数项	0.410 8 (30.485 8)
Adj. R^2	0.003 3	Adj. R^2	0.001 8
$PC2$	0.137 4** (11.709 1)	$PC7$	−0.056 2** (−3.797 4)
常数项	0.409 7 (31.294 7)	常数项	0.409 1 (30.529 1)
Adj. R^2	0.100 1	Adj. R^2	0.010 8
$PC3$	0.004 6 (0.326 5)	$PC8$	−0.018 1 (−1.348 6)
常数项	0.406 4 (30.156 8)	常数项	0.409 3 (30.409 4)
Adj. R^2	−0.000 7	Adj. R^2	0.000 6
$PC4$	−0.073 8** (−5.406 9)	$PC9$	−0.009 7 (−0.898 4)
常数项	0.415 9 (30.745 6)	常数项	0.411 0 (30.414 4)
Adj. R^2	0.022 5	Adj. R^2	−0.000 2
$PC5$	−0.014 4 (−1.145 5)		
常数项	0.407 8 (30.270 0)		
Adj. R^2	0.000 3		

注:括号内为 T 统计量;** 表示在 1% 显著水平下显著;* 表示在 5% 显著水平下显著。

表 4-18 全行业固定效应模型和混合 OLS 模型估计结果

变量	固定效应模型(1)	混合 OLS(稳健性检验)
PC1	−0.100 2**	−0.044 1*
	(−3.642 3)	(−2.095 8)
PC2	0.289 4**	0.135 3**
	(4.367 6)	(5.100 3)
PC3	−0.038 9	0.006 6
	(−0.784 5)	(0.280 9)
PC4	−0.049 3*	−0.074 3**
	(−2.019 4)	(−3.795 6)
PC5	0.039 4	−0.024 9
	(1.263 7)	(−1.093 7)
PC6	0.066 4*	−0.012 7
	(2.576 5)	(−0.701 8)
PC7	−0.043 2**	−0.053 3**
	(−4.332 8)	(−5.123 9)
PC8	−0.039 2*	−0.022 3
	(−2.518 8)	(−1.936 4)
PC9	0.015	−0.021 4
	(1.023 4)	(−1.420 0)
常数项	0.531 1**	0.420 0
	(8 294 137)	(14.425 8)
Adj. R^2	0.415 2	0.108 1
F-statistics	16.246 3	17.478 7
横截面个数	49	49
时间序列个数	25	25

注：括号内为 T 统计量；** 表示在 1%显著水平下显著；* 表示在 5%显著水平下显著。

表4-17列示了单变量回归模型显著的成分有PC1、PC2、PC4、PC7。根据表4-18,在5%的显著水平下,固定效应回归模型显著的成分有PC1、PC2、PC4、PC6、PC7和PC8,混合OLS回归模型显著的成分有PC1、PC2、PC4和PC7。

表4-19整理了单变量回归、固定效应模型和混合OLS模型的结果,在三个模型中,PC1、PC2、PC4和PC7对行业利差的影响具有稳定性。第一主成分PC1反映的是行业资产结构,主要财务指标为非流动资产占比和有息债务占比,其在所有回归结果中均与行业利差正相关,说明行业资产流动性越低、有息债务越大,行业利差越高;第二主成分PC2反映的是行业短期偿债能力,与行业利差负相关,说明行业短期偿债能力越高,行业利差越低,其主要财务指标为流动比率和现金比率;第四主成分PC4中载荷较高的为ROIC、毛利率和净利率,从回报率的角度反映了行业平均盈利能力,第七主成分PC7中仅销售费用率载荷最大,从成本控制的角度反映了行业平均盈利能力,这两个主成分均与行业利差呈现负相关,说明行业利差随着行业盈利能力的改善而收窄。因此,行业资产结构、行业平均盈利能力和行业短期偿债能力是影响行业利差的三类重要的财务风险。

表4-19 主成分显著性总结

变量	模型(1)	稳健性检验	
	固定效应模型	混合OLS模型	单变量回归
PC1	显著 (1%)	显著 (1%)	显著 (5%)
PC2	显著 (1%)	显著 (1%)	显著 (1%)
PC3			
PC4	显著 (5%)	显著 (1%)	显著 (1%)
PC5			
PC6	显著 (1%)		
PC7	显著 (1%)	显著 (1%)	显著 (1%)
PC8	显著 (5%)		
PC9			

注:括号内为显著水平。

为了进一步证实这三类财务风险对行业利差的影响是显著的,本文直接对行业平均财务指标回归。需要注意的是,在回归分析之前,为了规避多重共线性,需要剔除相关性较大的财务指标。本文在回归之前剔除现金比率、ROIC、非流动资产占比这3个变量,对剩余的12个行业平均财务风险指标使用固定效应模型和混合 OLS 回归模型进行回归,实证结果如表 4-20 所示。可以发现,在 5% 的显著水平下,固定效应模型和混合 OLS 模型回归结果都显著的变量为流动比率、毛利率、销售费用率、资产周转率和有息债务占比。其中,流动比率反映了短期偿债能力,毛利率和销售费用率反映的是行业盈利能力,有息债务占比反映了行业资产结构。这说明,行业资产结构、行业平均盈利能力和行业短期偿债能力是影响行业利差的重要财务风险因素,因此进一步证实了上述主成分的回归结果。

表 4-20 解释变量为财务指标回归结果

行业财务风险指标	符号	固定效应模型	混合 OLS	预测
流动比率	FI^1	−0.302 4** (−6.325 4)	−0.251 3* (−3.665 9)	—
现金流量比率	FI^3	0.231 1 (1.414 9)	0.427 9 (1.669 5)	—
利息保障倍数	FI^4	−0.000 8 (−0.658 4)	0.000 2 (0.096 5)	—
资产负债率	FI^5	−0.010 2 (−1.878 1)	−0.013 6* (−2.394 3)	+
长期资本负债率	FI^6	−0.005 9 (−1.534 4)	−0.000 1 (−0.032 0)	+
毛利率	FI^8	−0.011 7** (−3.191 5)	−0.034 6** (−7.587 3)	—
净利率	FI^9	−0.003 7 (−1.594 1)	−0.002 5 (−0.559 1)	—
销售费用率	FI^{10}	−0.000 1** (−2.963 4)	−0.000 3** (−4.685 4)	—
应收账款周转率	FI^{11}	−0.000 02 (−1.310 2)	−0.000 2 (−0.968 9)	—
存货周转率	FI^{12}	0.000 05 (0.321 9)	−0.000 4 (−1.506 7)	—

(续表)

行业财务风险指标	符号	固定效应模型	混合OLS	预测
资产周转率	FI^{13}	-0.264 4** (-3.204 9)	-0.519 9** (-4.172 0)	—
有息债务占比	FI^{14}	0.018 6** (6.159 3)	0.006 5* (2.075 1)	+
常数项	C	0.531 1** 0.000 0	0.384 0 (14.014 5)	+
Adj. R^2		0.416 2	0.167 6	
F-statistics		14.545 1	15.661 8	
横截面个数		49	49	
时间序列个数		25	25	

2. 加入行业经济增长指标的结果与分析

在上述回归模型筛选出显著的影响成分的基础上，加入行业经济增长指标重新进行回归，回归结果如表4-21所示。行业经济增长指标在1%的显著水平下对行业利差产生影响，而且回归系数为负，符合经济意义。该指标的加入并没有影响其他4个主成分的显著性，但是在加入行业经济增长指标后，反映行业盈利能力的主成分PC4、PC7对行业利差的影响明显变小，这说明，行业经济增长也部分反映了行业盈利能力。从模型拟合效果的变化来看，加入行业经济增长指标之前，模型的解释程度为39.88%，加入后，模型的解释程度增加至46.26%，提高了近7%，这说明行业经济增长对于解释行业利差是至关重要的。

表4-21 加入行业经济增长指标回归模型的结果

变量	固定效应模型(3)	固定效应模型(2)
行业经济增长率(industry)	-0.045 5** (-13.199 9)	
PC1	-0.076 8** (-4.753 3)	-0.082 4** (-4.94)
PC2	0.170 7** (6.188 3)	0.196 9** (6.911 5)
PC4	-0.028 6* (-2.438 1)	-0.059 5** (-5.127 7)

(续表)

变量	固定效应模型(3)	固定效应模型(2)
$PC7$	−0.030 1*	−0.041 9**
	(−2.130 4)	(−2.842 1)
常数项	0.946 5	0.531 1
	(29.041 5)	(61.743 3)
Adj. R^2	0.462 6	0.398 8
F-statistics	20.876 9	16.611 9
横截面个数	49	49
时间序列个数	25	25

注：括号内为 T 统计量；** 表示在 1%显著水平下显著；* 表示在 5%显著水平下显著。

3. 周期性行业的结果与分析

进一步地，为了研究周期性行业的行业利差影响因素，本文还需要从49个全行业样本中选出几个典型的周期性行业样本。周期性行业往往与国内或国际经济波动的相关性较强，国内典型的周期性行业包括有色金属、钢铁、煤炭、化工等大宗原材料行业，水泥等建筑材料行业，工程机械、装备制造等资本集约型行业，当经济增长较快时，这些行业的经营业绩往往提升明显。在本次分析的全行业样本中，周期性行业涉及6个，包括采掘、钢铁、化工、有色金属、机械设备、建筑材料，每个行业均包含 AAA、AA+、AA，因此共得到18个周期性行业样本。

由表4-22可知，在5%的显著水平内，主成分 $PC1'$、$PC2'$、$PC4'$ 对周期性行业的行业利差影响显著且具有稳健性，回归系数均符合经济意义，这和全行业的分析结果是一致的。这说明，无论是全行业还是周期性行业，反映行业资产结构、行业平均盈利能力以及短期偿债能力的主成分对行业利差的影响一直是显著有效的，进一步说明了这三类财务风险对行业利差的重要性。此外，周期性行业利差还受到 $PC8'$ 的影响，该主成分中载荷较高的财务指标为利息保障倍数，反映了行业长期偿债能力。由表4-22可知，$PC8'$ 在所有回归中的系数均为负，即行业利差随着长期偿债能力的提高而降低，这表明，对于周期性行业而言，除了行业资产结构、行业平均盈利能力和短期偿债能力以外，行业长期偿债能力也是影响行业利差的重要指标，这与全行业的分析结果不同。

从各因素回归系数的绝对值大小来看，全行业和周期性行业的分析结果也呈现差异。为了更准确地比较周期性行业和全行业回归系数的差异，本文剔除了不显著或显著性不稳定的主成分,仅对 $PC1'$、$PC2'$、$PC4'$、$PC8'$ 这 4 个主成分和行业经济增长指标进行回归。

表 4-22 周期性行业模型回归结果

变量	模型(4) 固定效应模型	稳健性检验 混合 OLS 回归	稳健性检验 单变量回归
$PC1'$	−0.176 7**	−0.126 4**	−0.123 8**
	(−4.670 3)	(−4.926 8)	(−4.373 8)
$PC2'$	0.432 4**	0.128 1**	0.189 0**
	(7.768 3)	(5.524 4)	(10.858 4)
$PC3'$	0.055 4	0.087 8	0.061 6
	(1.145 6)	(1.496 5)	(1.861 3)
$PC4'$	−0.189 2**	−0.171 5**	−0.162 3**
	(−6.382 0)	(−5.316 0)	(−6.043 7)
$PC5'$	0.044 2	−0.104 3**	−0.102 7**
	(1.066 6)	(−2.944 2)	(−4.027 2)
$PC6'$	−0.051 0	−0.014 7	−0.049 8
	(−1.025 2)	(−0.408 3)	(0.390 6)
$PC7'$	−0.034 3	−0.048 2*	−0.049 2
	(−0.963 3)	(−2.296 3)	(−1.261 0)
$PC8'$	−0.103 3**	−0.072 1**	−0.091 2**
	(−4.400 72)	(−4.548 7)	(−3.388 9)
$PC9'$	−0.006 7	−0.077 6**	−0.078 9*
	(−0.235 5)	(−3.187 3)	(−2.474 2)
常数项	0.744 7	0.639 6	
	(35.348 8)	(11.807 4)	
Adj. R^2	0.426 6	0.260 1	
F-statistics	13.848 1	18.533 4	
横截面个数	18	18	18
时间序列个数	25	25	25

注:括号内为 T 统计量;** 表示在 1% 显著水平下显著;* 表示在 5% 显著水平下显著。

表 4-23 列出了实证分析结果,通过比较周期性行业和全行业的影响因素回归系数,本文发现以下两点。

表 4-23　周期性行业和全行业估计结果比较

变量	周期性行业	全行业
行业经济增长率($industry$)	−0.042 4**	−0.045 5**
	(−5.424 5)	(−13.199 9)
$PC1$	−0.104 2**	−0.076 8**
	(−2.962 3)	(−4.753 3)
$PC2$	0.329 8**	0.170 7**
	(6.176 1)	(6.188 3)
$PC4$	−0.127 4**	−0.028 6*
	(−4.242 5)	(−2.438 1)
$PC7$		−0.030 1*
		(−2.130 4)
$PC8$	−0.044 8	
	(−1.884 5)	
常数项	1.125 3	0.946 5
	(15.324 8)	(29.041 5)
Adj. R^2	0.434 4	0.462 6
F-statistics	16.673 4	20.876 9
横截面个数	18	49
时间序列个数	25	25

注:括号内为 T 统计量;** 表示在 1% 显著水平下显著;* 表示在 5% 显著水平下显著。

（1）行业经济增长指标在周期性行业和全行业的回归系数基本相同,分别为 −0.042 4、−0.045 5,这说明行业经济增长指标对行业利差的影响程度受行业差异的影响较小。

（2）行业平均财务风险对周期性行业的影响远大于全行业,由表 4-23 可知,第二主成分在周期性行业中的回归系数约为全行业的 2 倍,第四主成分在周期性行业中的回归系数约为全行业的 5 倍,这与市场数据相契合。行业利差的描述性统计显示,周期性行业的波动率相比其他行业更高,说明它更容易受到信用风险因素的影响。

在以上研究的基础上,加入行业亏损企业占比指标进行分析。表 4-24 的结果表明,行业亏损企业占比对周期性行业的行业利差在 1% 的显著水平下显著,系数为 2.005 3,说明亏损企业占比越高,行业利差越高,经营风险越大,符合现实意义。同时,该系数绝对值大于行业经济增长指标以及其他财务风险指标,说明该指标对行业利差的影响较大。

表 4-24 加入行业亏损企业占比指标实证结果(仅对稳健性变量回归)

变量	固定效应模型(6)
$lossprop$	2.005 3**
	(2.723 5)
行业经济增长率($industry$)	−0.040 8**
	(2.723 5)
$PC1'$	−0.086 7*
	(−2.459 3)
$PC2'$	0.329 2**
	(6.230 4)
$PC4'$	−0.111 3**
	(−3.682 6)
$PC8'$	−0.030 1
	(−1.240 9)
常数项	0.771 4
	(5.018 0)
Adj. R^2	0.445 5
F-statistics	18.686 4
横截面个数	18
时间序列个数	25

注:括号内为 T 统计量;** 表示在 1% 显著水平下显著;* 表示在 5% 显著水平下显著。

4. 行业利差构建方法比较分析

我们对即期收益率法构建行业利差和到期收益率平均法构建行业利差这两种方法进行了比较分析,实证结果如表 4-25 所示。基于该结果,本文可以得到以下三个结论。

表 4-25　全行业固定效应模型估计结果(基于到期收益率平均法)

变量	模型(7)	模型(8)
行业经济增长率(industry)		−0.026 9**
		(−6.725 3)
PC1	−0.062 2**	−0.060 1**
	(−3.145 3)	(−3.185 9)
PC2	0.295 8**	0.265 8**
	(7.785 7)	(6.920 5)
PC3	−0.021 6	−0.000 5
	(−0.788 1)	(−0.016 5)
PC4	−0.050 8**	−0.034 2*
	(−3.446 6)	(−2.181 8)
PC5	0.024 4**	0.013 6
	(1.379 4)	(0.679 4)
PC6	0.059 9**	0.057 0**
	(3.529 3)	(3.290 7)
PC7	−0.030 6*	−0.026 3**
	(−1.960 2)	(−2.779 8)
PC8	−0.046 7**	−0.045 3**
	(−3.527 1)	(−3.730 8)
PC9	0.013 8	0.016 3
	(1.168 7)	(1.780 3)
常数项	0.605 6	0.851 3
	(57.757 1)	(21.134 2)
Adj. R^2	0.358 3	0.362 7
F-statistics	12.990 6	13.011 4
横截面个数	49	49
时间序列个数	25	25

注:括号内为 T 统计量,** 表示在1%显著水平下显著;* 表示在5%显著水平下显著。

(1) 从模型解释程度的高低比较来看,到期收益率平均法得到的模型解释程度都低于即期收益率法得到的分析结果,这表明,即期收益率法构建的行业利差更能反映行业平均财务风险和行业经济增长。

(2) 从加入行业经济增长前后模型解释程度的变化来看,在考虑了行业经济增长后,到期收益率平均法构建的模型解释程度并未提升,相比之下,即期收益率法构建的模型解释程度显著提升了7%。这说明,到期收益率平均法构建的行业利差并没有很好地包含行业经济增长信息。

(3) 从行业利差的影响因素来看,到期收益率平均法回归结果显示,在5%的显著水平下,对行业利差产生影响的主成分有 $PC1$、$PC2$、$PC4$、$PC5$、$PC6$、$PC7$ 和 $PC8$,该结果和即期收益率法的回归结果(见表4-25)是一致的,说明这两种方法构建的行业利差反映了相同的财务风险信息。

基于上述结果发现,即期收益率法构建的行业利差可以更好地反映行业风险,包括行业平均财务风险和行业经济增长,尤其是行业经济增长。

5. 刚兑打破前后影响因素变化分析

上述研究分析了行业利差和影响因素的静态关系。进一步地,我们将分析研究期间各因素和行业利差的动态关系。以2014年为分界点,引入时间虚拟变量进行回归,研究刚兑打破前后各因素对行业利差的影响是否呈现显著性差异,回归结果如表4-26所示。

表4-26 刚兑打破前后全行业影响因素的回归系数变化

变量	模型(9)	
	β	β'
$PC1$	−0.010 2	−0.073 8*
	(−0.300 9)	(−2.127 9)
$PC2$	0.101 6	0.135 0**
	(1.707 2)	(4.180 7)
$PC3$	−0.009 2	0.033 4
	(−0.192 8)	(0.982 4)
$PC4$	0.067 1*	−0.095 9**
	(2.253 7)	(−3.011 1)
$PC5$	0.073 1*	−0.045 8
	(2.247 2)	(−1.450 9)
$PC6$	0.043 2	−0.045 8
	(1.517 7)	(−0.834 4)

(续表)

变量	模型(9)	
	β	β'
PC7	−0.512 4**	0.484 1*
	(−2.576 4)	(2.429 9)
PC8	0.012 1	−0.049 2*
	(0.602 2)	(−2.058 4)
PC9	0.025 9	−0.013 2
	(1.167 9)	(−0.550 9)
行业经济增长率(industry)	−0.039 9**	0.020 9**
	(−6.235 4)	(5.128 1)
横截面数量	49	
时间序列个数	25	
Adj. R^2	0.515 2	
F-statistics	20.131 5	

注：括号内为 T 统计量；** 表示在 1% 显著水平下显著；* 表示在 5% 显著水平下显著。

实证表明，刚兑打破前后，行业经济增长和主成分对行业利差的影响呈现显著差异，具体表现在以下两个方面。

(1) 对于行业财务风险而言，刚兑打破前，仅 PC4、PC7 这两个反映行业盈利的主成分对行业利差影响显著，其他主成分在 5% 的显著水平下对行业利差均不产生影响。这说明，2014 年以前行业财务风险对行业利差的影响很小，并未反映在行业风险溢价上。刚兑打破后，行业财务风险凸显，PC1、PC2、PC4、PC7 和 PC8 对行业利差影响显著，该结果正好结合了周期性行业和全行业的行业利差影响因素，但是 PC7 对行业利差的影响大幅减弱，回归系数由 −0.512 4 变为 −0.028 3。

(2) 对于行业经济增长指标而言，刚兑打破前后，行业经济增长指标对行业利差的影响都是显著的，但是 2014 年以后，行业经济增长的影响变小。

6. 行业信用利差的研究结论

结合行业利差影响因素研究的所有实证结果，本文得出以下四条重要结论。

(1) 行业财务风险和行业经济增长都会对行业利差产生影响，但是这些因素对行业利差的影响主要发生在 2014 年刚兑打破后。可以认为，2014 年之后，由于真实违约事件的出现，投资者更加重视债券市场的信用风险，中国企业债定价的效率得到了大幅度的提升。

（2）行业财务风险中,行业资产结构、短期偿债能力和盈利能力是影响行业利差的三类重要财务风险因素,模型和样本变动对这些因素的影响较小,具有较强的稳健性。

（3）行业经济增长对行业利差的影响主要发生在2015年之后,而且与行业利差的关系较稳定。

（4）相比全行业,行业财务风险对周期性行业的影响更大,同时行业亏损企业占比指标对行业利差的影响显著,说明该指标所代表的周期性行业的整体经营风险反映在了行业利差上。

（二）剩余利差的影响因素分析

1. 样本选取与变量构建

（1）样本选取。该部分研究样本为构建行业利差时所使用的计算样本。考虑到信用利差是从2013年下半年开始趋于分化的,尤其是2014年刚兑打破后,该部分的研究期间为2013年12月31日—2017年12月31日,将这期间每个季度的计算样本汇总后,得到16 210只,来分析个券特质因素对剩余利差的影响。

（2）被解释变量。该部分的被解释变量为个券剩余利差,记作CS_resid,具体形式如下：

$$个券相对信用利差 - 行业利差 = 剩余利差$$

其中,个券相对信用利差是以同评级、同期限、同券种信用债收益率为基准计算的,即个券相对信用利差＝个券收益率－同评级、同期限、同券种信用债收益率,收益率为到期收益率；行业利差选取的是即期收益率法构建的行业利差。这是因为在前文中已比较了到期收益率平均法和即期收益率法构建的行业利差,实证结果显示,即期收益率法构建的行业利差可以更好地反映行业风险溢价。

结合业界的信用分析方法和国内外文献的大多数研究,本文将剩余利差拆解为五个部分：

$$剩余利差 = \left(信用违约利差 + 企业性质利差 + 上市场所利差 + 期限利差 + 其他 \right)$$

信用违约利差主要体现在发行人财务风险上,由于行业利差中已经反映了行业平均财务风险,所以该部分的财务风险应当是发行人的"剩余"财务风险,即扣除了同评级和同行业的财务风险后的剩余部分,所有计算数据都可在分析行业利差时构建的数据库中找到；企业性质表示发行人是国企还是民营企业；上市场所分为银行间和交易所；期限指的是个券的到期期限；其他利差则表示由流动性等其他风险因素造成的利差,这些因素未考虑。

(3)解释变量。在剥离了行业利差后,个券剩余利差主要由个券因素和发行人风险因素决定。从债券发行人角度来看,即使债券发行人所属行业和评级相同,发行人的财务风险(King and Khang,2005)、企业性质(胡继强,2015)、发行人权利(明明等,2017b)也不同,这些差异可能体现在剩余利差上。由于本次分析样本已经剔除了含权债和具有担保条款的债券,不再考虑隐含期权。从个券角度来看,即使债券发行人相同,券种、上市场所(明明等,2017b)、剩余期限(睢岚等,2013)也会有所差异,这些因素都可能对剩余利差产生影响。由于在计算个券相对信用利差时已经剔除了券种因素,所以不再考虑。

该部分选取的财务指标和行业财务风险指标一致,经过数据有效性检验,对样本债券的财务指标数据进行主成分分析,在原始财务指标的基础上,通过以下公式计算解释变量:

$$发行人财务指标-同评级同行业对应财务指标平均$$

(4)回归结果及分析。由于篇幅所限,模型建模过程省略,表4-27给出了逐步回归的结果。解释变量的"剩余"表示这些变量均扣除了同行业对应指标数据,剥离了行业风险,主要反映个体风险。

表 4-27 逐步回归结果

变量	系数	标准误	t 值	$Prob.$
常数项	−0.686 2	0.180 8	−3.794 7	0.000 1
Ex_asset_debt 剩余资产负债率	0.012 5	0.002 1	5.947 9	0.000 0
Ex_ROIC 剩余资本回报率	−0.018 2	0.009 2	−1.984 3	0.047 2
$Ex\_noncurrent$ 剩余非流动资产占比	0.005 2	0.001 7	3.143 7	0.001 7
$company$ 企业性质	−0.442 3	0.056 2	−7.864 1	0.000 0
$\ln t$ 剩余期限取对数	−0.063 7	0.020 7	−3.086 0	0.002 0

可以发现,剩余利差受到发行人风险因素和个券因素的共同影响。个券因素中,剩余期限对剩余利差影响显著,系数为负,睢岚等(2013)也得到了同样的结论。发行人风险因素中,剩余资产负债率、剩余 $ROIC$ 以及剩余非流动

资产占比这三个财务指标对剩余利差的影响显著,并且与剩余利差的关系也符合经济意义。这说明,在扣除了行业平均财务风险后,这三类财务风险仍反映在个券风险溢价中。发行人的企业性质对剩余利差影响显著,系数为 −0.442 3,这表明在其他条件都相同的情况下,国企发行的债券在二级市场的信用利差比民企低了约44个基点。

(5)稳健性检验。为了检验上述显著变量是否具有稳健性,本文对上述 2013年12月31日—2017年12月31日期间的所有债券进行逐年度回归,每年都采用逐步回归法,实证检验结果如表4-28所示,从中可以发现以下两个结论。

表4-28 逐年度回归结果

变量	预测	2014年	2015年	2016年	2017年
$Ex\_current\_ratio$ 剩余流动比率	—		0.117 7** (4.915 7)		
$Ex\_cashflow\_ratio$ 剩余现金流量比率	—				
Ex_ICR 剩余利息保障倍数	—				
Ex_asset_debt 剩余资产负债率	+	0.003 5** (3.770 9)	0.009 9** (7.968 7)	0.013 5** (3.120 2)	0.015 1** (5.562 3)
Ex_ROIC 剩余ROIC	—		−0.013 7** (−2.661 6)		
$Ex\_grossmargin$ 剩余毛利率	—	−0.002 3* (−2.533 5)		−0.020 9** (−2.660 8)	
Ex_NI_margin 剩余净利率	—				
$Ex\_expense$ 剩余三项费用率	—		−0.000 02 (−3.169 0)	0.021 1** (2.298 2)	
$Ex\_account$ 剩余应收用长款周转率	—				
$Ex\_inventory$ 剩余存货周转率	—				
Ex_ATO 剩余资产周转率	—		0.098 7* (2.467 1)	−0.636 6* (−2.256 8)	
$Ex\_interestbear$ 剩余有息债务占比	+	0.003 5** (3.775 4)	0.002 6** (2.934 1)		
$Ex\_noncurrent$ 剩余非流动资产占比	+	0.003 0** (3.593 5)	0.005 7** (5.814 8)		0.006 5** (2.752 9)

(续表)

变量	预测	2014年	2015年	2016年	2017年
Company 企业性质	—	−0.351 7** (−11.819 7)	−0.435 4** (−14.462 9)	−0.462 6* (−2.305 5)	−0.476 4** (−6.344 9)
Trading 上市场所	+				0.265 1* (2.243 0)
ln t 剩余期限对数	?	0.032 2** (3.140 9)	0.041 0** (3.881 8)	−0.188 1* (−2.457 1)	−0.177 9** (−5.708 1)
样本量		3 742	4 210	3 742	3 217
F-statistics		31.145 2	36.641 0	6.410 8	23.884 4

注：有数据的表示在5%显著水平下显著的变量；** 表示在1%显著水平下显著；* 表示在5%显著水平下显著。

① 从变量的显著性来看，资产负债率、企业性质和剩余期限在每年的回归结果中都显著，非流动资产占比除了2016年不显著外，其他3年都显著，说明这四个变量的显著性具有稳健性，而且回归系数符合预期，这与全样本的回归结果是一致的。虽然ROIC在全样本中显著，但是在逐年回归中仅有两年是显著的，说明其显著性较不稳定。

② 从回归系数的变化趋势来看，资产负债率对剩余利差的影响不断增大，非流动资产占比对利差的影响在2015—2017年较为稳定。个券因素中，剩余期限的回归系数在2016年前后变化显著，2016年以前系数为正，2016年以后系数为负。一般来说，剩余期限较长的债券流动性较低，投资者往往要求更高的流动性溢价，2016年之前的结果符合理论预测。2016年之后，可能是因为市场投资者认为中国短期经济动能不足，短期债券因受到本金偿还的压力，违约风险较大；与此相反，期限较长的债券仅需支付利息，偿还压力较小。

五、研究结论

本节从信用利差分解的视角将个券相对信用利差分解为行业利差和剩余利差两个部分，并分别研究了每部分的影响因素。结合上述所有实证结果，本节的研究结论如下。

（1）从行业利差的影响因素来看，行业经济增长和行业平均财务风险都会对行业利差产生影响，其中，行业资产结构、行业平均盈利能力、行业短期偿债能力是三类重要的财务风险因素。从各因素的影响程度来看，行业经济增长对周期性行业和全行业的影响程度基本相同，受行业差异的影响较小；但是相比全行业，行业财务风险对周期性行业的行业利差的影响更大，同时行业亏损企业占比对周期性行业利差影响显著,说明该指标代表的行业经营风险反映在行业利差上。

(2)从行业利差影响因素的动态变化来看,2014年刚兑打破前后,各因素对全行业利差的影响呈现显著性差异。对于行业财务风险指标,刚兑打破前,行业财务风险对行业利差的影响较小;刚兑打破后,行业资产结构、盈利水平以及短期偿债能力对行业利差的影响显著。但是2017年以后,这些因素对行业利差的影响并不显著,这可能是因为2017年国家为了防控金融风险,出台了一系列的严监管政策,特殊事件和政策可能对2017年的回归结果造成了影响。对于行业经济增长指标,动态回归结果显示,行业经济增长从2015年开始对行业利差产生影响,并且与行业利差的关系较稳定。

(3)从剩余利差的影响因素来看,在剥离了行业利差后,剩余利差主要受到发行人和个券因素的影响。经过全样本分析和逐年度回归后,本文发现,资产负债率、非流动资产占比、企业性质和剩余期限对剩余利差产生影响,而且具有稳健性,其中剩余期限和剩余利差的关系在2016年前后发生显著变化:2016年以前,剩余利差随着剩余期限的增加而增加,更多反映了流动性风险溢价;2016年以后,剩余期限越长,剩余利差越低,这可能与中国经济基本面和市场投资者对经济的预期有关。企业性质对剩余利差的影响则逐年增加,相比民营企业,国有企业在二级市场的信用利差更低。

(4)结合行业利差和个券利差的分析结果,我们可以发现:2014年债券市场违约事件发生,刚性兑付打破以后,投资者更加关注债券市场的行业违约风险和个体违约风险,不同行业和不同信用评级债券的信用利差逐渐分化,更多的信用风险因子反映到了信用利差当中,债券市场的定价效率得到了显著提升。

第四节 中国企业债券定价信息效率分析二:基于可转债发行动机和宣告效应

一、问题提出与文献综述

(一)问题的提出

可转换债券是具有股债合一特性的融资工具,这赋予了可转换债券的发行行为丰富的信息内涵,中国可转债在发行审核机制和条款设计方面与境外可转债市场存在较大差别,导致中国可转债发行的信息内涵较国外有很大的不同之处,对此进行研究具有重要意义。

研究可转债的信息内涵,从投资者角度看,有利于帮助投资者更好地利用其信号效应并且理解可转债发行对于股价的影响,从而帮助投资者利用可转债和股票市场间的联动效应赚取超额收益;从发行人的角度看,是否选择可转债融资是一个问题,此研究可以帮助上市公司了解是否适合发行可转债并且判断是否能够获得期望的股价的市场反应;从监管层的角度看,通过股价效应的研究及信号效应可以了解上市公司的融资意图,有助于监管层制定更为高效的监管政策,进而促进中国可转债市场稳定持续地成长。

中国可转债的发行流程比较复杂,需要首先通过董事会预案,达成董事会层面的融资意愿,然后召开股东大会裁决,有些国有企业的可转债融资项目需要通过国资委的审核批准,再提交中国证监会受理审核,最后才正式发行。上市公司宣布发行可转债的预案表明上市公司有选择可转债筹资的较强意愿,也是董事会的统一意志,在预案中一般不会涉及具体的可转债的条款信息。选择可转债融资方式这一行为,从信号理论的角度,就是向市场传递信号。发行宣告则是公司获得中国证监会的批文后制定的详细的融资方案,包括可转债的转股价、票面利率、赎回和回售条款等内容。对于发行宣告日,市场做出的反应可能来源于更丰富的信息,如公告发行本身、发行条款的优越性,或者对于公司未来盈利能力的认同等。

本文研究对象为整个发行流程中的关键公告的信息内涵,包括:公司选择可转债发行融资时,董事会预案公告对于股价的影响;发行申请通过中国证监会核准的公告对股价的影响;发行人正式发行的公告对股价的影响。本文同时基于公司治理结构、信息传递和融资偏好视角探讨以上公告的效应之间的联系。

(二) 文献综述

1. 发行动机

国外学者关于可转债融资动因的研究比较丰富,他们分别从多种不同的角度研究和分析了公司发行可转债的动机和原因。

格林(Green,1984)提出了风险转移假说(risk-shifting hypothesis),他认为公司经营决策和融资决策的过程其实是将债权人的财富向股东转移的过程,高风险的经营方式和某些可转债条款可以将财富从债权人转移到股东,从而使得股东愿意接受高风险甚至净现值为负的投资项目。有学者(Kim,1990)研究了转股比例和信息不对称之间的关系,认为可转债转股比例向资本市场传递了关于企业经营预期的信号,可转债普遍被认为内嵌有一个期权,这个期权的价值决定了内部现有股东与外部新投资者分享分担的比例。当内部现有股东拥有未来公司收益的独有信息,并且未来公司的预期经营状况会更好时,内部现有股东是不愿意和外部投资人分享风险带来的收益的,此时转股比例会较低,相反的情况则是转股比例会设计得更高。斯坦(Stein,1992)提出了后门股权融资假说(backdoor equity hypothesis),在斯坦的模型中,他将公司分为三类:好公司、中等公司和坏公司。假设每类公司都具有相同的投资机会,他研究证明,中等公司不会选择发行股票,因为发行股票会使得市场对于其股价有负面效应,而发行普通债券融资对于中等质量公司来说又没有足够的吸引力,因为普通债券融资会给公司带来较大的财务成本压力,因而,可转债使得中等公司在信息不对称的情形下向市场传递较积极的信号,这种情形下,可转债可看作"延迟"股权形式,未来成为股权而进入公司的资本结构。

有学者(Jalan and Barone-desi, 1995)提出了税收抵减假说(tax deductibility hypothesis),他们提出合作博弈模型来研究可转债融资选择。该模型认为可转债具有一定的税收优势,认为老股东和可转债投资人之间的合作博弈可以减少公司向政府的纳税额,从而增加公司价值。梅耶斯(Mayers, 1998)的序贯融资假说认为,可转债的发行既可以约束管理者,防止其做出过度或者不当投资决策,降低公司筹资成本,又可以使得投资者合理把控项目风险,是公司筹资的较佳方案,从而合理地解释了公司选择可转债融资的动机。有学者(Isagawa, 2002)提出了可转债发行的堑壕假说(entrenchment hypothesis),该假说从堑壕模型(Zweibel, 1996)拓展而来。将可转债这一融资选择加入堑壕模型中,研究发现,公司内部管理者可以通过设计合理的可转债条款,使得管理者在实施价值增加项目的同时又能降低因项目可能失败带来的破产风险。因此,可转债比普通债券更受公司管理层青睐,从而从管理层的角度解释了公司发行可转债的强烈意愿。

国内关于可转债的文献主要集中在可转债定价、条款特征以及宣告效应等方面的实证研究,但是关于发行动机的理论方面的研究尚少,并且国内学者关于发行动机的研究视角各有差异,结论也不太一致,具有代表性的研究主要如下。

何佳和夏晖(2005)从斯坦的模型出发,研究控制权利益对于公司融资工具选择的影响。他研究发现,企业发行可转债是市场各类公司的控股股东和外部投资者相互博弈的结果,企业控股股东往往期望将自身利益最大化,而控股股东自身利益最大化的同时肯定会损害外部投资者的利益,从而给市场更大的不确定性。他还认为应该保持一定水平的控制权利益,因为控制权利益对于减少信息成本、保持市场稳定有积极作用。王一平和何亮(2005)从准入门槛、条款设计、发行可转债后上市公司的行为选择等几个方面对中国上市公司的可转债发行动因进行研究发现:中国上市公司发行可转债的重要原因是增发配股等方式具有筹资规模的限制,但是可转债能够帮公司实现大规模筹资的要求。另外,发行公司的可转债条款设计中中国的转股溢价率普遍偏低,并且可转债发行后上市公司频繁出现向下修正转股价的行为,种种迹象表明中国发行可转债的公司都具有较强的股权融资倾向,因此,可转债的出现并没有改变中国上市公司股权融资偏好的现象,可转债的发行在中国仍然可以认为是延迟的股权筹资形式。唐康德(2006)利用logistic回归模型探究公司财务、成长性以及公司治理等多方面指标对公司是否选择可转债方式筹资产生的影响,实证结果发现,可转债筹资选择倾向与资产负债率、公司规模、盈利能力以及募集资金的规模都有显著性关系。但是,他的实证研究没有发现可转债筹资倾向与公司成长性、大股东持股等因素的显著性关系,这点与以往学者的研究不太一致,有待继续检验和探究。刘娥平(2006)运用对比研究的方法研究发行可转债与增发股票的公司分别具有怎样的财务特征,研究发现,发行可转债的公司具有更高的净资产收益率和平均税率,同时也具有较低的资产负债率和破产可能性,相对来说通过可转债筹资的公司的规模也较大。但不足的是,他的实证研究结果表明,可转债融资倾向的logistics回归中仅有资产负债率和公司规模两个指标是显著的。黄勇民(2007)研究了中国可转债发行公司的特征,他的实证研究表明,财务杠杆率更低、成长性更小、收入波动性更小以及自由现金流不充裕的公司更倾向于通过可转债进行筹资。相较于以前学者的研究,他的实证结果与传统理论预期不一致,并且与前人的研究结果也具有较大差异,因此在该领域仍有较多角度可以继续研究。

2. 可转债(预案)发行宣告效应

国内外可转债发行机制存在差异,如国外可转债的预案发行日和正式发行日的间隔很短,大部分研究都是以发行宣告日为事件日进行研究,但中国可转债发行有预案发行宣告和发行宣告日,故而对中国可转债的发行,既有着眼于预案发行宣告效应的研究,也有着眼于发行宣告效应的研究。

王慧煜和夏新平(2004)通过研究1992—2003年的23只可转债发行样本发现,上市公司可转债预案发行宣告后对于发行公司股票价格具有正向效应,说明投资者比较认可公司发行可转债。另外,实证研究表明,预案宣告对股价的正向效应与发行公司的规模、可转债的发行规模等因素呈显著正相关。

刘娥平(2005)运用事件研究法,研究2001年4月至2003年12月中国发行可转债预案公告的88家样本公司的预案宣告效应,研究表明,发行预案宣告对于股价产生显著负向影响,但低于股票筹资预案宣告对于股价的负向影响。研究还发现,可转债预案的宣告效应与稀释度和资产负债率呈显著负相关关系,而与公司规模、可转债融资规模、市净率、流通股比例等指标没有显著相关关系。刘成彦(2005)通过将2001—2003年发行成功的可转债作为研究样本,得出结论:可转债发行宣告对于发行公司的股票价格具有显著的正向影响。其结论与荷兰、日本等市场的结果相似,而与美国和英国等市场的结果相反,特别地,发行后第一天有显著的正异常收益。实证研究发现,发行宣告日之前没有显著的异常收益,说明中国公司的管理者并不是为了最大化现有股东价值而做的融资方式选择,他们更多考虑的是大股东或者控股股东的利益。此研究将控制权利益因素引入了可转债发行宣告效应的研究中。牟晖(2006)等以截至2004年发行成功的可转债案例为实证样本,发现可转债正式发行宣告对股票价格产生显著的负向影响,并进一步根据其股性大小将可转债样本分为偏股型可转债和偏债型可转债,发现偏股型可转债的发行宣告对股价的负向影响程度小于偏债型可转债的发行宣告对股价的负向影响程度。这与传统的序贯融资假说并不一致,反映的是中国公司特有的"股权融资优先于债券融资"现象。同样,牟晖也引入上市公司的治理结构因素来解释可转债正式宣告发行效应,实证研究发现,代表中国特有的"二元"股权结构的变量与可转债发行公告效应呈现正相关关系,而公司规模和发债规模与正式宣告发行效应是负向关系。杨如彦(2006)选取2004年年底前成功发行的31家可转债案例作为研究样本,研究发现发行宣告对股票价格产生的累积异常收益率都不显著,他认为这是由于可转债的发行效应不确定,即有些可转债发行效应是正的,有些是负的,正负会进行抵消。于是,他将可转债样本分为偏股型可转债和偏债型可转债进行研究,发现偏股型可转债具有显著的正向效应,而偏债型可转债的发行宣告效应则表现为对股价异常收益率产生负向的影响。

赵红平(2010)采用事件研究法研究了股权分置改革后中国上市公司可转债的发行宣告效应,研究表明,在可转债发行宣告的当天,总样本异常收益率显著为正,但是回归分析研究表明,该正向的宣告效应与公司的基本面特性无关。该研究的缺陷是没有解释发行宣告日的正向效应的原因。付雷鸣(2011)研究发现,公司债、可转债和增发股票等事件宣告对股价都有正向的影响,并且可转债的正向效应最大,增发股票次之,公司债的正向效应最弱,说明在中国不仅上市公司偏好股权融资,投资者也比较认可股权融资,这也为我们国家特殊的股权筹资偏好提供了新的证据。

从国内以往的文献不难发现,不同学者对于可转债正式发行宣告效应的研究结论出现了不一致的情况,并且以往研究的样本数量较少,从而可能容易导致研究结果的不稳健。另外,可转债市场发展迅速,资本市场环境已有新的变化,比如,以前很多学者的研究样本都是在股权分置改革之前发行的可转债样本。

国外学者也对可转债的正式发行宣告效应进行了大量的研究,国内外学者的研究结论或多或少都存在着不一致的情况。当然,这种不一致可能主要是不同的资本市场制度和发行机制等因素导致的。

英美等国家的可转债发行对股价产生的是负向影响。基于美国可转债市场的研究(Mikelson and Partch,1986)发现,发行宣告后,股价的异常累积收益率为负。另有研究(Smith,1986)发现,可转债发行宣告会使得股价出现-2.07%的异常收益率。有学者(Eckbo and Masulis,1995)通过美国市场研究发现,可转债发行宣告效应为负,并且负向的程度介于债券和股票之间,股票的负向效应程度最大,债券的负向效应程度最小。还有学者(Arshananpalli and Switzer,2004)研究发现发行宣告日出现了明显的股价下降。还有研究(Rahim,2014)从经济状况视角实证验证了可转债正式发行宣告对股价的影响是负向的,并且发现无论经济状况怎么样,英国可转债市场的宣告效应都显著是负向的。以1985—1991年日本可转债市场发行的561只可转债为样本的研究(Kang and Stulz,1996)发现,可转债的发行宣告对股价的影响显著是正向的。其他学者(Radu Burlacu,2000)则在可转债的发行效应研究中将可转债分为偏股型(equity-like)和偏债型(debt-like)两类,他发现可转债发行宣告对股价的正负向影响程度与可转债是偏股型还是偏债型有关,偏股型的可转债发行宣告的负效应比较强烈,偏债型的可转债负效应则较弱。

另外,也有不少国外学者对可转债的发行宣告效应的结论做了进一步分析和解释。斯坦(Stein,1992)提出可转债融资是延迟的股权融资,又称为"后门融资"。斯坦实证研究表明,公司的负债率较高,则可转债发行宣告对股价产生较积极的影响,而公司规模较大,可转债发行宣告对股价产生消极的影响。这是因为高财务杠杆的公司可能产生较大的财务危机,只有对融资项目非常有把握成功的时候,公司才会倾向于选择可转债融资方式,因而如果财务杠杆高的公司发行可转债,市场会认为这是利好消息;规模较大的公司信息不对称程度小,而此时若公司仍然选择可转债,市场将会认为这是利空消息。格林(Green,1984)研究表明,市净率与宣告效应呈现正向关系。另有研究(Arshanapalli et al.,2004)以1993—2001年美国市场的85只可转债为样本,实证研究发现可转债的发行宣告对股价的影响显著为负向,他们的解释如下:可转债具有较强的股性,投资者认为公司实际上做的是股权融资,因此股票价格会下降。

二、样本选择与分析

本文选取2007—2018年中国采用三类融资方式的上市公司作为研究样本,分别为可转债方式筹资、股票方式筹资(包括增发或者配股)、债券方式筹资(包括公司债和企业债)。本文研究公司可转债的发行动因,排除定向增发再融资方式,因为定向增发往往只针对部分投资者,对于研究整体市场反应不是最佳样本。本研究将来自万得(Wind)数据库的公司样本逐一比对,针对可转债样本,本文将重点关注上市公司董事会首次宣告筹资预案的日期、证监会发审会通过日期、证监会核准日期以及可转债正式发行宣告日期,而且按以下顺序进一步筛选。

(1)剔除金融行业以及房地产行业公司样本,这主要是因为金融和房地产公司的财务处理以及经营性质与传统行业有很大不同。

（2）去除*ST字样的公司再融资样本,因为此类公司业绩往往具有很大不确定性,样本影响因素多元化。

（3）针对再融资决策中董事会多次修订或延长的样本,部分样本修订过程中的市场反应不好判断,因此,这类多次修订和延长的样本也将从研究样本中剔除。

（4）剔除在本次再融资预案宣告日前200天内有重要公告或者停牌的公司,因为该类公司股价涨跌幅将有异常,会对本文研究结果造成一定的影响。

经过以上步骤的筛选,共得到普通债券融资样本773个、可转债样本156个、股票融资样本83个,总样本1012个。

对156个发行可转债筹资的案例样本进行统计,如表4-29所示。我们可以看出,在该类样本中,制造业的样本数量最多,信息产业类及技术服务业则次之。不难发现,中国可转债发行主体公司所属行业比较集中,2015年以来,信息服务业也在不断崛起。由此可见,中国可转债发行主体的分布反映了当前中国产业结构的情况。增发配股和普通债券样本的公司的行业分布也呈现类似的结果:制造业公司占了绝大部分的比重,其次是信息服务业等。

为了更好地了解本文研究的可转债样本的情况,本文对可转债样本的主要财务指标做了描述性统计分析,如表4-30所示。对于资产负债率指标,可转债发行主体的平均资产负债率为42.89%,但是也能看到,可转债标的公司的最高负债率达到了82.77%,这主要受益于监管层对于采用可转债方式筹资的公司的财务杠杆率没有设置过多的限制。

表4-29　整体样本的行业分布

行业名称	总样本	可转债	增发配股	普通债券
采矿业	64	3	57	4
电力、热力、燃气及水生产和供应业	70	8	61	1
建筑业	49	3	42	4
交通运输、仓储和邮政业	69	8	58	3
科学研究和技术服务业	1		1	
农、林、牧、渔业	9	2	7	
批发和零售业	60	4	54	2
水利、环境和公共设施管理业	16	5	10	1
卫生和社会工作	5		3	2
文化、体育和娱乐业	7	1	6	

（续表）

行业名称	总样本	可转债	增发配股	普通债券
信息传输、软件和信息技术服务业	48	12	30	6
制造业	581	106	418	57
住宿和餐饮业	1			1
综合	9		9	
租赁和商务服务业	23	4	17	2
合计	1 012	156	773	83

表 4-30　可转债样本财务指标的描述性统计表

变量	样本数	平均值	标准差	最小值	最大值
资产负债率	156	42.89	16.66	6.463	82.77
股权集中度	156	39.56	15.53	7.440	80.34
净资产收益率	156	11.62	6.028	1.577	53.89
每股经营现金流	156	10.40	18.79	−112.3	85.05
公司规模	156	4.131	1.246	1.722	9.067
发行前三年年复合增长率	156	37.19	72.67	−37.69	575.0
市场一致预期增长率	156	32.35	28.74	−12.64	210.8
流通股比例	156	62.34	30.01	6.679	100

　　同样地，本文也对可转债的对照样本——普通债券和增发配股发行样本做了描述性统计，如表 4-31 和表 4-32 所示。发行普通债券的公司的资产规模的对数平均值为 4.336，略大于采用可转债方式筹资的公司的 4.131。不难发现，中国发行债券筹资的公司的规模整体而言会较大，从资产负债角度看，发行普通债券筹资的公司的财务杠杆率平均值为 50.76%，也大于可转债的平均值，并且最大值达到 92.99%。

表 4-31　普通债券样本财务指标的描述性统计

变量	样本数	平均值	标准差	最小值	最大值
资产负债率	773	50.76	17.57	2.612	92.99
股权集中度	773	37.45	16.21	5.270	89.41
净资产收益率	773	8.951	6.422	−33.07	38.78

(续表)

变量	样本数	平均值	标准差	最小值	最大值
每股经营现金流	773	5.864	18.95	−58.55	146.1
公司规模	773	4.336	1.371	0.778	9.238
发行前三年年复合增长率	773	29.61	77.54	−508.5	773.4
市场一致预期增长率	773	41.60	67.74	−38.67	1 174
流通股比例	773	72.19	26.57	10.00	100

表4-32 增发配股样本财务指标的描述性统计

变量	样本数	平均值	标准差	最小值	最大值
资产负债率	83	55.36	14.71	14.86	81.70
股权集中度	83	36.22	12.99	15	70.46
净资产收益率	83	12.25	7.021	−3.551	31.53
每股经营现金流	83	4.605	17.50	−35.09	55.01
公司规模	83	3.691	1.219	1.057	7.276
发行前三年年复合增长率	83	40.65	50.38	−44.73	203.1
市场一致预期增长率	83	36.39	38.00	−31.48	180.2
流通股比例	83	70.33	23.75	18.46	100

增发配股样本的财务杠杆率水平的平均值为55.36%,是三种融资方式中最高的,该类样本的杠杆率最高的达到了81.70%,但是仍小于可转债和普通债券样本的杠杆率指标的最大值。从股权集中度指标看,三种融资方式样本的公司都保持在30%以上,也就是说大股东持股比例平均都在30%以上,说明中国的上市公司的股权架构仍然比较集中,大股东对企业的控制力还是比较强的。

三、可转债发行动机的实证分析

(一) 研究假设与研究方法

1. 研究假设

通过对国内外学者的可转债发行动机的文献进行梳理,发现影响公司筹资方式选择的因素主要有三类:第一类是公司自身特征,包括公司基本面指标和公司治理层面指标;第二类是发行要素,包括融资规模、期限等指标;第三类是市场情况指标,包括市场行情、市场对于公司股价预期等。

(1) 假设一:公司每股经营性现金流越大,相对于发行普通债券融资,越偏向于发行可转债融资,但更偏向于股权融资。

根据信息不对称理论,公司的经理人与外部股东之间存在信息不对称,即公司经理人拥有未来企业经营计划或者预期的私有信息,而外部股东没有,因此二者间存在信息不对称;同样地,公司经理人又与公司债券持有人之间存在信息不对称,正是由于这种信息不对称性,对公司来说就存在代理成本以约束管理者的行为,防止公司管理者或者经营者滥用公司资源形成自利,而损害外部股东或者债权人的利益。公司金融理论中常采用经营性现金流来表征此代理成本的高低,如果企业的经营性现金流较大,经营者可能会作出具有更高投资风险的决策,企业有更高的代理成本,从而可能降低企业价值。因此,站在公司的角度而言,公司更愿意选择通过可转债或者股权融资方式以降低代理成本。

(2) 假设二:公司资产负债率越大,相对于发行普通债券融资,越偏向于发行可转债融资,但更偏向于股权融资。

资产负债率指标体现了公司运营的杠杆率,公司杠杆率的大小也是公司选择发行可转债的参考依据之一,资产负债率越大,即杠杆率越高,公司的资金压力越大,公司发行债券的可能性就越低。资产负债率是影响公司选择可转债筹资的重要因素。公司资产负债率越大,就越偏向于发行可转债,更偏向于发行股票融资。

(3) 假设三:公司净资产收益率越大,相对于发行普通债券融资,就越偏向于发行可转债融资,但更偏向于股权融资。

净资产收益率指标表征的是公司盈利的能力,净资产收益率大的公司说明其质地优良,未来股价有望不断提升,并且被投资者持续看好。如果这类公司发行可转债或者股票,那么投资者会预期转股比较顺利,从而获得转股收益,因此相对于普通债券,倾向于发行可转债。站在公司的角度,高盈利的公司发行股票在短期内又可以大大降低融资成本,因此,公司更倾向于发行股票。

(4) 假设四:公司的最大股东的股权比例越大,相对于发行普通债券融资,越偏向于发行可转债融资,但更偏向于股权融资。

从何佳和夏晖(2005)的研究中可以发现,控股权是影响可转债发行的重要因素。控股权在中国又具有特殊意义,因为中国大部分公司的管理者即第一大股东。赵涛等(2005)认为管理者的意愿往往就是第一大股东的意愿,因此,管理者往往仅仅代表第一大股东的利益。从融资选择方案而言,第一大股东的占比也是影响因素之一。如果第一大股东股权占比较高,那么公司选择可转债筹资的概率就较大,因为中国可转债的申购是股东优先配售,大股东往往能够从可转债或者股票的发行中受益。

(5) 假设五:融资规模对流通市值稀释越小,相对于发行普通债券融资,越偏向于发行可转债融资,但更偏向于股权融资。

流通股稀释度指的是企业股权融资规模与流通市值的比值。站在外部投资者的角度，稀释度越高，外部投资者越会认为内部管理者在损害他们的利益，从而使得股权发行受阻。另外，在发行者的角度看，如果稀释度较高，可转债全部转股后，大股东或者原有股东的股权比例将会被稀释，从而使得大股东或者原有股东的利益受到损害。因此，公司不会在稀释度较高的时候通过可转债或者股权方式筹资。

（6）假设六：规模越小的公司，越偏向于发行可转债。

有学者（Rajan and Zingales，1995）认为，大公司市场关注度高，信息不对称程度低，因此可转债作为一种向市场传递信号的融资工具，对于大公司而言没有足够的吸引力。但是在中国，规模大的公司往往融资选择性比较大，既可以股权融资也可以债券融资，因此，本文认为规模较大的公司通过可转债筹资的意愿并不会太强。

（7）假设七：市场行情越好的时候，越偏向于发行可转债。

市场行情对公司融资方式的选择影响也较大。对于可转债而言，市场行情好的时候，市场普遍会预期未来转股可能性较大，从而使得股权融资更加受欢迎。但是，中国股权融资的审核机制比较严格，可转债与正股之间往往存在联动关系，行情好的时候，市场对公司股价有信心的同时，可转债的发行可能会更加顺利。

2. 研究方法

采用概率单位回归模型（probit 模型）作为工具进行实证分析。

（1）被解释变量。研究发行动机的影响因素需要选择是否采用可转债方式筹资作为被解释变量，而可转债预案宣告是公司表达发行意愿的方式，即公司发布可转债发行预案时被解释变量为 1，当上市公司选择增发配股或者普通债券方式进行筹资时，被解释变量就设为 0。

（2）解释变量。选取中外学者以往研究常用的解释变量，考虑中国可转债市场的实际情况，并且结合预案宣告对公司股价的可能的影响因素，便于与可转债宣告效应的影响因素进行对比研究，同时结合研究假设提出的解释变量，整理出可转债发行动机的解释变量以及回归模型的控制变量。

公司规模：该指标采用宣告日前最新财报列示的公司总资产的自然对数来表示，记为 $size$。

资产负债率：该指标通过宣告日前的最新财报列示的负债除以资产的数值确定，记为 $debt$。

净资产收益率：该指标通过宣告日前的最新财报列示的净利润与净资产的比值确定，记为 ROE。

流通股稀释度：该指标表示的是融资金额对公司流通市值的稀释程度，用公司的筹资规模与公司流通市值的比值确定,记为 dil。

每股经营性现金流:该指标衡量的是公司代理成本的大小,用经营性现金流量与股东权益的比值来表示,记为 cfo。

市场行情:该指标可以用宣告日前一个月的上海证券综合指数的涨跌幅来表示,记为 mkt。

股权集中度:股权集中度采用第一大股东持股比例的数值,通过宣告日前最新财报列示的最大股东持股比例来表示,记为 $top1$。

本文也引入净利润增长率、市场一致预期增长率以及流通股比例等指标作为控制变量。净利润增长率采用的是过去三年公司的复合净利润增长率,市场一致预期增长率是市场对于公司未来两年的复合净利润增长率的预期值,流通股比例则表示公司流通股占总股本的比例的情况,三个控制变量分别记为 pg、eg、$liqr$。

3. 实证模型

上述讨论的研究假设和对解释变量、被解释变量的分析,既考虑了公司基本面的因素,也考虑了市场层面的预期因素,同时又考虑到了发行条款的相关要素。虽然在预案宣告时,公司仅仅提供了供参考的筹资规模,但是仍然具有一定的研究意义,为此,构建的二元 probit 模型如下:

$$Probit(Y) = \beta_0 + \beta_1 debt + \beta_2 top1 + \beta_3 liqr + \beta_4 ROE + \beta_5 pg + \beta_6 cfo + \beta_7 size + \beta_8 mkt + \beta_9 eg + \beta_{10} dil \qquad (4-30)$$

其中,$Probit(Y)$ 表示的是选择发行可转债的概率。

(二) 实证结果和分析

公司选择再融资方式时主要是在三类融资方式中进行选择,即通过可转债筹资、发行股票筹资(配股增发等)和发行普通债券筹资。公司管理层在三种方式中进行选择,因此,根据前文所述的实证模型,笔者尝试做了两类回归探索:第一类是以可转债和普通债加总的样本进行回归(CBD),第二类以可转债和普通股权融资加总的样本进行回归(CBE)。表 4-33 给出了模型的回归结果。

(1) 资产负债率的回归系数在 CBD 和 CBE 的回归中都为负且显著,说明不论公司是在可转债和股权融资两者中进行选择,还是在可转债与普通债券筹资方式中选择,财务杠杆越低,选择可转债筹资的概率越大。该回归结论与假设二不一致。袁卫秋(2004)发现中国上市公司的资本结构不符合序贯融资假说,而是符合静态权衡理论。静态权衡理论指出,公司的融资选择需要考虑的是收益和成本的匹配,中国具有债券融资能力的公司往往都是一些大公司,对于财务杠杆相对较低的公司来说,可转债筹资方式是一个不错的选择。本结论与唐康德等(2006)的结论一致,都认为公司是否采用可转债方式筹资与公司的资产负债率呈现负向关系。另外,王一平和何亮(2005)研究认为,选择可转债筹资的公司的杠杆率普遍偏低主要是监管要求,而不是公司为了优化公司的财务杠杆而选择可转债筹资。

(2) 大股东的股权比例在 CBD 和 CBE 的回归中回归系数都为正,回归系数在 CBD 回归中显著,但在 CBE 回归中不显著,也就是说:最大股东的股权比例越高,在可转债和普通债券筹资中进行选择时,公司越偏向于通过可转债筹资;在可转债与普通股票筹资方式比较时,公司的筹资偏好与最大股东的股权比例的相关性就不显著。该回归结果验证了假设四。这与以往学者对中国可转债发行动机的早期研究不一致,唐康德(2006)和何佳(2004)的研究均认为第一大股东的持股比例与可转债融资方式选择没有显著关系。

(3) 净资产收益率在 CBD 的回归中回归系数为正且显著,在 CBE 回归中回归系数为负但不显著。因此,在可转债与普通债券融资两种方式中选择时,净资产收益率越高,可转债融资倾向越强;在可转债与股权融资之间选择的时候,可转债的融资偏好对于净资产收益率并不显著。

表 4-33 可转债发行动因 probit 模型回归结果

变量	代号	(1) CBD	(2) CBE
资产负债率	debt	−0.014 6***	−0.062 1***
		(0.003 56)	(0.009 11)
第一大股东持股比例	top1	0.015 9***	0.012 4
		(0.003 79)	(0.008 19)
流通股稀释度	dil	−0.003 24*	−0.007 76**
		(0.001 71)	(0.003 60)
净资产收益率	ROE	0.028 9***	−0.027 4
		(0.008 95)	(0.018 8)
每股经营自由现金流	cfo	0.005 98**	0.004 34
		(0.002 69)	(0.005 28)
公司规模	size	0.020 8	0.732***
		(0.051 7)	(0.121)
市场行情	mkt	0.001 52	0.011 0
		(0.007 61)	(0.014 2)

(续表)

变量	代号	(1) CBD	(2) CBE
净利润增长率	pg	−0.000 501	0.001 26
		(0.000 763)	(0.001 84)
预期增长率	eg	−0.001 93	−0.003 16
		(0.001 36)	(0.003 40)
流通股比例	$liqr$	−0.004 88**	−0.013 6***
		(0.002 02)	(0.004 43)
常数项	$\_cons$	−0.741***	1.658***
		(0.245)	(0.615)
样本数	♯Obs	929	239
Pseudo R^2	Pseudo R^2	0.197 1	0.314 8

注：括号内为标准差，*** $p<0.01$，** $p<0.05$，* $p<0.1$。

（4）公司规模在 CBD 的回归中回归系数为正但不显著，在 CBE 的回归中回归系数为正且显著，CBE 回归结果与假设六不一致。本文认为有以下原因可以解释该实证结果：①从信息不对称的角度来说，规模较小的公司才有更强烈的欲望发行可转债，但是中国特有的强监管的公司门槛使得很多小公司并不能成功发行；②大公司在考虑通过可转债还是股票进行筹资时，更偏向于可转债，主要是因为可转债筹资方式给了公司一个原有股东股权不被稀释的机会，即只要不转股，股权不被稀释，同时又降低了融资成本，还能避免普通股权融资由于信息不对称给股价带来的负效应。

（5）每股经营性现金流在 CBD 的回归中回归系数显著为正，即每股经营性现金流越大，说明公司的代理成本越高，可转债可以作为外部投资者与内部管理者之间的一种博弈，从而使得内部管理者与外部投资者利益保持相对一致。相对而言，发行可转债较发行普通债券是更优的选择。

每股经营性现金流在 CBE 的回归中回归系数为正但不显著，也从侧面说明了中国上市公司更偏向于股权类筹资方式。

（6）流通股稀释度在 CBD 回归和 CBE 回归中回归系数为负，而且在 10% 置信水平上都显著。流通股稀释度体现了发行人从外部投资者利益的角度对融资方式的选择的考虑。若融资规模远远大于流通股市值，那么这对于外部投资者而言将是一个坏消息，因为其自身股权将被稀释；而融资规模相对于流通市值较小时，可转债融资就体现出它的灵活度，因此流通股稀释度低时，公司更偏向于通过可转债方式筹资。

(7) 市场行情、公司过往三年复合净利润增长率和市场一致预期增长率等指标和可转债的发行选择没有显著性关系。公司在决定是否使用可转债融资方式的时候没有考虑净利润增长率和预期增长率的情况。预期增长率是市场对于企业未来一致预期的增长率,这也从侧面说明中国可转债发行决策可能并不是理性的,发行公司并没有以市场反应作为可转债融资决策的依据。

综上所述,资产负债率、净资产收益率、第一大股东持股比例、流通股稀释度和每股经营性现金流是影响上市公司是否采用可转债方式筹资的因素。可转债发行主体主要从公司特征的角度做出融资决策,实证研究也表明,外部因素(包括市场行情、过往三年复合净利润增长率、市场一致预期等指标)对于可转债融资方式的选择没有解释力。

四、可转债预案宣告效应的实证分析

(一) 研究方法

预案宣告是指公司计划采用可转债筹资方式时,需要披露和向市场宣告相关发行预案,表明公司目前有意愿采用可转债方式筹集资金。对于宣告效应,以往的学者均采用的是事件研究法,本文也沿用前人的研究方法。研究可转债预案宣告日的宣告效应需要以首次董事会预案宣告日为事件日,预案宣告日是公司首次让市场得知"公司计划发行可转债"这一信息,但是可转债能否顺利发行成功具有不确定性,因为中国的可转债发行需要中国证监会的核准,并且后续还有较多流程。

本研究首先采用事件研究法对全样本的可转债预案宣告日效应进行描述分析,包括对事件日前后 30 日的每日平均异常收益率以及累计平均异常收益率进行显著性分析,然后再通过多元回归分析模型对预案宣告效应进行解释。

(二) 预案宣告日的股价效应

1. 可转债全样本预案宣告效应

本文采用的可转债样本为自 2007—2018 年成功发行的 156 只可转债案例,通过事件研究法研究事件日前后 30 天可转债样本的每日平均异常收益率(average abnormal return, AAR) 和累计平均异常收益率 (cumulative average abnormal return, CAAR)。如表 4-34 所示,预案宣告日当天股价反应显著为负,尤其在预案宣告日的当天产生了平均 −0.46% 的负向收益,并且在 99% 水平下显著,宣告日后第三天、第四天、第八天均在 5% 水平下显著为负,说明预案宣告后的负效应是持续的。但是,我们也可以看到在宣告日之前,基本没有任何一天在 5% 以上的水平下显著,可以认为发行宣告前的异常收益率基本是随机变化的,没有正的或者负的显著性。

如表 4-35 所示,从累计平均异常收益率来看,关键的事件窗口均表现出显著的负效应,(-1,5)事件窗口的所有可转债样本的累计异常收益率的平均值为-1.44%,并且在1%水平下显著小于0;(-5,5)事件窗口的所有可转债样本的累计异常收益率的平均值为-1.61%,在1%水平下显著小于0,(-1,0)、(-1,5)、(-1,7)、(-5,5)均通过了显著性检验,因此,可转债预案宣告对股价的异常收益率有负向影响。

为了更直观地表达可转债预案宣告后,可转债的标的股票的累计异常收益率的走势情况,本文将可转债所有样本的累计异常收益率的平均值统计作图,如图 4-19 所示,以预案宣告日的前 30 日为累计异常收益率的起点,可以看出预案宣告日之后,累计平均异常收益率持续下降,并且在预案宣告日后 6 日内下降速度较快。

表 4-34 可转债全样本(-15,15)每日平均异常收益值

事件日	AAR	T 值	事件日	AAR	T 值
-15	-0.12%	-0.521 0	1	-0.01%	-0.069 6
-14	-0.03%	-0.156 6	2	-0.12%	-0.627 7
-13	0.28%*	1.474 3	3	-0.33%**	-1.716 9
-12	0.06%	0.283 8	4	-0.32%**	-1.790 4
-11	0.17%	0.884 2	5	-0.21%	-1.099 3
-10	-0.25%	-1.227 3	6	-0.14%	-0.840 9
-9	0.35%*	1.651 2	7	-0.06%	-0.336 6
-8	-0.12%	-0.500 1	8	0.31%**	1.580 3
-7	-0.12%	-0.700 6	9	-0.02%	-0.124 4
-6	-0.11%	-0.671 0	10	0.28%*	1.354 3
-5	0.04%	0.208 6	11	-0.18%	-0.990 0
-4	-0.05%	-0.214 3	12	0.11%	0.660 0
-3	-0.03%	-0.157 2	13	-0.19%	-0.898 0
-2	-0.03%	-0.153 4	14	-0.19%	-0.971 9
-1	-0.06%	-0.258 5	15	-0.14%	-0.746 6
0	-0.47%***	-2.173 5			

注:***、**、* 分别表示在 99%、95%、90%的水平下显著。

表 4-35 可转债全样本主要事件窗口累计平均异常收益率

事件窗口	CAAR	T 值
(−1, 1)	−0.48%*	−1.541 7
(−1, 0)	−0.46%***	−2.173 4
(−1, 5)	−1.44%***	−2.833 0
(−1, 7)	−1.64%***	−2.749 7
(−5, 5)	−1.61%***	−2.403 6
(−10, 10)	−1.19%	−1.131 1

其中,以预案宣告日当天的累计异常收益率下降最快。从预案宣告日后,股价一直呈现下跌趋势,并且该负向跌幅在不断扩大(见图 4-20)。

2. 全流通和非全流通样本预案公告效应

股权分置改革后,公开发行前的股份也可以上市交易,因此,逐步出现了股权全流通的上市公司。为了进一步探究流通股比例对预案宣告效应的影响,本文将可转债样本根据流通股比例是否为 100% 的标准分为两类:全流通样本和非全流通样本。全流通样本是指流通股比例为 100%,非全流通样本是指流通股比例小于 100%。总样本 156 只可转债中,全流通的样本数量仅为 22 只,非全流通的样本数量为 134 只。虽然中国股权分置改革之后非流通股也可以流通,但是很多公司的原始股份由于监管要求上的各种限售条件而不能迅速实现全流通,因此,现在仍有很多上市公司的股份暂时没有实现全流通。

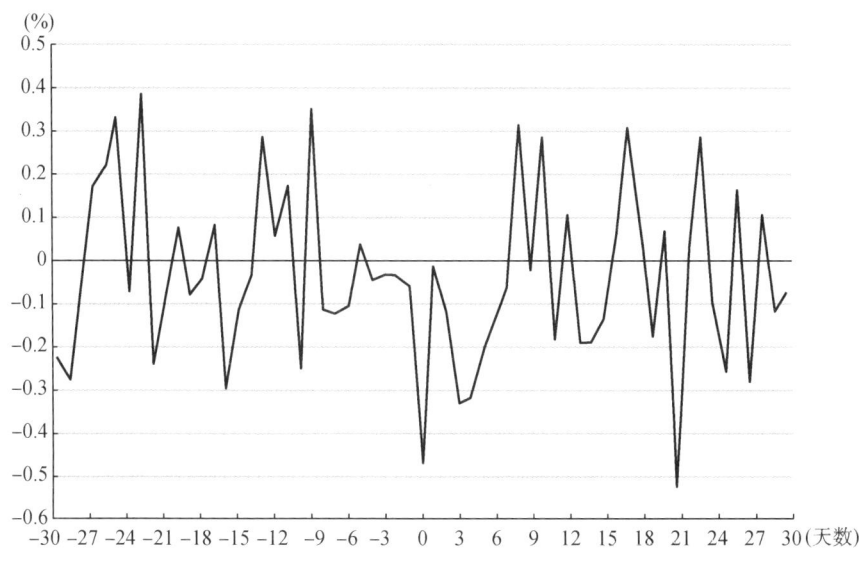

图 4-19 预案宣告日前后平均异常收益率

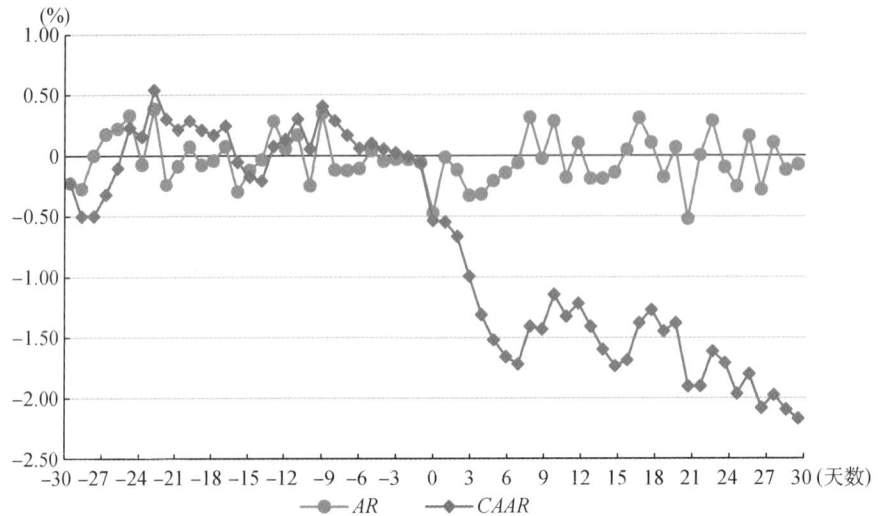

图 4-20　预案宣告日前后的异常收益率与累计异常收益率

本文分别计算了两类样本的预案宣告对股价影响的结果并作了显著性分析，如图 4-21 所示，发现非全流通的预案宣告效应仍然显著为负。这主要是因为非全流通样本的公司的管理层可能更倾向于为非流通股股东（一般为大股东）谋取利益，他们可能为了大股东利益而不顾及流通股股东的权益，因而在这种背景下，流通股股东可能对管理层失去信心而抛售股票，从而使得公司的股价在预案宣告日后具有显著的负效应。全流通样本期初的反应存在一定程度的过度反应，后期市场会较快地修正。

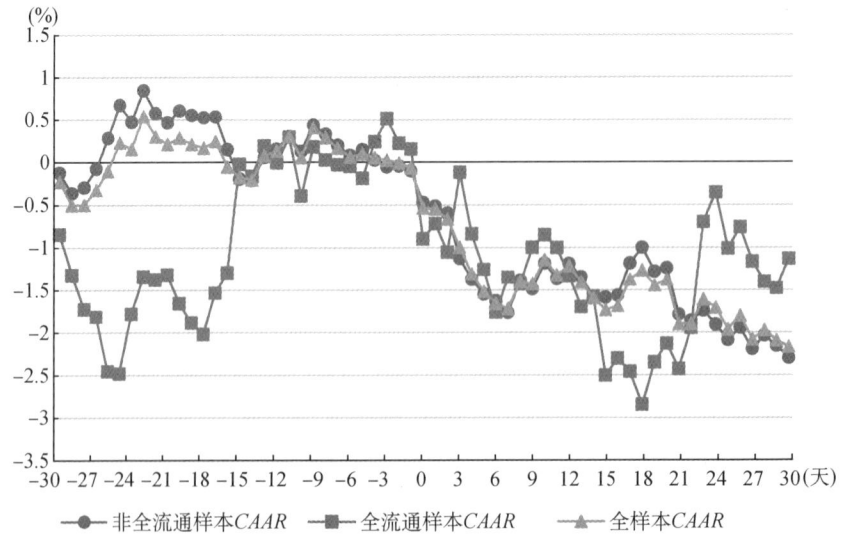

图 4-21　全流通和非全流通样本的累计平均异常收益率

3. 可转债预案宣告效应与增发和普通债发行的宣告效应的对比

表 4-36 和图 4-22 的结果表明,中国的再融资预案公告效应均为负效应,负效应最大的是股权融资,其次是债券融资,再次是可转债方式筹资。相较于增发配股或者普通债筹资,可转债的负效应最小。

表 4-36　不同融资方式在典型事件窗口内的公告效应结果

事件窗口	可转债		增发和配股		普通债	
	CAAR	T 值	CAAR	T 值	CAAR	T 值
(−1, 0)	−0.46%***	−2.173 4	−2.36%***	−4.321 1	0.05%	0.289 7
(−1, 1)	−0.48%*	−1.541 7	−2.87%***	−4.144 6	0.18%	0.720 7
(−5, 5)	−1.61%***	−2.403 6	−3.45%***	−3.266 6	−0.67%	−0.654 5
(−10, 10)	−1.19%	−1.131 1	−4.02%	−2.224 5	0.25%	0.423 2
(−20, 20)	−1.65%	−0.901 2	−6.56%	−2.201 4	−1.99%	−1.229 2
(−30, 30)	−1.91%	−0.756 1	−8.74%***	−2.393 1	−3.18%*	−1.364 3

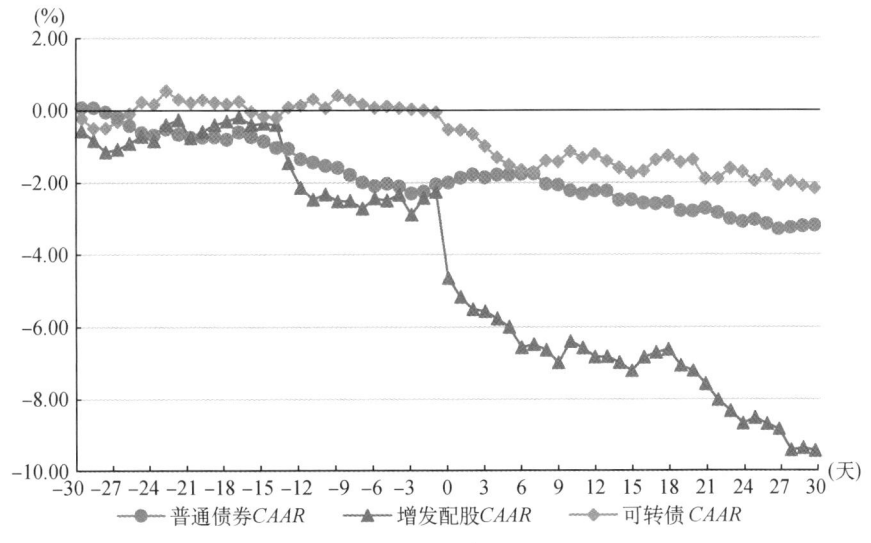

图 4-22　不同再融资方式宣告产生的累计异常收益率对比

(三) 预案宣告效应强度的影响因素分析

1. 回归分析方法

上述对于预案宣告日股票异常收益率的研究表明,可转债发行预案宣告事件会导致相应标的股票价格的下跌,并且该宣告事件对股价的负向影响是显著的。为了深入研究具体哪些因素导致可转债预案宣告对股价产生负向影响,以下将对预案宣告对股价的影响进行回归分析。

本文选取所有可转债样本在时间窗口(-1,7)内的 CAR 作为多元回归模型的被解释变量。(-1,7)时间区间内所有可转债样本的 CAAR 达到负向最大,并且在1%水平下显著,其显著性最高,因此选择 CAR 作为宣告效应影响因素的被解释变量。解释变量选择资产负债率(debt)、第一大股东持股比例(top1)、市净率(pb)、净资产收益率(ROE)、流通股稀释度(dil)、公司规模(size)。

回归模型如下:

$$CAR = \beta_0 + \beta_1 debt + \beta_2 top1 + \beta_3 pb + \beta_4 ROE + \beta_5 dil + \beta_6 size + \beta_7 liqr$$

(4-31)

2. 实证结果和分析

本文采用逐步回归法,挑选出可以解释 CAR 的最显著的解释变量,回归结果如表4-37所示,模型中的 ROE 指标回归系数为正并且在1%的置信水平下显著,说明净资产利润率(ROE)越高的公司发行可转债,市场对其预案公告的 CAR 越大,由于预案宣告对于股价的影响是显著负向的,即 ROE 越大负效应越弱。

回归结果中,市净率(pb)指标与预案宣告对股价产生的 CAR 呈显著负向关系,说明 pb 越高的公司选择可转债方式筹资,其负效应越强烈。这可能是因为市场认为高市净率公司的股价有可能被高估,根据斯坦(Stein,1992)的理论,中等质量的公司才会采用可转债方式筹资,而高市净率公司看似受到市场的认可,但是如果其发行可转债就会让市场感到失望,因而市场会给予其更大的负向效应。此外,公司规模、流通股稀释度、资产负债率、第一大股东持股比例及流通股比例等指标均不能解释预案公告日的股价反应。

表4-37 可转债预案公告日累计平均异常收益率影响因素回归结果

解释变量	代号	(1)	(2)	(3)
资产负债率	debt	0.000 561	0.000 550	0.000 544
		(0.000 476)	(0.000 478)	(0.000 480)
流通股稀释度	dil	0.000 322*	0.000 304	0.000 267
		(0.000 179)	(0.000 186)	(0.000 195)
净资产收益率	ROE	0.004 22***	0.004 17***	0.004 24***
		(0.001 49)	(0.001 50)	(0.001 50)
市净率	pb	$-$0.011 3***	$-$0.011 2***	$-$0.011 7***
		(0.002 96)	(0.002 98)	(0.003 05)

(续表)

解释变量	代号	(1)	(2)	(3)
公司规模	$size$	−0.006 89	−0.007 21	−0.005 53
		(0.007 83)	(0.007 91)	(0.008 33)
第一大股东持股比例	$top1$		0.000 160	0.000 047
			(0.000 446)	(0.000 479)
流通股比例	$liqr$			−0.000 181
				(0.000 277)
常数项	$\_cons$	−0.021 3	−0.024 9	−0.014 3
		(0.029 5)	(0.031 2)	(0.035 3)
样本数	#obs	134	134	134
R-squared	R^2	0.157	0.158	0.160
Adj R^2		0.087	0.090	0.101

注：***、**和*分别表示1%、5%和10%的显著水平。

3. 发行动机与预案宣告效应对比分析

对于发行动机的研究往往都是从发行人的角度进行分析，而本章研究的预案宣告效应的影响因素则从投资者的角度进行分析，即投资者对可转债的发行行为的市场反应的强弱，因此，二者的对比分析能够帮助我们深入理解投资者是否理解上市公司通过可转债筹资行为释放的信号。下文就结合实证和理论对二者的联系和差异进行详细分析。

(1) 预案宣告给公司股价产生了显著的负向的 CAR。从可转债发行动机实证结果可以看出，在中国发行可转债筹资的公司的大股东持股比例往往较高，而且中国多数上市公司的管理层也由大股东兼任，因此，大股东容易形成控股权利益和侵害小股东利益，所以不论是可转债还是增发配股等融资方式，投资者都将其理解为一种圈钱行为，因而市场都表现为负向反应。但是，可转债相对于其他再融资工具而言负效应最弱，这也是为什么可转债越来越受到上市公司的欢迎。

(2) 公司通过可转债发行行为传递的高净资产收益率信号是有效的，并且投资者确实根据净资产收益率的高低来对标的股票做出反应。发行动机实证表明，高净资产收益率的公司更倾向于发行可转债，可转债预案宣告对股价的影响程度与净资产收益率呈正向关系，即发行可转债的公司净资产收益率越高，市场给予其正股股价的负效应越弱。因此，可以认为外部投资者有效接收到了净资产收益率这个潜在信号，这也说明外部投资者的反应还是比较理性的,给予不同基本面的公司不同的市场反应。

(3) 公司未能通过可转债发行行为向市场传递公司低资产负债率的信号。发行动机实证表明资产负债率低的公司偏向于可转债筹资,本文认为这可能正印证了王一平和何亮(2005)的观点,他们认为选择可转债筹资的公司的杠杆率普遍偏低主要是监管要求,而不是公司为了优化公司的财务杠杆而选择可转债筹资。因此,公司并不是依据自身资产负债率情况来选择筹资方式,更多地可能还受到监管的限制。因此,外部投资者并没有根据资产负债率指标对公司股价做出相应的市场反应也是可以理解的。

综上所述,公司可转债预案宣告向市场传递了基本面尤其是净资产收益率指标的信号,外部投资者也能有效接收到该信息并且对公司股价做出合理的市场反应。但是,可转债预案宣告和其他再融资方式一样会对标的公司的股价产生显著的负向影响,这主要是受到中国上市公司"一股独大"的影响,但其负向程度比普通股或者普通债券融资宣告的影响小得多,因此可转债筹资也更受到上市公司的青睐。

五、可转债发行宣告效应及实证分析

在可转债正式发行公告之前,都需要中国证监会的核准发行,也就是说,公司需要向中国证监会申请发行,中国证监会核准之后方可发行。在中国证监会核准发行之日,公司一般都会发布相关公告以告知投资者中国证监会已核准发行,但是中国证监会的核准发行指令仍然会给予发行公司一定的自由度,即公司可以在一定的期限内择机发行可转债,因此,多方面因素会影响可转债发行宣告事件对于股价的 AR 的影响程度。

首先,中国的发行核准制度对于公司发行可转债已经设置了较高的门槛,能够通过中国证监会的审查并且仍然能够发行可转债的公司,从基本面上看肯定是比较受投资者的认可的,因此,投资者对于发行公司的乐观情绪将推动公司股价的上涨。其次,信号理论和序贯融资假说认为,以债券方式筹资是公司向外部投资人传达公司业绩良好和对未来增长具有信心的积极信号,这一信号被外部投资人认为可能是利好,使得公司股票价格抬升。最后,后门融资假说指出,可转债的发行往往都是上市公司变相的股权融资,因此为了使公司可转债更有吸引力,上市公司可能会做市值管理提升股价,从而使得未来转股可能性更大。综上所述,本文假设:可转债正式发行宣告对于标的股票的 CAR 是正向的影响。

(一) 发行宣告日的股价效应

1. 可转债发行宣告事件窗口异常收益率显著性检验

表 4-38 计算了样本在宣告日不同窗口期的 $CAAR$,并对其显著性进行 T 检验。可转债发行宣告的异常收益率和累计异常收益率如图 4-23 所示。

表 4-38　发行宣告不同窗口期累计超额异常收益率

事件窗口	CAAR	T 统计量
(−10, 0)	2.36%***	4.000
(−5, 0)	1.96%***	4.258
(−1, 0)	0.95%***	4.216
(0, 1)	0.18%	1.065
(−1, 1)	1.13%***	4.149
(−3, 3)	0.46%**	1.054
(−5, 5)	0.55%	0.845
(−10, 10)	0.94%	1.078
(−20, 20)	2.26%***	1.667
(−30, 30)	−0.12%	−0.070

注：***、** 分别表示在 99% 和 95% 的水平下显著。

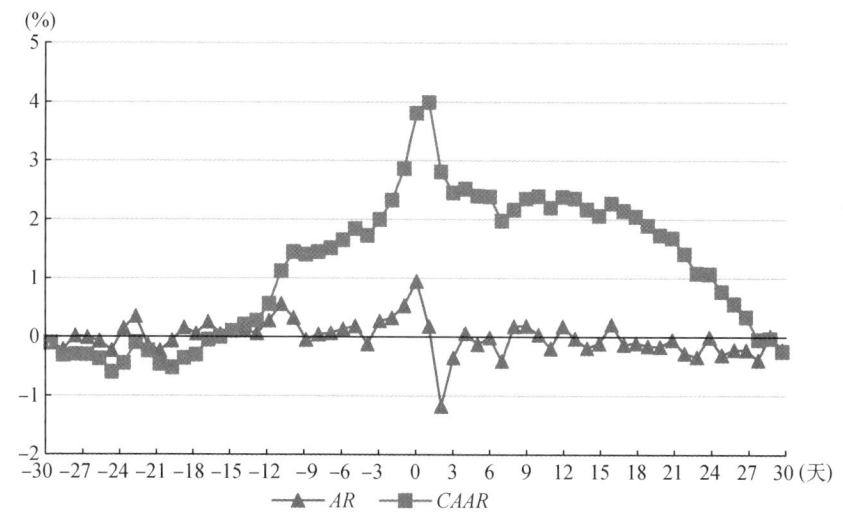

图 4-23　可转债发行宣告的异常收益率和累计异常收益率

发行宣告在(−1, 1)窗口内具有显著的正向效应，这与刘娥平(2005)研究中"不具有显著性"结论不一致，本文认为主要原因是本文的研究与前人研究的样本不一致，并且样本数有显著的增加。

可转债发行宣告前，所有可转债样本在(0, 1)、(−1, 1)窗口内的 CAAR 均显著为正，而且都在1%的显著性水平下显著不为零。在可转债发行宣告时点前，可转债标的公司的股票的 CAAR 已经在不断增大，并且在发行宣告的

当天截止的 $CAAR$ 达到最大。因此,根据以上可转债样本的 AR 和 $CAAR$ 的计算和显著性检验,可以认为可转债发行公告具有正的公告效应。

2. 可转债、普通股和普通债券融资的公告效应比较

本文采用事件研究法探究可转债样本的对照样本发行宣告对股价的影响,即增发配股和公司债样本的发行宣告效应,并与可转债的发行宣告效应进行对比。

增发配股的宣告效应与可转债类似,发行宣告日之前股价对于增发配股发行宣告的效应是显著的正效应,发行宣告日后则是显著的负效应,从所有增发配股样本的 CAR 显著性看,$(-5,0)$ 事件窗口的 CAR 在 1% 显著水平下大于零,并且其 $CAAR$ 为 1.64%,小于可转债发行宣告在事件窗口 $(-5,0)$ 的 $CAAR$ 1.96%,但是公司债发行宣告对股票的 AR 的显著性并不明显。

通过对比可转债、增发配股和普通债券发行公告所产生的 AR 和 CAR 来看,可转债发行宣告对股票产生的 CAR 最高,普通债券发行宣告事件产生的 CAR 最低,即可转债的宣告效应要高于配股增发,配股增发的宣告效应又大于普通债券。但是,传统的序贯融资假说认为,发行普通债券会对股价产生较小的负向影响,股权融资会对股价产生较大的负向影响,可转债发行对于股价的影响应该介于普通股权融资和普通债券融资之间,因此,中国上市公司再融资的宣告效应与序贯融资假说存在较大差异。

本文认为有以下原因:①中国再融资的审核机制比较严格,限制条件较多,再融资的核准实施对于公司质地要求较高,如果再融资的申请流程能通过监管部门的核准,那么公司质量比较容易受到市场的认可。尤其对于可转债而言,可转债的发行要求相当严格,与 IPO 的要求相当,公司能够发行可转债融资一定程度上是向市场发送了一个利好信号。因此,对于再融资发行宣告效应都是正向的。②可转债融资方式能够在短期内不稀释原有股东的股权,而普通股票融资发行后立即会对原有股东的股权有一定的稀释作用,从而导致可转债发行宣告对股价产生的正向效应强于普通股票筹资方式对股价产生的正向效应。③三种再融资方式发行公告之前都有较显著的正向效应,也就是在没有正式发行之前市场已经开始对上市公司的股价进行了反应。站在发行公司的角度,本文认为发行公司多选择股价上升区间的时点来发布再融资发行公告,在某一段时间内的异常收益率持续走高的情况下,往往预示着公司的股价可能被高估,而此时上市公司选择发布发行公告是一个明智之举,发行前的股价涨幅可以用来消化发行后的市场对于公司股价的负效应。

(二)发行宣告日效应影响因素的实证检验

1. 回归模型设计

由于可转债发行宣告对可转债的详细条款进行了补充,可转债的条款信

息也是本次发行宣告给市场带来的增量信息,而初始转股价是可转债条款中较重要的要素信息。有研究(Davidson et al.,1995)发现转股溢价率可以被当作公司未来经营发展状况的可靠信号。本文研究在中国可转债市场上,可转债投资者是如何对转股溢价率指标做出反应的,以及基本面指标和市场环境指标是否会对股票的 CAR 产生影响。拓展已有文献(Davidson et al.,1995)中提出的模型,本文研究采用如下模型对超额异常收益率进行回归:

$$CAR_i = a + b_i cpprem_i + \sum b_j C_{ij} \qquad (4-32)$$

其中,CAR 为累积异常收益率,cpprem 为转股溢价率,C 为控制变量,选取公司基本面指标和市场环境指标作为控制变量。回归模型的解释变量是窗口(−20,20)的 CAR,主要原因是(−20,20)窗口内的 CAAR 显著为正,并且显著性较高。转股溢价率的计算方法如下:

$$cpprem_i = (CP - S_{0i}) / S_{0i} \qquad (4-33)$$

其中,CP 为可转债募集说明书中指出的初始转股价格,S_{0i} 为可转债样本所对应的正股在可转债发行宣告日的股票价格。

为了更清楚地看出不同类型变量对于股票价格的影响程度,本文将四类因子进行逐步回归,如表 4-39 所示。①回归采用的是基本面财务指标,包括资产负债率、ROE 等指标;②回归则是加入了市场行情指标,以观测市场行情是否也会对宣告效应产生影响;③回归则是再加入公司治理结构相关指标,包括流通股比例和稀释度等指标;④回归则是加入了可转债的转股溢价率指标,该指标也是宣告日特有的指标,因为只有在发行宣告日该指标才会被证实公布,预案宣告是不包括该指标的。

2. 实证结果和分析

回归结果表明转股溢价率、市场行情、流通股比例以及第一大股东持股比例对可转债正式发行宣告效应具有显著影响,公司规模等指标对宣告 CAR 解释力不强。从四个回归结果横向分析看,转股溢价率及市场行情对宣告事件的股价效应具有较大的影响。

(1) 累积异常收益 CAR 与转股溢价率呈现显著的负向关系。这与国外的传统研究不同,传统西方研究理论认为,转股溢价率越高,可转债属于偏债型,那么偏债型可转债的发行给市场释放的应该是正面的信号。本研究中的实证结果表示,偏股型的可转债的发行使得超额异常收益率更高,这也符合中国特有的融资顺序,中国公司普遍偏向于通过股权筹资,和传统的优序融资理论有所不同,即股权融资优先于债务融资。因此,转股溢价率在一定程度上代表了可转债的属性是偏债型还是偏股型,可转债的转股溢价率越低,可转债的股权属性就越强,因而该可转债的标的公司就会在中国资本市场上被给予正向的异常收益率。

表 4-39 发行宣告效应实证研究结果

变量名称	代号	① CAR (−20, 20)	② CAR (−20, 20)	③ CAR (−20, 20)	④ CAR (−20, 20)
资产负债率	$debt1$	0.001 26*	0.001 21*	0.001 06*	0.001 24**
		(0.000 640)	(0.000 624)	(0.000 607)	(0.000 577)
净资产收益率	$ROE1$	0.001 77	0.001 45	0.001 12	−0.001 14
		(0.002 36)	(0.002 30)	(0.002 24)	(0.002 19)
市净率	$pb1$	−0.001 41	0.001 49	0.000 745	0.007 23
		(0.006 09)	(0.006 02)	(0.005 92)	(0.005 82)
每股经营现金流	$cfo1$	−0.000 949	−0.000 938	−0.000 751	−0.000 975*
		(0.000 637)	(0.000 621)	(0.000 605)	(0.000 576)
市盈率	$pe1$	−0.000 478	−0.000 656	−0.000 776	−0.001 40**
		(0.000 694)	(0.000 680)	(0.000 661)	(0.000 644)
公司规模	$size1$	−0.018 3**	−0.017 2*	−0.004 56	−0.004 45
		(0.009 03)	(0.008 82)	(0.009 32)	(0.008 84)
前三年净利润增速	$pg1$	−0.000 203	−0.000 166	−0.000 278*	−0.000 200
		(0.000 158)	(0.000 155)	(0.000 154)	(0.000 147)
未来两年净利润增速	$eg1$	−0.000 566	−0.000 730*	−0.000 598	−0.000 663*
		(0.000 391)	(0.000 385)	(0.000 377)	(0.000 358)
市场行情	$mkt1$		−0.004 01***	−0.004 12***	−0.006 53***
			(0.001 37)	(0.001 32)	(0.001 38)
第一大股东持股比例	$top1$			−0.001 19*	−0.001 24**
				(0.000 627)	(0.000 594)
流通股稀释度	$dil1$			−0.000 285	−0.000 05
				(0.000 235)	(0.000 230)
流通股比例	$liqr1$			−0.001 19***	−0.001 02***
				(0.000 336)	(0.000 322)

(续表)

变量名称	代号	① CAR (−20, 20)	② CAR (−20, 20)	③ CAR (−20, 20)	④ CAR (−20, 20)
转股溢价率	cpprem				−0.008 71***
					(0.002 10)
常数项	_cons	0.062 5	0.057 1	0.159***	0.175***
		(0.046 5)	(0.045 4)	(0.052 8)	(0.050 2)
样本数	#obs	156	156	156	156
R-Squared	R^2	0.077	0.128	0.203	0.289
Adj. R^2		0.027	0.075	0.136	0.224

注：小括号里的数字为标准差，*** $p<0.01$，** $p<0.05$，* $p<0.1$。

(2) 市场行情与 CAR 呈现显著的负向关系。市场行情指标表示的是可转债发行宣告前一个月的上海证券综合指数(上证综指)的涨跌幅，回归结果表明，市场行情越差，CAR 越大，即可转债标的股票价格在发行前后的表现是明显优于上证综指的。本文认为这可能受益于中国可转债审核机制，当公司发行可转债的申请被中国证监会允许时，即向市场传达利好信号，市场对于公司比较认可，从而具有显著的正向超额收益，并且这种正向效应在市场行情较差的时候表现得更加明显。

(3) 流通股比例与股票 CAR 呈现显著负向关系。流通股比例越低，CAR 越大，可转债宣告对于股价的正向影响更大。从信息不对称的角度看，流通股比例越低，说明公司原始股东占比越高，其中包括控股股东，那么信息不对称程度越大，内部人越有可能侵害外部投资者利益，市场应该给予其股价负向影响，这与实证结果不一致。本文认为可能的原因是：公司为了使可转债更顺利地发行，往往会采用市值管理手段抬高股价以使可转债更具吸引力。

(4) 公司规模对发行宣告产生的 CAR 的解释力不强，并且在加入公司治理、股权结构及转股溢价率指标后变得并不显著。这与以往学者(刘成彦,2005；Bernnan and Schwartz,1988)的研究结果不一致，他们对于公司规模的分析均是基于小公司的信息不对称程度较大这一前提，但是中国的上市公司信息披露的机制和有效性与国外市场不太一致。另外，刘成彦(2005)的研究样本是 2005 年之前发行的 20 只可转债样本，样本容量略小，可能缺乏准确性和可靠性。

为了检验转股溢价率指标的稳健性，本文在戴维森(Davidson, 1995)的模型中进行拓展，他的模型结合了金(Kim, 1990)和斯坦(Stein, 1992)的模型，提出以下变量：

$$T = \frac{\ln CP - \ln S_0}{eg} \quad (4-34)$$

T 是研究 CAR 影响因素的重要代理变量，并实证检验了其与 CAR 的负相关关系，T 的经济含义为可转债转股后的股权价值与债券部分价值达到相同水平所需要的时间。该时间越短，可转债越偏向股性，否则越偏向债性；预期收益率越高，即 eg 越大，T 越小，可转债越偏股性，其中 eg 采用的是市场一致预期的未来两年复合净利润增长率。

实证结果如表 4-40 所示，超额异常收益率与预计转股时间 T 呈负相关关系，这与转股溢价率对应的负向关系保持一致，转股时间 T 代表的也是可转债的股权属性的强弱，可转债实现转股的时间越短，即可转债越容易被转换为公司股票，说明可转债的股权属性越强，股性越强则市场给予其发行公告的正向效应就越大。

表 4-40 发行公告效应的稳健性检验实证结果

变量名称	代号	(1) CAR (−20, 20)	(2) CAR (−20, 20)	(3) CAR (−20, 20)	(4) CAR (−20, 20)
资产负债率	$debt1$	0.001 26*	0.001 21*	0.001 06*	0.001 31**
		(0.000 640)	(0.000 624)	(0.000 607)	(0.000 657)
净资产收益率	$ROE1$	0.001 77	0.001 45	0.001 12	0.002 27
		(0.002 36)	(0.002 30)	(0.002 24)	(0.002 25)
市净率	$pb1$	−0.001 41	0.001 49	0.000 745	−0.002 27
		(0.006 09)	(0.006 02)	(0.005 92)	(0.006 11)
每股经营性现金流	$cfo1$	−0.000 949	−0.000 938	−0.000 751	−0.000 982
		(0.000 637)	(0.000 621)	(0.000 605)	(0.000 619)
市盈率	$pe1$	−0.000 478	−0.000 656	−0.000 776	−0.000 378
		(0.000 694)	(0.000 680)	(0.000 661)	(0.000 684)
公司规模	$size1$	−0.018 3**	−0.017 2*	−0.004 56	−0.014 6
		(0.009 03)	(0.008 82)	(0.009 32)	(0.010 3)
前三年净利润增速	$pg1$	−0.000 203	−0.000 166	−0.000 278*	−0.000 258*
		(0.000 158)	(0.000 155)	(0.000 154)	(0.000 153)
未来两年净利润增速	$eg1$	−0.000 566	−0.000 730*	−0.000 598	−0.000 876*
		(0.000 391)	(0.000 385)	(0.000 377)	(0.000 448)

(续表)

变量名称	代号	(1) CAR (−20, 20)	(2) CAR (−20, 20)	(3) CAR (−20, 20)	(4) CAR (−20, 20)
市场行情	$mkt1$		−0.004 01***	−0.004 12***	−0.005 91***
			(0.001 37)	(0.001 32)	(0.001 50)
第一大股东持股比例	$top1$			−0.001 19*	−0.001 23*
				(0.000 627)	(0.000 641)
流通股稀释度	$dil1$			−0.000 285	0.000 048
				(0.000 235)	(0.000 316)
流通股比例	$liqr1$			−0.001 19***	−0.001 26***
				(0.000 336)	(0.000 346)
预计转股时间	T				−0.086 2**
					(0.033 5)
常数项	$\_cons$	0.062 5	0.057 1	0.159***	0.186***
		(0.046 5)	(0.045 4)	(0.052 8)	(0.056 5)
样本数	#obs	156	156	156	136
R-Squared	R^2	0.077	0.128	0.203	0.298
Adj. R^2		0.027	0.075	0.136	0.223

注：小括号里的数字为标准差，*** $p<0.01$，** $p<0.05$，* $p<0.1$。

3. 预案宣告与发行宣告效应对比分析

预案宣告和发行宣告给可转债标的公司的股价带来的是截然相反的影响：预案宣告对股价产生显著负向的影响，而发行宣告则对股价产生显著正向的影响，发行宣告日之前是显著的正向影响，发行宣告日之后是显著的负向影响，综合效果仍是显著的正向影响。

(1) 预案宣告的负向效应主要是由在中国"一股独大"的情况下中小投资者的思维惯性造成的。小股东利益往往容易受到大股东的侵害，而上市公司融资公告可能又是一次圈钱行为，因而投资者给予其负向反应。发行宣告的正向效应主要是由中国可转债核准机制的特殊性带来的，可转债的发行要求相当严格，与IPO的要求相当，公司能够发行可转债融资一定程度上是向市场发送了一个利好信号。因此，二者差异可以从中国可转债发行和审核机制角度解释。

(2) 不同可转债的预案宣告效应的差异主要反映了可转债标的公司的基

本面信息,尤其是净资产收益率指标;不同可转债发行宣告效应的差异主要反映了可转债条款中的转股溢价率指标。为了检验发行宣告日之前的正向市场反应的影响因素是不是一致,以 $CAR(-10,0)$ 为被解释变量的回归结果如表 4-41 所示,与累计异常收益率指标呈现显著性关系的解释变量仍然为转股溢价率和市场行情因素。

表 4-41 以 $CAR(-10,0)$ 为被解释变量的发行宣告实证结果

变量名称	代号	(1) $CAR(-10,0)$	(2) $CAR(-10,0)$	(3) $CAR(-10,0)$	(4) $CAR(-10,0)$
资产负债率	$debt1$	0.000 347	0.000 324	0.000 282	0.000 430
		(0.000 439)	(0.000 436)	(0.000 441)	(0.000 409)
净资产收益率	$roe1$	0.002 71*	0.002 56	0.002 45	0.000 526
		(0.001 62)	(0.001 61)	(0.001 63)	(0.001 56)
市净率	$pb1$	−0.004 58	−0.003 25	−0.003 53	0.001 99
		(0.004 18)	(0.004 20)	(0.004 29)	(0.004 13)
每股经营性现金流	$cfo1$	0.000 02	0.000 02	0.000 07	−0.000 117
		(0.000 437)	(0.000 433)	(0.000 440)	(0.000 409)
市盈率	$pe1$	0.000 446	0.000 365	0.000 330	−0.000 199
		(0.000 477)	(0.000 475)	(0.000 480)	(0.000 457)
公司规模	$size1$	−0.007 51	−0.006 99	−0.003 77	−0.003 68
		(0.006 20)	(0.006 15)	(0.006 77)	(0.006 27)
前三年净利润增速	$pg1$	−0.000 210*	−0.000 193*	−0.000 219*	−0.000 153
		(0.000 109)	(0.000 108)	(0.000 112)	(0.000 105)
未来两年净利润增速	$eg1$	−0.000 162	−0.000 237	−0.000 198	−0.000 253
		(0.000 269)	(0.000 269)	(0.000 274)	(0.000 254)
市场行情比例	$mkt1$		−0.001 83*	−0.001 85*	−0.003 90***
			(0.000 954)	(0.000 962)	(0.000 981)
第一大股东持股比例	$top1$			−0.000 275	−0.000 316
				(0.000 455)	(0.000 422)
流通股稀释度	$dil1$			−0.000 09	0.000 108
				(0.000 170)	(0.000 163)

(续表)

变量名称	代号	(1) CAR (−10, 0)	(2) CAR (−10, 0)	(3) CAR (−10, 0)	(4) CAR (−10, 0)
流通股比例	$liqr1$			−0.000 296	−0.000 149
				(0.000 244)	(0.000 228)
转股溢价率	$cpprem$				−0.007 40***
					(0.001 49)
常数项	$\_cons$	0.020 7	0.018 3	0.044 1	0.058 0
		(0.032 0)	(0.031 7)	(0.038 3)	(0.035 6)
样本数	#obs	156	156	156	156
R-squared	R^2	0.044	0.067	0.078	0.214
Adj. R^2		−0.009	0.010	0.000	0.142

注：①小括号里的数字为标准差；② ***、** 和 * 分别表示1%、5%和10%的显著水平。

（3）预案宣告效应不能解释中国上市公司融资偏好，但是发行宣告能够解释。从公司角度看，发行宣告公司通过转股溢价率指标向市场传递可转债的股性强弱。转股溢价率越低，可转债的股性越强，发行宣告对股票价格的正向影响越大，说明市场对于发行股性可转债的公司越认可，这与中国股权融资的宣告效应大于债券融资的宣告效应正相契合。

（4）预案宣告日之前，公司股票价格并没有出现显著的异常收益率，宣告后市场才开始出现反应；而发行宣告的情况则不同，发行宣告前市场已经出现显著的正向异常收益，而宣告日后市场开始出现显著的负向异常收益（见图4-24）。造成这两个宣告效应的差异的原因可能有：①预案宣告存在不确定性。预案宣告只是表达公司发行可转债的意愿，最终能否发行还取决于后续监管审核能否通过。发行宣告前则已经有审核通过的公告信息，市场自此开始出现反应，如图4-25所示。②信息泄露。发行宣告前可转债的发行条款要素已经被市场知晓，内幕消息投资者通过所获得的转股溢价率等内幕消息进行交易，从而使得市场在发行宣告前就出现了显著的正向异常收益。③公司会在正式发行宣告前做市值管理从而推升股价，并且善于"择时"发布发行公告，主要是为了可转债能够顺利发行，并且让可转债更具吸引力。遗憾的是，暂时还不能确定到底哪种因素可能性最大，有待后续继续深入研究和探讨。

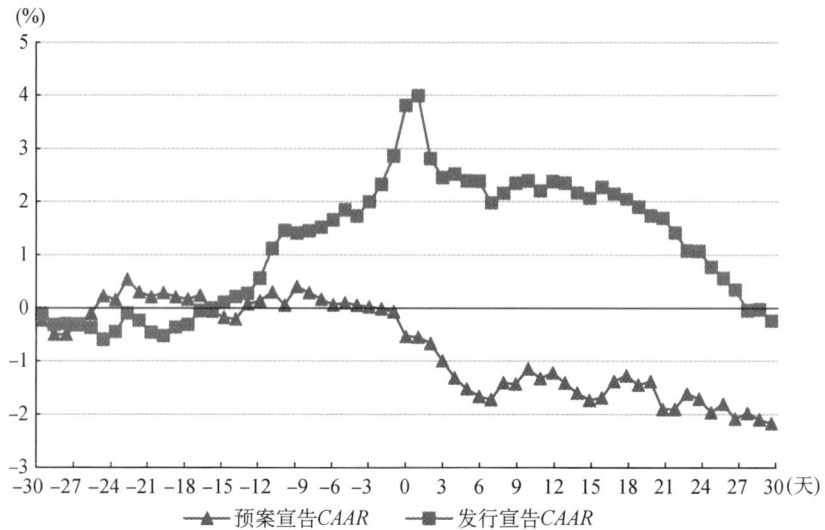

图 4-24 预案宣告 CAAR 与发行宣告 CAAR 对比

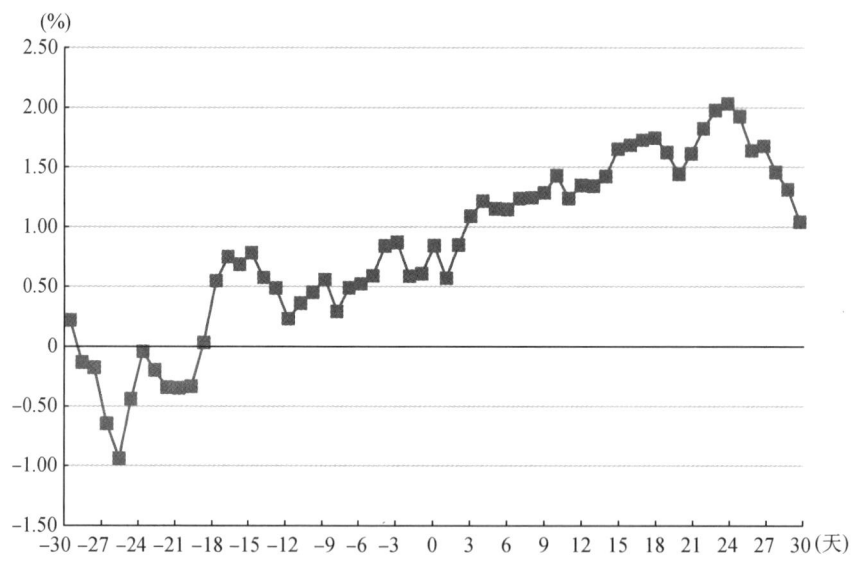

图 4-25 证监会审核通过宣告日窗口的累计平均异常收益率(CAAR)

综上所述,本文认为可以从中国公司治理结构、可转债发行审核机制及融资偏好角度来解释预案宣告和发行宣告效应之间的差异和联系。

六、结论

针对中国可转债市场的特点,本文把可转债发行的信息内涵分为三个层次进行探究,即从公司和投资者的角度研究可转债筹资选择的动因、可转债预案宣告效应和可转债发行宣告效应。受益于近年来中国可转债市场的迅速发展,丰富的可转债发行案例为本文的研究供应了充足的研究样本,这也是本次研究相对于以往学者的研究的优势之处。

研究发现,影响公司是否选择可转债方式筹资的因素主要有资产负债率、净资产收益率、第一大股东持股比例、流通股稀释度和每股经营性现金流,其中资产负债率越低、第一大股东持股比例越高、净资产利润率(ROE)越高的公司越偏向于采用可转债方式筹资;可转债发行主体主要从公司特征的角度做出融资决策,实证研究也表明外部因素(包括市场行情、市场一致预期等因素)对于可转债筹资方式的选择没有解释力。

可转债发行预案宣告事件对公司股价的影响是负向的,并且上市公司的净资产收益率指标对股价产生正向影响,市净率指标对股价产生负向影响。同时,将可转债的预案宣告效应与普通债和股权融资的预案宣告效应对比发现,市场对再融资的预案宣告事件普遍呈现负向反应,但对三种再融资工具的反应程度不同,增发配股对股价产生的负效应最强,普通债券次之,可转债最弱。通过发行动因和预案宣告效应的对比研究发现,从投资者角度看,投资者接收到了发行人通过可转债预案宣告传递的基本面信息,尤其是净资产收益率等指标,并且能够根据基本面指标的强弱对不同可转债标的公司做出有差别的反应,高净资产收益率的公司的预案宣告的负效应较弱,反之,负效应较强。

可转债在正式发行宣告日之前股价表现为显著正向异常收益,发行宣告日后则为显著的负向异常收益,综合效果仍是显著的正向异常收益,即产生了正的累计异常收益。结合中国特殊的可转债审核机制,从可转债发行者角度看,可转债发行宣告给市场传递了公司质地良好的积极信号,因此市场给予发行公司股票正向反应;另外,可转债发行者通过可转债条款中的转股溢价率指标向市场传递所发行可转债的股性特征。从投资者角度看,市场投资者通过接收到的转股溢价率所表现的股性特征来对区分不同可转债,股性越强的可转债,其标的公司的发行宣告的正向影响越大,反之则越小。同时,比较可转债发行宣告效应与普通股和债券融资的发行宣告效应发现,市场对于可转债发行宣告的正效应更强烈,这主要是因为市场对上市公司有能力通过发行可转债筹资的认可以及中国上市公司可转债具有较强的股性特征。

另外,通过可转债预案宣告和发行宣告的对比研究发现,预案宣告的负向效应和发行宣告的正向效应可以从中国公司治理结构、可转债发行审核机制以及融资偏好等角度来解释。从股东结构角度看,预案宣告的负向效应主要是由中国"一股独大"的情况下中小投资者的思维惯性造成的,小股东利益往往容易受到大股东的侵害,而上市公司融资公告可能又是一次圈钱行为,因而投资者给予其负向反应;从中国发行审核机制看,发行宣告的正向效应主要是由中国可转债核准机制的特殊性带来的,可转债的发行要求相当严格,与IPO的要求相当,公司能够发行可转债融资一定程度上是向市场发送了一个利好信号;从融资偏好角度看,中国上市公司偏好认股权融资,而中国可转债转股溢价率普遍偏低,传递可转债的股性较强的信号,因而发行宣告对股票价格呈现正向的影响。

第五节 中国企业债估值和评级

一、研究问题

信用评级对现代金融市场具有重要意义。债券信用评级旨在为资本市场参与者提供真实可靠的债券违约风险信息。理论上,信用评级不仅可以发挥减少债券市场信息不对称的信用中介作用(Grossman and Stiglitz,1980),还可以通过低成本的协调机制使债券市场参与者的信念达到均衡状态,从而稳定资本市场,这使得信用评级在债券定价、契约安排以及金融监管中均发挥着极为重要的作用(Beaver et al.,2006)。然而,中国信用评级的信息价值受到了学界的广泛质疑(寇宗来等,2015;Livingston et al.,2018)。

中国信用债评级受到的指责主要有以下三点:①中国信用债市场存在信用评级膨胀,即信用评级普遍上偏(Kennedy,2008)。如图4-26、图4-27所示,根据2009—2019年(截至6月30日)发行的非金融企业债评级统计,中国的信用债评级主要有三种评级,96%为AA、AA+、AAA,而发债主体评级中这三类评级占比为91.63%。2018年年底,54%的企业债为AAA评级,而美国市场上企业债AAA评级仅占6%;中国市场上AA级被认为是最低投资级,然而国际上BBB级为最低投资级。非金融债发行和发债主体的信用评级分布分别如图4-26、图4-27所示。根据《华尔街日报》2015年7月26日的报道,绿地集团在国内的信用评级为AAA,但其在境外债券市场融资的评级(包括美元和人民币)为B+。②债券违约前缺乏反应或预警。③利益冲突问题。2018年8月17日,中国银行间市场交易商协会发布公告称,决定给予大公国际资信评估有限公司严重警告处分,责令其限期整改,并暂停债务融资工具市场相关业务一年。根据该公告,大公评级在为相关发行人提供信用评级服务的同时,直接向受评企业提供咨询服务,收取高额费用。同时,在交易商协会业务调查和自律调查工作开展过程中,大公评级向协会提供的相关材料存在虚假表述和不实信息。

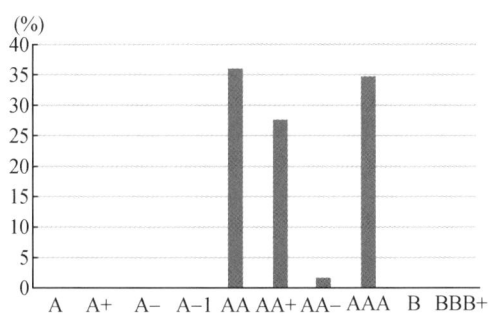

图 4-26　2009—2019 年非金融债发行的信用评级分布（截至 2019 年 6 月 30 日）
（数据来源：Wind）

信用评级向高评级上偏会导致低信用风险区分度，阻碍债券市场的发展。中国信用债市场的信用评级上偏、高度集中的几种解释包括：①低违约率。自 2014 年第一次实质违约案例以来到 2018 年年底，违约规模仅占存量债券规模的 0.2%。②评级上调远多于评级下调。自 2014 年第一次违约案例到 2018 年年底，评级上调的次数约为评级下调的 10 倍。③隐性担保的存在。大量国有企业发行的债券存在隐性担保，甚至部分大型民营企业，考虑到其在地区经济中的重要作用也具有部分隐性担保。④监管要求。中国银行间市场交易商协会要求商业票据和中期票据的发行人具有 AA－以上评级；交易所交易的公司债券要求具有 AAA 以上的评级。⑤国内评级机构间的激烈竞争。

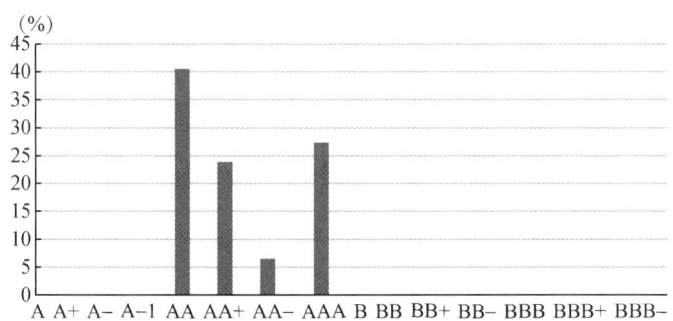

图 4-27　2009—2019 年非金融债发行的发债主体信用评级分布（截至 2019 年 6 月 30 日）
（数据来源：Wind）

本部分计划研究的问题包括：①上偏的信用债评级能反映企业信用风险的信息吗？②不同背景类型（外资背景 vs.纯国内背景公司）的信用评级存在差异吗？关于中国债券市场以及信用评级的研究，有学者（Allen et al.，2016）对中国债券市场特征做了详细的研究综述。也有学者（Jin et al.，2018）研究了中国债券市场隐性担保的市场价值。肯尼迪(Kennedy,2008)对中国信用评级市场的发展历史以及存在问题进行了分析。有研究(Poon and Chan,2008)对中国债券市场信用评级的信息含量进行了初步检验。也有研究(Amstad and He,2019)分析了中国信用评级虚高现象及其各种解释,并认为信用评级的信用区分度不足阻碍了中国债券市场的发展。另有学者(Dhawan and Yu,2015)检验了中国债券市场收益率和信用评级的关系,研究结果发现,控制债券及其发行人特征后,低评级债券具有显著更高的收益率。

二、研究背景与研究设计

(一)中国的信用评级行业

1988年3月,中国第一家独立于银行系统的专业资信评估机构——上海远东资信评估有限公司率先成立。20世纪90年代,为了支持债券市场的发展,中国政府相关管理部门要求对企业债进行强制评级。1997年,中国人民银行认可了9家可以在全国范围内从事企业债券评级的公司,并要求所有企业债必须进行信用评级。2003年,国家发改委开始要求对企业债进行强制评级。为了保护国内的信用评级产业,中国政府禁止外国信用评级机构直接对国内债券进行评级,同时在政策上限制外资入股国内信用评级机构的最高持股比重。

目前在银行间债券市场和交易所债券市场开展信用评级业务的主要有8家信用评级机构(见图4-28、表4-42),分别为大公国际资信评估有限公司(Dagong)、东方金诚国际信用评估有限公司(Golden Credit)、联合信用评级有限公司(Lianhe)、联合资信评估有限公司(Lianhe_Fitch)、上海新世纪资信评

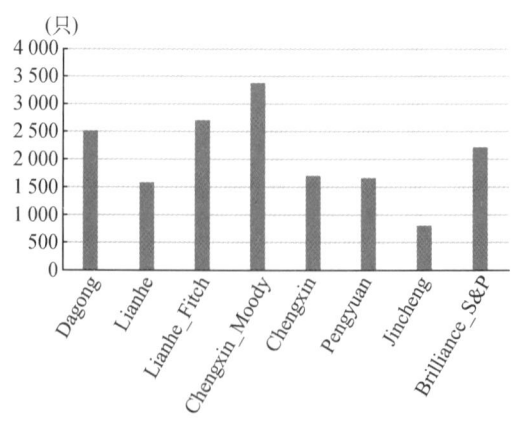

注:信用债包括企业债、公司债和中期票据。

图4-28 各信用债评级公司的市场份额(2009年至2019年6月)

(数据来源:Wind)

表 4-42 中国企业债市场的主要信用评级公司

公司名	中文全称	国际合作方	成立时间	总部
Shanghai Brilliance Credit Rating & Investors Service (Brilliance_S & P)	上海新世纪资信评估投资服务有限公司	S & P*	1992 年,2008 年	上海
China Chengxin International Credit Rating (Chengxin_Moody)	中诚信国际信用评级有限责任公司	Moody's*	2006 年	北京
China Lianhe Credit Rating (Lianhe_Fitch)	联合资信评估有限公司	Fitch*	2007 年	北京
Dagong Global Credit Rating (Dagong)	大公国际资信评估有限公司	—	1994 年	北京
China Chengxin Securities Rating (Chengxin)	中诚信证券评估有限公司	—	1992 年	上海
Dongfang Jincheng International Credit Evaluation (Jincheng)	东方金诚国际信用评估有限公司	—	2005 年	北京
United Credit Ratings (Lianhe)	联合信用评级有限公司	—	2002 年	北京
CSCI Pengyuan Credit Rating (Pengyuan)	中证鹏元资信评估有限公司	—	1993 年,2018 年	深圳

资料来源:各公司网站。

估投资服务有限公司(Brilliance_S&P)、中诚信国际信用评级有限责任公司(Chengxin_Moody)、中诚信证券评估有限公司(Chengxin)、中证鹏元资信评估股份有限公司(Pengyuan)。其中,联合资信评估有限公司(Lianhe_Fitch)、上海新世纪资信评估投资服务有限公司(Brilliance_S&P)、中诚信国际信用评级有限责任公司(Chengxin_Moody)分别为三大评级公司在国内的合资公司。其市场份额如图4-29所示。

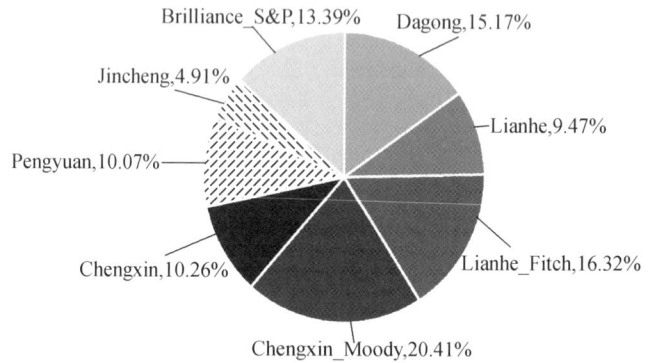

注:信用债包括企业债、公司债和中期票据。

图4-29 各信用债评级公司的市场份额(2009年至2019年6月)

(数据来源:Wind)

(二) 研究设计

为检验中国市场上上偏的信用债评级是否能有效反映企业信用风险的信息,以及不同背景和类型的信用评级公司(外资背景 vs.纯国内背景公司)的信用评级是否存在显著差异,本部分主要做了三大检验。

1. 债券评级决定因素

$$Rating_i = \alpha + \sum \beta_k IssuerCharacters_{j,i} + \gamma Global\_CRA + ControlVariables + \varepsilon_i \tag{4-35}$$

其中,$Rating$ 表示债项评级。本部分采用有序 probit 模型(ordered probit)进行回归。其中,AAA 评级取值为 1,AA+ 评级取值为 2,AA 评级取值为 3,AA- 及以下评级取值为 4。

发行人特征(issuer characters)变量包括:是否是国有企业(SOE)、企业规模($Size$,总资产的对数)、企业财务杠杆($Leverage$,以资产负债率代表)、企业盈利指标(ROA)等。$Global\_CRA$ 为虚拟变量,如果信用评级机构为具有三大国际信用评级机构合资背景的机构则取值为 1,否则取值为 0。其他控制变量包括行业、年度和省级地区控制变量。

2. 信用评级对信用利差的影响

$$CreditSpread_i = \alpha + \sum_{j=1}^{3}\beta_j Rating_{j,i} + \gamma Global\_CRA + ControlVariables + \varepsilon_i \quad (4-36)$$

其中，$CreditSpread$代表信用利差，由发行收益率减去当期同期限的国债收益率计算所得。$Rating$为评级虚拟变量，其中AAA(base)取值为0，设置三个虚拟变量分别代表AA+、AA、AA-及以下的评级。$Global\_CRA$为虚拟变量，如果信用评级机构为具有三大国际信用评级机构合资背景的机构则取值为1，否则取值为0。控制变量包括发行人特征（产权性质$ownership$，是中央国企、地方国企还是私营企业；是否上市$Listed$，企业年龄Age）、债项特征（发行数量$Amount$，到期期限$Maturity$，是固定还是浮动利率$FloatIR$等），以及行业、年度和省级地区控制变量。

3. 信用评级对信用违约事件的反应

使用类似事件分析法（event study）检验第一次评级变动的市场反应以及调整幅度。

三、研究样本与数据说明

本部分的研究样本为2009—2019年（截至6月30日）发行的非金融企业信用债（包括企业债、公司债、中期票据），样本发行数为19 405（其中中期票据7 646，公司债8 106，企业债3 653）。数据来源于Wind、CSMAR（企业财务数据和交易信息）。由于中国几乎所有的公募债只有一个发行评级，本部分样本中所有债券均只有一家信用评级机构的信用评级。发债主体有来自不同信用评级机构的多个评级。

样本具体信用债发行数据如表4-43所示，其债项评级、企业评级如表4-44-1、4-44-2所示。

表4-43 信用债发行数据　　　　　　　　　　　　　单位：只

	债券类型			合计
	中期票据	企业债	公司债	
2009年	178	180	47	405
2010年	242	174	23	439
2011年	429	195	83	707
2012年	611	484	295	1 390

(续表)

	债券类型			合计
	中期票据	企业债	公司债	
2013 年	539	374	366	1 279
2014 年	717	584	468	1 769
2015 年	918	302	880	2 100
2016 年	896	498	2 261	3 655
2017 年	906	382	1 201	2 489
2018 年	1 416	286	1 522	3 224
2019 年 6 月 30 日	794	194	960	1 948
总计	7 646	3 653	8 106	19 405

表 4-44-1 信用评级数量(债项评级)　　　　　　　　单位:只

	债项评级					合计
	AA	AA+	AA-	AAA	BBB+级及以下	
2009 年	97	129	13	166	0	405
2010 年	121	145	16	156	1	439
2011 年	261	206	33	207	0	707
2012 年	611	361	89	249	2	1 312
2013 年	534	259	63	234	0	1 090
2014 年	725	369	39	313	0	1 446
2015 年	801	476	37	437	0	1 751
2016 年	1 264	853	18	816	0	2 951
2017 年	728	590	4	805	0	2 127
2018 年	503	741	2	1 551	0	2 797
2019 年 6 月 30 日	308	438	0	800	0	1 546
总计	5 953	4 567	314	5 734	3	16 571

表 4-44-2　信用评级数量(企业评级)　　　　　单位：只

	企业评级					合计
	AA	AA+	AA-	AAA	BBB+级及以下	
2009年	89	89	96	130	1	405
2010年	144	105	64	116	10	439
2011年	255	153	116	173	10	707
2012年	579	249	229	204	35	1 296
2013年	505	162	169	186	37	1 059
2014年	729	266	155	261	23	1 434
2015年	937	462	125	387	4	1 915
2016年	1 751	876	181	711	1	3 520
2017年	1 044	586	145	646	3	2 424
2018年	824	860	82	1 410	1	3 177
2019年	538	569	42	769	1	1 919
总计	7 395	4 377	1 404	4 993	126	18 295

四、实证研究结果与分析

(一)信用债评级决定因素检验

表 4-45 中的(1)—(4)列为有序 probit 模型的回归结果,为了检验该方法的稳健性,在(5)列也列出了使用 OLS 方法的回归结果。回归结果表明,在 1% 显著性水平下,规模越大、利润越高、杠杆越低的企业其信用债的评级越高,国有控股企业的信用评级显著高于非国有控股企业,上述结论非常稳健。

Global_CRA 的系数显著为正,表明具有国际合资背景的信用评级机构评级更加谨慎,给出的信用评级显著更低。更进一步,Global_CRA 与其他发行企业特征变量的交叉项回归系数表明,具有国际背景的信用评级机构对国有与非国有产权性质的评级没有差异,而对规模、杠杆项特征的评级更加谨慎,也就是对规模越小、杠杆越高的企业,外资背景的评级机构给出的评级水平更低。

由于中国信用债券市场在 2014 年前没有出现过实质性债券违约,投资者普遍存在隐性政府担保的预期,2014 年后开始出现实质性违约。债券实质性违约事件的出现是否改变了信用评级机构的评级行为呢?对此,我们将样本分为2014年前后分别进行回归(见表4-46)，检验结果发现，信用评级对企业盈利指标的显著性发生了明显的变化，也就是2014年前信用评级对利润指标不敏感，而2014年后其与利润指标关系显著了。对不同背景评级机构的差异性检验表明，外资背景信用评级机构与非外资背景的机构在2014年前后的评级与发行企业特征的关系也显著不同了：2014年后，外资背景的信用评级机构更加重视企业规模和杠杆对信用评级的影响。

表4-45 信用评级决定因素

	被解释变量：债券信用评级				
	(1) OProbit	(2) OProbit	(3) OProbit	(4) OProbit	(5) OLS
main					
SOE	-1.004^{***}	-1.159^{***}	-1.096^{***}	-1.147^{***}	-0.574^{***}
	(-8.99)	(-10.18)	(-9.65)	(-8.78)	(-8.53)
Size	-0.859^{***}	-1.001^{***}	-0.911^{***}	-0.781^{***}	-0.322^{***}
	(-13.68)	(-14.62)	(-14.12)	(-11.17)	(-10.30)
Leverage	2.968^{***}	3.100^{***}	3.045^{***}	2.215^{***}	0.873^{***}
	(7.20)	(7.42)	(7.40)	(4.89)	(3.72)
ROA	-2.989^{**}	-3.412^{**}	-3.154^{**}	-4.964^{***}	-2.132^{***}
	(-2.29)	(-2.52)	(-2.32)	(-2.70)	(-2.65)
Global_CRA			0.518^{***}	8.004^{***}	2.527^{***}
			(5.70)	(3.59)	(3.65)
SOE # Global_CRA			0.055	0.115	
			(0.32)	(1.27)	
Size # Global_CRA			-0.380^{***}	-0.120^{***}	
			(-3.67)	(-3.84)	
Leverage # Global_CRA			2.237^{***}	0.641^{**}	
			(2.98)	(2.16)	
ROA # Global_CRA			3.838	2.450^{**}	
			(1.51)	(2.06)	
_cons					10.663^{***}
					(16.54)

(续表)

	被解释变量:债券信用评级				
	(1) OProbit	(2) OProbit	(3) OProbit	(4) OProbit	(5) OLS
cut1					
_cons	−22.540***	−25.581***	−23.558***	−21.072***	
	(−15.52)	(−16.08)	(−15.91)	(−13.29)	
cut2					
_cons	−21.260***	−24.246***	−22.250***	−19.752***	
	(−15.00)	(−15.63)	(−15.42)	(−12.71)	
cut3					
_cons	−18.673***	−21.531***	−19.607***	−17.070***	
	(−13.55)	(−14.27)	(−14.00)	(−11.23)	
♯obs	1 771	1 768	1 768	1 768	1 768
R^2(Pseudo R^2)	0.375	0.403	0.388	0.395	0.603

注:括号内为 t 统计值;*、**、***分别在10%、5%、1%水平上显著;所有回归在公司层面集中。

表4-46 信用评级决定因素(2014年前后分段估计)

	被解释变量:债券信用评级					
	2014年前			2014年后		
	(1)	(2)	(3)	(4)	(5)	(6)
SOE	−0.967***	−0.914***	−0.815***	−1.247***	−1.194***	−1.218***
	(−5.11)	(−4.83)	(−3.96)	(−8.42)	(−8.06)	(−6.68)
Size	−1.342***	−1.296***	−1.237***	−0.927***	−0.812***	−0.691***
	(−11.71)	(−11.85)	(−10.38)	(−10.23)	(−9.78)	(−7.43)
Leverage	3.889***	3.915***	3.054***	2.490***	2.329***	1.669***
	(5.69)	(5.79)	(4.78)	(4.35)	(4.31)	(2.66)
ROA	−2.861	−2.270	−3.867	−3.689*	−3.692*	−5.583*
	(−1.32)	(−1.09)	(−1.43)	(−1.77)	(−1.74)	(−1.82)
Global_CRA		1.068***	3.730		0.319***	7.611***
		(6.16)	(1.05)		(2.94)	(2.60)
SOE ♯ Global_CRA			−0.251			−0.042
			(−0.68)			(−0.20)
Size ♯ Global_CRA			−0.167			−0.357***
			(−1.00)			(−2.67)

(续表)

	被解释变量:债券信用评级					
	2014年前			2014年后		
	(1)	(2)	(3)	(4)	(5)	(6)
Leverage # Global_CRA	(2.05)		2.248 (1.63)			1.827**
ROA # Global_CRA			3.319 (0.78)			4.245 (1.05)
cut1						
_cons	−31.861*** (−12.25)	−30.570*** (−12.67)	−29.647*** (−10.97)	−24.691*** (−11.79)	−22.299*** (−11.70)	−19.860*** (−9.56)
cut2						
_cons	−30.179*** (−11.95)	−28.909*** (−12.38)	−27.991*** (−10.60)	−23.354*** (−11.41)	−21.002*** (−11.28)	−18.549*** (−9.10)
cut3						
_cons	−27.145*** (−11.15)	−25.928*** (−11.56)	−24.974*** (−9.75)	−20.389*** (−10.27)	−18.185*** (−10.03)	−15.710*** (−7.86)
obs#	633	633	633	1 135	1 135	1 135
Pseudo R^2	0.514	0.507	0.510	0.405	0.381	0.387

注:括号内为 t 统计值;*、**、***分别在10%、5%、1%水平上显著;所有回归在公司层面集中。

(二)信用评级对信用利差的影响

如表4-47所示为信用评级对信用利差影响的估计结果。估计结果表明,相对AAA评级而言,AA+、AA、AA−及以下评级的债券其信用利差在1%显著性水平下显著更高,其中,三类评级的信用利差分别高约0.45、0.80、1.61个百分点。这表明尽管中国的信用评级上偏明显,存在评级虚高的现象,但不同评级之间的信用利差是显著不同的,具有重要的信息价值。市场投资者更认可国际背景的信用评级机构的评级,其平均信用利差显著约低0.13个百分点;对于AA−及以下评级的债券,其信用利差约低0.56个百分点。

此外,发债企业特征中,是否是国有企业(尤其是中央级别的国有企业)、企业年龄、是否上市、是否是银行间市场债,以及债项特征中的发行期限与数量均对信用利差具有显著的影响。其中,央企相较于地方国企和民营企业均具有更低的信用利差,相较民企约低0.70个百分点;上市企业的信用利差也低约0.64个百分点;银行间债券的信用利差约低0.45个百分点。所发债券为企业债还是公司债、采用固定利率还是浮动利率计息则无明显信用利差。

表 4-47　信用利差影响因素回归结果(一)

	被解释变量:信用利差			
	(1)	(2)	(3)	(4)
AA+	0.462***	0.448***	0.457***	0.622***
	(7.09)	(6.94)	(6.99)	(6.04)
AA	0.811***	0.793***	0.803***	1.008***
	(11.89)	(11.86)	(11.73)	(10.00)
AA-and below	1.602***	1.625***	1.615***	1.854***
	(12.62)	(12.63)	(12.65)	(12.04)
Maturity	−1.219***	−1.192***	−1.228***	−1.213***
	(−13.49)	(−13.63)	(−13.59)	(−13.64)
Amount	−0.290***	−0.269***	−0.287***	−0.281***
	(−8.97)	(−8.34)	(−8.84)	(−8.66)
FloatIR	−0.105	−0.106	−0.084	−0.129
	(−0.38)	(−0.38)	(−0.31)	(−0.47)
AccuIR	−0.087	−0.070	−0.070	−0.076
	(−0.52)	(−0.42)	(−0.42)	(−0.45)
Putable	−0.076	−0.100	−0.095	−0.075
	(−0.40)	(−0.53)	(−0.49)	(−0.39)
Callable	0.067	0.061	0.063	0.078
	(0.72)	(0.65)	(0.68)	(0.84)
Listed	−0.634***	−0.645***	−0.637***	−0.639***
	(−7.13)	(−7.51)	(−7.15)	(−7.26)
Central_SOE	−0.729***	−0.694***	−0.718***	−0.714***
	(−6.85)	(−6.52)	(−6.76)	(−6.79)
Local_SOE	−0.533***	−0.502***	−0.520***	−0.507***
	(−6.94)	(−6.52)	(−6.77)	(−6.59)
Firm_age	−0.081***	−0.086***	−0.081***	−0.084***
	(−2.66)	(−2.82)	(−2.67)	(−2.79)
InterBank	−0.417***	−0.511***	−0.338***	−0.367***
	(−4.01)	(−4.79)	(−3.24)	(−3.52)

(续表)

	被解释变量:信用利差			
	(1)	(2)	(3)	(4)
EnterBond	0.106	0.048	0.078	0.088
	(1.27)	(0.57)	(0.94)	(1.06)
Global_CRA			−0.126***	0.196*
			(−3.67)	(1.85)
AA+ # Global_CRA				−0.291**
				(−2.45)
AA # Global_CRA				−0.413**
				(−3.62)
AA-and below # Global_CRA				0.555**
				(−1.97)
_cons	5.699***	5.793***	5.719***	5.543***
	(15.53)	(16.31)	(15.57)	(14.40)
# obs	3 529	3 524	3 524	3 524
Adj. R^2	0.559	0.566	0.558	0.561

注:括号内为 t 统计值;*、**、*** 分别在10%、5%、1%水平上显著;所有回归在公司层面集中。

关于内生性问题的讨论及处理。根据前面的回归结果,具有国际背景的信用评级机构给出的评级更加谨慎,投资者也更认可国际背景信用评级机构的评级。相同评级下,国际背景信用评级机构的信用利差更低。但这里有可能存在自选择问题,即信用质量更高的公司选择国际背景的信用评级机构进行评级,对此我们根据已有文献的内生性处理方法,使用赫克曼(Heckman)两阶段选择纠偏模型进行处理,使用国际背景信用评级公司的行业平均市场份额和省级地区平均市场份额作为工具变量。估计结果(见表4-48)表明,考虑这种自选择问题后,上述结论仍然显著成立。

表4-48 信用利差影响因素回归结果(二)

	被解释变量:信用利差			
	(1)	(2)	(3)	(4)
AA+	0.403***	0.411***	0.439***	0.684***
	(10.67)	(11.90)	(12.27)	(11.25)

(续表)

被解释变量:信用利差				
	(1)	(2)	(3)	(4)
AA	0.882***	0.875***	0.921***	1.262***
	(21.91)	(24.24)	(24.52)	(21.47)
AA-and below	1.317***	1.417***	1.451***	1.827***
	(16.48)	(23.18)	(23.53)	(15.05)
Maturity	−0.007	−0.055**	−0.046*	−0.045*
	(−0.20)	(−2.11)	(−1.73)	(−1.72)
Amount	−0.177***	−0.155***	−0.162***	−0.163***
	(−9.83)	(−9.25)	(−9.37)	(−9.17)
FloatIR	−0.496***	−0.471***	−0.476***	−0.480***
	(−6.39)	(−6.06)	(−6.19)	(−6.34)
AccuIR	−0.085**	−0.028	−0.056*	−0.028
	(2.44)	(0.87)	(1.71)	(0.87)
Listed	−0.324***	−0.332***	−0.335***	−0.320***
	(−8.14)	(−9.04)	(−8.96)	(−8.73)
Central_SOE	−0.591***	−0.491***	−0.489***	−0.494***
	(−8.34)	(−8.17)	(−7.76)	(−7.97)
Local_SOE	−0.442***	−0.419***	−0.417***	−0.400***
	(−9.95)	(−9.89)	(−9.61)	(−9.31)
Firm_age	−0.080***	−0.103***	−0.103***	−0.110***
	(−3.04)	(−5.26)	(−5.12)	(−5.60)
InterBank	−0.553***	−0.675***	−0.529***	−0.549***
	(−8.50)	(−11.04)	(−10.79)	(−11.30)
Global_CRA			−0.208***	0.190***
			(−8.08)	(3.53)
AA+ # Global_CRA				−0.379***
				(−5.70)

(续表)

	被解释变量:信用利差			
	(1)	(2)	(3)	(4)
AA ♯ Global_CRA				−0.569***
				(−9.02)
AA-and below ♯ Global_CRA				−0.581***
				(−4.46)
_cons	2.285***	3.088***	2.958***	2.796***
	(12.50)	(13.78)	(13.42)	(12.18)
♯ obs	8 639	8 521	8 521	8 521
Adj. R^2	0.517	0.546	0.532	0.541

注:括号内为 t 统计值;*、**、*** 分别在10%、5%、1%水平上显著;所有回归在公司层面集中。

(三) 信用评级针对违约事件的调整

自2014年超日债违约后,信用债券市场上的实质性违约数量快速上升。据统计(见图4-30),2018年的违约数量达到了125只,违约金额共计1 210亿元人民币;2019年上半年的违约数量达到了80只,违约金额共计560亿元人民币。

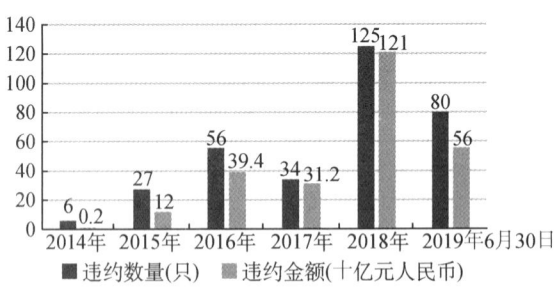

图4-30 信用债违约统计

(资料来源:Wind)

对此,我们使用类似事件分析法检验了市场对债券违约事件的反应(不用累计收益率,仅用信用利差的变动代表)。如表4-49、图4-31所示,检验结果表明,在债券实质性违约前4~5个月,平均的信用利差已经开始显著快速上升,从8%上升到实质违约时的20%。

表 4-49　信用利差影响因素回归结果（工具变量处理）

	(1) Global CRA	(2) CreditSpread	(3) CreditSpread	(4) Global CRA	(5) CreditSpread	(6) CreditSpread
shareGCRA	2.039*** (12.36)			5.671*** (2.80)		
AA+	0.025 (−0.43)	0.431*** (11.99)	0.673*** (10.94)	−0.011 (−0.18)	0.428*** (12.08)	0.665*** (11.03)
AA	−0.129** (−2.12)	0.898*** (23.36)	1.253*** (20.62)	−0.116* (−1.92)	0.879*** (22.89)	1.212*** (20.21)
AA− and below	−0.391*** (−2.91)	1.403*** (21.86)	1.830*** (14.71)	−0.364*** (−2.79)	1.351*** (20.35)	1.760*** (14.65)
Maturity	−0.350*** (−5.27)	−0.087*** (−2.81)	−0.082*** (−2.69)	−0.348*** (−5.48)	−0.135*** (−3.63)	−0.134*** (−3.61)
Amount	−0.030 (−0.80)	−0.168*** (−9.69)	−0.168*** (−9.33)	−0.030 (−0.82)	−0.172*** (−10.02)	−0.172*** (−9.69)
FloatIR	0.197 (1.19)	−0.442*** (−5.57)	−0.455*** (−5.83)	0.223 (1.38)	−0.423*** (−5.40)	−0.430*** (−5.55)
AccuIR	0.123*** (2.62)	0.068** (2.00)	0.036 (1.08)	0.111** (2.44)	0.087*** (2.59)	0.061* (1.82)
Listed	0.108 (1.50)	−0.320*** (−8.39)	−0.306*** (−8.27)	0.126* (1.77)	−0.305*** (−7.98)	−0.290*** (−7.81)
Central_SOE	0.637*** (5.33)	−0.420*** (−6.14)	−0.431*** (−6.34)	0.630*** (5.39)	−0.356*** (−4.81)	−0.364*** (−4.92)

（续表）

	(1) Global_CRA	(2) CreditSpread	(3) CreditSpread	(4) Global_CRA	(5) CreditSpread	(6) CreditSpread
Local_SOE	0.247***	−0.395***	−0.380***	0.249***	−0.369***	−0.353***
	(3.00)	(−8.80)	(−8.52)	(3.05)	(−8.04)	(−7.71)
Firm_age	−0.009	−0.108***	−0.114***	−0.019	−0.102***	−0.109***
	(−0.22)	(−5.27)	(−5.77)	(−0.48)	(−5.09)	(−5.59)
InterBank	2.078***	−0.275***	−0.330***	2.100***	0.016	−0.020
	(31.29)	(−2.80)	(−3.34)	(31.51)	(0.11)	(−0.13)
Global_CRA		−0.634***	−0.174		−1.081***	−0.663***
		(−4.36)	(−1.08)		(−4.59)	(−2.71)
InverseMillsRatio		0.256***	0.224**		0.518***	0.501***
		(2.89)	(2.44)		(3.66)	(3.48)
AA+ # Global_CRA			−0.367***			−0.365***
			(−5.45)			(−5.52)
AA # Global_CRA			−0.587***			−0.551***
			(−9.11)			(−8.68)
AA− and below # Global_CRA			0.643***			−0.623***
			(−4.92)			(−4.95)
_cons	−2.695***	2.972***	2.804***	−4.514***	3.019***	2.859***
	(−5.83)	(13.34)	(12.04)	(−3.28)	(13.82)	(12.56)
#obs	18 679	8 295	8 295	18 967	8 515	8 515
Adjusted or Pseudo R^2	0.344	0.536	0.545	0.329	0.534	0.542

注：括号内为 t 统计值；*、**、*** 分别在10%、5%、1%水平上显著；所有回归均在公司层面集中。

中国企业债市场发展 **第四章**

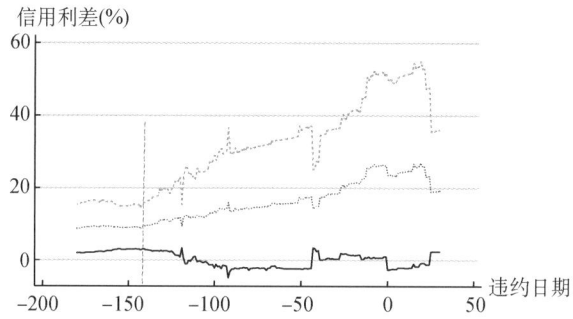

图 4-31 信用债违约前后的信用利差变化
（数据来源：Wind）

那么，在实质违约前后债券信用评级调整的情况如何呢？由于第一次下调评级具有非常重要的信号作用，我们主要统计了违约前的第一次下调评级（见图 4-32）。截至 2019 年 6 月底，第一次债券违约的样本包括 128 家公司，其中 73 家企业有 95 个完整的发债主体评级记录（同样的发债主体来自不同的评级机构具有多个评级）。结果表明，19 家发债主体的评级下调晚于违约前 5 天（约占 26%），33 家的评级在违约前 3 个月已经下调（约占 35%），表明债券评级的调整（尤其是第一次下调）具有较好的信息价值，能较好地反映企业的违约信息。

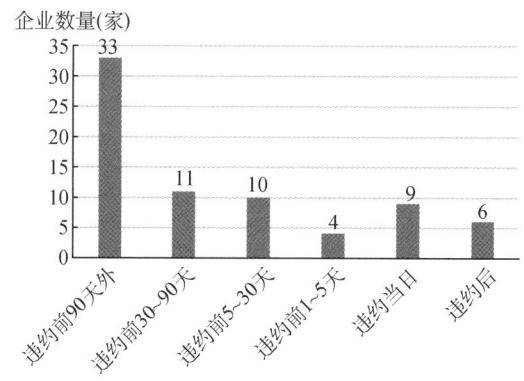

图 4-32 违约企业违约前第一次评级下调的时间分布
（数据来源：Wind）

进一步地，我们检验了第一次违约下调的幅度。我们将评级分为 11 个评级层级：AAA、AA+、AA、AA-、A、BBB、BB、B、CCC、CC、C。如图 4-33 所示，结果表明，24 家公司评级的幅度为大幅度下调（超过三级），约占全部样本的 25%。

325

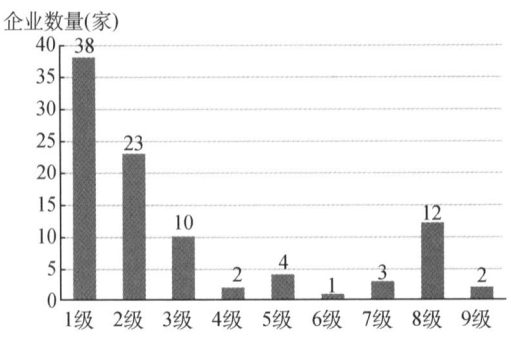

图 4-33 违约企业第一次评级下调幅度

(数据来源：Wind)

五、小结

根据上述中国信用债市场信用评级的实证检验结果,我们能得到如下三个结论。

(1) 中国信用评级机构的信用评级是上偏的,而且不能跟国际信用评级机构的评级进行转换,可能导致低信用风险区分度。

(2) 经验结果显示,中国的信用债券评级有信息含量,与债券发行到期收益率显著相关。而且,中国的债券投资者对国际背景债券评级机构发行的债券要求更低的债券收益率。

(3) 从第一次下调评级来看,大多数情况下,评级机构能够对市场发出警告信号,但在违约集中爆发时期,评级机构也存在不能及时下调评级的情形。

第六节　中国信用债违约风险预测模型研究

一、引言

(一) 中国信用债市场快速发展

改革开放以来,从 1981 年发行第一只国债(48.66 亿元)开始,中国债券市场逐步发展。10 年后,1991 年年底国债存量达到 1 103.52 亿元,比 1981 年增长 21.68 倍,但债券市场仍仅有国债一个品种。中国信用债市场的建立是从 1992 年 11 月第一只可转债发行(5 亿元)开始的。到 2000 年年底,信用债存量规模已经达到 10 284 亿元,增长 2 055.8 倍,市场占比从 0.33% 上升到 38.83%,发展迅速。但这时信用债结构较为单一,主要以金融债为主,占 37.17%,而企业债仅占 1.17%。

进入21世纪后,中国信用债市场进一步迅速发展,不仅规模加速扩大,到2019年9月底,其存量规模达到57.34万亿元,比2000年增长54.8倍,市场占比提高到60.74%,为2019年8月底社会融资规模存量216.01万亿元的26.54%。中国信用债市场不仅规模巨大,而且结构也在逐步优化,除了金融债和同业存单仍然在信用债市场数一数二外,为非金融企业融资服务的公司债、中期票据、资产支持债、企业债和短期融资券也得到快速发展。仅短期融资券在2019年前三季度就发行了29 585.50亿元,占债券市场发行总量的8.75%。中国信用债市场的发展为中国经济的发展提供了大量的资金支持,在中国金融市场上占有十分重要的地位。

(二) 刚性兑付逐步打破,信用风险急剧上升

2014年以后,在中国信用债市场迅速发展的同时,违约数量也快速增加。在2014年前,中国信用债市场基本为"刚性兑付",发债企业不能兑付时,总有地方政府或收购企业为其"兜底",债券市场基本没有实质性违约事件发生。债券投资收益并不能够反映其面临的风险,投资者总能稳得信用利差,投资风险意识缺乏,导致稀缺的金融资源不能得到有效的配置。中国债券市场只盈不亏的神话终于随着2014年3月"11超日债"(ST超日于2012年3月7日发行,至2014年3月6日期满两年)未足额兑付而终结。随后,违约事件逐步增加。2019年前三季度已经发生违约债券137只,违约主体55家,违约金额744.16亿元,均超过2018年全年的违约总数,如图4-34所示。刚性兑付的打破,有利于金融资源的优化配置,有利于中国信用债市场的健康发展,但也使中国信用债市场的信用风险迅速上升。

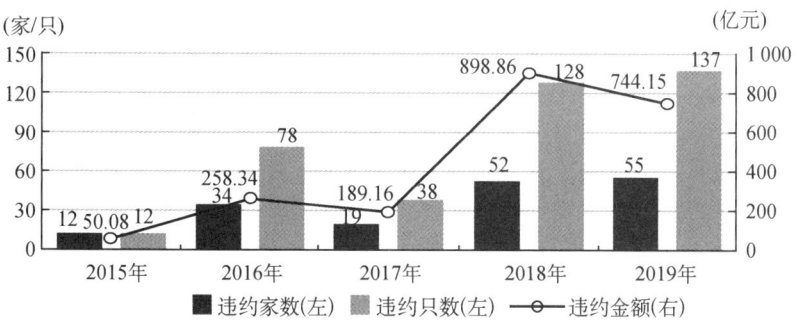

图4-34 中国债券市场违约债券基本情况

(三) 债券发行者与投资者之间信息严重不对称

中国信用债市场虽然在规模上发展迅速,结构逐步优化,但在市场基础设施建设方面还很不完善,与发达债券市场相比差距仍较大。其中最重要的就是发债主体的信息披露不完整和不及时,债券投资者与债券发行人之间存在严重的信息不对称,使投资者在投资信用债时面临较大的信用风险(见表4-50)。

表 4-50 中国信用债发行评级状况

(2010 年 1 月—2019 年 9 月)

评级	发行只数（只）	只数比重（%）	发行金额（亿元）	金额比重（%）
AAA	12 322	35.32	242 879	53.08
AA+	6 924	19.85	67 201	14.69
AA	6 876	19.71	53 378	11.67
AA-	632	1.81	3 910	0.85
A+	218	0.62	1 022	0.22
A	123	0.35	449	0.10
A-	24	0.07	53	0.01
BBB+以下	29	0.08	18	0.00
A-1	7 742	22.19	88 652	19.37
合计	34 891	100	457 563	100.00

数据来源:同花顺 iFinD。

注:A-1 为短期融资券的最高评级。

(1) 许多发债主体缺乏规范和及时的财务信息披露。目前,许多债券发行人是非上市公司,缺乏标准化和定期的财务报表信息披露。如 2014—2019 年(截至 6 月)的 348 只违约债券中,只有 255 只债券具有相对完整的财务报告。发债的上市公司财务报表披露也存在许多严重失真的情况。

(2) 债券评级虚高、滞后且不足。在中国信用债市场,大多数债券只有发行评级,而缺乏及时和准确的跟踪评级。如上述 348 只违约债券中,只有 77 只具有相对完整的评级信息。由于中国债券市场机构投资者对投资标的等级的严格要求,评级稍低的债券将无法发行。发行人为了成功发行,通常通过各种方式提高发行评级。因此,2010 年 1 月—2019 年 9 月,中国信用债市场发行 AAA 级债券 12 322 只,占信用债发行总量的 35.32%,发行金额 242 879 亿元,占比高达 53.08%;AA+和 AA 级发行量分别占 19.85% 和 19.71%;发行金额分别占 14.69% 和 11.67%。加上短期融资券的最高评级 A-1,这 4 种评级的债券发行只数和发行金额占信用债发行总量的 97.07% 和 98.81%。其他评级债券仅占 2%～3%。发行评级明显虚高。

如 2018 年 10 月—2019 年 9 月,从发行评级 A 级调降至 C 级的 97 只债券中,AA+级 31 只,AA 级 61 只,AA-级 2 只,A-1 级 3 只。AA 级和 AA+级调降为 CC 级的 29 只,CCC 级 4 只。A-1 级调降为 D 级的 6 只。

表4-51显示了中国2014年1月—2019年9月违约债券发行评级状况。从中可见,全部违约债券399只,无发行评级的162只,占40.6%;具有发行评级的237只,占59.4%。具有发行评级的违约债券全部为AA−以上评级,违约最多的为AA级,共145只,占全部违约债券的36.34%,占有发行评级的61.18%。这充分说明了中国信用债市场目前发行评级缺乏和虚高的情况。

表4-51 中国信用债违约债发行评级状况

(2014年1月—2019年9月)

发行时评级	债券数量(只)	占违约债券比重(%)
AAA	11	2.76
AA+	47	11.78
AA	145	36.34
AA−	2	0.50
AA−1	32	8.02
有发行评级合计	237	59.40
无发行评级合计	162	40.60
全部违约债券	399	100.00

资料来源:笔者根据同花顺iFinD统计资料计算。

(3) 许多上市信用债交易不频繁,非公开发行债券缺乏相关交易数据。许多上市信用债交易不频繁,有些债券很长一段时间没有交易量,缺乏充分的交易信息。另外,非公开发行债券的交易信息更为缺乏。348个违约债券中,只有223个有市场交易数据。这使得根据市场交易信息进行债券估值和风险评估的结果并不充分有效。

综上所述,中国信用债市场发展迅速,规模庞大,2014年以后违约事件频发,投资者面临的信用风险加大。中国信用债市场的进一步发展,不仅需要完善相关的基础制度建设,特别是发债主体的信息披露制度、评级制度等,利用现代信息技术和人工智能技术加强债券违约风险预测研究同样具有十分重要的现实意义。

二、违约风险预测文献回顾

经济理论界和实务界对债务违约风险预测进行了许多重要的探索,主要可以分为早期的专家评分阶段、中期的定量分析阶段和现代信用风险量化阶段。

20世纪中后期,随着数学思想和计算机技术被应用于金融领域,信用风度量方法进入定量分析阶段,诞生了信用评分模型、结构模型和简约模型等经典的信用风险模型。

最早的信用评分模型是比弗(Beaver,1966)提出的单指标判别模型,该模型使用单个企业财务指标预测企业违约。阿特曼(Altman,1968)在其基础上创建了多指标判别模型(Z-Score模型),使用多个指标来解释和预测债务违约值,成为债务违约预测的主要类型之一。

默顿(Merton,1974)是结构模型的开创者,该模型在期权定价思想的指导下将公司价值类比于欧式看涨期权的价格,以公司资产的市场价值为标的,以负债价值为行权价格。当公司资产价值低于某个阈值时,股东将会选择违约,从而计算其违约信用风险。Merton结构模型以期权定价理论为基础,因此需要遵循诸多与实际并不相符的假设条件。为了使结构模型更好地符合现实情况,后续研究者放松了部分假设,但仍然与现实存在较大距离。

简约模型针对结构模型的缺陷做出了补充,其关键假设为违约是不可预测的突发事件。相关学者(Jatrow and Turnbull,1995)在模型中引入"违约强度"和"违约概率"的概念,违约强度是违约出现的速率,违约强度的时间变化即违约概率。通过对违约强度和违约概率分布进行建模即可描述公司的违约行为。

20世纪90年代,随着海量数据处理和分析技术的应用,信用风险度量研究进入了现代量化分析阶段。一些商业金融机构成功开发出新的信用风险量化模型,主要依靠外部评级机构的信用评级来计算资产的在险价值(VaR)。1996年,瑞士信贷通过基于保险精算和简单模型衡量债务组合的价值分布,提出了风险计量的信用风险+模型(CreditRisk+ Model)。1997年,J.P.摩根(J.P Morgan)公司使用投资组合投资分析方法,结合VaR模型、评级转移矩阵和默顿债务模型,开发信用指标模型并推出了首个信贷风险组合模型(Credit Metrics Model)。1998年,麦肯锡咨询公司从宏观经济学和计量经济学的角度提出了信贷组合观点(credit portfolio view),从行业角度揭示了特定宏观经济形势下评级债务人的信用风险。这些现代信用风险计量方法在银行信贷风险评估方面得到了广泛应用。

此外,KMV模型也是此阶段发展起来的重要信用风险度量方法。基于布莱克-斯科尔斯(Black-Schole)期权定价模型,KMV模型通过使用违约距离和违约概率来判断企业的违约风险。瓦西塞克(Vasicek,1995)研究了108家上市公司发行的债券违约风险。有学者(Jeffrey,1999)将KMV模型应用于上市公司的信用评级;有学者(Blochwitz et al.,2000)将KMV应用于非上市公司的信用风险指标;也有学者(Crodbie and Bohn,2003)将KMV模型应用于金融公司的信用风险;还有学者(Bharath and Shumway,2008)应用KMV模型解释债券收益率差价和信用违约掉期溢价。一些研究结果表明,KMV模型作为信用风险度量模型不仅可以更准确地衡量信用风险,还可以更有效地监控企业的违约风险。

21世纪初,业界着力研发具有更强适用性的拓展模型。譬如,通过信用衍生品的市场价格和信用利差来度量信用风险,其中最受欢迎的信用衍生品为信用违约互换(credit default swap,CDS)。有学者(Norden and Weber,2004)利用2000—2002年90家欧洲、亚洲和美国公司每日5年期CDS价差样本,分析股票和CDS市场对评级下调的反应以及对评级下调的评估,发现股票市场对评级下调的预期比公告发布提前60~90天,CAS市场的预期更早。穆迪公司提出了信用违约互换隐含预期违约频率的信用度量模型和全周期预期违约频率信用度量模型。该类模型在调整信贷敞口成本超过负面信贷事件(如违约)成本的应用中非常有用,通过建立唯一输入变量是违约距离的函数过滤掉信贷风险的短期瞬时变化,使其输出在信贷周期内具有高度稳定性和平滑性,能够反映一家公司长期的、持续的信用风险趋势。

国内对违约风险度量的研究起步较晚。如吴世农等(1987)、陈静(1999)、吴世农和陆贤义(2001)、郭斌等(2006)和马若薇(2014)等也采用外国模型研究方法研究中国债券市场违约问题。早期主要致力于验证KMV模型在中国资本市场的适用性。程鹏和吴冲峰(2002)选择不同信用类别的上市公司作为数据样本,研究不同信用类别之间的差异。程琳和姚明龙(2003)将KMV模型应用于中国上市公司的贷款违约风险分析。张泽京、陈晓红、王傅强(2007)对中国中小上市公司进行了信用风险分析。有学者使用广义自回归条件异方差GARCH(1,1)模型来纠正KMV模型的股票波动率。

张永东(2019)基于企业债务规模与资产、收益、利润、现金流量,以及资产和资本结构五个维度的匹配,设计了一个财务预警特征变量系统,使用ADASYN过采样算法人工合成"新"样本数据进行平衡,构建信用违约风险的AD-Logistic模型。样本中的交叉检验和样本外检验结果表明,该模型在预测信用债券违约风险方面具有较好的识别效果和稳定性。

解释公司违约瞬时风险的风险模型也得到了较多应用。使用最广泛的风险模型是考克斯(Cox,1972)的半参数比例风险模型。21世纪初,Cox模型已经扩展到更灵活的模型以适应时间依赖性协变量。离散时间风险模型是其重要类型。姚红宇和施展(2018)使用2014—2017年中国信用债券样本数据,运用离散时间风险模型,实证研究了传统财务指标、公司特征和地方经济环境指标对信用债券违约的影响。结果表明,仅用传统财务指标该模型无法解释中国债券违约状况,引入企业属性和地方经济环境指标后,具有更好的预测能力和准确性。

中债估值中心2017年发布了中债市场隐含评级——债券债项评级。据该中心公告称,他们从市场价格信号和发行主体披露信息等因素中提炼出动态反映市场投资者对债券的信用评价信息,是对评级公司评级的补充。目前,它是中国债券市场唯一一个对在岸人民币信用债券债项评级全覆盖、每天发布的债项评级,在国内债券市场具有重要影响,但该中心并未公布其编制该评级的方法①。

三、中国信用债违约风险预测模型构建

(一)模型总体框架

根据前文的分析,本文构建的中国信用债市场债券违约风险预测模型的基本框架可以归纳如图4-35所示。该模型是由输入指标筛选模块、样本标注和标准化模块、模型主体模块、模型训练模块、模型验证模块、模型预测模块、预测结果过滤模块、预测结果转化模块和预测结果评价模块构成的一个复杂系统。如果该模型用于在线预测,则还需要增加数据下载模块和预测结果发布模块。由于该模型目前尚处在构建研究阶段,本文仅讨论前面9个模块。

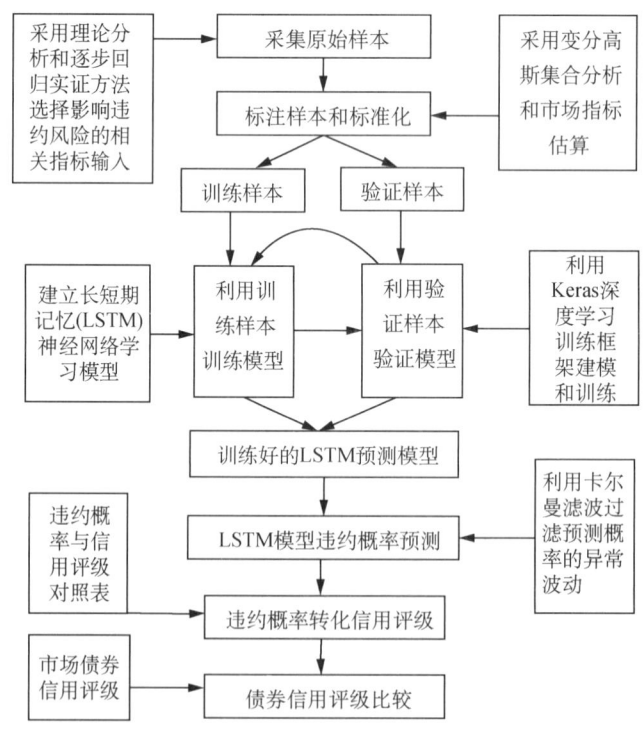

图4-35 中国债券违约风险预测模型的总体框架

---

① 中债估值中心:《关于中债市场隐含评级——债券债项评级的说明》,https://www.chinabond.com.cn/cb/cn/zzsj/cywj/zzgz/gzdt/20170413/146958589.shtml。

(二)输入指标筛选模块

该模块的任务就是根据经济理论揭示的债券违约风险决定的相关影响因素和数据获取的可能,选择本债券违约预测模型的输入指标(自变量),为模型数据收集、模型构建、训练和验证提供依据。

1. 模型输入指标的初选

根据经典债务违约理论,债务违约风险是指由于债务人不能按期偿还债务而给债权人带来资产损失的风险。影响债务违约的因素包括债务人自身的财务状况和外部经济金融环境等。模型输入指标应选择影响债券违约概率的主要指标。这些指标包括以下几大类:债券发行公司的财务指标、债券市场指标、债券评级指标、宏观经济环境指标、行业景气指标、地区经济景气指标。

模型输入初选指标如表4-52所示。企业的财务状况是公司偿债能力的基本反映。它主要包括综合反映企业经营状况的基本财务数据、偿债能力、盈利能力和运营能力指标。基本财务指标包括营业收入、营业成本、利润总额、流动资产、非流动资产、资产总计、流动负债、非流动负债、负债合计、股东权益合计、经营活动现金流、投资活动现金流、筹资活动现金流、总现金流14个指标;偿债能力包括流动比率、速动比率、超速动比率、资产负债率、产权比率、有形净值债务率等反映企业偿债能力的6个指标;盈利能力包括销售毛利率、销售净利率、资产净利率、营业利润率、平均净资产收益率等5个指标;营运能力包括营运周期、存货周转率、应收账款周转率、流动资产周转率、股东权益周转率、总资产周转率6个指标。

债券市场指标是反映债券市场交易和估值的指标。主要选择了成交量、到期收益率、风险价差和剩余期限4个指标。它们综合反映债券市场对该债券价值的市场评估。对于上市公司,增加其股票价格3个月环比变动率指标,反映股票市场对债券发行企业价值的中期评价。此外,根据债券发行类型和区域差别以及中国债券市场2014—2019年发行和违约统计,计算了债券分类违约概率和区域违约概率指标。债券前期违约概率也是本期预测的重要参考指标。

宏观经济环境指标采用宏观经济景气指数(先行指数)、制造业PMI、生产者价格指数PPI当月同比、CPI当月同比、GDP当季同比、人民币兑美元汇率、3个月上海银行间同业拆借利率(Shanghai Interbank Offered Rate,SHIBOR)利率和同期国债利率,以及社会融资规模存量期末同比变动率指标。

行业景气指标采用信用债申万行业分类28个一级行业分类,以申万股票市场一级行业指数作为行业景气指标代理变量。此外,还采用大数据公司提供的分行业物流监测、分省区物流监测作为行业和区域景气指标。

表 4-52　模型输入初选指标

指标类别	指标名称	指标编号	指标类别	指标名称	指标编号
宏观经济指标	宏观经济景气指数：先行指数	1	偿债能力指标	流动比率	29
	制造业 PMI	2		速动比率	30
	PPI 当月同比	3		超速动比率	31
	CPI 当月同比	4		资产负债率（%）	32
	GDP 当季同比	5		产权比率（%）	33
	人民币兑美元汇率	6		有形净值债务率（%）	34
	3 个月 SHIBOR 利率	7	盈利能力指标	销售毛利率（%）	35
	同期国债利率	8		销售净利率（%）	36
	社会融资规模存量：期末同比	9		资产净利率（%）	37
行业和区域指标	所属申万一级行业	10		营业利润率（%）	38
	物流行业	11		平均净资产收益率（%）	39
	物流区域	12		营运周期（天）	40
	债券分类违约概率	13		存货周转率	41
	区域违约概率	14		应收账款周转率	42
企业基本财务指标	营业收入	15		流动资产周转率	43
	营业成本	16		股东权益周转率	44
	利润总额	17		总资产周转率	45
	流动资产	18	企业其他指标	预告利润变动	46
	非流动资产	19		授信剩余率	47
	资产总计	20		授信环比变动	48
	流动负债	21		担保授信比	49
	非流动负债	22	债券市场指标	成交量	50
	负债合计	23		剩余期限	51
	股东权益合计	24		到期收益率	52
	经营活动现金流	25		风险价差	53
	投资活动现金流	26		发债企业股票价格波动	54
	筹资活动现金流	27		债券前期违约概率估计	55
	总现金流	28			

由于企业财报最短间隔为季报,间隔3个月并滞后20~120天(年报)发布,通常在正式发布财报之前,一些企业会发布主要财务指标预告,我们也将预告利润变动纳入输入指标,无预告则为0。除了正式的财务报告指标外,企业的银行授信和担保情况也对其违约状况有一定的预告作用。我们选择了授信环比变动率、授信剩余率和担保授信比率3个指标。

2. 指标间的多重共线性问题

55个初选指标从宏观、中观和微观3个层次以及企业、市场、行业和区域多个角度分别反映了其对债券违约风险变化的影响。这些经济指标之间可能存在互相关关系,因而可能存在多重共线性问题。多重共线性(multicollinearity)是指线性回归模型中的自变量之间由于存在高度相关关系而使模型的权重参数估计失真或难以估计准确的一种特性,多重是指一个自变量可能与多个其他自变量之间存在相关关系。在做线性回归等计量分析时,多重共线性将影响其自变量的参数估计偏差,从而影响其经济含义的分析。但对于预测模型来说,关注重点是预测结果的准确度,考虑的影响因素越全面,预测的准确度可能越高。

为解决线性回归的共线性问题,通常可以在普通最小二乘法的基础上,将代价函数加一个正则化项。该方法牺牲了权重参数的精度,带来的收益是解决了共线性带来的不稳定。添加一个L1正则项的算法称为套索回归,添加一个L2正则化项的算法称为岭回归。机器学习方法通常采用正则化方法来避免过拟合问题,正则化方法的使用也有利于避免严重的多重共线性问题。

另外,随着输入指标的增加,模型的维度将上升,这将给许多的模型求解加大难度,从而限制其应用。对于擅长处理高维非线性动态问题的神经网络深度学习模型来说,多重共线性问题虽然不是严重问题,但是也并非指标越多越好。输入指标过多,将影响模型训练的时间消耗,影响训练的效率。因此,仍然有必要对初选指标进行进一步的筛选。

3. 指标的进一步筛选

在机器学习的重要软件包sklearn的feature_selection类中,提供了一些可以用来对样本集进行特征选择和降维的方法。使用它们有利于提高模型估计的准确度或增强它们在高维数据集上的性能。

方差阈值法(Variance Threshold)是特征选择的一个简单而基本的方法,它会移除所有其方差不满足阈值的特征。默认情况下,它将会移除所有的零方差特征,即那些在所有样本上的取值均不变的特征。我们的模型是日度模型,而企业财务数据和GDP等宏观数据为季度指标,在一个季度里,这些指标均保持不变。它们是否严重影响到我们模型的估计呢?我们有必要用方差阈值法来筛选一下。假设我们有一个特征是布尔值的数据集,想要移除那些在整个数据集中特征值为 0 或者为 1 的比例超过 $p\%$ 的特征。布尔特征是伯努利(Bernoulli)随机变量,变量的方差为: $Var[X]=p(1-p)$。我们可以使用阈值 $p(1-p)$ 进行选择。我们以 $0.1 \sim 0.9$ 的 p 值对以上 54 个变量 185 万组日数据进行筛选的结果如表 4-53 所示。当 p 值取 0.5 时,最多淘汰了 3 个变量,分别为授信环比变动、担保授信比和股票价格波动。这 3 个变量因为样本太少而被淘汰,但它们在预测债券违约风险方面并非不重要。企业财报等季度数据并没有受到影响。我们需要采用其他的筛选方法来进一步筛选变量。

表 4-53 利用方差阈值法筛选变量结果

p 值	淘汰变量数	剩余变量数
0.1	0	54
0.2	0	54
0.3	1	53
0.4	2	52
0.5	3	51
0.6	2	52
0.7	1	53
0.8	0	54
0.9	0	54

自变量与因变量的相关性分析应该是选择自变量的重要方法。逐步回归法将候选的自变量逐一引入回归方程进行回归估计和检验,将 F 检验统计量显著的自变量留在方程中,并对已选入方程的所有变量进行 t 检验,当早期进入方程的自变量因后进入自变量的引入变得不再显著时,则将不显著的变量剔除。如此反复,直到没有自变量进入和离开方程为止。它通过观察统计值,如 R^2、t 统计量和 AIC 度量来识别重要变量,过程中同时做到引入和剔除,使所有变量在每一步骤中都有机会被纳入方程,保证了保留在模型中的自变量是最优的,而且没有严重的多重共线性,因而是变量选择的一种比较好的方法。逐步回归法可以规定变量选择的上限,在该上限内,模型逐步增加变量,当增加变量不能改进估计检验或者达到上限时,模型将停止迭代。如表 4-54 和表 4-55 所示为采用逐步回归方法分别对到期债券样本和违约债券样本选取 40 和 20 个自变量的回归方程统计结果。

表 4-54 到期债券样本逐步回归结果(40 个自变量)

因变量	评级	R^2	0.685	
模型	普通最小二乘法	调整 R^2	0.685	
方法	最小二乘法	F 检验	0.000 7	
日期	2019 年 9 月 28 日	概率		
时间	16:53:37	最大似然值	0.000 002	
样本数	1 223 967	AIC	−0.000 005	
Df 残差	1 223 926	BIC	−0.000 005	
Df 模型	40			
协方差类型	非稳健			

	系数	标准差	t	$P>\|t\|$	[0.025	0.975]
截距	0.303 9	0.000 03	9 278.702	0	0.304	0.304
1. 剩余期限	−0.054 6	0.000 08	−684.326	0	−0.055	−0.054
2. 到期收益率均线	0.021 9	0.000 04	594.731	0	0.022	0.022
3. 同期国债利率	−0.006 6	0.000 04	−155.346	0	−0.007	−0.007
4. 债券分类违约概率	−0.001	0.000 05	−20.645	0	−0.001	−0.001
5. GDP 当季同比	0.002 2	0.000 07	31.514	0	0.002	0.002
6. 宏观经济景气指数先行指数	−0.004 6	0	−38.064	0	−0.005	−0.004
7. 流动比率	−0.000 9	0.000 05	−16.636	0	−0.001	−0.001
8. PPI 当月同比	0.001 6	0	13.202	0	0.001	0.002
9. 总现金流	0.000 05	0	16.941	0	0.000 04	0.000 06

（续表）

	系数	标准差	t	P>|t|	[0.025	0.975]
10. 社会融资规模存量期末同比	0.000 6	0.000 05	10.21	0	0	0.001
11. 股东权益周转率	0.004	0	22.791	0	0.004	0.004
12. 总资产周转率	−0.005 2	0	−22.509	0	−0.006	−0.005
13. 资产负债率	−0.001 1	0.000 09	−12.034	0	−0.001	−0.001
14. 流动资产周转率	0.001 9	0	11.587	0	0.002	0.002
15. 营运周期	0.000 4	0.000 04	10.183	0	0	0
16. 销售净利率	−0.000 4	0.000 05	−9.747	0	−0.001	0
17. 应收账款周转率	−0.000 5	0.000 06	−8.103	0	−0.001	0
18. 资产净利率	0.001	0	7.239	0	0.001	0.001
19. 流动资产	−0.000 002 3	0	−7.736	0	0	0
20. 产权比率	0.000 5	0.000 1	5.196	0	0	0.001
21. 授信剩余率	−0.000 5	0.000 07	−8.236	0	−0.001	0
22. 授信环比变动	0.000 4	0.000 06	6.806	0	0	0.001
23. CPI当月同比	0.000 3	0.000 04	7.002	0	0	0
24. 制造业PMI	0.000 5	0.000 08	6.108	0	0	0.001
25. 担保授信比	0.000 4	0.000 06	5.616	0	0	0
26. 非流动资产	0.000 000 67	0	2.843	0.004	0	0
27. 物流行业	−0.001	0	−9.174	0	−0.001	−0.001
28. 物流区域	0.000 8	0	7.635	0	0.001	0.001

续表

	系数	标准差	t	P>|t|	[0.025	0.975]
29. 有形净值债务率	0.000 04	0.000 01	4.002	0	0.000 02	0.000 07
30. 股票价格波动	−0.000 3	0.000 07	−4.313	0	0	0
31. 所属申万一级行业	0.000 1	0.000 04	2.913	0.004	0.000 04	−0.000 08
32. 预告利润变动	−0.000 2	0.000 07	−3.091	0.002	0	0.002
33. 超速动比率	0.001 4	0	8.748	0	0.001	−0.001
34. 速动比率	−0.000 1	0.000 04	−8.026	0	−0.002	0
35. 销售毛利率	−0.000 2	0	−2.936	0.003	0	−0.000 04
36. 平均净资产收益率	0.000 06	0.000 04	−1.29	0.197	0	0.000 08
37. 区域违约概率	−0.000 02	0	1.627	0.104	−0.000 01	0
38. 非流动负债	−0.000 5	0.000 08	−6.986	0	−0.000 02	−0.000 01
39. 利润总额	0	0	−6.937	0	−0.001	0
40. 资产总计			−3.608	0	0	0
综合检验	256 186.76		DW检验		0.025	
概率（综合检验）	0		JB检验		626 583.36	
偏度	1.164		概率（JB）		0	
峰度	5.62		条件数		0.003 78	

从表 4-54 所示的到期债券 122 万个样本的逐步回归结果可见,模型保留的 40 个指标基本涵盖了初选变量的宏观、中观和微观、企业财务、债券市场和行业、地区的指标。淘汰的 14 个指标中,有 10 个财务指标(营业收入、营业成本、流动负债、负债合计、经营活动现金流、投资活动现金流、筹资活动现金流、营业利润率、存货周转率、股东权益周转率)、2 个市场指标(成交量、风险价差)和 2 个宏观指标(人民币兑美元汇率、3 个月 SHIBOR 利率)。方程拟合优度 R^2 为 0.685,F-statistic 为 0.000 67,总体还可以,但系统提示条件数(condition number)0.003 78 偏大,可能预示着较强多重共线性或数据问题。这意味着这 40 个变量还需要进一步筛选。

如表 4-55 所示为我们利用违约债 49 564 个样本经逐步回归拟合方程的结果,自变量剩下 20 个,淘汰了 34 个。方程的拟合优度虽有所下降(R^2 = 0.596),但条件数大幅下降为 5.84,多重共线性问题不再显著。但这是否意味着利用这 20 个指标建立的神经网络预测模型就比利用 40 个指标和 54 个指标建立的模型的预测效果更好呢?我们将在后面的模型训练和预测结果中进行对比分析。

表 4-55 违约债样本逐步回归结果(20 个自变量)

因变量	评级	R^2	0.596
模型	普通最小二乘法	调整 R^2	0.596
方法	最小二乘法	F 检验	3 658
日期	2019 年 9 月 28 日	概率(F 检验)	0.00
时间	15:36:37	最大似然值	36 017
样本差	49 564	AIC	−0.000 7
Df 残差	49 543	BIC	−0.000 7
Df 模型	20		
协方差类型	非稳健		

	系数	标准差	t	$P>\|t\|$	[0.025	0.975]
截距	0.387 3	0.001	736.740	0.000	0.386	0.388
1. 剩余期限	−0.112 3	0.001	−114.223	0.000	−0.114	−0.110
2. 到期收益率均线	0.042 8	0.001	72.636	0.000	0.042	0.044
3. 债券分类违约概率	−0.017 3	0.001	−22.888	0.000	−0.019	−0.016
4. 股东权益合计	−0.013 4	0.001	−14.665	0.000	−0.015	−0.012
5. 流动资产	−0.008 8	0.001	−12.366	0.000	−0.010	−0.007

(续表)

	系数	标准差	t	$P>|t|$	[0.025	0.975]
6. 预告利润变动	−0.009 3	0.001	−8.959	0.000	−0.011	−0.007
7. 社会融资规模存量	−0.012 2	0.001	−14.604	0.000	−0.014	−0.011
8. PPI 当月同比	0.030 2	0.001	26.234	0.000	0.028	0.033
9. 宏观经济景气指数	−0.010 2	0.001	−9.171	0.000	−0.012	−0.008
10. 营业利润率	−0.005 7	0.001	−9.178	0.000	−0.007	−0.004
11. 资产负债率	−0.014 8	0.001	−16.105	0.000	−0.017	−0.013
12. 有形净值债务率	0.009 9	0.001	13.564	0.000	0.008	0.011
13. 投资活动现金流	0.008 4	0.001	14.608	0.000	0.007	0.010
14. 制造业 PMI	−0.006 7	0.001	−7.060	0.000	−0.009	−0.005
15. 物流行业	−0.006 8	0.001	−9.133	0.000	−0.008	−0.005
16. 股票价格波动	−0.010 5	0.001	−7.230	0.000	−0.013	−0.008
17. 流动比率	−0.005 4	0.001	−7.712	0.000	−0.007	−0.004
18. 非流动资产	−0.005 6	0.001	−7.076	0.000	−0.007	−0.004
19. GDP 当季同比	−0.004 8	0.001	−6.334	0.000	−0.006	−0.003
20. CPI 当月同比	0.003 0	0.001	5.214	0.000	0.002	0.004
综合检验	342.129		DW 检验		0.022	
概率(综合检验)	0.000		JB 检验		349.117	
偏度	0.205		概率(JB)		0	
峰度	2.976		条件数		5.84	

(三) 样本标注和标准化模块

1. 模型预测指标选择

本文建立的模型主要对债券违约风险进行预测。债券违约风险可以用多种指标来度量。信用评级和违约概率是违约风险度量的两种重要的指标。

信用评级是债券发行和银行发放贷款等借贷市场重要的信用风险度量工具。作为测量信用风险的一种基本方法,信用评级是建立在对借款人违约概率测度的基础上的。只有首先对借款人的违约概率做出科学测度,评级机构才能够精确地计算出预期损失的量,也才能对客户信用状况作出客观、准确的评估,进而才能保证投资者信用风险管理的科学性与有效性。

在此,我们建立的债券违约风险预测模型将分两个层次来构建模型输出:

第一层次,利用训练好的模型预测债券违约概率,以此表示债券违约风险预测;第二层次,根据违约概率与信用评级的关系,将债券违约预测转换为债券信用评级。模型违约概率预测是连续的,是模型信用评级调整的依据。信用评级的输出有利于与债券市场的债券信用评级相衔接和比较,便于投资者的使用,同时也避免了违约概率的小幅波动、频繁变动对投资者信心的过度影响。

违约概率(probability of default, PD)是指借款人在未来一定时期内发生违约的可能性。生存时间 T 是债券发行主体处于两难境地的时间,T 是概率密度函数 $F(t)$,累积密度函数是 $F(t)$ 的连续随机变量。生存函数 $S(t)$ 表示债券发行主体将存活到特定时间 t 的概率,其表达式如下:

$$S(t) = P(T \geqslant t) = 1 - F(t) = \int_t^\infty f(u) \mathrm{d}u \qquad (4-37)$$

风险函数 $h(t)$ 测量在个体生存时间 t 的条件下在下一时刻发生违约的概率。

$$h(t) = \lim_{\Delta t \to 0} \frac{P(t \leqslant T \leqslant t + \Delta t \mid T \geqslant t)}{\Delta t} = \frac{f(t)}{S(t)} \qquad (4-38)$$

神经网络深度学习模型是有监督学习模型。模型训练样本需要标准答案以矫正模型预测误差和参数。因此,在模型训练前需要对样本进行标注。在分类模型中,样本标注为各种类型,在预测模型中,样本需要用预测指标的实际值进行标注。模型预测违约概率,需要每只债券每天实际的违约概率作为标准答案。现实中,中国债券市场并没有每只债券每天的违约概率数据可供直接使用。因此,必须在机器学习前为每只样本债券估算每天的违约概率。显然,直接使用前面的式(4-38)是无法计算这些违约概率的。必须寻找其他计算方法。本文将采用三种方法来估计债券样本的违约概率。

2. 利用机器学习的无监督学习估计违约概率

机器学习就是根据输入数据的特征与标签(类别)分析(学习),来揭示它们之间的关系(规律)。有监督学习需要标签作为指导,无监督学习则是在训练样本的标记信息未知的情况下,通过一定的算法计算不同对象的特征相似度,并将相似对象归为一类,以揭示其学习对象的隐含类别的方法。聚类方法就是无监督学习的典型方法。通过聚类分析,我们可以将无标注信息的特征信息打上标签,从而为有监督学习的进一步分析奠定基础。

K_均值(K_Means)算法是聚类方法中的一个基本方法。K_均值算法将一组样本划分成 n 个不相交的簇(类),每个簇都用该簇中样本的均值描述,以最小化簇内方差平方和来寻找最优的类别划分。高斯混合模型是一个假设所有数据点都生成于有限个带有未知参数的高斯分布所混合的概率模型。它是 K_均值聚类算法的一种扩展使用，包含了数据的协方差结构以及隐高斯模型的中心信息。贝叶斯变分高斯混合（Bayesian Gaussian mixture）是具有贝叶斯变分推理算法的高斯混合模型。贝叶斯变分推理的优点在于可以自动选择合适的有效分类数量，推理更加稳定和需要更少的调优。正则化由于结合了先验信息，变分的解比期望最大化（expected maximum，EM）的解有更少的病理特征（pathological special cases）。其缺点是变分推理所需要的额外参数化使推理速度变慢，可能需要一个额外的交叉验证进行实验调优的超参数；推理算法存在许多隐含偏差，每当这些偏差和数据之间不匹配时，用有限模型可能会拟合出更好的模型。

在此，我们使用贝叶斯变分高斯混合模型估计中国债券市场违约风险预测模型样本的违约概率标签。为此，首先利用输入指标的全部样本进行贝叶斯变分高斯混合模型训练，再利用训练好的模型估计全部样本的分类。

模型训练利用机器学习软件包 sklearn 的贝叶斯变分高斯混合估计模块。输入样本指标 54 个，2 677 只样本债券 188.01 万组日频数据，限定最大分类 22 类，最大迭代 100 次。得到聚类结果及对应的信用评级如表 4-56 所示。

表 4-56　贝叶斯变分高斯混合分级与对应的信用评级

贝叶斯变分高斯混合分级			对应信用评级	发行评级	
分级	样本数（天）	比重（%）		发行只数	比重（%）
22	36 315	1.931	AAA+		
21	197 870	10.520	AAA	12 322	35.32
20	58 444	3.107	AAA−，A−1	7 742	22.19
19	756 720	40.231	AA+	6 924	19.85
18	73 504	3.908	AA	6 876	19.71
17	105 491	5.608	AA−，AA(2)	632	1.81
16	410 294	21.813	A+	218	0.62
15	37	0.002	A	123	0.35
14	62	0.003	A−	24	0.07
13	164 061	8.722	BBB+	29	0.08
12	39	0.002	BBB		

(续表)

贝叶斯变分高斯混合分级			对应信用评级	发行评级	
分级	样本数(天)	比重(%)		发行只数	比重(%)
11	34	0.002	BBB−		
10	55	0.003	BB+		
9	39	0.002	BB		
8	468	0.025	BB−		
7	129	0.007	B+		
6	39	0.002	B		
5	65	0.003	B−		
4	444	0.024	CCC		
3	468	0.025	CC		
2	444	0.024	C		
1	75 922	4.036	D		
合计	1 880 944	100		34 891	100

数据来源:同花顺 iFinD 和本文模型估计。

从表 4-56 和图 4-36 可知,采用贝叶斯变分高斯混合聚类方法对中国信用债市场到期和违约债券 188 万个日频样本数据聚类分级的结果呈现明显的尖峰厚尾分布。最多的日频债券级别为 19 级,占 40.23%(将其与债券市场信用评级的 22 级对应为 AA+级);其次为 16 级(对应评级为 A+级),占 21.81%;再次为 20 级(对应 AAA−和 A−1①),占 10.52%;最后为 13 级(对应 BBB+级),占 8.72%。其他等级的占比就较低了,但最差的 1 级(对应 D 级)却异军突起,占 4.04%。这种尖峰厚尾的分布状况,反映了中国信用债总体的信用状况还是比较好的。A 级及其以上占 87.1%,风险较高的 B 级占比偏高,而且一旦出现问题,就迅速地滑向实质性违约(D 级)。

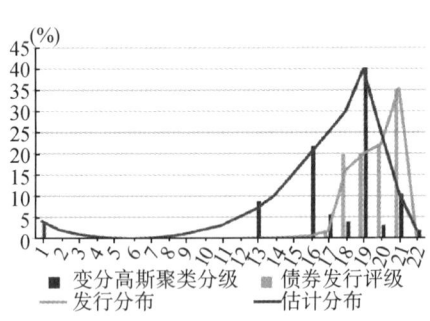

图 4-36 中国信用债聚类分级和发行评级比较

---

① A−1 为短期融资券的最高评级。

该估计结果与中国债券市场发行评级比较可见,二者的分布比较接近,总体都呈现尖峰厚尾分布。但是,发行评级峰度更偏右(数量最多的评级基本上为最高评级),尾部较短,最低评级为BBB+,比重仅占0.08%。这种差异一方面反映了中国信用债市场的债券信用风险从发行至到期逐步累积上升,信用评级逐步下调的过程,另一方面也说明中国信用债发行评级存在偏高的情况。

虽然采用贝叶斯变分高斯混合聚类方法对中国信用债违约风险的估计总体上还是比较好的,但是高斯分布是一种正态分布,而估计的中国信用债违约风险的分布并非正态分布,因此,其估计结果就不是无偏的。另外,估计结果中各分度(类别)的数量偏差较大,它表明具体债券的违约风险的转换可能是不连续的、跳跃性的。图4-37显示了一段具体债券违约风险分级预测的变动曲线。从中可见,该曲线在连续时间轴下,从最高的22级到最低的1级,波动较大,而且经常出现4~5级的双向波动,甚至出现上10级的波动。显然直接利用其估计的分类给神经网络预测模型进行分类标注是不行的。我们有必要探索其他方法来完善其分类标注,增加其标注的稳定性和连续性。

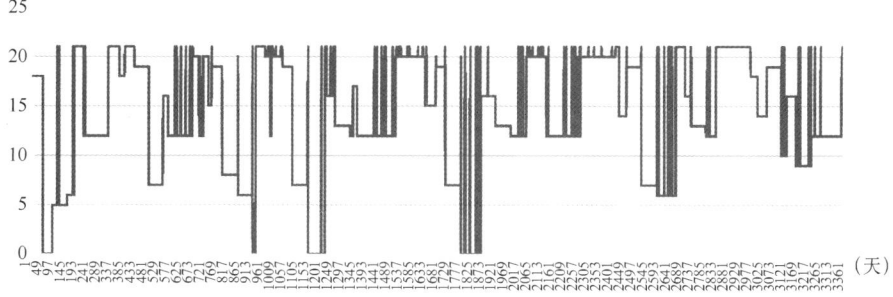

图 4-37 贝叶斯变分高斯混合模型估计的部分债券连续分类标注变动

3. 样本违约概率的市场指标估计

《巴塞尔新资本协议》中的内部评级方法为我们计算债券违约概率提供了参考。该方法使用三个主要指标:违约概率、违约损失率和违约暴露。

债务人违约可能给债权人带来的损失,即预期损失(EL)可用式(4-39)计算(沈培龙,崔婕,2005):

$$EL = PD \times LGD \times EAD \tag{4-39}$$

其中,PD为违约概率,指债务人未来在一定时期内无法偿还债务本金或利息或履行相关义务的概率。LGD为违约损失率,指债务人违约后对债权人造成的损失,以及承担风险的债务规模。EAD为违约风险暴露,其比例通常通过本金的大小或违约发生债券的面值来衡量(于立勇等,2004)。

从式(4-39)可知,计算预期债务损失的一个重要参数是违约概率。充分的违约记录是构建和估计违约概率模型的重要先决条件。这在目前的中国债券市场还比较缺乏。我们可以通过观察到的信用利差来估计预期违约概率。魏涛(2019)建议通过使用债券发行信用利差,来规避缺失违约记录的问题。在市场均衡条件下或在没有无风险套利机会的情况下,信用利差实际上包括预期的违约概率信息。通过观测到的信用利差,我们可以估计出无法直接观测到的预期违约概率。

设 cs 为债券的信用利差或风险溢价,则:

$$cs_t = r_{bt} - r_{ft} \tag{4-40}$$

其中,r_{bt} 是债券的发行利率,r_{ft} 是同一时期的无风险利率。

图 4-38 为中国债券市场 AA 级以上信用债的平均信用利差变动图。从中可见不同信用评级债券在不同经济环境下的信用差异变化。

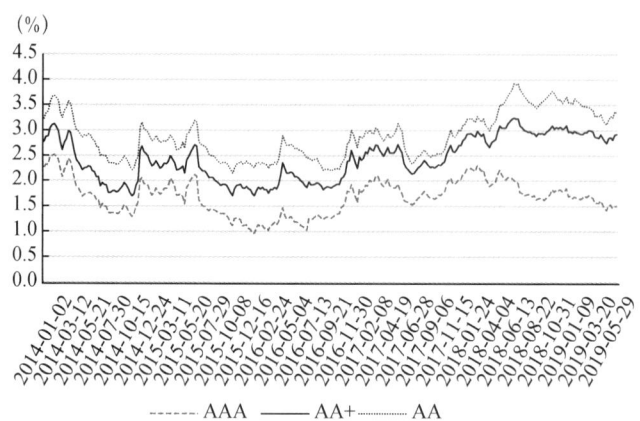

图 4-38　中国债券市场 AA 级以上信用债的平均信用利差
(数据来源:笔者根据同花顺 iFinD 数据绘制)

在市场均衡条件下,债券投资的预期回报率应等于无风险资产的投资回报率:

$$(1-p) r_b - p D^g = r_f \tag{4-41}$$

其中,p 是债券的违约概率,D^g 是债券违约后的损失率。

基于式(4-40)和式(4-41),可以推导出:

$$p = \frac{cs}{cs + r_f + D^g} = \frac{cs}{r_b + D^g} \tag{4-42}$$

根据违约数据,一些金融机构对中国公司债券的违约回收率做出了一些估计:根据 2018 年 11 月 5 日的违约数据,光大证券计算出违约债券的整体回收率为 30.37%(中国光大证券,2019 年),其中,国有企业回收率为 55.13%,私营企业回收率为 24.18%。中金公司统计分析了 2017 年年底前违约的公司债券,加权平均回收率为 31.2%(雷文斓等,2018 年),其中,国有企业回收率为 47.2%,非国有企业回收率为 26.2%。根据 iFinD 的统计数据,本文估计违约金额为 353.57 亿元,已支付 196.65 亿元,还款率为 11.05%。综合考虑,本文违约回收率采用 30%,违约损失率(1-违约回收率)约为 70%。由于中国债券市场许多信用债交易不充分,一些债券经常没有交易,其根据交易价格计算的到期收益率和信用利差波动较大,可以采用 5 日移动均线来过滤异常波动的影响。同时,对据此计算出的违约概率估计值的偏低和偏高值加以过滤,其计算公式如下:

$$p_t^e = \frac{csm_t}{r_{bt} + D_t^g} \quad (4\text{-}43)$$

$$p_t = \begin{cases} 1, & p_t^e \geqslant 1 \\ p_t^e, & 0.05 < p_t^e < 1 \\ 0.05, & p_t^e < 0.5 \end{cases} \quad (4\text{-}44)$$

其中,p_t 为违约概率估计值,p_t^e 为违约概率预估值,csm_t 为信用利差移动均线。据此计算的 2 只违约债券的违约概率估计值如图 4-39 所示。从图中可见,该方法根据债券信用利差的变动,基本能够较好地预告债券的违约风险,但仍存在过度波动的问题。

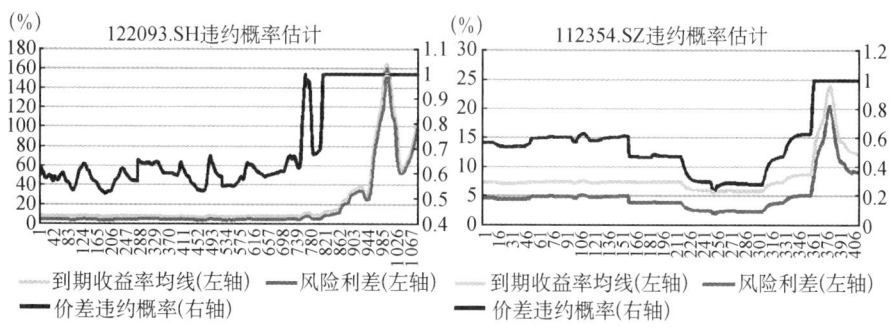

图 4-39 根据信用利差估计的违约债券违约概率

4. 利用违约信息倒推违约概率变动趋势

前面两种方法估计的债券违约概率的共同缺点都是波动太大、稳定性不足。当然,我们可以采用滤波或移动均线等方法来过滤其异常波动。但是,这种过滤方法在过滤异常波动的时候都会带来不同程度的反应滞后问题。另外，它们都没有充分利用已到期或已违约债券的违约概率信息。虽然中国债券市场的违约债券不多，其违约概率的统计不充分，但已有的违约债券和到期债券却为我们分析其违约风险提供了有用的信息。它们是否违约已经成为既定事实，不再具有不确定性。因此，根据它们违约日或到期日以及发行时评级的信息，我们可以尝试采用一定的方法倒推其上市期间的违约概率变动趋势，作为前两种违约概率估计的补充。

对于违约债券，其违约日的违约概率达到最大，即100%。在违约日之前，虽然各种信息已经反映该债券将违约，由于债券违约对发债主体的负面影响是巨大的，许多可能违约的发债主体仍然尝试采用各种方法去避免违约。未形成实质性违约之前，仍存在不确定性。因此，我们可以假设其违约概率在违约日之前遵循一定的分布变动，我们可以根据这种分布来估计其变动趋势。这种趋势是违约债券共同的变动趋势估计，而前面使用贝叶斯变分高斯混合模型和信用利差模型估计的违约概率是每一只债券特有的变动形态估计。可以采用加权平均的方法将三种方法估计的违约概率综合形成本文对每一只违约债券违约概率日频变动形态的估计。

根据对违约债券已有信用评级演变趋势的分析，大部分违约债的违约概率在前期是比较稳定的，在后期则呈现加速上升的态势，直到违约时达到100%。两只代表性违约债券信用评级和违约概率估计如表4-57和图4-40所示，而且图4-40右图的形态在违约债中更多一些。因此，我们用图4-41所示的曲线形态来描述违约债的一般违约概率趋势估计。其计算公式如下：

$$r'_t = \frac{n}{n+t} \quad (4-45)$$

其中，r'_t为对违约债t时的违约概率估计，t为距违约时间，在此以交易日表示，n为违约风险加速的天数估计，在此估计为120个交易日，约半年时间。

表4-57 违约债信用评级和违约概率估计

136520.SH			135680.SH		
评级日期	信用评级	违约概率估计	评级日期	信用评级	违约概率估计
2016-06-07	AA+	0.204 5	2015-12-30	AA	0.249
2017-05-27	AA+	0.204 5	2016-07-29	AA	0.249
2018-06-22	AA+	0.204 5	2017-06-21	AA	0.249
2018-07-05	A	0.367 8	2018-06-22	AA	0.249

(续表)

136520.SH			135680.SH		
评级日期	信用评级	违约概率估计	评级日期	信用评级	违约概率估计
2018-07-06	CC	0.796 6	2019-01-11	AA−	0.290 8
2018-10-24	C	0.903 5	2019-03-13	A	0.367 8
2019-06-26	C	0.903 5	2019-03-27	BBB	0.475
2019-07-07*	D	1	2019-04-17	BB+	0.546 7
			2019-08-04*	D	1

数据来源:同花顺 iFinD。

注：*最后日期为违约日,信用评级 D 为笔者标注,其余日期为评级公司评级日期。违约概率为根据笔者计算的信用评级与违约概率对照表估算的。

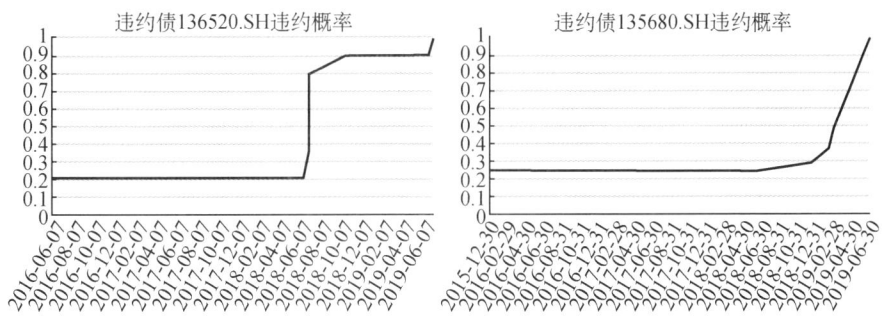

图 4-40　根据信用评级计算的违约债违约概率变动曲线

图 4-41 的纵坐标为违约概率,横坐标为距违约日的时间,以交易所交易日表示。从图中可知,违约债的违约风险(以违约概率表示)在发行上市初期较低,变动较为平缓。随着债券发行主体经营状况的恶化,债券违约日期的逼近,违约风险加速上升,违约概率最后达到 100%。这仅是对违约债券违约风险的一般趋势描述,每一个具体的违约债券的违约概率的变化都有自己的特

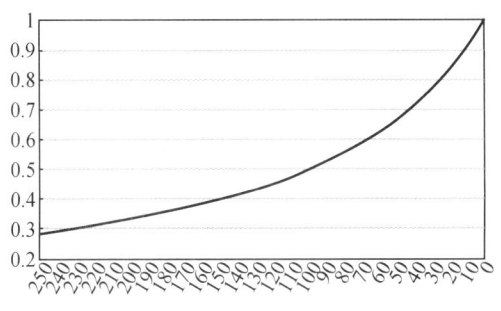

图 4-41　违约债违约概率变动趋势估计

殊形态。我们并不能够用该曲线来直接标注具体的违约债券的违约概率变化。但我们将它与前文分析的两种方法估算的违约概率相结合,就可以为违约债提供较好的违约概率标注。

5. 利用到期债券的信息倒推其违约概率变动趋势

到期债券的违约风险已经不再具有不确定性,它们在到期日前没有违约,也不会再违约。2019 年 9 月 30 日统计的 5 542 只到期债券中,从 AA 级以上调低到 C 级的债券只有 31 只,占 0.56%;调低到 B 级的只有 15 只,占 0.27%。调低 1~2 级的占 40% 左右,维持不变的占 50% 以上,调升 1 级的占 5%~6%。到期债券的平均违约概率变动在 5%~10%。据此,我们可以根据债券的发行至到期前的最新评级,确定该到期债券违约概率的变动区间,并采用插值法确定其变动趋势。其计算公式如下:

$$r'_t = t \times \frac{r_T - r_0}{T} + r_0 \quad (4\text{-}46)$$

其中,r'_t 为到期债券违约概率估计,r_0 为初期违约概率,根据发行评级估算,r_T 为到期违约概率,根据到期前最新评级估算,t 为债券剩余期限;T 为债券总期限。

6. 标注债券违约概率估计

本文采用加权平均的方法将以上三种方法估计的债券违约概率集合为综合违约概率估计。其计算公式如下:

$$r_t = \sum_{i=1}^{3} a_i r'_{it} \quad (4\text{-}47)$$

其中,r_t 为加权平均违约概率估计,r'_{it} 为第 i 种违约概率估计,a_i 为第 i 种违约概率估计的权重。

在此,趋势估计的权重为 0.4,其余两种估计的权重分别为 0.3,三项合计为 1。据这些方法计算两只违约债券和两只到期债券的违约概率估计如图 4-42 和

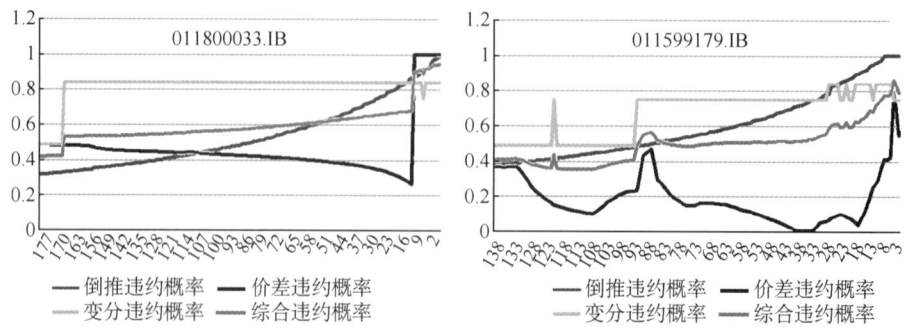

图 4-42 违约债违约概率的估计示例

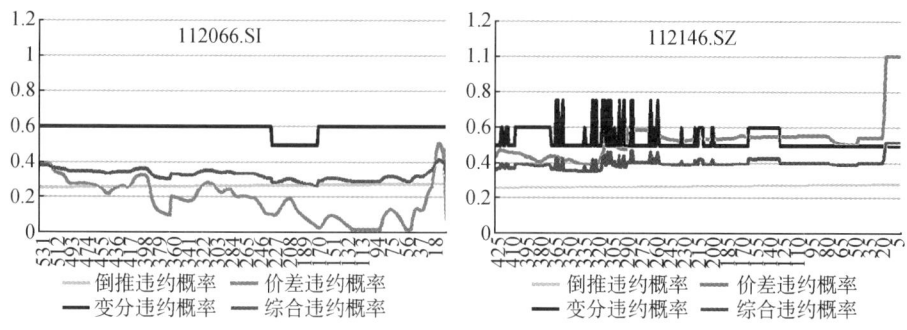

图 4-43 到期债违约概率的估计示例

图 4-43 所示。从中可见,加权平均违约概率估计既反映了违约债券违约概率变动的一般趋势,又反映了不同债券违约概率自身演变的特点,是在已有数据条件下的一个较优估计。它们可以作为本文建立的神经网络债券违约概率预测模型训练和验证所需样本标注的适当指标。

7. 数据标准化

本模块除了对样本进行标注外,还需要对样本进行标准化。输入 54 个样本的量纲不同,有总量,有金额,有比率,数值差别很大;不同企业不同时期的同一指标也相差很大。如果不进行标准化处理,用原始数据直接进行模型训练,将导致估计的参数仅对少数极值敏感,而对大量的微小差异不敏感,也容易导致机器学习模型的过拟合,影响其泛化能力(推广应用能力)。因此,输入样本数据的标准化具有重要的意义。

标准化的方法包括均值-方差法和极小极大值法。

极小极大标准化(min-max normalization)也称为离差标准化,是指通过对原始数据的线性变换,使结果值映射到[0,1]区间。转换函数如下:

$$x_{jt}^* = \frac{x_{jt} - min_j}{max_j - min_j} \quad (4-48)$$

其中,x_{jt} 为 j 指标原样本数据,min_j 为该指标的极小值,max_j 为该指标的极大值,x_{jt}^* 为标准化后的值,其取值在[0,1]区间。其缺陷就是当有新数据加入时,可能导致 max 和 min 的变化,需要重新标准化。

均值-方差法又称作 Z-score 标准化方法,是指利用原始数据的均值(mean)和标准差(standard deviation)进行数据的标准化。经过处理的数据符合标准正态分布,即均值为 0,标准差为 1,转化函数如下:

$$x_{jt}^* = \frac{x_{jt} - \mu_j}{\sigma_j} \quad (4-49)$$

其中，μ_j 为 j 指标所有样本数据的均值，σ_j 为 j 指标所有样本数据的标准差。本文采用均值-方差标准化方法。

（四）LSTM 债券违约概率预测模型

本文建立的中国信用债违约风险预测模型的主模块采用神经网络学习方法中的 LSTM 长短期记忆模型。利用深度学习神经网络训练框架 Keras，在 TensorFlow 环境支持下运行。该模型包括嵌入（embedding）层 1 层、LSTM 层 11 层、随机剔除（dropout）层 9 层和全连接（dense）层 1 层，共计 22 层。嵌入层将准备好的二维数据转换为模型训练需要的三维数据。滞后期为 2 期。由 2 期滞后的多层网络已经形成多期滞后，已经能够较好地反映多期滞后的影响。如果增加单层滞后期数，除了增加神经网络的复杂性和计算量外，并不能有效提高模型的训练效果。经过多方案实验比较，最终选择 2 期滞后。

Dropout 层为输入数据施加 dropout，在训练过程中每次更新参数时按一定概率（rate）随机断开输入神经元，用以防止过拟合。本模型前面 8 层 dropout 层采用 25% 的比率，最后 1 层 dropout 层采用 12.5% 的比率。

模型训练需要估计的参数为 5 242 965 个。其模型结构和待估参数如表 4-58 所示。模型训练目标为验证的平均绝对误差（$Val\_Mean\_Absolute\_Error$）最小化，优化器（optimizer）为 RMSprop。

表 4-58　中国信用债违约概率 LSTM 预测模型结构

层（类型）[Layer（type）]	输出形状（Output Shape）	估计参数（Param #）
embedding_1 (Embedding)	(None, None, 2)	3 029 882
lstm_1 (LSTM)	(None, None, 162)	106 920
lstm_2 (LSTM)	(None, None, 162)	210 600
dropout_1 (Dropout)	(None, None, 162)	0
lstm_3 (LSTM)	(None, None, 162)	210 600
dropout_2 (Dropout)	(None, None, 162)	0
lstm_4 (LSTM)	(None, None, 162)	210 600
dropout_3 (Dropout)	(None, None, 162)	0
lstm_5 (LSTM)	(None, None, 162)	210 600
dropout_4 (Dropout)	(None, None, 162)	0
lstm_6 (LSTM)	(None, None, 162)	210 600
dropout_5 (Dropout)	(None, None, 162)	0
lstm_7 (LSTM)	(None, None, 162)	210 600

(续表)

层(类型)[Layer (type)]	输出形状(Output Shape)	估计参数(Param #)
dropout_6 (Dropout)	(None, None, 162)	0
lstm_8 (LSTM)	(None, None, 162)	210 600
dropout_7 (Dropout)	(None, None, 162)	0
lstm_9 (LSTM)	(None, None, 162)	210 600
dropout_8 (Dropout)	(None, None, 162)	0
lstm_10 (LSTM)	(None, None, 162)	210 600
dropout_9 (Dropout)	(None, None, 162)	0
lstm_11 (LSTM)	(None, 162)	210 600
dense_1 (Dense)	(None, 1)	163

参数总数：5 242 965

可训练参数：5 242 965

不可训练参数：0

(五) 预测结果过滤模块

违约风险预测模型在经过一定的训练和验证后，即可用于信用债违约风险预测。影响违约债信用风险的因素众多，模型考虑的因素和训练的样本数据的有限性可能导致预测结果出现异常波动，而异常波动的预测结果发布又可能对债券市场带来不利冲击。为了减少这种异常波动的不利冲击，有必要对神经网络预测模型预测的结果进行进一步的过滤，以平滑违约概率预测曲线。

过滤异常波动的方法很多，简单的如移动平均法，使用十分方便，但通常反应滞后。卡尔曼滤波(Kalman filtering)是去除噪声还原真实数据的一种数据处理技术，在测量方差已知情况下能够从一系列存在测量噪声的数据中，估计动态系统的状态，是目前应用最为广泛的滤波方法之一，在通信、导航、制导与控制等多领域得到了较好的应用。LSTM 预测模型是多因素输入非线性动态模型，卡尔曼滤波是单因素输入非线性动态模型。LSTM 模型对债券违约概率的预测可以看作对债券违约概率的近似估计(实际的违约概率无法观测)，存在一定的噪声。这相当于自动驾驶中卫星定位系统对汽车位置的定位，是一个近似的估计。自动驾驶系统中的定位系统(卡尔曼滤波)利用卫星定位信息和系统对定位信息误差分布的估计来预测汽车下一步的定位，然后再根据新的卫星定位信息修正其定位估计。本模型使用 LSTM 模型对债券违约概率的预测作为卡尔曼滤波的输入,卡尔曼滤波过滤其噪声后输出自己的预测值。

(六) 违约概率转换为信用评级模块

虽然经过卡尔曼滤波过滤的债券违约概率预测已经较为平滑,可以作为模型预测结果输出,但是,由于债券市场对具体债券的违约概率并无统计,难以对模型预测结果进行评价,也不利其使用。债券市场主要使用信用评级来度量其信用风险,为了方便模型预测结果与其比较和使用,有必要将预测结果转换为信用评级。

债券违约概率分布可以用 logistic 函数描述:

$$f(x) = \frac{1}{1+e^{-x}} \quad (4-50)$$

其中,$f(x)$ 为违约概率,x 为信用等级。在此,对应于 D 到 AAA+ 的 22 级,x 取值在 $[-5.5, 5.0]$,其评级和对应的违约概率如表 4-59 和图 4-44 所示。利用如表 4-59 所示的对照关系,我们可以将经卡尔曼滤波过滤的债券违约概率预测转换为信用评级。

表 4-59 信用评级与违约概率对照表

编号	信用评级 ABC 等级	x	信用等级违约概率变动	违约概率 $f(x)>$
22	AAA+	3.5	0	0.029 3
21	AAA	3.2	0.009 9	0.039 2
20	AAA−,A-1	2.9	0.013 0	0.052 2
19	AA+	2.6	0.017 0	0.069 1
18	AA	2.3	0.022 0	0.091 1
17	AA−,AA(2)	2.0	0.028 1	0.119 2
16	A+	1.7	0.035 3	0.154 5
15	A	1.4	0.043 4	0.197 8
14	A−	1.1	0.051 9	0.249 7
13	BBB+	0.8	0.060 3	0.310 0
12	BBB	0.5	0.067 5	0.377 5
11	BBB−	0.2	0.072 6	0.450 2

(续表)

信用评级			信用等级违约概率变动	违约概率 $f(x)>$
编号	ABC 等级	x		
10	BB+	−0.1	0.074 8	0.525 0
9	BB	−0.4	0.073 7	0.598 7
8	BB−	−0.7	0.069 5	0.668 2
7	B+	−1.0	0.062 9	0.731 1
6	B	−1.3	0.054 8	0.785 8
5	B−	−1.6	0.046 2	0.832 0
4	CCC	−1.9	0.037 9	0.869 9
3	CC	−2.2	0.030 4	0.900 2
2	C	−2.5	0.023 9	0.924 1
1	D	−2.8	0.018 5	0.942 7

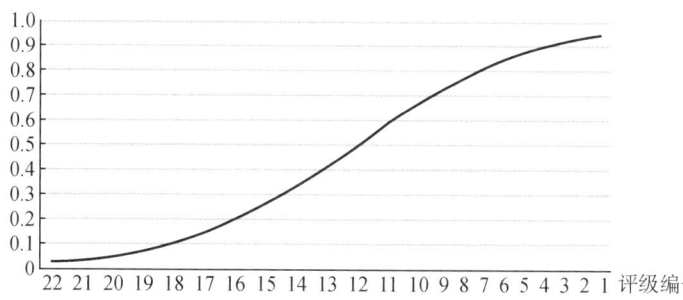

图 4-44 违约等级对应的违约概率分布

四、中国信用债违约风险预测模型训练

为了便于比较分析，本文根据前述 3 种输入指标方案建立了 3 种债券违约 LSTM 预测模型，即 55 个指标模型、40 个指标模型和 20 个指标模型，分别利用相关的指标数据进行模型训练和预测。

(一) 训练样本和测试样本

本文建立的中国信用债市场违约风险神经网络预测模型的样本数据，初选样本包括 2014—2019 年(截至 9 月)违约债券 399 只、发行评级在 A 以下债券 920 只和 2019 年 9 月以前已到期信用债 10 388 只，总计 11 707 只。债券品种包括信用债中的公司债、企业债、中期票据、短期融资券。选择违约债样本是因为它们是估计违约概率的最好样本,但由于违约样本数量有限,加上许多违约债缺乏财务数据甚至市场交易数据,并不能完全使用,所以,增加选择了评级在 A 以下的债券样本,以增加信用风险较高的样本数量。选择到期债券作为样本,则是因为中国信用债大多数债券是非违约债券,但在到期前尚存在较大的不确定性,而到期债券没有违约已经没有不确定性。这对于训练模型中的非违约样本的标注有利。排除交易数据、财务报表等数据缺乏的债券,最后选择样本债券 2 576 只,其中,违约债 141 只,A 以下债券 74 只,到期债券 2 361 只。

由于违约风险较大的违约债和 A 以下债券的样本较少,风险较低的到期债样本较多,各种风险类型的样本不平衡,可能导致模型训练的结果偏向低风险的样本。为解决各类型风险样本不平衡的问题,可以采取两种方法:①使用全部高风险样本,低风险样本则采取随机抽样配比,使二者的样本总量基本相当;②使用所有样本,高风险样本通过重复使用,使其与低风险样本总量相等。两种方法都使一轮训练和验证中两类风险样本基本相当,但第一种方法的缺点是低风险样本丢失太多,没有充分利用其有用信息;而第二种方法则使所有样本的有用信息都得到较充分的利用。本文采用第二种方法:先将高风险和低风险样本分别按 80% 比 20% 的比例划分为训练样本和验证样本,再将高低风险样本一对一地组合为训练样本和验证样本,从而保证所有样本在训练样本和验证样本中不出现交叉,以提高模型验证的准确度。

模型样本为每只样本债券的日频数据,即每一个交易日的数据。对于没有日数据的指标,如财务指标,则在新的季度数据发布前沿用前一季度数据,发布后更新为当季数据。全部样本共计 1 912 426 组日频数据(3 个模型分别对应 55 个、40 个和 20 个指标日频数据),其中训练样本 1 514 941 天,占 79.22%,验证样本 397 485 天,占 20.78%(每只债券的样本天数不一致,导致它们不是 80%:20%)。

(二)模型训练

本文建立的中国信用债违约风险 LSTM 预测模型,使用神经网络学习框架 Keras 在 Tensorflow 环境下进行训练。模型训练和验证同时进行,优化目标为最小化违约预测概率的验证均值绝对误差($Val\_Mean\_Absolute\_Error$)。在此,以 55 个指标模型为例说明训练过程。随训练轮次(epoch)的增加,均值绝对误差($Mean\_Absolute\_Error$)逐步缩小,经过 8 个轮次的训练,下降为 0.021 4。但验证均值绝对误差在经过 6 个轮次训练降到最低 0.062 3 后不再下降,为了避免模型训练的过拟合,停止训练,并将最优的第 6 轮次的训练模型参数保存供预测使用。模型训练利用神经网络深度学习框架 Keras 在 2 个 GPU 上进行,用时近 20 小时,训练的结果如图 4-45、图 4-46 所示。其余 2 个

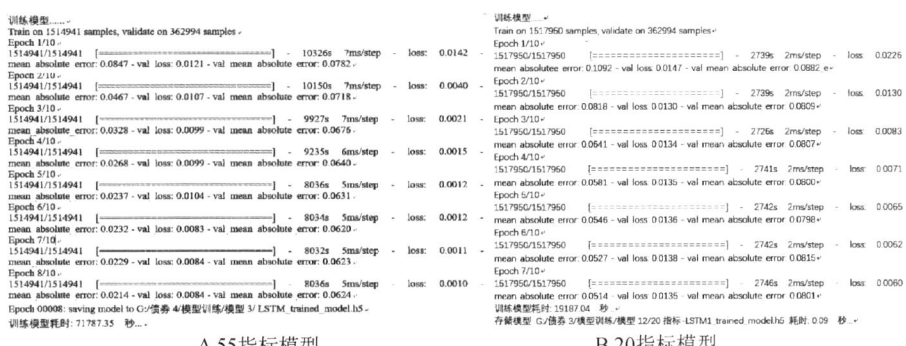

```
训练模型......
Train on 1514941 samples, validate on 362994 samples
Epoch 1/10
1514941/1514941 [==============================] - 10326s 7ms/step - loss: 0.0142 -
mean absolute error: 0.0847 - val loss: 0.0121 - val mean absolute error: 0.0782
Epoch 2/10
1514941/1514941 [==============================] - 10150s 7ms/step - loss: 0.0040 -
mean absolute error: 0.0467 - val loss: 0.0107 - val mean absolute error: 0.0718
Epoch 3/10
1514941/1514941 [==============================] - 9927s 7ms/step - loss: 0.0021 -
mean_absolute_error: 0.0328 - val loss: 0.0099 - val mean absolute error: 0.0676
Epoch 4/10
1514941/1514941 [==============================] - 9235s 6ms/step - loss: 0.0015 -
mean absolute error: 0.0268 - val loss: 0.0099 - val mean absolute error: 0.0640
Epoch 5/10
1514941/1514941 [==============================] - 8036s 5ms/step - loss: 0.0012 -
mean absolute error: 0.0237 - val loss: 0.0104 - val mean absolute error: 0.0631
Epoch 6/10
1514941/1514941 [==============================] - 8034s 5ms/step - loss: 0.0012 -
mean absolute error: 0.0232 - val loss: 0.0083 - val mean absolute error: 0.0620
Epoch 7/10
1514941/1514941 [==============================] - 8032s 5ms/step - loss: 0.0011 -
mean absolute error: 0.0229 - val loss: 0.0084 - val mean absolute error: 0.0623
Epoch 8/10
1514941/1514941 [==============================] - 8036s 5ms/step - loss: 0.0010 -
mean absolute error: 0.0214 - val loss: 0.0084 - val mean absolute error: 0.0624
Epoch 00008: saving model to G:/债券 4/模型训练/模型 3/ LSTM_trained_model.h5
训练模型耗时: 71787.35 秒...
```

A.55指标模型

```
训练模型......
Train on 1517950 samples, validate on 362994 samples
Epoch 1/10
1517950/1517950 [======================] - 2739s 2ms/step - loss 0.0226
mean absolutee error: 0.1092 - val loss 0.0147 - val mean absolute error: 0.0882_e
Epoch 2/10
1517950/1517950 [======================] - 2739s 2ms/step - loss 0.0130
mean absolute error: 0.0818 - val loss 0.0130 - val mean absolute error: 0.0809
Epoch 3/10
1517950/1517950 [======================] - 2726s 2ms/step - loss 0.0083
mean absolute error: 0.0641 - val loss 0.0134 - val mean absolute error: 0.0807
Epoch 4/10
1517950/1517950 [======================] - 2741s 2ms/step - loss 0.0071
mean absolute error: 0.0581 - val loss 0.0135 - val mean absolute error: 0.0800
Epoch 5/10
1517950/1517950 [======================] - 2742s 2ms/step - loss 0.0065
mean absolute error: 0.0546 - val loss 0.0136 - val mean absolute error: 0.0798
Epoch 6/10
1517950/1517950 [======================] - 2742s 2ms/step - loss 0.0062
mean absolute error: 0.0527 - val loss 0.0138 - val mean absolute error: 0.0815
Epoch 7/10
1517950/1517950 [======================] - 2746s 2ms/step - loss 0.0060
mean absolute error: 0.0514 - val loss 0.0135 - val mean absolute error: 0.0801
训练模型耗时: 19187.04 秒...
存储模型 G:/债券 3/模型训练/模型 12/20 指标-LSTM1_trained_model.h5 耗时: 0.09 秒...
```

B.20指标模型

图 4-45 LSTM 债券违约概率预测模型训练过程

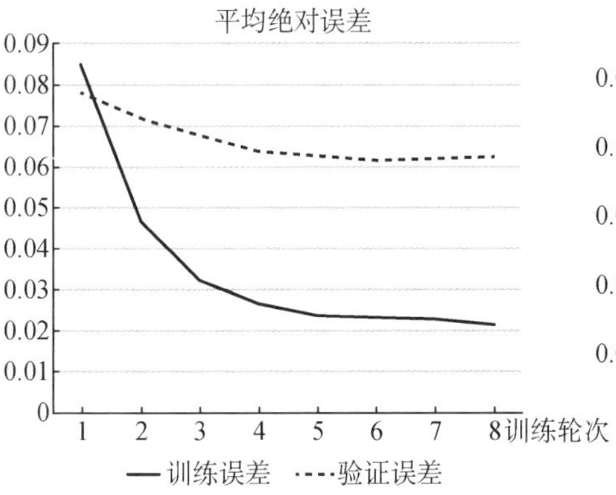

A. 55指标模型

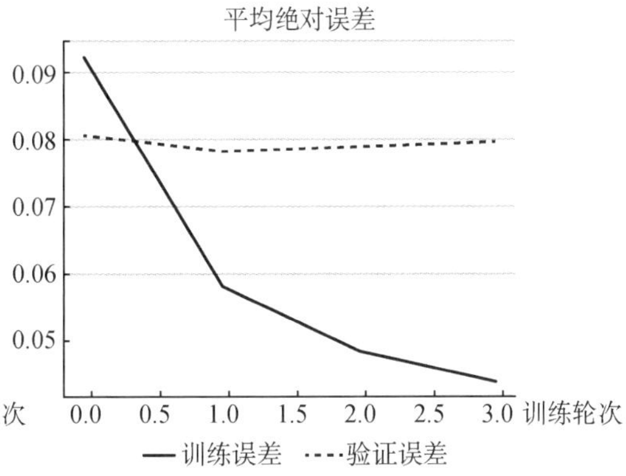

B. 40指标模型

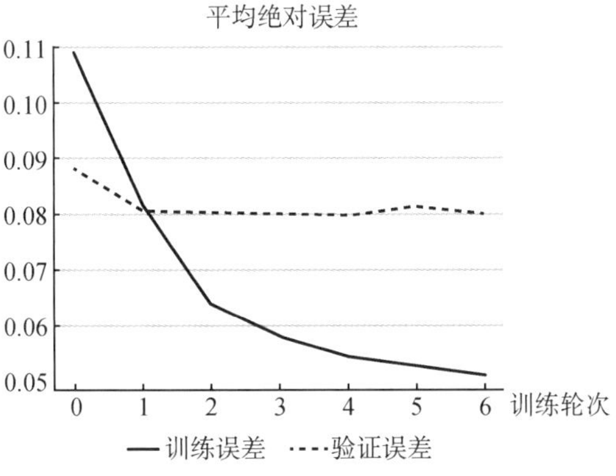

C. 20指标模型

图 4-46 不同种指标模型训练结果比较

模型的训练过程基本相当。三个模型的训练结果总体差别不是很大：具有55个指标的A模型的训练最好，最小验证均值绝对误差为0.0624；具有40个指标的B模型居中，最小验证均值绝对误差为0.0782；具有20个指标的C模型较差，最小验证均值绝对误差为0.0801。这说明具有较少指标的C模型丢掉了一些有用信息，虽然在本书对指标筛选的讨论中显示C模型的多重共线性问题最轻。这也说明，在深度学习模型的指标筛选时，多重共线性可能并不是指标选择的主要标准。

五、模型预测和评价

（一）模型预测

在模型训练好后，即可利用该模型进行债券违约概率的预测检验。在此，利用不包括在训练样本中的测试样本进行预测检验。测试样本包括到期债券492只、违约债券41只（合计533只债券）362 994天的数据样本。首先利用训练好的LSTM模型进行预测。由于LSTM模型具有时间相关性，输入预测的样本按单只债券整体输入。预测结果利用卡尔曼滤波过滤后输出每只样本债券每一天的违约概率预测值。为了方便与其他市场信用评级比较，再利用表4-59所示的债券违约概率与信用评级对照表将其转换为模型的评级预测。

（二）预测结果评价

预测效果评价模块对模型预测结果进行的评价分两个部分进行。为节省篇幅，在单个债券的预测评价中，仅列出A模型的预测结果，在综合评价时则对三个模型进行比较。

1. 单个债券的预测评价

模型将把每一只债券的预测结果与已有的信用评级进行比较，并绘制图形。在此选择了中债市场隐含评级作为对比评级。中债市场隐含评级——债券债项评级是中债估值中心从市场价格信号和发行主体披露信息等因素中提炼出的动态反映市场投资者对债券的信用评价信息的评级，是目前市场债券评级最全面、调整最及时、在中国信用债市场具有权威影响力的评级。因此，与其比较具有重要意义。

图4-47显示了部分样本债券的违约风险和信用评级变动预测与中债隐含评级的比较。图形上部为模型对债券违约概率的预测，Real为模型标注的违约概率估计，predict为模型预测，MA为滤波平滑后的预测值。图形下部为信用评级，Rating为本文模型预测评级，implied_rating为中债隐含评级。

如图4-47A所示为训练样本违约债券的违约概率和信用评级与隐含评级的比较。从中可见，不仅违约概率预测都较好地拟合了样本的违约概率标注，而且信用评级基本上都比隐含评级更早下调，更早预报了债券的违约风险。这说明本文采用的样本违约概率的估计和标注是基本合理的，模型训练是有效的。

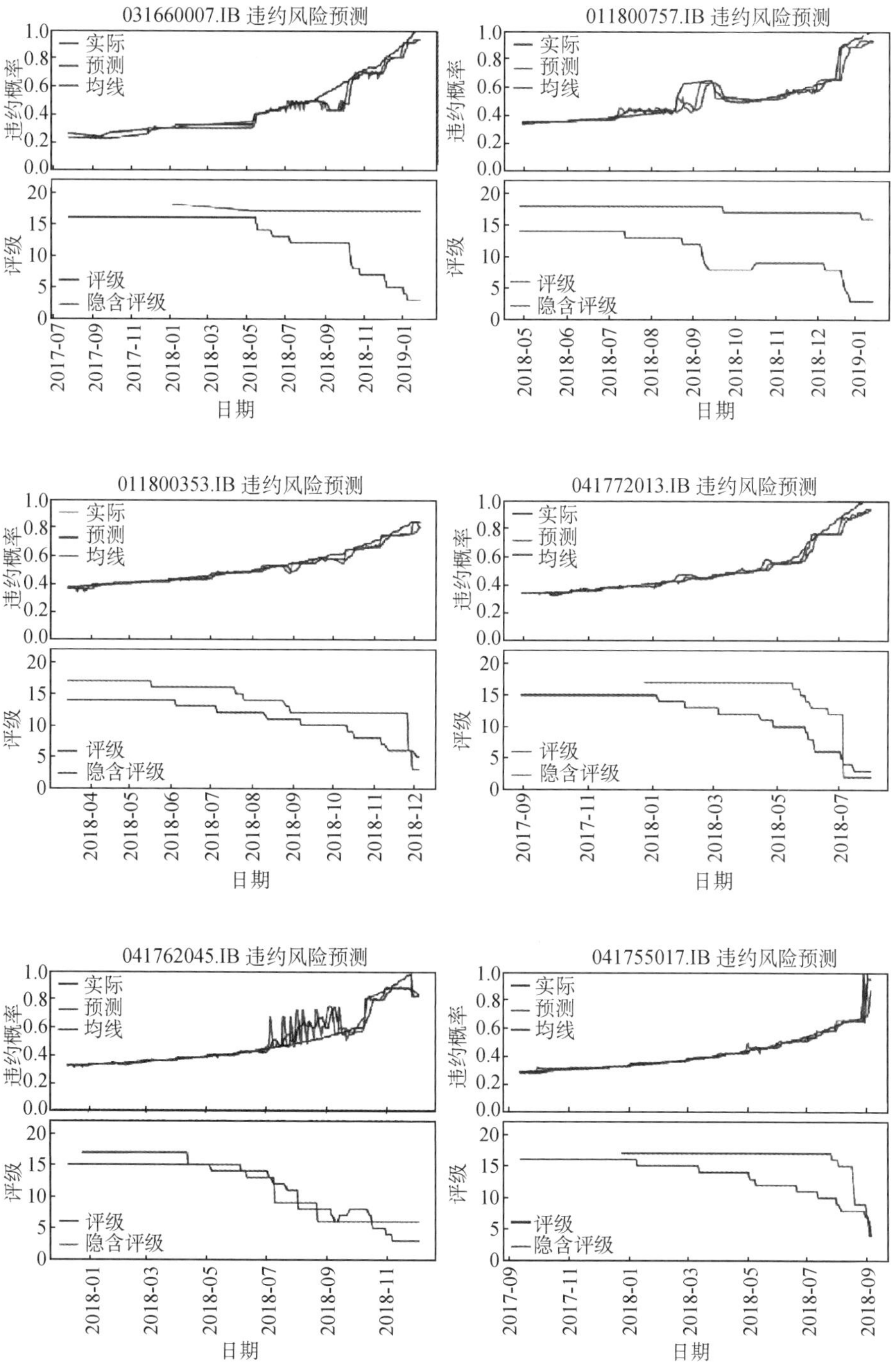

A. 训练样本：违约债券

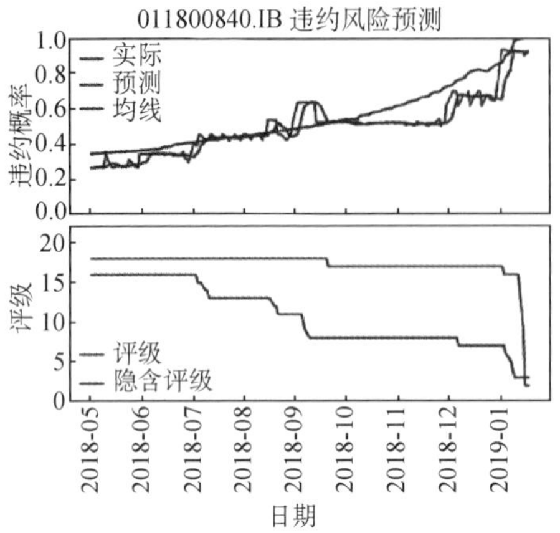

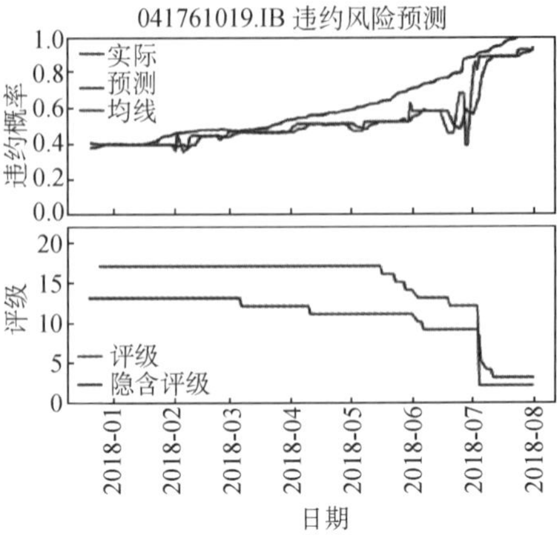

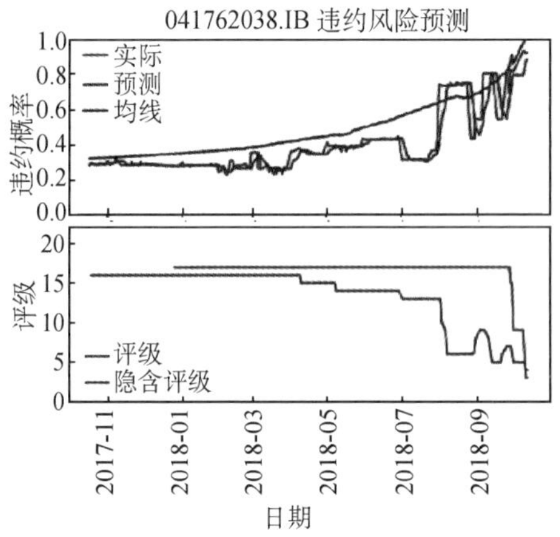

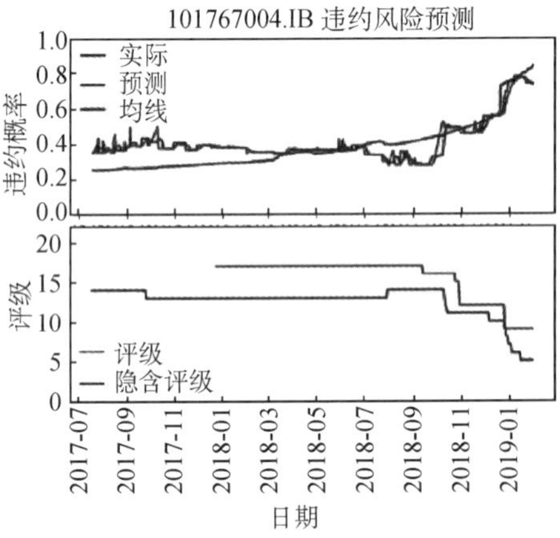

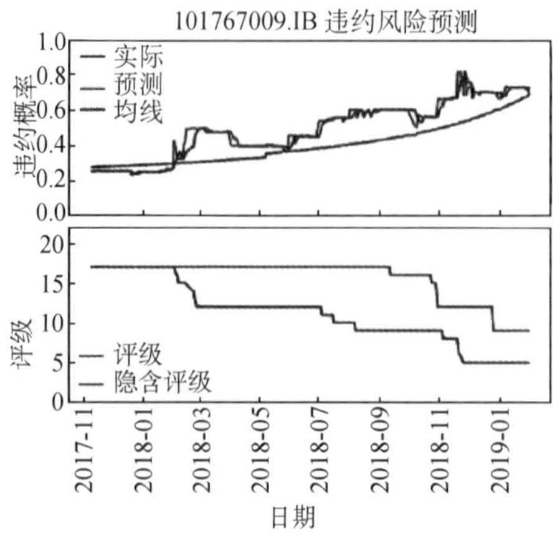

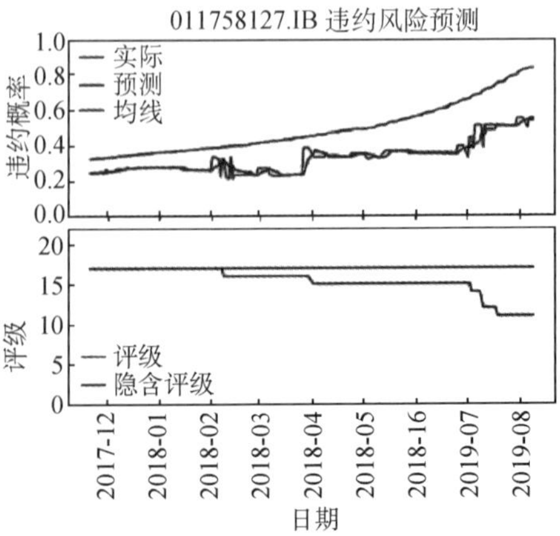

中国企业债市场发展 **第四章**

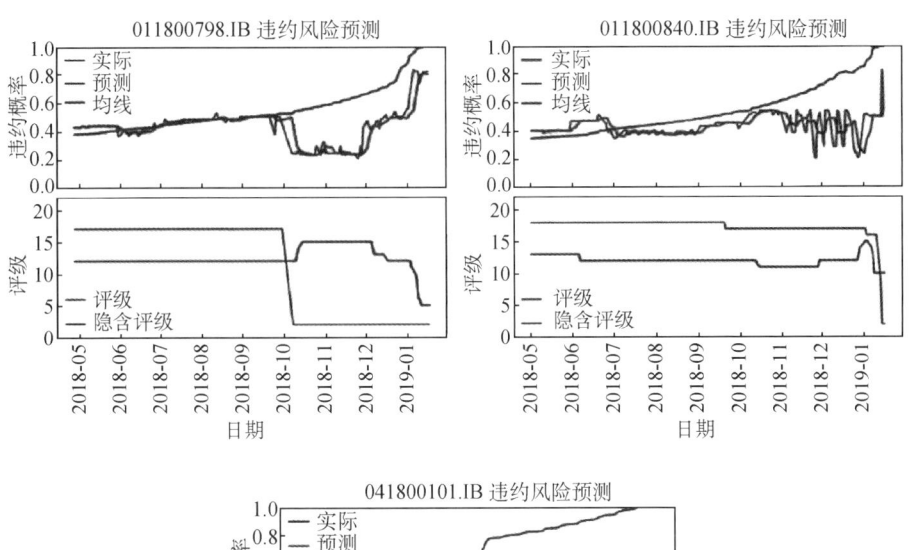

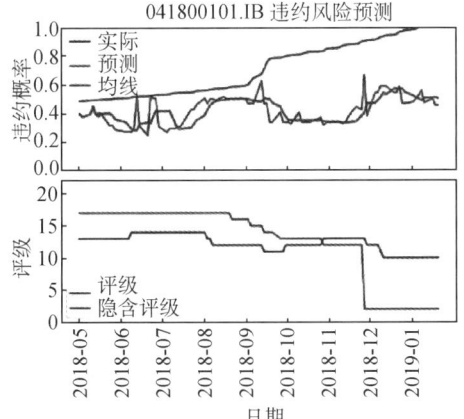

B. 测试样本:违约债券

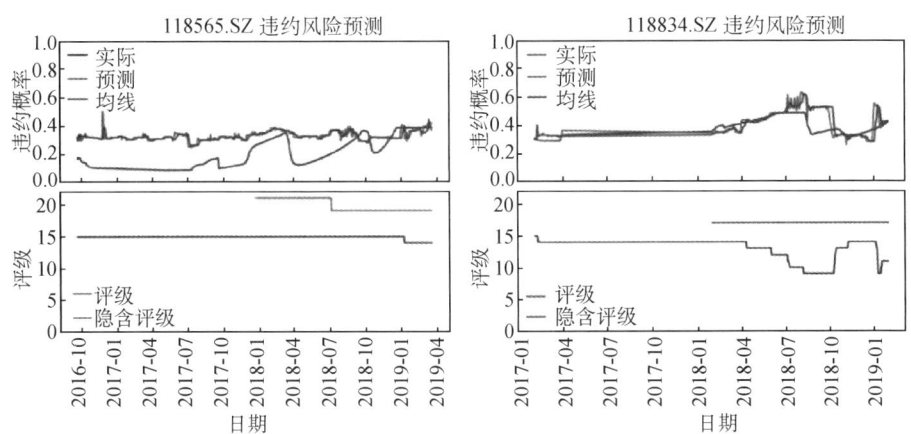

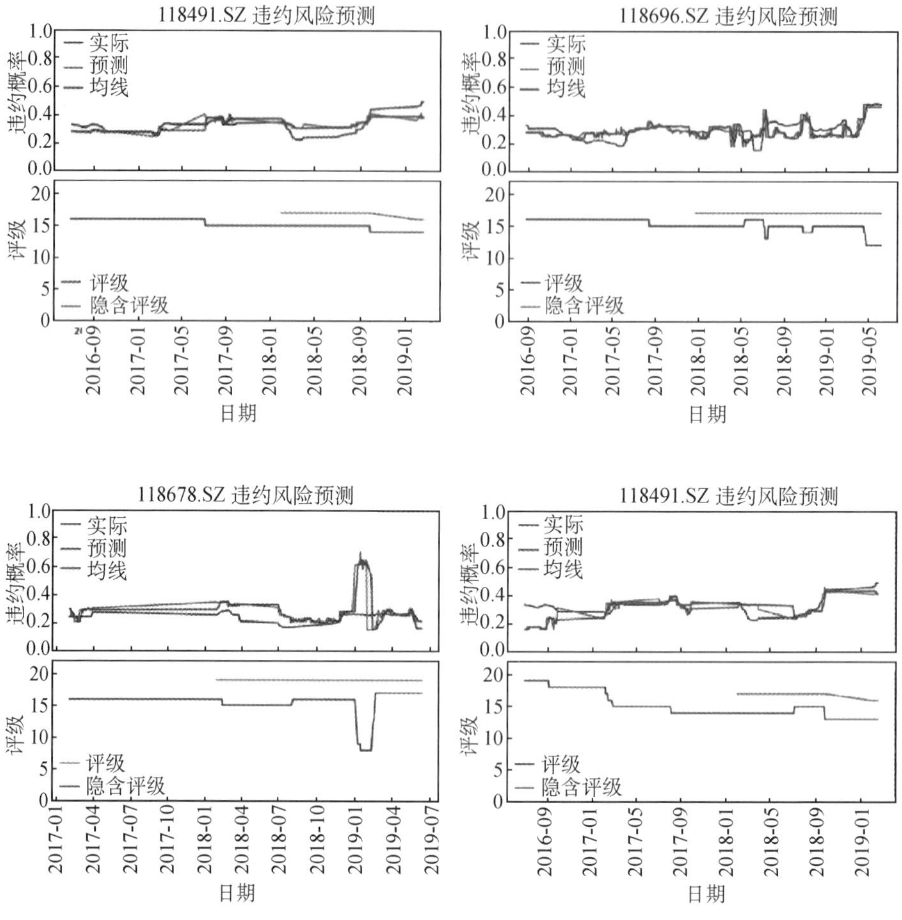

C. 测试样本：到期债券

图 4-47 模型部分样本债券违约概率和信用评级变动预测与中债隐含评级比较

如图 4-47B 所示为测试样本违约债券的违约概率和信用评级与隐含评级的比较。从中可见，它们对违约概率的预测基本上能够较好地拟合其样本标注，其信用评级大多数比隐含评级更早下调，基本上能够提前预报债券的违约风险。这说明本文建立的债券违约概率预测模型具有较好的泛化能力，但与训练样本相比，仍存在一定差距，有进一步改进的空间。

如图 4-47C 所示为测试样本到期债券的违约概率和信用评级与隐含评级的比较。从中可见，它们对到期债券违约风险和信用评级的预测总体上比较平稳，基本反映了这些到期债券较低的违约风险水平，但与中债隐含评级相比，评级水平略微偏低，这在中国信用债发行评级虚高的情况下，可能是适当的。

综上可见,从单个债券的预测来看,本文所建模型的债券违约风险预测效果总体较好,大部分违约债券都提前预报了债券的违约风险,评级变动较为稳定,基本克服了违约概率预测中的异常波动,但也有部分预测反应滞后。

2. 预测样本的总体评价

表 4-60 显示了对 A 模型预测样本与中债隐含评级比较的总体评价。为了比较模型预测能力的泛化能力,在此将训练样本和测试样本的预测结果与中债隐含评级的比较结果一并列出。从表 4-60 可见,预测总样本 2 588 只债券,具有中债隐含评级的样本占 69%,在测试违约样本中占 83.3%。预测总样本天数 965 879 天,具有中债隐含评级的样本占 26.6%,在测试违约样本中占 52.4%。

表 4-60 预测样本的总体评价

	训练样本到期评级汇总比较	训练样本违约评级汇总比较	测试样本到期评级汇总比较	测试样本违约评级汇总比较	总计
预测总样本债券只数	1 953	117	488	30	2 588
具有隐含评级样本只数	1 330	85	345	25	1 785
具有隐含评级样本只数占总样本比重%	68.1	72.6	70.7	83.3	69.0
预测总样本天数	738 119	29 929	189 463	8 368	965 879
具有隐含评级样本数	187 900	15 249	49 424	4 385	256 958
具有隐含评级样本数占总样本比重%	25.5	51.0	26.1	52.4	26.6
平均提前调整天数	38.2	15.9	46.2	32.9	33.3
平均滞后调整天数	−82.2	−38.1	−73.5	−49.3	−60.8
最大提前调整天数	160.0	69.0	197.0	141.0	197.0
最大滞后调整天数	−313.0	−98.0	−174.0	−139.0	−313.0
预测调升评级次数	535.0	25.0	467.0	39.0	1 066
预测调降评级次数	1 365.0	739.0	593.0	176.0	2 873
预测评级高于隐含评级数	4 342.0	4 575.0	1 016.0	974.0	10 907
预测评级高于隐含评级占预测总数比重%	2.3	30.0	2.1	22.2	4.2
预测评级高于隐含评级平均级差	4.8	4.7	4.1	7.1	4.9

(续表)

	训练样本到期评级汇总比较	训练样本违约评级汇总比较	测试样本到期评级汇总比较	测试样本违约评级汇总比较	总计
预测评级等于隐含评级数	7 144.0	431.0	1 135.0	539.0	9 249
预测评级等于隐含评级占预测总数比重%	3.8	2.8	2.3	12.3	3.6
预测评级低于隐含评级数	176 414.0	10 243.0	47 273.0	2 872.0	236 802
预测评级低于隐含评级占预测总数比重%	93.9	67.2	95.6	65.5	92.2
预测评级低于隐含评级平均级差	−2.5	−4.2	−2.8	−4.2	−2.7
预测评级隐含评级总平均级差	−2.2	−1.4	−2.6	−1.1	−2.24

数据来源:本文模型预测结果与中债隐含评级。

全部样本中,模型预测调升信用评级 1 066 次,调降信用评级 2 873 次,二者比率为 1:2.7。违约债券测试样本调升 39 次,调降 176 次,比率为 1:4.5,在违约债券训练样本中的比率为 1:29.6。模型预测比中债隐含评级提前调整的平均天数为 33.3 天,滞后调整的平均天数为 60.8 天。违约测试样本平均提前调整 32.9 天,滞后调整 49.3 天。

模型预测评级高于中债隐含评级样本天数占 4.2%,模型预测评级等于中债隐含评级样本天数占 3.6%,模型预测评级低于中债隐含评级样本天数占 92.2%。测试样本中违约债的该比例分别为 22.2%,12.3% 和 65.5%。

模型预测评级与中债隐含评级的平均级差为 −2.24 级,其中:违约债训练样本为 −1.4 级,测试样本为 −1.1 级;到期债训练样本为 −2.2 级,测试样本为 −2.6 级。可见,该模型预测评级与中债隐含评级基本相当,略微偏低。根据本节分析的中国信用债发行评级明显虚高的现实情况,该模型评级略微偏低是更为合理的。

表 4-61 列示了三种模型与中债估值隐含评级的综合评价结果。从中可见,三个模型的预测结果总体上存在一定差距。预测评级与中债估值隐含评级的总平均级差,在到期债券的汇总比较中,20 指标模型和 40 指标模型与中债估值隐含评级比较接近,为 0.1 个级差,55 指标模型级差为 −2.6,略微偏低;在违约债券的汇总比较中,20 指标模型和 40 指标模型比中债估值隐含评

级分别高 1.6 和 1.8 级,反映其对违约事件的预警有所滞后,而 55 指标模型则比中债估值隐含评级低 1.1 级,说明其对违约事件的预警有所提前。这在平均提前调整天数上也有所反映。这进一步说明了深度学习模型在充分挖掘数据信息方面的作用。

表 4-61　不同指标模型测试样本评级预测结果比较

	到期债券评级汇总比较			违约债券评级汇总比较		
	20 指标	40 指标	55 指标	20 指标	40 指标	55 指标
平均提前调整天数	37.6	25.0	46.2	24.4	24.1	32.9
平均滞后调整天数	-62.7	-91.1	-73.5	-58.4	-91.3	-49.3
最大提前调整天数	99.0	86.0	197.0	128.0	121.0	141.0
最大滞后调整天数	-149.0	-208.0	-174.0	-149.0	-208.0	-139.0
调升评级次数	771.0	673	467.0	87.0	109	39.0
调降评级次数	843.0	744	593.0	178.0	217	176.0
预测评级高于隐含评级数	993.0	1 104	1 016.0	1 106.0	941	974.0
预测高于隐含评级占预测总数比重%	2.0	2.2	2.1	25.2	21.5	22.2
预测评级高于隐含评级平均级差	3.9	4.7	4.1	6.5	8.4	7.1
预测评级等于隐含评级数	1 267.0	1 250	1 135.0	105.0	37	539.0
预测等于隐含评级占预测总数比重%	2.6	2.5	2.3	2.4	0.8	12.3
预测评级低于隐含评级数	47 164	47 070	47 273	3 174	3 407	2 872
预测低于隐含评级占预测总数比重%	95.4	95.2	95.6	72.4	77.7	65.5
预测评级低于隐含评级平均级差	-3.1	-3.0	-2.8	-3.8	-4.2	-4.2
预测评级隐含评级总平均级差	0.1	0.10	-2.6	1.6	1.80	-1.1

数据来源:本文模型预测结果与中债隐含评级。

（三）总结与思考

1. 研究总结

随着中国信用债市场的快速发展，信用债投资者面临的违约风险正在逐步上升。在信息披露不够及时、完整和准确的情况下，怎么利用大数据分析和机器学习方法对信用债个体违约风险进行及时的跟踪和预测，对于中国债券市场稳定健康的发展具有重要意义。

本文根据信用债违约风险演变的特点，采用擅长处理具有时间相关性的神经网络深度学习 LSTM 方法构建了中国信用债违约风险预测模型。该模型为具有 22 层的深度学习模型，是一种非线性的动态预测模型。根据债务违约理论，在现实的债务市场相关信息披露条件下，本文采用专家分析方法选择了影响信用债违约的债券发行企业财务指标、债券市场指标、债券评级指标、宏观经济环境指标、行业景气指标、地区经济景气指标作为模型输入指标，并用逐步回归方法筛选了 55 指标、40 指标和 20 指标组合。

针对中国信用债市场缺乏完整和准确的债券样本违约风险信息记录的现实情况，本文采用无监督学习的贝叶斯变分高斯混合聚类方法与市场指标法和违约事件倒推法相结合，对模型样本违约概率进行了标注。

本文采用 2 576 只债券，1 912 426 组日频数据样本对 3 个模型进行了训练和验证，最优训练均值绝对误差为 0.021 4。验证均值绝对误差为 0.062 3。此外，还利用模型对 397 485 组日频数据的个体债券每日违约概率进行了预测。

为了减少违约概率预测受短期事件冲击的不利影响，本文采用卡尔曼滤波方法过滤预测输出中的噪声干扰，使其违约概率预测输出较为平滑，减少其异常波动对债券市场的不利影响。

为了与债券市场上普遍使用的债券评级相比较，本文采用描述债券违约概率分布的 logistic 函数将本模型预测的违约概率转换为 22 级信用评级。与目前国内债券市场最为全面和及时的债券债项评级——中债估值的债项隐含评级比较，本文模型的预测评级与其总体基本相当，平均评级水平略微偏低，波动性大于其隐含评级。在中国信用债发行评级明显虚高的现实情况下，该模型评级略微偏低是更为合理的。这说明本文建立的中国信用债违约风险预测模型是基本可信的。

2. 研究思考

本文对中国信用债违约风险预测模型研究有以下三点思考。

（1）本文建立的信用债违约风险预测模型虽然对中国信用债违约风险预测问题进行了较为深入的探讨，但离实际的使用仍存在一定的距离。主要原因是目前中国债券市场的信息收集、储存和使用尚无法实现自动的在线连接。

本模型使用数据均为人工从同花顺 iFinD 等数据库下载,整理后输入模型使用,耗费的时间和工作量较大。实际使用中,需要从信息的收集、下载、预处理和模型再训练、预测输出等方面实现自动连接处理,这需要与相关机构合作建立一个预测系统来处理。还有大量的工作需要做。

(2) 在中国债券市场现有信息披露和记录条件下,如何采用科学的大数据挖掘方法从中发掘和总结信用债违约风险影响因素和规律还需要大量深入的研究。

(3) 本文采用的中国信用债市场样本的信息披露总体上基本能够反映债券的违约风险水平,通过采用一些大数据挖掘方法是可以较为及时地揭示其违约风险的。但是,在发债主体相关信息披露上仍然存在许多不规范、不完整和不及时的情况,使得一些债券的风险揭示不够及时和准确。这也反映在 2014 年 1 月—2019 年 9 月已到期信用债 10 388 只,违约债券 399 只,发行评级在 A 以下债券 920 只,总计 11 707 只中,具有较为完整的财务报告和市场行情及评级信息的仅 2 576 只债券,约占 22%。数据的缺乏将严重制约其风险的揭示。中国债券市场信息披露的规范化仍然是市场发展中急需进一步完善的重要方面。

CHAPTER 5
中国债务衍生市场发展

第一节 国内外债务衍生市场的发展现状与问题

一、国际债务衍生市场的发展现状与启示

债券市场的主要风险是利率风险与信用风险,与此对应,对冲两种债务风险的主要工具是利率衍生品与信用衍生品。利率衍生品是一种损益以某种特殊方式依赖于利率水平的金融创新工具,主要对冲利率风险波动与风险暴露,主要以场内标准化产品为主,如利率远期、利率掉期、利率期货、利率期权等。信用衍生品则是从基础资产上剥离、转移信用风险的金融工程技术的工具。按照国际互换与衍生品协会(International Swaps and Derivatives Association,ISDA)的定义,信用衍生产品是一种场外交易(over-the-counter,OTC)的金融衍生品,是交易双方通过签署具备法律效力的金融契约,使得信用风险从依附于贷款、债券上的市场风险等众多风险中独立出来,并从一方转移到另一方,其最大特点就是在不转移标的资产所有权的前提下,将信用风险从其他风险中分离出来并提供转移的机制。

利率衍生市场产生于 20 世纪 80 年代利率风险暴露的西方金融市场,利率期货、远期利率合约、利率期权等利率衍生工具被大量应用到利率风险管理,推动了利率衍生市场的快速发展。全球市场交易所和场外市场利率衍生品在 2016 年 4 月至 2019 年 4 月期间的交易量均显著增加,场外市场交易量增幅大于交易所市场。其中,场外市场交易量从每天 2.7 万亿美元增至 6.5 万亿美元,增幅超过 1 倍,交易所交易量从每天 5.1 万亿美元增至 7.7 万亿美元,增幅约 50%。就交易所和场外市场交易比率而言,交易所交易利率衍生品占比收缩明显,比例从 2016 年 4 月的 65% 下降到 2019 年 4 月的 54%,而 2010 年这一比例高达 80%。近年来,随着全球主要经济体货币政策的调整,全球范围内利率波动加剧,投资者对利用利率期货、期权等衍生工具对冲风险的需求旺盛。在中国、巴西等新兴市场国家,利率衍生品交易额从 2016 年

4月的1 820亿美元增长到2019年4月的2 800亿美元。交易最活跃的合约分别为以巴西雷亚尔、人民币和韩元计价的利率衍生品,2019年4月其日均成交量分别为520亿美元、400亿美元和400亿美元。相较于以美元、欧元等货币发达经济体货币计价的衍生品,以新兴市场国家货币计价的产品交易量集中度更高,其中利率互换交易量占比超过60%,而以美元和欧元计价的利率互换交易量分别为21%和35%。这是因为巴西、中国等国家利率衍生品结构单一,投资者可选择的风险对冲组合丰富性不足。

在信用衍生品方面,信用衍生市场的基本功能是信用风险对冲和风险管理。长期以来,违约风险一直是持有债券机构所面临的主要潜在危险。若违约事件发生,这意味着债务方可能出于种种原因不能按期支付债务的利息,必然导致金融机构所持的金融资产价格贬值。因此,如何"剥离"或"转让"这一风险,就成为全球金融界的一大挑战。信用违约掉期功能的出现满足了这种市场需求。信用违约掉期是1995年由美国著名投资银行摩根大通(J.P. Morgan Chase)创造的一种金融衍生产品。信用违约互换的出现解决了信用风险的流动性问题,使得信用风险可以像市场风险一样进行交易,从而起到转移风险分担和风险转移效果。CDS是信用违约互换的简称,是当前全球金融市场中最普遍的信用衍生产品。在信用违约互换交易中,违约互换购买者将定期向违约互换出售者支付一定费用,而一旦出现信用类事件,违约互换购买者将有权将债券以面值递送给违约互换出售者,从而有效规避信用风险。CDO是担保债务凭证的简称,是资产证券化家族重要的组成部分。它的标的资产通常是信贷资产或债券。这也就衍生出了它按资产分类的重要的两个分支:CLO(collateralized loan obligation)和CBO(collateralized bond obligation)。前者指的是信贷资产的证券化,后者指的是市场流通债券的再证券化,但是它们都统称为CDO。信用违约互换(CDS)实质上是一种金融资产的违约保险。作为一种高度标准化的金融合约,信用违约掉期使持有金融资产的机构能够找到愿意为这些资产承担违约风险的担保人,其中,购买信用违约保险的一方被称为买家,承担风险的一方被称为卖家。双方约定如果金融资产没有出现违约情况,则买家向卖家定期支付"保险费",而一旦发生违约,则卖方承担买方的资产损失。承担损失的方法一般有两种:一是"实物交割",一旦违约事件发生,卖保险的一方承诺按票面价值全额购买买家的违约金融资产;二是"现金交割",违约发生时,卖保险的一方以现金补齐买家的资产损失。信用违约事件是双方均事先认可的事件,包括金融资产的债务方破产清偿、债务方无法按期支付利息、债务方违规招致的债权方要求召回债务本金和要求提前还款、债务重组。一般而言,买保险的主要是大量持有金融资产的银行或其他金融机构,而卖信用违约保险的是保险公司、对冲基金,也包括商业银行和投资银行。合约持有双方都可以自由转让这种保险合约。信用违约互换结构(CDS)如图5-1所示。

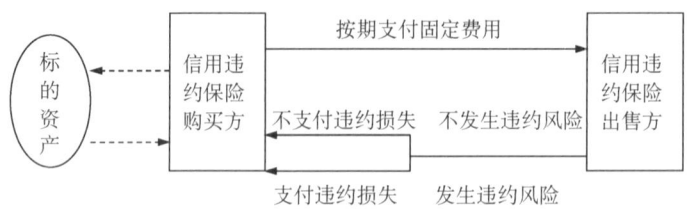

图5-1 信用违约互换结构图

1998年,ISDA创设了标准化的信用违约互换合约,此后,CDS交易得到了迅猛发展,2007年年底已经达到50万亿美元规模,成为海外债券市场中最普遍的信用衍生产品。利率违约互换产品名义本金在2007年和2008年达到了历史顶峰,而随着次贷危机的爆发,合约规模大幅下滑。2018年上半年、下半年名义未平仓量分别为8.582万亿美元、8.373万亿美元,而2008年上半年、下半年名义未平仓量高达60.844万亿美元、44.943万亿美元。在利率违约互换结构特征方面,以1~5年期为主,这与市场上受欢迎的固定收益证券产品的发行期限有着较高的吻合,均反映了投资者偏向中短期的证券产品,对期限较长的固定收益证券产品的流动性和市场风险持谨慎态度。2018年下半年1年内、1~5年和超过5年的CDS名义未平仓量分别为1.475万亿美元、5.826万亿美元和0.76万亿美元。从区域角度来看,欧美市场已经是CDS交易和流通最核心的区域,其中欧洲发达国家市场的发行总量最大,约是美国的两倍。国际上CDS可以自由流通,也可定制并在场外交易。国际市场上CDS具有较高流动性,其发展和创立非常迅速,主要原因是欧美市场发达的固定收益证券市场及其大量流通的多元化的固定收益证券,其信用等级分布范围涵盖垃圾级至AAA。2018年下半年,CDS产品投资级和投资级以下名义未平仓量分别为5.137万亿美元和1.377万亿美元,其中,2008年后受到严格监管的ABS和MBS发行量仅为0.207万亿美元。在MBS产品中,2007年CDO未平仓量为6 400亿美元,而次贷危机后CDO发行停滞,但以其他形式出现的证券化已大幅增长——尤其是贷款抵押债券CLO,2018年CLO未平仓量为7 500亿美元。美国次贷危机爆发后,CDS名义本金额总规模虽有波动,但各国都对信用衍生产品加强了管制,外市场和衍生工具杠杆率有所下降,CDS"野蛮生长"的局面已经得到控制,衍生品的市场价值逐年降低并于近年趋近平稳(见图5-2)。

20世纪80年代以来,债务衍生市场快速发展的经验与美国次贷危机的教

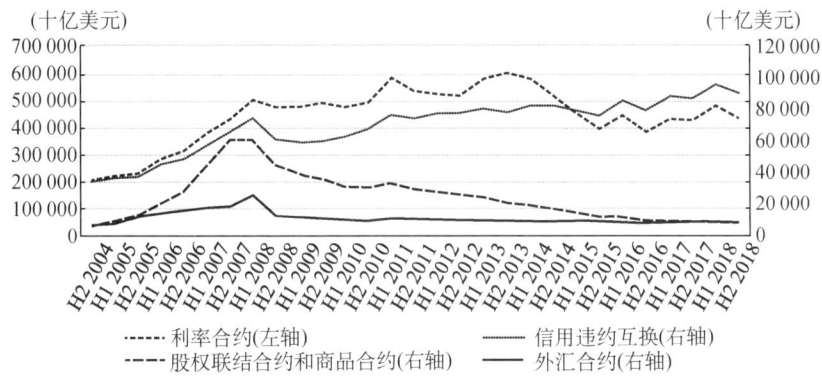

图 5-2　全球衍生产品合约的名义本金额及其变化趋势

(数据来源：BIS)

训,对于新兴市场债务衍生市场发展,在丰富债务衍生工具投资品种、发展信用衍生品场内交易、衍生产品统一监管与交易透明化等方面有重要启示。

(1) 丰富债券衍生工具投资品种,提供公平和透明的利率基准。衍生品不仅是一种有效的风险管理工具,也提高了金融市场运行的效率。现货投资者依赖于衍生品市场的价格作投资决定,利率衍生工具的价格发现功能为市场提供基准利率信息,优化利率现货定价效率和资产定价职能。投机者、套利者为获得超额收益,套保者为建立最优套保组合,均需要收集和评估当前信息并对未来供求关系进行分析,进而预测利率未来走势。投资者的这一行为使利率衍生市场汇聚利率定价信息,为实现市场有效提供基础。

(2) 大力发展信用衍生品场内交易,弥补信用衍生市场不足。美国次贷危机的爆发与 CDS 等信用衍生品的场外交易特点密不可分,给债券、股票市场乃至整个金融体系带来了严重影响。金融危机之后,信用衍生品交易制度等迎来了一系列改革,其中包含发展场内衍生品交易。交易所衍生品合约与场外市场的合约相比,价格更加透明,逐日盯市计算保证金,采用中央对手方减少信用风险,流动性很好的合约能确保交易者随时持有或者平补期权头寸。场外合约最主要的优势则在于其灵活性和多样性。由于在场外交易,合约双方可以直接商谈,因此在场外市场交易的利率衍生品可以按照交易者的要求进行定制,促进了新产品和复杂产品的设计与交易。但是,场外合约的多样性使得其与交易所交易的标准合约相比,流动性较差。场外合约最主要的缺点是合约双方涉及的信用风险要大于交易所交易的合约,因此高信用评级的对手方可以获得更好的价格。

全球有很多期货交易所或者清算所作为中央对手方对信用违约掉期产品进行清算,其中芝加哥商业交易所集团清算所、欧洲洲际清算所、欧洲期货交易所清算公司等都对信用违约掉期产品进行清算。全球范围内信用衍生品的清算平台日渐增多,中央对手方的清算降低了交易对手的风险,多边净额结算轧差降低了总的风险敞口,从而确保在出现交易成员违约时对CDS合约正常进行清算。从次贷危机爆发和美国监管层采取的措施来看,通过集中清算实现"场外产品场内化"是场外衍生产品的主要发展趋势,这一点对于中国衍生品市场的发展具有重要参考价值。目前,我国上海清算所为银行间市场提供以中央对手净额清算为主的汇率和人民币利率互换,以及人民币远期运费协议清算服务。2018年1月26日,银行间市场清算所(上海清算所)发布信用违约互换(CDS)集中清算业务操作指南,此前CDS业务清算方式仅有逐笔清算。该指南要求,信用违约互换合约的参考实体须属于上清所公布的清单,首批共有23家公司入选。未来应进一步扩大信用违约互换(CDS)发行公司数量,推进信用衍生工具场内化。

(3)衍生产品统一监管与交易透明化。当前中国缺少统一的金融衍生品监管法律,缺乏衍生品交易和风险管理的相关指引,不能完全满足金融衍生品市场发展的需要,尤其不能有效应对金融衍生品风险跨系统、跨部门蔓延。鉴于此,应制定统一的金融衍生品市场交易监管法规,将其作为金融衍生品市场监督管理的总体框架,统一规范市场参与者的行为,明确政府监督机构、行业自律组织和交易所的职权,并在统一的市场交易法规框架下,针对不同种类金融衍生品的个性化特征分别制定详细的管理办法。同时,监管制度中应重点关注对信息披露的管理。完善的金融衍生品市场信息披露制度可以帮助投资者更好地了解风险,进行投资分析和决策,也便于监管机构更好地了解相关机构和市场的运行情况、管理市场秩序、防范系统性风险。从危机后各国以及巴塞尔委员会等国际监管机构的金融监管改革来看,加强金融衍生品的市场信息披露都是改革的重点。中国的金融衍生品市场监管,应该深入研究会计处理方法和规范财务报告信息,对信息披露要求进行严格规定,使投资者和监管者都能充分了解金融衍生品的价值和风险水平,建立相对透明的金融衍生品市场。

二、中国利率衍生市场发展现状与问题

中国利率衍生品有场内国债期货市场和场外的债券远期、利率互换、远期利率协议、标准债券远期。2005年6月,中国人民银行推出了银行间市场第一个利率衍生产品——人民币债券远期交易,并逐步引导投资者利用基础性衍生产品以管理风险。2006年2月,中国人民银行允许开展人民币利率互换交易试点。2008年2月起,正式开展人民币利率互换业务,参与机构从原来试点规定的部分商业银行和保险公司拓展到所有银行间债券市场参与者,并取消

了对利率互换具体形式的限制。2007年11月,人民币远期利率协议业务正式开始交易,使机构投资者获得了新的利率风险管理工具。2015年,银行间债券市场推出标准债券远期,填补了银行自营等机构无法参与国债期货的空白,丰富了中国利率衍生品的合约品种。在市场规模上,2017年,中国银行间人民币利率衍生品市场累计成交14.4万亿元,同比增长45.2%。2018年,银行间利率衍生品市场全年交易量达到21.5万亿元,同比增长49%。其中,利率互换名义本金总额21.3万亿元,同比增长48.0%,债券远期成交4亿元,标准债券远期成交794亿元。

中国国债期货经历了试点失败和重启发展两个阶段。其中,试点从20世纪90年代开始,"327"等国债期货严重恶意违规事件后,国债期货交易于1995年被暂停。在债券远期、利率互换、远期利率协议等场外利率衍生品快速发展的同时,2013年9月,中国金融期货交易所(中金所)5年期国债期货合约正式推出,场内利率衍生工具的引入进一步完善了中国利率衍生品的结构。2015年3月20日,10年期国债期货上市。10年期国债期货可交割国债范围宽度为3.5年,与国际经验较为一致。成熟市场国家的中长期国债期货产品可交割国债范围通常比短期产品更宽,因为随着期限延长,收益率曲线形状趋于平坦,各期限之间的利差也逐渐缩小,适当放宽可交割国债范围不会削弱可交割国债之间的替代性。2018年8月17日,2年期国债期货上市。这标志着中国已经基本形成覆盖短、中、长期的国债期货产品体系,有助于进一步健全反映市场供求关系的国债收益率曲线,丰富金融市场利率风险管理工具,提高债券市场服务实体经济能力。此外,30年期国债期货产品合约及规则设计工作已基本完成,全市场仿真交易于2018年12月启动,为正式上市奠定了良好基础。目前,中国国债期货交易已具有一定规模,但与发达利率衍生市场相比,中国市场在成交活跃度、交易主体、信息透明度等方面仍存在不足。

(1)中长期国债期货市场成交活跃度不均衡。在场内利率衍生市场中,虽然中金所已推出2年期国债期货,并试图通过期转现交易制度(2019年1月17日,国债期货期转现交易正式启动)、做市商制度(2019年5月16日,中金所正式启动国债期货做市交易)拓宽可参与投资者范围,同时配合国债发行期限调整,激发投资者参与2年期期货市场积极性。2018年,财政部首次在年度国债发行计划中公布了2年期品种的发行计划,保证了2年期国债发行的稳定和可预期。从各期限国债当月发行量来看,期限为1～3年的国债发行较为稳定,占所有期限品种发行量的20%左右。现券稳定发行为2年期国债期货的平稳运行奠定了基础。此外,2年期国债期货也可以凭借其价格发现和风险管理功能,维护现券市场的发展。但与5年和10年国债期货合约相比,2年期国债期货成交活跃度远不及其他合约品种。除了2年期国债期货推出时间尚短,投资者对该合约价格特征还未熟知的原因,也可能受中期国债套保需求偏弱、国债期货期限套利交易不足影响。2年期国债期货具有久期较短、交易型需求较小的特点,致使其现券流动性本身就较其他期限国债更小,同时由于2年期国债现券久期较短,风险较低,市场套保需求也相应偏低。此外,2年期国债的主要市场参与者是无法参与国债期货交易的银行等配置资金,而国债期货市场的主要参与者,如证券、基金和私募等,对2年期国债期货的套保、交易需求较低,导致该合约不够活跃。

2年期国债期货具有比其他期货产品更突出的优势。由于2年期国债期货对应的现券久期较短,相对于5年和10年期来说,2年期对于资金面的反映更加准确,有利于畅通货币政策传导渠道,使短端利率的风险也可以用期货工具进行管理,也可以带来更丰富的交易策略。此外,2年期国债期货的上市,也会有利于提升中短期国债收益率定价的精准度,增加二级市场中短期国债的流动性,提高中短期利率债的发行效率。2年期国债期货的战略性意义表明拓展2年期国债期货的迫切性,优化国债期货期限和产品结构、进一步完善国债收益率曲线需要充分调动投资者参与2年期国债期货市场的积极性。

(2)国债期货和现货交易主体错位。美国拥有世界上最成熟的国债期货市场,其市场参与主体分别为以商业银行和投资银行为主的中间商、资产管理公司、杠杆基金和其他金融机构,资产管理公司占比最大。美国国债期货市场中投资者结构丰富,各现货市场持有主体均有相应规模的国债期货参与比例。与之相比,中国国债期货参与主体丰富性差、期现市场参与主体不匹配问题严重。现阶段国债期货参与主体为券商和资管产品,而银行和保险公司是中国国债现货市场的最大投资者,银行和保险公司有强烈的利率风险管理意愿,但却被禁止进入国债期货市场。国债发行承销团和现货做市银行参与国债期货市场进行套期保值,可降低国债一级和二级市场风险,减少发行成本和交易成本,提升国债市场信息对称性和定价效率。放松对国债期货投资者结构的监管,允许大型商业银行加入国债期货市场,既可弥补现阶段商业银行只能通过参与利率互换市场对冲部分短期利率波动风险的缺陷,又可使央行通过评估大型商业银行国债期货多空持仓量,获得银行对货币政策预期变化的信息,提高央行预期管理信息的传导效率。

(3)国债期货市场信息透明度不足。市场信息透明度分为事前和事后透明度,事前交易透明度是指市场中当前买卖报价、市场深度、最优限价指令等信息的发布,事后交易透明度是指过去交易的执行时间、交易量、买卖方身份等信息的发布。虽然国债期货采用集中撮合竞价方式,交易比场外市场透明度高,降低了寻找交易对手的信息成本,但我国国债期货市场公布的事后信息披露内容较少,主要包括交易商头寸、空头和多头持仓等。美国等成熟国债期货市场公布的事后信息披露内容包括非商业和商业持仓、空头和多头持仓、套利账户信息、交易商头寸、大额交易记录等。期货市场信息透明度高有利于投资者更准确地理解价格走势和波动原因,降低非理性噪声投机比例,进而提高国债期货市场的信息效率和价格预期功能。中国目前对外公布的国债期货账户信息仅为持仓排名前 20 的投资者多空账户变化情况,若提供更详细的投机、套保和套利账户信息,将提高投资者所获信息的准确性。较高的国债期货市场透明度有利于提高现货做市商的信息对称性,缩小报价差、降低交易成本。

三、中国信用衍生市场发展现状与问题

2014 年以来,中国债券市场在规模、债券品种、市场参与者等方面均发展迅速,同时由于中国目前处在增速换挡期,市场波动加剧,债券违约事件频发。市场越来越需要一种风险管理工具来有效管理信用风险带来的损失,这使得中国版 CDS——信用风险缓释工具应运而生。与美国等发达国家 CDS 的成熟市场机制相比,中国的信用衍生市场还处于起步阶段。中国银行间市场交易商协会(以下简称交易商协会)于 2010 年 10 月 29 日正式推出了信用风险缓释工具(CRM)试点业务,中国版的信用风险缓释工具正式启动。中国信用风险缓释工具包含信用风险缓释合约(CRMA)以及信用风险缓释凭证(CRMW),CRMA 是交易双方达成的仅仅保护参考债务的风险管理工具,也就是说,若企业其他债务发生违约,并不会触发该项合约。CRMW 同样是仅保护参考债务的风险管理工具,但 CRMW 是一种可交易流通的有价凭证。

中国境内信用违约互换自推出至今已有 10 年历史,基本建立了政策体系。建立的 CRM 产品体系包括银行间市场 2010 年推出的信用风险缓释合约、信用风险缓释凭证,2016 年推出的信用违约互换、信用联结票据,以及 2018 年交易所推出的信用保护合约和信用保护凭证。目前,中国信用风险缓释工具的创设交易以银行间市场标准化程度较高的 CRMW 产品为主。2018 年,共有 22 家机构创设了 50 单 CRMW 产品,名义本金为 64.25 亿元,对应参照债务为 47 只债券,债券类型主要为超短期融资券和中期票据。50 单 CRMW 凭证期限基本均与参照债务期限相同,主要为 270 天期、180 天期和 1 年期。2018 年银行间市场发行的 CRMW 涉及参照实体 35 家,其中,有 32 家参照实体为民营企业。参照实体主要分布在浙江和广东两地,分别有 10 家和 5 家,北京、上海和江苏均有 3 家;参照实体多为工业、信息技术、材料等实体经济领域企业。参照实体的信用等级分布在 AAA 至 AA 级,其中 AA+级参照实体占比最高,为 77.14%。2018 年,CRMW 创设机构依次为国有商业银行、股份制商业银行、城商行、证券公司和信用增进机构;其中商业银

行创设了 30 单 CRMW,名义本金 42.30 亿元,证券公司创设了 2 单 CRMW,名义本金 0.50 亿元,中债增信单独创设了 9 单 CRMW,名义本金 8.45 亿元,中债增信联合商业银行创设了 9 单 CRMW,名义本金 11.20 亿元。目前,CRMW 的创设机构主体级别均为 AAA 级,具有很强的风险承担能力,保证了 CRMW 在发生信用事件时能够如期赔付。

虽然近年来信用衍生工具数量、品种均有所增加,但仍主要存在以下四方面的问题。

(1)市场规模偏小,衍生市场发展缓慢。相较于境外市场,境内的信用违约互换产品还处于起步阶段,发展比较缓慢。截至 2018 年年底,中国信用缓释工具创设名义金额共计 1.29 亿元,信用债现货市场与信用衍生品市场规模不匹配。目前已发行的信用风险缓释工具主要受政策驱动,目的为修复市场对民营企业信用风险的判断,以缓解民营企业面临的融资困难,具有明显的政策驱动特征。中国信用风险缓释工具二级市场仅实现一单转让交易,明显异于国际成熟市场中信用衍生品高频率、大规模交易的情况,这导致中国信用风险缓释工具流动性不足,难以实现信用风险价格发现、优化投资组合等功能,中国信用风险缓释工具发展仍较缓慢。

(2)定价机制尚未有效建立,缺乏有效的定价理论与定价体系。存在定价较为困难、交易主体单一和信息披露不充分的问题。中国信用缓释工具在定价过程中存在以下几个难点:历史违约数据缺失,利率市场化程度不足,信用衍生品处于初始发展阶段,无法剔除掉流动性风险、交易对手信用风险等,国际定价理论在中国境内信用衍生品市场应用受限。由于中国债券市场在 2014 年以前存在所谓的"刚性兑付"以及"政府隐性担保"现象,国内债券违约数据不足,尚未有良好统计,因此难以通过定价理论对产品进行定价。2014 年以来,违约增加,但定价体系仍未建立。在国外 CDS 市场,定价的关键因素是准确计量违约概率和债务回收率,进而可以使用风险中性定价原理和损失模型定价原理进行定价和估值。由于中国 CRM 起步晚、发行量少、基础数据积累不足,使用国际估值方法估值受到较大限制。目前,中国 CRM 大多依托现有的信用债收益率曲线,采用简化的信用利差法和二叉树法进行定价,但信用债收益率曲线包含信用风险溢价及流动性溢价等多种因素,直接影响定价的准确性。

(3)市场交易不活跃,信用衍生市场功能尚待发挥。风险对冲、风险转移与分担机制尚未发挥,定价与信息机制尚不完全,难以实现 CDS 的基本功能。截至 2011 年 5 月,CRMA 交易达成数只有 23 笔,名义本金合计仅为 19.9 亿元人民币;共有 6 家 CRMW 创设机构累计创设发行 9 只 CRMW,名义本金合计 7.4 亿元。2018 年,由于信用违约事件频发,CRM 自 2016 年停滞后时隔两年重回公众视野。2018年11月2日,沪深交易所各推出2单类似于CRMA的信用保护合约,由于沪深交易所信用保护合约刚完成试点,2018年相关政策及制度尚未出台,CRMA交易量依然较弱,但CRMW产品发行迎来了高潮,仅2018年就发行了54只CRMW产品,发行金额达1.23亿元。虽然2018年以来CRM的发行数量和规模均大幅提升,但相较于中国信用债余额而言,规模仍很小,定价估值系统不够完善,市场信息不够客观,导致信用风险缓释工具的参与者心存顾虑,影响市场流动性。

（4）参与者多元化主体不足,交易主体品种单一。目前,CRM市场的参与主体主要是国有和股份制商业银行,其他类型的机构投资者尚未开展交易。信用风险缓释工具业务按照核心交易商、交易商、非交易商的方式进行市场分层管理,核心交易商可与所有市场参与者开展交易,交易商可与所有交易商进行出于自身需求的交易,非交易商只能与核心交易商进行以套期保值为目的的交易。CRM工具可以使信用风险在银行体系内部进行转移,对减少信用风险在个别银行的过度集中具有积极意义,但无法使信用风险在全部市场参与者之间进行优化配置,导致CRM对防范系统性风险、维护宏观经济金融平稳的作用大打折扣。未来应积极引导证券公司、保险公司、基金公司和非金融企业等不同类型机构参与到CRM市场中,成为重要供给方,合理分散信用风险。保险机构参与CRM市场受限,保险机构仅可作为CRM买方参与市场,交易目的受限,这使得尚无保险机构完成CRM资质备案并开展CRM交易。同时,证券公司、基金公司、金融资产管理公司参与CRM市场需要监管部门审批许可,这也限制了市场参与者的多元化。

第二节　中国利率期货市场的功能评估与完善

2013年中国重启国债期货市场以来,中国国债期货能否承担风险对冲、化解金融体系风险、提升债券市场信息效率、增加现货流动性等基础性功能,是中国金融市场建设和金融市场稳定的关键性问题,也是监管部门和学术界关注的重要问题。如何评估中国国债期货市场运行效率,其是否达成了金融市场稳定、信息效率传递和套期保值高效的政策效果,是当前中国金融市场研究的重要课题。国债期货市场的功能效应是否有效发挥,将直接关系到金融市场运行效率和宏观金融体系的稳定性。

本部分将围绕国债期货市场三大功能,从理论上解析国债期货有效发挥的机制,从实证分析角度评估中国国债期货市场功能实现程度和影响因素,再从国债期货市场监管角度提出优化国债期货市场功能的政策建议。课题研究将为管理层通过国债期货市场实现政策利率传导效果、管理市场预期、防范金融风险提供理论支持。

一、国债期货市场稳定功能评估

本章主要分析国债期货投机净效应、期货套保行为与市场风险的关系,期货引入前后现货非理性投机干扰市场稳定性程度的变化,并以中国国债期货市场风险监管制度调整为背景,探究保证金比率监管对期货投机风险的影响。

(一)国债期货市场稳定现货波动的机制分析

国债期货市场对现货波动影响与期货投机性相关。一方面,投机行为分为理性投机和非理性投机。理性投机为知情交易行为,将与基础资产价值相关的信息反映在期货价格中;非理性投机行为属于噪声交易行为,增加期货价格对基本面的偏离。国债期货市场通过信息溢出效应影响国债现货价格,期货市场的理性投机行为能提升基础资产价格信息有效性,有助于抑制市场对外部信息冲击的响应幅度,基础资产价格稳定性提升,而非理性投机则助长现货价格波动。另一方面,随着交割期临近,期货价格和现货价格具有收敛性,但若期货过度投机引发期货价格大幅波动,会使基差风险扩大(基差是影响国债期货和现货价格波动关系的中介指标)。当期现价差稳定性较差时,可能的套利机会引发套利者进行跨市场套利,使得现货价格出现调整,基差风险越大,套利行为对现货价格波动影响越显著。因而,国债期货市场投机行为一方面通过传递价格信息影响基础资产市场稳定性,另一方面通过引发套利行为使现货价格稳定性变化。

(二)样本选择

中国目前有三个品种的国债期货合约同时交易,分别是2年期、5年期和10年期,其中5年期的上市时间最长,对交易制度的调整次数也最多,这为本文研究国债期货杠杆交易制度对投机行为的影响提供了可能,因而,本文选择5年期国债期货作为研究对象,基础资产选择每日刚发行(on-the-run)5年期国债,数据来自Wind和Choice数据库。国债期货引入前、引入后子样本和全样本的描述性统计分析,未去极端值时引入国债期货合约后偏度减小、峰度增加、波动增加,基本统计分析结果显示,国债期货合约增加现货不稳定。在去除5%极端值后,国债期货引入后现货市场波动降低,初步判断在无极端数据干扰情况下,国债期货市场具有稳定现货功能。

(三)国债期货市场对现货市场波动影响机制分析

1. 国债期货引入前后国债市场波动特征

本文利用全样本数据分析国债期货引入对国债条件方差的影响,利用经典EGARCH模型作为波动率度量主模型,以加入国债期货引入虚拟变量 $future$ 形式分析期货引入效应。式(5-1)是均值方程,式(5-3)是方差方程。

ε_t 为白噪声过程,服从均值为 0 的正态分布,α 和 ω 分别为均值方程和方差方程常数项,μ_t 是残差项。λ_1 是 GARCH 系数,代表历史信息对收益率波动的冲击,λ_2 是 ARCH 系数,代表新信息对收益率波动的冲击,λ_3 度量收益率波动非对称性。

$$return\_spot_t = \alpha + \beta return\_spot_{t-1} + \mu_t \qquad (5\text{-}1)$$

$$\mu_t = \sigma_t \varepsilon_t \qquad (5\text{-}2)$$

$$\ln(\sigma_t^2) = \omega + \lambda_1 \ln(\sigma_{t-1}^2) + \lambda_2 \left| \frac{\mu_{t-1}}{\sigma_{t-1}} \right| + \lambda_3 \frac{\mu_{t-1}}{\sigma_{t-1}} + future_t \qquad (5\text{-}3)$$

表 5-1 为在 t 分布下的 EGARCH 回归结果,表中分别展示了模型均值方程回归结果和方差方程回归结果,历史信息对国债收益率当期值影响显著,$AR(1)$ 系数为 $-0.045\,449$,方差方程中杠杆系数项显著为 $0.674\,728$,说明国债收益对利空和利好消息反应强度差异明显。对比方差方程 ARCH 和 GARCH 项系数,二者均显著,但 ARCH 系数 $1.506\,693$ 明显大于 GARCH 系数 $0.921\,199$,说明国债市场中历史信息对波动率的影响弱于当期新信息对价格波动的影响,显示国债市场信息效率较好,有效吸收新信息。我们关注的核心变量国债期货引入虚拟变量显著为负 $-0.041\,631$,说明引入国债期货合约后,国债市场条件波动率明显降低,中国国债期货市场已实现稳定国债市场的基本功能。接下来,我们将国债期货投机和套保行为引入模型,分析期货投资者行为对基础资产市场波动的影响。

表 5-1 国债期货引入前后国债市场波动

变量	均值方程			
	系数	标准误	z 统计量	P 统计量
C	$-0.002\,041$	$0.003\,619$	$-0.563\,974$	$0.572\,8$
$AR(1)$	$-0.045\,449$	$0.012\,625$	$-3.599\,946$	$0.000\,3$
变量	方差方程			
	系数	标准误	z 统计量	P 统计量
C	$-0.053\,762$	$0.087\,424$	$-0.614\,957$	$0.538\,6$
$C(2)$	$1.506\,693$	$0.828\,745$	$1.818\,043$	$0.069\,1$
$C(3)$	$0.674\,728$	$0.392\,121$	$1.720\,714$	$0.085\,3$
$C(1)$	$0.921\,199$	$0.017\,254$	$53.391\,33$	0
$future$	$-0.041\,631$	$0.016\,528$	$-2.518\,86$	$0.011\,8$

2. 国债期货投机行为和套保行为对国债市场稳定性的影响

期货投机分为理性投机和非理性投机,理性投机根据基本面信息进行交易,降低市场异常波动,有学者(Friedman,1953;Floros and Vougas 2016)也认为鼓励理性投机行为可使价格向价值趋近,稳定市场波动率。考克斯(Cox,1976)关于商品期货信息功能的经典研究同样指出,期货市场的保证金制度使市场交易成本更低,期货市场成为新信息流动的重要渠道。然而,也有学者(Ross,1989;Salm and Schuppli,2010)持相反观点,认为当信息流动引发大额交易时,期货市场异常波动会引致现货价格剧烈波动,不利于现货价格稳定。此外,非理性噪声行为具有明显的正反馈特征,价格上升阶段买入、下跌阶段卖出,致使价格偏离价值幅度增加。国债期货投机行为对基础资产市场稳定性的影响与投机行为中噪声投资者和知情者比例有关,为探究中国国债期货投机行为对现货波动的影响,接下来,除了分析国债期货套保行为对现货市场波动的作用外,我们还分别考察期货投机行为净效应和噪声投机的非理性效应。在模型(3)基础上,我们将国债期货投机和套保变量引入模型。

$$return\_spot_t = \alpha + \beta\, return\_spot_{t-1} + \mu_t \tag{5-4}$$

$$\mu_t = \sigma_t \varepsilon_t \tag{5-5}$$

$$\ln(\sigma_t^2) = \omega + \lambda \ln(\sigma_{t-1}^2) + \lambda_2 \left| \frac{\mu_{t-1}}{\sigma_{t-1}} \right| + \lambda_3 \frac{\mu_{t-1}}{\sigma_{t-1}} + \beta_1 spe_t + \beta_2 hed_t + \beta_3 expspe_t + \beta_4 unexpspe_t \tag{5-6}$$

现有关于期货投机指标的选择分为相对指标和绝对指标,绝对指标以成交量作为代理变量,相对指标以成交量比持仓量作为代理变量,比率越低意味着投机相对比套期保值更小。这种投机行为指标构建方式是假设期货投机者是短期交易者,不对持仓量产生影响,而套保长期持有,可用期货未平仓合约数量进行度量,进一步利用自回归滑动平均(autoregressive moving average,ARMA)方法获得国债期货投机的可预期和不可预期行为。

表5-2中模型1为只包含可预期投机行为的方差方程回归结果,模型2为包含可预期和不可预期投机行为的方差方程回归结果,模型3为包含可预期、不可预期投机行为和套保行为的方差方程回归结果。表中杠杆效应不显著。从三个回归模型的结果可看出,国债期货投机性对现货市场的净影响为助长波动,而且可预期投机行为对波动率增加影响更大。在模型3中,可预期投机者系数为0.879 005,不可预期投机者系数为0.701 137。估计结果显示,中国国债期货市场投机非理性行为占主导地位,理性知情者相对弱势,期货投机性整体表现为引发现货价格偏离均衡。在模型3中,套保行为系数为负数,说明国债期货套期保值长期持有行为有利于增加市场深度,稳定现货波动。

表5-2 国债期货投机行为和套保行为对国债波动影响

变量	系数	标准误	z 统计量	P 统计量
模型1 期货投机可预期行为				
C	0.234 534	1.067 727	0.219 658	0.826 1
$C(2)$	4.019 701	4.518 55	0.889 6	0.373 7
$C(3)$	0.296 354	0.385 851	0.768 053	0.442 5
$C(1)$	0.527 066	0.041 898	12.579 77	0
$expspe$	1.062 679	0.280 831	3.784 05	0.000 2
模型2 期货投机可预期和不可预期行为对国债波动影响				
C	0.454 658	1.441 881	0.315 323	0.752 5
$C(2)$	4.928 614	7.614 517	0.647 265	0.517 5
$C(3)$	0.413 779	0.684 203	0.604 76	0.545 3
$C(1)$	0.536 51	0.040 639	13.201 79	0
$expspe$	0.927 947	0.296 41	3.130 621	0.001 7
$unexpspe$	0.796 939	0.168 842	4.720 03	0
模型3 期货投机可预期、不可预期行为、套保行为对国债波动影响				
C	0.645 163	1.506 949	0.428 125	0.668 6
$C(2)$	5.022 186	7.870 752	0.638 082	0.523 4
$C(3)$	0.229 65	0.438 817	0.523 337	0.600 7
$C(1)$	0.524 778	0.042 855	12.245 39	0
$expspe$	0.879 005	0.297 806	2.951 603	0.003 2
$unexpspe$	0.701 137	0.171 953	4.077 482	0
hed	−0.000 008 9	0.000 003 1	−2.873 554	0.004 1

国债期货投机行为对现货市场波动的影响结果是理性投机和非理性投机净作用的体现,若噪声交易占主导地位并影响理性投机者预期和行为选择,会导致市场最终的不稳定性。假设市场中的理性投机者接收到了非理性噪声交易者明日会进行购买行为的信号,由于理性投机者已判断明日期货价格会因此上升,他们会选择今日买入,致使市场价格提前上涨,但这种上涨是由于理性投机者对非信息交易者投资方向预期导致,而非资产基本面信息驱动,该行为会使价格偏离价值。第二日,非理性投机者根据第一日的价格变化趋势进行第二日的购买行为,尽管第二日没有理性投机者参与,

但资产价格会再次攀升,离基本面价值越来越远。即使第二日理性投机者采取卖出行为,试图将价格拉回基本面,但非理性投机者的羊群效应和正反馈行为会使价格产生泡沫。最终,经过两日交易,理性投机者行为成为助推非理性行为的关键因素,投机行为的净影响为助长市场波动。有学者(Long et al.,1990)同样对该现象进行了解释,他们发现理性信息交易者并不是根据信息的利空或利好性判断投资方向,而是猜测其他噪声交易者的投资方向。在这种分析框架下,理性投机者与非理性投资行为一致,均会助推价格偏离和市场剧烈波动。

(四) 国债期货市场监管制度调整对期货投机风险的影响

5年期国债期货合约交易以来,中金所逐步放开5年期国债期货市场保证金账户管理限制。保证金制度属于中金所八大风险监管措施之一:一方面,保证金比率降低会增加期货市场杠杆交易程度,有增加市场风险的可能;另一方面,杠杆比率扩大意味着市场交易成本降低,有利于吸引更多信息交易者加入,促进市场信息更新和价格效率,提升市场稳定性,也可通过套保行为活跃度的提升激发国债市场活力,改善国债市场深度,降低国债利率波动。中金所保证金制度的调整对现货市场稳定的影响需要综合上述因素。

2014年11月3日起,将5年期国债期货合约的最低交易保证金由2%调整为1.5%,梯度交易保证金由"2%—3%—5%"调整为"1.5%—2%—3%",梯度提高保证金和梯度限仓的执行时点延后。2015年3月16日起,将5年期国债期货合约的最小变动价位由0.002元调整为0.005元,将合约到期月份首日可交割券的剩余期限由4~7年调整为4~5.25年,最低交易保证金由1.5%调整为1%。2018年2月13日,中金所再次对梯度限仓、保证金调整等风险管理制度进行调整,保证金调整为一般月份和临近交割月份两级,5年期国债期货梯度保证金由"1.2%—1.5%—2%"调整为"1.2%—2%",10年期国债期货梯度保证金由"2%—3%—4%"调整为"2%—3%"。

保证金制度是国债期货具有杠杆交易特征的原因,中金所保证金降低有利于降低国债期货市场交易成本,吸引更多投机者加入,本文将通过分组回归方式研究国债期货监管机制调整对期货投机风险的影响。接下来,本文基于中国两次保证金制度调整事件探析国债期货市场投机行为、套保行为的结构性改变幅度,以及现货市场稳定受到的影响程度。这些问题有助于明确中国国债市场风险监管效率,为管理层提供保证金制度管理的理论支持。

$$return\_spot_t = \alpha + \beta\, return\_spot_{t-1} + \mu_t \tag{5-10}$$

$$\mu_t = \sigma_t \varepsilon_t \tag{5-11}$$

$$\ln(\sigma_t^2) = \omega + \lambda \ln(\sigma_{t-1}^2) + \lambda_2 \left| \frac{\mu_{t-1}}{\sigma_{t-1}} \right| + \lambda_3 \frac{\mu_{t-1}}{\sigma_{t-1}} + \beta_1 spe_t +$$
$$\beta_2 hed_t + \beta_3 margin_t * spe_t + \beta_4 margin_t * hed_t \quad (5-12)$$

具体利用式(5-10)、式(5-11)和式(5-12)进行研究，式(5-12)中，$margin$ 为保证金调整虚拟变量，调整前为 0，调整后为 1。将国债期货投资行为、投机者与保证金调整虚拟变量乘积加入方差方程，前两个系数分别为均值方程常数项和 $AR(1)$ 项系数，收益率滞后系数为 $-0.114\,183$，国债收益率依然显示出显著的自相关性，除 GARCH 系数 $0.461\,791$ 外，其余系数均不显著。spe 为国债期货投机者系数，显著为 $0.767\,258$，与前文一致，期货投机者助长基础资产波动。$spe * margin$ 为保证金制度调整后投机者行为对现货稳定性的影响，该系数显著为 $-0.488\,657$，说明保证金比率降低后，国债期货投机者对现货价格波动的影响减弱。在模型 1 中的投机者指标是期货理性投机和非理性投机的净影响，$spe * margin$ 为负数，说明保证金制度调整后，期货吸引更多的知情者加入国债期货投资。根据前文分析，理性投机者具有稳定现货波动作用，因而交易成本的降低使期货市场汇聚了更多的信息交易者，投机性非理性程度减少，国债期货市场信息效率提升，经跨市场信息溢出机制，国债市场信息效率提高，稳定增加。本文进一步将保证金调整虚拟变量加入方差方程，但该系数不显著，保证金制度的调整不对现货波动产生直接影响，但却通过理性投机性稳定基础资产市场。除 ARCH 系数 $0.465\,464$ 外，其余系数均不显著，spe 国债期货投机者系数显著为正，期货投机者助长基础资产波动，$spe * margin$ 系数显著为负。将国债期货套期保值行为加入方差方程，除了 GARCH 系数外，其余系数均不显著，spe 国债期货投机者系数显著为正，期货投机者助长基础资产波动，$spe * margin$ 系数显著为负。国债期货投机者系数为负，与前文研究结论一致，套保行为增加市场深度、稳定现货波动，但保证金制度的调整对期货套保稳定效应影响不显著，套期保值者投资行为未受到保证金制度影响。

以 2015 年 3 月 16 日保证金调整事件为基准实行的国债期货市场保证金制度对期货稳定功能是否会产生影响，研究结果显示除了 GARCH 系数外，其余系数均不显著，spe 国债期货投机者系数显著为正，期货投机者助长基础资产波动，$spe * margin$ 系数显著为负，国债期货投机者系数为负，保证金制度调整有利于降低投机者对波动的助长效应。本文已从国债期货市场稳定功能角度对中国国债期货市场功能发挥程度进行评估，同时论证出保证金风险监管制度有利于国债期货市场稳定功能的进一步实现，为监管部门优化国债期货市场功能提供了理论支持。

二、国债期货市场信息功能评估

(一) 国债期货市场信息溢出机制分析

期货市场对现货市场的信息功能与期货合约信息预期特征相关。期货合约价格反映了现货投资者对未来价格的平均预期,期货市场的低成本使大量知情交易者聚集,更多的知情交易行为意味着更精确的未来价格信号。若信息是免费的,所有的投资者均会有完全信息,期货信息预期功能不会对基础资产价格产生影响。然而,在实际交易中,信息交换需要获取成本,投资者价格预期既不是完全的也不是精确的,期货市场的大量知情者使期货市场对基础资产市场信息效率影响的功能得以发挥。

可以从以下两个角度分析期货市场信息功能来源:①期货市场中存在理性投机者,他们具有获取信息、评估信息质量的动机,但不在现货市场投资。期货合约的引入使市场套期保值功能得以实现,投机者根据期货市场和现货市场价格收敛程度执行套期保值策略,而期货市场价格已融入知情投机者的私有信息,使套保者对现货和期货投资比率的调整过程反映投机者的信息交易结果,进而使投机者私有信息对基础资产价格产生影响。但也有人对这种分析提出质疑,认为期货市场中非理性噪声投机者占优势,他们加剧期货市场噪声水平,经价格发现作用,会使基础资产市场信息效率降低。②期货引入改变投资者信息获取成本,当没有期货合约时,虽然投资者预期不同,但由于信息获取成本过高,投资者没有信息交流动机。国债期货杠杆特性使投资者积极获取私有信息,而且期货在交易所集中、有组织的交割形式使期货市场成为买卖供求信息汇聚地,相较于国债的场外询价市场,期货市场的信息含量和准确度更高,对基础资产的信息溢出作用显著。

成熟的国债期货市场具有信息领先优势,有利于形成合理远期利率、优化国债利率期限结构,助推国债收益率基准利率地位的形成。但中国国债期货市场存在可交割期限短、投资主体集中度高、市场容量不足、噪声交易等问题,国债期货合约的引入是否将有效信息传入现货市场、国债市场信息效率是否改善,这些问题已成为管理层和投资者关注的焦点,也是本文要解决的关键问题。

(二) 国债期货市场信息溢出功能研究

1. 国债期货市场对现货市场信息含量的影响

研究区间为 2010 年 1 月 1 日—2018 年 3 月 31 日,选择 5 年期国债期货作为研究样本。在国债样本的选择上,已有研究通常将国债划分为刚发行和已发行两种,离发行期越近的国债交易越活跃。我们参考经典研究方法,选择剩余期限在 4~5 年,而且最新发行的 5 年期国债作为研究对象。

根据考克斯的研究(Cox,1976),当拥有私有信息的市场知情者比例增加时,当期价格与历史价格的相关性减小。本文利用国债期货引入前后国债市场滞后期的收益率作为被解释变量,对当期国债收益率进行回归分析,若回归系数绝对值减小或不再显著,则证明期货引入后市场信息含量增加,回归模型如式(5-13)所示,回归结果如表5-3所示。

$$returnbond_t = \alpha + \beta_1 \times returnbond_{t-1} + \beta_2 \times returnbond_{t-2} + \cdots + \beta_9 \times returnbond_{t-9} + \beta_{10} \times returnbond_{t-10} + \varepsilon_t \quad (5-13)$$

根据回归结果,国债期货引入前,滞后期国债收益率显著的有第1期、第2期、第4期、第7期,系数分别为-0.159 696、-0.013 703、0.116 302、0.154 891,国债期货引入后,滞后期国债收益率显著的有第1期、第9期,系数分别为0.073 111、0.092 192。一方面,国债期货引入后滞后期系数显著性期数减少;另一方面,显著系数的绝对值减小,说明国债期货交易已发挥增加现货信息含量功能。

表5-3 国债期货引入前后现货市场信息含量对比

国债期货引入前			国债期货引入后		
变量	系数	t统计量	变量	系数	t统计量
C	-0.087 002	-3.546 448	C	-0.098 614	-3.966 534
AR(1)	-0.159 696	-4.569 707	AR(1)	0.073 111	2.479 125
AR(2)	-0.013 703	5.496 287	AR(2)	0.161 839	0.389 632
AR(3)	0.009 692	0.275 959	AR(3)	-0.015 142	-0.507 924
AR(4)	0.116 302	3.408 53	AR(4)	-0.041 136	-1.381 493
AR(5)	0.032 551	0.950 554	AR(5)	0.041 448	1.392 507
AR(6)	0.055 394	1.631 044	AR(6)	-0.048 597	-1.632 734
AR(7)	0.154 891	4.610 005	AR(7)	0.043 517	1.461 389
AR(8)	0.023 446	0.690 155	AR(8)	0.027 72	0.930 114
AR(9)	0.031 768	0.935 044	AR(9)	0.092 192	3.132 468
AR(10)	0.026 088	0.785 113	AR(10)	0.023 732	0.805 051

2. 国债期货市场提升现货信息含量的机制分析

国债期货市场对现货市场的信息溢出机制主要分为两种:价格信息传递机制和投资者行为信息传递机制。信息传递机制利用国债期货价格信息预期功能,套期保值行为信息传递机制与套保者对基本面的预期行为有关(张雪莹和龙腾飞,2015)。有学者(Hong and Yogo,2012)提出,持仓量包含关于经济未来走势的信息,期货价格所包含的未来预期信息并不全面,套期保值行为领先于经济周期。持仓量(套保行为)是可靠的经济预期信号,假设期货市场对风险的吸收能力是有限的,当市场存在过多的卖空套保需求(基础资产生产方)而期货市场的风险承担者(投机者)数量不足时,期货价格就会下跌;反之,当有过度的多方套保需求(基础资产消费者)而期货市场风险承担者(投机者)数量不足时,期货价格会上涨。基础资产生产方和基础资产消费者对未来预期一致时会发生上述情况,但两种情况下价格变化方向不一致,与两类投资者净需求相关。因而,期货价格不具有对未来经济走势的预期能力,应考察持仓量的预期功能(Hong and Yogo,2012)。虽然分析的是商品期货市场(Hong and Yogo,2012),但学者指出,这种分析范式同样适用于国债期货市场。因而,本文在分析国债期货市场信息溢出路径时从价格和持仓量(即套保行为)两个角度进行研究。另外,投资者对现货市场价格的影响与理性投机和非理性投机比率有关,为探究期货投机对国债价格的净效应,本节同样将投机滞后项加入模型。具体回归模型如式(5-14)、式(5-15)和式(5-16)所示,均值方程回归结果如表5-4所示。

$$return\_spot_t = \alpha + \beta_1 future_{t-1} + \beta_2 return\_spot_{t-1} + \beta_3 spe_{t-1} + \\ \beta_4 hed_{t-1} + \beta_5 exspe_{t-1} + \beta_6 unexspe_{t-1} + \mu_t \quad (5-14)$$

$$\mu_t = \sigma_t \varepsilon_t \quad (5-15)$$

$$\ln(\sigma_t^2) = \omega + \lambda_1 \ln(\sigma_{t-1}^2) + \lambda_2 \left| \frac{\mu_{t-1}}{\sigma_{t-1}} \right| + \lambda_3 \frac{\mu_{t-1}}{\sigma_{t-1}} \quad (5-16)$$

式(5-14)中,$future$、spe、$exspe$、$unexspe$、hed分别为国债期货收益率、国债期货投机行为、可预期投机行为、不可预期投机行为、套保行为,根据ARMA模型进行可预期和不可预期分解,式(5-15)和式(5-16)与第五章第一节中变量一致。表5-4中第1个回归模型为国债期货投机者滞后项、套保滞后项和国债收益率滞后项对当期国债收益率回归的结果,第3个回归模型为可预期国债期货投机者滞后项、不可预期国债期货投机者滞后项、套保滞后项和国债收益率滞后项对当期国债收益率回归的结果。如表5-4所示,国债期货套期保值行为确实有信息溢出作用,能够发挥价格发现功能,与国债收益率呈正向关系。另外,研究发现国债期货投机者行为也有价格发现作用,该结论证明中国国债期货市场存在理性投机者,他们利用私有信息促进了国债市场信息含量的提升。此外,在对国债期货投机者进行可预期和不可预期分解后发现,不可预期成分对国债价格影响更大,预期理论认为,可预期成分已反映在价格中,不可预期成分才能够引发未来价格变化。表5-4中第2个回归模型中国债期货收益率系数显著,说明国债期货价格机制可以向国债市场传递信息。综合上述检验,本文已得出国债期货市场具有提高国债市场信息含量、优化基础资产市场信息效率的作用。接下来,本文从外部货币政策信号角度分析公开信息对国债期货市场信息溢出功能的影响。

表 5-4 国债期货市场信息溢出功能机制分析

变量	系数	z 统计量
回归模型 1		
C	−0.092 099	−10.094 79
$spe(-1)$	0.021 027	3.163 167
$hed(-1)$	0.000 001	5.395 078
$AR(1)$	−0.130 74	−4.703 578
回归模型 2		
C	−0.094 772	−10.414
$hed(-1)$	0.000 001	5.710 391
$unexspe(-1)$	0.092 113	3.266 108
$exspe(-1)$	0.029 038	2.981 495
$AR(1)$	−0.128 755	−4.606 897
回归模型 3		
C	0.002 332	1.189 863
$future(-1)$	0.073 225	7.302 336
$spe(-1)$	0.025 693	2.452 684
$hed(-1)$	0.000 002 81	10.575 6
$AR(1)$	−0.379 214	−12.537 33

(三)央行预期管理机制对国债期货市场信息溢出作用的影响

1. 央行预期管理对国债期货价格信息传递机制的影响

国债利率,尤其是长端利率,体现实体经济融资成本,政策利率能否有效传导至利率曲线长端关乎货币政策执行有效性,然而郭豫媚等(2016)认为,中国传统数量型货币政策在金融创新和融资渠道增加背景下受到抑制,人民币贷款在社融中比例降低,而从数量型向价格型转变的过程又受到利率传导机制不顺畅影响,使中国当前货币政策执行效率低。预期管理可促进通胀管理和货币政策向实体经济传导效率,目前不论是学界还是管理层都对央行预期管理效率倍加关注。2018年9月3日,国务院金融稳定发展委员会(金融委)办公室召开金融市场预期管理专家座谈会,研究如何建立与金融市场的有效沟通机制,金融管理部门如何更加广泛地听取金融市场的声音,金融决策如何更好地发挥专家学者的作用,如何更好地稳定市场预期,如何准确地预测和分析经济金融形势并正确决策。在当前经济形势下,金融委和金融管理部门将预期管理工作提到了更加重要的位置。本部分从国债市场信息功能出发,探求该功能是否有助于预期管理效率提升,从国债衍生工具的信息功能角度探求衍生工具等金融创新产品对政策利率传导的影响,为管理层疏通利率传导机制提供了理论方向。

2002—2013年,中国人民币新增贷款在社融中占比从92%高位降至51%,致使传统货币政策调控的主要渠道(信贷渠道)受阻。2013年,央行利率下调使市场融资需求提高,但2015年至今,人民币新增贷款在社融中占比基本稳定。然而,这不意味着货币政策调控路径畅通,反而体现出信贷渠道中利率传导受阻严重。2016年以来,中国对银行表外融资、委外信贷等严格控制,致使银行表外融资、委外信贷严重收缩,但该背景下人民币新增贷款在社融中占比却基本稳定,证明人民币新增贷款也处于收缩阶段,传统货币政策利率调控路径阻塞严重。

央行预期管理主要方式分为三种,分别是政策目标沟通(明确未来通胀目标)、当前货币政策和经济形式解析(增加货币政策透明度,减少央行与市场间的信息不对称程度)、阐明未来货币政策方向(引导长端利率预期)。接下来,我们分析国债期货市场是否在预期管理信息发布期具有更强的信息溢出功能,增加国债利率中预期管理信息含量。

本文以2018年央行行长沟通行为为例,分析国债期货市场是否在预期管理信息发布期具有更强的信息溢出功能。根据我们的统计,2018年央行行长共进行了19次货币政策解读讲话。由于银行间市场国债采用询价机制和做市商制度,没有5分钟高频数据,故本部分利用交易所国债5分钟高频数据验证央行讲话日国债期货市场价格溢出功能与非讲话日的差异。回归模型如式(5-17)、式(5-18)和式(5-19)所示。

$$return\_spot_t = \alpha + \beta_1 future_{t-1} + \beta_2 return\_spot_t + \mu_t \quad (5\text{-}17)$$

$$\mu_t = \sigma_t \varepsilon_t \quad (5\text{-}18)$$

$$\ln(\sigma_t^2) = \omega + \lambda_1 \ln(\sigma_{t-1}^2) + \lambda_2 \left| \frac{\mu_{t-1}}{\sigma_{t-1}} \right| + \lambda_3 \frac{\mu_{t-1}}{\sigma_{t-1}} \quad (5\text{-}19)$$

式(5-17)中解释变量分别为国债期货收益率滞后系数和国债收益率滞后

系数。表5-5中,非央行行长沟通日和央行行长沟通日回归模型的前三个系数均来自均值方程,其余系数来自方差方程。表5-5中两个回归模型的$AR(1)$系数均显著,分别为$-0.113\,907$和$-0.247\,49$,交易所国债依然具有价格相关性,历史信息对当期价格作用明显。本文重点关注的是非央行行长沟通日和央行行长沟通日回归模型中的第二个回归系数,该系数反映国债期货市场信息溢出功能的强弱,系数分别为$0.014\,371$和$0.038\,947$,说明在央行行长进行预期管理沟通时,国债期货市场信息溢出作用提高,对现货市场信息含量的增加更加突出。

表5-5 央行沟通机制中国债期货市场对现货信息溢出作用对比

变量	系数	z 统计量	变量	系数	z 统计量
非央行行长沟通日			央行行长沟通日		
C	0.000 021	10.452 37	C	0.000 017	2.894 731
$future(-1)$	0.014 371	2.427 634	$future(-1)$	0.038 947	1.782 426
$AR(1)$	−0.113 907	−4.861 702	$AR(1)$	−0.247 49	−3.246 008
C	−27.137 41	−2.196 73	C	−9.762 877	−1.515 317
$C(2)$	0.033 078	0.629 736	$C(2)$	0.059 376	0.201 024
$C(3)$	0.012 119	0.311 389	$C(3)$	−0.351 629	−1.773 542
$C(1)$	−0.465 709	−0.697 381	$C(1)$	0.477 115	1.387 903

在央行预期管理沟通日,国债期货市场对货币政策信息做出积极反应,市场信息流动增加,致使价格波动和调整幅度增加。央行行长讲话日国债期货市场价格波动增加正是央行预期管理信息融入国债期货价格的体现,经国债期货市场价格发现机制,央行预期管理信息有效反映在国债现货价格上,进而,国债期货市场发挥了促进基础资产吸收货币政策预期管理信息的作用。国债期货是分析货币政策预期路径的有效工具,联邦基金期货合约被认为是能够获取美联储政策路径的衍生工具(Sack, 2004),国债期货投资者利用期货合约进行套期保值或进行理性投机,国债期货合约被学术界作为联邦基准利率的预测值。此外,学术界也常利用国债收益率曲线的隐含远期利率获取货币政策路径,但该方法需要以国债利率期限结构信息传递机制可以正常发挥、国债市场能高效吸收供求信息为前提,若国债市场信息效率低,则无法成为获取货币政策路径的工具,正如中国国债市场交易不连续会导致收益率隐含远期利率无法真正反映未来预期利率。因而,利用国债期货市场更高的信息吸

收、转化效率和信息溢出机制,能够将货币政策信息传入国债市场,提升国债收益率曲线期限结构的合理性。

如图5-3所示为2018年以来央行行长通过预期管理沟通机制向市场传递货币政策信息的时间分布图,图中日内波动为当日国债期货市场最高和最低价之差。根据我们的统计,2018年央行行长共进行了19次货币政策解读讲话,包括"金融机构货币信贷形势分析座谈会"讲话、"央行行长易纲、副行长潘功胜'喊话'维稳汇市"等。其中,有16次行长讲话后国债期货市场日内波动达到局部最大,说明国债期货市场对货币政策沟通机制反应效率较高,对85%的行长讲话日反应剧烈。

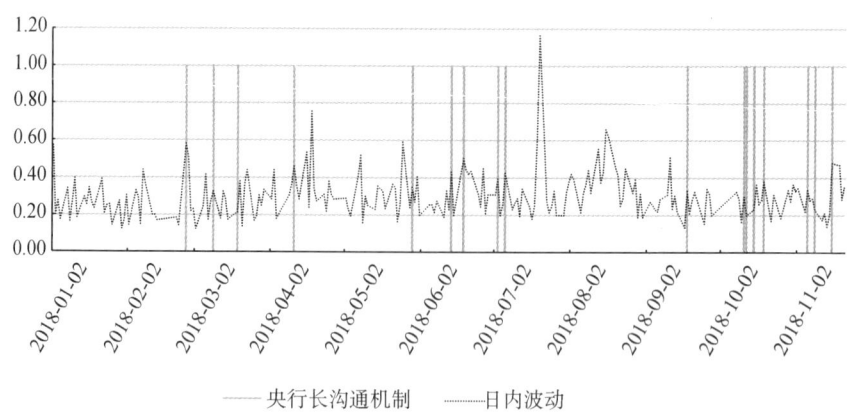

图5-3 预期管理信息对国债期货日内波动的影响

2. 央行预期管理对国债期货投资者行为信息传递机制的影响

在上面的分析中,我们对央行预期管理与国债期货合约价格信息传递机制进行了实证检验,接下来,进一步探究国债期货市场投机行为和套期保值行为对预期管理信息的响应程度,具体利用国债期货和现货5分钟高频数据进行验证。

如表5-6所示分别为非央行行长沟通日和央行行长沟通日国债期货价格信息传递机制和投资者行为信息传递机制对现货价格的影响,每个回归模型的前四个变量系数来自均值方程,后四个变量系数来自方差方程。国债期货价格滞后项依然显著影响现货价格,非央行行长沟通日和央行行长沟通日系数分别为0.017 467和0.032 018,与前文结论一致,央行行长沟通日国债期货市场价格信息传递机制更显著。表5-6中第四个回归系数为投机行为滞后项对基础资产价格的影响,央行行长沟通日系数不显著,说明央行行长沟通机制并未对投机行为的信息溢出效应产生正向作用,这与我们的猜想一致。

表 5-6　央行预期管理对国债期货投资者行为信息传递机制的影响

变量	系数	z 统计量	变量	系数	z 统计量
非央行行长沟通日			央行行长沟通日		
C	0.000 016	4.679 999	C	0.000 011	1.024 825
$future(-1)$	0.017 467	2.750 441	$future(-1)$	0.032 018	6.487 718
$spe(-1)$	8.21×10^{-9}	1.846 48	$spe(-1)$	8.43×10^{-9}	0.573 928
$AR(1)$	-0.115 645	-4.808 583	$AR(1)$	-0.249 307	-3.102 976
C	-18.440 53	-1.628 717	C	-9.806 883	-1.448 978
$C(2)$	0.053 394	0.956 433	$C(2)$	0.061 095	0.218 611
$C(3)$	0.004 411	0.112 011	$C(3)$	-0.346 403	-1.753 258
$C(1)$	0.005 220	0.008 530	$C(1)$	0.474 888	1.311 792

（四）国债期货市场监管制度调整对期货信息溢出功能的影响

大量学者已对衍生品引入的信息功能进行研究，如：有学者（Back，1993）利用信息非对称知情交易模型研究衍生品引入的信息功能；另有学者（Easley et al.，1998）利用微观信息模型指出，衍生市场交易者具有关于基础资产未来价格运动的信息。部分学者将衍生品研究重点集中于杠杆交易制度对信息传递的影响。当投资者没有预算约束时，他们最大化预期利润，保证金制度不会影响投资决策。但是，现实交易中投资者不可避免地受到预算约束影响，不同的杠杆比率影响其投资策略和均衡价格。约翰（John et al.，2008）分三种场景研究衍生品引入以及杠杆比率对基础资产信息效率的作用：场景一只有基础资产市场；场景二引入衍生工具，无保证金比率限制；场景三引入衍生工具，有保证金限制。在场景二中，投资者行为激进，均衡价格对信息反应敏感；在场景三中，杠杆比率的存在使基础资产对信息敏感度降低，可证实市场均衡价格和信息效率与杠杆比率有关。

投资者保证金账户管理是期货市场监管的关键，保证金比率高低影响非理性和理性投机者进入衍生市场的意愿，对市场信息效率、波动、均衡价格均具有直接作用，明确不同类型投资者对保证金比率的敏感度对监管层进行账户分级管理更为重要。有学者（Chou et al.，2015）认为，小规模投资者一般现金受限制，对保证金比率提高更为敏感，而大额订单投资者持有更多风险资产和少量现金，同样对保证金比率敏感度低。当保证金比率提高后，交易成本高的投资者退出市场，对市场信息含量、流动性均会有影响，但退出或进入市场的投机者对市场信息效率的净影响无法确定。一般认为，噪声交易者来自资金受限制的小规模投资者，进而保证金比例提高有利于市场私有信息含量提高,但此时市场信息非对称性也提高,市场信息效率与信息非对称性的关系属于学术界的争议焦点。部分研究认为,市场私有信息持有者比例高有利于更准确地吸收外部信息,有利于期货市场信息溢出功能的发挥,但也有研究认为市场非对称性使交易成本增加,市场信息效率降低,不利于期货市场信息溢出功能的实现。针对现有关于保证金监管制度如何影响期货市场功能的争议,本文接下来以中国保证金比率调整事件为中心,分析保证金调整对中国国债期货和现货市场间信息传递的影响。

在本部分,我们利用5年期国债期货主力合约和5年期银行间国债利率进行实证分析。2014年11月3日,将5年期国债期货合约的最低交易保证金由2%调整为1.5%;2015年3月16日,将5年期国债期货合约最低交易保证金由1.5%调整为1%。以上述两次调整时间为分析基准,研究保证金比率降低对国债期货市场信息溢出功能的影响。

$$return\_spot_t = \alpha + \beta_1 future_{t-1} + \beta_2 return\_spot_t + \beta_3 margin2014 + \\ \beta_4 margin2015 + \beta_5 margin2014 * future_{t-1} + \\ \beta_6 margin2015 * future_{t-1} \mu_t \quad (5-20)$$

$$\mu_t = \sigma_t \varepsilon_t \quad (5-21)$$

$$\ln(\sigma_t^2) = \omega + \lambda_1 \ln(\sigma_{t-1}^2) + \lambda_2 \left| \frac{\mu_{t-1}}{\sigma_{t-1}} \right| + \lambda_3 \frac{\mu_{t-1}}{\sigma_{t-1}} \quad (5-22)$$

回归模型为式(5-20)、式(5-21)和式(5-22),$future$ 为国债期货收益率,$margin2014$ 代表2014年国债期货市场保证金调整事件,2014年11月3日至2015年3月36日,该变量取1,其余日期该变量为0。$margin2015$ 代表2015年国债期货市场保证金调整事件,2015年3月36日至2018年8月31日,该变量取1,其余日期该变量为0。回归结果显示,三个回归模型的方差方程GARCH系数和ARCH系数均显著,系数分别为0.602 985、0.616、0.571 999和0.721、0.715 49和0.732,而且ARCH系数更大,说明历史信息和新信息均对国债价格有影响,新信息效应更大。三个回归模型中,$AR(1)$系数显著为负数,再次证明中国银行间国债市场价格的序列相关性,历史信息对国债收益率影响显著,市场信息效率有待进一步加强。保证金制度对国债价格影响(2014年和2015年调整)回归模型中,$margin2014$ 系数显著为负数,$margin2015$ 系数不显著。2014年11月3日的杠杆比率降低事件对国债价格有影响,2015年3月36日的杠杆比率降低事件对国债价格无影响。保证金制度对国债期货信息溢出影响(2014年调整)模型中,不考虑保证金时国债期货信息溢出系数为0.011 68,保证金制度与国债期货交互系数为正,与不考虑保证金时国债期货信息溢出系数同号,说明在中国将国债期货保证金由2%

调整为 1.5% 后,国债期货市场信息溢出效应提升。

三、国债期货市场风险管理功能评估

(一)国债期货风险管理动机

国债期货套期保值行为在促进跨市场信息流动和稳定期货非理性投机对市场波动的干扰上均发挥积极作用。中国债券市场投资者利用国债期货进行风险管理的意愿和动机明显:首先,套期保值者同时持有现货和期货,既可享受国债持有至到期的免息优惠政策,也不会承担利率波动风险;其次,债券做市商利用衍生工具对冲存货利率风险,债券基金为降低大单交易成本,倾向于分步卖出债券,利用国债期货规避持有期市场风险;最后,对于在浮动利率市场有比较优势的投资者,利用国债套期保值策略相当于将固定利率投资互换为短期利率,能够获得更高收益。

然而,作为与中国国债期货价格走势最为接近的基础资产,最便宜可交割债券(cheapest to deliver,CTD)平均交易日数较少、更换频繁的现实背景反映出对衍生品和标的资产价格走势进行判断的难度较高,利用国债期货进行风险对冲的效率需要进一步验证。另外,大部分区间国债价格波动小于国债期货价格,国债期货与国债价格存在升水和贴水区间,风险对冲效果差异明显。基于此,本文重点研究中国国债期货风险管理效率及影响因素。

(二)样本选择

目前,中国共有三个品种的国债期货同时挂牌交易,其中上市交易时间最长的品种为 5 年期国债期货合约,本文在国债期货风险管理部分将利用 5 年期国债期货进行研究。具体来说,由于本文将探讨是否成为 CTD 券对利率风险的影响差异,5 年期国债期货交易时间长度的优势有利于找到样本大小符合模型构建要求的最活跃 CTD 券,降低小样本产生的测量误差。同时,样本过小可能导致风险管理模型无法收敛,无法获取套期保值比率。基于上述原因,我们选择 5 年期国债期货作为研究样本。通过对中国 5 年期国债期货上市以来的国债进行分析,我们发现 130015.IB 是作为 CTD 券次数最多的国债。

(三)国债期货风险管理影响因素及效率分析

在理论和实证研究中,信息冲击非对称特征对金融资产价格波动的影响已得到广泛研究,套期保值效率同衍生品和基础资产价格波动密切相关,本文将信息冲击非对称特征引入风险管理模型。本文具体将从两个角度分析信息非对称冲击的影响:一是对价格波动的非对称影响;二是对国债期货和现货相关关系的非对称影响。在国债期货和现货相关关系的度量中,本文将分别从线性相关性和尾部极端风险相依关系两个角度进行研究,以分析系统性风险对国债期货和现货价格联合分布的影响,在相依关系模型中加入连接函

数(Copula 函数),并将 Copula 函数同信息非对称问题相结合,寻找最佳风险管理模型。此外,利率风险管理效率与投资者风险管理策略调整频率有关,根据市场变化进行动态调整对及时规避风险更有帮助,但交易成本也会随之增加。最终,套期保值策略的选择是权衡风险规避程度和交易成本大小的结果。本文将引入时变套期保值模型,分析模型时变特征对套期保值效率的影响。

本文将分别利用 CTD 券样本、全样本(即不区分是否为 CTD 券)进行实证研究,并结合资产价格的杠杆波动特征、相依特征、时变特性。模型具体分为 ADCC-GARCH、ADCC-EGARCH、DCC-GARCH、Copula-ADCC-GARCH、Copula-ADCC-EGARCH、Copula-GARCH 等。

1. 基于活跃 CTD 券的期货风险管理影响因素及效率分析

非对称-Copula-ADCC-GARCH 动态套期保值模型结合了资产价格相关性的时变特征、干扰项非对称冲击、极值风险,较全面地刻画了资产价格波动的现实特征,比传统的 GARCH 静态套期保值模型的应用性更强。本文采用该模型作为分析国债期货风险管理功能的核心模型。

(1) 国债期货风险管理的杠杆特征和时变性。动态条件相关(dynamic condition corelation,DCC)模型可用来度量期货和现货间的动态相关性,以时变系数为基础获得最优套期保值比率。有学者(Cappiello et al.,2006)进一步研究表明时变相关系数未能捕捉市场正向和负向信息对期现市场收敛性和相关性的影响,应将残差的非对称特征引入动态相关系数估计模型,非对称性的 ADCC-GARCH 动态模型度量了该性质。接下来,本文分别利用未考虑和考虑市场信息冲击非对称特征(影响动态相关系数)的套期保值模型分析国债期货市场的动态风险管理效率。

研究结果显示,现货市场的 ARCH 系数为 0.346 734,期货市场 ARCH 系数为 0.096 108,现货市场的 GARCH 系数为 0.465 646,期货市场 GARCH 系数为 0.888 828 8。在 GARCH 模型方差方程中,ARCH 度量新信息冲击,GARCH 度量历史信息冲击。本文进一步利用未考虑和考虑市场信息冲击非对称特征(影响条件方差)的套期保值比率分析国债期货市场的动态套期保值效率,动态模型回归结果中,国债期货和现货条件方差波动率均显著存在,说明正向和负向信息对波动率冲击存在显著差异,而且该模型中新信息对国债期货的冲击大于现货,显示出期货市场的高信息效率,信息冲击非对称特征对动态相关系数影响均不显著。

(2) 国债期货风险管理的尾部风险相依性。传统套期保值系数基于现货和期货价格的线性相关关系,对金融资产价格的尾部动态相依关系刻画明显不足。Copula 函数将边缘分布和联合分布分离,在捕捉资产价格间非线性、非对称性的同时,对尾部极端风险的相依关系进行度量,更符合金融资产非正态分布、尾部风险显著、存在系统性风险的现实背景。因而,本文运用 Copula 函数作为国债期货和基础资产联合分布的度量函数,通过逐步引入时变相关系数、非对称时变相关系数的方式,分析影响国债期货风险管理功能实现的因素。

结果显示基础 Copula-GARCH 模型下的回归系数。基础资产 $AR(1)$ 系数为 -0.39056,国债期货 $AR(1)$ 系数为 0.24622,二者均显著存在,说明此二者市场价格的历史信息均对当期价格走势有显著影响,而且国债市场在该方面的特征更为明显。国债市场方差方程 GARCH 系数为 0.542023,ARCH 系数为 0.276517,国债期货方差方程 GARCH 系数为 0.885030,ARCH 系数为 0.099686,二者价格波动历史信息冲击影响更为显著。本文将度量市场价格的时变相关系数模型作为风险管理模型,将度量市场价格的非对称时变相关系数模型作为风险管理模型。对比三类基于 Copula 函数的套期保值模型,发现国债期货市场和现货市场存在明显动态相依关系,但信息的非对称性对二者时变相依性的影响不显著。

(3) 国债期货风险管理效率分析。在获得套期保值系数后,本文利用风险管理绩效评价指标分析不同套期保值模型的风险管理效率。结果显示,Copula 函数下的套保系数均值明显大于线性套保系数,但小于加入杠杆特征的套保系数,说明在进行国债期货和现货套保时应将金融资产的相依性和非对称特征纳入考虑,对比不同套保模型下的套保效率,获得更为精准的风险管理方案。从图 5-4 中的结果看出,ADCC-GARCH 动态模型套保比率的均值小于 Copula-ADCC-GARCH 动态模型套保比率的均值,更多的基础资产风险来源增加了投资者对国债期货风险对冲功能的需求。同时也可以看出,随着影响因素的增多,套期保值系数稳定性降低,对风险管理的动态调整提出了更高的要求,而对套保系数的调整过程需要花费交易费用,投资需要权衡风险对冲效率和资金成本间的关系,而不是单纯追求套期保值模型与实际价格特征的吻合程度。

在获得套期保值比率后,需要进一步利用套保绩效指标衡量风险管理效率大小。利用基于风险最小化的套期保值绩效指标对不同模型套期保值效率进行测算后发现,Copula-ADCC-GARCH 绩效比 ADCC-GARCH 绩效提高 43.95%,Copula-ADCC-GARCH 绩效比 ADCC-EGARCH 绩效提高 83.55%,说明利用动态相依关系的套期保值模型能够获得最佳的国债期货风险管理效果,但时变套期保值模型对持仓调整频率要求较高,交易成本更大。

对比三类基于 Copula 函数的套期保值模型,发现国债期货市场和现货市场存在明显动态相依关系,但信息的非对称性对二者时变相依性的影响不显著。

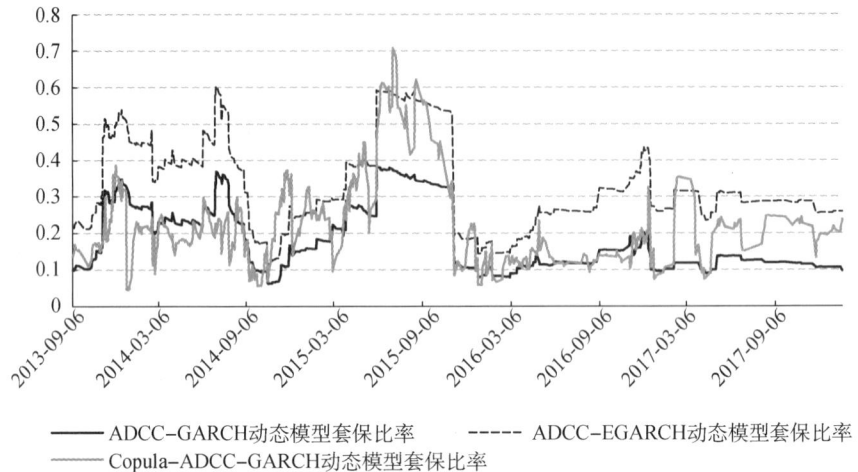

图 5-4 CTD 券样本套期保值比率对比图

2. 基于全样本的期货风险管理影响因素及效率分析

（1）国债期货风险管理的杠杆特征和时变性。截至 2018 年 10 月 22 日，国债 130015 在 1 321 个交易日中有 765 日有交易记录，其中 674 天为 CTD 券。为利用全部样本，本文利用中债估值净价作为 130015 国债的价格来源，再次利用风险管理模型测度全样本套期保值效率。

全样本时变套期保值模型中基础资产方差方程 ARCH 项系数为 0.408 968，GARCH 项系数为 0.431 327，国债期货 ARCH 项系数为 0.132 110，GARCH 项系数为 0.864 449，同样出现历史信息对国债期货和现货价格波动影响更明显的特征，而且国债期货波动率影响因素中历史信息作用更显著。与活跃 CTD 券回归结果对比后可看出，全样本时变套期保值模型中期货和现货的 ARCH 系数均增加，GARCH 系数均减小，新旧信息对子样本和全样本的影响在国债期货和现货市场的差异一致，在全样本中市场显示出了更高的信息效率，对有套保需求的投资者来说，应根据不同的国债持有动机选择套期保值方式。另外，动态相关系数在全样本和活跃 CTD 样本均表现出对信息杠杆特征反应不敏感的特点。

全样本时变 EGARCH 套期保值模型中国债期货和现货条件方程均表现出明显的杠杆特征，正向和负向信息冲击对价格调整幅度差异明显，国债杠杆系数为 0.008 85，国债期货杠杆系数为 0.666 96，国债期货波动率杠杆特征更大。

（2）国债期货风险管理的尾部风险相依性。考虑国债期货和现货尾部相依关系的时变套期保值模型中国债现货 $AR(1)$ 系数为 0.184 153，国债期货 $AR(1)$ 系数为 −0.322 438，二者均显著存在。在该套保模型中，国债现货的

ARCH 系数显著为 0.144 917，GARCH 系数显著为 0.854 083，国债期货 ARCH 系数为 0.082 103，GARCH 系数为 0.913 64，但动态相关系数在全样本和活跃 CTD 样本均表现出对信息杠杆特征反应依旧不敏感。全样本历史信息和新信息对国债期货和现货波动的影响差异与活跃 CTD 样本一致，历史信息对市场价格影响更突出。与 CTD 券子样本相比，全样本中历史和新信息对价格波动的影响均增加，国债期货对历史信息反应增加。通过上述对比分析再次验证持 CTD 券风险管理和长期持有国债风险管理应区别对待，二者对信息反应的敏感度差异明显，对国债期货风险管理效率产生影响。

（3）国债期货风险管理效率分析。在全样本状态下三种时变风险管理模型的套期保值比率实证结果中，三者的总体趋势基本一致，但包含杠杆因素的 ADCC-EGARCH 时变模型套期保值系数总体上大于其他两类模型，与 CTD 券子样本的结果一致。前 70% 的样本区间中，三者的关系较为明晰，不考虑杠杆和尾部相依关系的套期保值系数大小居于中间位置，考虑杠杆和尾部相依关系的套期保值系数最小，考虑杠杆特征、不考虑尾部极端风险的套期保值系数最大。在后 30% 分位数区间中，三类套期保值比率间关系的规律性较差，尤其是考虑杠杆特征、不考虑尾部极端风险和考虑杠杆和尾部相依关系的套期保值系数的大小变得混乱。进一步深入分析产生这种现象的原因，发现这种无规律性在国债 130015 券退出 CTD 券行列后较为明显，说明是否是 CTD 券对套期保值效率有较大影响，当该只国债为 CTD 券时交易活跃，其价格与国债期货走势和收敛关系明确，致使基于国债期货和现货波动率的套期保值效率具有稳定性，但随着 130015 券退出 CTD 券后，其交易活跃度迅速降低，市场信息在国债价格中的反映不够充分，但国债期货市场依旧交易活跃，导致二者价格走势的分离。另外，后 30% 样本区间套期保值系数波动性明显增加，国债期货和现货价格的变化出现分歧，这种波动背离给投资者进行利率风险管理带来巨大挑战，甚至会出现利率风险管理失败的可能。

进一步对比全样本和 CTD 券的 Copula-ADCC-GARCH 时变套期保值比率（见图 5-5）可看出，虽然利用相同基础资产在相同的交易日进行套期保值，但由于 CTD 券与非 CTD 券差异导致了套期保值比率大小和波动的差异较为明显。从上述对中国 CTD 券的数量分析可以看出，大部分国债成为 CTD 券的时间相比国债整体发行期限明显较小，在实际应用中利用全样本进行风险管理更符合实际，但也应注意到当某只国债在短期内成为 CTD 券时，该国债价格波动将明显增加，利率风险会充分显示在价格上，此时利用国债期货进行套期保值的需求更迫切。国债期货与现货价格走势趋同性显著，更有利于利用国债期货进行套期保值。

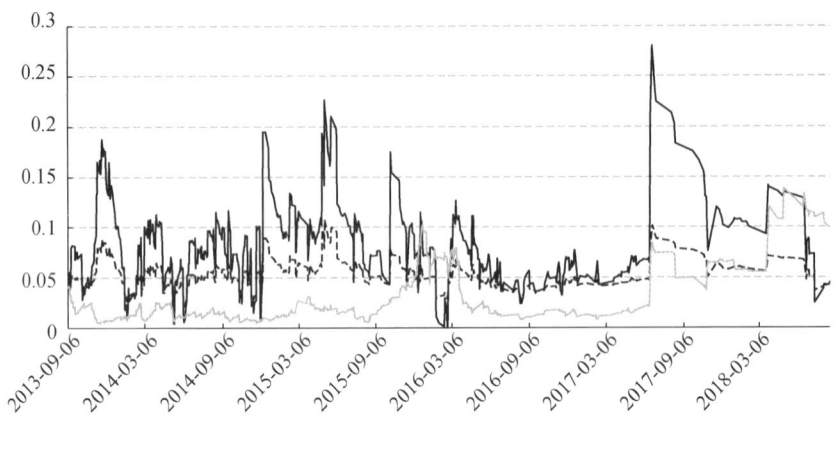

----- ADCC-GARCH动态模型套保比率　　——— ADCC-EGARCH动态模型套保比率
——— Copula-ADCC-GARCH动态模型套保比率

图 5-5　全样本套期保值比率对比图

四、中国利率衍生市场发展的监管制度优化

（一）国债期货市场投资者结构监管

美国拥有世界上最成熟的国债期货市场，其市场参与主体分别为以商业银行和投资银行为主的中间商、资产管理公司、杠杆基金和其他金融公司，资产管理公司占比最大。与之相比，中国国债期货参与主体丰富性差、期现市场参与主体不匹配问题严重，现阶段国债期货参与主体为券商和资管产品，而银行和保险公司是中国国债现货市场最大投资者，银行和保险公司有强烈的利率风险管理意愿，但却被禁止进入国债期货市场。国债发行承销团和现货做市银行参与国债期货市场进行套期保值，可降低国债一级和二级市场风险，减少发行成本和交易成本，提升国债市场信息对称性和定价效率。放松对国债期货投资者结构的监管，允许大型商业银行加入国债期货市场，既可弥补现阶段商业银行只能通过参与利率互换市场对冲部分短期利率波动风险的缺陷，又可使央行通过评估大型商业银行国债期货多空持仓量，获得银行对货币政策预期变化的信息，提高央行预期管理信息的传导效率。

（二）国债期货市场杠杆率监管

中国国债期货市场实行梯度保证金和比率保证金制度。2018 年 2 月，中国金融期货交易所（"中金所"）多杠杆比率进行调整，减少限仓和保证金梯级，将原三级梯度限仓和保证金调整为一般月份和临近交割月份两级，临近交割月份持仓限额切换时点由交割月前一个月下旬的第一个交易日延迟到交割月份之前的一个交易日，梯度保证金由三级调整为两级，切换时点调整为自交割月份之前的两个交易日结算时起。与美国国债期货保证金制度相比,中国期货市场按照合约生命周期和持仓量进行保证金账户监管的方式会加重投资者交易成本,尤其对跨期套期者的资金约束更为显著。因此,促进中国国债期货市场基本功能发挥的关键在于降低保证金成本,目前中国期货市场对保证金账户的监管制度较为简单,主要从防范市场风险的角度出发,但缺乏灵活性,也未能将保证金制度与市场风险有效关联。可参考美国期货市场的动态保证金制度,将保证金账户监管程度与价格波动率关联,高价格波动时动态提高保证金账户资金要求。

(三)国债期货市场透明度监管

市场信息透明度分为事前和事后透明度,事前交易透明度指市场中当前买卖报价、市场深度、最优限价指令等信息的发布,事后交易透明度指过去交易的执行时间、交易量、买卖方身份等信息的发布(Madhavan,2000)。中国国债期货市场公布的事后信息披露内容较少,主要包括交易商头寸、空头和多头持仓等。美国等成熟国债期货市场公布的事后信息披露内容包括非商业和商业持仓、空头和多头持仓、套利账户信息、交易商头寸、大额交易记录等。期货市场信息透明度高有利于投资者更准确地理解价格走势和波动原因,降低非理性噪声投机比例,进而提高国债期货市场信息效率和价格预期功能。中国目前对外公布的国债期货账户信息仅为持仓排名前 20 的投资者多空账户变化情况,若提供更详细的投机、套保和套利账户信息,将提高投资者所获信息的准确性。较高的国债期货市场透明度有利于提高现货做市商的信息对称性,缩小报价差,降低交易成本。

(四)国债期货市场持仓限额监管

中国国债期货市场持仓限额监管方式单一,一般月份持仓限额 2 000 手,交割月持仓限额 600 手,大户持仓账户监管范围为单个客户国债期货某一合约单边投机持仓达到交易所规定的投机持仓限额 80%以上(含)或当全市场单边总持仓达到 5 万手时,单个客户国债期货单边总持仓占市场单边总持仓量超过 5%的,具体监管内容包括持仓量、交易保证金、可动用资金等。美国国债期货的持仓限额监管制度有持仓限额及豁免、有解释义务的持仓标准和大户持仓报告标准等,其中对跨市场套利、同品种跨月套利、跨品种套利以及"善意套期保值账户"可以豁免持仓限制。持仓限额监管可防范市场操作、异常交易行为,维护其他投资者利益,但缺乏灵活性和针对性的持仓限额监管会挤出"善意套期保值账户",降低市场活跃度。因此,中国国债期货市场持仓限额监管应根据账户交易动机和类型细化对其持仓限额的要求,对用于未来交割的合约或头寸实行持仓限额及豁免或有解释义务的持仓限制。

第三节 中国信用衍生市场的发展与功能完善

一、中国信用衍生市场发展过程的功能评估

2010年试点初期:有15家CRM交易商达成42笔CRMA交易,名义本金合计36.9亿元;有6家机构创设了9只CRMW,名义本金7.4亿元。但自从这9只CRMW注销之后,CRMW就被"打入了冷宫"。虽然中债信用增进公司("中债信增")偶尔会创设几只CRMW,但成交量极低。CRM除了在初创期交易商参与热情较高之外,2011年之后CRMA成交非常少,2011年上半年出现了合约交易为零的尴尬局面;2012年年底,共有16家交易商达成了47笔CRMA交易,本金合计40.4亿元;2013—2016年发展缓慢。总体而言,2010—2016年名义本金额存量仅比2012年年底增加约8亿人民币;2016年后发展更是停滞两年,于2018年才回归公众视野。

总体来说,时至今日,CRM仅仅作为信用风险缓释的一个产品存在于市场之中,并未发挥其风险缓释、风险分散以及风险转移的特有功能。究其原因,主要有如下三点:一是监管部门尚未明确CRM在金融机构的资本管理中具有信用风险缓释功能,买卖双方缺乏交易动力。根据2012年6月中国银监会发布的《商业银行资本管理办法(试行)》,在权重法下,商业银行能够用以缓释监管资本的工具仅有"合格抵质押品"和"合格保证"两种,并没有把CDS、CRM等信用衍生品纳入合格保证之中。由于没有获得监管机构的认同,商业银行也就没有激励购买CRM来缓释风险。加上CRMW的标的资产都是银行间市场发行的债券,而到目前为止,中国债券市场上并没有真正的信用违约事件发生,因此投资者没有动力购买信用衍生工具缓释信用风险。二是CRM品种较为单一,流动性差,期限短,标的债务违约概率低。目前,CRM仅包括CRMA和CRMW两个品种。CRMA一对一签订,不能转让,制约了市场的流动性,如果买方持有标的债务,这样的合约其实就是一份保险。CRMW的标的债务都是评级较高、期限较短的债券,这样的债券几乎不会违约,所以对买方来说,CRMW毫无投资价值。三是目前CDS市场的深度和广度是一大短板,参与交易的机构投资者少。目前,交易商协会的47家交易商中,有33家是银行,占比高达70.2%,有10家是证券公司,没有一家是保险公司或基金公司。30家创设机构中,22家是银行,还有6家是证券公司,而证券公司并未创造任何的CRMW。目前,已经创设CRMW的创设机构中也仅有中债信增和兴业银行等5家银行。在成熟的市场中,银行一般是通过购买CDS来对冲信用风险的,而保险公司和对冲基金是CDS的卖方。也就是说,银行支付

保费购买CDS,将违约风险向保险公司和对冲基金转移。然而中国目前的情况是,6家参与创设CRMW的机构中,有5家是银行,即银行收取保费卖出CRM,其他金融机构可以支付保费购买CDS,将信用风险向这五家银行转移,导致其他机构的信用风险开始向银行传导,银行体系的信用风险不降反升。此外,由于绝大部分交易商都是银行,所以即便CDS交易活跃,信用风险也只是在银行体系内部转移,并没有实现降低整个银行体系信用风险的目的。

2010年,中国银行间市场交易商协会首次发布《银行间市场信用风险缓释工具试点业务指引》,推出了信用风险缓释合约(CRMA)和信用风险缓释凭证(CRMW)两款信用风险缓释工具;2016年9月,交易商协会发布修订后的《银行间市场信用风险缓释工具试点业务规则》,扩容了信用违约互换(CDS)、信用联结票据(CLN)两种工具。2018年10月22日,经国务院批准,按照法治化、市场化原则,人民银行引导设立民营企业债券融资工具,稳定和促进民营企业债券融资。其中,民企债券融资工具包括信用风险缓释工具和担保增信等工具(具体见表5-6、表5-7)。

表5-6 中国信用衍生工具政策列表

政策名称	政策目的	发布日期
《中国银行间市场金融衍生产品交易主协议(凭证特别版)》	促进中国金融衍生产品市场规范、健康发展,加强信用风险缓释凭证交易自律管理,维护市场参与者的合法权益	2010年10月29日
《中国场外信用衍生产品交易基本术语与适用规则》	规范场外信用衍生产品交易行为,保障市场参与者的合法权益	2016年9月23日
《信用联结票据业务指引》《信用违约互换业务指引》《信用风险缓释凭证业务指引》《信用风险缓释合约业务指引》《银行间市场信用风险缓释工具试点业务规则》	丰富银行间市场信用风险管理工具,完善市场信用风险分散、分担机制	2016年9月23日
《关于信用风险缓释工具试点业务相关备案事项的通知》	为加强信用风险缓释工具试点业务自律管理,促进试点业务规范发展	2016年9月30日
《关于信用风险缓释工具一般交易商备案有关事项的通知》	进一步完善信用风险缓释工具试点业务自律管理制度,促进试点业务规范健康发展	2018年10月10日

表 5-7 四种信用风险缓释工具类型对比

品种	信用风险缓释合约（CRMA）	信用风险缓释凭证（CRMW）	信用违约互换（CDS）	信用联结票据（CLN）
产品类型	合约类、非标准化，不能流通	凭证类、标准化，可在二级流通	非标准化，合约类，不能流通	凭证类、标准化，可在二级市场流通
参考债务种类	标的债务	标的债务	参考单一或一揽子债务，但目前仅限在交易商协会注册发行的非金融企业债务融资工具	
创设限制	无备案要求	创设备案制，净资产不低于 40 亿元且为核心交易商，可回购注销	无备案要求	创设备案制，创设机构净资产不低于 40 亿元且为核心交易商
交易限制	对某一标的债务 CRMA 净买入余额和净卖出余额均不得超过标的债务余额的 100%	对某一标的债务 CRMW 买入余额和卖出余额均不得超过标的债务余额的 100%，对某一标的债务 CRMW 创设规模不得超过该标的债务余额的 500%	暂无	暂无
共同的交易限制	根据 2016 年《银行间市场信用风险缓释工具试点业务规则》的最新规定：①任何一家核心交易商的信用风险缓释工具净卖出总余额不得超过其净资产的 500%；②任何一家一般交易商的信用风险缓释工具净卖出总余额不得超过其相关产品规模或净资产的 100%			

总体而言，中国信用风险缓释工具功能问题有以下三个方面。

首先，信用风险缓释工具定价功能缺失。对于不含期权的信用衍生产品，定价的基本理念就是对未来的现金流进行折现，得到的净现值，准确计量违约概率和违约后的债务回收率成为 CRM 定价关键，国际上运用比较广泛的方法需要构造无风险套利下的风险中性违约概率。但中国信用风险相关的基础数据累积时间较短，信息涵盖面也较窄，现有成熟方法的应用受到较大限制，导致中国 CRM 定价功能缺失，无法起到对不同等级风险的识别作用。一方面，信用风险缓释工具等衍生金融工具具有价格发现的功能，然而，中国 CRM 定价效率低的现实背景无法使 CRM 发挥发现债券价格的功能，无法起到提高基础资产市场运行效率的作用。另一方面，欧盟国家和美国等西方国家在债券评级、债务衍生产品定价方面话语权显著高于中国,这与中国信用衍生市场成熟度不足、定价能力缺失有直接关系,这也导致中国中小企业在海外市场发债时往往承担更高的风险溢价,企业融资成本高。因此,CRM定价功能既有利于国内信用债价格发现,也有利于中国中小企业在海外融资环境的改善。

其次,信用风险缓释工具风险对冲功能不足。一方面,目前信用保护卖方队伍扩张速度低于信用保护买方队伍扩容速度,供需双方力量失衡,信用风险保护程度仍有待提高。目前,CRM卖方风险偏好普遍不高,对信用风险溢价的承担能力低,无法为有实际风险对冲需求的买方提供充足供给,导致中国CRM市场风险对冲功能受到限制。另一方面,信用风险大部分在银行体系内部转移,没有实现降低整个银行体系信用风险的目的。CRMW参与者主要为大型券商、银行等机构,风险偏好较为同质化,通过交易分散风险的内在需求不大,市场流动性不足,导致信用风险只能由银行等机构内部消化而不能对外转移。国外信用衍生工具参与者范围广泛,银行、对冲基金、券商、投资公司、企业、政府机构等均参与交易,使得CDS等信用衍生工具风险定价具有分层性,不同信用等级的企业债券均可获得风险对冲,信用风险在众多主体间分散,大大降低单一主体因风险承担集中而导致危机爆发的概率。因此,应不断丰富CRM标的债务的类别及标的主体的信用层次,使CRM定价更加市场化和合理化。

最后,信用风险缓释工具信息功能有待提升。定价有效的信用衍生市场在对冲债券风险溢价、发现基础资产价格的同时,也通过信息外部性向投资者、监管部门提供当前信用债主体的风险特征。CRMW和CRMA以单项债务作为参考标的,规避的是单项债务的风险,CDS和CLN以主体作为参考标的,规避的是主体的信用风险。理论上,CRMW、CRMA、CDS、CLN分别传递出不同的风险信息,但就目前中国四类信用风险缓释工具的发展程度而言,参与主体同质化、缺乏风险对冲机制、定价效率不足等问题的存在,使信用类债券换手率、流动性低,还无法向市场传递有效的单项债务或主体风险,无法成为监管部门监控企业风险水平的动态指标。同时,配套制度约束也会对信用衍生工具信息功能有制约。《信用违约互换业务指引》和《信用联结票据业务指引》规定"在现阶段,非金融企业参考实体的债务种类限定于在交易商协会注册发行的非金融企业债务融资工具,专业委员会将根据市场发展需要逐步扩大债务种类的范围",这对非金融企业债务融资工具范围进行了限制,市场可获得的风险定价信息有限。

二、中国信用衍生市场发展的功能优化

在国际信用衍生市场,信用衍生工具的功能分析主要体现在以下四个方

面:①对冲信用风险。根据信用事件发生统计,信用事件的发生呈现集中和爆发的现象,为了降低这种情况带来的损失,信用衍生产品便可以将违约风险在空间和时间两个维度上进行分散,可以有效降低信用风险对经济的冲击。②解决信用悖论。在银行放贷中分散化是管理信用风险最有效的手段之一,然而受制于营业范围、监管要求,以及信息的不对称,银行倾向于将贷款投向联系紧密的客户,这导致了信用风险过度集中,也就是所谓的信用悖论。信用衍生产品的出现使得集中放贷成为可能,银行可购买业务集中地企业的CDS,并卖出业务不涉及或很少涉及地区的CDS。这样在将信用风险分散化的同时,自身的业务也能正常进行。③资本缓释。在国际市场中,根据《巴塞尔协议》,在标准法下,可将标的资产的风险权重替换为CDS的发行人的风险权重,以此降低资本要求,起到资本缓释的作用。④提升金融市场的价格发现与信息效率。CDS能够提升金融市场价格发现功能,CDS价格包含了很多其他金融工具不能捕获到的公司信用风险的信息,因此对于信用违约互换定价的研究有助于识别金融市场的信用风险。信用风险的剥离有助于减少金融交易中的信息不对称和规模歧视的障碍,从而扩大市场规模,使得之前难以达成的交易得以达成。

由于中国信用衍生市场仍处于初级发展阶段,信用衍生市场的功能优化主要应该从以下五个方面入手。

1. 风险对冲功能

信用衍生工具的基本功能是分散和转移风险,实现有效对冲信用风险的目的。随着中国债券市场的不断发展,对信用风险管理工具的需求也不断增加,CRM的诞生使得市场参与者在投资中有了保障,有利于债市的发展,也有利于企业对冲信用风险。中国版CDS推出的初衷也是对冲信用风险,但中国信用风险缓释工具产品的发展尚处于起步阶段,制度上存在较高投资者准入限制,应鼓励和引导保险公司、证券基金、投资银行等不同风险偏好的投资机构进入市场,实现信用风险缓释工具市场参与主体的多元化,使不同债务风险等级的主体都有利用信用风险缓释工具对冲风险的机会。实现对冲风险目前需要信用风险缓释工具与债务风险特征匹配,信用风险缓释工具真实反映标的风险水平,同时需要卖方数量充足,保证企业差异化风险均能有与之匹配的对冲工具。

2. 优化定价机制

完善中国CRM市场定价机制需要从三方面着手。首先,限制中国信用衍生工具价格效率的关键因素之一在于市场历史数据缺失,交易商无法基于违约率和回收率建立定价模型,只能利用信用债与收益率曲线价差作为参考。因此,需要通过政策手段调动市场流动性,积累历史数据,逐步引入国际上成熟的风险中性定价原理和损失模型定价原理。其次,信用风险的精确评级是信用衍生工具定价和对冲的基础,而中国信用评级体系的公正性和独立性因政府保护、刚性兑付等问题而受到质疑,实体和单一债务的信用等级的公允性需要成熟的信用评级体系作为支撑。最后,丰富市场参与者角色,只有当以投机、套利、套保、做市商为目的的投资者充分参与市场时,衍生工具的定价效率才能真正通过市场行为自动修复,放松市场参与主体范围和门槛,才能吸引不同目的投资者的加入。

3. 完善市场信用风险分担机制

在未出现信用风险管理工具时,投资者持有债券就必须承担信用风险,极大地限制了资金充裕的风险厌恶型投资者参与债务融资的需求。通过信用风险管理工具,不同投资者可差异化地承担风险,促进了信用风险在整个金融系统中的优化分配。目前,参与主体主要是大型银行和券商,市场参与主体单一的结构性缺陷导致参与主体的风险偏好趋同,信用风险仍然保留在银行体系内部转移,信用风险缓释工具并没有发挥分散和转移风险的功能。《银行间市场信用风险缓释工具试点业务规则》指出,参与者应向交易商协会备案成为核心交易商或一般交易商。其中,核心交易商可与所有参与者进行信用风险缓释工具交易,一般交易商只能与核心交易商进行信用风险缓释工具交易。核心交易商包括金融机构、合格信用增进机构等。一般交易商包括非法人产品和其他非金融机构等。通过出台相关扶持优惠政策、放宽进入限制,鼓励具有不同风险偏好的主体加入,才能实现信用风险的有效分散和优化配置。一般而言:商业银行、投行、非金融企业作为信用风险缓释合约净买方加入市场,以期转移债务投资风险;保险公司作为净卖方为衍生工具提供风险保护,对冲基金利用信用衍生工具参与套利、投机交易,可消除市场定价误差。

4. 推动资本缓释功能落地

虽然《商业银行信用风险缓释监管资本计量指引》指出,信用违约互换可以作为合格缓释工具扣减其监管资本,但国内市场中暂未推出真正的国际版本的信用违约互换产品。建议未来监管机构应明确并细化合格缓释工具范围,修订相关政策,鼓励银行通过信用违约互换缓释资本;同时,考虑到中小银行实行内部评级法的难度,建议监管机构降低对内部评级法的要求和对银行的准入限制,鼓励更多的银行参与到信用衍生品市场中,从而提高信用衍生品市场的活跃度和交易量,也相应提高银行的资本利用效率。

5. 信用衍生市场功能重构

目前中国信用债券的发行人仍以高信用等级的企业为主,而中小企业很难发行债券进行融资,信用风险管理工具的出现为中小企业直接融资创造了条件,从而促进了直接信用债务衍生市场的持续发展。信用衍生品市场的发展大多会经历一段流动性不足的阶段,经过一段长期的培育过程,中国信用衍生工具在定价、风险对冲、资本缓释等方面的功能将逐步实现,信用衍生市场也会逐步成熟。随着市场对信用风险管理的需求日益增大,传统信用保险产品越来越难以满足市场需求,信用风险缓释工具使信用风险管理方式从消极、被动的风险回避方式向积极、主动的组合风险管理转变,对整个信用衍生市场重构有着深远影响。同时,衍生品市场的发展离不开基础资产市场规模、流动性、价格效率,利用衍生工具价格发现功能和信号外部性,将有助于缓解基础资产市场信息不对称、透明度不足、交易不活跃等问题,基础资产市场质量的改进也将有助于信用衍生市场的健康发展。

三、中国信用风险缓释工具的定价机制

信用风险缓释工具定价是 CRM 风险管理功能有效发挥的前提和关键所在。信用风险是由于借款人未能支付而导致债务违约的风险,因此,信用风险模型会估算债务人的违约风险,以 CDS 合同支付的差价作为承担此信用风险的补偿支付。

关于 CRM 定价 m 可以归纳为三种模型。第一种是结构化模型,第二种研究使用简约化模型进行 CDS 定价,第三种是混合模型。结构模型将违约描述为基于公司内部结构的事件,因此违约是由公司资产和债务的价值驱动的。换句话说,结构性违约模型将公司的信誉与其经济和财务状况联系起来。这些模型依赖于资产价格遵循几何布朗运动的假设,这是最简单的连续随机过程。此外,这些模型假设当公司的市场价值低于某个预定的违约边界或其债务价值时,公司会发生违约。简约化模型假定违约概率是由外生给定的,信用事件是否发生与企业资产价值没有关系,可以利用市场信息计算违约概率。违约时间是泊松过程的第一个跳跃时间,换句话说,它是给定违约强度过程的随机停止时间。在这样的模型中,公司的违约不依赖于公司资产的价值,每次都可能以正概率发生,因为只要外部随机变量发生变化,公司就会发生违约,这是一个意外事件。基于简化形式或强度的模型旨在确定默认时间的统计特征,而不是寻找默认原因。混合模型则将结构模型和简约化模型的思想进行了整合,建立了一种既有经济含义又容易理解的模型。

四、中国信用衍生产品市场发展与完善的措施

1. 建立多部门监管协同的信用衍生监管构架

在中国,属于场外衍生品范畴的信用衍生品业务,目前可以在银行间和机构间市场开展,并受到相应的独立监管。双重市场和监管体系不仅效率低,也属于重复建设。因此从长远看,为了确保中国信用衍生品市场的健康、有序和

高效发展,国家层面上应考虑对上述体系实施统一管理,或者成立专门的协调机构和机制促进监管的交流合作。首先,各监管机构的职责和管辖范围需要明确;其次,要对各自监管的产品标准进行统一,同时需要对各自现有相关法律法规进行清理统一;最后,需要建立综合信息交流平台,以方便监管者整体把握市场风险状况。

2. 加强政策引导和信用衍生产品合约的标准化建设

推进信用衍生产品的政策引导力度。衍生品市场的发展壮大和高效稳健运转,要持续配合有效的政策支持,激发投资者对债务衍生的参与热情,引导投机、套保、套利、做市等不同目的的资金配置衍生品,推进衍生产品业务创新,做精做细已上市品种,不断完善优化交易制度,为机构投资者提供优质投资环境,使信用衍生产品由起步走向成熟。

完善标准协议文本。推动产品合约的标准化,如票息标准化。票息标准化主要是为了提高合约的标准化程度,提高信用衍生品的流动性。其主要内容包括现金流支付日期标准化、全票息交易和前端费用。

3. 推动信用衍生市场基础设施建设

信用衍生品市场的交易平台、交易后处理平台、清算平台等基础设施得到了迅速发展,这些平台的建立旨在提高交易效率、提升市场有效性以及降低交易成本等。

完善清算机制,发展信用衍生品集中清算:双边结算的信用衍生品业务存在很高的交易对手风险。目前,银行间市场的CRM由上海清算所进行集中清算。对于机构间市场,目前还没有类似的安排。建议监管机构考虑推动对一些标准化较高的CDS产品实施集中清算。这样将有利于减少交易对手的风险,规范市场操作;同时也可提升市场运作效率,消除信用衍生品市场存在的信息不对称的情况。最主要的两项措施是中央对手方清算机制(central counterparties,CCPs)和开展交易压缩(trade compression)。中央对手方清算机制指的是买卖双方不再直接进行交易,而是由中央对手方作为买卖双方的交易对手,分别建立一项交易,这种制度安排大大降低了交易对手风险,并且降低了结算风险。压缩交易是指在保持净交易量不变的情况下,减少CDS名义本金规模。

4. 增强市场透明度

美国次贷危机表明,缺乏透明度的信用衍生市场存在巨大的系统风险。在美国次贷危机之前,信用衍生品的交易信息一般没有专门机构负责采集与发布,导致了信息的不对称、市场的有效性较差等问题,这使得引入信息披露机制成为必然。具体来讲,信息披露要求强化交易数据披露以及衍生品在财务报告中的披露,这些数据的披露才能使得信息为市场所知,使得市场的有效性增强。

5. 功能为导向丰富 CRM 产品结构

银行间市场 CRM 沿袭了国际通行的 CDS 产品结构,但是出于监管便利和产品简单化的目的,对标的债务进行了改造。CRM 明确信用保护针对指定的具体债务,而国际 CDS 信用保护覆盖的范围包括一整类债务。已有相关研究证明,CRM 进行的改造,实际上恰恰导致了风险缓释和资本缓释两大功能失效,是 CRM 市场接受度不高的主要原因之一。有鉴于此,建议取消 CRM 所限定的特定标的债务,回归国际 CDS 允许的一整类标的债务。

6. 放宽对市场参与者的准入限制,进一步引入机构投资者

目前,国内参与信用衍生品市场的专业机构非常有限。以银行间市场 CRM 为例,银行间交易商协会尚未开放保险、基金类以及中小型商业银行和券商深入参与 CRM 市场。这导致 CRM 市场参与者类型单一,风险偏好类似,交易需求一致。放宽市场参与者范围,降低市场准入限制,引导、鼓励更多的合格专业机构参与信用衍生品市场是当务之急。水至清则无鱼,只有当投资、投机、对冲和做市等不同交易目的的各类市场机构都参与进来,整个市场才能真正活跃起来,相应的风险管理功能也才会正常体现出来。

CHAPTER 6
中国信用债市场监管

进入21世纪以来,中国债券市场无论在广度还是深度方面都获得了快速发展,发行债券已成为企业重要的直接融资渠道。毋庸置疑,债券市场的发展在拓宽企业融资渠道、服务实体经济发展、分散金融体系风险诸方面有着重要作用;但不可否认随着市场规模的扩大,中国债券市场的信用风险不断集聚,特别是信用债违约现象集中爆发。自2016年开始,信用债券违约已成常态。中国信用债券市场的严峻形势尽管有着多种原因,但监管体制某些方面的低效甚至无效却是不容回避的。严峻的现实使债券市场监管机构面临前所未有的挑战,从监管制度层面对相关问题进行审视、反思成为必然。

第一节 中国信用债市场监管体系演变

一、信用债市场概述

中国债券市场的起步始于改革开放之后,经过40多年的发展,债券品种齐备,市场功能逐步完善。目前发行的债券品种大体可以分为两大类:一类是利率债,是以各级政府机构为主体发行的债券,如财政部发行的国债、地方政府债、中央银行票据、政策性金融债等,因其均有国家信用背书,基本上不存在信用风险;另一类是信用债,主要为政府之外的主体如城投公司、商业银行等各类企业发行,并约定了确定的本息偿付现金流的债券,包括企业债和公司债,商业银行及其他非银行机构发行的金融债、次级债和混合资本债,在交易商协会注册的非金融企业债务融资工具等。

信用债券即"无担保债券",是指不以发债企业的任何资产作为担保的、完全依靠企业自身信誉而发行的债券。如果发债企业经营不善或受到其他外部因素的打击,即面临本金不能按时足额兑付的风险,违约或将出现。信用债与政府发行的各类债券相比,其最大的差别在于没有国家信用背书,其最显著的特点就是存在信用风险。从监管层面讲,信用债相较于利率债,受国家监管力度小,所以运行更灵活,更容易有获利的机会,但也正是因此,其风险更大。

因为信用债的信用风险更高,信用债券通常会设定更高的收益率以作为补偿,某些情况下收益率甚至高达百分之几十,所以信用债既充满了诱惑又可能存在陷阱。在这种情况下,信用债监管制度的完善尤为重要。

中国信用债种类繁多。据统计,2005年年末信用债市场上的品种主要包括金融债(不含政策性银行债)、企业债、短期融资券、国际机构债、政府支持机构债、资产支持证券以及可转债七个品种;至2019年年末,公司债、中期票据、定向工具、项目收益票据等也成了重要的信用债市场品种。其中,金融债、中期票据以及公司债占比较大,三者占中国信用债市场规模的62%。

中国信用债发行额以及在债券市场中的占比快速增长。据统计,截至2019年9月,中国信用债市场规模达到31.14万亿左右,相比2005年规模提高了近57倍。信用债市场规模占债券市场总规模的比重,也从2005年的6.89%上升至33.39%;信用债市场规模占GDP的比重,则由2005年的2.93%大幅上升至2018年的31.71%。可见,信用债在整个债券市场上的地位日益重要。

信用债券的快速增长为实体经济和企业筹资提供了有力的金融支持,债券市场自身资源配置、价格发现、风险管理等方面的功能不断得到发挥,在国民经济运行中的作用愈发突出。

二、信用债监管制度的演进

中国债券监管制度的形成起步于20世纪80年代。自1981年财政部恢复了停止近30年的国债发行制度起,直至1985年国债一直是中国发行的主要债券品种。国债由财政部发行,也由财政部独立管理,因此这时期的金融监管制度被称为单一主体监管时期。20世纪80年代中期开始,新的债券种类不断出现,特别是信用债券品种不断增加,债券市场规模逐步壮大,相应的监管机构和监管制度也在不断地调整和加强。

(一) 早期金融债的发行及其监管

为了支持某些社会急需的、经济效益较好的国家建设项目的扫尾工作,同时引导一部分消费基金转化为生产资金,1985年,中国农业银行、中国工商银行首发金融债券,开办特种贷款。但是,对于发行额度的规定是非常审慎的,即各地农业银行、工商银行发行金融债券的额度必须经过当地中国人民银行分行审核同意后,再由农业银行、工商银行和中国人民银行分行联合上报中国人民银行、中国农业银行、中国工商银行总行批准。

这种特种贷款完全控制在批准的额度内发行,一直持续到1992年,大约发行了两百多亿元。从其发行目的看,类似于政府债券,它是为了贯彻国家经济政策,完成国家资金管理机构承担的融资任务,而不是为了金融机构赚取更多的利润。但从发行办法看,它又类似于企业债券,既不给各地下达指令性指标,也不做政治动员,完全依靠金融债券自身的特点上市发行。

1994年,国家开发银行、中国进出口银行和中国农业发展银行三家政策性银行相继成立,但是由于国家财政困难,三家银行的资本金和信贷资金无法完全由国家财政拨付,因此,国务院批准三家银行可以在银行间债券市场面向金融机构发行特种金融债券。到2002年年底,这三家银行共发行此类金融债券15 299亿元。1997年、1998年两年,为了解决证券回购出现的问题,中国人民银行批准了14家金融机构先后发行16次金融债券,发行总规模达56亿元。

上述几次金融债券的发行,都没有专门的法律依据,属于特别批准;都有非常明确的目的性,是针对某种特定问题的需要而发行;三次金融债券都有阶段性,完成使命即停止发行。

(二) 企业债的发行及其监管

企业债出现于20世纪80年代中期,发行经历比较复杂。1984年开始,在中央政府部门所属机构、国有独资企业或国有控股企业中出现了自发向社会或内部集资等类似债权融资的活动,中国企业债萌芽。为了加强管理,1987年3月,国务院颁布《企业债券管理暂行条例》,使中国企业债在发行、转让、形式、管理等各个方面开始走向规范化,规定"企业发行债券必须经中国人民银行批准",并且授权中国人民银行对发行债券的企业和购买企业债券的企业、事业单位的资金使用情况进行监督、检查。1987年,《企业债券管理暂行条例》施行,实际上是国家将企业债券发行纳入计划,实行集中管理、分级审批制度,并确定中国人民银行是企业债券发行和管理的主管机关。此后,企业债市场进入了快速发展阶段,发行规模从当年的33.8亿元迅速增加到1992年创纪录的681.7亿元。但是,企业债融资在1992年的快速膨胀带来了许多潜在的金融风险。如在管理方面,规定只有全民所有制企业才能发行,主要是国家重点企业债券和地方国有企业债券,在债券申报、额度申请、发行计划、销售方式、使用范围和发行利率等过程均实行高度集权的行政管理,换言之,政府对企业债券市场采取了以额度控制为特征的计划管制及行政管理,只允许企业债券融资在信贷计划所允许的范围内发展。这使市场经济条件下的企业自主发债行为变为政府行政管理下的被动行为,企业必须通过申请,才能得到政府资源配给。企业将精力放在如何得到政府的批准上,而忽略了如何提高自身的资信条件及偿债能力,忽视了企业的长远发展规划,由此也助长了企业的不良经营作风,对企业债券市场的优化资源配置功能、投资功能产生了负面影响。

1993年8月,国务院颁布了修订后的《企业债券管理条例》,严格限制企业债的发行,规定企业债券在国债发行成功之前不得发行,而且利率不得高于国债利率。《企业债券管理条例》明确规定:"国家计划委员会会同中国人民银行、财政部、国务院证券委员会拟订全国企业债券发行的年度规模和规模内的各项指标,报国务院批准后,下达各省、自治区、直辖市、计划单列市人民政府和国务院有关部门执行。未经国务院同意,任何地方、部门不得擅自突破企业债券发行的年度规模,不得擅自调整年度规模内的各项指标。"又规定,"中央企业发行企业债券,由中国人民银行会同国家计划委员会审批;地方企业发行企业债券,由中国人民银行省、自治区、直辖市、计划单列市分行会同同级计划主管部门审批。"其中第25条规定,"中国人民银行及其分支机构和国家证券监督管理机构,依照规定的职责,负责对企业债券的发行和交易活动,进行监督检查。"此后,企业债市场进入规范发展阶段,发行规模从1993年20亿元的低谷逐渐回升到1999年的200亿元。但是,在此严格监管下,企业债券市场的功能受到了很大制约,2000—2001年,企业债发行规模再度萎缩。不仅如此,随后蓬勃发展的股票市场进一步冲击了企业债券市场的发展,致使股票市场和债券市场的发展严重失衡。

为改变债券市场不景气的状况,推动企业债券进行市场化改革,2008年1月4日,颁布了《国家发展改革委关于推进企业债券市场发展、简化发行核准程序有关事项的通知》,对企业债的范围重新界定,即企业依照法定程序公开发行并约定在一定期限内还本付息的有价证券,包括依照公司法设立的公司发行的公司债券和其他企业发行的企业债券,但上市公司发行的公司债券按其他有关规定执行。与此同时,改革企业债发行核准程序,将以前先核定规模、后核准发行两个环节,简化为直接核准发行一个环节,实质上是由审批制改为核准制,企业发债的门槛也降低了。企业债的管理机构也发生变化,不再实行多机构的会审制度,而是由国家发展改革委员会单独受理审核。从此,企业债由计划制向市场化方向迈进,新的企业债发行体制形成。

另外,《国家发展改革委关于推进企业债券市场发展、简化发行核准程序有关事项的通知》中还规定:"完善企业债券市场化约束机制,企业可发行无担保信用债券、资产抵押债券、第三方担保债券。"在此规定下,4月8日起中国中材集团发行5亿元无担保企业债券,为5年期固定利率债券,年利率6.4%,此为新规定公布后的第一只无担保信用债券。应该说,发展企业信用债券市场,是债券市场更加市场化的体现。

(三)短期融资券的发行及其监管

短期融资券(CP)是指具有法人资格的非金融企业在银行间债券市场发行的、约定在1年内还本付息的债务融资工具。短期融资券是目前非金融企业重要的债务融资工具。

应该说,在很长一段时期内,中国的信用券主要是企业债,但是这些企业债背后实际上都由国有大型银行担保,其违约风险很低,信用特征并不明显。

2005年发行的短期融资券,则完全依赖发行人自身信用偿还的无担保债券,属于真正意义上的信用债券。

短期融资券最早出现在20世纪80年代末期。当时,为了改变企业短期流动资金贷款不足、直接融资与间接融资的比重严重不平衡的局面,1989年颁布《中国人民银行关于发行短期融资券有关问题的通知》,规定金融企业和非金融企业均可发行短期融资券,期限为1年以内,发行特征有三点:①实行规模管理,余额控制;②利率实行高限控制;③发行方式为审批制,必须由中国人民银行批准。但由于制度的设计和监管不当,1993—1994年社会上出现了乱集资、乱提高利率、乱拆借的"三乱"现象,最终迫使短期融资券退市。

2005年5月24日,中国人民银行发布了《短期融资券管理办法》(中国人民银行令〔2005〕第2号)、《短期融资券承销规程》和《短期融资券信息披露规程》(中国人民银行公告〔2005〕第10号),鼓励业绩好、现金流稳定、信誉良好的大型企业在银行间债券市场发行短期融资券,以拓宽企业融资渠道,解决企业间接融资比例过高的问题,债券期限为1年以内,这意味着重启发行已停止了10年的短期融资券。在吸取以往教训的基础上,制定了新的短期融资券发行制度,概括如下:①采用备案制,摒弃审批制;②发行利率由市场决定;③不需要银行的强制担保,但必须按规定进行信息披露。三个特点都体现了市场化原则,在拓宽企业融资渠道、降低企业融资成本等方面具有显著意义。

2007年9月,中国银行间市场交易商协会成立;2008年4月9日,中国人民银行公布《银行间债券市场非金融企业债务融资工具管理办法》(中国人民银行令〔2008〕第1号),对短期融资券的发行规定相关办法,大体概括如下:发行人为"具有法人资格的非金融企业";企业发行该券应在中国银行间市场交易商协会注册;该券在中央国债登记结算有限责任公司(中央结算公司)登记、托管、结算;全国银行间同业拆借中心为该券在银行间债券市场的交易提供服务;企业发行债务融资工具应在银行间债券市场披露信息;企业发行债务融资工具应由金融机构承销,企业可自主选择主承销商;企业发行债务融资工具应由在中国境内注册且具备债券评级资质的评级机构进行信用评级;为债务融资工具提供服务的承销机构、信用评级机构、注册会计师、律师等专业机构和人员应勤勉尽责,严格遵守执业规范和职业道德,按规定和约定履行义务等。

在管理短期融资券方面,《银行间债券市场非金融企业债务融资工具管理办法》第13—16条、第18条有相关规定,即中国银行间市场交易商协会依据该管理办法及中国人民银行相关规定对债务融资工具的发行与交易实施自律管理,交易商协会应根据该办法制定相关自律管理规则,并报中国人民银行备案;同业拆借中心负责债务融资工具交易的日常监测,每月汇总债务融资工交易情况向交易商协会报送;中央结算公司负责债务融资工具登记、托管、结算的日常监测,每月汇总债务融资工具发行、登记、托管、结算、兑付等情况向交易商协会报送;交易商协会应每月向中国人民银行报告债务融资工具注册汇总情况、自律管理工作情况、市场运行情况及自律管理规则执行情况;中国人民银行依法对交易商协会、同业拆借中心和中央结算公司进行监督管理。交易商协会、同业拆借中心和中央结算公司应按照中国人民银行的要求,及时向中国人民银行报送与债务融资工具发行和交易等有关的信息。

综上所述,短期融资券的发行门槛进一步降低了,发行制度由以前的备案制改为注册制,由行政管理改为由中国银行间市场交易商协会自律管理。与十年前的短期融资券相比,发行程序及申请手续相对简单;注册、登记、托管、结算、交易等分由不同机构负责,管理更趋完善,最终监管职能者为中国人民银行。

(四)中期票据的发行及其监管

中期票据(MTN)是指具有法人资格的非金融企业在银行间债券市场按照计划分期发行的,约定在一定期限内还本付息的债务融资工具,其存续期限大约在2~5年。

为了进一步完善信用债市场,中国人民银行继成功推出短期融资券之后,于2008年4月又推出中期票据。中期票据是在中国人民银行主导的银行间债券市场发行的另一创新型债务融资工具,也是目前非金融企业重要的债务融券工具,结束了企业中期直接债务融资工具长期缺失的局面。

中期票据的发行采用注册制,《银行间债券市场非金融企业中期票据指引》规定,企业发行中期票据应根据《银行间债券市场非金融企业债务融资工具注册规则》在银行间市场交易商协会注册,注册成功后由交易商协会向中国人民银行备案。因此,审批手续相对简单,发行效率提高。

发行主体以大型央企为主,凭借公司自身信用发行,无须担保;但在融资存续期间,发行人须通过中国货币网定期向市场披露年度报告、审计报告、资产负债表、利润表和现金流量表等信息。中期票据须由评级机构进行信用评级,规定由中国人民银行、中国银行间市场交易商协会认可的4家评级机构(即中诚信国际信用评级有限责任公司、大公国际资信评估有限公司、联合资信评估有限公司、上海新世纪资信评估投资服务有限公司)从事评级,评级内容包括企业主体长期信用评级、每期债券的债项评级两项。

中期票据的监管机构为中国人民银行和银行间市场交易商协会,托管机构是中央国债登记结算有限责任公司,另由承销商担任簿记管理人,制定簿记建档程序及负责实际簿记建档任务。

(五) 公司债的发行及其监管

公司债券是由中国证监会推出的专门为上市公司发行的债券,它是由股份有限公司或有限责任公司依照法定程序发行、约定在一定期限内还本付息的有价证券,期限通在 10 年以上,债券一旦到期,股份公司必须偿还本金,赎回债券。

前文所述的企业债,其募集资金的用途主要限制在固定资产投资和技术革新改造方面,并与政府部门的审批项目直接相关,发行者通常是国有企业和国有控股企业等,发债额大多高于 10 亿元。因此,对于中国数百万各类公司而言,其适用性实在有限。

2007 年 8 月 14 日,中国证监会发布实施了《公司债券发行试点办法》,对上市公司发行公司债券进行规范。与此同时,《公司法》《证券法》和《关于公司债券发行、上市、交易有关事宜的通知》(上证债字〔2007〕68 号)也对公司债的发行有明确规定。

在 2019 年 12 月 28 日新修订的《中华人民共和国证券法》颁行之前,旧的《证券法》关于公司债发行条件的规定较为烦琐。如第 16 条规定了下列条件:①股份有限公司的净资产不低于人民币 3 000 万元,有限责任公司的净资产不低于人民币 6 000 万元;②累计债券余额不超过公司净资产的 40%;③最近三年平均可分配利润足以支付公司债券一年的利息;④筹集的资金投向符合国家产业政策;⑤债券的利率不超过国务院限定的利率水平;⑥国务院规定的其他条件。《公司债券发行试点办法》进一步规定,只有符合以下六项条件的公司才可以发行债券:①公司的生产经营符合法律、行政法规和公司章程的规定,符合国家产业政策;②公司内部控制制度健全,内部控制制度的完整性、合理性、有效性不存在重大缺陷;③经资信评级机构评级,债券信用级别良好;④公司最近一期末经审计的净资产额应符合法律、行政法规和中国证监会的有关规定;⑤最近三个会计年度实现的年均可分配利润不少于公司债券一年的利息;⑥本次发行后累计公司债券余额不超过最近一期末净资产额的 40%,金融类公司的累计公司债券余额按金融企业的有关规定计算。直到 2019 年年底新《证券法》的颁行,对公司债发行条件的规定才相对简化,仅需符合三个条件,即:①具备健全且运行良好的组织机构;②最近 3 年平均可分配利润足以支付公司债券一年的利息;③国务院规定的其他条件。

发行程序比较复杂。申请发行公司债券首先由公司董事会制定方案,由股东会或股东大会对相关事项做出决议;然后由保荐人保荐,并向中国证监会申报,而保荐人应当按照中国证监会的有关规定编制和报送募集说明书和发行申请文件;公司全体董事、监事、高级管理人员应当在债券募集说明书上签字,进行信用担保,保证不存在虚假记载、误导性陈述或者重大遗漏,并声明承担个别和连带的法律责任；为债券发行出具专项文件的注册会计师、资产评估人员、资信评级人员、律师及其所在机构，应当按照依法制定的业务规则、行业公认的业务标准和道德规范出具文件，并声明对所出具文件的真实性、准确性和完整性承担责任；债券募集说明书所引用的审计报告、资产评估报告、资信评级报告，应当由有资格的证券服务机构出具并由资格人员签署；债券募集说明书所引用的法律意见书，应当由律师事务所出具并由经办律师签署等，最后所有文件提交中国证监会审核。

公司债实行债券受托人制度，即发债公司要为债券持有人聘请债券受托管理人，并订立债券受托管理协议；在债券存续期限内，由债券受托管理人依照协议的约定维护债券持有人的利益。

在监督管理方面，中国证监会是直属监管部门，凡发债公司"存在不履行信息披露义务，或者不按照约定召集债券持有人会议，损害债券持有人权益等行为的"，由中国证监会责令整改；"为公司债券发行出具审计报告、法律意见、资产评估报告、资信评级报告及其他专项文件的证券服务机构和人员，在其出具的专项文件中存在虚假记载、误导性陈述或者重大遗漏的"，须依照《证券法》和中国证监会的有关规定处理；债券受托管理人违反相关规定，未能履行债券受托管理协议约定的职责，损害债券持有人权益的，中国证监会可以责令整改；公司债券发行完成后，经核准可在证券交易所挂牌买卖，其上市交易、登记结算等事项应当遵守所在证券交易场所及相应证券登记结算机构的有关规定。

公司债的信用评级方面，按规定应委托经中国证监会认定、具有从事证券服务业务资格的资信评级机构进行；公司与资信评级机构应当约定，在债券有效存续期间，资信评级机构每年至少公告一次跟踪评级报告。

综上所述，公司债券的发行与监管明显比上述各项债券复杂与严格。

6. 金融债券的发行与监管

金融债券是指由银行及非银行金融机构作为筹资主体，依照法定程序而面向个人发行，并约定在一定期限内还本付息的有价证券。金融债券品种较多，包括商业银行金融债、商业银行次级债、证券公司债等。

2005年4月27日，中国人民银行发布《全国银行间债券市场金融债券发行管理办法》，对金融债券的发行做了相关规定；2009年3月25日，中国人民银行发布《全国银行间债券市场金融债券发行管理操作规程》，对金融债券做了进一步的规范。

金融债券是为了有效地解决银行或非银行金融机构的资金来源不足和期限不匹配的矛盾而发行的。金融债券的发行者为金融机构法人，包括政策性银行、商业银行、企业集团财务公司及其他金融机构，由金融机构法人在全国银行间债券市场发行。

商业银行发行金融债券,须满足以下条件:①具有良好的公司治理机制;②核心资本充足率不低于4%;③最近三年连续盈利;④贷款损失准备计提充足;⑤风险监管指标符合监管机构的有关规定;⑥最近三年没有重大违法、违规行为;⑦中国人民银行要求的其他条件。企业集团财务公司发行金融债券应具备以下条件:①具有良好的公司治理机制;②资本充足率不低于10%;③风险监管指标符合监管机构的有关规定;④最近三年没有重大违法、违规行为;⑤中国人民银行要求的其他条件。

金融债券的发行核准机构为中国人民银行,未经中国人民银行核准,任何金融机构不得擅自发行金融债券。除政策性银行之外的金融机构发行金融债券,应向中国人民银行报送11种文件:①金融债券发行申请报告;②发行人公司章程或章程性文件规定的权力机构的书面同意文件;③监管机构同意金融债券发行的文件;④发行人近三年经审计的财务报告及审计报告;⑤募集说明书;⑥发行公告或发行章程;⑦承销协议;⑧发行人关于本期债券偿债计划及保障措施的专项报告;⑨信用评级机构出具的金融债券信用评级报告及有关持续跟踪评级安排的说明;⑩发行人律师出具的法律意见书;⑪中国人民银行要求的其他文件。

金融债券的发行应由具有债券评级能力的信用评级机构进行信用评级,金融债券发行后,信用评级机构应每年对该金融债券进行跟踪信用评级。如发生影响该金融债券信用评级的重大事项,信用评级机构应及时调整该金融债券的信用评级,并向投资者公布。

信息披露方面,发行人应在金融债券发行前和存续期间履行信息披露义务。信息披露应通过中国货币网、中国债券信息网进行;金融债券存续期间,发行人应在规定时间内向投资者披露年度报告,年度报告应包括发行人上一年度的经营情况说明、经注册会计师审计的财务报告以及涉及的重大诉讼事项等内容;发行人应将相关信息披露文件分别送全国银行间同业拆借中心和中央结算公司,由同业拆借中心和中央结算公司分别通过中国货币网和中国债券信息网披露;同业拆借中心和中央结算公司应为金融债券信息披露提供服务,并及时将违反信息披露规定的行为向中国人民银行报告并公告。

中国人民银行依法对金融债券的发行进行监督管理;中央国债登记结算有限责任公司为金融债券的登记、托管机构;金融债券发行结束后,发行人应及时向中央结算公司确认债权债务关系,由中央结算公司及时办理债券登记工作。

此外,对于金融债券中的次级债务,如商业银行次级债、保险公司次级债、混合资本债、证券公司次级债、证券公司收益凭证等,另制定专门性法律法规进行约束。

除上述信用债券之外，2009年，中国人民银行还推出中小企业集合债券（专为中小企业发行的债券），中小企业集合债券是由一个机构作为牵头人，由几家企业一起申请发行的债券，属于企业债的一种。2007年年底，中国曾发行深圳中小企业集合债券（简称"07深珠小债"）和中关村高新技术中小企业集合债券（简称"07中关村"），由国家发改委审批发行。

2012年5月，中国证监会又公布《证券公司开展中小企业私募债券承销业务试点办法》，确定试点期间中小企业私募债券的发行人为未上市中小微企业。2012年6月，上海、深圳证券交易所正式接受私募债的备案，这标志着有高风险、纯信用特点的中小企业私募债品种在国内正式推出。中小企业私募债属于私募发行，因而无须政府许可。目前，发行前由承销商将发行材料向证券交易所备案，让作为市场组织者的交易所知晓情形，便于统计检测，同时备案材料可以作为法律依据。

2012年8月，中国银行间市场交易商协会发布实施《银行间债券市场非金融企业资产支持票据指引》，这意味着企业资产证券化再开新渠道。

综上所述，中国信用券市场快速扩容，无论是存量规模，还是品种数量，均出现繁荣景象，但与此同时，金融监管机构体系面临新的挑战。

三、中国信用债市场监管体系分析

自20世纪80年代中国重启国债发行制度之后，随着债券交易品种逐渐增多，国内债券市场逐步建立，相应的监管体系也经历了由单一主体监管向多主体监管的发展，监管制度体系渐趋完善。

随着中国债券品种增多，债券市场初具规模，为了加强对其的宏观管理，促进其健康发展，1992年10月，国务院证券委员会成立，这是中国管理全国证券市场的政府机构。其职责为组织拟定有关证券市场的法律、法规草案，研究制定有关证券市场的方针政策和规章，制定证券市场发展规划和提出计划建议，指导、协调、监督和检查各地区、各有关部门与证券市场有关的各项工作等，并规定归口管理中国证券监督管理委员会等。

1998年，国务院将国务院证券委和中国证监会两部门合并为中国证券监督管理委员会，同年12月又颁布《国务院关于进一步加强证券市场宏观管理的通知》，明确中国证券监督管理委员会是国家对全国证券市场进行统一宏观管理的主管机构，文件还对证券发行的管理职责进行了明确分工，具体如下：国债由财政部负责审批，金融机构债券、投资基金证券由中国人民银行负责审批，国家投资债券、国家投资公司债券由国家发改委负责审批，中央企业债券由中国人民银行和国家发改委负责审批，地方企业债券、地方投资公司债券则由省级或计划单列市人民政府负责审批。由此，国内债券市场监管进入了多主体监管时期。

在此期间,还形成了银行间债券市场和交易所债券市场两个市场并存的局面。这主要是因为随着债券交易品种增多,1990年,债券交易开始在证券交易所进行,交易所债券市场在相当长的时间里是中国债券交易的唯一合法交易场所。中国人民银行同年颁布的《证券公司管理办法》,可视为第一部全国性对交易机构监管的管理办法。

1996年,记账式国债开始在上海、深圳证券交易所大量发行。随着债券回购交易的展开,初步形成了交易所债券市场体系。1997年,出于防止信贷资金流入股市的目的,中国人民银行要求商业银行全面退出交易所债券市场(上海和深圳交易所的债券市场)。同年,在中国外汇交易中心基础上建立了银行间债券市场,专门进行商业银行的债券交易,中国债券市场就此形成两市分立的状态。2003—2004年,交易所债券回购风险集中爆发,大量机构投资者开始撤离,转移到银行间债券市场内进行交易。因此,银行间债券市场的成交额在2003年左右经历了明显的增长,并不断发展壮大,而交易所债券市场的成交额则开始逐步下降。在银行间债券市场成立之初,其主体大多为商业银行,但是历经十多年的发展,目前银行间债券市场的投资主体已十分多元化,商业银行仅占投资者总数的15%,其余投资者皆为非银行类金融机构、非金融机构、境外机构等。因此,现在的银行间债券市场实质上已经成为由各类机构投资者参与的"机构"间债券市场。应该说,银行间债券市场与交易所债券市场的发展规模、格局是极不平衡的,再加上商业银行国债柜台市场,实际上是三个子市场并存。

2011年12月,银行间市场清算所股份有限公司正式向银行间市场提供现券交易净额清算服务,这标志着银行间债券市场集中清算机制的正式建立。加上1996年成立的中央国债登记结算公司、2001年成立的中国证券登记结算公司,总计三个登记、结算机构。

经过40年的发展,中国债券市场规模扩张,结构已逐步完善,建立了多主体监管、两个交易市场并存、三个登记结算机构,由发行、监管、交易、结算和登记托管等机构组成的庞大体系,一整套的金融监管制度体系随之形成。

如果将目前的债券机构体系绘制成图,可以清晰地看到中国信用债市场及其监管特点(见图2-21)。

在此规模庞大、结构复杂的债券市场架构图中,可以发现,信用债在整个债券市场中的地位极为突出,除了国债和地方政府债券之外,便是各种名目的信用债,其品种最多。

如果将前文所提到各类信用债券发行情况汇总成表格(见表6-1),可以进一步分析目前中国信用债发展的脉络和监管制度的某些特点。需要说明的是，为了更全面地了解信用债发行情况，表 6-1 中也列入了前文没有提及的某些信用债项。

表 6-1　中国信用债券发行汇总表

债券类别		发行时间	监管机构	交易市场
金融债	早期金融债券	1985 年	中国人民银行	
	特种金融债券	1994 年	中国人民银行	银行间
	商业银行债券	2005 年	中国银监会、中国人民银行	银行间
	非银行金融机构债券	2001 年	中国人民银行	银行间
	证券公司债		中国人民银行、中国证监会	交易所
	证券公司短期融资券	2005 年	中国人民银行、中国证监会	交易所
资产支持证券		2005 年	中国银监会、中国人民银行	银行间
企业债		1987 年	国家发改委审批，中国人民银行、中国证监会会签后批复	银行间 交易所
短期融资券		2005 年	银行间交易商协会	银行间
中期票据		2008 年	银行间交易商协会	银行间
公司债		2009 年	中国证监会	交易所
中小企业集合票据		2009 年	中国人民银行	银行间
中小企业私募债		2012 年	中国证监会	交易所
可转换债券		1991 年	中国人民银行、中国证监会	银行间 交易所
定向票据（私募形式发行）		2010 年	中国人民银行	银行间

结合图 2-21 和表 6-1，可以清楚地看到目前中国信用债市场及其监管具有以下五个特点。

(1) 发行主体多层次，既包括国有大企业、政策性银行，地方政府融资平台、商业银行、上市公司、保险业、券商，也包括中小微企业等。

(2) 发行债券品种繁多，如企业债、公司债、中小企业集合票据、中小企业私募债券、超短期融资券、短期融资券、中期票据、定向工具、政府支持机构债等非金融类信用债，以及商业银行金融债、商业银行次级债、证券公司债等，品种齐全；债券期限包括 9 个月及以内、1 年及以内、1 年、2 年、3 年、5 年、7 年以上等，形成完整的体系。

(3) 监管主体多元化，包括中国人民银行、中国证监会、中国银监会、中国保监会、国家发改委、中国人民银行及其下属的自律组织银行间市场交易商协会等,不同的债券品种对应不同的监管机构,如中国人民银行负责金融债、非金融企业债务融资工具、信贷资产证券化产品以及利率和汇率衍生品等发行的监管,中国证监会负责可转债、公司债和场内市场交易衍生品发行的监管,国家发改委负责企业债券发行的监管,中国保监会负责审核保险公司次级债券以及保险项目资产支持计划;也有多个主体联合监管的情况,如商业银行发行的金融债、次级债包括信贷资产证券化等,是由中国银监会和中国人民银行共同监管。直到2018年4月中国银行保险监督管理委员会正式挂牌,原银监会和保监会的监管职能才实现了合并。

(4) 债券发行和交易不在一个统一的市场内完成,银行间债券市场和交易所债券市场并存;而且两个市场的监管机构也不一样,银行间债券市场由中国人民银行、中国银保监会监管;交易所债券市场由中国证监会监管。

(5) 各类债券的登记托管和结算机构也不同,如:中央国债登记结算公司是中国人民银行指定的全国银行间债券市场债券登记、托管、结算机构和商业银行柜台记账式国债交易一级托管人;中国证券登记结算公司的主管部门是中国证监会,负责沪深交易所的全部登记、存管与结算业务;而银行间市场清算公司也负责部分全国银行间债券市场债券的登记结算业务。

由此可见,中国信用债市场从无到有,经过30余年的发展,已经取得了相当的成就,与此同时,也构建了庞大而复杂的市场框架和监管体系。

第二节 信用债市场风险防范的国际经验

世界主要发达国家在债券市场风险防范方面有着高度的相似性和一致性。美国有着全球第一大债券市场,其市场制度已经非常成熟,体系结构相对完整,运作效率很高;英国虽已经退出欧盟,但是在英国脱欧后的至少两年里,欧盟法律仍然在英国适用,英国政府也继续参加欧盟的法律制定,因而英国可以较好地代表欧盟国家债务资本市场的发展水平;日本拥有世界第二大债券市场,而且日本债务资本市场的发展过程与中国有一定的相似性。因此,研究美国、英国、日本信用债市场的发展经验对中国建立更好的信用债市场监管制度具有较强的现实意义。

一、美国债券市场的监管制度

(一) 美国债券市场概述

美国是全球第一大债券市场,市场制度完善,运作效率高。美国债券市场架构大体如图6-1所示。

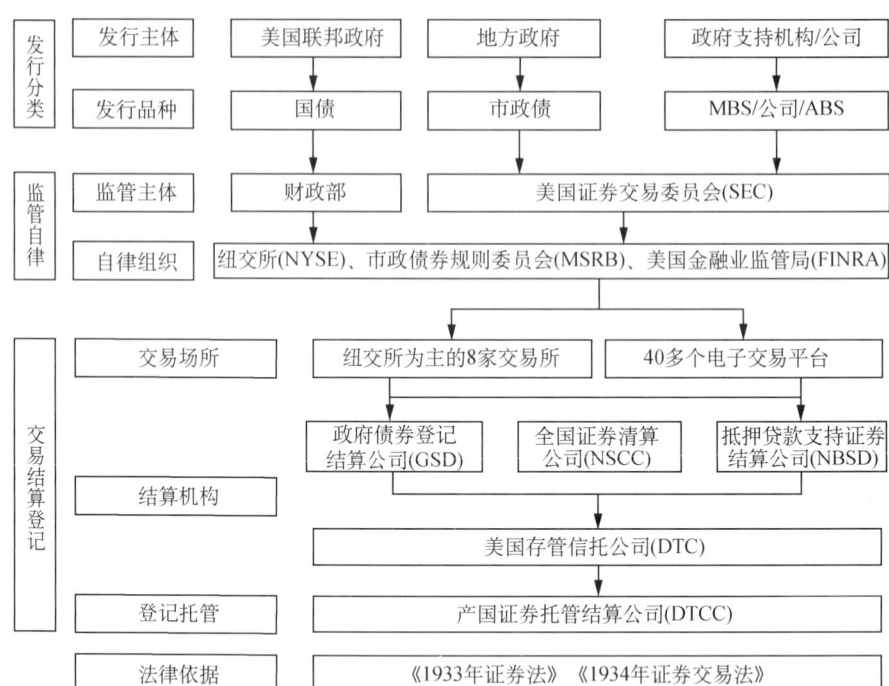

图 6-1 美国债券市场架构图

(资料来源:许余洁:《一文看懂中美债券市场的五大差异》,《中国银行业杂志》2016 年 7 月)

可以看出,美国各发债主体发行的债券主要由三部分组成,即美国联邦政府发行的政府公债、地方政府发行的市政债券,以及政府支持机构或公司发行的各种债券,细分可包括国债、市政债券、联邦机构债券、抵押担保债券、资产担保债券、公司债券及货币市场债券等。

美国财政部负责宣布联邦政府债券的发行,具体事宜则由联邦储备银行负责;其他债券发行的主管机关为美国证券交易委员会(SEC)。所有债券均可在交易所以及场外市场进行交易,纽约证券交易所(New York Stock Exchange,NYSE)、美国证券交易所等 8 家交易所上市债券交易,其中纽约证券交易所的债券交易量最大,远超其他交易所。纽约证券交易所的结算业务由全国证券清算公司(National Securities Clearing Corporation,NSCC)负责。场外市场各种不同债券的交易分别由不同机构负责结算。

(二)美国债券市场监管体制

美国债券市场监管体制包含政府监管和行业自律管理两个层次。

1. 政府监管

政府监管是美国债券市场监管体制中的最高层次,主要由美国证券交易委员会实施监管。美国证券交易委员会成立于 1934 年 6 月 1 日,根据美国《1934 年证券交易法》而成立,是直属美国联邦政府的独立准司法机构,负责美国的证券监督和管理工作,是美国证券行业的最高机构。

美国证券交易委员会具有广泛的监管权力,具有相应的行政立法权和行政司法权,制定颁布了一系列的证券市场管理的法律,为监管提供了明确的法律依据。其主要权力包括以下七类:违法调查权,调查证券交易中的投诉和有违法迹象的行为;制定规则权,主要是在联邦证券法律框架内制定具体的操作细则和程序;行政诉讼权,当证券经纪人和证券商、全国性的证券交易所、投资公司或者投资顾问涉嫌违法时,美国证券交易委员会可以执行行政诉讼;民事诉讼权,包括要求发布禁止令及救济措施、没收非法所得以及进行民事罚款权;停止令,当美国证券交易委员会认定当事人出现了违法违规行为,就可以发出命令终止该行为;行政罚款,对违法违规证券中介机构进行限制;注册权,证券发行人、证券经纪和交易商、证券投资公司、证券投资顾问公司、证券交易所、证券业协会等机构的设立,需要在美国证券交易委员会注册。

可见,美国证券交易委员会的核心职能可以概括为两个方面:一是根据国会通过的联邦证券法律,进行解释并制定相关的配套执行细则;二是监督管理这些法律和规则的执行,对违法者进行行政处罚,直至提起刑事诉讼。

美国证券交易委员会是美国证券行业的最高机构,代表政府统一管理全国证券的交易活动,其具有的极高的独立性和权威性保证了它对金融机构具有强有力的管制力,同时也保证了它制定的法规和路线具有可实施性,这是美国监管制度最大的特点。

2. 自律管理

自律活动必须在证券法律框架内开展,并接受美国证券交易委员会的监管。自律管理的主体包括行业协会、证券交易所和其他团体,其通过对会员进行监督、指导,实施自我教育、自我管理,以达到保护市场完整性,维持公平、高效和透明的市场秩序的目标。美国金融业监管局和美国市政债券规则委员会是两个影响较大的债券自律组织。

美国金融业监管局(The Financial Industry Regulatory Authority,FINRA)是美国最大的非政府证券业自律监管机构,职责是加强投资者保护和市场诚信建设,通过高效监管,辅以技术服务,如监督确保证券业法律法规的执行,对投资者进行宣传和教育、解决争端,通过网站、媒体以及研讨会等多种形式提供信息和教育,帮助投资者更好地了解金融市场、投资工具等,从而达到保护投资者利益的目的。

美国市政债券规则委员会(Municipal Security Rule Board,MSRB),主要与美国证券交易委员会下设的市政债券办公室共同负责美国市政债券的监管。

(三)美国债券监管体制的法律体系

美国监管体系注重立法,其债券监管体制属于立法管制型,有一整套专门的证券管理法规,并形成一个严密的法律体系。美国立法管制型体制的法律体系分四个层次。

(1)联邦政府制定的证券基本法,包括《1933年证券法》《1934年证券交易法》《1975年证券法修正案》。这三个证券基本法奠定了美国证券法律体系的基石,它强调在发展证券自由的同时,必须对证券市场实施必要的管制,从而保障广大投资者的权益。

《1933年证券法》主要管制证券的发行及首次发行的信息披露,规定债券的发行和推销必须首先获得美国证券交易委员会的许可,所有发行证券的公司都必须公开相关资料。

《1934年证券交易法》是《1933年证券法》的配套法规,主要规范证券发行后的交易,防止证券交易中的欺诈行为和操纵活动,强化证券流通的安全性,提高公众对流通市场的信心。

《1975年证券法修正案》是对《1933年证券法》的发展与补充,强调美国证券交易管理委员会的法律地位及其对全国证券市场的指导和监管职能。

(2)联邦政府制定的证券关系法,包括《1938年马洛尼法》《1939年信托契约法》《1970年证券投资者保护法》《2002年萨班斯-奥克斯利法案》,是对上述三个证券基本法的补充和完善。

《1938年马洛尼法》促成了美国全国证券商协会的成立,其主要负责管理证券的场外交易业务;该法还批准了场外证券交易业务实行自我管理。

《1939年信托契约法》规定了债券受托人的责任,《1970年证券投资者保护法》是为防止证券交易中的垄断、欺诈等不法行为而制定的。

《2002年萨班斯-奥克斯利法案》将对上市公司的会计和审计监管权进一步向美国证券交易委员会集中,从而加强了政府监管机构的作用。

(3)各州政府制定的地方证券法规,其中最著名的当属"蓝天法",由堪萨斯州制订,其内容大致分为两类:一类规定凡在该州发行或出售证券,必须事前经过该州政府批准;另一类规定在证券发行前州政府不进行干预,但发行后如被发现有欺诈行为,将给予严厉的惩罚。

(4)美国各个证券交易所的规章和全国证券交易协会的有关规定,虽然不是正式的法律条文,但对证券从业人员的影响很大,能起到一定的自我管制的作用。

(四)美国债券的信息披露制度

美国债券市场信息披露制度的显著特征是以法律为后盾,以政府监管为主导,同时充分发挥自律监管组织和市场中介机构的作用。该制度体系有五个层次:第一个层次是发行人要构建有利于有效信息披露的公司治理结构;第二个层次是债券市场中介机构对信息披露的监督,包括为发行人提供独立专业意见的会计师事务所、律师事务所以及评级机构等;第三个层次是自律组织对信息披露的自律管理;第四个层次是证券交易委员会的监管,证券交易委员会监督发行人、中介机构和自律组织的信息披露行为,并对违反证券交易委员会信息披露规章的行为课以行政处罚,对涉嫌违法者则协助联邦法庭进行惩处;第五个层次即信息披露监管最后一道防线——司法监管,即通过一系列证券法律规范信息披露行为。违反信息披露法律规范的行为可能导致刑事责任或民事责任。

美国法律还通过严厉的刑事措施打击各种损害投资者权益的行为。如《1934年证券交易法》规定,如存在对重大信息作虚假陈述,相关主体可被判处最高10年的有期徒刑。《萨班斯—奥克斯利法案》规定,财务报表被证实存在违规不实之处的,上市公司的首席执行官、首席财务官将以证券欺诈罪被判处最高达25年的刑期。对犯有证券欺诈罪的个人和公司的罚金最高分别可达500万美元和2500万美元。执行证券发行的会计师事务所如涉及信息造假,将予以罚款或判处20年有期徒刑的处罚。

(五) 美国债券的信用评级制度

美国是当今世界上信用体系最发达的国家,评级制度自建立至今,不断发展完善。次贷危机暴露出美国信用评级体系的问题:收费模式导致利益共同化,影响了评级的客观性和公正性;三大评级公司垄断信用评级市场,增加了失误的可能性;缺少对信用评级机构失职行为的惩罚措施以及监管不足等。2010年7月颁布《多德-弗兰克华尔街改革与消费者保护法案》,重点强化了对信用评级机构的监管,具体措施如下:①设立信用评级部门并赋予其处罚权,美国证券交易委员会对信用评级机构至少每年检查一次,并向公众公布结果。②强化信息披露要求,各信用评级机构须披露其评级方法、对第三方机构尽职调查结果的引用情况以及信用评级跟踪记录。③保持评级的客观性,各信用评级机构在评级过程中所参考的信息不能源于其他评级机构。④避免利益关联,禁止内部稽查人员从事评级、制定评级方法或产品销售等工作。⑤建立责任追究制度,信用评级机构故意或由于过失而未对事实展开合理调查,或从非独立性机构获取信息,将被追究"专家责任"。⑥实行注册资格动态管理,如果信用评级机构经常提供劣质的评级服务,美国证券交易委员会有权取消其注册资格。⑦缩小评级应用范围,取消部分强制要求评级的法律法规,降低了投资者对信用评级机构的过度依赖,鼓励投资者在自己投资分析的基础上进行投资。⑧增设独立董事,要求在"全国认可的统计评级机构"

董事会中必须安排至少一半以上的独立董事,独立董事在信用评级公司不占有股权。⑨提高业务人员水平,评级分析人员必须通过相关的资质考试,并且接受后续培训。⑩改变评级机构自由选择模式,拟建立新机制并提交国会讨论。⑪设立由公众管理的咨询机构,为监管机构制定措施提出建议等。

二、英国债券市场的监管制度

(一) 英国债券市场概述

英国债券市场的发展和监管代表着欧盟的最高水平,很值得研究。其债券市场架构大体如图 6-2 所示。

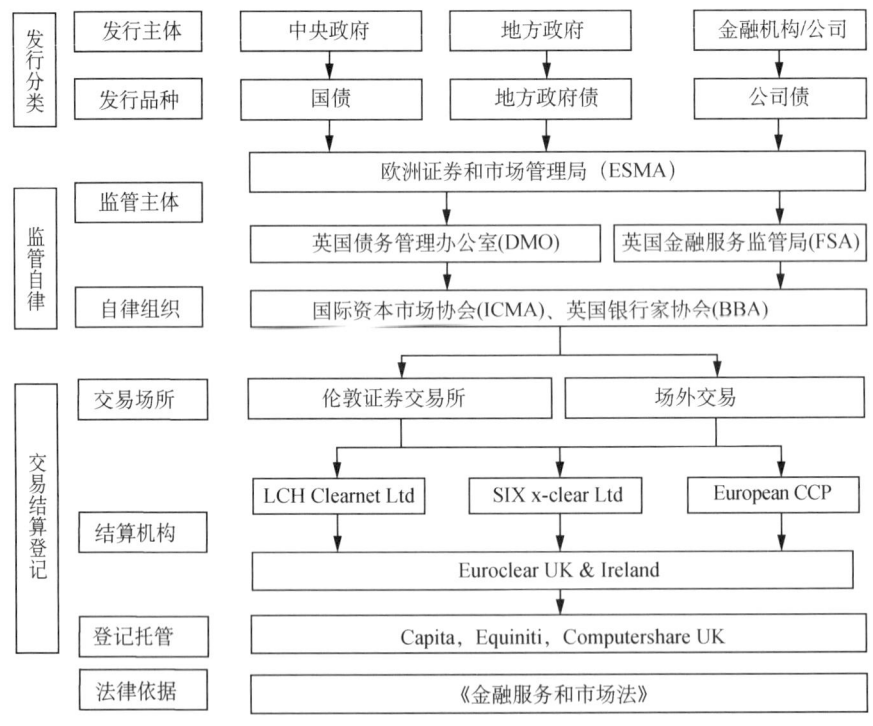

图 6-2 英国债券市场架构图

(资料来源:根据市场情况和公开资料绘制而成)

在英国债券市场上,各发债主体发行的债券也主要由三部分组成,即中央政府发行的国债、地方政府发行的地方政府债券,以及金融机构或公司发行的公司债。在英国,英国债券市场主要以政府债券为主体,其市场份额在整个债券市场上达到64%。政府债券代表着全国最高信誉和最小风险,被称为"金边债券";而作为信用债的公司债券,其规模在政府债券之下。

（二）英国债券市场监管体制

英国债券市场的监管包括三个层次：第一即最高层次的监管是欧盟委员会的管理，主要通过欧洲证券和市场管理局（European Securities and Markets Authority，ESMA）进行监管；第二层次是半行政半自律监管，由英国金融服务监管局（Financial Services Authority，FSA）实施；第三层次是纯粹的自律管理，由行业协会、证券交易所等实施，包括国际资本市场协会、英国银行家协会等。

（1）欧盟委员会的管理。欧盟委员会是欧盟政治体系的执行机构，负责贯彻执行欧盟理事会和欧洲议会的决策，也可就法律规定、政策措施和项目提出建议。证券和市场管理局是隶属于欧盟的一个独立机构，职责之一是致力于加强证券业以及其他金融行业监管机构之间的合作、沟通，促进监管协同。在证券监管的立法方面，欧洲证券和市场管理局主要致力于在欧盟建立统一的监管规则，保证在欧盟不同国家的投资可以得到同样的待遇，通过有效监督和管理确保充分地保护投资者权益，为金融服务提供商创造平等的竞争环境。2006年6月16日，欧盟制定了欧盟范围内统一的债券市场法令，达不到法令规定条件的发行人，欧盟各国也无权批准其发债。

（2）半政府半自律监管。在英国统一监管的模式下，债券市场的政府监管主要由金融服务监管局来实施。

金融服务监管局是一个独立的非政府机构，它融合了政府监管和自律管理，作为英国金融业唯一的监管当局，其资金来源于所监管金融机构的缴费，而非政府预算，同时又非常倚重自律机构来协助其开展工作。金融服务管理局设有专门负责债券市场监管的部门，包括特殊债券、结构化债券和央行债券三个小部门，负责英国债券一级、二级市场的管理以及会员自律管理。在一级市场，金融服务监管局对债券发行进行核准，欧盟国家发行的债券都无须审批或审核；非欧盟国家的政府要在英国发债，必须接受金融服务监管局的审查、核准。在二级市场，金融服务监管局主要通过制定规则对交易进行规范，如根据相关法规制定规则和指导，对资产担保债券进行监管。在会员自律管理方面，金融服务监管局设立金融监察服务局（Financial Ombudsman Service），负责解决会员之间的纠纷，对会员进行相关培训和教育等。

（3）自律管理。强调行业自律一直是英国债券市场监管的传统，场外市场尤其如此。目前，英国债券市场协会达几十个，其中发挥重要作用的有国际资本市场协会（International Capital Market Association，ICMA）、英国银行家协会（British Banker Association，BBA）等组织。

国际资本市场协会是一个为国际金融市场制定行业规范的机构，同时也是国际证券市场的贸易协会，主要由活跃在欧洲市场上的大型金融机构，特别是主要从事批发金融交易业务的大金融机构组成,现有公司会员近640家,分布于世界上51个国家,其中绝大多数公司会员是世界著名的金融、证券机构和投资公司。其主要职能如下:①发布相关规则指引,如发布《国际资本市场协会规则与建议》,对机构投资者间的交易提供指导性意见,解决交易双方的纠纷;②促进场外交易合约的标准化,如发布《全球回购主协议》,促进跨境主体之间的回购交易;③促进监管当局和市场机构之间的沟通,一方面促进市场主体对监管法规的了解和执行,另一方面代向欧盟层面的各类金融监管当局反映市场主体的利益诉求;④为会员提供交易和相关服务。

英国银行家协会成立于1919年,是由在英国经营的银行组成的交易协会,从1972年起英国银行家协会开始接受国外银行成员。该协会的一个重要目标是制定短期利率市场基准以及全球金融市场的基准等。英国银行家协会代表会员的需求和诉求,致力于推动英国、欧洲乃至国际间的银行业以及金融服务业的立法和监管,为会员提供一个有效的竞争性市场环境以促进市场发展。通过与政府、其他行政部门以及媒体等相关部门沟通,保障市场成员的诉求,并提高英国银行业的地位和重要性。

综上所述,英国债券监管体制的特点是注重自律,强调由证券市场参与者进行自我管制,可以称之为自律型监管体制。

(三)英国监管体制的法律体系

英国自律型监管体制的法律体系可分为两个层次。

(1)政府方面的主要法规。英国政府没有制定专门调整证券包括债券关系的单行法规,2000年以前,相关方面的规定散见于众多的法规之中,大体包括以下四种。

① 英国1946年的《借贷法》对证券的发行加以控制,对大额证券的发行还规定必须排定日期。

② 英国1948年的《公司法》涉及证券管理的内容有四个方面:关于公司种类、证券种类的基本规定;关于公司与股东关系的规定;关于财务公开的规定;关于证券发行的规定。

③ 1958年的《防止欺诈投资法》禁止未经特许或豁免的人从事证券业务,还规定任何不实承诺、陈述或故意隐匿重要事实的行为都属于欺诈行为,要处以七年以下有期徒刑。

④ 1986年的《金融服务法》对有关证券方面,特别是公开原则与证券商的管理方面作出规定;英国政府还根据该法,首次成立了政府的证券及金融投资领域的管理机构——英国证券与投资委员会。

(2)证券交易所等非政府机构的规章制度。这是英国自律管制体制法律体系的主体,主要包括:证券交易所的规章、英国证券交易所协会的规章、英国证券业理事会的规章、英国企业收购和合并问题专门小组的规章等。

① 证券交易所的规章。英国证券交易所实际上行使着英国证券市场日常管理的职能,其中,又以伦敦交易所积累的证券管理经验最为丰富。伦敦交易所由于起步早,多年来积累和发展了一整套严密的交易规则,拥有较高水准的专业证券商并且采取严格的注册制度和公开说明书制度进行自律,因而其本身的规则远比上述政府方面的有关法规要详细而且重要。

② 英国证券交易所协会的规章。它监督协会所有成员遵循它制定的《证券交易所管理条例和规则》。此外,它还可以制定关于批准上市及发行公司经营活动的规则,以及某些特殊情况下的行为规则。

③ 英国证券业理事会的规章。理事会的主要任务是制定有关证券发行和交易的规则,并负责解释和执行这些规则。它制定的规则主要包括《证券交易商业行为准则》《大规模收购股权的准则》《基金经理个人交易指导界限》等。

④ 英国企业收购和合并问题专门小组的规章。该小组制定的《伦敦城关于股权转移和合并行为准则》虽然缺乏法律强制力,但对于英国的股权收购行为以及在收购文件中应包括哪些规定仍有着十分重要的指导意义和参考价值。

除以上两个层次的法律体系外,特别值得注意的是,为了增加英国在全球证券市场的竞争力,英国国会通过英国证券立法史上的里程碑式的法规《2000年金融服务和市场法》,据此英国创立了一个政府机构(金融服务监管局),统一领导整个英国的金融服务业;该法把所有的金融服务及中介行业都纳入了法案管制的范畴;该法实质上废止了此前颁布的大部分相关立法,如1982年《保险公司法》、1986年《金融服务法》、1987年《银行法》等;该法制定目的主要集中于建立市场信心、提高公众知情权、保护投资者权益和减少金融犯罪四个方面。《金融服务和市场法》的制定和颁布,使英国证券市场传统的自律管制型体系发生了很大的变化。

(四) 英国债券的信息披露制度

英国债券市场主要由两个互相独立的市场组成,即"金边和固定收益市场"(又称主板市场)和"专业证券市场",这两个市场均设立在伦敦股票交易所(London Stock Exchange,LSE)。

金边和固定收益市场对所有投资人开放,零售投资人和机构投资人均可以在这个市场上进行债券买卖;而专业证券市场仅对英国法律规定的机构投资者开放,社会公众不得参与。两个市场上市交易的债券,在其发行时和上市后均应按照英国法律的要求履行信息披露义务,特别是前者的信息披露要求高于专业证券市场。

英国发行债券的公司均须承担持续信息披露义务，包括定期披露义务和临时披露义务。英国的《披露规则及透明度规则》对持续披露义务的履行时间和披露内容都有具体规定。就定期信息披露而言，要求在金边和固定收益市场上市交易的债券，发行人应当在每一个会计年度结束后6个月内披露年度财务报告，在上半年度结束后2个月内披露半年报和中期管理报告。如果债券只在专业证券市场上市交易，发行人只需要披露年度财务报告，不需要披露半年报。另外，如果发行人为债券的偿还安排了保证人，也需要同时披露保证人的年度财务报告，除非保证人是上市公司或者通过其他公开渠道能够获得与其相关的足够信息。至于临时性信息披露则要求债券发行人尽快将公司的内幕信息披露给所有的投资人。除此之外，金边和固定收益市场的债券发行人还应当披露董事的持股情况。

对于债券募集说明书也规定了相应的信息披露要求。英国根据欧盟相关法规分别为股票、普通债券、资产支持证券和政府债券设定了信息披露要求，并在零售发行和批发发行的基础上分别确立了各自的募集说明书披露内容。就普通公司债券的募集说明书而言，需要披露的信息须包括风险因素、财务信息和业务状况，以及募集资金的用途、债券涉及的税项、认购和销售事项、债券发行的费用等。

（五）英国债券的信用评级制度

英国是一个典型的征信国家。在英国，有关机构和部门在保密的前提下可以快速取得资本市场上任何一家企业真实的资信背景、调查报告和信用等级。政府管理当局也极为重视对信用评级机构的管理，经常公布经认可的信用评级机构名单，以供发行者和投资者参考。

英国现主要有三家信用评级公司。艾克飞信用咨询公司除提供企业信用等级和个人信用信息外，还提供预测分析、技术及软件支持和风险管理。艾克飞公司的所有信息中，75%为个人信息，25%为企业信息，所有信息均实行计算机管理，更新较快，大金额交易每天更新。英国有6 000万消费者，艾克飞公司拥有其中2 000万消费者群体。

英国的信用体系中还有负责信用控制的中央银行和负责信用监管的信息专员办公室。英国经济的平稳增长和相对完善的信用机制，使得信用评级在其复杂的金融市场和投资者中发挥着非常重要的作用。

三、日本债券市场的监管制度

（一）日本债券市场概述

与美国、英国债券市场相比，日本债券市场及其监管体制呈现出不同的特色。具体如图6-3所示。

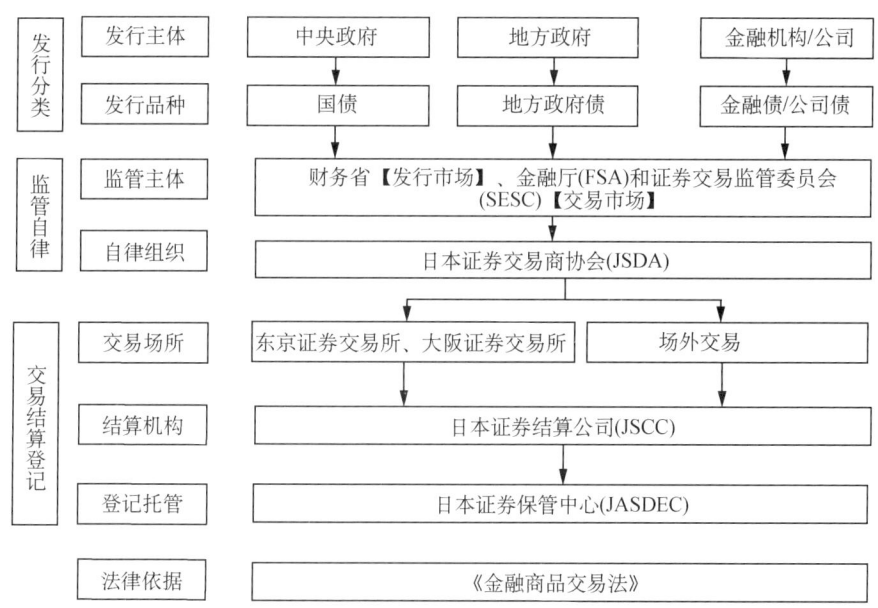

图 6-3　日本债券市场架构图

（资料来源：本章作者根据市场情况和公开资料绘制而成）

日本债券市场上的债券种类大致也可以分为三部分，即中央政府发行的国债、地方政府发行的地方政府债，以及金融机构或公司发行的金融债或公司债，其中国债发行的规模最大。日本金融市场采用以银行为主的体系，在经营上受到政府高度管制的同时也得到高度保护，银行是国民存款的主要吸收者，积累了大量资金，是日本企业获得资金的主要来源。日本非金融公司倾向于依赖银行融资，因而日本的公司债券市场所占市场份额较少，其发展受到一定的限制。

日本财务省负责日本国债的发行并提供相应的税收政策，日本银行负责日本国债的整体运作。同时，财务省也负责其他债券发行的注册。日本金融厅（Financial Services Agency，FSA）是日本金融业的唯一监管者，证券交易监督委员会（Securities and Exchange Regulatory Commission，SESC）是其下属机构，负责证券市场交易的监管。场外交易已经成为日本债券交易的主要方式，交易所交易主要集中在东京证券交易所和大阪证券交易所。日本证券结算公司统一结算日本场外及交易所的债券交易。日本证券保管中心负责债券的交割业务。

（二）日本债券市场监管体制与立法

日本债券市场的监管体系可分为两个层次：第一层次是政府监管，主要监管部门为日本财务省、金融厅及其下属的证券交易监管委员会；第二层次是自律监管,主要监管者是日本证券交易商协会。

(1) 政府监管。日本财务省、金融厅和证券交易监管委员会是债券市场的主要监管部门,财务省负责债券发行注册,主要对债券发行市场进行监管;金融厅和证券交易监管委员会主要对债券交易市场进行监管。金融厅负责证券公司财务状况等方面的整体监察,证券交易监管委员会则负责监督市场规则的遵守。

日本证券交易监管委员会下设市场监管部、机构监督部、民事处罚调查和披露文件检查部,市场监管部有权要求证券公司提供交易信息并且随时观察市场动态;机构监督部关注参与主体是否遵守法律法规;民事处罚调查和披露文件检查部负责检查已披露的文件,并及时纠错。

(2) 自律管理。日本债券市场的行业自律管理职能主要由日本证券交易商协会(Japan Securities Dealers Association, JSDA)承担。日本证券交易商协会依照日本《证券交易法》设立,法律和监管部门赋予其相当大的自律管理权,所有在日本注册的证券公司和其他金融机构都是其会员。从2001年开始,该协会将场外市场纳入自律管理范围。在《证券交易法》授权下,该协会负责大多数与债券市场直接联系的基础性管理工作,包括市场管理、会员自律和行业代表等,如制定有关证券承销的自律规则和配套的详细承销条款,推进场外交易市场基础设施建设,制定自律规范文件。

构成日本证券市场总体法律框架的主要包括:2005年修订推出的《商品交易法》;1948年颁布的《公司法》;1998年颁布的《债权让渡特例法》;1948年颁布的《证券交易法》;2006年将原《证券交易法》修改更名的《金融商品交易法》。

在债务资本市场风险防范机制方面,日本监管部门非常注重对企业债市场信息披露与信用评级制度操作规范性的要求。

(三) 日本债券的信息披露制度

为了使广大投资者能够全面了解到各企业债券产品的相关信息,根据日本《金融商品交易法》的要求,申请上市的企业债发行主体必须先向金融厅登记注册,将相关资料进行备案,同时将详尽信息在企业债发行申请登记表中予以披露,并保证至少在5年时间里向社会开放(依托总公司或分公司的网站),接受公众的查询。企业债发行申请登记表通常要求包含以下主要内容:企业债的相关信息(债券企业的信用评级水平、筹集资金的用途与细节及债券违约后的清算补偿设计等);发债企业的相关信息(经营范围、经营前景、财务报告及证明)以及企业债担保机构的背景资料。

此外,为了方便投资者掌握企业债发行企业的动态情况,日本《金融商品交易法》还专门对企业债发行主体提出了"持续性披露"要求(continuous disclosure)。即"任何企业债首次发债的主体、在证券监管部门登记注册的发债主体以及过去4年中企业股东超过1 000家的发债主体"完成发债程序后，还必须在每个财务年度结束后的3个月内按照规定格式向金融厅提交其年度、半年度或季度性财务经营报告，或按要求不定期地提交财务特别报告。直到该企业债品种进入金融厅批准的清算程序或从证交所登记注册的清单中撤去，这种"持续性披露"要求才会终止。

（四）日本债券的信用评级制度

日本对信用评级机构的诚信建设极为重视。从1985年开始，信用评级机构作为独立的组织机构开始在日本企业债市场运作。应当说，日本信用评级制度在实施过程中受美国信用评级系统运作理念的影响较大。1987年7月，日本财务省正式将穆迪、惠誉和标普公司作为日本国内债券市场指定的官方权威信用评级机构。应当指出，美国信用评级系统虽然在市场运作和风险控制方面较为成熟和系统化，但是其内部的风险控制操作仍存在一些问题，特别是在数次国际范围的金融危机爆发过程中，信息评级与披露机构的客观、公正性也受到了一定的影响。次贷危机发生后，根据国内信用评级体系在执业过程中出现的突出问题，日本监管部门及时调整了信用评级机构的评级标准，并加强了对信用评级机构行为规范的监管。

2010年4月，日本通过并实施《信用评级机构监管指引》，其核心内容包括：①所有在日本经营的信用评级机构必须在日本金融厅重新注册，在取得资格后才能够为公众从事评级服务；②信用评级机构必须严守诚信的准则，信用评级机构在评估过程中必须遵行"独立性、规范公正性与透明度"的三个原则；③若信用评级机构被发现存在违反专业评级标准与恶意欺诈等行为，将受到金融厅吊销其营业执照的严厉处罚。以上措施的施行，规范了日本企业债市场信用评级机构的操作，在保持市场信心的基础上，促进了市场的平稳发展。

四、国外信用债市场监管体系分析

通过对美国、英国、日本三国债券监管体系的分析，可以看出，其债券发行主体都由政府、中央银行和企业组成，这一点与中国大体相似；但是各国在发行品种和结构方面存在着较大的差异。

美国的债券体系，根据发行主体的地位，简单地划分为国债、市政债、公司债三大类。美国有市政债，表明地方政府有自主举债权；中国地方政府只有中央政府代发的国债，以及通过地方政府融资平台发行的企业债。公司债是美国唯一由非政府信用主体发行的债券，既包括银行等金融机构发行的债券，也包括工商企业等非银行机构发行的债券，这一部分债券与中国的信用债对应，当然中国的信用债构成要复杂得多，包括国家发展改革委审批的企业债、银行间市场的债务融资工具和中国证监会负责监管的公司债、各类金融机构发行的金融债等。

英国的债券体系,根据发行主体地位,也分为国债、地方政府债券和公司债三类,与美国债券类别的划分极为相似。不同的是,英国债券市场以政府债券为主体,而且信誉度极高。

日本的债券体系,根据发行主体的性质,大体为三类:国债、地方政府债、金融债券和公社债(即公司债券)。其中,金融债券的发行主体主要有:日本兴业银行、日本长期信用银行、日本债券信用银行、商工组合中央金库、农林中央金库、东京银行、全国信用金库联合会等,这些机构在日本的金融体系中虽属于"民间专业金融机构",但具有浓厚的政府色彩。日本政府根据其经济发展的客观要求,不断地对需要发展的行业和企业给予强有力的支持,以提高其经营和竞争能力,从而为不同支持对象建立了稳定的资金供应渠道。

综上所述,美国、英国、日本三国债券市场大体都由国债、地方政府债和信用债三部分组成。从大类的划分来讲,政府债比重较大,似占据优势;但从管理角度来讲,政府债与信用债之地位不分伯仲。与中国庞大的债券市场监管体系相比,可以发现,美英日三国债券市场架构相对简单,其监管体系自然不会烦冗,每一类债券对应的监管机构也能各负专责,不会出现多头监管现象。在债券监管体系中,通常在发行环节只设计一个监管机构;在交易环节中,设两个监管机构。

美国、英国两国的信用债就是公司债;日本信用债则包括公司债和金融债两种。三国信用债的发行都由同一机构负责、注册或者核准,美国是证券交易委员会,英国是金融服务监管局,日本是证券交易监管委员会。同一机构负责发行的优点是有利于发行标准的统一,避免出现各类债券发展不均衡的局面。

另外,三国信用债的发行与二级市场交易的主管机构完全相同,美国仍是证券交易委员会,英国是金融服务监管局,日本是证券交易监管委员会。这样的设计便于对债券发行、交易进行统一、协调的监管,有利于整个债券市场的有序发展。

若将中国与美国、英国、日本的监管机构进行对比,可以明显看出不同,如表6-2所示。

表6-2 中美英日四国信用债市场监管机构比较

		金融债券	公司债券
一级市场监管机构	美国	美国证券交易监督委员会(SEC)	美国证券交易监督委员会(SEC)
	英国	金融服务监管局(FSA)	金融服务监管局(FSA)
	日本	证券交易监管委员会(SESC)	证券交易监管委员会(SESC)
	中国	中国人民银行、中国银保监会	中国证监会、国家发改委、中国人民银行

(续表)

		金融债券	公司债券
二级市场监管机构	美国	美国证券交易委员会(SEC)和自律组织美国证券交易商协会(NASD)	美国证券交易委员会(SEC)和自律组织美国证券交易商协会(NASD)
	英国	金融服务监管局(FSA)和自律组织国际资本市场协会(ICMA)和银行家协会(BBA)	金融服务监管局(FSA)和自律组织国际资本市场协会(ICMA)和银行家协会
	日本	证券交易监管委员会(SESC)和自律组织证券交易商协会(JSDA)	证券交易监管委员会(SESC)和自律组织证券交易商协会(JSDA)
	中国	中国人民银行、中国银保监会	中国证监会、中国人民银行

由表6-2可以看出，中国信用债一级市场管理较为复杂：金融债券由中国人民银行、中国银保监会负责发行；公司债券则由中国证监会、国家发改委和中国人民银行共同负责。二级市场监管权力仍是分割的，二级市场由银行间债券市场、交易所市场组成，银行间债券市场由中国人民银行和中国银保监会监管，交易所市场由中国证监会监管，均体现出多头管理的状态。

以美国为例，信用债只有公司债的名称，金融机构发行的债券归类于公司债中，统一监管。从一级市场看，美国的债券发行管理机构只有美国证券交易委员会；二级市场监管则由美国证券交易委员会监管，证券交易商协会等自律组织配合监督工作。

三国信用债监管都采取行政监管和自律管理相互配合的模式。例如：美国政府监管机构是证券交易委员会，自律机构是市政债券规则委员会和金融业监管局；英国政府监管机构是金融服务管理局，自律机构是国际资本市场协会和银行家协会；日本政府监管机构是金融厅下属的证券交易监管委员会，自律组织则是证券交易商协会。这表明充分发挥自律组织的作用将更有助于促进债券市场的发展。反观中国，虽然发行环节中设有自律性机构即银行间交易商协会等，但其只负责部分信用券的监管职责，而且还是在中国人民银行的监督之下行使职能，这也是中国与国外的又一不同之处。

美国监管体系极其注重立法，其债券监管体制就属于立法管制型，有一整套专门的证券管理法规，颁布实施的数量最多，大体由四个层次的相关法律法规组成，即联邦政府制定的证券基本法、联邦政府制定的证券关系法、各州政府制定的地方证券法规，以及美国各个证券交易所的规章和全国证券交易协会的有关规定，由此构建了一个严密的法律体系，对债券从发行、交易、违约等各个环节施行严厉的立法监管，同时也有自我管制法规的配合。与美国不同，英国的债券监管体制属于自律型监管体制,监管法律体系分为两个层次,即政府方面的主要法规,以及证券交易所等非政府机构的规章制度。美国、英国、日本无论属于哪一种监管体制,都体现了监管过程中的立法精神。

在债券风险防范的信息披露环节,美国债券市场信息披露制度的显著特征是以法律为后盾,以政府监管为主导,同时充分发挥自律监管组织和市场中介机构的作用。美国法律通过严厉的刑事措施打击各种损害投资者权益的行为,例如:《1934年证券交易法》对相关主体发布虚假信息者,最高判处10年的有期徒刑;《萨班斯-奥克斯利法案》对违规公布不实财务报表的主体,相关负责人将按证券欺诈罪被判处最高达25年的有期徒刑。日本《金融商品交易法》规定,企业债发行主体在完成发行债券的登记注册及备案后,要"持续性披露"发债相关信息,直到该企业债品种进入监管部门金融厅批准的清算程序或从证交所登记注册的清单中撤去,这种"持续性披露"要求才会终止。

在信用评级体系建设方面,美国是当今世界上信用体系最发达的国家,评级制度的相关法规已经历了半个世纪的发展,信用评级系统在市场运作和风险控制方面较为成熟和系统化。目前,美国拥有国际上公认的最具权威性的三家专业信用评级机构,即美国标准普尔公司、穆迪投资服务公司和惠誉国际信用评级有限公司。当然,次贷危机暴露出美国信用评级体系在风险控制操作方面也存在一些问题,但2010年7月颁布的《多德-弗兰克华尔街改革与消费者保护法案》强化完善了对信用评级机构的监管。日本信用评级制度受美国信用评级系统运作理念的影响较大,并将穆迪、惠誉和标普公司作为日本国内债券市场指定的官方权威信用评级机构。2010年4月,日本通过并实施《信用评级机构监管指引》,监管部门也及时调整了信用评级机构的评级标准与要求,并加强了对信用评级机构的规范管理。

总体而言,外国的监管体系不尽完善,制度也不尽完美,可以窥见一些漏洞,事实上它们也在不断的完善中。但不管怎样,以美英日等发达国家市场与监管体系为镜鉴,扬长避短,批判性地借鉴,对于完善中国信用债监管体系、监管制度是有益的。

第三节 中国信用债市场监管体系的完善

一、信用债市场发展中存在的问题

长期以来,中国金融结构不平衡,直接融资不发达,使得企业过度依赖银行贷款,存在一定的风险隐患。因此,大力发展资本市场,积极推进债券市场发展,特别是发展信用债市场具有重要意义。信用债对拓宽企业直接融资渠道、调整企业融资结构、疏通货币政策传导机制、促进资本市场协调发展等方面都具有重要的战略意义。事实上,信用债的发展对中国经济增长的贡献有目共睹。

在国家相关政策的鼓励下,近十多年来,信用债市场已获得了迅速的发展。特别是2005年5月23日,中国人民银行发布了《短期融资券管理办法》,支持企业在银行间债券市场发行短期融资券,当年发行量就达到1 453亿元,之后每年翻番,增长迅速;2007—2008年,公司债和中期票据市场启动,信用债市场趋于多元化,逐步走向繁荣。据统计,2004年年末,国内信用债存量为2 000亿元,截至2019年10月末,信用债总余额已达28万亿元,增速十分迅猛。

中国信用债市场有了爆发式的增长,这是毋庸置疑的,但是仍存在着许多亟待解决的问题。特别强调的是,2014年之前,中国信用债处于"相对安全"的状态,虽然有少量中小企业集合债曾出现过信用事件,但最终都能得到担保方的及时代偿,而且涉及金额较少,范围也小,影响有限。但自2014年3月"超日债"发生违约后,中国信用债刚兑被打破,后续信用债违约事件频发,信用债风险凸显。

2014—2019年,信用券违约率持续增长,即使在2018年金融严监管下,债券新增违约发行人也有42家,远高于2016年、2017年的29家和11家,违约金额高达1 530亿元,居历年之冠。截至2019年10月末,新增实质违约发行人为36家,新增违约债券140只,总违约债券涉及本金金额高达1 284亿元,尤其是展期兑付、回售撤回、场外私下兑付等"疑似违约"情况明显增多。

目前交易所债市和银行间债市都已出现违约事件,而且几乎所有的债券品种,从交易所私募债、公司债,到银行间市场的短期融资券、中期票据、私募债务融资工具基本都受到波及。根据统计,近年来信用债市场违约状况呈现出以下三个特征。

(1) 从违约主体来看,民营企业发行的债券违约比例较高,2014年至2019年9月,国内信用债市场共计473只违约债券,其中民营企业违约债券占比高达78.22%,国有企业债券有65只违约,占比约为13.8%,而其他类型企业发行的债券违约占比较低。

(2) 从违约主体行业分布来看,违约债券集中分布在制造业、批发和零售等行业,违约比率高达39.75%和15.46%。

(3) 从违约债券的类型来看,公司债违约占比较大,2014年以来共有198只公司债违约,占比接近41.9%,中期票据和短期融资券均有82只债券违约,占比为17.34%,而中国信用债市场中占比较高的金融债却始终没有发生违约事件。

自 2014 年以来，信用券违约情况接连不断，据统计，2018 年违约频率快速提升，2019 年并未见放缓。以此态势发展，信用券违约率仍将持续增长，违约现象也将常态化。在违约债券的案例中，民营企业发行的债券违约率高，违约债券集中于制造业、批发和零售行业，又以公司债类违约占比最大，这说明了什么？若将三者进行整体考虑，其是否有内在逻辑？很多专家学者对中国信用债违约现象的原因有各种角度的考察与分析。的确，违约事件爆发的原因自然是多方面的，但是监管制度的缺陷和无力也不应忽视，值得反思。

二、信用债市场监管体系现状之反思

如前所述，虽然进入 21 世纪以来中国信用债市场有了爆发式的增长，但从市场监管层面考察，仍存在着许多亟待解决的问题。

（一）多头监管体制造成对信用债市场监管的低效甚至无效

多头监管制度是中国信用债监管体系的一个显著特征。如前所述，中国信用券市场架构庞大，信用债发行主体也多，由于历史原因，中国信用债市场一直处于多头监管状态。从发行环节看，不同的债券品种需要不同的监管部门核准或者注册，如企业债券、短期融资券和公司债券分属国家发改委、中国人民银行和中国证监会监管审批，政出多门。即使是企业债券，也面临着国务院的额度审批、国家发改委的项目和发行审批、中国人民银行的利率审批、中国证监会的承销资格审批、中国证监会和交易所的上市审批等多个环节。从交易环节看，银行间债券市场和交易所债券市场并存，但是两个市场的监管机构却不一样，银行间债券市场由中国人民银行、中国银保监会监管，交易所债券市场由中国证监会监管。

上述部门中，中国银保监会、中国证监会属于机构监管部门，根据不同类型金融机构的经营特点，在市场准入、经营业务、市场退出等方面作出限制性规定，对金融机构内部组织结构、风险管理和控制提出合规性要求；中国人民银行、中国证监会和国家发改委属于功能监管部门，则从债券发行、交易等行为入手，对信息披露、交易制度、信用评级等方面进行规范性管理，监管的重点在于防范和控制系统性风险。这两种监管体系的产生都是出于对中国债券市场安全性和稳定性的考虑，在对具体的信用债监管过程中，也必然会出现机构监管部门与功能监管部门从各自职能出发，同时监管的现象，造成监管重叠问题。

因此，多头监管体制下，不同监管部门各自出台政策，监管标准不统一，可能导致竞争监管现象，也可能出现监管空白情况，由此造成债券市场混乱，造成监管低效甚至无效。

多头监管体制下，不同的债券品种采用不同的审批方式和发行资格，也使监管本身变得繁冗、复杂,增大了监管难度,如表 6-3 所示。

表 6-3 几种主要信用债的发行监管情况

债券品种	监管机构	审批方式	发行市场	发行资格
超短期融资券	交易商协会	注册制	银行间	具有法人资格的企业
短期融资券	交易商协会	注册制	银行间	具有法人资格的企业
中期票据	交易商协会	注册制	银行间	具有法人资格的企业
定向工具	交易商协会	注册制	银行间	具有法人资格的企业
公司债	中国证监会	核准制/备案制	交易所	公司制法人
企业债	国家发改委	核准制	银行间/交易所	中国境内注册的企业,A 股和 H 股上市公司除外

多头监管造成的另一种影响是债券发行周期长,如一只企业债券,面临着国务院的额度审批、国家发改委的项目和发行审批、人民银行的利率审批、中国证监会的承销资格审批、中国证监会和交易所的上市审批等多个环节,过程复杂,无疑拉长了监管政策实施的周期,实际上也增加了企业发债的隐性成本,甚至有可能影响企业对发债时机的把握。过长的发债周期难以保证项目本身的投资计划和与之对应的盈利预测,由此放大了发债主体的经营风险以及投资主体的偿付风险,不利于以市场供求关系为基础的市场化企业债券市场的形成。

在多头管理体制下,市场割裂现象也极严重,表现在银行间债券市场与交易所债券市场的并存,使债券发行与交易市场相互分割,并导致债券托管结算市场的严重割裂。银行间市场和交易所市场在管理主体、托管结算、参与主体等各个方面没有实现互联互通,尤其是债券托管与清算的分割,对债券市场的统一构成了实质性障碍。不仅如此,债券市场转让流通功能的有效实现,是需要建立在统一的权属托管登记基础上的,换言之,只有债券市场登记托管后台统一,才可能形成交易前台的充分竞争,但是登记托管的分割客观上阻碍了相关功能的实现。

两个债券市场并存也带来一系列的问题,如信用评级资质门槛的不统一等,相应地也加大了监管难度。

因此,可以认为多头监管体制所产生的负面影响已严重妨碍信用债市场的有序快速发展,这种局面亟待打破。

(二)信用制度不健全,缺乏独立、公正的中介机构以及监督制约机制

大量研究表明,债券市场信息透明度的提高,有利于打击价格操纵,提高

定价效率,降低交易成本和更好地保护投资者。美国交易报告及合规引擎(TRACE)发展经验表明,提升信息透明度对债券的流动性影响非常大,可直接降低买卖利差5个基点以上。但是,中国目前信用制度并不健全,缺乏独立、公正的中介机构以及监督制约机制,评级方法相对单一、评级虚高、评级监管未统一等都是当前存在的问题。

信用债市场相对分割,也带来了对评级机构的多头监管、银行间债券市场和交易所债券市场评级标准不一致等现象,易造成混乱。2018年9月中国人民银行、中国证监会联合发布公告,对评级机构中的乱象进行整治,逐步统一对银行间债券市场和交易所债券市场的评级业务资质标准,同时要求信用评级机构完善公司治理机制、内部控制和业务制度,防范利益冲突,统一评级标准,保证评级质量,作出了明确的规范。应该说,这大大加强了对债市评级机构的统一监管,但一些问题仍然存在。

从债券的发行量和交易量来看,银行间债券市场已成为中国债券市场的主体部分。但是,中国银行间债券二级市场,在债券发行、销售、交易等制度、风险监测与控制上存在诸多问题,归根结底在于缺乏交易竞争,进而加剧了市场信息的不对称以及债券定价功能的丧失,二级市场透明度几乎丧失。

债券作为一种信用工具,其信用级别是影响债券价格的重要因素,需要由独立、公正的中介机构对发行人进行发行前、发行后的信誉跟踪评级和信息披露监督,这样投资者才能根据其风险偏好选择不同的债券。换言之,对债券市场参与方来说,评级机构具有发现信用风险的基础性作用,但评级行业发展不够成熟。目前,中国同一时期发行的同种债券票面利率几乎没有差别,没有体现出不同发行主体的差异性,信用评级在债券的发行中没有很好地执行定价功能。

评级行业评级"虚高"现象严重,不能充分反映发债公司真实信用水平,以上现象早已受到投资人诟病。大公国际评级受到中国证监会与银行间市场交易商协会联合处罚的事件也比较集中地反映了评级行业存在的乱象。

目前,国内非金融类信用债市场主要的评级公司包括中诚信、联合、新世纪、大公、鹏元、东方金诚和中债资信。其中,中诚信分为中诚信国际和中诚信证券,联合分为联合资信和联合信用。中国证监会要求评级机构必须具备"中国法人资格",而中诚信国际和联合资信外资比例超标,只能以另外一家符合股权比例要求的关联企业申请获得中国证监会主管的公司债的评级资格。2018年8月,大公先后被银行间交易商协会和中国证监会暂停债务融资工具市场和证券评级业务一年;2019年11月,大公公告全面恢复银行间市场非金融企业债务融资工具和证券市场信用评级业务。

在上述评级机构中,只有中债资信是由交易商协会会员出资设立的评级公司,也是市场上唯一一家采用投资人付费运营模式的评级公司,平均评级水平相对低于其他评级公司。除此之外的几家评级公司全部采取发行人付费制度,如果没有严格的监管措施,便很容易出现评级机构与发行主体的合谋行为。

据 2019 年 10 月末的统计,非金融类信用债市场有评级的发行人约 4 052 家,其中主体评级 AA 级占比达到 44%,其次是 AA+级,占比为 24%,AAA 级发行人虽然只占 18%,但也有大约 774 家,评级的辨识度仍然很低。评级为 AA-级以下的没有发行资格,因而此类主体评级数量极少。高等级发行人发行量较大,因而信用债存量按主体评级分布来看,AAA 评级的债券余额占比达到了 61%。这样的评定结果有待于检验。

信誉评级的公正性、客观性和真实性有待于进一步建立起必要的监督机制,对债券发行后的信息披露及其信誉变化也必须进行跟踪监督。

比如,目前企业债每年的发行额有限,远低于国债、央行票据和金融债券,而且受到行政机制的严格控制。企业债券的发行中,发债须经国家发改委报国务院审批,由于担心国有企业发债引致相关兑付风险和社会问题,在申请发债的相关资料中,不仅要求发债企业的债券余额不得超过净资产的 40%,而且要求由银行予以担保,以做到防控风险的万无一失;但是一旦债券发行,审批部门就不再对发债主体的信用等级、信息披露和市场行为进行监管了。这种发行制度无疑增大了债券的风险度。

再如公司债的发行制度,与企业债相比,公司债风险性较大,债券的还款来源是公司的经营利润,但是任何一家公司的未来经营都存在很大的不确定性,因而公司债券持有人承担着损失利息甚至本金的风险。发行通常实行登记注册制,即只要发债公司的登记材料符合法律等制度规定,监管机关无权限制其发债行为。据此,应特别重视发债公司的条件限定,债券市场监管机构必须严格审核其发债登记材料的合法性,严格债券的信用评级,监管发债主体的信息披露和债券市场的活动等,并且对发债后的信息持续披露,包括发债公司的资产质量、经营状况、盈利水平和持续盈利能力等。

但是,由于企业债和公司债的发行监管制度在相关的信息披露监管方面并没有很好地实行,违约债券的出现便不奇怪了。

三、完善信用债市场监管体系之建议

防范信用风险是债券市场的主题。当今宏观经济环境决定了中国信用债市场将会处于信用风险高发和违约常态化阶段,在这样的情况下,建立有效的防范和控制风险的监管体系尤为紧要。针对目前中国信用债市场存在的问题和面临的风险,在梳理与吸取以往中国信用债监管体系方面的经验教训,同时

借鉴国外债券市场监管方面行之有效的措施方案的基础上,总结以下思考和建议。

(一) 改革多头管理体制,建立统一管理和协调发展的信用债市场

目前,中国信用债市场实行多头监管体系所造成的监管标准不一、监管效率低下、企业的隐性发债成本高以及妨碍创新等困境已非常明确。因此,建立一个统一高效、权威的监管体系成为中国债券市场监管体系改革的大势所趋。

通过考察美国、英国和日本债务资本市场的监管,我们发现各国债券市场监管架构相对简单,信用债市场实行统一监管制度。回顾美国信用债市场,美国证券交易委员会是债券市场交易活动的唯一监管机构,作为《1933 年证券法》和《1934 年证券交易法》的执法主体,对包括债券在内的证券市场进行统一监管,同时负责国债之外的债券发行监管,监管重点是市场运行情况及参与者行为,对误导投资者和不遵守反欺诈规定的交易商进行定期、不定期检查。自律监管组织如市政债券规则委员会、美国金融业监管局和交易所等机构全部接受证券交易委员会的监管,按照证券交易委员会的授权履行日常监管职能,对应的市场规则均由证券交易委员会授权制定并批准后生效。英国、日本也大体如此。这种统一的集权监管制度有相当的合理性,使监管标准统一,有利于迅速而有效地实施管理,是发达国家债券市场管理体制的首选。

鉴于当前中国交易所债市和银行间债市出现的普遍违约事件,从防范和化解金融风险的角度而言,债市风险处置亟待统一监管。2019 年 8 月 24 日,国务院金融稳定发展委员会已召开防范化解金融风险的专题会议,首次提出了"建立统一管理和协调发展的债券市场"的主张。

建立统一管理和协调发展的债券市场,建议可以做到以下三点。

(1) 要在各监管部门之间建立协调机制。中国信用债组织结构庞大,监管部门较多,所司职能不尽相同,因而要加强各监管部门之间的往来沟通,增进对部门政策差异的理解和协调,建设一个更加有效率的债券市场,确保债券市场的安全。监管协调机制的具体内容可以包括信息共享机制、风险管理机制和危机处理协调机制。

(2) 建立以中国人民银行和中国证监会为核心的统一集中制的债券监管体系。中国银监会参与金融债的发行管理,主要监管职责在于审查、认定发债机构资格,在资格有效期内,金融机构的发债行为便不必再报中国银监会进行资格审查;中国保监会在保险机构的债务发行中扮演的则是风险防控的角色,并不对债券市场进行直接监管。因此,两机构在债券市场上的职能是有限的,当然 2018 年 4 月之后,两机构已合并为中国银保监会。除此之外,国家发改委负责企业债券的审批管理,但是作为国家宏观调控部门,国家发改委对债券市场进行直接管理,从合理性上讲,似乎勉强。中国证监会作为证券监管部门,负责对信用债券的发行交易进行统一管理,属于核心机构;中国人民银行主要负责对金融债券、短期融资券、中期票据、信贷资产证券化产品的发行审批和银行间债券市场的监管。

2018年12月3日,发布了《人民银行 证监会 发展改革委关于进一步加强债券市场执法工作有关问题的意见》公告:三家监管机构继续按现行职责分工做好债券市场行政监管,中国人民银行、国家发展改革委发现涉及债券违法活动的线索,及时移送中国证监会;明确了中国证监会依法对银行间债券市场、交易所债券市场违法行为开展统一的执法工作;确立了中国人民银行、中国证监会、国家发改委协同配合做好债券市场统一执法的协作机制。从监管文件规律可以看出,债券市场统一监管已经形成大致框架,中国证监会依法取得债券市场统一监管的主导权,其作为资本市场主要监管机构,应该承担债券市场统一监管重任。

从债券发行体量上来看,银行间市场尚处于绝对优势;从债券投资机构主体上来看,银行也处于绝对优势。银行作为参与主体的监管是无法绕开中国人民银行和中国银保监会的,中国证监会在获取债券市场统一监管权的路上仍然任重而道远。

因此,目前信用债市场的监管职责可以缩减由中国人民银行和中国证监会共同承担,中国证监会对债券市场的日常事务进行管理,而中国人民银行则行使监督职能,由此建立相对统一集中的信用债监管体系。

(3) 促进银行间债券市场和交易所债券市场的互联互通。学者普遍认为,目前中国的债券发行和交易并不在一个统一的市场内完成,形成了以银行间债券市场和交易所债券市场为代表的市场割裂现象。这些割裂既涉及交易主体,也包括监管体系和托管体系,既不利于监督管理和宏观调控,也有悖于市场公平,加大了系统性金融风险。因此,建立统一、协调的监管机制是适合中国国情并且有利于促进债券市场发展的。但是,从国外信用债券市场以及中国信用债券市场发展的某些经验来看,场内、场外两市场的并存也是必要的,其形成的制度竞争有助于提高信用债市场的效率,有助于促进中国信用债市场的发展。避免市场割裂的关键点在于促进场内、场外市场的双向互联互通。另外,统一信用债的登记托管机构,可以为债市互联互通打下基础,在交易、托管结算方面,可考虑成立债券交易所集团,在后台实现有效统一,便于前台竞争。

(二) 完善相关法律法规,从法律法规层面保障信用债市场的高效运行

对信用债市场的监管离不开法律法规的支持。美国没有针对债券的单独立法,债券市场的法律法规全在针对所有证券的统一立法中。美国债券发行主要遵循《1933年证券法》,交易则完全遵循《1934年证券交易法》,1978年美国还通过《破产改革法》,明确了公司破产、清算与重组时,信用债持券人相对股东和其他债权人的优先权原则问题。

中国涉及债券监管的立法也不少,如《证券法》《公司法》和《中国人民银行法》,但大多是一些零星的原则性规定或行政规则,即使对《证券法》和《公司法》进行过系统性修订,也只是完善了在中国证监会口径下的公司债券发行和交易规范,而且《证券法》还是侧重于股票和公司债等证券,并不包括企业债和非金融企业债务融资工具以及国务院《企业债券管理条例》中的企业债券。同时,《证券法》对中国证监会口径之外的公司债规制,在现实中甚至存在着实质性冲突。

《证券法》对于同质而不同名称的公司债、企业债与中期票据没有采用统一的监管标准,容易引发监管竞争的负面效应,纵容违法、违规行为,也造成了市场分割和监管套利行为,有损公平的市场秩序,危害债券市场的健康发展。比如,中期票据长期免受《证券法》约束,致使银行间债券风暴、债券交易中的丙类户与"老鼠仓"、债券违约时侵害投资人利益等问题陆续出现。

目前不同债券种类所依据的法律法规并不统一,银行间市场信用债的法规依据是央行制定的《银行间债券市场非金融企业债务融资工具管理办法》,而交易所债市依据的是《证券法》以及《公司债券发行与交易管理办法》,在具体的管理中极易造成混乱,因此,明确统一遵行的法律法规,特别是基础性法律尤为重要。

2019年12月20日,中国人民银行会同国家发展改革委、中国证监会发布《公司信用类债券信息披露管理办法(征求意见稿)》以及配套文件《公司信用类债券募集说明书编制要求(征求意见稿)》《公司信用类债券定期报告编制要求(征求意见稿)》,并公开征求意见。三份文件旨在完善公司信用类债券的信息披露制度,推动公司信用类债券信息披露规则统一,有助于弥补监管短板,改善企业债券融资环境,虽然三份文件还未正式颁行,但法律的保障必将促进中国债券市场持续健康发展。

(三)建立独立、公正的中介机构及其监督制约机制

信用债作为一种信用工具,其信用级别是影响债券价格的重要因素,因而需要由独立的、公正的中介机构对发行主体进行发行前与发行后的信誉跟踪评级和信息披露监督,投资者才能根据其风险偏好选择不同的债券。因此,保证信誉评级的公正性、客观性、真实性,并建立起必要的监督机制同样重要。

美国、英国、日本三国在社会信用环境方面有着成熟的社会信用体系和较强的社会信用意识,但中国的社会信用环境建设还处于初级阶段。以评级法规建设而言,中国信用评级业起步仅有十多年,2006年中国人民银行发布了中国第一部信用评级行业标准《信贷市场和银行间债券市场信用评级规范》,

这是中国信用评级体系规范化建设的开始。目前,中国的评级体系尚不健全,全国性信用评级机构只有中诚信、联合资信、大公国际、新世纪、鹏元、东方金诚和中债资信等数家,其独立性、权威性也难以满足信用债市场发展的需要。因此,建立独立、公正的评级机构,健全信用评级体系,加大信息披露的透明度,是健全评级监督制约机制的当务之急。

对目前国内评级存在的问题,可从以下四个方面进行优化。

首先,加强对评级公司准入和日常管理的监管。目前,信用债发行分属不同的主管机构,对相应债券进行评级的评级公司资质也由对应的主管机构认定和准入,这极易导致对评级机构监管不明确,使得信用评级流于形式,无法充分有效地揭示信用风险。因此,不同监管部门对所属的评级机构的认定必须明确,对评级机构的资质和准入条件进行严格审查,定期发布关于评级机构的评价报告,强化对评级机构的约束。

其次,对评级公司的评级方法进行优化。评级公司可根据发债主体所在的行业、地域、规模等情况建立指标参照系,以求全面而客观地反映该发债主体的风险,使评级结果的分布大体可以呈现为两头小中间大的正态分布。

再次,创新评级付费模式,提高评级质量。发行人付费模式是中国主流运营模式,如前所述,这种模式易使发行人和评级机构存在利益勾结的可能性;国外主要采用投资人付费模式,也有一定的弊端。因此,可积极创新一些评级模式,如有学者提出可以在信用债市场设立信用评级基金,该基金同时对发行人和投资人收取费用,任何债券评级费用均由此基金支付。

最后,制定相关法律法规,明确认定评级机构对债券信息披露负有连带责任,也是加强管理评级机构的重要手段。

2018年9月11日,中国人民银行、中国证监会发布第14号公告,宣布将与中国银行间市场交易商协会协同债券市场评级机构业务资质的审核或注册程序,对于已经在银行间或交易所债券市场开展评级业务的评级机构,将设立绿色通道实现评级业务资质互认,以实现信用债信用评级行业的互联互通,这是非常值得肯定的。今后,中国人民银行应进一步推动银行间市场与交易所债券市场互联互通,不断加强监管协作,切实保护投资者合法权益和社会公共利益,促进信用评级行业规范发展。

此外,信息披露制度与信用评级机构所提供的信息一样,是社会公众投资信心与信任度建立的基点,客观、独立、及时的信息披露也是有效防控市场风险的基本保证,因此,加强对信用债市场信息披露制度的建设同样重要。要重视发债前的信息披露,因为信用债发债人资质是差异化的,对发债主体的监管,重点是对企业的经营状况以及发债主体的股东背景的考察。发债后的信息披露同样重要,一般情况下债券发行周期较长,债券实际发行时债券发行主体的募集资料已经不能准确反映发债主体的信息,可能存在信用风险和发债主体不匹配的情况,因而后续的跟踪披露不能忽视。

信用债市场是中国债券市场的重要组成部分,相较于股票和大宗商品,信用债投资风险和波动较小,能够为债券投资提供较为稳定的正向收益,因而受到投资者的重视。与美英日等国的信用债市场相比,中国信用债市场在规模、个券评级、流动性以及持有者结构等方面仍有较大的发展空间。因此,继续扩大信用债市场规模,推进信用债市场化,加大对外开放力度等,都是信用债市场发展积极方面的体现。2014年以来中国信用债违约现象的持续增长,应属于信用债市场发展过程中的必经阶段,但同时也给监管者敲响了警钟,即在信用债市场的快速发展中,相应的监管必须跟进。对以往的监管制度进行审视、反思,及时地调整完善信用债相关的制度建设,才能建立与时俱进的、高能有效的监管制度体系,才能保障信用债市场的健康发展。总之,加强对信用债的监督管理、防范信用债市场中的各种潜在风险,是信用债市场健康、稳定发展的永恒主题,而建立在完善法制基础上、独立统一、责权利清晰的监管体系才是题中应有之义。

研究结论和建议

本书是中国国家自然科学基金（NFSC）和英国经济社会研究理事会（ESRC）联合支持的中英合作研究项目"中国债务资本市场的功能、结构和发展研究"项目组关于中国信用债市场发展研究的成果。信用债市场是债券市场不可分割的一部分，它的发展和完善是与整个债券市场乃至金融市场和国民经济的发展紧密联系的。在此，特将本项目对中国债券市场发展研究成果的总结作为本书的最后一部分，以期为关心该领域研究的读者提供一个查阅的线索。

一、中国债券市场功能研究

对新兴市场经济和发达市场经济，特别是中国债券市场的功能进行研究发现，债券市场的融资功能、定价功能、政策传导功能和风险防范功能在市场发展的不同阶段具有不同的特点。在债券市场发展的早期阶段，融资功能成为债券市场的主要功能，而其他功能则相对较弱，金融资源不能得到最有效的配置。随着债券市场逐步发展完善，债券市场的各项功能也更为有效地发挥作用。

（一）中国债券市场融资功能和货币政策传导功能研究

1. 新兴市场融资结构对经济增长的影响研究

融资结构不均衡和债务高杠杆所带来的潜在性金融风险，一直是阻碍新兴市场国家经济持续增长的重要问题。此研究[①]基于21个新兴市场国家2003—2016年的数据，采用GMM动态面板估计方法针对融资结构对经济增长的影响进行了实证研究。

该研究发现：新兴市场的经济增长路径中，相较于证券市场融资渠道，信贷融资渠道规模的增长起到了关键作用，但其对经济增长的效用是负向的。在包括中国在内的所有新兴市场国家，过高的杠杆率正在侵蚀着新兴市场经

---

① 张宗新、李东宪：《融资结构、经济效率与金融稳定性》，《上海金融》2019年第11期。

济增长的稳定性和安全性。虽然证券市场融资渠道规模扩大对经济增长起到了正向作用,但其并未能覆盖信贷市场所带来的负面影响。我们在稳健性检验中区分了金融危机前后观察这一现象是否存在,结果发现:金融危机前,二者对经济增长的贡献相差不多,但危机后,新兴市场对信贷融资渠道的过度依赖现象变得尤为明显,导致新兴市场陷入高增长和高风险同时存在的"胜者诅咒"困境。

该研究针对新兴市场国家融资结构优化与经济增长提出如下三点政策建议。

(1)新兴市场国家政府应通过采取"结构性去杠杆"措施,来防止金融体系风险。当前,各国政府不可能再通过央行资产负债表扩张寻求金融体系的"缓冲机制",而应侧重采取适度去杠杆的举措提升金融体系的稳健性,在降低负债规模的同时,着重提高负债的质量。

(2)新兴市场国家应优化融资结构来提升金融体系稳健性。新兴市场的融资结构具有偏向性,过度依赖以银行体系为中心的间接融资不仅对经济增长的持续性形成制约,而且对金融体系稳定造成影响。因此,新兴市场国家应减少对信贷融资体系的过度依赖,消除金融系统与金融体系的潜在性风险,进而提升金融体系的稳定性。

(3)新兴市场国家应提高直接融资比重,并优化融资结构。新兴市场国家应推动证券市场的发展,进而提高直接融资比重,通过股权融资渠道,在降低对传统信贷融资渠道的过度依赖的同时,通过发展资本市场体系,提升债务融资质量来优化融资结构,寻求稳定并可持续发展的最佳路径。

2.中国创新型货币政策如何发挥作用——抵押品渠道

2008年全球金融危机爆发以来,基于抵押品的创新型货币政策被各国央行广泛运用,但由于缺乏政策反事实,其作用机制和政策效果却一直亟待实证检验。此研究①利用2018年6月1日中国人民银行扩大中期借贷便利(MLF)担保品范围政策这一准自然实验和债券市场微观数据,采用三重差分法首次识别了基于抵押品的货币政策的作用机制和政策效果。

该研究基于2018年1—9月的债券交易和发行数据,利用了中国银行间市场和交易所市场特有的债券跨市场、监管机构不同、相对分割(交易难以套利)的特征,以央行扩大银行间市场MLF担保品范围政策为自然实验,运用DDD方法解决了杠杆周期理论和非常规货币政策中的两个实证难题:①抵押率(杠杆率)对资产价格的影响;②抵押品供给对资产要求回报率和融资成本的影响。研究结论与理论预期一致:一方面,提高抵押率会提高资产价格,对

---

① 王永钦、吴娴:《中国创新型货币政策如何发挥作用:抵押品渠道》,《经济研究》2019年第12期。

于金融产品而言,相当于降低了利差;另一方面,(央行)增加抵押品供给降低了资本市场整体的融资成本。

在该研究的政策背景下,提高 AA 级及 AA+级的公司信用类债券以及小微金融债的可抵押性(杠杆率)可以有针对性地缓解中小企业的融资约束,降低中小企业的融资成本。这表明,央行通过调节抵押资产的抵押率(杠杆率)来实施货币政策是灵活且有效的手段。该研究具有重要的政策含义。

(1) 研究表明,基于抵押和杠杆结构的新型货币政策有助于调整经济结构,让更需要金融资源的部门得到更好的发展。在这一目标下,以调节利率为主要手段的"一刀切"的货币政策往往无能为力,还会导致银行体系资金空转,使金融资源"脱实向虚";而央行基于抵押的新型货币政策,可以直接调控相关部门资产的杠杆,让政策更为精准有效地助力目标部门。从经济周期的角度来看,历史上的经济周期多是杠杆周期。传统上央行只关注利率维度而忽略了(更重要的)杠杆维度,从而使得经济周期和金融危机反复出现,影响了经济发展。中国经济正处在防范经济风险、调整经济结构和促进经济高质量发展的关键时期,这种新型的货币政策应该发挥更重要的作用。

(2) 研究结论为中国构建新的货币政策基础框架提供了学术基础。随着外汇占款货币发行框架(外汇主要以美元为抵押品)日渐式微,央行必须构建新的货币政策框架。从国际范围的货币政策框架来看,不同央行采取的基础抵押品不同:美国等大国多以国债为抵押品,我国 2013 年之前的抵押品为外汇,2013 年后开始实施基于私人部门资产的新型货币政策。

该研究发现,提高经济体中抵押品的供给能够降低市场利差和融资成本,这对于抵押品供给总量的管理也提供了一定的启示。除此研究中的公司信用类债券和金融债券之外,央行还可以进一步扩大国债和地方政府债券作为抵押品的功能。相对于私人部门债券,国债是更安全的抵押品;增加国债的供给,会缓解经济和金融体系中的抵押品稀缺问题,减少私人部门的融资成本。从国际上看,中国目前的国债发行量较低,2018 年年末中国国债约占国内债券市场的 17.3%,而且发行频率低,期限结构不健全(Rodlauer et al., 2019),没有充分发挥抵押品的功能,更好的国债发行管理势在必行。从长远来看,国债在国际金融体系中成为安全的抵押品,会加快人民币的国际化过程。此外,央行还可以适当提高地方债的抵押率,这样既可以缓解地方政府的融资成本和偿付负担,还向金融体系提供了相对安全的抵押品,是一举两得之策。

(3) 该研究结果表明,基于抵押品的货币政策是一种结构性的、灵活的货币政策,不仅可以用来实现经济发展的目标,也可以用来实现更多的社会发展目标,如绿色发展、应对气候变化风险、平衡区域发展、降低收入差距等。通过结构性货币政策来实现社会目标目前也是政策和学术讨论的前沿话题,该研究为理解这个问题提供了初步的证据。中国在经济转型的过程中,结构性的货币政策可以在解决更多社会问题方面发挥更大的作用。

3. 杠杆率如何影响资产价格——来自中国债券市场自然实验的证据

杠杆周期理论表明,杠杆周期会影响金融体系的稳定性,资产的质押率(相应地,杠杆率)上升会提高资产价格;由于杠杆率一般是内生的,所以在实证上一直很难确立杠杆率与资产价格之间的因果关系。此研究(王永钦和徐鸿恂,2019)运用2017年1—8月中国证交所债券市场和银行间债券市场的债券发行数据,利用两市场对同类债券的不同质押率规定的自然实验,对杠杆率与资产价格之间的因果关系进行了实证检验。

结果表明,债券的可质押性对债券价格有显著影响,交易所债券市场在新规实施之后发行的AA级债券不能进入质押库进行质押,其平均发行利差变化,相对于依旧可以质押的银行间债券市场的AA级债券,差异有大约60～70个基点。

该研究对于宏观审慎监管政策的意义在于:在2008年金融危机之后,各国金融监管机构都开始重视宏观审慎监管,其目的就在于防止风险在金融体系中过度积累。历史经验也表明,人类历史上大的金融危机都是杠杆周期引起的,繁荣期的杠杆率上升往往会带来资产泡沫,埋下金融危机和经济危机的种子。因此,杠杆率应该成为宏观审慎监管政策的核心工具。政府应该实施反周期的杠杆率监控,在经济繁荣期限制杠杆率的上升,在经济下行期防止杠杆率的过度下降,以防资产价格暴跌和经济紧缩。中证登对债券进入质押库资格的管理,实际上是控制债券市场杠杆的一种手段,从实证结果来看,这一手段能够有效地影响债券价格,对防止杠杆率的增加带来债券价格虚高有一定作用。

该研究对于货币政策的重要意义在于:资产合约实际上有两个维度,收益率(利率)和质押率,因此,理想的货币政策应该能够调节这两个维度。然而,各国的货币政策长期以来只关注利率而忽略了质押率的调节,这导致了资产泡沫的产生。实际上,在2008年金融危机之前的杠杆周期中,利率基本上没有大的变化,资产价格的波动基本上是由杠杆率的变化导致的。货币政策中如何纳入资产杠杆率方面的考虑是一个前沿的研究课题。

中国金融市场在进入21世纪以来已经发生过两次资产杠杆引发的危机:2015年的股灾和2018年的股权质押危机,这充分说明了杠杆在金融稳定和宏观审慎监管中的重要性;因此,监控杠杆(资产杠杆、金融机构的杠杆和金融体系的杠杆)应该成为中国宏观审慎监管和货币政策的重要工具。

研究结论和建议 第七章

4. 货币政策、土地持有与企业融资影响研究

此研究①通过对中国工业企业数据和中国土地交易数据两个微观数据库的实证研究,为货币冲击向实体微观企业的异质性和不对称性传导提供了实证证据。一方面,相较于不持有土地的工业企业,持有土地抵押物的工业企业可以获得更低成本的融资,这是货币冲击传导的异质性。另一方面,货币宽松时,工业企业的融资成本顺周期降低,持有土地抵押物的企业相较不持有土地的企业融资成本更低,而在货币紧缩时,当企业的整体融资成本提高,持有土地抵押物的企业出现逆周期调整,获得了更低的融资成本,这是货币冲击传导的不对称性。

该研究创新地识别了中国工业企业的土地持有,从微观企业的角度探讨了房地产价格增长对货币政策传导机制的影响,从微观层面为我国货币政策传导机制提供了经验证据。另外,它还结合中国经济的重要特征,对房地产过热造成的"脱实向虚"现象进行了探讨,研究结论说明房地产部门过热增长扭曲了信贷在工业企业内部的分配,这要求政策制定者加强金融基础设施建设,加大对金融科技的投入,减少信贷市场中的信息不对称。

5. 货币作为一种交换媒介在近乎无现金的信贷经济中的作用研究

此研究②分析了货币作为交换媒介的信贷经济体中货币政策的传导问题。研究发现,与当前在货币经济学中以政策为导向的研究的传统观点相反,货币在交易中的作用可以成为资产价格乃至最终消费、投资、产出和福利总和的有力渠道。我们从理论上证明了货币均衡的无现金限制(当现金和信贷经济向纯信贷经济收敛时)不必对应于非货币纯信贷经济的均衡。在数量上,研究发现,在货币经济中,价格和分配对货币政策的反应幅度是巨大的,即使在无现金限额内也是如此。因此,作为评估货币政策效果的工具,没有货币的货币模型通常是较差的近似值,即使是理想化的高度发达的信贷经济体,也能够容纳大量的交易,而实际货币总余额却很小。

6. 周转流动性与货币政策传导机制研究

在大多数现代经济体中,中央银行通过干预某些金融市场(例如,美国的联邦基金市场和国库证券市场)间接实施货币政策。这些干预措施对资产价格的影响会传递给经济的其他部分,以帮助实现最终的政策目标。因此,货币政策向资产价格的传导机制对于理解货币政策的实际运作方式非常重要。在该研究③中,我们对货币政策对整个金融市场的影响进行了实证、理论和定量

---

① 易成子:《货币政策、土地持有与企业融资影响研究》,博士学位论文,复旦大学经济学院,2020。
② Ricardo Lagos and Shengxing Zhang, "The Limits of Monetary Economics: On Money as a Medium of Exchange in Near-Cashless Credit Economies," https://ssrn.com/abstract=3141226.
③ Ricardo Lagos and Shengxing Zhang, "Turnover Liquidity and the Transmission of Monetary Policy," NBER Working Paper No. 25106, https://www.nber.org/papers/w25106.

研究,并做出了三点贡献。

首先,该研究提供了新渠道的经验证据,货币政策通过该渠道影响金融市场:紧钱增加了持有常规用于结算金融交易的名义资产(如银行准备金、货币余额)的机会成本,从而形成了这些支付工具稀缺。反过来,这种稀缺性降低了金融资产的可转售性,而这种增加的非流动性导致价格下降。我们将此机制标记为(货币政策的)周转-流动(转移)机制。

其次,为了加深对这种机制的理解,该研究建立了金融柜台交易(即场外交易,OTC)市场的交易理论(将竞争基准作为一种特殊情况嵌套其中),其中货币被用作货币的交换媒介。该模型显示了市场微观结构的细节和货币数量如何影响金融市场的绩效(例如,以市场流动性的标准度量来衡量)以及如何对资产价格的确定(例如,通过转售期权价值)做出贡献。根据我们提供的证据,基于流动性的解释是真实股票收益与用于实施货币政策的名义利率的意外增加之间的负相关关系。

最后,该研究将理论带入数据,校准了基本模型的广义版本,并使用它进行了定量的理论检验,旨在评估该理论与货币政策对资产价格的实证影响相匹配的能力,无论是在政策发布日还是在更长的时期内。

7. 中央银行前瞻指引对金融市场利率波动和实体经济的影响研究

此研究①通过构建一个新凯恩斯模型从理论上分析了前瞻指引的作用机制和效果,从理论角度说明了在利率面临零下限约束时,前瞻指引政策能够有效地促进经济增长,避免产出缺口和通胀大幅偏离稳态水平。

在此基础上,该研究通过对金融市场影响的实证分析发现,零利率下限下实施的前瞻指引能够显著地改变金融市场预期,降低利率及其波动率,减小金融市场利率对超出预期的宏观经济意外的反应敏感度。不区分前瞻指引类型,即对一个综合的前瞻指引虚拟变量进行的回归发现,美联储引入或调整前瞻指引政策可使5年期和10年期国债收益率下降超过10个基点,可使2年期国债收益率下降约6个基点,可使6个月期以内国债收益率下降0.3~1.6个基点;引入前瞻指引政策后,5年期和10年期国债收益率对一单位经济意外的反应敏感度下降4~5个基点,2年期以内国债收益率的反应敏感度下降2个基点左右。就波动率而言,实施前瞻指引政策期间,1个月期、3个月期和6个月期这类短期美国国债收益率的波动率较平时下降12~15个基点,2年期、5年期和10年期国债收益率的波动性下降5~7个基点。这些结果说明两点:①前瞻指引政策对长期利率水平值的影响大于对短期利率水平值的影响,这

---

① 卢蕾蕾:《中央银行前瞻指引的效果——理论分析与实证检验》,博士学位论文,复旦大学经济学院,2017。

就印证了理论部分的推论,即零利率下的前瞻指引主要通过降低长期利率发挥作用。②前瞻指引政策对短期利率波动率的影响大于对长期利率波动率的影响。这主要是因为长期来看,影响经济走势的不确定因素增多,前瞻指引的可信性下降。

该研究还区分了零利率下限下三种不同类型的前瞻指引,通过考察引入前瞻指引后利率对经济意外的反应敏感度的变动和利率波动率的变动,分析2008年以来美联储相继采用的三种前瞻指引的影响,结果发现门槛式前瞻指引对较长期利率(如5年期和10年期)对经济意外敏感度的影响和较长期利率波动率的影响大于开放式前瞻指引和日历型前瞻指引,但三种前瞻指引对短期利率对经济意外敏感度和短期利率波动率的影响差别不大。该研究对此的解释是前瞻指引容易产生动态不一致问题,特别是往后看的时间越远,前瞻指引包含的维持零利率不变的政策可信度越低,而门槛式前瞻指引将零利率的持续时间与实际经济状况相挂钩,这就使得维持零利率长期不变的政策有据可依,在一定程度上缓解了动态不一致问题,增加了前瞻指引政策的可信度。

相对于前瞻指引对金融市场的影响,前瞻指引对实体经济的影响则要小得多。这与该研究在新凯恩斯模型下的校准结果形成巨大反差。对此,该研究认为可以从两个方面来理解。一方面,理论模型得出的前瞻指引对实体经济的刺激作用存在高估风险,在加入一些更加现实的因素(如央行对经济未来走势的判断可能有偏差、公众可能并不完全相信央行会一直实施零利率政策等)后,前瞻指引对实体经济的影响必然要低于理论模型得到的结果。另一方面,受数据和技术所限,实证分析可能无法真实反映前瞻指引对实体经济的影响。从央行推出前瞻指引政策到最终前瞻指引对实体经济发挥影响可能存在时滞,同时,在这过程中实体经济变量一般还会受到其他多种因素的影响,从这些因素中单独分离出前瞻指引的影响非常困难,这也是为何前瞻指引的实证分析文章大多数是分析前瞻指引对金融市场的影响,而仅有极少数考察前瞻指引政策对实体经济的影响。

8. 中国商业银行流动性创造机制及其影响因素研究

商业银行和影子银行在债务资本市场,特别是新兴转轨经济中的流动性创造中扮演十分重要角色。此研究①考察了在金融创新产品和金融业务模式层出不穷导致存款分流和"金融脱媒"现象,以及利率市场化改革等背景下,中国商业银行流动性创造机制及其影响因素的变化,重点实证分析了商业银行

---

① 吕思聪:《中国商业银行流动性创造机制及其影响因素研究》,博士学位论文,复旦大学经济学院,2018。

流动性创造的新的特征,以及货币政策、外部监管和影子银行对商业银行流动性创造机制的影响,得出了以下七个结论。

(1) 通过对商业银行资产负债状况的详细分析,在前人(Berger and Bouwman, 2009)研究的基础上,结合中国金融经济的特征构造了中国商业银行流动性创造指标,这一指标能够较好地衡量商业银行为实体经济创造流动性的能力,从而在一定程度上描述金融服务实体的现实状况。

(2) 通过对中央银行和商业银行资产负债表的分析,重新梳理了当下中国商业银行流动性创造的机制,总结了影响商业银行流动性创造能力的主要因素:货币政策、外部监管和影子银行发展。对传统乘数模型进行扩展,将三大因素纳入统一的分析框架中,得到了各因素对流动性创造能力的影响作用。

(3) 考虑到新型货币政策工具的广泛运用,通过构建理论模型和实证研究检验了货币政策对商业银行流动性创造的影响机制。新型货币政策工具的使用使得不同商业银行融资可得性存在差异化。持有优质债券作为抵押品的商业银行(一般为大型商业银行)能够从中央银行处获取资金,从而基础货币从中央银行流入大型商业银行,再流入中小型商业银行,银行间市场成为货币政策传导的重要环节。理论分析和实证检验的结果都显示,中国货币政策传导具有有效性,央行通过增加基础货币投放放松银根,银行间市场利率能够有效随之下降,因而资金需求银行的融资成本降低,流动性创造能力增强。

(4) 中国已形成了以资本监管和流动性监管为核心的监管体系。研究证实,中国商业银行存在对资本监管和存贷比监管的套利,从而制约了流动性创造功能的发挥,具体来说,资本监管和存贷比监管压力越大的商业银行,其流动性创造能力越弱。该研究并没有发现在样本考察期间流动性覆盖率对商业银行流动性创造具有显著的影响作用。进一步地,在宽松的货币政策环境下,严格的外部监管削弱了货币政策效力,商业银行流动性创造减弱。并且,在不同性质银行中,外部监管对商业银行流动性创造的影响效应存在异质性。

(5) 中国影子银行的产生主要是商业银行为规避外部监管寻求与非银行金融机构合作追求高收益的结果。影子银行通过产生的金融产品为实体经济提供了信用,但是却没有提高实体经济的流动性。一方面原因在于此类金融产品并不能完成货币的派生过程;另一方面原因在于通过影子银行,资金不断在金融体系流转,资金利率不断上升,并且主要流向高风险的企业中,并未缓解实体经济流动性短缺的现象。该研究证实了影子银行的发展阻碍了商业银行流动性创造功能的发挥,并且受到外部监管约束越大的银行抑制作用越大。另外,不同性质的商业银行开展影子银行业务也具有不同的动机,因而对其流动性创造的影响存在差异。

(6) "钱荒"事件是融资流动性风险积聚爆发的结果。这一事件的发生与商业银行的经营方式息息相关。实证研究发现,影子银行的发展会增强商业银行在银行间市场获取资金的动机,从而使得银行间市场利率承压。当银行间市场出现流动性危机时,市场流动性瞬间干涸,商业银行流动性转换功能严重受损。实证检验结果显示,影子银行快速发展不仅不利于商业银行流动性功能的发挥,还会造成宏观杠杆率上升的不良后果。

(7)改善商业银行流动性创造能力,提高金融服务实体的功能,需要中央银行、监管部门和商业银行共同配合。需要完善货币政策和监管政策的协调机制,构建适应金融机构综合经营的监管框架,对影子银行业务进行科学监管,提高商业银行流动性管理水平,以发挥流动性创造能力,服务实体经济发展。

(二)中国债券市场定价功能研究

定价功能是债券市场的基本功能之一。本课题主要从信用债理论定价与实际定价的差异、信用债定价的影响因素、隐性担保、违约风险、违约事件、流动性风险、产能过剩、财务杠杆和去杠杆等因素对信用风险定价的影响等方面展开研究。

1. 中国信用债的理论定价研究

此研究①讨论了中国信用债定价的结构化模型及其适用条件,并利用该模型对中国信用债样本进行了理论定价分析。获得以下六个方面的结果。

(1)在样本区间内,所有票面发行利差为2.924%,而基于默顿(Merton)模型估算的理论信用利差为1.470%,占总利差50.27%,由模型导出的理论利差小于实际发行利差,可见"信用利差之谜"现象在中国同样显著存在。

(2)从不同行业观察,公共事业行业的理论信用利差和发行利差偏离度最大,信用利差占总利差比重为14.8%,其中理论模型推导的信用利差平均值为0.713%,而实际发行利差达3.413%;其次是农林牧渔行业,信用风险仅能解释实际利差的15.5%;再次是采掘行业。这些行业的共同特点是发展较为成熟,是国民经济中的基础性行业,经营过程中风险防御性较强,而且行业集中度高,国家垄断性强,因此信用风险偏低。

(3)计算机行业6个样本中的理论信用利差反大于票面发行利差,其中可能存在样本选择的问题,比如,"16新国都"债券票面发行利率为5.6%,但模型定价为15.6%,这使得结果出现异常,但从企业资本结构角度也能获得部分佐证:计算机行业作为新兴成长行业,大多处于初创阶段,但在过去几年中获得政策和投资者青睐,外源融资规模巨大,这使企业整体债务规模偏大,信用风险相比其他行业也较大;商业贸易和房地产行业由信用风险导致的利差占总

---

① 曾裕峰:《中国企业债券信用利差的定价研究》,博士学位论文,复旦大学经济学院,2018。

利差比重也较高,分别达到89.5%和86.9%。

(4) 从公司债券票面发行利差和理论利差的动态比较可见,理论利差总体低于实际票面利差,其中部分年份出现两者非常接近甚至倒挂的现象。2008年,美国金融危机席卷全球并波及中国A股市场,导致股市价值受到重挫,上市公司的资产价值大打折扣,资产负债结构恶化,从而使得由模型推导出的债券定价水平与实际情况偏离度降低。2015—2016年是中国供给侧结构性改革政策实施和深入的重要年份,部分行业产能严重过剩,企业债台高筑,长期扭亏无望,信用风险逐步暴露,理论定价水平理应较高,但实际利差并未充分反映这些市场风险。央行继续实施宽松的货币政策,通过中期借贷便利(MLF)、抵押补充贷款(PSL)等方式向金融市场投放大量货币,而货币并未通过金融部门转移到实体部门,而是停留在虚拟市场空转。在大资管的时代背景下,大量的资金寻求保值和增值,股票和债券是中国资产配置的两个主要品种,尤其是债券相较于股票,风险更低,适当加杠杆后的收益具有较强的竞争力。机构投资者强烈的债市配置动力和加杠杆促使债券的发行利率被强制压低,信用利差不升反降,最终出现2016年理论利率高于发行利率的现象,这间接验证了中国企业债券风险定价机制的不合理。

(5) 从不同信用评级债券的理论定价与实际定价的偏差可见,中国发行债券的债项评级最低为AA−级,最高为AAA级,最低和最高级债券仅相差三个等级,具有评级过于集中的趋向。债券的发行利率与信用等级基本匹配,其中AAA级债券票面发行利差平均为1.95%,而AA−级债券发行利率为5.35%,但债券的理论定价与信用评级在方向上不太吻合。其中,AA级债券的理论定价反而低于AA+级债券,AAA级债券信用利差为1.15%,而AA−债券为2.10%;另外,AA−级和AAA级债券的理论定价与实际价格缺口为3.25%和0.80%。结合中国信用债的违约情况来看,其发行评级存在虚高问题,特别是AA级和AA−评级,因此,市场对它们的定价就较为合理。

(6) 结构模型作为最早基于期权定价理论分析债券信用风险度量的模型,具有较好的微观理论基础以及财务预警作用,但同时也存在一定的局限性:①结构模型的一些假设条件较为苛刻,对市场的要求也较为理想化,如结构模型假设市场是完美的,没有交易成本和费用,市场是充分有效的,不存在套利机会等;②结构模型所需的主要参数主要根据上市企业披露的季度财务信息确定,但公司的资产价值与股权价值在结构以及波动规律上不完全对等,从而削弱了结构模型的应用准确性;③结构模型假设公司的资本结构极为简单,只有股权和零息债,但在现实中,公司的资本结构十分复杂,债券不仅带有票息,还可能具有优先偿付安排、回售权等较为复杂的条款。尽管后续的结构化模型不断完善,但仍然面临一定的局限性,这与结构模型仅考虑公司内部资本结构有着密切关系。

2. 中国信用债市场的隐性担保对信用利差定价的影响

"刚性兑付"是中国信用债市场发展初期的重要基本特征之一。它在中国信用债市场发展初期发挥了一定的积极作用,但其对债券市场合理的风险定价机制的阻遏作用也是明显的。虽然刚性兑付对债券的价格信号作用的歪曲已被市场和监管者认知,但却迟迟无法真正地打破刚性兑付制度,这与中国财政制度以及地方经济发展模式是不可分割的。

目前,中国中央和地方财政分权,地方政府为地方政府融资平台等地方国企提供隐形担保,进而支持当地发债主体进行融资,带动当地经济发展。如2009年受中央政策4万亿经济刺激计划的影响,各地方政府的融资平台公司迅速崛起,故而城投债自诞生起便带有浓重的"准市政债"色彩,其债权的定价几乎不受城投公司自身盈利能力的影响,体现了形似"公司"而实为"融资工具"的现实特点。在债券评级市场发行人付费的商业模式下,评级机构和机构投资者对地方政府隐性担保城投债却有不同的反应,具体而言,有担保的债券和地方政府公共财政收入的增加均有利于提高债券评级,但对债券信用利差的降低却无显著影响。2018年4月,《人民银行 银保监会 证监会 外汇局关于规范金融机构资产管理业务的指导意见》发布,明确禁止发行人承诺保本保收益,理财产品出现兑付困难也不可兜底,为打破刚性兑付奠定制度基础。打破刚性兑付的细则陆续公布,让资管业务真正回归"卖者尽责,买者自负"的本位,而2014年第一例债券违约事件发生,才标志着中国债券市场刚性兑付制度开始真正地被打破。

此研究①以2010—2016年在交易所和银行间上市的企业债券为实证样本,从违约风险、宏观系统风险、市场微观风险以及国际风险四个维度讨论了中国信用债券定价的影响因素,主要得出以下四个结论。

(1) 作为信用利差产生的最初始来源,违约风险依旧是影响债券定价的主导因素,大约能解释债券发行信用利差的33.06%,特别是2014年债券违约潮爆发以来,债券定价更是面临重估。同时,国际风险因素也不容忽视,能独立地解释信用利差30.37%的变化。

(2) 债券的杠杆率能显著缩小发债的信用利差,美国企业信用利差与中国企业债券的信用利差具有稳健的协同效应,然而美国加息却对中国的债券信用利差具有显著的负向关系,或许是因为长期中国逆经济周期的调节作用,美国收紧流动性所带来的恐慌往往会被中国为稳定经济增长而放松财政或货

---

① 曾裕峰:《中国企业债券信用利差的定价研究》,博士学位论文,复旦大学经济学院,2018。

币政策所抵消。

（3）国有企业的非城投债的发行成本会显著低于其他债券，而城投债的发行成本又会显著高于非城投债，公司债和上市公司债由于融资约束较小而容易受到投资者们的青睐，所以票面利率也相对较低。

（4）政府的隐性担保使得中国债券定价变得混乱，债券投资者也会因此而漠视对发债主体盈利能力的分析，特别是产能过剩行业的债券定价规律被严重扭曲。

3. 兜底预期与结构分化的债务估值体系研究

隐性担保和刚性兑付是兜底预期的两种典型形态，此研究[①]揭示了兜底预期对不同风险状态借款人之债务融资成本的结构性影响及其潜在经济后果。该研究在借款人资产价值随机运动的情景下，对兜底预期下的借款人预期偿债能力进行了动态相依的随机刻画，在结构化模型框架内对其债务融资成本进行了定价解析与比较分析。

研究显示，在兜底预期下，低风险借款人的债务融资成本倾向于被高估，而高风险借款人的债务融资成本被低估，此结构分化的债务估值体系间接推升了"无风险"资金价格及预期，纵容了高风险借款人的风险承担倾向，并诱导社会资本向高风险部门、行业或项目流动与配置。这从兜底预期层面解释了债务估值体系的结构性分化现象，以及资本误配的逻辑根源。

4. 基于违约风险与流动性风险交互作用的公司债定价研究

2018年，信用债违约节奏明显加快，债券违约事件进入高发期。同时，债券市场流动性问题多次出现，流动性风险也不容小觑。违约风险和流动性风险的重要性日益突出，而且两类风险存在一定关联，协同影响债券的价格及利差。此研究[②]探讨了违约风险、流动性风险及两种风险交互作用对公司债价格和利差的影响。

该研究从理论上分析了两种风险形成交互作用的机制：流动性风险通过破产重组、债务展期两条途径影响违约风险，而违约风险则通过信息不对称影响流动性风险，从而形成两类风险的交互作用。该研究建立了违约风险与流动性风险形成交互作用的理论模型，将信用利差分拆为三部分，即违约溢价、流动性溢价及交互作用溢价，进行分析。

基于该理论，该研究采用事件研究法探讨违约事件期间价格与流动性的变化，发现违约事件发生之前产生了明显的异常负收益，对债券流动性也造成

[①] 许友传：《中国式兜底预期与结构分化的债务估值体系》，《财经研究》2018年第9期，本书第三章第五节讨论。
[②] 李梦：《基于违约风险与流动性风险交互作用的公司债定价研究》，硕士学位论文，复旦大学经济学院，2019。

了显著影响,证实违约风险与流动性风险存在正相关关系。

实证分析 2007 年 9 月—2018 年 12 月流通的上市公司发行的一般公司债,选取困境概率与信用评级衡量违约风险,采用阿米胡德(Amihud,2002)非流动性指标度量流动性风险,得到以下结论:财务困境度量的信用违约风险在中国首例违约事件出现后才得到信用利差补偿,而信用评级提供的违约信息早已反映到债券市场之中;流动性风险对债券利差的影响程度正在不断强化;违约风险与流动性风险的交互作用确实存在,因为两种风险的正相关性,降低了公司债的信用利差,而正相关性越强,驱使公司债利差下降幅度越大。

5. 企业创新性、违约风险与信用债定价研究

此研究[①]从理论上分析了创新投入和创新产出对于企业违约概率的影响并提出模型假设。基于违约距离的定义,违约风险受到企业资产预期价值和资产波动率的影响。创新投入在提升企业资产预期价值的同时也增加其波动率。创新产出给企业带来的是确定性回报,提升企业资产预期价值且不增大企业价值的波动率,因而我们假设创新产出增大时,企业债券违约风险减小。

该研究实证检验了企业创新投入和产出对债券违约风险、债券价格的影响。该研究搜集整理 2015—2017 年中国新三板和创业板市场上有发行债券记录公司的数据,包括公司的专利数据、发行的债券一级市场和二级市场价格数据以及公司年报的财务数据。使用 KMV 模型估计企业某一时刻的违约概率,用专利数量衡量企业的创新产出,用研发密度衡量企业的创新投入,建立创新性对企业违约风险影响的实证模型,从债券一级市场和二级市场两个角度,实证研究了债券价格与企业创新之间的关系。

研究结论如下:一个公司相对于其他公司在技术创新方面更加优秀的表现有助于降低公司的债务违约概率,进而影响其债务融资成本。我们得出以下四个结论。

(1) 投资者普遍认为在技术竞争中胜过对手的公司具有更低的违约风险。

(2) 投资者对于这些公司发行债券的市场要求回报率较低。

(3) 公司创新投入对降低违约概率的作用并不显著,但对债券价格有积极影响,能够降低企业的融资成本。

(4) 创新的产出,如专利,特别是发明专利,对降低企业的违约风险和融资成本有显著的正面影响。

6. 信用利差影响因素研究——基于债券违约事件视角

信用利差是否合理,是信用债券市场定价功能是否有效的重要判断标准

---

① 薛文菁:《企业创新性、违约风险与信用债的定价》,硕士学位论文,复旦大学经济学院,2019。

之一。此研究①在对 2009—2016 年中国债券市场信用利差变化趋势及债券违约情况进行分析的基础上,从理论上分析了各因素对信用利差的影响机理,并以 2008 年 7 月—2016 年 12 月银行间市场发行的 6 758 只债券为样本,运用多元线性回归分析方法,实证研究了信用风险因素、流动性风险因素和系统性风险因素对信用利差的影响;该研究还重点研究了首起债券违约事件发生前后各因素对信用利差的影响是否存在显著差异以及债券违约事件的发生对信用利差的短期影响。

研究发现:中国债券市场信用利差不仅受信用风险因素影响,也受流动性风险因素和系统性风险因素影响。刚性兑付打破前后,各因素对信用利差的影响程度存在显著差异;刚兑打破后,信用利差的评级分化更明显,对企业性质和资产负债率的差异更敏感,企业是否为上市主体、销售净利率等因素对信用利差的影响变得显著。这表明刚兑打破后投资者更加注重通过个体信用分析而非单纯依靠外部评级来对信用债进行定价,信用债市场定价效率提升。从债券违约的短期影响看,违约事件的发生会提高当月及下月的信用利差,而且随着违约事件发生数量的增加,信用利差也会增大。

7. 信用利差影响因素研究——基于行业利差分析的视角

2014 年之前,不同债券信用利差的差异很小,2014 年刚兑打破后,行业和个券的信用利差走势趋于分化,这表明信用债的各类风险开始凸显。同时,在中国经济增速换挡和周期波动背景下,周期性行业的信用利差分化尤为明显。

以往对信用利差的研究主要分为两类:一类是从宏观视角分析市场因素对信用利差的影响;另一类是从微观视角分析财务风险等因素对信用利差的影响,但忽略了中观行业风险,即使考虑了也仅作为控制变量,而行业风险往往可以凸显出个券信用风险。此研究②计算了个券相对信用利差,将其分解为行业利差和剩余利差两部分,通过构建行业利差和行业风险指标,利用全局主成分分析方法和面板数据模型研究了 2011 年 12 月 31 日—2017 年行业利差的主要影响因素,并重点分析了周期性行业,以及 2014 年刚兑打破前后各因素对行业利差影响的变化。在剥离了行业利差后,该研究建立多元回归模型分析个券特质风险对剩余利差的影响。研究发现以下三个方面的内容。

(1) 行业经济增长和行业财务风险都会对行业利差产生影响,其中,行业资产结构、盈利能力和短期偿债能力是三类重要的财务风险因素,而且具有稳健性;剩余利差同样受到资产结构的影响,此外还与剩余期限、企业性质和

---

① 蒋祥林,曹意:《中国债券市场信用债利差影响因素研究——基于债券违约事件视角》,工作论文,2019 年 10 月。
② 左曦希:《中国债券市场信用利差的影响因素研究——基于行业利差分析的视角》,硕士学位论文,复旦大学经济学院,2018,本书第四章第三节讨论。

财务杠杆有关,其中,剩余期限与剩余利差的关系在2016年前后发生显著变化,2016年前后分别为正相关和负相关,这可能与中国经济基本面和投资者对经济的预期有关。

(2) 相比全行业,行业财务风险对周期性行业的影响更大,在分析周期性行业时加入行业亏损企业占比指标,其对行业利差影响显著,说明该指标代表的周期性行业的整体经营风险会反映在行业利差上。

(3) 2014年刚兑打破前后,行业利差的影响因素呈现显著差异:之前影响不显著;之后,行业财务风险凸显,行业经济增长指标对行业利差的影响稳定。

8. 信用利差影响因素研究——产能过剩、财务杠杆的影响

从2014年中国债券市场刚兑被打破起,信用违约事件发生频率大幅增加,不同行业之间的利差显著分化。在供给侧改革的背景下,过剩产能和财务杠杆成为影响债券信用利差的重要因素。此研究①将债券信用利差分解为行业利差与剩余利差,分别研究财务杠杆与产能过剩对两种利差的影响,并将周期性行业单独剥离分析。该研究将供给侧改革作为一个时间间断点,分析了周期性行业的行业利差在改革前后的影响因素变化,研究了财务杠杆、产能过剩在这两段时间里对行业利差的影响,最后对国有企业的隐性担保和预算软约束对剩余利差的扭曲做了统计分析。该研究得到以下四个结论。

(1) 代表产能利用率的固定资产周转率同比增长率指标、代表财务杠杆的资产负债率指标、代表企业盈利能力的销售净利率指标、行业景气度以及代表企业所有制属性的国企占比指标均对行业利差有显著影响。

(2) 选取采掘、钢铁、化工、建筑材料、有色金属等周期性强的行业为研究对象,实证结果发现,供给侧改革前后影响行业利差的因素有所变化,投资者从改革前对产能利用率的看重转变为对短期偿债能力和盈利能力的看重。其原因如下:一是改革后,新增产能受到遏制,周期性行业整体产能利用率提高,市场对于产能利用率的敏感度下降;二是2016年之后整体的融资难度较高,许多借新还旧的企业面临流动性紧张和利率偏高,导致偿债能力成为市场关注的焦点。

(3) 对个券剩余利差回归分析发现,基本所有债券的剩余利差都对资产负债率、企业性质敏感,产能利用率在大部分周期性的产能过剩行业中是显著的。其他财务指标,除了销售净利率对剩余利差有一定的解释力,其余指标对利差的解释力较弱。

(4) 企业性质在行业利差及剩余利差的决定中起重要作用。国有企业发行债券的剩余利差都低于非国有企业的剩余利差,国有企业的财务杠杆都高

---

① 温瑞鹏:《产能过剩、财务杠杆对行业利差影响研究》,硕士学位论文,复旦大学经济学院,2019。

于非国有企业,而大部分(特别是重资产行业)国有企业的产能利用率都低于非国有企业。这表明政府对国有企业的隐性担保下的预算软约束导致了国有企业杠杆高企和产能过剩,但在政府的隐性担保下,这些负面因素并没有在国有企业的债券信用利差中得到适当的定价。

9. 金融去杠杆对信用利差影响的实证研究

金融机构杠杆率在金融创新与金融监管相互博弈中波动,呈现出周期性变化的趋势。此研究①从金融创新与监管博弈角度总结了金融加杠杆模式的演进,着重分析该轮金融高杠杆形成背后的同业链条套利模式及潜在风险,以及金融去杠杆政策组合对债市机构投资者行为的影响和金融去杠杆对信用利差的影响机制。该研究使用2014—2018年银行间债券市场的企业债券作为研究样本,构建固定效应模型对季度面板数据进行回归分析。

该研究发现:金融杠杆率对信用利差存在显著影响,而且不同评级债券存在敏感性差异,在2016年金融去杠杆政策后,信用利差整体增加,评级利差明显分化,宏观市场流动性对信用利差影响显著增强,而且民营企业债券信用利差对宏观流动性变化更加敏感;金融去杠杆过程中流动性收紧会显著放大信用利差,民营企业融资成本抬升幅度更大;去杠杆阶段,企业微观层面财务杠杆指标和盈利指标对信用利差影响显著性增强,信用风险溢价在债券定价中有了更多体现;金融去杠杆还通过市场信心显著影响信用利差,金融去杠杆弱化市场信心,投资者风险偏好下降,信用利差增加。

(三)中国信用债市场风险防范功能研究

1. 中国信用债违约风险预测模型研究

中国信用债市场规模增长迅速,2010—2019年9年增长13.4倍,为中国经济增长提供了大量的资金支持。在2014年刚性兑付打破后,违约事件快速增加。刚性兑付的打破,有利于金融资源的优化配置,有利于中国信用债市场的健康发展,但也使中国信用债市场的信用风险迅速上升。中国信用债市场的进一步发展,不仅需要完善相关的基础制度建设,特别是发债主体的信息披露制度、评级制度等,而且利用现代信息技术和人工智能技术加强债券违约风险预测研究同样具有十分重要的现实意义。

此研究②利用在处理时间依赖相关性和复杂非线性关系方面具有显著优势的神经网络深度学习方法 LSTM(long short-term memory)构建中国信用债券违约风险预测模型,采用一系列的辅助方法对影响债券违约风险的众多因素的大数据进行处理挖掘;采用专家分析法和逐步回归法筛选模型输入变

---

① 何俊:《金融体系去杠杆对信用利差影响实证研究》,硕士学位论文,复旦大学经济学院,2019。
② 陈学彬、徐明东:《中国信用债违约风险预测模型研究》,工作论文,本书第四章第五节讨论。

量;采用贝叶斯变分高斯集合聚类方法和市场指标分析相结合进行样本标注;采用Keras深度学习框架来建立、训练和验证神经网络学习预测模型;采用卡尔曼滤波方法过滤债券违约概率预测输出的噪声,提高其预测输出结果的平稳性;最后利用信用评级的违约概率分布将违约概率预测转换为信用评级,并与市场已有的债券评级结果进行比较,以判断该研究建立的债券违约风险预测模型的可信度。

在对有监督学习的神经网络模型进行样本标注时,在缺乏样本违约概率统计数据的情况下,需要对样本违约概率进行估计。该研究利用机器学习的无监督学习估计,市场指标估计以及利用违约信息倒推违约概率变动趋势三种方法综合对样本违约概率进行估计,较好地利用了已到期债券和违约债券的已有信息,获得了较好的标注样本数据。

采用贝叶斯变分高斯混合聚类方法对中国信用债市场到期和违约债券188万个日频样本数据聚类分级的结果呈现明显的尖峰厚尾分布。比较该估计结果与中国债券市场发行评级可见,二者的分布比较接近,总体都呈现尖峰厚尾分布,但发行评级峰度更偏右(数量最多的评级基本上为最高评级),尾部较短,最低评级为BBB+,比重仅占0.08%。这种差异一方面反映了中国信用债市场的债券信用风险在从发行至到期的过程中逐步累积上升,信用评级逐步下调的过程,另一方面也说明中国信用债发行评级存在偏高的情况。

该研究利用深度学习神经网络训练框架Keras建立的中国信用债违约风险预测LSTM模型包括嵌入层(embedding)1层、LSTM层11层、dropout层9层和dense层1层,共计22层,需要估计524万个参数。中国债券市场,从2014年到2019年9月,违约债券399只,发行评级在A以下债券920只,2019年9月以前已到期信用债10 388只,总计11 707只债券样本。排除交易数据、财务报表等数据缺乏的债券,最后选择样本为2 576只债券,其中,违约债券141只,A级以下债券74只,到期债券2 361只,共1 912 426组日频数据,分55个、40个和20个指标日频数据组合,按79.22%的训练样本和20.78%的验证样本进行训练。

从训练样本违约债券个体的违约概率和信用评级与中债隐含评级的比较可见,不仅违约概率预测都较好地拟合了样本的违约概率标注,而且信用评级基本上都比中债隐含评级更早下调,更早预报了债券的违约风险。这说明该研究采用的样本违约概率的估计和标注是基本合理的,模型训练是有效的。

从测试样本中违约债券的违约概率和信用评级与中债隐含评级的比较可见,它们对违约概率的预测基本上能够较好地拟合其样本标注,其信用评级大多数比中债隐含评级更早下调,基本上能够提前预报债券的违约风险。这说明该研究建立的债券违约概率预测模型具有较好的泛化能力,但与训练样本相比,仍存在一定差距,有进一步改进的空间。

从测试样本中到期债券的违约概率和信用评级与中债隐含评级的比较可见,它们对到期债券违约风险和信用评级的预测总体上比较平稳,基本反映了这些到期债券较低的违约风险水平,但与中债隐含评级相比,评级水平略微偏低,这在我国信用债发行评级存在虚高的情况下,可能是适当的。

从单个债券的预测来看,该研究所建模型的债券违约风险预测效果总体较好,大部分违约债券都提前预报了债券的违约风险,评级变动较为稳定,基本克服了违约概率预测中的异常波动,但也有部分预测反应滞后。

2. 国债期货风险管理影响因素及效率研究

有研究[1]基于活跃CTD券的期货风险管理影响因素及效率分析,采用非对称-Copula-ADCC-GARCH动态套期保值模型,结合资产价格相关性的时变特征、干扰项非对称冲击、极值风险,较全面地刻画资产价格波动的现实特征,比传统的GARCH静态套期保值模型的应用性更强。该研究采用该模型分析了国债期货风险管理的杠杆特征和时变性、国债期货风险管理的尾部风险相依性和国债期货风险管理效率。利用基于风险最小化的套期保值绩效指标对不同模型套期保值效率进行测算后发现,Copula-ADCC-GARCH绩效比ADCC-GARCH绩效提高43.95%,Copula-ADCC-GARCH绩效比ADCC-EGARCH绩效提高83.55%,说明利用动态相依关系的套期保值模型能够获得最佳的国债期货风险管理效果,但时变套期保值模型对持仓调整频率要求较高,交易成本更大。对比三类基于Copula函数的套期保值模型,发现国债期货市场和现货市场存在明显的动态相依关系,但信息的非对称性对二者时变相依性的影响不显著。

该研究还进行了全样本的期货风险管理影响因素及效率分析。在全样本状态下三种时变风险管理模型的套期保值比率实证结果中,三者的总体趋势基本一致,但包含杠杆因素的ADCC-EGARCH时变模型套期保值系数总体上大于其他两类模型,与CTD券子样本的结果一致。进一步对比全样本和CTD券的Copula-ADCC-GARCH时变套期保值比率可看出,虽然利用相同基础资产在相同的交易日进行套期保值,但投资者持有期差异导致了套期保值比率大小和波动的差异较为明显。

从以上分析可见,大部分国债成为CTD券的时间相比国债整体发行期限明显较短,在实际应用中利用全样本进行风险管理更符合实际,但也应注意当某只国债在短期内成为CTD券时,该国债价格波动将明显增加,利率风险会充分显示在价格上,此时利用国债期货进行套期保值的需求更迫切。国债期

---

[1] 本书第五章第二节讨论。

货与现货价格走势趋同性显著,更有利于利用国债期货进行套期保值。

3. 经济政策不确定性对金融市场间流动性协同运动的影响——基于中国金融周期视角

金融市场间流动性出现高协同运动是发生危机传染的重要表现之一,因此,针对流动性动态联动效应的研究显得极为重要。有研究[①]基于中国金融市场数据测算了2003—2018年我国股市、债市流动性,并对相关研究(Colacito et al.,2011)中的混频数据抽样动态条件相关系数模型(DCC-MIDAS)进行了扩展,同时从金融周期视角出发,运用扩展后的模型考察了经济不确定性在不同时间区间内对于流动性波动率和相关性是否存在不同的作用效果。该研究得出的结论主要可以概括为以下三点。

(1) DCC-MIDAS模型可识别中国股市和债市的波动率及其相关性,说明混频波动率模型在刻画中国金融市场方面的适用性。尤为重要的是,加入经济政策不确定性的多因子混频模型优于单因子(已实现波动率)混频波动率模型,该模型可以更好地捕捉股市波动的长期成分。

(2) 经济政策不确定性参数的正负反映了我国宏观经济政策波动对于金融微观市场的影响,经济政策不确定性的上升会降低股市流动性的波动,同时会提高两市场流动性的相关性。

(3) 在进一步引入金融周期之后,我们发现经济政策不确定性在金融周期不同阶段的作用效果具有非对称性,在非拐点区间内,经济政策不确定性的上升会降低两市场的相关性,但在周期拐点处,经济政策不确定性的上升则显著加大了两市场间的相关性,进而提高了整个金融市场的系统性风险。

该研究对宏观经济政策不确定性作用于微观市场间动态相关性的研究,有助于理论界与政策界理解股债两市间的关系。据此提出以下三个政策建议。

(1) 经济政策不确定性对金融市场的流动性及其相关性有着负面影响。因此,政策制定方应当准确判断当前金融形势所处的周期阶段,在制定最优或次优政策的同时积极考虑政策可能引起的市场反应,做好前瞻性指引与对市场预期的引导,以尽可能地减少金融经济政策的不确定性。同时,在金融周期拐点处,经济政策不确定性会显著加剧市场间流动性的联动,提高整个金融市场的系统性风险。因此,在金融周期性拐点处降低经济政策不确定性尤为重要。

(2) 我国应大力发展和完善债券市场,活跃市场交易,为市场投资者提供

---

① 张宗新,林弘毅,李欣越:《经济政策不确定性如何影响金融市场间的流动性协同运动?——基于中国金融周期的视角》,《统计研究》2020年第2期。

更多元、更富流动性的投资与避险工具。债券二级市场流动性的增加可以提高债市价格发现能力,并反过来影响一级市场的直接融资能力,有助于缓解当前我国中小企业面临的"融资难"问题。与之配套的,还要完善债券市场的风险管理能力,提高评级质量,加强市场监管,在促进债券市场健康发展的同时把控好债券市场的风险,让多层次的金融市场更好地服务于实体经济。

(3)监管部门需要协调好跨市场监管,紧密关注宏观经济运行态势,细致分析宏观经济政策对微观市场的可能冲击,通过对宏观基本面、经济政策不确定性对金融市场时变影响的提前预判,将跨市场的危机传染防患于未然,以避免系统性金融风险的发生。

二、中国债券市场结构和发展研究

(一)中国债券市场的结构性分割问题研究

此研究[①]对中国债券市场结构的研究主要集中在非金融债券市场上。中国的非金融债市场被人为地分割为银行间市场和交易所市场,对于企业发行的债券又分为企业债和公司债,其发行、定价和监管受不同的监管部门管理,遵循不同的交易规则和制度。这种结构性分割导致市场的定价效率、融资效率和监管效率降低。

该研究认为,市场结构的显著特征是市场发展的历史过程。它还受重大体制发展的影响,包括公司法、合同法和破产法、私有化和企业改革的其他方面、影响地方和中央公共财政的财政改革以及监管和监督机构的组织。这创造了一个在不同领域发挥作用的市场。这意味着,金融资本并没有轻易地从一个部门流向另一个部门,而且各种国内参与者的风险调整融资成本一直存在差异。建立统一的企业债券市场是必要的,需要与一系列的改革相结合。

(二)债务资本市场结构和主要宏观经济政策行动对发行人的资金成本影响研究

此研究[②]是对中国非金融企业债券市场信用风险成因的分析。利用涵盖2015—2018年中国所有公司和企业债券交易月度观察的数据集,我们探索了一些替代因素,这些因素可以解释信用风险溢价的横截面和时间序列变化,反映在中国政府债券的收益率利差中。这一分析的主要目的之一是澄清政府隐性担保在市场中的作用,以及随着中国政府试图控制2008—2014年非金融债

---

① 该研究的第一个版本载于2017年7月的英文论文《中国债务资本市场:一个具有中国特色的新兴全球市场》,自那时起,该材料定期更新,并已纳入各种专题介绍以及本项目随后的工作文件。Ronald W. Anderson, "Chinese Debt Capital Markets: An Emerging Global Market … with Chinese Characteristics," https://papers.ssrn.com/sol3/papers.cfm?abstract_id=3005392.

② Ronald W. Anderson, "Understanding China's Evolving Credit Risk Maze," https://papers.ssrn.com/sol3/papers.cfm?abstract_id=3332411.

务的爆炸性增长,这些担保是如何随着时间的推移而演变的。由此得出以下五个重要结论。

(1) 非金融债务证券市场存在明显的市场分割迹象。不同部门之间的边界轮廓反映了制度因素,特别是适用于不同类型证券的法律和行政差异,具体取决于发行人的法律地位和证券进入市场的渠道。这一市场参与者面临的挑战之一是,中国的法律和行政框架并非一成不变的,而是在长期企业和财政改革以及宏观审慎政策的影响下不断演变的,这些政策旨在帮助中国走上稳定和高速增长的道路。所有这一切都意味着,各部分之间的边界随着时间的推移而不断演变。

(2) 2015—2018年,市场上的信用利差模式发生了非常显著的变化,这可能与中央政府为控制2008年财政刺激计划后出现的债务爆炸性增长而采取的政策措施密切相关,这些政策措施旨在抵消跨大西洋金融危机的影响。这涉及国内非住宅建设的强烈刺激,尤其是由地方政府及其相关的地方政府融资工具(local government financing vehicles,LGFV)实施的基础设施投资。这导致了一系列债务问题,包括由地方政府发起的国有企业的债务问题,其商业模式和未来收入来源非常不清楚。人们普遍认为,这些发行人遭受经营压力时,政府当局将别无选择,只能通过信贷或其他方式支持他们。

到2014年,中央政府认识到,这种对开放式担保的广泛信仰将助长地方政府融资平台的投资狂潮,并导致不可持续的债务增长。根据"十三五"规划中提出的去杠杆化的总体目标,政府发布了一系列政策指令,一方面限制政府担保的范围,另一方面通过这些措施将基础设施的融资置于可持续的基础上,以期给市场带来纪律性。政府发布了一系列政策指令,一方面限制政府担保的范围,另一方面通过直接市政债券融资和公私伙伴关系相结合的方式,将基础设施融资置于可持续的基础上,以期给市场带来纪律。这对债券市场的影响是,政府对非金融发行的支持已更明确地限于企业债券,特别是城市建设债券,同时,由于计划过程中的限制,这一部分的增长已经放缓。此外,随着政策指引变得更加明确,以及票据和债券违约率上升,公司债券的收益价差相对于企业债券稳步上升。此外,通过采取措施改善2006年破产法的执行情况,特别是通过设立专门的破产法院,加强了这一去杠杆化政策的效果。

(3) 金融分析师传统上使用的偿付能力和流动性比率等标准信用衡量指标,无法解释整个非金融债务市场信用风险溢价的主要变化。当控制了主要的结构和宏观审慎因素,它们就可以在特定的、狭窄的领域发挥作用。有证据表明,安全性分析对于总部位于内陆省份的企业来说可能特别重要,这些企业最后一次感受到破产改革的影响。分析师要了解各部门的相对定价,并且随着时间的推移,分析师需要了解债券市场的整体结构在企业和财政改革以及资本市场自由化仍在进行过程的影响下是如何演变的。

（4）该研究结果还揭示了一个问题：中国债务资本市场是否正在进行更加彻底的整合，是否正在风险调整的基础上促进资本流向最有效的使用。我们认为证据是混杂的。一方面，非城市建设、企业债券的利差上升，意味着不同企业债的利差已经收敛到相当相似的水平。另一方面，这反映了政府对基础设施项目支持的影响，而这些项目在很大程度上是企业债券部门所支持的。此外，企业债券的增长路径放缓，可能反映出政府部门通过计划审批程序配给的影响，而计划审批程序可能有效，也可能非有效。总体来说，我们的观点是，全面的市场整合仍然是一个长期的目标。

（5）对于中国政府是否有一个可行的战略来控制债务和避免引发金融危机进而导致经济增长大幅放缓的问题，我们认为该研究报告的风险溢价模式与中国发行人和投资者正在感受到更大的金融纪律的观点是一致的。此外，市场环境的变化在很大程度上是由于消除了地方公共财政的功能失调模式，从而导致了缺乏明确企业战略的治理不善的地方政府融资。所有这些看起来都对已经采取的战略充满希望。然而，重大挑战仍然存在。尤其是，未来进入企业债券融资的渠道是否会被地方政府融资平台关闭，还有待观察。毫无疑问，即使基础设施的主要融资工作由新的市政债券承担，其他许多基础设施融资项目仍将寻求新的融资渠道。中央政府可用的主要杠杆是切断其企业债券融资渠道。然而，一些地方政府仍有可能试图寻找其他途径间接支持其相关的地方政府融资平台。

（三）中国信用债市场微观结构研究

此方面的研究[①]从市场现状、国际比较、市场质量评估和市场有效性检验等方面对中国信用债市场微观结构问题进行了比较深入的研究，得出以下三个方面的研究结论。

1. 中国信用债市场结构基本合理，有待进一步优化

从产品结构看，中国信用债市场品种繁多，许多是针对特定时期市场投融资需求而设定的交易品种，与特定时期的宏微观经济和金融管理体制相适应，在一定程度上较好地满足了特定时期中国经济社会发展的投融资需求，但也存在品种分类过细、互相交叉、边界不清、与国际市场存在一定差距等问题。

从发行人结构看，中国信用债市场的发行人以国有独资和控股企业占据绝对优势，这是与中国经济长期以国有经济为主体的体制和现状相适应的，但它与社会主义初级阶段以公有制为主体、多种所有制经济共同发展的基本经济制度下，民营经济快速发展的融资需求不相适应。

从投资者结构看，中国信用债市场投资者以银行和基金等机构投资者为主，个人投资者主要通过商业银行的理财产品间接参与信用债券的投资。

---

① 本书第二章讨论。

2. 中国信用债市场发行和流通定价机制基本市场化

中国信用债一级市场定价机制主要包括招标定价方式和簿记建档发行定价方式,二级市场的场内交易采用指令启动交易机制,场外市场主要采用报价启动交易机制。它们的价格形成通常以市场机构的估值为基础,最终市场价格由供求决定。但由于市场估值体系存在机制性缺陷,评级机构与发行人存在直接的利益关系,使评级结果有时容易产生较大偏差,从而对信用债的市场定价产生不利影响。

3. 中国信用债券市场的信用利差水平和变动基本反映了信用债券的信用风险水平

综合考虑流动性和违约风险因素的中国债券市场信用利差的实证研究显示,违约风险与债券信用利差存在显著的相关关系,而流动性风险的代表变量换手率、零交易天数比例等与信用利差都不存在显著的相关关系,因而违约风险能够更多地解释中国公司债券的信用利差,发行主体的信用评级、资产周转率与债券信用利差显著负相关,发行主体的杠杆率与债券信用利差显著正相关。

在识别和控制有关主体特征、债项特征、政府隐性救助预期和宏观经济形势后,实证研究了隐性保险下的银行信用评级及其次级债的事前约束状况。研究表明,信用评级不仅在次级债风险定价中得到了显著反映,还非充分内嵌了政府隐性救助预期和银行风险特征等信息。对上市银行次级债发行市场的研究表明,"较之信用评级,银行风险的市场测度能更显著地解释次级债的发行溢价"。然而,与预期非一致的是,基于市场信息的银行风险测度和次级债发行溢价显著负相关,隐含"投资者不仅未对银行风险承担给予应有的市场约束,反而还可能鼓励了其未来更大的风险承担倾向",这与政府隐性救助预期下"扭曲"的风险定价激励有关。

(四)中国债券市场开放中的问题研究

近年来,中国债券市场开放进程加快,但进一步开放仍然存在着系列障碍。此研究①分别从"多部门监管体制存在制约、债券市场基础设施重复建设、互联互通有待加强、资本项目开放度尚待进一步有序提升、富有竞争力的自贸区债券市场税收体系亟待构建"五个方面对中国债券市场进一步开放面临的主要障碍进行了分析,并提出了政策建议。

(五)国内中央证券存管机构(central securities depository,CSD)运行现状及发展趋势研究

此研究②分析了改革开放以来,我国债券市场登记托管模式经历的从无托

---

① 卢华:《上海自贸区债券业务创新存在的突出问题》,研究报告,2018年。
② 卢华:《国内CSD机构运行现状及趋势》,研究报告,2018年。

管、代保管到交易所二级托管,再到一级托管为主、三家托管机构分工合作的演进过程。中证登负责交易所市场,是为境内证券交易所提供证券托管、结算服务的唯一后台系统。在银行间债券市场,中债登和银行间市场清算所股份有限公司(上海清算所),负责对在银行间债券市场发行和流通的国债、政策性金融债、一般金融债、次级债、地方政府债、企业债、中期票据、短期融资券、超短期融资券、资产支持证券等债种的登记与托管。不同机构间较为明确的机构分工格局已初步形成,这在一定程度上满足了不同层次投资者的差异化需求。

由于中国债券市场的债券托管在不同的登记托管机构,债券交易不可避免地面临债券转托管问题,主要包括债券在银行间债券市场、交易所市场以及商业银行柜台市场之间的转移。从中国债券市场基础设施建设经验来看,中国充分借鉴国际经验,并结合本国实际,制度安排相对超前,初步形成了自身的发展经验,但仍存在着 CSD 分割与互联互通障碍。在中国深入融入全球化发展的背景下,债券市场对外开放进程将日益加快。如何对标国际,同时认真总结我国债券市场发展和对外开放的经验,坚持市场化方向,把握好渐进可控、平衡效率与安全的原则,注重顶层设计与统筹安排,加强宏观审慎管理是债券市场开放中需要兼顾的问题。作为债券市场的核心基础设施,中央证券托管机构应在我国债券市场国际化中做出合理的制度安排。

三、中国地方政府债券市场研究

本部分主要从中国地方政府债券发行概况、地方政府公共财政、基础设施投资与企业改革、地方政府债券利差、地方政府债务的不确定触发及其代偿风险、城投债打包的有效性和兜底式预期与债务估值等方面对中国地方债务市场发展问题进行了较为深入的研究,得出一些重要结论和建议。

(一) 地方政府公共财政、基础设施投资与企业改革研究

此研究[①]表明,中国地方公共财政体制和金融市场结构与凯恩斯主义宏观经济政策对 2007—2008 年全球金融危机的反应相互作用,导致地方政府支持的国有企业债务问题激增。我们的分析表明,债务的增长可以追溯到十多年前采取的有利于市场的改革和 2008 年决定采取的强有力的凯恩斯主义刺激措施(以抵消金融危机的影响)。大部分刺激措施都是通过地区基础设施项目实施的,因而金融市场随后的发展受到中国地方公共财政体系的影响,中国地方公共财政体系阻止地方政府直接发债,同时允许地方政府通过地方国有企

---

① Ronald W. Anderson and Lu Hua, "Sustainable Local Public Finance in China: Are Muni Bonds the Structural Solution?" https://papers.ssrn.com/sol3/papers.cfm?abstract_id=3158688.

业间接发债,即所谓的地方政府融资工具(LGFV)。随后,随着 LGFV 按照银行贷款,公司债券和相关证券,以及非银行信贷(影子银行)的粗略顺序滚动债务,债务激增。这一爆炸性的动态从根本上被一些关键但不受重视的政策干预所改变,这些政策干预允许直接发行市政债券,严重限制了地方政府担保企业债务的能力,引入了市政债券/市政建设债券互换机制,鼓励公私合作,将其作为改革地方国企的首选手段。我们展示了这些措施如何使中国债务资本市场从 2015 年起走上了一条全新的轨道。总体来说,这些措施构成了自 1994 年以来中国最大的财政改革。然而,我们认为,已经实施的政策措施可能不会成为一个长期可持续的解决方案,除非还大力完成大约 12 000 个 LGFV 的改革,这些改革不再服务于原本为他们创造的理由。

(二) 地方政府或有债务的不确定触发及其代偿风险研究

此研究[①]在地方政府或有债务不确定触发代偿的现实情景下,对其显性债务和或有债务的结构性风险进行了模型刻画,给出了两类债务违约概率的显式解及其估计方法,对其数据进行结构性分解与估算,多视角估计与推演了不同久期下两类债务的结构性风险及其变动趋势。研究表明,其债务风险主要形态是或有债务的不确定触发,其在特定时段内的结构性代偿压力明显较大。政策意义如下:审慎评估地方政府债务问题需要对其结构性风险进行仔细辨析和区别对待;旨在拉长债务久期的政策设计,有助于缓释地方政府债务的信用风险边界和降低其结构性代偿压力;为地方政府债券置换计划等顶层设计提供了必要的理论基础。

(三) 地方政府债券利差影响因素研究

此方面研究[②]将影响地方政府债券利差的因素划分为政府、系统性风险和个券特征三个层面。研究发现以下内容。

政府层面,地方政府债券利差与债务负担率、非本级政府债务占比、官员变更均有显著的正相关关系。财政收入或存量资产对债务的覆盖越大(即债务负担率越低),偿债压力越小,进而债券利差越小;非本级政府债务占比越高,作为发行主体的省级政府掌控度越低,积极性越小,从而债券利差越大;官员发生变更引发政策不确定性,带动债券利差上行。

系统性风险层面,GDP 增速与债券利差成反比,而 M2 增速、CPI 和利率曲线斜率与债券利差呈现正相关关系。GDP 增速快使得地方政府获取更多的收入,同时繁荣环境下投资者对未来偿付预期乐观,促使地方政府债券风险溢价降低;M2 增速高意味着未来较高的通胀预期,投资者要求更大的利差弥

---

① 许友传:《中国地方政府债务的结构性风险》,《统计研究》2018 第 2 期。
② 本书第三章第二节讨论。

补;CPI较高时投资者将收到的还本付息额相对缩水,对债券要求以更高的价差;利率曲线斜率越大,暗示着远期利率上升越快,地方政府债券利差也应随之上升才能保持吸引力。

个券特征层面,个券期限越长,流动性越弱,同时意外波动的风险也更高,驱使利差扩大;个券规模越大,流动性愈佳,同时对组合投资者而言交易成本也更低廉,使得地方政府债券利差与个券发行规模呈现反向关系。

本文研究了各层面因素对利差作用程度的结构性变化,结果显示,辽宁省债券流标事件后,地方政府债券利差确有显著提升,而且政府层面和系统性风险层面影响因素对债券利差的作用程度都有所增强。事件之前,非本级政府债务占比影响不显著,债务负担率甚至与利差负相关,不符合市场化定价规律,这可能与地方政府用财政存款吸引银行压低投标利率、中央的兜底以及过剩的流动性有关。流标事件的发生使得非本级政府债务占比和债务负担率都有了显著正向影响,整体来说使得原来不显著的关系变为显著,抑或是加深了因素的作用程度,背后的解释可能包括陡升的地方政府债券规模打破了政府和银行之间的利益寻租,以及中央不断强调不救助原则,这使得地方政府债券定价的市场化程度有所提升。

此外还发现:①就发债省份所处的地理位置进行划分,中西部省份整体利差水平较东部省份更高,而且各层面指标的影响显著程度也稍高,这可能是由于经济相对落后、债务压力相对偏大使投资者更重视地方政府的资质、寻求对债券的合理定价。②就债券类型划分为一般/专项债券,专项债券各层面的指标系数显著程度稍低,可能由于其定价更取决于项目的具体情况。③实证表明,2015年后地方政府信用因素对城投债利差的影响显著程度大大下降,某种程度上印证了"地方政府被允许自行发债后,地方政府信用应只在地方政府债券中体现,而应与城投债逐渐隔离"的趋势。

此研究建议:首先,应将债务负担率、人均财政收入、财政收入增速、财政自给率等财政相关指标纳入预警体系;其次,应把握关键指标如债务负担率,控制债务总量,以量入为出为准则审慎举债,避免因GDP考核而进行超过地方经济需要的盲目举债;最后,对于债务问题化解还可考虑处置存量资产设立专项准备金。

(四) 城投公司债发行利率影响要素的实证研究

此研究①针对新品种城投公司债和其影响要素的实证研究,将影响原因分成三大类:①债券本身条例要素;②外部影响要素;③公司财务指标要素。再将相似的影响要素利用回归分析剔除奉献较低的要素后成为最终研究的影响

---

① 邱奕纬:《城投公司债发行利率影响要素的实证研究》,硕士学位论文,复旦大学经济学院,2017。

要素。样本选取 2015 年和 2016 年所发行的公司债,剔除数据缺漏的部分样本后,城投公司债样本数 804 只、非城投公司债样本数 1 741 只。利用逐步回归分析代入各项要素,分别对各个年度的城投公司债和非城投公司债进行实证检验,借此找出实际上影响债券发行定价的重要因素。

实证发现:①评级、发行方式、地方每人可创造收入和公司资本结构对城投公司债和非城投公司债皆有着重大影响;②有无担保条款、地方政府负债率和负债压力只对城投公司债有重大影响;③有无回售特殊条款、企业性质、短期偿债能力、盈利能力-净资产收益率只对非城投公司债有着重大影响。城投公司债和非城投公司债有着许多相似点,也有着其性质上不同的特点,而这些特点也影响了债券的发行利率。实证结果说明,对城投公司债,需要关注债券是否有第三方、公司所在地的地方政府负债率以及公司本身的负债压力,而对于非城投公司债来说,投资者需要较为关注债券本身是否有回售条款、企业是民营企业还是国有企业、公司本身的短期偿债能力和净资产收益率。相关单位审核债券以及投资者参考第三方中介机构所出示的评级报告和债券募集说明书时,可以规定将上述提到的重大影响要素放入披露的内容中,投资者可以了解城投公司债和非城投公司债利率结构的不同以及其风险点所在,针对不同类别的公司债去查阅相关指标。

(五)从发行定价探究城投债担保的有效性

此研究[①]选取 2010—2017 年(截至 11 月 31 日)4 655 个城投债样本以及 2 176 个非城投公司债样本数据,建立了关于城投债信用利差以及产业债信用利差的多元回归模型,通过城投债的第三方担保与政府隐性担保对新发行债券信用利差的影响,探究城投债第三方担保以及政府隐性担保的有效性,并进一步将地方划分为不同的地方行政级别,将第三方担保分为专业第三方担保和非专业第三方担保,探究了不同地方行政级别、不同第三方担保机构对信用利差影响的差异性,同时对城投债信用利差模型与产业债信用利差模型做了对比分析。

研究发现:城投债隐性担保与第三方担保有效反映在城投债发行价格中。地方政府融资平台的行政级别影响城投债隐性担保的有效性,行政级别越高,隐性担保在发行定价当中反映得越显著,这也从另一方面说明了机构投资者更愿意投资背后依托强大地方政府的城投债。第三方担保中,专业性担保与非专业性担保对发行价格的影响差异不显著,这点与产业债不同。产业债的隐性担保与第三方担保也会影响产业债的发行价格。第三方担保对于产业债发行价格影响较为显著,说明投资者对产业债的发债企业信用资质以及自身

---

① 朱尧:《从发行定价探究城投债担保的有效性》,硕士学位论文,复旦大学经济学院,2018。

的经营与盈利能力更为关注。机构投资者更关注城投债的隐性担保而忽略城投债的发债主体本身的经营与盈利能力。

（六）地方政府债务与官员晋升激励

地方债务是中国经济发展中的"灰犀牛"。传统理论认为地方债的产生来自政府的财政预算约束,研究认为,其根源在于官员晋升激励。此研究①选取了2002—2015年国内283个地级市政府的债务和晋升数据,实证研究表明地方债对经济具有明显的促进作用,并且成为地方官员实现升迁的手段,有晋升意愿的官员比其他官员多发52.3%的地方债。同时,地方政府官员在晋升上存在省级"56~57岁效应"、中央"54岁效应"。基于此,研究认为应适当延长地方官员任职年限,官员的拔擢不应再把年龄大小作为参考因素,而应更注重选贤举能。此外应加强地方债务的信息透明度,让政府债务接受公众监督。

（七）债务展期重构的模式选择及其福利影响——融资平台自偿或地方政府代偿

在融资平台债务结构中,借款主体与偿债主体处于或然分离的状态,融资平台是名义上的借款主体和偿债主体,地方政府是隐性的或有代偿主体,这与主权债务和企业债务的典型结构截然不同。在融资平台存量债务的展期重构过程中,地方政府是否坐实或落实其或有担保责任将改变融资平台的偿债方式和银行的获偿预期,此研究模型②刻画了此隐性代偿预期对融资平台债务展期的模式选择及其福利分配的潜在影响。主要结论及启示包括以下四个方面。

（1）当预期展期债务难以获得清偿时,融资平台与地方政府将"利益趋同",融资平台将偏好发起平台自偿型债务展期,并倾向于撇清地方政府的或有担保责任,而银行偏好地方代偿型展期。

（2）当预期展期债务能够获得充分清偿时,融资平台与地方政府将"貌合神离",融资平台将偏好发起地方代偿型债务展期,并渴望后者落实担保责任及为之代偿,而银行偏好平台自偿型展期,这属于银监发〔2012〕12号文之"全覆盖"预期下的融资平台债务展期重构的特例。在偿债能力的提升途径中,银行更偏好平台自偿能力之增强,而非地方政府或有代偿之补充。

（3）仅从银企双方的福利改善情况来看,地方代偿型债务展期优于平台自偿型,但若将银企双方作为谋局者或决策群体审视,它们同有"揩地方政府油水"的强烈动机。

（4）尽管债务展期有助于缓释融资平台即期偿债压力,给其恢复偿债能力赢得时间或条件等,但它仅能调节有关福利的分配结构,并不能增进全体参

---

① 杨郑晶:《地方政府债务与官员晋升激励》,复旦大学硕士学位论文,2019年。
② 许友传、刘红忠:《融资平台存量债务的展期重构及其福利影响》,《系统管理学报》2020年第6期。

业间接发债,即所谓的地方政府融资工具(LGFV)。随后,随着 LGFV 按照银行贷款,公司债券和相关证券,以及非银行信贷(影子银行)的粗略顺序滚动债务,债务激增。这一爆炸性的动态从根本上被一些关键但不受重视的政策干预所改变,这些政策干预允许直接发行市政债券,严重限制了地方政府担保企业债务的能力,引入了市政债券/市政建设债券互换机制,鼓励公私合作,将其作为改革地方国企的首选手段。我们展示了这些措施如何使中国债务资本市场从 2015 年起走上了一条全新的轨道。总体来说,这些措施构成了自 1994 年以来中国最大的财政改革。然而,我们认为,已经实施的政策措施可能不会成为一个长期可持续的解决方案,除非还大力完成大约 12 000 个 LGFV 的改革,这些改革不再服务于原本为他们创造的理由。

(二) 地方政府或有债务的不确定触发及其代偿风险研究

此研究[1]在地方政府或有债务不确定触发代偿的现实情景下,对其显性债务和或有债务的结构性风险进行了模型刻画,给出了两类债务违约概率的显式解及其估计方法,对其数据进行结构性分解与估算,多视角估计与推演了不同久期下两类债务的结构性风险及其变动趋势。研究表明,其债务风险主要形态是或有债务的不确定触发,其在特定时段内的结构性代偿压力明显较大。政策意义如下:审慎评估地方政府债务问题需要对其结构性风险进行仔细辨析和区别对待;旨在拉长债务久期的政策设计,有助于缓释地方政府债务的信用风险边界和降低其结构性代偿压力;为地方政府债券置换计划等顶层设计提供了必要的理论基础。

(三) 地方政府债券利差影响因素研究

此方面研究[2]将影响地方政府债券利差的因素划分为政府、系统性风险和个券特征三个层面。研究发现以下内容。

政府层面,地方政府债券利差与债务负担率、非本级政府债务占比、官员变更均有显著的正相关关系。财政收入或存量资产对债务的覆盖越大(即债务负担率越低),偿债压力越小,进而债券利差越小;非本级政府债务占比越高,作为发行主体的省级政府掌控度越低,积极性越小,从而债券利差越大;官员发生变更引发政策不确定性,带动债券利差上行。

系统性风险层面,GDP 增速与债券利差成反比,而 M2 增速、CPI 和利率曲线斜率与债券利差呈现正相关关系。GDP 增速快使得地方政府获取更多的收入,同时繁荣环境下投资者对未来偿付预期乐观,促使地方政府债券风险溢价降低;M2 增速高意味着未来较高的通胀预期,投资者要求更大的利差弥

---

[1] 许友传:《中国地方政府债务的结构性风险》,《统计研究》2018 第 2 期。
[2] 本书第三章第二节讨论。

补;CPI较高时投资者将收到的还本付息额相对缩水,对债券要求以更高的价差;利率曲线斜率越大,暗示着远期利率上升越快,地方政府债券利差也应随之上升才能保持吸引力。

个券特征层面,个券期限越长,流动性越弱,同时意外波动的风险也更高,驱使利差扩大;个券规模越大,流动性愈佳,同时对组合投资者而言交易成本也更低廉,使得地方政府债券利差与个券发行规模呈现反向关系。

本文研究了各层面因素对利差作用程度的结构性变化,结果显示,辽宁省债券流标事件后,地方政府债券利差确有显著提升,而且政府层面和系统性风险层面影响因素对债券利差的作用程度都有所增强。事件之前,非本级政府债务占比影响不显著,债务负担率甚至与利差负相关,不符合市场化定价规律,这可能与地方政府用财政存款吸引银行压低投标利率、中央的兜底以及过剩的流动性有关。流标事件的发生使得非本级政府债务占比和债务负担率都有了显著正向影响,整体来说使得原来不显著的关系变为显著,抑或是加深了因素的作用程度,背后的解释可能包括陡升的地方政府债券规模打破了政府和银行之间的利益寻租,以及中央不断强调不救助原则,这使得地方政府债券定价的市场化程度有所提升。

此外还发现:①就发债省份所处的地理位置进行划分,中西部省份整体利差水平较东部省份更高,而且各层面指标的影响显著程度也稍高,这可能是由于经济相对落后、债务压力相对偏大使投资者更重视地方政府的资质、寻求对债券的合理定价。②就债券类型划分为一般/专项债券,专项债券各层面的指标系数显著程度稍低,可能由于其定价更取决于项目的具体情况。③实证表明,2015年后地方政府信用因素对城投债利差的影响显著程度大大下降,某种程度上印证了"地方政府被允许自行发债后,地方政府信用应只在地方政府债券中体现,而应与城投债逐渐隔离"的趋势。

此研究建议:首先,应将债务负担率、人均财政收入、财政收入增速、财政自给率等财政相关指标纳入预警体系;其次,应把握关键指标如债务负担率,控制债务总量,以量入为出为准则审慎举债,避免因GDP考核而进行超过地方经济需要的盲目举债;最后,对于债务问题化解还可考虑处置存量资产设立专项准备金。

(四)城投公司债发行利率影响要素的实证研究

此研究①针对新品种城投公司债和其影响要素的实证研究,将影响原因分成三大类:①债券本身条例要素;②外部影响要素;③公司财务指标要素。再将相似的影响要素利用回归分析剔除奉献较低的要素后成为最终研究的影响

---

① 邱奕纬:《城投公司债发行利率影响要素的实证研究》,硕士学位论文,复旦大学经济学院,2017。

与者的总体福利,其似"饮鸩止渴"之举。

四、中国企业债券市场研究

本部分主要围绕实体企业的投融资活动、企业债券信用评级的信息含量等内容展开,主要探讨企业债券信用评级的信息含量,融资约束、资金成本与非金融企业的投资行为,企业境外发债特征、行为动机及其实体经济效应与金融风险,企业境外投资(outward foreign direct investment,OFDI)的真实经济效应与金融风险等问题。

(一)融资约束、资金成本与非金融企业的投资行为

企业投资支出对资本成本的敏感性是识别货币政策利率传导渠道是否畅通以及 IS 曲线斜率的重要参数。此研究[1]基于新古典投资模型框架,使用 2004—2017 年中国上市公司非平衡面板数据,定量估计了中国上市企业投资的资本成本敏感性,并侧重检验了融资约束对企业投资资本成本敏感性的影响。估计结果显示以下三个结论。

(1) 上市企业投资的加权资本成本弹性显著为负,而且已具有较强敏感性(长期弹性系数为-0.164~-0.272),价格型货币政策工具的传导条件在上市公司投资环节正逐渐具备。

(2) 对加权资本成本的结构性估计显示,企业投资主要对债务资本成本的变动较为敏感且系数显著为负,而对股权资本成本的变动敏感程度较低且不稳定。

(3) 与传统观点相反的是,非国有控股上市企业投资的资本成本敏感性显著低于国有控股上市企业;较强的融资约束是导致非国有控股企业投资的资本成本敏感性较低的重要原因,应重视二元经济结构模式下民营经济面临较强的融资约束对价格型货币政策工具传导机制的负面影响。该研究为中国货币政策框架的转型以及价格型货币政策传导机制的有效性提供了微观层面经验证据的支持。

(二)企业境外投资(OFDI)的真实经济效应与金融风险

近年来,中国企业对外直接投资(OFDI)大幅增长,其给国内实体经济带来的真实经济效应是值得研究的重要问题。此研究[2]基于 2007—2015 年中国上市公司非平衡面板数据,实证检验了中国企业对外直接投资对其国内创新行为的影响程度及其动态影响机制,并尝试分离检验了对外直接投资对企业创新行为影响的促进效应和转移效应。研究结果显示以下两个结论。

---

[1] 徐明东、陈学彬:《中国上市企业投资的资本成本敏感性分析》,《金融研究》,2019 第 8 期。
[2] 徐明东:《企业境外投资(OFDI)的真实经济效应与金融风险》,工作论文,2019 年 10 月。

(1) 对外直接投资总体上促进了中国企业的国内创新投入和创新产出，促进效应强于转移效应。

(2) 对外直接投资对企业母国创新行为的影响依赖于东道国的创新环境和创新比较优势，随着对外直接投资的增长，中国企业出现了研发创新向海外转移、将研发资源配置于创新环境优越的东道国的迹象，对外直接投资与企业国内创新投入表现为显著的倒 U 形曲线关系。为实现创新驱动的经济可持续性发展，中国在推动企业国际化经营的同时，应加快改善创新环境，加强知识产权保护，避免企业在国际化经营过程中由于全球价值链资源配置而导致"创新空心化"问题。

（三）中国企业债信用评级的信息价值研究

信用评级在各种金融市场中具有非常重要的作用，而中国信用评级的可信度和信息价值长期受到质疑，其中质疑之一就是评级虚高（96%非金融企业债集中在 AA 级、AA+级、AAA 级三个评级），信用评级对债券违约的预测作用有限。此研究[①]基于 2009—2019 年（截至 6 月 30 日）中国 19 405 个企业债券（包含中期票据、企业债和公司债）发行样本，检验了企业债券信用评级的影响因素，并侧重检验了具有国际背景的信用评级机构的评级与国内背景信用评级机构评级的差异；同时还检验了信用评级对信用利差的影响，以及信用违约事件发生前后信用评级的变动。研究结果发现以下三个结论。

(1) 中国信用评级机构的信用评级与国际评级机构不具有直接可比性，存在评级膨胀问题，可能弱化信用评级对信用风险的识别。

(2) 尽管存在评级膨胀，但中国的债券评级仍然具有一定的信息含量，与发行收益率显著相关；而且中国投资者对具有全球背景的信用评级机构评级的债券具有较低的收益率要求。

(3) 从信用评级机构的第一次评级下调来看，信用评级机构能对市场发送早期预警信号；但在近两年违约高发期，评级机构确实也存在不能及时下调评级的现象。

（四）中国可转债发行的信息内涵评价——基于发行动机和宣告效应的研究

此研究[②]采用了事件研究法、probit 回归及多元线性回归等分析方法，以 2007—2018 年发行的 156 只可转债发行案例作为主要研究对象，从可转债的

[①] Xu Mingdong, "Insiders Information Advantage and Corporate Bond Default Risk in China," Chinese Debt Capital Markets, Workshop of the Systemic Risk Center/ Fudan University Department of Economics Institute of Finance, London School of Economics, Wednesday, July 24, 2019.

[②] 蒋祥林、卢志奇：《中国可转债发行的信息内涵——基于发行动机和宣告效应的研究》，工作论文，2019 年 10 月，本书第四章第四节讨论。

发行动机、可转债预案宣告效应和可转债发行宣告效应三个层面研究可转债发行的信息内涵,基于相关理论和实证研究得出研究结论,并对未来后续研究提出展望。

该研究发现:公司的资产负债率水平、净资产收益率以及流通股比例等指标将对是否发行可转债融资产生显著影响,中国可转债的发行动因不能完全由传统的融资偏好理论来解释;预案宣告效应研究表明,公司通过可转债预案宣告传递的净资产收益率信号是有效的,并且投资者确实根据净资产收益率的高低来对标的股票做出反应,净资产收益率越高的公司,其预案宣告的负效应越弱,反之,负效应越强;可转债的正式发行宣告日之前,股价表现为显著正向异常收益,发行宣告日后表现为显著的负向异常收益,综合效果仍是显著的正向异常收益,即产生了正的累积异常收益;发行宣告行为通过转股溢价率条款向市场传递了可转债的股性特征信号,实证研究表明,投资者通过该信号来区分不同可转债,转股溢价率越低即股性越强的可转债的发行宣告,对股价的正向效应越大,反之则越小;预案宣告和发行宣告效应的差异可以从中国公司治理结构、可转债发行审核机制及融资偏好角度来解释。

(五) 基于公司成长性和违约风险的可转债溢价分析

此研究①将可转债的价值分为股性和债性两方面讨论,并将转股溢价率和纯债溢价率分别作为股性溢价和债性溢价的观测指标。该研究的出发点在于讨论公司成长性对可转债股性溢价的影响,以及对可转债溢价的违约风险敏感性的影响,并加入了违约风险对可转债债性溢价的影响作为补充。该研究对 2006—2017 年在沪深两市上市的公司中发行可转债的 111 家公司进行实证研究,对关键解释变量公司成长性和违约概率的计算方法做了详细阐述。该研究使用主成分分析法估计公司的成长性,通过提取评价指标、建立评价体系、计算综合得分等步骤得到样本内上市公司的成长性得分。之后,该研究使用基于市场价值的违约风险度量模型,参考以默顿(Merton,1974)公司债务定价思想为基础的 KMV 方法,运用可观测的公司权益市场价值等数据,计算上市公司的违约概率。研究得出以下三个结论。

(1) 发行公司的成长性是决定可转债股性的重要影响因子,可转债的转股溢价率与其发行公司的成长性呈负相关。换言之,公司的成长性越高,其可转债的股性越强,转股溢价率越低。

(2) 公司的违约概率越低,违约风险越小,但由该公司所发行的可转债的纯债溢价率却不一定随之降低,违约风险对可转债溢价的影响不是简单的线

---

① 谷艳辉:《基于公司成长性和违约风险的可转债溢价分析》,硕士学位论文,复旦大学经济学院,2019。

性关系。实证结果表明,可转债的纯债溢价率与其发行公司的违约概率的相关关系并不显著。

(3) 可转债溢价的违约风险敏感性与公司成长性呈正相关。换句话说,相较于高成长性的公司,低成长性的公司即使违约风险有所降低,其可转债溢价率的下降幅度也并不明显。这个结果证实了公司的成长性水平在很大程度上影响了可转债投资者的预期,即使在违约风险很小时,可转债的溢价仍然会受公司成长性的影响而变动。

五、中国债券衍生品市场研究

这方面的研究主要从国内外债务衍生品市场发展现状、问题与启示,中国利率衍生品市场和信用衍生品市场的功能、效率和发展等维度进行研究。

(一) 国际债务衍生品市场发展的启示

此研究[①]分析了近年来国际债务衍生市场快速发展的经验与美国次贷危机的教训,对新兴市场债务衍生市场发展提供建议,其在丰富债务衍生工具投资品种、发展信用衍生品场内交易、衍生产品统一监管与交易透明化等方面的重要启示如下。

(1) 丰富债券衍生工具投资品种,提供公平和透明的利率基准。衍生品不仅是一种有效风险管理工具,也提高了金融市场运行的效率,现货投资者依赖于衍生品市场的价格作投资决定,利率衍生工具价格发现功能为市场提供基准利率信息,优化利率现货定价效率和资产定价职能。投机者、套利者为获得超额收益,套保者为建立最优套保组合,均需要收集和评估当前信息并对未来供求关系进行分析,进而预测利率未来走势,投资者的这一行为使利率衍生市场汇聚利率定价信息,为实现市场有效性提供基础。

(2) 大力发展信用衍生品场内交易,弥补信用衍生市场不足。美国次贷危机爆发与CDS等信用衍生品的场外交易特点密不可分,给债券市场、股票市场乃至整个金融体系带来了严重影响。金融危机之后,信用衍生品交易制度等迎来了一系列改革,其中包括发展场内衍生品交易。交易所衍生品合约与场外市场的合约相比,价格更加透明,逐日盯市计算保证金,采用中央对手方减少信用风险,流动性很好的合约能确保交易者随时持有或者平补期权头寸。场外合约最主要的优势则在于其灵活性和多样性。由于在场外交易,合约双方可以直接商谈,因而在场外市场交易的利率衍生品可以按照交易者的要求进行定制,促进了新产品和复杂产品的设计与交易。但是场外合约的多样性使得其与交易所交易的标准合约相比,流动性较差。场外合约最主要的

---

① 本书第五章第一节讨论。

缺点是合约双方涉及的信用风险要大于交易所交易的合约,因而高信用评级的对手方可以获得更好的价格。

全球有很多期货交易所或者清算所作为中央对手方对信用违约掉期产品进行清算,其中,芝加哥商业交易所集团清算所、欧洲洲际清算所、欧洲期货交易所清算机构等都对信用违约掉期产品进行清算。全球范围内信用衍生品的清算平台日渐增多,中央对手方的清算降低了交易对手的风险,多边净额结算轧差降低了总的风险敞口,从而确保在出现交易成员违约时对CDS合约正常进行清算。积极参与中央对手方的集中清算。从危机爆发和美国监管层采取的措施来看,通过集中清算实现"场外产品场内化"是场外衍生产品的主要发展趋势,这一点对于中国衍生品市场的发展具有重要参考价值。目前,中国上海清算所为银行间市场提供以中央对手净额清算为主的汇率和人民币利率互换,以及人民币远期运费协议清算服务。2018年1月26日,银行间市场清算所(上海清算所)发布信用违约互换(CDS)集中清算业务操作指南,此前CDS业务清算方式仅有逐笔清算,该指南要求,信用违约互换合约的参考实体须属于上清所公布的清单,首批共有23家公司入选。未来应进一步扩大信用违约互换(CDS)发行公司数量,推进信用衍生工具场内化。

(3)衍生产品统一监管与交易透明化。当前中国缺少统一的金融衍生品监管法律,缺乏衍生品交易和风险管理的相关指引,不能完全满足金融衍生品市场发展的需要,尤其不能有效应对金融衍生品风险跨系统、跨部门蔓延。鉴于此,应制定统一的金融衍生品市场交易监管法规,将其作为金融衍生品市场监督管理的总体框架,统一规范市场参与者的行为,明确政府监督机构、行业自律组织和交易所的职权,同时在统一的市场交易法规框架下,针对不同种类金融衍生品的个性化特征分别制定详细的管理办法。同时,监管制度中应重点关注对信息披露的管理。从危机后各国以及巴塞尔委员会等国际监管机构的金融监管改革来看,加强金融衍生品的市场信息披露,都是改革的重点。中国的金融衍生品市场监管,应该深入研究会计处理方法和规范财务报告信息,对信息披露要求进行严格规定,使投资者和监管者都能充分了解金融衍生品的价值和风险水平,建立相对透明的金融衍生品市场。

(二)中国利率衍生品市场存在的问题研究

此研究[①]认为:目前,中国国债期货交易已具有一定规模,但与发达利率衍生市场相比,中国市场在成交活跃度、交易主体、信息透明度等方面仍存在不足。

(1)中长期国债期货市场成交活跃度不均衡。2年期国债期货的战略性

---

① 本书第五章第一节讨论。

意义表明了拓展 2 年期国债期货成交活跃的迫切性,优化国债期货期限和产品结构、进一步完善国债收益率曲线需要充分调动投资者参与 2 年期国债期货市场的积极性。

(2) 国债期货和现货交易主体错位。中国国债期货参与主体丰富性差,期现市场参与主体不匹配问题严重,现阶段国债期货参与主体为券商和资管产品,而银行和保险公司是中国国债现货市场最大投资者,银行和保险公司有强烈的利率风险管理意愿,但却被禁止进入国债期货市场。国债发行承销团和现货做市银行参与国债期货市场进行套期保值,可降低国债一级和二级市场风险,减少发行成本和交易成本,提升国债市场信息对称性和定价效率。放松对国债期货投资者结构的监管,允许大型商业银行加入国债期货市场,既可弥补现阶段商业银行只能通过参与利率互换市场对冲部分短期利率波动风险的缺陷,又可使央行通过评估大型商业银行国债期货多空持仓量,获得银行对货币政策预期变化的信息,促进央行预期管理信息的传导效率。

(3) 国债期货市场信息透明度不足。市场信息透明度分为事前和事后透明度,事前交易透明度是指市场中当前买卖报价、市场深度、最优限价指令等信息的发布,事后交易透明度是指过去交易的执行时间、交易量、买卖方身份等信息的发布。虽然国债期货采用集中撮合竞价方式,交易比场外市场透明度高,降低了寻找交易对手的信息成本,但中国国债期货市场公布的事后信息披露内容较少,主要包括交易商头寸、空头和多头持仓等。美国等成熟国债期货市场公布的事后信息披露内容包括非商业和商业持仓、空头和多头持仓、套利账户信息、交易商头寸、大额交易记录等。期货市场信息透明度高有利于投资者更准确地理解价格走势和波动原因,降低非理性噪声投机比例,进而提高国债期货市场信息效率和价格预期功能。中国目前对外公布的国债期货账户信息仅为持仓排名前 20 的投资者多空账户变化情况,若提供更详细的投机、套保和套利账户信息,将提高投资者所获信息的准确性。较高的国债期货市场透明度有利于现货做市商提高信息对称性,缩小报价差,降低交易成本。

(三) 中国信用衍生品市场存在的问题研究

此研究[①]认为,虽然近年来信用衍生工具数量、品种均有所提高,但仍主要存在以下四个方面的问题。

首先,市场规模偏小,衍生市场发展缓慢。相较于境外市场,境内的信用违约互换产品还处于起步阶段,发展比较缓慢。截至 2018 年年底,我国信用

---

① 本书第六章第三节讨论。

缓释工具创设名义金额共计1.29亿元,信用债现货市场与信用衍生品市场规模不匹配。目前已发行的信用风险缓释工具主要受政策驱动,目的为修复市场对民营企业信用风险的判断,以缓解民营企业面临的融资困难,具有明显的政策驱动特征。我国信用风险缓释工具二级市场仅实现一单转让交易,明显异于国际成熟市场中信用衍生品高频率、大规模交易的情况,这导致我国信用风险缓释工具流动性不足,难以实现信用风险价格发现、优化投资组合等功能,我国信用风险缓释工具发展仍较缓慢。

其次,定价机制尚未有效建立,缺乏有效的定价理论与定价体系,存在定价较为困难、交易主体单一和信息披露不充分的问题。我国信用缓释工具在定价过程中存在以下几个难点:历史违约数据缺失,利率市场化程度不足,信用衍生品处于初始发展阶段,无法剔除掉流动性风险、交易对手信用风险等,国际定价理论在我国境内信用衍生品市场应用受限。由于我国债券市场在2014年以前存在所谓的"刚性兑付"以及"政府隐性担保"现象,国内债券违约数据不足,尚未有良好统计,因而难以通过定价理论对产品进行定价。近年,违约数量上升,但良好的定价体系仍未建立。在国外CDS市场,定价的关键因素是准确计量违约概率和债务回收率,进而可以使用风险中性定价原理和损失模型定价原理进行定价和估值。由于我国CRM起步晚、发行量少、基础数据积累不足,使用国际估值方法估值受到较大限制。目前,我国CRM大多依托现有的信用债收益率曲线,采用简化的信用利差法和二叉树法进行定价,但信用债收益率曲线包含信用风险溢价及流动性溢价等多种因素,直接影响定价的准确性。

再次,市场交易不活跃,信用衍生市场功能尚待发挥。风险对冲、风险转移与分担机制尚未发挥,定价与信息机制尚不完全,难以实现CDS的基本功能。截至2011年5月,CRMA交易仅达成23笔,名义本金合计仅为人民币19.9亿元;共有6家CRMW创设机构累计创设发行9只CRMW,名义本金合计7.4亿元。2018年,由于信用违约事件频发,CRM自2016年停滞后时隔两年重回公众视野。2018年11月2日,沪深交易所各推出2单类似CRMA的信用保护合约,由于沪深交易所信用保护合约刚完成试点,2018年相关政策及制度尚未出台,CRMA交易量依然较弱,但CRMW产品发行迎来了高潮,仅2018年就发行了54只CRMW产品,发行金额达1.23亿元。虽然2018年以来CRM的发行数量和规模均大幅提升,但相较于我国信用债余额而言,其规模仍很小,定价估值系统不够完善,市场信息不够客观,导致信用风险缓释工具的参与者心存顾虑,影响市场流动性。

最后,参与者多元化主体不足,交易主体品种单一。目前,CRM市场的参与主体主要是国有和股份制商业银行,其他类型的机构投资者尚未开展交易。

信用风险缓释工具业务按照核心交易商、交易商、非交易商的方式进行市场分层管理,核心交易商可与所有市场参与者开展交易,交易商可与所有交易商进行出于自身需求的交易,非交易商只能与核心交易商进行以套期保值为目的的交易。CRM工具可以使信用风险在银行体系内部进行转移,对降低信用风险在个别银行的过度集中具有积极意义,但无法使信用风险在全部市场参与者之间进行优化配置,导致CRM对防范系统性风险、维护宏观经济金融平稳的作用大打折扣。未来应积极引导证券公司、保险公司、基金公司和非金融企业等不同类型机构参与到CRM市场中,成为重要供给方,合理分散信用风险。保险机构参与CRM市场受限,保险机构仅可作为CRM买方参与市场,交易目的受限,这使得尚无保险机构完成CRM资质备案并开展CRM交易。同时,证券公司、基金公司、金融资产管理公司参与CRM市场需要监管部门审批许可,这也限制了市场参与者的多元化。

(四)国债期货合约对现货市场的稳定效应研究

此研究①通过信息传递机制和交易者行为两个维度探析国债期货市场能否发挥稳定功能的微观机理,分析金融周期风险对衍生工具稳定功能的影响,以及引入国债期货合约能否缓解金融周期波动对国债市场的冲击。研究分析了国债期货引入前后国债市场的波动特征,以及国债期货投机行为和套保行为对国债市场稳定性的影响,研究发现以下三点。

(1)中国国债期货市场已实现抑制现货市场波动功能,金融周期风险会引发现货价格波动,国债期货市场能够降低金融周期的波动冲击。

(2)改善现货市场深度和套保交易是国债期货市场发挥稳定功能的微观路径,但金融周期衰退阶段套保交易稳定作用受到抑制。

(3)国债期货投机交易和波动溢出效应助长现货市场波动。

(五)国债期货市场对债券现货市场信息效率的影响研究

此研究②从市场信息传递机制和市场参与者行为两个维度分析了国债期货市场影响现货市场波动的微观机理。该研究对国债期货市场信息溢出机制、国债期货市场对现货市场信息含量的影响和国债期货市场提升现货信息含量的影响机制进行分析,结果显示国债期货套期保值行为确实具有信息溢出作用,能够起到价格发现功能,与国债收益率呈正向关系。

研究发现,国债期货投机者行为也有价格发现作用,该结论证明我国国债期货市场存在理性投机者,他们利用私有信息促进了国债市场信息含量的提

---

① 张宗新、张秀秀:《引入国债期货合约 能否发挥现货市场稳定效应?——基于中国金融周期的研究视角》,《金融研究》2019年第6期。
② 张宗新:《国债期货市场对国债利率信息效率的"发现效应"研究——基于我国货币政策预期路径不确定性视角》,2018年中国金融学年会宣读论文。

升。在对国债期货投机者进行可预期和不可预期分解后发现,不可预期成分对国债价格影响更大,预期理论认为可预期成分已反映在价格中,不可预期成分才能够引发未来价格变化。

研究证明,在价格—价格信息传递机制中,国债期货市场增加国债现货市场深度,降低现货交易量对现货价格波动冲击,在波动—波动信息传递机制中,国债期货市场对现货市场存在显著的波动溢出效应,而且新信息波动溢出效应显著;国债期货投机者交易活跃度与现货波动成正比,国债期货套期保值者活跃度与现货波动成反比。

六、中国债券市场监管制度研究

(一) 中国债券市场监管体系的特点

有研究[①]分析了中国债券市场监管体系的演变及其特点。自 20 世纪 80 年代中国重启国债发行制度之后,随着债券交易品种逐渐增多,国内债券市场逐步建立,相应的监管体系也经历了由单一主体监管向多主体监管的发展,监管制度体系渐趋完善。目前,监管主体多元化,包括中国证监会、中国银保监会、国家发改委、中国人民银行及其下属的自律组织银行间市场交易商协会等,不同的债券品种对应不同的监管机构,如中国人民银行负责金融债、非金融企业债务融资工具、信贷资产证券化产品以及利率和汇率衍生品等发行的监管,证监会负责可转债、公司债和场内市场交易衍生品发行的监管,国家发改委负责企业债券发行的监管,银保监会负责审核保险公司次级债券以及保险项目资产支持计划;也有多个主体联合监管的情况,如商业银行发行的金融债、次级债,包括信贷资产证券化等,由银保监会和中国人民银行共同监管。

债券发行和交易不在一个统一的市场内完成,银行间债券市场和交易所债券市场并存,而且两个市场的监管机构也不一样,银行间债券市场由中国人民银行、中国银保监会监管;交易所债券市场由中国证监会监管。

各类债券的登记托管和结算机构也不同,如中央国债登记结算公司是中国人民银行指定的全国银行间债券市场债券登记、托管、结算机构和商业银行柜台记账式国债交易一级托管人;中国证券登记结算公司的主管部门是中国证监会,负责沪深交易所的全部登记、存管与结算业务;而银行间市场清算公司也负责部分全国银行间债券市场债券的登记结算业务。

由此可见,中国信用债市场从无到有,经过 30 多年的发展,已经取得相当的成就,与此同时,也构建了庞大而复杂的市场框架和监管体系。

---

① 本书第六章第一节讨论。

(二) 中国信用债市场监管体系存在的主要问题和改革完善的建议

1. 主要问题

我们①通过对中国信用债市场监管制度演变历程的回顾和对发达债券市场监管体系的比较分析,认为中国信用债市场监管体系目前存在的主要问题包括两个方面。

(1) 多头监管体制造成对信用债市场监管的低效甚至无效。多头监管是中国信用债监管体系中的一个显著特征。多头监管体制下,不同监管部门各自出台政策,监管标准不统一,可能导致竞争监管现象,也可能出现监管空白情况,由此造成债券市场混乱,监管低效甚至无效。

多头监管体制下,不同的债券品种采用不同的审批方式和发行资格,也使监管本身变得烦冗、复杂,增大了监管难度;多头监管造成的另一种影响是债券发行周期较长;在多头管理体制下,市场割裂现象严重,表现在银行间债券市场与交易所债券市场的并存,使债券发行与交易市场相互分割,债券托管结算市场也严重割裂。

(2) 信用制度不健全,缺乏独立、公正的中介机构及其监督制约机制。大量研究表明,债券市场信息透明度的提高,有利于打击价格操纵,提高定价效率,降低交易成本和更好地保护投资者。美国交易报告与合规引擎(TRACE)发展经验表明,提升信息透明度对债券的流动性影响非常大,可直接降低买卖利差5个基点以上。但是,中国目前信用制度并不健全,缺乏独立、公正的中介机构及其监督制约机制,评级方法相对单一,评级虚高,评级监管未统一等,都是当前存在的问题。

由于信用债市场相对分割,也带来了对评级机构的多头监管、银行间债券市场和交易所债券市场评级标准不一致等现象,易造成混乱。

2. 改革完善的建议

在此基础上,提出以下完善信用债市场监管体系的建议。

(1) 改革多头管理体制,建立统一管理和协调发展的信用债市场监管体系。目前,中国信用债市场实行多头监管体系所造成的监管标准不一、监管效率低下、企业的隐性发债成本高以及妨碍创新等困境,已非常明确。因此,建立一个统一高效的、权威的监管体系成为中国债券市场监管体系改革的大势所趋。

通过考察美国、英国和日本债务资本市场的监管,我们发现各国债券市场监管架构相对简单,信用债市场实行统一监管制度。这种统一的集权监管制度有相当的合理性,使监管标准统一,有利于迅速而有效地实施管理,是发达

---

① 本书第六章第二、第三节讨论。

国家债券市场管理体制的首选。

鉴于当前中国交易所债市和银行间债市出现的普遍违约事件,从防范和化解金融风险的处置角度而言,债市风险处置亟待统一监管。2019年8月24日,国务院金融稳定发展委员会已召开防范化解金融风险的专题会议,首次提出了"建立统一管理和协调发展的债券市场"的主张。

建立统一管理和协调发展的债券市场,建议可以做到以下几点:①要在各监管部门之间建立协调机制;②建立由中国人民银行和中国证监会为核心的统一集中的债券监管体系;③促进银行间债券市场和交易所债券市场的互联互通。

(2)完善相关法律法规,从法律法规层面保障信用债市场的高效运行。目前,中国涉及债券监管的立法不少,如《证券法》《公司法》和《中国人民银行法》,但大多是一些零星的原则性规定或行政规则,即使对《证券法》和《公司法》进行过系统性修订,也只是完善了在中国证监会口径下的公司债券发行和交易规范,而且《证券法》更多还是侧重股票和公司债等证券,并不包括企业债和非金融企业债务融资工具以及国务院《企业债券管理条例》中的企业债券。同时,《证券法》对中国证监会口径之外的公司债的规制,现实中甚至存在着实质性冲突。

由于《证券法》对于同质而不同名称的公司债、企业债与中期票据没有采用统一的监管标准,容易引发监管竞争的负面效应,纵容违法、违规行为,也造成了市场分割和监管套利行为,有损公平的市场秩序,危害债券市场的健康发展。明确统一遵行的法律法规,特别是基础性法律尤为重要。

(3)建立独立、公正的中介机构及其监督制约机制。首先,加强对评级公司准入和日常管理的监管。其次,对评级公司的评级方法进行优化。再次,创新评级付费模式,提高评级质量。发行人付费模式是中国主流运营模式,如前所述,这种模式易使发行人和评级机构存在利益勾结的可能性;国外主要采用投资人付费模式,也有一定的弊端。因此,可积极创新一些评级模式,例如,有学者提出可以在信用债市场设立信用评级基金,该基金同时对发行人和投资人收取费用,任何债券评级费用均由此基金支付。最后,制定相关法律法规,明确规定评级机构对债券信息披露负有连带责任,也是加强对评级机构的管理的重要手段。

加强对信用债的监督管理,防范信用债市场中的各种潜在风险,是信用债市场健康、稳定发展的永恒主题,而建立在完善法制的基础上的,独立统一、层次分明、责权利清晰的监管体系才是题中应有之义。

REFERENCE 参考文献

[1] Aharony J, Swary I. Quarterly Dividend and Earnings Announcements and Stockholders' Returns: An Empirical Analysis[J]. Journal of Finance, 1980, 35(1): 1-12.

[2] Aizenberg I, Aizenberg N N, Vandewalle J P L. Multi-Valued and Universal Binary Neurons Theory, Learning and Applications[M]. Dordrecht: Springer Science, 2000.

[3] Allen F, Qian J, Zhang C, et al. China's Financial System: Opportunities and Challenges[J]. Social Science Electronic Publishing, 2011: 63-143.

[4] Allen F, Qian J, Zhang C, et al. China's Financial System: Opportunities and Challenges[R]. NBER Working Paper 2019, 2013.

[5] Allen, F., Qian, J Q, Gu, X. An Overview of China's Financial System[J]. Annual Review of Financial Economics, 2016(9): 191-231.

[6] Altman E I. Financial Ratios, Discriminant Analysis and the Prediction of Corporate Bankruptcy[J]. The Journal of Finance, 1968, 23(4): 589-609.

[7] Altman E I. The Importance and Subtlety of Credit Rating Migration[J]. Journal of Banking and Finance, 1998, 22(10-11): 1231-1247.

[8] Amato J D, Remolona E M. The Credit Spread Puzzle[J]. BIS Quaterly Review, 2003(December): 51-63.

[9] Amihud Y, Mendelson H. Liquidity and Stock Returns[J]. Financial Analysts Journal, 1986, 42(3):43-48.

[10] Amstad M, He Z. Chinese Bond Market and Interbank Market[R]. NEBR Working Papers 25549, 2019.

[11] Anderson R W. Understanding China's Evolving Credit Risk Maze [R/OL]. London School of Economics & Political Science, 2019, http://dx.doi.org/10.2139/ssrn.3332411.

[12] Andrew W L, Mamaysky H, and Wang J. Asset Prices and Trading Volume under Fixed Transactions Costs[R]. Social Science Electronic Publishing, 2004, 112(5): 1054-1090.

[13] Antoniou A, Koutmos G, Pericli A. Index Futures and Positive Feedback Trading: Evidence from Major Stock Exchanges[J]. Journal of Empirical Finance, 2005, 12(2): 219-238.

[14] Arellano M, Bond S. Some Tests of Specification for Panel Data: Monte Carlo Evidence and an Application to Employment Equations[J]. Review of Economic Studies, 1991, 58 (2): 277-297.

[15] Arshanapalli B, Switzer L N, Fabozzi F J, et al. New Evidence on the Market Impact of Convertible Bond Issues in the U.S.[J]. SSRN Electronic Journal, 2004(3).

[16] Asquith P, Mullins D W. The Impact of Initiating Dividend Payments on Shareholders' Wealth[J]. Journal of Business, 1983, 56(1): 77-96.

[17] Asquith P. Merger Bids, Uncertainty, and Stockholder Returns[J]. Journal of Financial Economics, 1983, 11(1-4): 51-83.

[18] Avery R B, Belton T M, Goldberg M A. Market Discipline in Regulating Bank Risk: New Evidence from the Capital Markets[J]. Journal of Money, Credit and Banking, 1988, 20(4): 597-610.

[19] Back K. Asymmetric Information and Options[J]. The Review of Financial Studies, 1993, 6(3): 435-472.

[20] Bailey D, Borwein J, Lopez de Prado M, et al. Pseudo-Mathematics and Financial Charlatanism: The Effects of Backtest Overfitting on Out-of-Sample Performance[J]. Notices of the American Mathematical Society, 2015, 61(5): 458-471.

[21] Bailey D, Borwein J, Lopez de Prado M, et al. The Probability of Backtest Overfitting [J]. Journal of Computational Finance, 2017, 20(4): 39-70.

[22] Bailey D, Borwein J, Lopez de Prado M. The Deflated Sharpe Ratio: Correcting for Selection Bias, Backtest Overfitting and Non-normality[J]. Journal of Portfolio Management, 2014, 40(5): 94-107.

[23] Balasubramnian B, Cyree K B. Market Discipline of Banks: Why are Yield Spreads on Bank-Issued Subordinated Notes and Debentures not Sensitive to Bank Risks? [J]. Journal of Banking & Finance, 2011, 35(1): 21-35.

[24] Barro R J. The Loan Market, Collateral, and Rates of Interest[J]. Journal of Money, Credit and Banking, 1976(4): 439-456.

[25] Beaver W H, Shakespeare C, Soliman M T. Differential Properties in the Ratings of Certified versus Non-Certified Bond-Rating Agencies[J]. Journal of Accounting Economics, 2006(42): 303-334.

[26] Beaver W H. Financial Ratios as Predictors of Failure[J]. Journal of Accounting Research, 1966, 4(1): 71-111.

[27] Becker B, Milbourn T. How did Increased Competition Affect Credit Ratings? [J]. Journal of Financial Economics, 2011, 101(3): 493-514.

[28] Belkhir M. Do Subordinated Debt Holders Discipline Bank Risk-Taking? Evidence from Risk Management Decisions[J]. Journal of Financial Stability, 2013, 9(4): 705-719.

[29] Benmelech E, Bergman N K. Bankruptcy and the Collateral Channel[J]. The Journal

of Finance, 2011(2): 337-378.

[30] Berger A N, Bouwman C H S. Liquidity Creation[J]. Review of Financial Studies, 2009(22): 3779-3837.

[31] Bessembinder H, Seguin P J. Futures-Trading Activity and Stock Price Volatility[J]. Journal of Finance, 1992, 47(5): 2015-2034.

[32] Beyhaghi M, D'Souza C, Roberts G S. Funding Advantage and Market Discipline in the Canadian Banking Sector[J]. Journal of Banking & Finance, 2014, 48(2): 396-410.

[33] Bharath S T, Shumway T. Forecasting Default with the Merton Distance to Default Model[J]. The Review of Financial Studies, 2008, 21(3): 1339-1369.

[34] Birchler U, Hancock D. What Does the Yield on Subordinated Bank Debt Measure[Z]. Working Paper No. 2004-19, Board of Governors of the Federal Reserve System, 2004.

[35] Black F, Cox J C. Valuing Corporate Securities: Some Effects of Bond Indenture Provisions[J]. Journal of Finance, 1976, 31(2): 351-367.

[36] Black F, Kaplan R S. Yes, Virginia, There Is Hope: Tests of the Value Line Ranking System[J]. Financial Analysts Journal, 1973, 29(5): 10-92.

[37] Blanco R, Brennan S, Marsh I W. An Empirical Analysis of the Dynamic Relation between Investment-Grade Bonds and Credit Default Swaps[J]. Journal of Finance, 2005, 60(5): 2255-2281.

[38] Blochwitz S, Liebig T, Nyberg M, et al. Benchmarking Deutsche Bundesbank's Default Risk Model, the KMV Private Firm Model and Common Financial Ratios for German Corporations[R]. Working Paper Deutsche Bundesbank, Moody's KMV, 2000.

[39] Blume M E, Lim F, Mackinlay A C. The Declining Credit Quality of US Corporate Debt: Myth or Reality?[J]. Rodney L. White Center for Financial Research Working Papers.

[40] Bohn J R. Using Marketing Data to Value Credit Risk Instruments[R]. Moody's KMV, 1999.

[41] Bradley M. Interfirm Tender Offers and the Market for Corporate Control[J]. Journal of Business, 1980, 53(4): 345-376.

[42] Brennan M J, Schwartz E S. The Case for Convertibles[J]. Journal of Applied Corporate Finance, 1988, 1(2): 55-64.

[43] Brooks C. Introductory Econometrics for Finance[M]. Cambridge: Cambridge University Press, 2014.

[44] Brune C, Liu P. The Contagion Effect of Default Risk Insurer Downgrades: The Impact on Insured Municipal Bonds[J]. Journal of Economics and Business, 2011, 63(5): 492-502.

[45] Brunnermeier M K, Eisenbach T M, Sannikov Y. Macroeconomics with Financial Frictions: A Survey[M]. Cambridge: Cambridge University Press, 2013.

[46] Burlacu R. New Evidence on the Pecking Order Hypothesis: The Case of French Convertible Bonds[J]. Journal of Multinational Financial Management, 2000,10(3): 439-459.

[47] Campbell J Y, Taksler G B. Equity Volatility and Corporate Bond Yields[J]. Journal of Finance, 2003, 58 (6): 2321-2349.

[48] Cappiello L, Engle R F, Sheppard K. Asymmetric Dynamics in the Correlations of Global Equity and Bond Returns[J]. Journal of Financial Econometrics, 2006, 4(4): 537-572.

[49] Cappiello L. Asymmetric Dynamics in the Correlations of Global Equity and Bond Returns[J]. Working Paper, 2006, 4(4): 537-572.

[50] Carty L V, Fons J S. Measuring Changes in Credit Quality[J]. Journal of Fixed Income, 1994, 4(1): 27-41.

[51] Chan Y S, Kanatas G. Asymmetric Valuations and the Role of Collateral in Loan Agreements[J]. Journal of Money, Credit and Banking, 1985, 17(1): 84-95.

[52] Chaney T, Sraer D, Thesmar D. The Collateral Channel: How Real Estate Shocks Affect Corporate Investment[J]. American Economic Review, 2012, 102(6):2381-2409.

[53] Chang E C, Lewellen W G. Market Timing and Mutual Fund Investment Performance [J]. Journal of Business, 1984, 57(1): 57-72.

[54] Charest G. Dividend Information, Stock Returns and Market Efficiency-II[J]. Journal of Financial Economics, 1978, 6(2-3): 297-330.

[55] Chatelain J, Ehrmann M, Generale A, et al. Monetary Policy Transmission in the Euro Area: New Evidence from Micro Data On Firms and Banks[J]. Journal of the European Economic Association, 2003, 1(2-3): 731-742.

[56] Chen L, Lesmond D A, Wei J. Corporate Yield Spreads and Bond Liquidity[J]. Journal of Finance, 2007, 62(1): 119-149.

[57] Chou R K, Wang G H K, Wang Y Y. The Effects of Margin Changes on the Composition of Traders and Market Liquidity: Evidence from the Taiwan Futures Exchange[J]. Journal of Futures Markets, 2015, 35(10): 894-915.

[58] Cipriani M, La Spada G. Investors' Appetite for Money-Like Assets: The MMF Industry after the 2014 Regulatory Reform[R]. CEPR Discussion Paper, 2020, No. DP14375.

[59] Claessens S, Tzioumis K. Measuring Firms' Access to Finance[R]. World Bank Working Paper, 2006.

[60] Colacito R, Engle R F, Ghysels E. A Component Model for Dynamic Correlations[J]. Journal of Econometrics, 2011, 164(1):45-59.

[61] Collin-Dufresne P, Goldstein R S, Martin J S. The Determinants of Credit Spread

Changes[J]. Journal of Finance, 2001, 56(6): 2177-2207.

[62] Conway P, Herd R, Chalaux T. Reforming China's Monetary Policy Framework to Meet Domestic Objectives [R]. OECD Economic Department Working Papers, 2010(822).

[63] Copeland T E, Mayers D. The Value Line Enigma: A Case Study of Performance Evaluation Issues[J]. Journal of Financial Economics, 1982, 10(3): 289-321.

[64] Corrado C J, Patel A. The Information Content of a Convertible Debt Offer Announcement[J]. Review of Quantitative Finance and Accounting, 1995, 5(3): 403-418.

[65] Cox C C. Futures Trading and Market Information[J]. Journal of Political Economy, 1976, 84(6): 1215-1237.

[66] Cox D R, Miller H. Theory of Stochastic Processes [M]. London: Chapman & Hall, 1965.

[67] Cox D R. Regression Models and Life-Tables [J]. Journal of the Royal Statistical Society, 1972, 34(2): 187-220.

[68] Crosbie P, Leverage B J. Default Risk, and the Cross-Section of Equity and Firm Returns[R]. Moody's KMV, 2003.

[69] Cvijanovic D. Real Estate Prices and Firm Capital Structure[J]. The Review of Financial Studies, 2014, 27(9):2690-2735.

[70] Dang T V, Gorton G, Holmström B. Ignorance, Debt and Financial Crises[R]. Yale University and Massachusetts Institute of Technology Working Paper, 2012.

[71] Daniels K N, Vijayakumar J. Does Underwriter Reputation Matter in the Municipal Bond Market? [J]. Journal of Economics & Business, 2007, 59(6): 500-519.

[72] Davidson W N, Glascock J L, Schwartz T V. Signaling with Convertible Debt[J]. The Journal of Finance, 1995, 30(3): 425-442.

[73] Dbouk W, Kryzanowski L. Determinants of Credit Spread Changes for the Financial Sector[J]. Studies in Economics & Finance, 2010, 27 (1): 67-82(16).

[74] Dechter R. Learning While Searching in Constraint-Satisfaction-Problems [C]. Proceedings of the Fifth AAAI National Conference on Artificial Intelligence, 1986: 178-183.

[75] Demsetz H. The Cost of Transacting[J]. Quarterly Journal of Economics, 1968, 82(1): 33-53.

[76] Denis J. Investment Opportunities and the Market Reaction to Equity Offerings[J]. Journal of Financial Quantitative Analysis, 1994, 29(2):159-177.

[77] Dhawan R, Yu F. Are Credit Ratings Relevant in China's Corporate Bond Market? [J]. Chinese Economy, 2015, 48(3): 235-250.

[78] Dick-Nielsen J, Feldhütter P, Lando D. Corporate Bond Liquidity Before and After the Onset of the Subprime Crisis [J]. Journal of Financial Economics, 2014, 103(3): 471-492.

[79] Dodd P, Ruback R. Tender Offers and Stockholder Returns: An Empirical Analysis [J]. Journal of Financial Economics, 1977, 5(3): 351-373.

[80] Dodd P. Merger Proposals, Management Discretion and Stockholder Wealth [J]. Journal of Financial Economics, 1980, 8(2): 105-137.

[81] Driessen J J A G, de Jong F C J M. Liquidity Risk Premiums in Corporate Bond Markets[J]. Quarterly Journal of Finance, 2012, 2(2): 1-34.

[82] Driessen J. Is Default Event Risk Priced in Corporate Bonds[J]. Review of Financial Studies, 2005, 18(1): 165-195.

[83] Duan J C. Maximum Likelihood Estimation Using Price Data of the Derivative Contract[J]. Mathematical Finance, 1994(4): 155-167.

[84] Duffie D, Kan R. A Yield-Factor Model of Interest Rates[J]. Mathematical Finance, 1996, 6(4): 379-406.

[85] Easley D M, O'Hara M, Srinivas P S. Option Volume and Stock Prices: Evidence on Where Informed Traders Trade[J]. Journal of Finance, 1998, 53(2): 431-465.

[86] Easton P D. PE Ratios, PEG Ratios, and Estimating the Implied Expected Rate of Return On Equity Capital[J]. Accounting Review, 2004, 79(1):73-95.

[87] Eckbo B, Masulis R. Seasoned Equity Offerings: A Survey [J]. Handbooks in Operations Research and Management Science, 1995(9): 1017-1072.

[88] Elton E J, Gruber M J, Agrawal D, et al. Explaining the Rate Spread on Corporate Bonds[J]. Journal of Finance, 2001, 56(1):247-277.

[89] Evanoff D D, Jagtiani J A, Nakata T. Enhancing Market Discipline in Banking: The Role of Subordinated Debt in Financial Regulatory Reform[J]. Journal of Economics and Business, 2011, 63(1): 2011.

[90] Facchini G, Testa C. Fiscal Decentralization, Regional Inequality and Bail-Outs: Lessons from Brazil's Debt Crisis [J]. The Quarterly Review of Economics and Finance, 2008, 48(2): 333-344.

[91] Fama E F, Fisher L, Jensen M C, et al. The Adjustment of Stock Prices to New Information[J]. International Economic Review, 1969, 10(1): 1-21.

[92] Fama E F. Efficient Capital Markets: A Review of Theory and Empirical Work[J]. Journal of Finance, 1970, 25(2): 383-417.

[93] Fang H, Wang Y, Wu X. The Collateral Channel of Monetary Policy: Evidence from China[R]. NBER Working Paper, 2020, No. 26792.

[94] Flannery M J, Sorescu S M. Evidence of Bank Market Discipline in Subordinated Debenture Yields: 1983-1991[J]. Journal of Finance, 1996(51): 1347-1377.

[95] Floros C, Vougas D V. Index Futures Trading, Information and Stock Market Volatility: The Case of Greece[M]//Stephen S. Derivatives and Hedge Funds. U.K.: Palgrave Macmillan, 2016(6): 118-139.

[96] Florosa C, Dimitrios V. Index Futures Trading, Information and Stock Market Volatility:

The Case of Greece[J]. Derivatives Use, Trading & Regulation, 2006 (12): 146-166.

[97] Fostel A, Geanakoplos J D, Phelan G. Global Collateral: How Financial Innovation Drives Capital Flows and Increases Financial Instability[R]. Cowles Foundation Discussion Paper, 2017, No. 2076.

[98] Frank M Z, Shen T. Investment and the Weighted Average Cost of Capital[J]. Journal of Financial Economics, 2016, 119(2): 300-315.

[99] Fricke C, Menkhoff L. Does the "Bund" Dominate Price Discovery in Euro Bond Futures Examining Information Shares[J]. Journal of Banking & Finance, 2011, 35(5): 1057-1072.

[100] Friedman M. Essays in Positive Economics[M]. Chicago: University of Chicago Press, 1953.

[101] Gan J. Collateral, Debt Capacity, and Corporate Investment: Evidence from a Natural Experiment[J]. Journal of Financial Economics, 2007(3): 709-734.

[102] Geanakoplos J. The Leverage Cycle[R]. NBER Macroeconomics Annual, 2010, 24(1): 1-66.

[103] Gebhardt W R, Swaminathan L B. Toward an Implied Cost of Capital[J]. Journal of Accounting Research, 2001, 39(1): 135-176.

[104] Geng Z, Pan J. Price Discovery and Market Segmentation in China's Credit Market [R]. NBER Working Paper, 2019, No. 26575.

[105] Gilchrist S, Yankov V, Zakrajsek E. Credit Market Shocks and Economic Fluctuations: Evidence from Corporate Bond and Stock Markets[J]. Journal of Monetary Economics, 2009, 56(4): 471-493.

[106] Glen R. Components of The Bid-Ask Spread and the Statistical Properties of Transaction Price[J]. Journal of Financial Studies, 1994 (97): 609-629.

[107] Goldreich D, Hank B, Nath P. The Price of Future Liquidity: Time-Varying Liquidity in the US Treasury Market[R]. CEPR Discussion Paper, 2004 (7): 39-100.

[108] Goodfellow I, Bengio Y, Courville A. Deep Learning[M]. Boston: MIT Press, 2016.

[109] Gordon G M J. The Finite Horizon Expected Return Model[J]. Financial Analysts Journal, 1997, 53(3): 52-61.

[110] Green R. Investment Incentives, Debt, and Warrants[J]. Journal of Financial Economics, 1984, 13(11): 115-136.

[111] Gropp R, Vesala J M, Vulpes G. Market Indicators, Bank Fragility, and Indirect Market Discipline[J]. Economic Policy Review, 2004, 10(2): 52-62.

[112] Grossman S J, Stiglitz J E. On the Impossibility of Informationally Efficient Markets [J]. The American Economic Review, 1980, 70(3): 393-408.

[113] Guiso L, Kashyap A K, Panetta F. How Interest Sensitive is Investment? When the Data Are Well Measured[R]. University of Chicago Working Paper, 2002.

[114] Hadlock C J, Pierce J R. New Evidence On Measuring Financial Constraints: Moving Beyond the KZ Index[J]. The Review of Financial Studies, 2010, 23(5):1909-1940.

[115] Harvey C, Liu Y, Zhu H. ... and the Cross-Section of Expected Returns[J]. The Review of Financial Studies, 2015, 29(1): 5-68.

[116] Henriksson R D. Market Timing and Mutual Fund Performance: An Empirical Investigation[J]. Journal of Business, 1984, 57(1): 73-96.

[117] Herring R J. The Subordinated Debt Alternative to Basel II[J]. Journal of Financial Stability, 2004, 1(2): 37-155.

[118] Hochreiter S, Schmidhuber J. Long Short-Term Memory[J]. Neural Computation, 1997, 9(8): 1735-1780.

[119] Hong H, Yogo M. What does Futures Market Interest Tell Us About the Macroeconomy and Asset Prices[J]. Journal of Financial Economics, 2012, 105(3): 473-490.

[120] Hong H, Yogo M. What does Futures Market Interest Tell Us About the Macroeconomy and Asset Prices[J]. Journal of Financial Economics, 2012, 105(3): 473-490.

[121] Hotchkiss E S, Mooradian R M. Vulture Investors and the Market for Control of Distressed Firms[J]. Journal of Financial Economics, 1997, 43(3): 401-432.

[122] Hou K, Van Dijk M A, Zhang Y. The Implied Cost of Capital: A New Approach[J]. Journal of Accounting and Economics, 2012(3): 504-526.

[123] Houweling P, Mentink A, Vorst T. Is Liquidity Reflected in Bond Yields? Evidence from the Euro Corporate Bond Market[R]. Finance 0206001, University Library of Munich, Germany.

[124] Huang J Z, Huang M. How Much of the Corporate-Treasury Yield Spread Is Due to Credit Risk[J]. Review of Asset Pricing Studies, 2012, 2(2): 153-202.

[125] Huberman G, Kandel S. Market Efficiency and Value Line's Record[J]. Journal of Business, 1990, 63(2): 187-216.

[126] Huberman G, Kandel S. Value Line Rank and Firm Size[J]. Journal of Business, 1987, 60(4): 577-589.

[127] Iacoviello M. House Prices, Borrowing Constraints, and Monetary Policy in the Business Cycle[J]. American Economic Review, 2005, 95(3): 739-764.

[128] Imai M. Market Discipline and Deposit Insurance Reform in Japan[J]. Journal of Banking & Finance, 2006, 30(12): 3433-3452.

[129] Ippolito R A. Efficiency with Costly Information: A Study of Mutual Fund Performance, 1965-1984[J]. Quarterly Journal of Economics, 1989, 104(1): 1-23.

[130] Isagawa N. Callable Convertible Debt under Managerial Entrenchment[J]. Journal of Corporate Finance, 2002, 8(3): 255-270.

[131] Jacqueline L R, Wilson E R. Information Transparency and Pricing in the Municipal Bond Secondary Market[J]. Journal of Accounting and Public Policy, 2006, 25(1): 1-31.

[132] Jaffe J F. Special Information and Insider Trading[J]. Journal of Business, 1974, 47(3): 410-428.

[133] Jagtiani J A, Kaufman G, Lemieux C. The Effect of Credit Risk on Bank and Bank Holding Company Bond Yields: Evidence from the Post-FDICIA Period[J]. Journal of Financial Research, 2002, 25(4): 559-575.

[134] Jalan P, Barone-Adesi G. Equity Financing and Corporate Convertible Bond Policy [J]. Journal of Banking and Finance, 1995, 19(2):187-206.

[135] Jarrow R A, Turnbull S M. Pricing Derivatives on Financial Securities Subject to Credit Risk[J]. The Journal of Finance, 1995, 50(1): 53-85.

[136] Jarrow R A, Turnbull S M. The Intersection of Market and Credit Risk[J]. Journal of Banking and Finance, 2000, 24 (1-2): 271-299.

[137] Jarrow R A, Turnbull S. Pricing Derivatives on Financial Securities Subject to Credit Risk[J]. Journal of Finance, 1995, 50(1): 53-86.

[138] Jeffrey R. Using Marking Data to Value Credit Risky Instruments[R]. KMV cooperation 1999.

[139] Jin S, Wang W, Zhang Z. The Value and Real Effects of Implicit Government Guarantees[J]. Working Paper, 2018.

[140] John K, Koticha A, Narayanan R. Margin Rules, Informed Trading in Derivatives, and Price Dynamics[R]. New York University Working Paper Series, 2000, No. 3.

[141] Kang J K, Stulz R M. How Different Is Japanese Corporate Finance? An Investigation of the Information Content of New Security Issues[J]. The Review of Financial Studies, 1996, 9(1): 109-139.

[142] Kennedy S. China's Emerging Credit Rating Industry: The Official Foundations of Private Authority[J]. China Quarterly, 2008(193): 65-83.

[143] Kim Y. Informative Conversion Ratios: A Signaling Approach[J]. The Journal of Finance, 1990, 25(2): 229-243.

[144] King T H, Khang K. On the Importance of Systematic Risk Factors in Explaining the Cross-Section of Corporate Bond Yield Spreads[J]. Journal of Banking and Finance, 2005, 29 (12): 3141-3158.

[145] Kiyotaki N, Moore J. Credit Cycles[J]. Journal of Political Economy, 1997, 105(2): 211-248.

[146] Krishnamurthy A, Vissing-Jorgensen A. The Aggregate Demand for Treasury Debt [J]. Journal of Political Economy, 2012, 120(2): 233-267.

[147] Lamont O, Polk C, Saaá-Requejo J. Financial Constraints and Stock Returns[J]. Review of Financial Studies, 2001, 14(2): 529-554.

[148] Laurens B J, Maino R. China: Strengthening Monetary Policy Implementation[R]. IMF Working Papers, 2007(07/14).

[149] Leland H E, Toft K B. Optimal Capital Structure, Endogenous Bankruptcy, and the

Term Structure of Credit Spreads[J]. Journal of Finance, 1996, 51(3): 987-1019.

[150] Leland H. Bond Prices, Yield Spreads, and Optimal Capital Structure with Default Risk[R]. Research Program in Finance Working Papers, University of California at Berkeley, 1994.

[151] Leland P. Informational Asymmetries, Financial Structure and Financial Intermediation [J]. Journal of Finance, 1997, 32(2): 371-387.

[152] Lewis C M, Rogalski R J, Seward J K. Industry Conditions, Growth Opportunities and Market Reactions to Convertible Debt Financing Decisions[J]. Journal of Banking and Finance, 2003, 27(1):153-181.

[153] Litterman R, Scheinkman J. Common Factors Affecting Bond Returns[J]. Journal of Fixed Income, 1991, 1(1): 54-61.

[154] Liu P, Smith S D, Syed A A. Stock Price Reactions to the Wall Street Journal's Securities Recommendations[J]. Journal of Financial & Quantitative Analysis, 1990, 25(3): 399-410.

[155] Livingston M, Poon W P H, Zhou L. Are Chinese Credit Ratings Relevant? A Study of the Chinese Bond Market and Credit Rating Industry[J]. Journal of Banking and Finance, 2018, 87(1): 216-232.

[156] Lloyd-Davies P, Canes M. Stock Prices and the Publication of Second-Hand Information[J]. Journal of Business, 1978, 51(1): 43-56.

[157] Long D, Bradford J, Andrei S, et al. Positive Feedback Investment Strategies and Destabilizing Rational Speculation[J]. Journal of Finance, 1990, 45(2): 379-395.

[158] Longstaff F A, Mithal S, Neis E. Corporate Yield Spreads: Default Risk or Liquidity? New Evidence from the Credit Default Swap Market[C]. Anderson Graduate School of Management, UCLA, 2004.

[159] Longstaff F A, Mithal S, Neis E. Corporate Yield Spreads: Default Risk or Liquidity? New Evidence from the Credit Default Swap Market[J]. Journal of Finance, 2005, 60(5): 2213-2253.

[160] Longstaff F A, Schwartz E S. A Simple Approach to Valuing Risky Fixed and Floating Rate Debt[J]. Journal of Finance, 1995, 50(3):789-819.

[161] Longstaff F A, Schwartz E S. Valuing Credit Derivatives[J]. The Journal of Fixed Income, 1995, 5(1): 6-12.

[162] Lopez de Prado M. Advances in Financial Machine Learning[M]. New Jersey: John Wiley & Sons, 2018.

[163] Lopez de Prado M. Clustered Feature Importance [M]. New York: Cornell University, 2020.

[164] Loughran T, Ritter J R. The Operating Performance of Firms Conducting Seasoned Equity Offerings[J]. The Journal of Finance, 1997, 52(5): 1823-1850.

[165] Madhavan A. Market Microstructure: A Survey[J]. Journal of Financial Markets,

2000, 3(3): 205-258.

[166] Mandelker G. Risk and Return: The Case of Merging Firms[J]. Journal of Financial Economics, 2006, 1(4): 303-335.

[167] Mayers D. Why Firms Issue Convertible Bonds: The Matching of Financial and Real Investment Options[J]. Journal of Financial Economics, 1998, 43(1):83-102.

[168] Merton R C. An Intertemporal Capital Asset Pricing Model[J]. Econometrica, 1973, 41(5): 867-887.

[169] Merton R C. On the Pricing of Corporate Debt: The Risk Structure of Interest Rates [J]. Journal of Finance, 1974, 29(2): 449-470.

[170] Mikkelson W H, Partch M. Valuation Effects of Security Offerings and the Issuance Process[J]. Journal of Financial Economics, 1986, 15(1-2): 31-60.

[171] Mojon B T, Smets F, Vermeulen P. Investment and Monetary Policy in the Euro Area[J]. Journal of Banking and Finance, 2002, 26(11):2111-2129.

[172] Myers S C, Majluf N S. Corporate Financing and Investment Decisions when Firms Have Information that Investors Do Not Have[J]. Journal of Financial Economics, 1984,13:187-221.

[173] Nguyen T. The Disciplinary Effect of Subordinated Debt on Bank Risk Taking [J]. Journal of Empirical Finance, 2013, 23(Complete): 117-141.

[174] Nikolova S, Wang L, Wu J. Institutional Allocations in the Primary Market for Corporate Bonds[J]. Journal of Financial Economics, 2020, Forthcoming.

[175] Nivorozhkin E. Market Discipline of Subordinated Debt in Banking: The Case of Costly Bankruptcy[J]. European Journal of Operational Research, 2005, 161: 364-376.

[176] Norden L, Weber M. Informational Efficiency of Credit Default Swap and Stock Markets: The Impact of Credit Rating Announcements[J]. Journal of Banking & Finance, 2004, 28(11): 2813-2843.

[177] Ohlson J A, Juettner-Nauroth B E. Expected EPS and EPS Growth as Determinants of Value[J]. Review of Accounting Studies, 2005(2): 349-365.

[178] O'Hara M. Market Microstructure Theory[M]. New Jersey: Wiley, 1998.

[179] Paul S. The Market for New Issues of Municipal Bonds: The Roles of Transparency and Limited Access to Retail Investors[J]. Journal of Financial Economics, 2012 (106): 492-512.

[180] Phelan G, Toda A A. Securitized Markets, International Capital Flows, and Global Welfare[J]. Journal of Financial Economics, 2019, 131(3): 571-592.

[181] Poon W P, Chan K C. An Empirical Examination of the Informational Content of Credit Ratings in China[J]. Journal of Business Research, 2008(7): 790-797.

[182] Pop A. Market Discipline in International Banking Regulation: Keeping the Playing Field Level[J]. Journal of Financial Stability, 2006(2): 286-310.

[183] Radu Burlacu. New Evidence on the Pecking Order Hypothesis: The Case of French Convertible Bonds[J]. Journal of Multinational Financial Management, 2000, 10(3-4): 439-459.

[184] Rahim N A, Goodacre A, Veld C. Wealth Effects of Convertible-Bond and Warrant-Bond Offerings: A Meta-Analysis[J]. The European Journal of Finance, 2014, 20(4): 380-398.

[185] Rahim N A. Market Reaction to Announcements of Convertible Bonds Issue in the United Kingdom[R]. SSRN Electronic Journal, 2013.

[186] Rajan R, Zingales L. What Do We Know about Capital Structure? Some Evidence from International Data[J]. Journal of Finance, 1995, 50(5): 1421-1460.

[187] Rajput N, Kakkar R, Batra G. Futures Trading and Its Impact on Volatility of Indian Stock Market[J]. Asian Journal of Finance & Accounting, 2013, 5(1): 289-305.

[188] Ripple R D, Moosa I A. The Effect of Maturity, Trading Volume, and Open Interest on Crude Oil Futures Price Range-Based Volatility[R]. Macquarie University, Working Paper, 2007.

[189] Roll R. A Simple Implicit Measure of the Effective Bid-ask Spread in an Efficient Market[J]. Journal of Finance, 1984(39): 1127-1139.

[190] Ross S A. Information and Volatility: The No-Arbitrage Martingale Approach to Timing and Resolution Irrelevancy[J]. Journal of Finance, 1989, 44(1): 1-17.

[191] Sack B. Extracting the Expected Path of Monetary Policy from Futures Rates[J]. Journal of Futures Markets, 2004, 24(8): 733-754.

[192] Salm C A, Schuppli M. Positive Feedback Trading in Stock Index Futures: International Evidence[J]. International Review of Financial Analysis, 2010, 19(5): 313-322.

[193] Schabenberger O. Nonlinear Regression in SAS[M]. Los Angeles: University of California Los Angeles, 2020.

[194] Schaller H. Corporate Savings, the Marginal Value of Cash, and the Discount Rate: Can Persistent Financial Constraints Be Detected in Aggregate Data? [R]. Carleton University, Working Paper, 2013.

[195] Schultz P, Song Z. Transparency and Dealer Networks: Evidence from the Initiation of Post-Trade Reporting in the Mortgage Backed Security Market[J]. Journal of Financial Economics, 2019, 133(1): 113-133.

[196] Schwert M. Municipal Bond Liquidity and Default Risk[J]. Journal of Finance, 2017, 72(4): 1683-1722.

[197] Sharpe S A, Suarez G. Why Isn't Investment More Sensitive to Interest Rates: Evidence from Surveys[R]. Federal Reserve, Working Paper, 2015.

[198] Shiller R J. Stock Prices and Social Dynamics[R]. Brookings Papers on Economic Activity, 1984(2): 457-498.

[199] Sironi A. Testing for Market Discipline in the European Banking Industry: Evidence from Subordinated Debt Issues[J]. Journal of Money, Credit and Banking, 2003 (35): 443-444.

[200] Smith C W. Investment Banking and the Capital Acquisition Process[J]. The Journal of Finance, 1986, 15(1): 3-29.

[201] Song Z, Storesletten K, Zilibotti F. Growing Like China[J]. American Economic Review, 2011, 101(1): 196-233.

[202] Spence M. Job Market Signaling[J]. Quarterly Journal of Economics, 1973, 87(3), 355-374.

[203] Stein J. Convertible Bonds as Backdoor Equity Financing[J]. The Journal of Finance, 1992, 32(1):3-21.

[204] Stephen A R. The Determination of Financial Structure: The Incentive-Signalling Approach[J]. The Bell Journal of Economics, 1977, 8(1): 23-40.

[205] Stephen F. Futures Trading and Volatility in the GNMA Market[J]. Journal of Finance, 1981, 36(2): 445-456.

[206] Sullivan R, Timmermann A, White H. Data-Snooping, Technical Trading Rule Performance, and the Bootstrap[J]. The Journal of Finance, 1999, 54(5): 1647-1691.

[207] Sun D S, Lin W T, Nieh C C. Long Run Credit Risk Diversification: Empirical Decomposition of Corporate Credit Spreads[R]. MPRA Paper, Takming University Science and Technology, 2007.

[208] Thomas H M. Behavior of Municipal Bond Default-Risk Premiums by Maturity[J]. Journal of Business Research, 1980, 8(4): 413-418.

[209] Townsend R M. Optimal Contracts and Competitive Markets with Costly State Verification[J]. Journal of Economic theory, 1979, 21(2): 265-293.

[210] Vasicek O A. EDF and Corporate Bond Pricing[R]. KMV Corporation, 1995.

[211] Wang J, Wu C, Zhang F X. Liquidity, Default, Taxes, and Yields on Municipal Bonds[J]. Journal of Banking & Finance, 2008, 32(6): 1133-1149.

[212] Watts R L, Zimmerman J L. Agency Problems, Auditing, and the Theory of the Firm: Some Evidence[J]. Journal of Law and Economics, 1983, 26(3): 613-633.

[213] Whited T M, Wu G. Financial Constraints Risk[J]. Review of Financial Studies, 2006(2): 531-559.

[214] William R B, et al. Accounting restatements, Governance and Municipal Debt Financing[J]. Journal of Accounting and Economics, 2013, 56(2-3): 212-227.

[215] Wilson T C. Portfolio Credit Risk[J]. FEBNY Economic Policy Review, 1998(33): 71-82.

[216] Witzany J. A Bayesian Approach to Backtest Overfitting[R]. University of Economics in Prague, Working Paper, 2019.

[217] Wu J, Gyourko J, Deng Y. Is There Evidence of a Real Estate Collateral Channel

Effect on Listed Firm Investment in China?[R]. National Bureau of Economic Research, Working Paper, 2013.

[218] Yan R. Capital Structure as a Form of Signaling: The Use of Convertible Bonds[R]. Stanford University, Working Paper, 2009.

[219] Zwiebel J. Dynamic Capital Structure under Managerial Entrenchment[J]. The American Economic Review, 1996, 86(5): 1197-1215.

[220] 巴曙松,王劲松,李琦.从城镇化角度考察地方债务与融资模式[J].中国金融,2011(19):20—21.

[221] 白娜,章翼丹.中美可转债市场的比较及对中国的启示[J].浙江金融,2007(7):41—42.

[222] 曹麟.行业差异、违约概率周期性与银行缓冲资本[J].金融论坛,2014,19(4):16—25.

[223] 曹萍.美国高收益债券风险特征与投资者保护机制探讨[J].证券市场导报,2013(2):59—65.

[224] 曹又丹.后违约时代:信用利差走向、风险路径及政策建议[J].债券,2014(4):32—35.

[225] 陈宝强.信用评级系列专题报告之二——全局主成分与中票评级原理[R].招商证券研究报告,2010.

[226] 陈斌开,金箫,欧阳涤非.住房价格、资源错配与中国工业企业生产率[J].世界经济,2015,38(4):77—98.

[227] 陈超,李镕伊.债券融资成本与债券契约条款设计[J].金融研究,2014(1):44—57.

[228] 陈道富.我国融资难融资贵的机制根源探究与应对[J].金融研究,2015,416(2):45—52.

[229] 陈海强,张传海.股指期货交易会降低股市跳跃风险吗?[J].经济研究,2015(1):153—167.

[230] 陈菁,李建发.财政分权、晋升激励与地方政府债务融资行为——基于城投债视角的省级面板经验证据[J].会计研究,2015(1):61—67.

[231] 陈静.上市公司财务恶化预测的实证分析[J].会计研究,1999(4):31—38.

[232] 陈均平.我国地方政府举借债务会计问题探讨[J].中央财经大学学报,2014(2):58—63.

[233] 陈炜,袁子甲,何基报.异质投资者行为与价格形成机制研究[J].经济研究,2013(4):43—54.

[234] 陈永伟,胡伟民.价格扭曲、要素错配和效率损失:理论和应用[J].经济学(季刊),2011,10(4):1402—1422.

[235] 陈志勇,陈思霞.制度环境、地方政府投资冲动与财政预算软约束[J].经济研究,2014(3):76—87.

[236] 成琳,姚明龙.贷款违约风险的期权评估分析[J].浙江社会科学,2003(2):80—82.

[237] 程大涛.可转换债券融资对我国上市公司价值的影响研究[J].商业经济与管理,

2016(8):53—63.

[238] 程鹏,吴冲锋.上市公司信用状况分析新方法[J].系统工程理论方法应用,2002(2):89—93.

[239] 戴赜.美国债券市场信息披露制度研究[J].债券,2012(1):60—63.

[240] 邓可斌,曾海舰.中国企业的融资约束:特征现象与成因检验[J].经济研究,2014(2):47—60.

[241] 刁伟涛.国有资产与我国地方政府债务风险测度——基于未定权益分析方法[J].财贸研究,2016(3):99—105.

[242] 董乐. 银行间债券市场流动性溢价问题研究[J].运筹与管理,2007(4):79—88.

[243] 范子英,李欣.部长的政治关联效应与财政转移支付分配[J].经济研究,2014,49(6):129—141.

[244] 方红星,施继坤,张广宝.产权性质、信息质量与公司债定价——来自中国资本市场的经验证据[J].金融研究,2013(4):170—182.

[245] 冯宇则.国际债券市场监管体制比较研究[J].消费导刊,2011(13):80—83.

[246] 付雷鸣,万迪昉,张雅慧.中国上市公司公司债发行公告效应的实证研究[J].金融研究,2010(3):130—143.

[247] 高兵,屈魁,彭越.后金融危机时代我国信用评级行业发展思考及策略——以辽宁省为例[J].金融发展评论,2012(5):132—138.

[248] 高强,邹恒甫. 企业债与公司债二级市场定价比较研究[J].金融研究,2015,415(1):84—100.

[249] 龚强,王俊,贾珅.财政分权视角下的地方政府债务研究:一个综述[J].经济研究,2011(7):145—157.

[250] 管征,卞志村,范从来.增发还是配股?上市公司股权再融资方式选择研究[J].管理世界,2008(1):136—144.

[251] 光大证券.2018年债券违约事件全梳理——债券违约专题研究之五[R].光大证券固定收益动态,2019.

[252] 郭斌,戴小敏,曾勇,等.我国企业危机预警模型研究——以财务与非财务因素构建[J].金融研究,2006(2):82—91.

[253] 郭玉清,孙希芳,何杨.地方财政杠杆的激励机制、增长绩效与调整取向研究[J].经济研究,2017(6):169—182.

[254] 郭豫媚,陈伟泽,陈彦斌.中国货币政策有效性下降与预期管理研究[J].经济研究,2016(1):28—41.

[255] 国家发展改革委办公厅,财政部.关于进一步增强企业债券服务实体经济能力严格防范地方债务风险的通知[EB/OL].http://www.sohu.com/a/222391020_222256.

[256] 国内信用债市场全面评估:国内信用债发展历程回顾标准化数据库系统工程新进展[EB/OL].http://toutiao.manqian.cn/wz_cf3icoPIaj.html.

[257] 韩鹏飞,胡奕明.政府隐性担保一定能降低债券的融资成本吗?——关于国有企业和地方融资平台债券的实证研究[J].金融研究,2015(3):116—130.

[258] 何佳,夏晖.有控制权利益的企业融资工具选择——可转换债券融资的理论思考[J]. 经济研究,2005(4):66—76.

[259] 何佳,朱宏晖,曹敏.内部及外部投资者:银行贷款、普通公司债券和可转换公司债券的选择[R].上海证券交易所研究报告,2004.

[260] 何平,金梦.信用评级在中国债券市场的影响力[J].金融研究,2010(4):15—28.

[261] 胡继强. 刚性兑付下中期票据信用利差的实证研究[D]. 南京大学硕士学位论文,2015.

[262] 胡娟,范晓婷,陈挺.地方政府性债务可持续性测度及对策研究——基于中国审计公报数据[J].中央财经大学学报,2016(6):9—20.

[263] 黄国良,程芳.基于管理防御视角的中国上市公司股权融资偏好[J].管理现代化,2007(4):59—61.

[264] 黄满池,郑江南.上交所国债市场波动率的实证研究[J].财经理论与实践,2007(1):60—62.

[265] 黄少安,张岗.中国上市公司股权融资偏好分析[J].经济研究,2001(11):12—20.

[266] 黄勇民. 我国可转换债券融资选择问题研究——基于公司特征、证券设计与治理绩效的分析框架[D].暨南大学,博士学位论文,2007.

[267] 贾昌杰. 美国高收益债券市场发展的经验及其启示[J]. 金融论坛,2012(11):66—73.

[268] 贾甫,谢铭庭,郑琛,等.中国资本市场可转债发行与标的股票价格波动的关系研究[J].南方金融,2013(6):66—72.

[269] 姜子叶,胡育蓉.财政分权、预算软约束与地方政府债务[J].金融研究,2016(2):198—206.

[270] 蒋瑛琨,刘艳武,赵振全.货币渠道与信贷渠道传导机制有效性的实证分析——兼论货币政策中介目标的选择[J].金融研究,2005(5):86—87.

[271] 金融监管研究院.信用债市场分析框架[EB/OL]. http://www.sohu.com/a/313747611_120059916.

[272] 睢岚,涂志勇,施娓文.影响信用风险缓释工具价格的模型外生因素研究——基于信用利差的实证分析[J].证券市场导报,2013(2):74—78.

[273] 鞠晓生,卢荻,虞义华.融资约束、营运资本管理与企业创新可持续性[J].经济研究,2013(1):4—16.

[274] 寇宗来,盘宇章,刘学悦.中国的信用评级真的影响发债成本吗?[J]. 金融研究,2015,424(10):81—98.

[275] 雷文斓,许艳,姬江帆. 中国信用债违约后处置全回顾[R]. 中金证券,2018.

[276] 李彪,孙琪. 中国信用债市场的国际比较与发展展望[J]. 金融市场研究,2019,79(11):36—46.

[277] 李海涛.日本双评级制度发展及启示[J].洛阳理工学院学报(社会科学版),2012(1):61—63.

[278] 李岚,杨长志.基于面板数据的中期票据信用利差研究[J].证券市场导报,2010(8):

73—77.

[279] 李文.英国债券市场的信息披露:制度、标准与经验借鉴[J].金融市场研究,2013(8): 129—137.

[280] 李燕平,韩立岩.特许权价值、隐性保险与风险承担——中国银行业的经验分析[J]. 金融研究,2008(1):76—87.

[281] 李永友.转移支付与地方政府间财政竞争[J].中国社会科学,2015(10):114—133.

[282] 李玉宝.日本地方债券体系、市场及对中国的启示[J].金融经济(理论版),2015(2): 153—155.

[283] 李远航,张强,乔煜峰.中美债券市场制度的国际比较及其启示[J].海南金融,2011 (4):46—52.

[284] 李志军,王善平.货币政策、信息披露质量与公司债务融资[J].会计研究,2011(10): 56—62.

[285] 梁建峰,徐小婷.中国国债期货套利机会实证研究[J].中国管理科学,2015(S1): 459—463.

[286] 梁柱.信用评级、货币市场波动与短期融资券信用利差[J].金融论坛,2015,20(1): 53—59.

[287] 林倍.境内外信用违约互换发展与现状研究[R].上海证券交易所研究报告,2019 (26).

[288] 林丽妍,赵玥.地方政府或有债务信息披露与风险防范——基于地方政府财务报告视角[J].金融发展评论,2014(10):43—50.

[289] 刘成彦,王其文.中国上市公司可转换债券发行的公告效应研究[J].经济科学, 2005(4):99—108.

[290] 刘娥平.发行可转换债券与增发股票公司的财务特征[J].中山大学学报(社会科学版),2006(1):105—110.

[291] 刘娥平.中国上市公司可转换债券发行公告财富效应的实证研究[J].金融研究, 2005(7):45—56.

[292] 刘广生,岳芳芳.企业特征与再融资方式选择——来自中国上市公司2007—2015年的经验数据[J].经济问题,2017(8):50—55.

[293] 刘红忠,蒋冠.金融市场学[M].上海:上海财经大学出版社,2015.

[294] 刘红忠,许友传.地方政府融资平台存量债务整改及其有条件重构[J].复旦学报(社会科学版),2016,58(4):124—130.

[295] 刘骅,卢亚娟.转型期地方政府投融资平台债务风险分析与评价[J].财贸经济,2016, 37(5):48—59.

[296] 刘力,王汀汀,王震.中国A股上市公司增发公告的负价格效应及其二元股权结构解释[J].金融研究,2003(8):60—71.

[297] 刘煜辉,沈可挺.中国地方政府公共资本融资:问题、挑战与对策——基于地方政府融资平台债务状况的分析[J].金融评论,2011(3):1—18.

[298] 鲁政委.刚兑:市场化的"拦路虎"[J].金融市场研究,2015(1):39—44.

[299] 陆正飞,叶康涛.中国上市公司股权融资偏好解析——偏好股权融资就是缘于融资成本低吗?[J].经济研究,2004(4):50—59.

[300] 罗党论,佘国满.地方官员变更与地方债发行[J].经济研究,2015(6):131—146.

[301] 罗荣华,刘劲劲.地方政府的隐性担保真的有效吗?——基于城投债发行定价的检验[J].金融研究,2016(4):83—98.

[302] 罗时空,周亚虹.房价影响企业投资吗:理论与实证[J].财经研究,2013(8):133—144.

[303] 马蔡琛,尚妍.基于债务风险的政府或有负债会计信息披露:国际经验与中国现实[J].南京审计大学学报,2016(5):104—112.

[304] 马骏.中国国家资产负债表研究[M].北京:社会科学文献出版社,2012.

[305] 马若微,张微,白宇坤.我国上市公司动态违约概率 KMV 模型改进[J].系统工程,2014(11):28—36.

[306] 马玉超,黎继梓.发达国家信用评级制度借鉴[J].商业研究,2006(22):142—146.

[307] 明明债券研究团队."数据看债"系列专题报告之三——从行业利差到区域利差[R].中信证券,2017b.

[308] 明明债券研究团队."数据看债"系列专题报告之二——信用利差辨析与展望[R],中信证券研究报告,2017a.

[309] 缪小林,伏润民.权责分离、政绩利益环境与地方政府债务超常规增长[J].财贸经济,2015(4):17—30.

[310] 牟晖,韩立岩,谢朵,等.中国资本市场融资顺序新证:可转债发行公告效应研究[J].管理世界,2006(4):19—27,40.

[311] 南开大学公司治理评价课题组.中国上市公司治理状况评价研究——来自2008年1 127家上市公司的数据[J].管理世界,2010(1):142—151.

[312] 庞贞燕,刘磊.期货市场能够稳定农产品价格波动吗——基于离散小波变换和GARCH模型的实证研究[J].金融研究,2013(11):126—139.

[313] 彭方平,王少平.我国利率政策的微观效应——基于动态面板数据模型研究[J].管理世界,2007(1):24—29.

[314] 秦龙.中国债券市场微观结构研究[D].中国社会科学院研究生院博士学位论文,2018.

[315] 戎志平.国债期货交易实务[M].北京:中国财政经济出版社,2017.

[316] 邵宇.土地改革:新城镇化的突破点[J].金融发展评论,2013(12):1—31.

[317] 邵宇.政府资产负债表的编制与分析:中国政府会有资产负债表危机吗?[EB/OL].(2013-07-30). http://vip.stock.finance.sina.com.cn/q/go.php/vReport_Show/kind/macro/rptid/1957515/index.phtml,2013.

[318] 沈炳熙.英国债券市场的特点及其启示[J].中国货币市场,2006(9):39—41.

[319] 沈沛龙,崔婕.内部评级法中违约损失率的度量方法研究[J].金融研究,2005(12):86—95.

[320] 孙彬彬,高志刚,于瑶.如何利用行业利差挖掘行业[R].天风证券研究报告,2018.

[321] 孙克,冯宗宪."信用风险分散困境理论"的实证检验[J].证券市场导报,2008(10):59—64.

[322] 谭地军,田益祥,黄文光.流动性补偿、市场内及跨市场"流动性转移"行为[J].金融研究,2008(9):27—47.

[323] 谭之博,周黎安.官员任期与信贷和投资周期[J].金融研究,2015(6):80—93.

[324] 唐康德,夏新平,余明桂.我国上市公司可转债融资选择的实证分析[J].管理学报,2006(3):360—365.

[325] 汪莉,陈诗一.政府隐性担保、债务违约与利率决定[J].金融研究,2015(9):66—81.

[326] 汪涛.地方政府债务问题到底有多大[J].金融发展评论,2011(7):23—29.

[327] 王安兴,解文增,余文龙.中国公司债利差的构成及影响因素实证分析[J].管理科学学报,2012,15(5):32—41.

[328] 王柏杰.地方政府行为与债务积累的理论逻辑[J].经济学家,2014,10(10):94—101.

[329] 王刚,韩立岩.我国市政债券管理中的风险防范与控制研究[J].财经研究,2003(7):16—21.

[330] 王慧煜,夏新平.发行可转换债券对公司股票价格影响的实证研究[J].中南民族大学学报(自然科学版),2004(2):106—109.

[331] 王靓.行业利差系列研究之一:2015年主要行业财务风险分化解析[R].中债资信评估有限公司研究报告,2015.

[332] 王力.中外债券市场法律规制比较研究[D].山西大学硕士研究生学位论文,2005.

[333] 王雄元,张春强.声誉机制、信用评级与中期票据融资成本[J].金融研究,2013(8):150—164.

[334] 王学凯,黄瑞玲.基于KMV模型的地方政府性债务违约风险分析——以长三角地区为例[J].上海经济研究,2015(4):62—69.

[335] 王一平,何亮.我国上市公司可转债发行动机探析[J].特区经济,2005(1):67—68.

[336] 王永钦,陈映辉,杜巨澜.软预算约束与中国地方政府债务违约风险:来自金融市场的证据[J].经济研究,2016(11):96—109.

[337] 王永钦,徐鸿恂.杠杆率如何影响资产价格?——来自中国债券市场自然实验的证据[J].金融研究,2019(2):20—39.

[338] 王振宇,连家明,郭艳娇,等.我国地方政府性债务风险识别和预警体系研究——基于辽宁的样本数据[J].财贸经济,2013(7):19—30.

[339] 温来成,苏超.地方政府投融资平台整合前景及对策研究[J].财贸经济,2013(5):28—35.

[340] 吴海燕,兰秋军,马超群.中美可转换债券比较研究[J].财经理论与实践,2013(2):49—52.

[341] 吴蕾,周爱民,杨晓东.交易所与银行间债券市场交易机制效率研究[J].管理科学,2011(2):113—120.

[342] 吴林祥.二板市场交易制度选择研究[J].证券市场导报,2000(11):19—23.

[343] 吴世农,黄世忠.企业破产的分析指标和预测模型[J].中国经济问题,1987(6):

8—15.

[344] 吴世农,卢贤义.我国上市公司财务困境的预测模型研究[J].经济研究,2001(6): 46—55.

[345] 肖洁,龚六堂,张庆华.市委书记市长变更、财政支出波动与时间不一致性[J].金融研究,2015(6):94—110.

[346] 谢平,易诚.建立我国存款保险制度的条件已趋成熟[EB/OL].http://www.china.com.cn/chinese/OP-c/695094.htm.

[347] 邢志平,靳来群.政府干预的金融资源错配效应研究——以中国国有经济部门与民营经济部门为例的分析[J].上海经济研究,2016(4):23—31.

[348] 熊军,李雄,宋怀宇.公司债券设计创新:信用增级形式将呈多样化[N].上海证券报,2007-09-26.

[349] 徐明东,陈学彬.中国工业企业投资的资本成本敏感性分析[J].经济研究,2012(3):40—52.

[350] 徐永胜,乔宝云.财政分权度的衡量:理论及中国1985—2007年的经验分析[J].经济研究,2012(10):4—13.

[351] 徐占东,王雪标.Ponzi偿债策略、土地财政与省级政府债务可持续性[J].经济科学,2016,211(1):17—28.

[352] 许屹.市场系统风险对债券信用利差的影响——基于中国公司债券月度面板数据的实证研究[J].上海金融,2017(6):65—70.

[353] 许友传,杨骏.中国银行次级债发行时的"风险定价"与市场约束臆想[J].金融研究,2012(5):93—107.

[354] 许友传,何佳.不完全隐性保险政策与银行风险承担行为[J].金融研究,2008(1):163—174.

[355] 许友传,陈可桢.资产跳跃压力情景下的地方政府融资平台风险压力测试[J].财经研究,2013(2):29—39.

[356] 许友传.工业部门的信用风险及其前瞻性拨备要求——基于杠杆与融资成本的视角[J].财经研究,2017(7):107—118.

[357] 闫文涛,李燕.地方政府债务刚性兑付压力加大[N].上海证券报,2014,4(2):A03版.

[358] 杨如彦,孟辉,徐峰.可转债的信号发送功能:中国市场的例子[J].经济学(季刊),2007(A01):207—226.

[359] 姚红宇,施展.公司个体特征、地方经济变量与信用债违约预测——基于离散时间风险模型[J].投资研究,2018(6):114—132.

[360] 姚秦.债券市场微观结构与做市商制度——中国银行间市场的理论及实证[D].复旦大学博士学位论文,2006.

[361] 易纲,林明.理解中国经济增长[J].中国社会科学,2003(2):45—60.

[362] 易纲.货币政策回顾与展望[J].中国金融,2018(3):9—11.

[363] 于立勇,詹捷辉,金建.内部评级法中违约概率与违约损失率的测算研究[J].统计研究,2004(12):22—26.

[364] 俞乔.中国市级政府财政透明度研究报告(2012—2013)[M].北京:清华大学出版社,2014.

[365] 喻坤,李治国,张晓蓉,等.企业投资效率之谜:融资约束假说与货币政策冲击[J].经济研究,2014(5):106—120.

[366] 袁东,郭顺.交易所债券市场与银行间债券市场波动性比较研究[J].经济研究参考,2004(55):27—28.

[367] 袁卫秋.静态权衡理论与啄食顺序理论的实证检验[J].数量经济技术经济研究,2004(2):148—153.

[368] 曾海舰.房产价值与公司投融资变动——抵押担保渠道效应的中国经验证据[J].管理世界,2012(5):125—136.

[369] 翟光宇,唐潋,陈剑.加强我国商业银行次级债风险约束作用的思考——基于"相互持有"视角的理论分析[J].金融研究,2012(2):88—101.

[370] 债券市场投资者结构专题分析:商业银行,基金,非法人机构是主导[EB/OL]. http://www.sohu.com/a/211682524_100003691.

[371] 张成思,刘贯春.中国实业部门投融资决策机制研究——基于经济政策不确定性和融资约束异质性视角[J].经济研究,2018(12):51—67.

[372] 张庆君,李雨霏,毛雪.所有制结构、金融错配与全要素生产率[J].财贸研究,2016(4):9—15.

[373] 张雪莹,龙腾飞.国债期货与现货之间的价格传导及波动溢出效应[J].债券,2015(6):18—23.

[374] 张永东.基于非均衡样本的信用债违约风险预警研究[J].南方金融,2019(1):5—14.

[375] 张泽京,陈晓红,王傅强.基于KMV模型的我国中小上市公司信用风险研究[J].财经研究,2007(11):31—40.

[376] 张正平,何广文.我国银行业市场约束力的实证研究(1994—2003)[J].金融研究,2005(10):42—52.

[377] 张志华,王猛.美国信用评级制度的发展及改革[J].预算管理与会计,2011(7):53—54.

[378] 张自力,林力.日本企业债券市场的结构特征及监管制度[J].证券市场导报,2013(8):52—58.

[379] 张自力.美国垃圾债券市场违约风险监管的实践与政策改进[J].金融理论与实践,2009(7):93—99.

[380] 张自力.全球高收益债券市场的发展:格局演变及监管借鉴[J].上海金融,2012(4):74—78.

[381] 赵红平.股权分置改革后上市公司可转换公司债券发行的公告效应研究[J].财会通讯:综合(下),2010(4):30—33.

[382] 赵静,方兆本.中国公司债信用利差决定因素——基于结构化理论的实证研究[J].经济管理,2011(11):138—148.

[383] 赵涛,郑阳玄.上市公司的过度融资[M].北京:社会科学文献出版社,2005.
[384] 中国人民银行连云港市中心支行课题组.美国市政债券市场发展、监管及对我国的启示[J].金融纵横,2016(8):64—70.
[385] 中国信用债市场解读[EB/OL]. https://www.sohu.com/a/160464678_734405.
[386] 中国银行间市场交易商协会.信用衍生产品:理论与实务[M].北京:北京大学出版社,2017.
[387] 中国债券信息网.债市发展的指南针:优化信用债定价机制[R/OL]. https://www.chinabond.com.cn/Info/18786880.
[388] 钟辉勇,陆铭.财政转移支付如何影响了地方政府债务?[J].金融研究,2015(9):1—16.
[389] 钟辉勇,钟宁桦,朱小能.城投债的担保可信吗?——来自债券评级和发行定价的证据[J].金融研究,2016,430(4):66—82.
[390] 周黎安,赵鹰妍,李力雄.资源错配与政治周期[J].金融研究,2013(3):15—29.
[391] 周梅,刘传哲.公司债信用价差的固定效应研究[J].经济问题探索,2014(3):44—48.
[392] 周英章,蒋振声.货币渠道、信用渠道与货币政策有效性——中国1993—2001年的实证分析和政策含义[J].金融研究,2002(9):34—43.
[393] 周沅帆.城投债——中国式市政债券[M].北京:中信出版社,2010.

标准普尔、穆迪、惠誉国际的信用等级符号

标准普尔		穆迪		惠誉国际	
长期债	短期债	长期债	短期债	长期债	短期债
AAA	A−1+	Aaa	P−1	AAA	F1+
AA+	A−1+	Aa1	P−1	AA+	F1+
AA	A−1+	Aa2	P−1	AA	F1+
AA−	A−1+	Aa3	P−1	AA−	F1+
A+	A−1	A1	P−1	A+	F1+
A	A−1	A2	P−1	A	F1
A−	A−2	A3	P−2	A−	F1
BBB+	A−2	Baa1	P−2	BBB+	F2
BBB	A−2/A−3	Baa2	P−2/P−3	BBB	F2
BBB−	A−3	Baa3	P−3	BBB−	F2/F3
BB+	B	Ba1		BB+	F3
BB	B	Ba2		BB	B
BB−	B	Ba3		BB−	B
B+	B	B1		B+	B
B	B	B2		B	C
B−	B	B3		B−	C
CCC+	C	Caa1		CCC+	C
CCC	C	Caa2		CCC	C
CCC−	C	Caa3		CCC−	C
CC	C	Ca		CC	C
C	C	C		C	C

后记
POSTSCRIPT

本书作为中英国际合作项目"中国债务资本市场功能、结构和发展研究"对中国信用债市场发展研究的成果,项目组的全体成员为本书的研究成果做出了贡献。中方项目组负责人陈学彬教授和英方项目组负责人安德森教授与课题组成员共同讨论确定了本书的研究大纲,各章撰写的具体分工如下。

导论:陈学彬。

第一章:王永钦。

第二章:第一节,卢华、刘华颖;第二节,卢华、李蔚、季雯婕;第三节,胡洋、杨青、杨灵芝;第四节,张宇茜、杨青;第五节,许友传。

第三章:第一节,卢华,林思婕、刘华颖;第二节,林思婕,卢华,罗忠洲;第三节,许友传;第四节,朱尧,杨青;第五节,许友传。

第二章、第三章整体编撰:杨青、杨灵芝、胡洋。

第四章:徐明东、何薇、蒋祥林、左曦希、卢志奇、陈学彬。

第五章:张宗新、张秀秀、鲁旭东、安永超。

第六章:张徐乐、徐莉。

第七章:陈学彬、安德森、张圣醒等,其中讨论的各项研究成果的作者在相应脚注中详细标注。

全书最后由陈学彬统稿。

本项目的研究和本书的写作得到中国国家自然科学基金(NFSC)和英国经济社会研究理事会、复旦大学经济学院及金融研究院、英国伦敦政治经济学院、中央国债登记结算有限责任公司、上海证券交易所等机构的大力支持,国家自然科学基金国际合作项目评审专家组的各位专家、中国科学院系统科学研究所杨晓光教授、华东科技大学管理学院龚朴教授、中央结算公司上海总部研发部闫彦明主任、上海证券交易所债券部金永军副总监、复旦大学金融研究院张金清教授等提供了许多宝贵的研究建议,本书的写作中还参考了大量国内外研究者的研究文献,在此一并表示衷心的感谢! 当然,本书作者对书中表达的观点和错误负责,本书中的一切错误,欢迎读者批评指正。

最后,衷心感谢我的母校四川大学对我的培养、厚爱和支持,在我从复旦大学退休后聘任我为四川大学金融学讲席教授,使我能够继续从事我钟爱的金融学术研究和人才培养工作,也使本项目的研究能够延续,成果能够尽快整理出版。

陈学彬

2021年1月于四川成都

图书在版编目(CIP)数据

中国信用债市场发展研究/陈学彬等著. —上海:复旦大学出版社,2021.4
ISBN 978-7-309-15479-5

Ⅰ.①中… Ⅱ.①陈… Ⅲ.①债券市场-研究-中国　Ⅳ.①F832.51

中国版本图书馆 CIP 数据核字(2021)第 020513 号

中国信用债市场发展研究
陈学彬　等　著
责任编辑/李　荃

复旦大学出版社有限公司出版发行
上海市国权路 579 号　邮编:200433
网址:fupnet@fudanpress.com　http://www.fudanpress.com
门市零售:86-21-65102580　团体订购:86-21-65104505
外埠邮购:86-21-65642846　出版部电话:86-21-65642845
上海春秋印刷厂

开本 787×960　1/16　印张 32.25　字数 596 千
2021 年 4 月第 1 版第 1 次印刷

ISBN 978-7-309-15479-5/F·2766
定价:68.00 元

如有印装质量问题,请向复旦大学出版社有限公司出版部调换。
版权所有　侵权必究